‘कश्मीरी खिलाफत’
और
हिन्दू नरसंहार
(1339 से आज तक)

Attention Authors

'We Convert Fighters into Writers'. That's the motto of Manas Publications since more than four decades. Our message to the world is that India can win the battle not only by the bullet but also by the pen. There is no dearth of intellectuals in our country, but their knowledge is confined to them only. No sincere effort has been made by any other publisher to channelise their knowledge towards national interest. That is why the talent of a large number of intellectuals remains latent. An author transforms his knowledge into a manuscript, and it is our job to spread his/her knowledge by converting it into a beautiful book. For over four decades, Manas has been motivating the intellectuals by publishing their manuscripts and would like to publish your manuscript too. So if you or your colleagues have any manuscript ready for publication or are working on it, kindly contact us with detailed synopsis and list of contents. We will transform your work into a valuable publication. If you wish, we can also suggest you the suitable subjects for writing the books related to your area of expertise. Manas is known for its publishing quality and commitments. We take utmost care in production and give wide publicity to the book as well as its author through our National and International distribution network.

‘कश्मीरी खिलाफत’ और हिन्दू नरसंहार

(1339 से आज तक)

लेफ्टिनेंट कर्नल आदित्य प्रताप सिंह

मानस पब्लिकेशन्स

नई दिल्ली-110 002 (भारत)

मानस पब्लिकेशंस
(We Convert Fighters into Writers)
(प्रकाशक, लाइब्रेरी सप्लायर्स, इम्पोर्टर और एक्सपोर्टर)
4402/5-A, अंसारी रोड (एचडीएफसी बैंक के सामने)
दरियागंज, नई दिल्ली-110 002 (भारत)
ऑफिस 23260783, 23265523, फैक्स : 011-23272766
ई-मेल : manaspublications@gmail.com
manaspub6@gmail.com

ISBN : 978-81-7049-538-3

रु 795/-

भारत में मुद्रित
आर के ऑफसेट्स, दिल्ली, द्वारा मुद्रित और
श्रीमती सुमनलता, मानस पब्लिकेशंस, द्वारा प्रकाशित
4402/5-A, अंसारी रोड (एचडीएफसी बैंक के सामने)
दरियागंज, नई दिल्ली-110002 (भारत)

प्राक्कथन

मानव इतिहास के स्वरूप को इस धरती पर अनेकों बार हिंसा के द्वारा बदलने का प्रयास किया जा चुका है। प्राचीन काल से लेकर आज तक यह प्रक्रिया अविराम चल रही है। विश्व की सभ्यता-संस्कृति को सर्वाधिक हानि इसी मानव जनित हिंसा से हुई। इस हिंसक प्रक्रिया में इस्लाम अग्रणी रहा। इस्लाम अपनी उत्पत्ति से लेकर आज तक एक बड़े भू-भाग के मानव जीवन को हिंसात्मक रूप में प्रभावित करता रहा। भारतीय उपमहाद्वीप में यह प्रक्रिया 712 ई. में अरबों के आक्रमण के साथ आरंभ हुई। कश्मीर पहुँचने में इसे लगभग 627 वर्ष और लगे अर्थात् 1339 ई.। इस्लाम ने पश्चिमी एशिया, उत्तरी अफ्रीका, मध्य एशिया, यूरोप और भारतीय उपमहाद्वीप तक अनेक सभ्यताओं को सदा के लिए नष्ट कर दिया। एक तरह से विश्व का बहुत बड़ा नरसंहार इस्लाम के द्वारा किया गया। भारतवर्ष इस नरसंहार का साक्षी है। किस प्रकार धार्मिक, सामाजिक, आर्थिक, राजनैतिक, आध्यात्मिक रूप से हिन्दुत्व एवं हिन्दू सभ्यता को नष्ट करने का प्रयास किया गया। आज पाकिस्तान और बांग्लादेश इसी हिंसक और बर्बर प्रक्रिया की उत्पत्ति हैं।

कश्मीर का 1339 से 1819 (480 वर्ष) का इस्लामिक शासन काल या 'कश्मीरी खिलाफत' हिन्दू नरसंहार का एक मार्मिक एवं दर्दनाक इतिहास है। हिन्दू सभ्यता को कैसे शनैः-शनैः सुनियोजित तरीके से धर्मान्तरण, हत्याओं, धर्मस्थल विध्वंस आदि के द्वारा नष्ट किया गया। भारत पुण्यभूमि पर कश्मीर एकमात्र ऐसा स्थान था जहाँ हिन्दू नरसंहार सर्वाधिक तेजी से मात्र 1389 से 1413 ई. लगभग 25 वर्षों में ही पूर्ण हो गया। कश्मीर की हिन्दू सभ्यता लगभग विलुप्त हो गयी। संस्कृत भाषा, शैव ईश पद्धति सब कुछ इस्लामिक हिंसा की भेंट चढ़े।

किस प्रकार भारतीय शासकों की अदूरदर्शिता एवं सैन्य-रणनीतिक अनभिज्ञता ने भारतवर्ष के अपने ही अनेक भागों को धीरे-धीरे शत्रु हाथों में जाने दिया। किस प्रकार सर्वप्रथम सिन्ध, अफगानिस्तान और फिर पंजाब इस्लाम के द्वारा एक-एक कर नष्ट किये जाते रहे और शेष भारत अपने विनाश की प्रतीक्षा करता रहा। कश्मीर भी

उसी कहानी का एक छोटा स्वरूप है। राजनैतिक और सैन्य पतन ने हिन्दू नरसंहार को राह दी।

कश्मीर में 1339 से 1819 तक इस्लामिक शासन अपने बर्बरतम रूप में था। 1819 से 1947 तक सिख और डोगरा शासन रहा। हिन्दुओं के लिए 480 वर्ष बाद अच्छे दिन आए थे। लगभग 128 वर्षों का यह काल पुनः 26 अक्टूबर 1947 से एक छद्म लोकतान्त्रिक इस्लामिक शासन में परिवर्तित होने वाला था। शेख अब्दुल्ला के नेतृत्व में पुनः 'इस्लामिक खिलाफत' का पुनर्जागरण काल आरम्भ हुआ। कश्मीर को इस्लामिक भौगोलिक इकाई माना जाने लगा। 'कश्मीरी खिलाफत' (इस्लामिक शासन) का स्वर्णिम काल फिर प्रारम्भ हुआ 19 जनवरी 1990 को और सम्पूर्ण हुआ अप्रैल 1990 जब कश्मीर घाटी से लगभग सब हिन्दू मृत्यु के डर से पलायन कर गये। जो कार्य मध्य युग में सुल्तान सिकन्दर को भी करने में 25 वर्ष लगे थे उस कार्य को शेख अब्दुल्ला के वंशजों ने मात्र 3 महीनों में कर दिया। स्वतन्त्र भारतीय लोकतंत्र की इससे बड़ी हार और क्या हो सकती थी। हिन्दू नरसंहार अपने सभी रूपों में पूर्ण हुआ था। कश्मीर घाटी सच्चे अर्थों में 'दारुल-इस्लाम' बन चुकी थी। भारतीय लोकतंत्र के सभी स्तम्भ बेपरवाही में खामोश थे। कश्मीरी हिन्दू तिल-तिल कर मर रहा था और भारतीय बुद्धिजीवी कश्मीर घाटी के इस्लामिक आतंकियों और अलगाववादियों के झूठे मानवाधिकार हनन की लड़ाई लड़ रहे थे। पाकिस्तान समर्थकों के सुर में सुर मिलाकर अन्तर्राष्ट्रीय मंचों पर भी भारत सरकार की किरकिरी कर रहे थे।

ऐसे ही न जाने कितने पक्ष, सम्भावनाएं, विचार और विश्लेषण जो कश्मीरी हिन्दू नरसंहार से सरोकार रखते थे कभी उचित मंच और माध्यम से उठाए ही नहीं गये। सर्वसाधारण सर्वदा अनेक सम्बन्धित तथ्यों और पहलुओं से अनजान रहा। इन्हीं सब कारणों से मैंने इस विषय पर कुछ शोध कर उसे लिखने की ठानी। कश्मीर घाटी के इस्लामिक आतंकवाद और अलगाववाद के स्वरूप को प्रचारित करने का संकल्प लिया। मैं अपने जम्मू-कश्मीर के कई कार्यकालों में अनेक हिन्दू परिवारों से मिला जो कश्मीर से विस्थापित हो जम्मू, नगरोटा और उधमपुर के शरणार्थी शिविरों में रह रहे थे। उनके दर्द को देखा और सुना। हिन्दू नरसंहार को अपनी आँखों से देखने का मौका मिला। कश्मीर घाटी में हिन्दुओं की दुर्दशा और दर्द को प्रत्यक्ष रूप में अनुभव भी किया। मुझे तब अनुभूति हुई कि इस विषय का ऐतिहासिक, सामरिक, राजनैतिक, सामाजिक, धार्मिक दृष्टिकोण समझना, अति आवश्यक है। नरसंहार क्या है? शारीरिक हिंसा के अतिरिक्त और कौन-कौन सी सामाजिक, धार्मिक और राजनैतिक प्रक्रियाएँ नरसंहार की श्रेणी में आती हैं। कश्मीर के हिन्दू नरसंहार के इन विभिन्न रूपों को भी मैंने इस पुस्तक में समझाने का प्रयास किया है।

कश्मीर समस्या क्यूँ पश्चिमी राष्ट्रों के द्वारा इस्लामिक मुद्दे के रूप में देखी गयी और उन्होंने क्यूँ और कैसे मुस्लिम तुष्टीकरण के लिए भारत का 1947 से ही सभी

अन्तर्राष्ट्रीय मंचों पर विरोध किया। कश्मीर में हिन्दू नरसंहार के दोनों कालों (1339-1819) (1947 से अब तक) में हुई हिन्दू विरोधी गतिविधियों और हिंसक इस्लामिक प्रक्रियाओं को इस पुस्तक में समझाने का प्रयास किया है। कश्मीर के विलय पर उठने वाले अनेक संदेहास्पद पक्षों को उजागर किया गया है। नेहरू और महाराजा हरि सिंह के खराब सम्बन्धों से कैसे कश्मीर समस्या और उलझ गयी? क्यूँ नेहरू के द्वारा शेख अब्दुल्ला जैसे कट्टर इस्लामिक नेता को कश्मीर महाराजा की इच्छा के विरुद्ध सौंप दिया गया? कैसे शेख अब्दुल्ला ने 1947 से ही हिन्दू विरोधी नीतियों पर काम करना प्रारम्भ किया? किस प्रकार वह कश्मीर की आजादी की मुहिम नेहरू की मुस्लिम तुष्टीकरण की नीति के कारण चलाते रहे।

कैसे 1979-1989 सोवियत संघ-अफगानिस्तान संघर्ष ने कश्मीर में इस्लामिक जिहाद को बढ़ावा दिया? जमाते-इस्लामी ने कैसे कश्मीर घाटी को इस्लामिक कट्टरपन के दलदल में धकेल दिया?

धारा-370 का अलगाववादी चरित्र क्या है और कैसे द्विराष्ट्र सिद्धान्त का ही एक नया रूप है। कैसे धारा-370 का प्रयोग हिन्दू नरसंहार को अंजाम देने के लिए किया गया? क्यूँ आज तक कश्मीर घाटी में 28 वर्षों बाद भी हिन्दू पुनर्वास की सम्भावनाएँ धूमिल हैं?

'भीड़ आतंकवाद' और 'जनाजा आन्दोलन' जैसी हिंसक इस्लामिक प्रक्रियाओं को आज कश्मीर घाटी की इस्लामिक हिंसा के सम्बन्ध में समझाया गया है। कश्मीर घाटी में क्यूँ आज इस्लामिक आतंकी एक 'खिलाफत' की परिकल्पना कर रहे हैं। कश्मीर की समस्या क्यूँ एक इस्लामिक आतंक और राजनैतिक इस्लाम की समस्या है। क्यूँ वह इस्लाम के अलगाववादी चरित्र की समस्या है? अनेक ऐसे ही सवालों का इस पुस्तक में उत्तर दिया गया है और उनकी समीक्षा भी की गयी है।

आदित्य प्रताप सिंह

अनुक्रम

	प्राक्कथन	5
	पूर्वपीठिका	11
अध्याय 1	कश्मीर : प्राचीन इतिहास (सन् 1339 ई. तक)	27
अध्याय 2	कश्मीर का इस्लामिक साम्राज्यवाद, सन् 1339-1819	53
अध्याय 3	हिन्दू कश्मीर—उपलब्धियाँ एवं पतन	74
अध्याय 4	26 अक्टूबर 1947 से मार्च 1987— इस्लामिक अलगाववाद का पुनर्जागरण	85
अध्याय 5	अफगान संघर्ष (सन् 1979-1989) (वैश्विक जिहाद का जन्म)	111
अध्याय 6	'धारा-370' या द्विराष्ट्र सिद्धान्त का नया नाम	124
अध्याय 7	मार्च 1987 से 19 जनवरी 1990 (घाटी में इस्लामिक आतंकवाद और हिन्दू नरसंहार)	141
अध्याय 8	द्वितीय कश्मीरी हिन्दू नरसंहार—सन् 1990 से अब तक	175
अध्याय 9	कश्मीरी इस्लामिक आतंकवाद में वृद्धि : सोशल मीडिया एक बड़ा कारक	198
अध्याय 10	'आजाद कश्मीर' या एक और पाकिस्तान	208
अध्याय 11	कश्मीर की रक्षक : भारतीय सेना	219
अध्याय 12	कश्मीरी पण्डितों का विस्थापित जीवन, पुनर्वास और 'तृतीय इंतिफादा'	237
अध्याय 13	उपसंहार	291
	सन्दर्भ	303

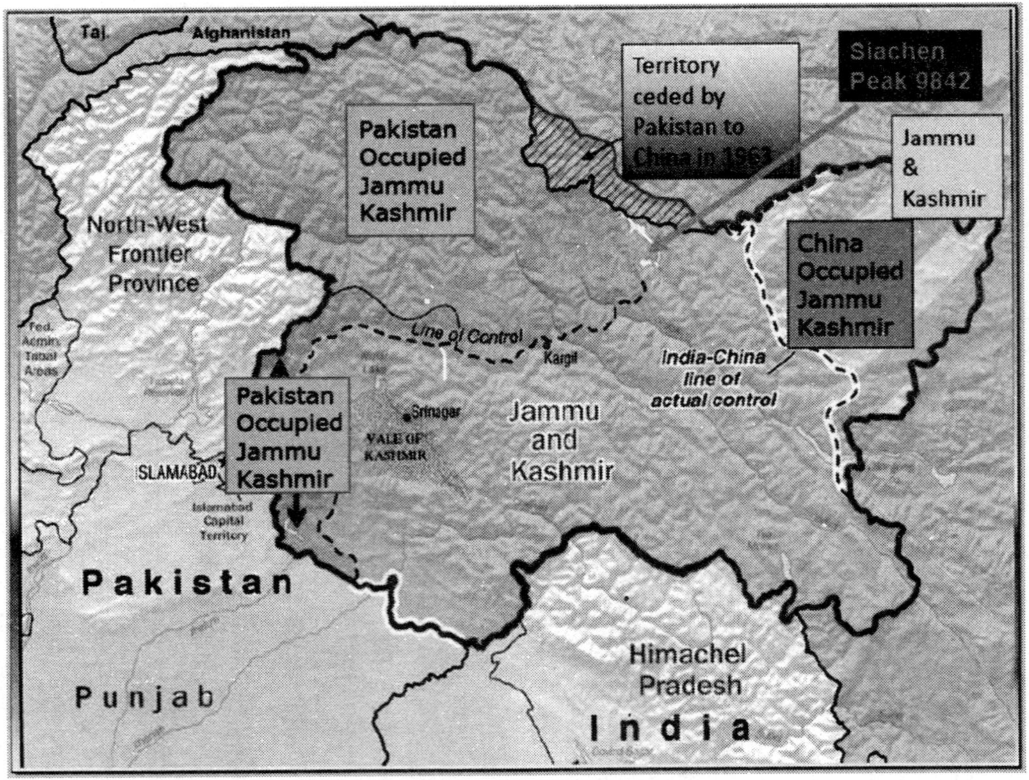

Map not to scale

पूर्वपीठिका

9 फरवरी, 2016, जवाहरलाल नेहरू विश्वविद्यालय में वहाँ के छात्रसंघ अध्यक्ष कन्हैया कुमार एवं छात्र उमर खालिद आदि के नेतृत्व में एक सभा का आयोजन किया गया, जिसका उद्देश्य 9 फरवरी, 2013 को अफजल गुरु एवं 11 फरवरी, 1984 को मकबूल भट्ट की फाँसी का विरोध एवं उनका शहीद दिवस मनाना था। इस सभा में जे.एन.यू. के भारी संख्या में छात्र एवं छात्राएँ एकत्रित हुए और फिर जो हुआ, वह सम्पूर्ण देश के लिए अप्रत्याशित एवं आघातपूर्ण था। इस सभा में खुलकर एवं लयबद्ध तरीके से भारत विरोधी एवं आतंकियों के समर्थन में नारे लगाए गए। 'अफजल हम शर्मिंदा हैं, तेरे कातिल जिन्दा हैं, 'कितने अफजल मारोगे, हर घर से अफजल निकलेगा' और कश्मीर की आज़ादी एवं भारत की बर्बादी के कुछ ऐसे नारे लगाकर भारत की अखण्डता एवं सम्प्रभुता को चुनौती दी गई। अफजल के लिए लगाए गए उपर्युक्त नारे पाकिस्तान से भुट्टो के समर्थन में लगाए हुए आयातित नारे हैं। यह नारे पूर्व पाकिस्तान प्रधानमंत्री जुल्फिकार अली भुट्टो की फाँसी के बाद पाकिस्तान में उनके समर्थकों द्वारा ज़िया की तानाशाह सरकार में लगाए गए थे। ये नारे वहाँ से जे.एन.यू तक कैसे आए यह एक महत्वपूर्ण एवं बड़ा प्रश्न खड़ा करता है। कुछ नारेबाज आज भी अज्ञात बने हुए हैं। क्या कश्मीरी अलगाववाद एक विशेष वर्ग द्वारा भारतीय विश्वविद्यालय परिसर में एक अलगाववादी विचारधारा के कुछ समर्थक खड़ा करना चाहता है? परन्तु जे.एन.यू. जो भारत का प्रमुख एवं उच्च शिक्षण केन्द्र है, कई वर्षों से अभिव्यक्ति की स्वतन्त्रता के नाम पर देश विरोधी गतिविधियों का केन्द्र बना हुआ है। जहाँ के शिक्षक एवं छात्र भारतीय सुरक्षाबलों के मारे जाने पर खुशियाँ मनाते हो उस शिक्षण संस्थान को आप क्या कहेंगे? जहाँ के शिक्षक कश्मीर को विवादित क्षेत्र एवं भारतीय हितों की रक्षा के लिए तैनात सैन्यबलों को दमनकारी शक्तियाँ बताते हैं, उनसे भारत निर्माण की क्या उम्मीद की जा सकती है? कश्मीर के इतिहास को न जानने वाले एवं उसका अध्ययन और विश्लेषण न करने वाले मिथ्या भाव से ओत-प्रोत ज्ञानियों ने आरम्भ से ही इस भारतीय आन्तरिक मामले को अंग्रेजी

साम्राज्यवादी चश्मे से देखने की कोशिश की है। इस भारतीय सभ्यता एवं भारत के अभिन्न अंग को द्विराष्ट्र सिद्धान्त से जन्मे पाकिस्तान को बाँटने की कोशिश की है। पश्चिमी देशों ने अपने सामरिक एवं राजनैतिक लाभ के लिए 'इस्लामिक शक्तियों' को प्रथम विश्वयुद्ध के पश्चात् ही अपने पाले में रखने की कोशिश की है। भारतीय उपमहाद्वीप का विभाजन एवं उसके बाद कश्मीर पर पाकिस्तानी पक्ष का समर्थन इस मुस्लिम तुष्टीकरण नीति का एक स्थापित सत्य है। इसी पाश्चात्य सिद्धान्त को आज तक हमारे द्वारा ढोया जा रहा है।

पठानकोट वायुसेना क्षेत्र पर आतंकियों द्वारा 1/2 जनवरी, 2016 मध्यरात्रि के बाद हमला और उसके पश्चात आतंक के सरगनाओं द्वारा यह कहना कि यह लड़ाई कश्मीर के लिए है, एक ध्यान देने योग्य बयान है। क्या पाकिस्तानी सैन्य संस्थाएँ हर वर्ष कश्मीरी मुद्दे का नवीनीकरण चाहती हैं। क्या पश्चिमी देशों द्वारा इस मुद्दे को त्यागने के कारण वे बैचेन हैं? इसी छटपटाहट में पाकिस्तान ने इस मुद्दे को 'इस्लामिक राष्ट्र संगठन' (ओ.आई.सी.) के अंकारा अधिवेशन, अप्रैल, 2016 को उठाया? आज पाकिस्तान को पता है कि कश्मीर पर वह मात्र हारी लड़ाई लड़ रहा है, क्योंकि पाकिस्तान का चीन के अतिरिक्त इस मुद्दे पर और कोई प्रभावशाली समर्थक नहीं है। इस जनसंचार क्रान्ति के युग में सत्य छिपाना किसी के वश में नहीं है।

अब असत्य एवं आधारहीन तथ्यों के सहारे कश्मीर पर पाकिस्तानी या अलगाववादी अधिकार सिद्ध कर पाना असम्भव है। क्या 'द्विराष्ट्र सिद्धान्त' को कोई भी राष्ट्र मानने को तैयार है? क्या चीन अपने 'शिनजियाँग मुस्लिम बाहुल्य प्रान्त को 'युघर मुस्लिम समुदाय' को एक नए राष्ट्र के रूप में स्थापित करने देगा? यदि नहीं, तो फिर पाकिस्तान का कश्मीर पर या अलगाववादियों के कश्मीर पर अधिकार की वकालत वह किस आधार पर कर सकता है? द्विराष्ट्र सिद्धान्त आज सम्पूर्ण विश्व के लिए संकट खड़ा कर सकता है। हर राष्ट्र में विभिन्न पंथ एवं सम्प्रदाय के लोग अपने-अपने लिए एक अलग राष्ट्र की माँग कर सकते हैं। क्या इस सूचना प्रौद्योगिकी एवं जनसंचार के युग में हम अलग-अलग स्वार्थ समूह में एकाकी रूप से जी सकते हैं? शायद नहीं, क्योंकि आज हमारे आपसी हित परस्पर रूप से एक ही दिशा में प्रवाहमान हैं। आज हमारा अस्तित्व ही आपस में बँधे रहने में निहित है। आज कोई भी राष्ट्र अलग-थलग रहकर जीवित नहीं रह सकता है। 'वसुधैव कुटुम्बकम्' का भारतीय सिद्धान्त ही सुख, समृद्धि एवं शक्ति का मूलमन्त्र है।

जिस कश्मीर की कल्पना अलगाववादी या पाकिस्तानी करते हैं, वह मात्र 10 छोटे-छोटे जनपदों का एक भौगोलिक, सामाजिक एवं राजनैतिक समूह है। क्या ऐसे छोटे-छोटे राज्य स्वतन्त्र रूप से एक समृद्धशाली राष्ट्र का निर्माण कर सकते हैं? क्या कश्मीर चारों दिशा से विरोधी शक्तिशाली सैन्य शक्तियों से डटकर मुकाबला कर

सकता है? 'राजनैतिक इस्लाम' और 'इस्लामिक राष्ट्र सिद्धान्त' आज एक असफल और विनाशकारी प्रक्रिया के रूप में विश्व पटल पर दिखाई दे रहा है। ये वैश्विक शान्ति प्रक्रिया में बाधक बने हुए हैं। कश्मीर भी आज उसी विनाशकारी राह पर अग्रसर है।

26 अक्टूबर, 1947 को कश्मीर का भारतीय संघ में विलय हुआ, जो अन्य रियासतों की भाँति ही था। उस विलय में किसी भी कश्मीर सम्बन्धित प्रयोजन की चर्चा नहीं की गई थी। कश्मीर का अन्तिम विलय का निर्णय वहाँ की जनता लोकमत या जनमत के द्वारा करेगी, ऐसा कुछ भी वर्णित नहीं था, अपितु इस बात का मात्र उल्लेख एक बिन्दु के रूप में अलग से उस सन्धि पत्र के साथ संलग्न एक गवर्नर जनरल के पत्र में था। वह पत्र उस सन्धि का हिस्सा नहीं था और न ही पाकिस्तान या कश्मीर की जनता ही उस सन्धि में कोई हित समूह है। अतएव पाकिस्तान अथवा कश्मीरी अलगाववादियों का कश्मीर पर कोई भी कदम या माँग दोषपूर्ण है एवं न्याय संगत भी नहीं है।

31 मार्च, 2016 भारत-वेस्टइंडीज के आई.पी.एल. क्रिकेट मैच में भारत की हार का श्रीनगर स्थित राष्ट्रीय प्रौद्योगिकी संस्थान (एन.आई.टी.) में कश्मीरी छात्रों द्वारा जश्न मनाया गया, पाकिस्तान जिन्दाबाद के नारे लगाए गए जिससे उद्वेलित गैर-कश्मीरी छात्रों ने भी नारेबाजी की तिरंगे झण्डे फहराए, परिणाम स्वरूप छात्रों में गुट संघर्ष। यह स्थिति एवं मौका कश्मीर के लिए नया नहीं है। 'पाकिस्तान जिन्दाबाद' के नारे व पाकिस्तानी झण्डा, कश्मीर के पाकिस्तान प्रेम का प्रतीक ही नहीं है, अपितु इस्लामिक भाईचारे को प्रदर्शित करता है। कश्मीर के अलगाववादी आज कश्मीर को एक इस्लामिक राष्ट्र बनाने के लिए प्रतिबद्ध दिखाई देते हैं।

19 जनवरी, 1990 की रात से कश्मीर घाटी में जिस 'दारुल-इस्लाम' की स्थापना की प्रक्रिया आरम्भ की गई थी वह घाटी से गैर-मुस्लिम पलायन के बाद भी पूर्णरूपेण जारी है। कश्मीर से धीरे-धीरे लगभग 3.5 लाख हिन्दुओं का आन्तरिक विस्थापन हुआ और सैकड़ों हत्याएँ उनको डराकर वहाँ से भगाने के लिए की गईं। आज भी हिंसक प्रदर्शनों के दौरान 'हिन्दू परिगमन शिविरो' को पत्थरबाजी एवं गालियों का निशाना बनाया जाता है। 12 से 14 अप्रैल, 2016 को हुए हंदवाड़ा (कुपवाड़ा) प्रदर्शनों के दौरान भी यह घटना दोहरायी गई। हिन्दुओं को जिस प्रकार इस्लामिक आतंकियों द्वारा प्रयोजित आतंक का निशाना बनाया गया, वह हिन्दुओं के लिए मध्ययुगीन इस्लामिक साम्राज्यवाद की याद दिलाने वाला था। कश्मीर की स्थिति उल्टा चोर कोतवाल को डाँटने वाली है। कश्मीर का सबसे बड़ा पीड़ित पक्ष है कश्मीरी पण्डित और मानवाधिकार उल्लंघन का उल्टा रोना रो रहे हैं इस्लामिक अलगाववादी, आतंकी और उनके समर्थक। भारत के बौद्धिक अलगाववादी, जिनकी ज़मीनी पहुँच और ज्ञान शायद घाटी में श्रीनगर के होटलों एवं सरकारी अतिथि-गृहों तक ही सीमित हो, पर बात घाटी के सर्वजन की

करते हैं। सेना को बदनाम करने वालों ने शायद सेना के एक भी आतंकी अभियान को न देखा हो। उनका ज्ञान श्रीनगर स्थित उन पत्रकारों एवं बौद्धिक वर्ग का है, जो स्वयं या तो अलगाववादी हैं या इस्लामिक अलगाववाद के समर्थक हैं।

कश्मीर सन् 1339 ई. तक एक हिन्दू राज्य था एवं भारतीय सभ्यता संस्कृति की हिमालय स्थित एक अग्रिम चौकी। यहीं पर पहली बार बौद्ध ग्रन्थों की संस्कृत में रचना हुई। शिव उपासना एवं बौद्धधर्म का यहाँ अनेक शताब्दी तक जन-जन में प्रभाव रहा। परन्तु 1413 ई. के अन्त तक कश्मीर से हिन्दुओं और हिन्दू धर्मस्थलों के मात्र अवशेष रह गए। शाहमीर वंश के सन् 1373 से 1413 ई. तक 40 वर्षों में ही पूर्ण हिन्दू नरसंहार को दो सुल्तानों एवं इस्लामिक धर्मगुरुओं के गठबंधन ने सम्पन्न किया। शेष मुस्लिम शासनकाल तो बस पूर्व के स्थापित इस्लामिक चरमपंथी मार्ग पर चलते भर रहे। इस हिन्दू नरसंहार को हमारे कई आधुनिक इतिहासकार कश्मीरी सूफी इस्लाम के द्वारा हिन्दुओं को प्रेम से इस्लाम धर्म में लाने के सिद्धान्त को सत्य ठहराते हैं। जहाँ आज भी भारत के सामान्य हिन्दू के हृदय में इस्लाम की केवल बर्बर एवं हिंसक तस्वीर अंकित हों, वहाँ वह भला कैसे इस्लाम के किसी भी रूप को सहर्ष स्वीकार कर लेगा। इस पूरे शोध के द्वारा इसी इस्लामिक साम्राज्यवाद के सच को सर्वजन के सम्मुख प्रस्तुत करने की कोशिश की गई है।

भारत की केन्द्रीय सत्ता जब-जब कमजोर हुई है, छोटे-छोटे सीमान्त राज्य सदैव ही शत्रु द्वारा आसानी से हडप लिए गए। सिन्ध और पंजाब इसके सर्वविदित उदाहरण हैं। प्राचीन इतिहास में ग्रीस आक्रान्ताओं, हूण एवं कुषाणों द्वारा भी सर्वप्रथम सीमान्त राज्यों को ही निशाना बनाया गया और इन सबकी जड़ में थी निर्बल केन्द्रीय शक्तियाँ। आज भी कश्मीर के जब 1990 में हालात बिगड़े, तो तत्कालीन खिचड़ी सरकार ही उसके जड़ में थी। सीमान्त प्रदेश की किसी भी अतिवादी सामाजिक, धार्मिक अथवा राजनैतिक प्रक्रिया को किसी भी स्तर पर नज़रअंदाज नहीं किया जा सकता है। परिस्थितियों को समय रहते नियन्त्रित करना ही दूरदर्शिता है। कश्मीर का इस्लामिक अलगाववाद एवं आतंकवाद एक वैश्विक जिहादी प्रक्रिया का हिस्सा है, अतएव उस पर सामरिक एवं रणनैतिक नियंत्रण आवश्यक है। कश्मीर में राष्ट्रीय ध्वज, राष्ट्रीय गान, राष्ट्रीय गीत एवं अन्य राष्ट्रीय सम्प्रभुता के प्रतीक चिह्नों का अपमान अन्ततः और कब तक स्वीकार्य होगा? कब तक द्विराष्ट्र सिद्धान्त का पोषण भारतीय कर दाताओं के धन से किया जाता रहेगा?

जे.एन.यू. के प्राध्यापक एवं छात्र 'इस्लामिक कश्मीर' के अलगाववादियों के उत्पीड़न की बात तो करते हैं, परन्तु शरणार्थी शिविरों में रह रहे लाखों कश्मीरी पण्डितों की बात करना भी बौद्धिक वर्ग के लिए शायद साम्प्रदायिक हो गया है। यासीन मलिक एवं शब्बीर शाह जैसे कल के आतंकी आज मानवाधिकार मूल्यों पर

भाषण देते दिखाई देते हैं। इस्लामिक अतिवादी एवं अलगाववादी हिन्दुत्व को असहिष्णु बताने की कोशिश करते हैं। कश्मीरी मुसलमान हिन्दू शासनकाल 1819 से 1947 तक धार्मिक एवं सामाजिक रूप से सुरक्षित रहे, इससे बड़ा हिन्दू सहिष्णुता का उदाहरण और कहाँ हो सकता है। क्या आज कश्मीर घाटी के इस्लामिक वातावरण में कोई भी कश्मीरी पण्डित अपने आपको सुरक्षित महसूस कर पा रहा है? क्या कारण है कि वह आज भी घाटी में वापसी के लिए तैयार नहीं हैं? आज की सरकार भी कश्मीर घाटी में किसी भी राष्ट्रीय मुद्दे को लागू करने में सफल नहीं हुई है। सरकार को क्या लगता है कि वह सेना की जवाबदेही तय करके देश विरोधी इस्लामिक ताकतों पर नियंत्रण कर पाएगी? क्या आज हंदवाड़ा से एक चौकी हटाकर या कालान्तर में सेना को वापस बैरकों में भेजकर वह कश्मीरी आवाम को खुश कर पाएगी? कभी नहीं, घाटी में इस्लामिक ताकतें खुश केवल इस्लामिक राष्ट्र बनाकर ही होगी। कश्मीरी मुस्लिम नेता स्वयं अपने वक्तव्यों में कहते रहते हैं कि धन और विकास से उनके स्वाभिमान एवं आज़ादी को नहीं खरीदा जा सकता है। इसका अर्थ साफ है कि उन्हें केन्द्र सरकार से केवल आज़ादी चाहिए। अतः यह कहना कि विकास घाटी को मुख्यधारा से जोड़ देगा, बेमानी होगी। आज भी विभाजनकारी तत्वों के मुखिया आर्थिक रूप से सुदृढ़ लोग ही हैं, दूरस्थ ग्रामवासी आज भी अपने हित भारत के साथ ही जोड़कर देखता है। भारतीय विभाजन के अगुवाकारों की तरह कश्मीर आज़ादी के अगुवाकार भी वहाँ के कुछ ही कुलीन एवं सम्भ्रान्त परिवार हैं। ये वह परिवार हैं, जो अपने निजी स्वार्थ के लिए एक आज़ाद देश चाहते हैं। वह आज़ादी चाहे एक महीने भी न रह पाए, जैसा कि 15 अगस्त, 1947 से 24 अक्टूबर, 1947 तक कश्मीर की आज़ादी और फिर पाकिस्तान का उस पर आक्रमण और आज भी 1/2 से अधिक कश्मीर का हिंस्सा उसके अधिकार में एक भौगोलिक क्षेत्र को प्राप्त कर लेना और उसे एक राष्ट्र के रूप निर्मित करना, दोनों में ही ज़मीन और आसमान का अन्तर है, एक मात्र सिद्धान्त है, तो दूसरा उसका कार्यकारी प्रारूप।

कश्मीर का आज इस्लामिक अलगाववाद शेख़ अब्दुल्ला के ही द्वारा प्रतिपादित एक 'आज़ाद कश्मीर' के सिद्धान्त की देन है। इस इस्लामिक अलगाववाद के बीज सर्वप्रथम 'मुस्लिम कान्फ्रेंस' एवं फिर 'नेशनल कांफ्रेंस' के द्वारा बोए गए जो आज एक बृहद वृक्ष का रूप ले चुके हैं। कश्मीर का हिन्दू-मुस्लिम विभाजन सन् 1931 के साम्प्रदायिक दंगों के साथ आरम्भ हुआ और इसके सूत्रधार भी शेख़ अब्दुल्ला स्वयं थे। कश्मीर के मुख्यधारा के राजनीतिज्ञों द्वारा भी कश्मीर का जो इस्लामिक चेहरा पेश़ किया जाता है, वह वहाँ पर इस्लामिक ताकतों को और भी मुखर बनाता है। कश्मीर के सारे राजनेता पंथनिरपेक्षता के दोहरे मापदण्ड अपनाने के माहिर खिलाड़ी हैं। वे कश्मीर घाटी में तो सच्चे मुसलमान होते हैं और देश के अन्य हिस्सों में पंथनिरपेक्षता

के अनुयायी। यही कारण है कि आज कश्मीर लगभग पूर्ण रूप से इस्लामिक भौगोलिक क्षेत्र है। कश्मीरी नेतृत्व का दोमुहापन कभी भी कश्मीर को 'हिन्दू भारत' का सहज अभिन्न अंग नहीं बनने देगा। यह 'हिन्दू भारत' शब्दावली भी कश्मीरी इस्लामिक नेतृत्व की देन है। कश्मीरी मुस्लिम नेतृत्व को भारतीय पंथनिरपेक्ष लोकतान्त्रिक व्यवस्था पर विश्वास करना ही होगा। आज 'पाक अधिकृत कश्मीर' का बुरा हाल पाकपरस्त कठमुल्लों के लिए आँखे खोलने वाला अध्याय होना चाहिए। क्या मात्र हममजहब या स्वधर्मी होना ही किसी समस्या का समाधान कर सकता है? क्या धर्म के आधार पर निर्मित राष्ट्र जनमानस का सामाजिक अथवा राजनैतिक सशक्तीकरण कर पाए? क्या इस्लामिक शक्ति या भाईचारा पश्चिमी और पूर्वी पाकिस्तान को आपस में जोड़ कर रख पाया? ऐसे ही अनेक उदाहरण पश्चिमी एशिया में आज भी मौजूद हैं।

'कश्मीरी हिन्दू नरसंहार' शब्दावली का चयन क्यों किया गया? कश्मीर में 'हिन्दू' और 'हिन्दू सभ्यता संस्कृति' के विनाश को क्यों 'नरसंहार' कहना उचित है? आज तक इस विषय पर सामान्य रूप से सामान्यजन के लिए इसे सामान्य ज्ञान के तौर पर क्यों नहीं बताया गया? क्या कश्मीर का लगभग 1373 ई. से आज तक 'हिन्दू नरसंहार' एक बृहद मानव त्रासदी नहीं है? 'नरसंहार' का शाब्दिक अर्थ है मनुष्य की हत्या, किन्तु इस शब्द का प्रयोग तब किया जाता है, जब लोगों को सुनियोजित ढंग से बड़ी संख्या में मौत के घाट उतारा जाए। ऐसी हत्याएँ अधिकतर राज्य प्रायोजित या एक समुदाय प्रायोजित होती हैं। इन सामूहिक हत्याओं का कारण सामाजिक, राजनैतिक एवं धार्मिक हो सकता है। अधिकतर अवसरों पर यह नरसंहार उपर्युक्त सभी कारणों के समिश्रण से होते हैं।' सब कारण परस्पर एक दूसरें से जुड़े होते हैं। कश्मीर में सन् 1373 से 1413 तक हुआ हिन्दू नरसंहार धार्मिक और राजनैतिक दो प्रमुख कारणों से था। इस हिन्दू नरसंहार से इस्लाम धर्म के प्रसार के साथ-साथ धार्मिक एकरूपता हो जाने से भविष्य में किसी धार्मिक एवं सामाजिक विद्रोह की सम्भावनाएँ कमतर हो जाती हैं। 'नरसंहार' का विस्तृत अर्थ केवल मानवसंहार तक सीमित न रहकर सभ्यता, संस्कृति, कला, ज्ञान एवं संगीत के विनाश से भी है। जैसे सन् 1990 के बाद से कश्मीर में एक भी पूर्ण कश्मीरी पण्डित परिवार का न रह जाना एवं धीरे-धीरे उनके धार्मिक-स्थलों एवं परम्पराओं का समाप्त हो जाना भी 'नरसंहार' है। आज 'कश्मीरी पण्डित' अपनी सांस्कृतिक विरासत एवं पहचान, सब खो चुके हैं। उनके सभी सामाजिक, धार्मिक, सांस्कृतिक एवं कलात्मक प्रतीक चिह्न लुप्तप्राय हैं और वह अब 'कश्मीरी पण्डित' से मात्र 'पण्डित' रह गए हैं। क्या यह 'नरसंहार' नहीं है? क्या प्रत्यक्ष हत्यायों के अतिरिक्त परोक्ष रूप से हजारों कश्मीरी हिन्दू विभिन्न शरणार्थी शिविरों में नहीं मरे? क्या इन हत्यायों के जिम्मेदार वही जिहादी आतंकी नहीं हैं? शरणार्थी शिविरों में रहने के कारण उनकी प्रजनन क्षमता में कमी आना, जनसंख्या वृद्धि दर में भारी गिरावट, ज्ञानार्जन पर विपरीत प्रभाव, काफी वयस्क स्त्री-पुरुष

जनसंख्या का विवाह न हो पाना, साहित्य-कला के क्षेत्र में इस काल में कोई उल्लेखनीय योगदान न कर पाना। ये सारे तथ्य परिस्थितियाँ कश्मीर में सन् 1990 के बाद से हो रहे 'हिन्दू नरसंहार' के ज्वलंत उदाहरण हैं। मैं पाठकगणों को इस चिन्तन को और आगे बढ़ाने का अनुरोध भी करूँगा।

कश्मीर में वैसे तो 'हिन्दू नरसंहार' सन् 1339 'कश्मीरी सल्तनत' के आरम्भ से ही प्रारम्भ हो गया था परन्तु दो काल 'सम्पूर्ण हिन्दू नरसंहार' के लिए भारतीय इतिहास के काले अध्याय हैं—

1. एक, सन् 1389 से 1413, सुल्तान सिकन्दर का शासनकाल जब इतिहासकार जोनाराजा के अनुसार कश्मीर में मात्र 12 हिन्दू परिवार ही बचे थे और सभी धार्मिक-स्थलों को या तो तोड़ दिया गया था या खण्डित कर दिया गया था।
2. दूसरा, 19 जनवरी, 1990 से आज तक जब सामाजिक रूप से सक्रिय एक भी पारिवारिक इकाई कश्मीर घाटी में शेष नहीं हैं। लगभग 1600 हिन्दू सिर्फ कश्मीर परिगमन शिविरों में अब शरणार्थियों की भाँति ही रह रहे हैं, जो आज प्रदर्शनकारियों एवं पत्थरबाजों के निशाने पर हैं। आज का 'हिन्दू नरसंहार' अवश्य ही भारतीय केन्द्रीय सत्ता को शर्मशार करने वाला विषय है। क्यों आज भी कश्मीरी पण्डित अपने पुनर्वास के अधिकारों से वंचित हैं? शायद भुक्तभोगियों को स्वयं ही श्रीकृष्ण द्वारा अर्जुन को सम्बोधित कर कहा गया यह श्लोक समझना होगा।

"हतो व प्राव्स्यसि स्विगम, जित्वा व भोक्षसे महीम।
तस्मात् उतिष्ठ कौन्तेय, युद्धाय कृत निश्चयः।"

'धारा-370' आज भी आम भारतीय के लिए एक पहेली भर है। उसकी पृष्ठभूमि प्रारूप और अर्थ गिने-चुने लोगों तक ही सीमित है। 'धारा-370' संक्षेप में कश्मीर को दिए गए वे विशेष अधिकार हैं, जो हमारे संविधान से भी बढ़कर हैं और कश्मीर को राष्ट्र के भीतर राष्ट्र का दर्जा देते हैं। इन विशेषाधिकारियों की माँग पर डा. अम्बेडकर का शेख़ अब्दुल्ला को दिया गया उत्तर यहाँ उद्धृत करना अति आवश्यक है—

"भारत आपके राज्य के संचालन एवं विकास के लिए सम्पूर्ण धन और संसाधन प्रदान करे। भारत, पाकिस्तान अथवा अन्य आक्रमणकारियों से राज्य की रक्षा करे। भारतीय, राज्य की रक्षा के लिए अपनी जान दें। आपका अपना संविधान होगा, अलग राज्य का मुखिया होगा, अलग कानून होंगे और अलग ध्वज होगा। आपके लोग भारत में कहीं भी सम्पत्ति खरीद और रख सकते हैं, परन्तु कोई भी व्यक्ति जो कश्मीर में पैदा नहीं हुआ है या वहाँ का रहने वाला नहीं हैं वह कश्मीर में

न कुछ खरीद सकता है और न ही किसी भी सम्पत्ति का स्वामित्व प्राप्त कर सकता है। भारतीयों पर कर लगाकर आपका विकास किया जाए, वह आपकी रक्षा करें, परन्तु आपका भारतीय संघ के प्रति कोई उत्तरदायित्व न हों। मैं भारतीय राष्ट्र के साथ ऐसे व्यवहार पर कभी भी सहमत नहीं हो सकता हूँ।"

भारतीय संविधान के जनक, कानून के ज्ञाता एवं सामाजिक, राजनैतिक विद्वान डा. बी.आर. अम्बेडकर ने बेहद संक्षिप्त रूप में अजन्मे विवादस्पद धारा-370 के मर्म को बयान कर दिया था।

जम्मू-कश्मीर सम्बन्धित संविधान सभा में वर्णित धारा '306 अ' कैसे विशेष अधिकारों वाली 'धारा-370' बन गई? यह देश एवं भारतीय संविधान के प्रति नेहरू और शेख़ अब्दुल्ला का अक्षम्य छल है? नेहरू और गोपाल अयंगर स्वामी द्वारा तैयार यह विशेष धारा शेख़ और उनके साथियों के लिए एक बड़ी जीत थी। यह धारा कश्मीर की राजनैतिक परिस्थितियों को संभालने के लिए एक अस्थायी समाधान भर थी। लेकिन शेख़ अब्दुल्ला को नेहरू द्वारा दिया जा रहा महत्व किस आधार पर था जबकि राज्य के विलय की सन्धि वहाँ के राजा के साथ की गई थी। शेख़ अब्दुल्ला को बीच में लाना अंग्रेज गवर्नर जनरल माउन्टबेटेन की एक राजनैतिक चाल थी। यह 'अंग्रेज मुस्लिम तुष्टीकरण' और साथ-ही-साथ 'नेहरू मुस्लिम तुष्टीकरण' का उदाहरण था। कश्मीर के भारतीय संघ में विलय को सिर्फ इसलिए एक अलग प्रकार से देखना कि वह एक मुस्लिम बाहुल्य राज्य था। उस समय के सत्ताधारियों की एक गलत नीति थी। यही कारण है कि कल की एक भूल आज की विभीषिका है।

तत्कालीन जनसंघ के अध्यक्ष एवं विद्वान श्यामा प्रसाद मुखर्जी एवं उनके दल जनसंघ ने धारा-370 का मुखर विरोध किया। सन 1952 में श्यामा प्रसाद मुखर्जी ने इस पूरे मामले को संसद में भी उठाया और जम्मू-कश्मीर राज्य को भी अन्य राज्यों की भाँति भारतीय संघ का हिस्सा बनाने की बात पर पूरा जोर दिया।

धारा-370 का विरोध कश्मीर के ही भीतर जम्मू और लद्दाख संभाग में था। राज्य की पूरी हिन्दू और बौद्ध जनता भी इस मुस्लिम तुष्टीकरण के पूर्ण विरोध में थी। शेख अब्दुल्ला पूरी तरह से हिन्दू विरोधी कार्यों में लिप्त थे। वह हिन्दू विरोध को उच्चवर्गीय विरोध कह कर ख़ारिज कर रहे थे। राज्य का प्रजा परिषद दल, जो एकमात्र विपक्ष था, ने अब्दुल्ला सरकार के सन् 1952 के चुनावों की धाँधली का एवं राज्य के विशेष दर्जे का विरोध करते हुए यह नारा दिया—

एक देश में दो विधान,
एक देश में दो निशान,
एक देश में दो प्रधान,
नहीं चलेंगे।

यह विरोध तत्कालीन प्रधानमंत्री नेहरू द्वारा विघटनकारी, असामाजिक एवं साम्प्रदायिक बताया गया और शेख़ अब्दुल्ला के देश विरोधी बयानों पर चुप्पी साधे रहे। रोम जल रहा था और नीरो सो रहा था, ऐसा ही कुछ हाल कश्मीर को लेकर नेहरू का था। उस समय के जम्मू और लद्दाख संभाग के राजनैतिक एवं सामाजिक संगठन कश्मीर के साथ न रहकर इस क्षेत्र का पूर्ण विलय अन्य राज्यों की तरह भारतीय संघ के साथ चाहते थे। नेहरू ने भारतीय राजनीति में अपना वर्चस्व एवं अन्तर्राष्ट्रीय राजनीति में अपनी छवि बनाने के लिए देशहित की तिलांजलि दे दी। नेहरू स्वमहिमामण्डन के लिए देश के अन्य नेताओं को किनारे कर रहे थे। वह खुद के मुस्लिम तुष्टिकरण को पंथनिरपेक्षता एवं दूसरे के हिन्दू हित संघर्ष को साम्प्रदायिक करार देते थे। उनके अहंकार ने देश के अनेक प्रतिभावान देशभक्तों को देश की सेवा से विरक्त एवं बलपूर्वक दूर कर दिया था।

धारा-370 का जम्मू-कश्मीर के हिन्दुओं द्वारा किया गया विरोध नेहरू ने एकदम ही अनसुना कर दिया। कश्मीरी मुस्लिम क्षेत्र बाहुल्य ने आगे चलकर इसी का लाभ उठाकर हिन्दुओं पर आज तक घाटी के लोकतान्त्रिक बहुमत के द्वारा शासन करते हुए शोषण एवं दमन कर रहे हैं। जम्मू और लद्दाख सम्भाग का अति पिछड़ापन इसका गवाह है। उस समय प्रजा परिषद द्वारा किया जा रहा शेख़ अब्दुल्ला सरकार का विरोध नेहरू एवं उनकी चाटुकार मण्डली को हिन्दू साम्प्रदायिकता लग रहा था और उसे वह पाक प्रायोजित तक कहने से नहीं चूक रहे थे। उस समय शेख़ अब्दुल्ला को पंथनिरपेक्ष एवं देशभक्त बनाया जा रहा था, जो मात्र कांग्रेस पार्टी की ओछी राजनीति थी। आखिर शेख़ अब्दुल्ला द्वारा रोपित इस्लामिक अलगाववाद ने 1990 में घाटी को कश्मीरी पण्डितों से विहीन कर दिया, जो 'हिन्दू नरसंहार' सुल्तान सिकन्दर जैसे क्रूर शासक पूरा न कर सके, वह काम कांग्रेस के दुलारे कश्मीरी मुस्लिम पंथनिरपेक्ष ताकतों ने कर दिखाया। सन् 1990 में अनेक 'बौद्धिक अलगाववादियों' ने कश्मीरी पण्डित पलायन को भी तत्कालीन राज्यपाल जगमोहन का विश्व मानवाधिकार उल्लंघन का विषय बनाने का षड्यंत्र बताया गया। इस्लामिक आतंकियों के समर्थकों को पीड़ित पक्ष दिखाया गया। घाटी में देश एवं अल्पसंख्यक हिन्दू हित में काम करने वाले राज्यपाल जगमोहन को साम्प्रदायिक बनाया गया।

आज देश का अंग्रेजी बोलने वाला बौद्धिक वर्ग या तो नेहरू जैसे छद्म पंथनिरपेक्षता का चोला ओढ़े या फिर जवाहरलाल नेहरू विश्वविद्यालय वाली देश विरोधी सोच को लेकर चल रहा है और दोनों ही विचारधाराएँ भारतीय धरातलीय सत्य से कोसो दूर हैं। हिन्दू साम्प्रदायिकता एवं हिन्दू चरमपंथ जैसे शब्द इन्हीं लोगों के द्वारा 'विदेशी बौद्धिक शब्दावली' से चुराए हुए हैं। ये शब्द इनके अपने तक नहीं हैं। जो हिन्दुत्व के सहिष्णु एवं वसुधैव कुटुम्बकम् जैसे सांस्कृतिक भावों को नहीं समझ सका है, वही ऐसे ओछे आरोप-प्रत्यारोप हिन्दू धर्म के सम्बन्ध में खड़े कर सकता है।

जब अप्रैल 2016 के प्रथम सप्ताह में एन.आई.टी. में तिरंगा फहराकर भारत माता की जय के नारे लगाए गए, तो कुछ कांग्रेस पार्टी के राजनैतिक बुद्धिजीवी एवं दिल्ली के बौद्धिक अलगाववादी वर्ग ने अपनी त्वरित प्रक्रिया में इसे हिन्दू अतिवादिता का नाम दे दिया। यही बुद्धिजीवी इस्लामिक अलगाववाद पर अपनी कोई टिप्पणी क्यों नहीं देते हैं? आज भी कश्मीर घाटी में भारतीय ध्वज केवल सुरक्षा बलों की मौजूदगी में फहराया जा सकता है? क्योंकि इन कश्मीरियों का राजनैतिक एवं बौद्धिक नेतृत्व नेशनल कान्फ्रेंस एवं कांग्रेस के कथित पंथनिरपेक्ष विद्वानों एवं नेताओं ने 60 वर्षों से किया है। भारतीय बौद्धिक वर्ग इस इस्लामिक अलगाववाद को क्यों राजनैतिक इस्लाम के आईने से नहीं देख पा रहा है? वह क्यों कश्मीर में 'दारुल-इस्लाम' की स्थापना को लेकर चल रही हिंसक जिहाद को मात्र कश्मीरियों की आज़ादी की माँग के रूप में देख रहा है? उसे क्यों आज तक केवल उनका सुरक्षाबलों द्वारा मानवाधिकार उल्लंघन तो दिखता है, पर 'हिन्दू जनसंहार' क्यों नहीं दिखता?

सन् 1980 के दशक की वैश्विक जिहाद का प्रभाव अफगानिस्तान से निकलकर दुनिया के प्रत्येक इस्लामिक क्षेत्र में निर्बाध रूप से पहुँचा। सम्पूर्ण जगत ने इस्लामिक हिंसा में एक बढ़ोत्तरी दर्ज की। कश्मीर में भी सन् 1980 के मध्य तक इस्लामिक गतिविधियाँ जमात के प्रचार-प्रसार के साथ पाँव पसार रही थी। मदरसों की संख्या में बढ़ोत्तरी हो रही थी, वहाबी इस्लाम को आई.एस.आई. हथियार की तरह प्रयोग की तैयारी कर रहा था। पाकिस्तान का 'ऑपरेशन टोपैक' आरम्भ था। जिहादी प्रशिक्षण पाक अधिकृत कश्मीर, पाकिस्तान एवं अफगानिस्तान में जोर-शोर से चल रहा था। प्रशिक्षित आतंकी बड़ी संख्या में घाटी में नियन्त्रण रेखा पार कर आने लग गए थे। हिन्दुओं के विरुद्ध हिंसा शुरू हो गई थी। साथ ही साथ 'हिन्दू भारत' के प्रतीक संस्थानों सैन्य अथवा नागरिक इन जिहादियों के निशाने पर थे। सन् 1980 के दशक की हिंसा का चर्मोत्कर्ष 19 जनवरी, 1990 से प्रारम्भ हुआ, जब दो-तीन महीनों में ही करीब 1.8 लाख कश्मीरी पण्डित घाटी छोड़कर भागने को मजबूर हुए। इस हिंसक दौर में आज तक करीब 670 कश्मीरी पण्डितों की हत्या की गई। इस हिंसा के भय से देश के विभिन्न भागों में लगभग 3.5 लाख कश्मीरी पण्डित विस्थापितों का जीवन जी रहें हैं। असल में विस्थापित हिन्दुओं की संख्या अधिक ही होगी।

आज कश्मीर की लगभग 70 लाख आबादी में गैर-मुस्लिम आबादी मात्र राज्य कर्मचारियों एवं कुछ व्यापारियों तक ही सीमित है। सामाजिक, धार्मिक अथवा राजनैतिक जीवन्त इकाई के रूप में कोई भी गैर-इस्लामिक समूह कश्मीर घाटी में नहीं है। यह है हमारे अफसपा (सैन्य विशेषाधिकार अधिनियम) पीड़ित कश्मीरी इस्लामिक चरमपंथियों की धार्मिक एवं सामाजिक सहिष्णुता। यह है श्रीमती निवेदिता मेनन, प्राचार्य जे.एन.यू के पीड़ित पक्ष का अपने यहाँ अल्पसंख्यकों के प्रति व्यवहार।

वातानुकूलित कमरों में बैठकर सिद्धान्त प्रतिपादित करना और उसे असल जिन्दगी में जीने में ज़मीन-आसमान का अन्तर है।

आज कश्मीर घाटी एक 'हिंसक प्रदर्शनों का शहर' बन चुकी है। उसके प्रत्येक प्रमुख नगर प्रत्येक शुक्रवार को किसी-न-किसी प्रदर्शन के लिए तैयार रहते हैं। यह 'हिंसक प्रदर्शनों का दौर' और 'पत्थरबाजी', 'भीड़ आतंकवाद' के दो आवश्यक अंग बन चुके हैं। 'भीड़ आतंकवाद' पर आगे के अध्याय में व्यापक चर्चा की जाएगी। 2008 और 2010 के हिंसक प्रदर्शन क्रमशः अमरनाथ यात्रा का विरोध और सुरक्षा बलों की हिरासत में मृत्यु के विरुद्ध थे। सन् 2010 के हिंसक प्रदर्शनों एवं पत्थरबाजी का दौर लगभग 6 महीने चला और इसमें कुल 117 लोग मारे गए। यह प्रदर्शन और पत्थरबाजी 'फीलिस्तीनी इन्तिफादा' की तरह 'दूसरी कश्मीरी इन्तिफादा', 'प्रथम कश्मीरी इन्तिफादा 2008 की पत्थरबाजी थी। तीसरी इन्तिफादा जुलाई, 2016 में इस्लामिक आतंकी बुरहान वानी के मारे जाने के बाद शुरू हुई, जिसमें दिसम्बर तक लगभग 100 पत्थरबाज हिंसक प्रदर्शनों में मारे गए। इन हिंसक प्रदर्शनों में लगभग 4 से 5 हज़ार सुरक्षा बल के जवान भी घायल हुए। यह इस्लामिक आतंकवाद की एक नई रणनीति थी, जिसमें वह हमारे सुरक्षा बलों की सहनशीलता की परीक्षा ले रहे थे और चाहते थे कि ज्यादा बल प्रयोग से मसले को अन्तराष्ट्रीय स्तर पर पहुँचाया जा सके।

कश्मीर घाटी के विभिन्न नगरों, उपनगरों और गाँवों में हो रही आतंकी सुरक्षाबल मुठभेड़ों में एक बेहद ही चिन्ताजनक एवं अप्रत्याशित प्रक्रिया प्रारम्भ हुई वह है, आतंकवादियों के विरुद्ध चल रहे सैन्य अथवा सुरक्षाबलों के अभियानों को आम नागरिकों द्वारा बाधित करना, सुरक्षाबलों पर भारी पथराव करना, उत्तेजक नारेबाजी करना। यह इस्लामिक अलगाववादियों की नई और खतरनाक रणनीति है जिसमें सशस्त्र संघर्ष के दौरान नागरिकों के जानमाल के नुकसान की सम्भावना बहुत अधिक बढ़ जाती है। यही इस्लामिक अतिवादी एवं आतंकी किसी भी कीमत पर आम नागरिकों और सुरक्षाबलों के बीच दूरी बढ़ाना चाहते है। इन हिंसात्मक प्रदर्शनों में पुरुषों के साथ महिलाएँ भी बढ़-चढ़कर हिस्सा लेती हैं। आतंकियों की तारीफ में गाने तक गाये जाते हैं और भारत विरोधी नारेबाजी की जाती है। यह सारी प्रक्रिया सैन्य बलों के संयम की कड़ी परीक्षा है।

दूसरी घाटी की सबसे प्रमुख उग्रवादी एवं आतंकी प्रक्रिया है इस्लामिक आतंकवादियों/ जिहादियों के जनाजों में हजारों लोगों की भीड़ का बढ़-चढ़कर शामिल होना। इन आतंकियों को महिलाओं द्वारा मेहंदी लगाना। इस प्रक्रिया को मैं 'जनाजा आन्दोलन' इसलिए कह रहा हूँ, क्योकि यह प्रक्रिया भी जनमानस को आन्दोलित एवं उद्वेलित करने के लिए है। राष्ट्रीय और अन्तराष्ट्रीय स्तर पर कश्मीर में इस्लामिक आतंकवाद की स्वीकार्यता का प्रदर्शन करने के लिए है। इन सबके पीछे इस्लामिक

अलगाववादियों की केन्द्र सरकार पर दबाव बनाए रखने की सोची-समझी रणनीति है। वह मौजूदा केन्द्र सरकार को बचाव की मुद्रा में रखना चाहती है, जिससे सरकार किसी भी उन कार्यक्रमों को अमलीजामा न पहना सके, जो राष्ट्रीय हित से जुडें हों अथवा कश्मीरीं पण्डितो के पुनर्वास से जुड़े हुए हों। घाटी का माहौल इसीलिए खराब किया जा रहा है। इस अलगाववाद के लिए धन भी प्रत्यक्ष या परोक्ष रूप से भारत सरकार द्वारा दी जा रही विकास निधियों से ही किसी-न-किसी रूप में निकाला जा रहा है। आज अलगाववादियों एवं आतंकियों के ही अनेक प्रतिनिधि विभिन्न विकास कार्य के ठेकों इत्यादि को लेकर कार्य करवा रहे हैं और उसके लाभ का एक हिस्सा अपने आकाओं को भी दे रहें हैं। यह आतंकी/अलगाववादी, नेता और ठेकेदार गठजोड़ भी सरकारी धन के हेर-फेर में सहायक है एवं काले धन को पैदा करने वाला है, जिसका प्रयोग अनेक राष्ट्र विरोधी कार्यों के लिए किया जा सकता है।

भारत के प्रबुद्ध वर्ग एवं सरकार के लिए आज सबसे अधिक चिन्ता का विषय होना चाहिए, इस्लामिक अलगाववाद से जुड़ रहे अधिक संख्या में पढ़े-लिखे युवा।

आज घाटी के उग्र एवं हिंसक प्रदर्शनों के अगुवाकार नवयुवक हैं। वे किसी संगठन के सदस्य नहीं है। यह युवा वर्ग बस सोशल मीडिया के द्वारा आपस में जुड़ा हुआ है। आज घाटी के स्थानीय जिहादी सभी 20 से 30 वर्ष के युवा हैं। यह आतंकी फेसबुक इत्यादि पर अपनी फोटो तक डालने में संकोच नहीं कर रहे हैं। सोशल मीडिया ने इनके प्रभाव को एक और 'गुणात्मक शक्ति' प्रदान की है। यह युवा वर्ग आज के वैश्विक इस्लामिक चरमपंथ एवं आतंकवाद से प्रेरित है। वह आभासी दुनिया के माध्यम से असल जीवन में एक 'इस्लामिक खिलाफत' की कल्पना कर रहा है। आई.एस जैसे क्रूर आतंकी समूह उसके प्रेरणादायक बने हुए हैं। इस युवा वर्ग को अभी उस असलियत का ज्ञान नहीं है, जहाँ यह सभी समूह और इनके सरगना एक बुरी मौत मरने वाले हैं। क्या यह युवा वर्ग जानता है कि भारतीय सैन्य शक्ति के आगे पूरे दक्षिण एशिया का एक भी आतंकी संगठन दो दिन भी नहीं खड़ा हो सकता है। कश्मीर घाटी के पुराने अलगाववादी नेता आज उस बूढ़े कुत्ते की तरह हो गए हैं जो अब बिना दांत एवं शारीरिक शक्ति के हैं, भौंकने से भी लोग डरते नहीं हैं। आज अलगाववादी आन्दोलन के विकेन्द्रीकरण के बावजूद कहीं और कभी भी, किसी भी मुद्दे पर केन्द्रित होने की अभूतपूर्व क्षमता है। यह युवा ऊर्जावान है, परन्तु दिशाहीन है। इस युवाशक्ति को मुख्यधारा में लाना कश्मीर के बेहतर भविष्य के लिए आवश्यक है। इसी युवा वर्ग को एक बहुलतावादी समाज में जीना सिखाना राष्ट्रीय आवश्यकता है। यही वह युवा है, जिसने सिर्फ और सिर्फ इस्लामिक समाज और इस्लामिक आतंक से उपजी हिंसा को देखा है। उसने बचपन से 'हिन्दू भारत' को एक साम्राज्यवादी एवं औपनिवेशिक शक्ति के रूप में जाना एवं समझा है। इन्हें अभी तक हुए भारत विरोधी दुष्प्रचार से अवगत कराना होगा। भारत की विविधतापूर्ण एवं बहुलतावादी सांस्कृतिक

सभ्यता का मर्म समझाना होगा। केन्द्रीय सरकार उनकी हितैषी है, यह जानना उनके जीवन के लिए बेहतर होगा।

कश्मीर घाटी में धार्मिक एवं सामाजिक, बहुलता और विविधता वहाँ के सामाजिक विकास के लिए अत्यन्त आवश्यक है। आज का एकाकी इस्लामिक अतिवाद कश्मीरी समाज एवं सभ्यता-संस्कृति को धीरे-धीरे खत्म करता जा रहा है। विभिन्न विचारों, संस्कृतियों, धर्मों एवं कलाओं का नैसर्गिक मिलन ही एक महान एवं कालजयी सभ्यता को जन्म दे सकता है। आज इस्लाम अपनी स्वीकार्यता अन्य समाज एवं धर्मों में क्यों खोता जा रहा है, क्योंकि वह एकदम ही समन्वयवादी दृष्टिकोण नहीं रखता है। कश्मीर घाटी में समुचित संख्या में अन्य मतावलम्बियों का होना एक राष्ट्रीय एवं सामाजिक आवश्यकता है। कश्मीरियत को जीवित रखने के लिए यह आवश्यक है। कश्मीरियत तभी वापस आएगी, जब वहाँ हिन्दू, सिख, इसाई और मुसलमान सब खुशी-खुशी मिल-जुलकर रहेंगे। कई बार समाज एवं सभ्यताओं की रक्षार्थ सर्वोच्च सत्ता को कुछ कठोर कदम भी उठाने पड़ते हैं, भले उनका शुरुआती विरोध हो। हर दवा कड़वी एवं इलाज कठिन होता है। शायद कश्मीर घाटी में भी धार्मिक, सामाजिक बहुलता लाने के लिए कुछ कठोर कदम जैसे धारा-370 को समाप्त कर वहाँ भारत के अन्य भागों से विभिन्न धर्मावलम्बियों को कुछ संसाधनों के साथ बसाना पड़े। यह कैंसर लाइलाज हो जाए इससे पहले ही इसकी शल्य क्रिया सम्पन्न करनी होगी।

आज कश्मीरी इस्लामिक अलगाववाद को यूँ ही छोड़कर उसे भारत के अन्य हिस्सों के लिए नमूना पेश करने वाला नहीं बनाया जा सकता। भारतीय भूमि पर एक बार फिर से द्विराष्ट्र सिद्धान्त को दोहराया नहीं जा सकता। भारत भिन्नता एवं बहुलता का देश है, परन्तु सबको मनमानी करने के लिए स्वतन्त्र नहीं छोड़ा जा सकता। कठोर अनुशासन एवं समुचित दण्ड देश हित में आवश्यक हैं। शताब्दियों तक 'हिन्दू नरसंहार' अविराम चलता रहा, परन्तु आज से ही और अब से यह सदा-सदा के लिए बन्द होगा। इस्लामिक साम्राज्यवाद एवं ब्रिटिश साम्राज्यवाद हिन्दू सभ्यता के काले अध्याय थे। जब हिन्दू नरसंहार भारत में एक स्थापित सत्य बन चुका था।

आज कश्मीरी आवाम सैन्य बलों एवं केन्द्रीय सरकार से क्यों आक्रोशित एवं चिढ़ा हुआ है, क्योंकि वह 'हिन्दू भारत' का प्रतिनिधित्व करते हैं। वह पाकिस्तान जिसने कश्मीर के पहले आक्रमण में कश्मीरियों पर अकथनीय अपराध किए, उनको फिर भी वह सिर आँखों पर बिठा कर रखता है, क्योकि वह स्वधर्मी हैं। पाक अधिकृत कश्मीर में हो रहे पाकिस्तानी अपराध एवं शोषण की कहानियाँ उसे विचलित नहीं करती हैं। वह सलमान रूश्दी की किताब 'सेटेनिक वर्सेस' के लिए हिंसक प्रदर्शन कर

सकता है, पर अफगानिस्तान एवं बलूचिस्तान में पाकिस्तान खुफिया विभाग आई.एस.आई. द्वारा मारे जा रहे अपने स्वधर्मी भाइयों के लिए पाकिस्तान या आई.एस.आई. के विरुद्ध कभी आवाज़ उठाता नहीं दिखाई देगा। यह इस्लामिक अलगाववाद नहीं तो फिर क्या है? कश्मीरी आतंकवाद एवं भारतजनित अन्य क्षेत्रीय आतंकवाद में एक चौंकाने वाला अन्तर विकास का यह है कि कश्मीर में विकास किया इसलिए आतंकवाद है और अन्य जगहों पर विकास के लिए आतंकवाद है । कश्मीर में सदा विकास के लिए अन्य राज्यों की अपेक्षा अधिक सरकारी निधि का आवंटन, कश्मीरी आवाम का रहन-सहन का स्तर अन्य राज्यों के नागरिकों से कहीं बेहतर। मूलभूत सुविधाएँ, विद्यालय एवं अस्पताल इत्यादि कश्मीर घाटी में भारत के अनेक राज्यों की अपेक्षा अधिक अच्छी दशा में है। हम मीडिया एवं किताबों में जो कुछ अभी तक पढ़ते आए हैं, वह भ्रमित करने वाला 'कश्मीरी अलगाववाद' है, जिसमें हमें लगता है कि सुरक्षाबलों एवं केन्द्र सरकार की ज्यादतियों के कारण यह स्थिति पैदा हुई है, जबकि यह 'इस्लामिक अलगाववाद' कश्मीर में 'दारुल इस्लाम' की स्थापना के लिए व्यथित है। यही सत्य है। सत्य को छुपाना अपराध है। क्यों आज का बौद्धिक वर्ग सत्य को उसके सही स्वरूप बताने में संकोच महसूस करता है? जबकि यह सत्य कश्मीरी आवाम के सामाजिक एवं राजनैतिक व्यवहार में साफ-साफ दिखाई पड़ता है। क्यों उमर अब्दुल्ला खुले मंच पर महबूबा मुफ्ती, मुख्यमंत्री, जम्मू और कश्मीर, पर तंज करते हुए कहते थे कि अब वह भी 'भारत माता' की जय बोलेंगी। क्या 'भारत माता की जय बोलने' जैसे विषय पर एक पूर्व मुख्यमंत्री द्वारा व्यंग्य किया जाना चाहिए? क्या ऐसा करना साम्प्रदायिक नहीं है? लेकिन यह सब कश्मीरी लोकतान्त्रिक राजनीति का हिस्सा है। ज्यादातर कश्मीरी राजनेता कश्मीर घाटी में कट्टर मुसलमान बनना क्यों पसन्द करता है?

अगर किसी बौद्धिक समूह या कश्मीर विशेषज्ञ को यह लगता है कि कश्मीर घाटी से 'सैन्यबल विशेष शक्ति अधिनियम' या सुरक्षा बलों को हटा लेने मात्र से कश्मीर घाटी स्वर्ग बन जाएगी अथवा वहाँ पर विकास की एक और वितस्ता बहाकर लोगों को रोजगार देने से भारत की जयकार होगी, तो वह सब गलतफहमी है। कश्मीर का इलाज सिर्फ वहाँ पर सामाजिक एवं धार्मिक बहुलता एवं विविधता लाकर किया जा सकता है। इसके लिए अब शल्यक्रिया का सहारा लेना पड़ेगा। क्या पंथनिरपेक्ष लोकतन्त्र में हम कश्मीर को एक कट्टर इस्लामिक राज्य के रूप में बना रहने दे सकते हैं? क्या एक पंथनिरपेक्ष लोकतन्त्र में कश्मीर घाटी में किसी अन्य धर्मावलम्बी का रहना न्यायसंगत नहीं हैं? क्या धारा-370 ने कश्मीर घाटी को आज एक 'कट्टर इस्लामिक राज्य' नहीं बना दिया है? जो अब एक स्वतन्त्र इस्लामिक राष्ट्र यानी 'दारुल-इस्लाम' की बात कर रहा है।

19 जनवरी, 1990 की रात लगाए कुछ नारे

हम क्या चाहते आजादी
'आजादी का मतलब क्या, ला इलाहा इलल्लाह'
अगर कश्मीर में रहना होगा, अल्लाह-ओ-अकबर कहना होगा।
ये जालिमों ये काफिरों, कश्मीर हमारा छोड़ दो
यहाँ क्या चलेगा, निजाम-ए-मुस्तफा

हम कश्मीर को पाकिस्तान बनाना चाहते हैं, बिना हिन्दुओं के लेकिन उनकी महिलाओं के साथ।

कश्मीर के आतंकवाद को 'इस्लामिक आतंकवाद' कहना इसलिए उचित होगा क्योंकि इसका उद्देश्य कश्मीर में ख़िलाफत के रूप में एक इस्लामिक राज्य की स्थापना है। कश्मीर के सभी अलगावादी नेता और इस्लामिक आतंकी संगठनों के सरगना भी इसे बार-बार इस्लामिक आन्दोलन ही कहते हैं। अतः मेरे द्वारा भी इस्लामिक आतंकवाद की शब्दावली का ही प्रयोग किया गया है और मेरा मत भी आरम्भ से इसे यही कहता है।

आदित्य प्रताप सिंह

अध्याय 1

कश्मीर : प्राचीन इतिहास (सन् 1339 ई. तक)

इतिहास किसे माना जाए? यह किस विधा में लिखा जाए? कहानी के रूप में, लोकगीतों के माध्यम से गाया जाए अथवा धार्मिक एवं सामाजिक ग्रंथों के माध्यम से कथा के रूप में लोगों को बताया जाए। कभी-कभी इतिहास ही हमारी सामाजिक व्यवस्था का रूप ले लेता है। वह समाज में धारणाओं के रूप में प्रवाहमान रहता है। इतिहास किसी न किसी रूप में थोड़े बहुत झूठ और सच के साथ मानव समाज में अपना अस्तित्व जीवित रखता है। वह भवन एवं स्थापत्य कला के अवशेषों एवं उनसे जुड़ी लोक कथाओं में अमर रहता है। हमारी पूजा पद्धतियाँ, सांस्कृतिक चेतना, भौतिक एवं सामाजिक ज्ञान सब हमारे बृहद इतिहास का ही अंश मात्र है। हमारे वेद-पुराण स्मृतियाँ एवं अन्य साहित्यिक ग्रंथ सब हमारे इतिहास की ही अमूल्य धरोहर हैं। यह कह देना कि इतिहास केवल एक ही लिखित स्वरूप में होगा, हमारे ज्ञान को एक सीमित ज्ञान क्षेत्र में बांधने जैसा होगा। किसी भी कहानी, घटना या सामाजिक प्रचलन की एक ही व्याख्या अथवा स्थापित चलन में विश्लेषण भी अनर्थक हो सकता है। अलग-अलग क्षेत्र एवं समाज के विश्लेषण के अलग-अलग नियामक एवं आधार होना स्वाभाविक है।

भारत के इतिहास का यूरोपीय इतिहासकारों, समाजशास्त्रियों, मानव-वैज्ञानिकों एवं पुरातत्व-शास्त्रियों द्वारा एक अलग ही विश्लेषण है, जो आज काफी हद तक अधूरा एवं असत्य भी साबित हो रहा है। प्रत्येक विद्वान का दृष्टिकोण कहीं न कहीं उसके अपने सामाजिक, भौगोलिक एवं ऐतिहासिक परिस्थितियों से प्रभावित होता है। कभी-कभी विद्वानों के अनेक शोध उनके शासकों के हितों एवं उद्देश्यों की पूर्ति करने वाले भी होते हैं। कई बार सभ्यताओं के इतिहास को इस प्रकार से प्रस्तुत किया जाता है, जिससे कि वहाँ का समाज सदैव मानसिक एवं मनोवैज्ञानिक रूप से हीन भावनाओं से ग्रस्त रहे और उस पर आसानी से दूसरे द्वारा अपनी श्रेष्ठता स्थापित की जा सके। 'आर्य-अनार्य' सिद्धान्तों का यूरोपीय विद्वानों द्वारा समय-समय पर प्रतिपादन साम्राज्यवादी रणनीति का हिस्सा था। इस सिद्धान्त के द्वारा वह भारतीय सभ्यता के मूल निवासियों

को असभ्य एवं सैन्य संचालन, ज्ञान इत्यादि में कमतर एवं अक्षम दिखाना चाहते थे। इसीलिए आर्यों को बार-बार भारतीय उपमहाद्वीप से बाहर आए आक्रान्ता के रूप में दिखाना चाह रहे थे।

इतिहास सामयिक सत्ता के द्वारा बनाया एवं बिगाड़ा जाता है। मुस्लिम आक्रान्ताओं द्वारा हिन्दू धर्म स्थलों का ध्वंस उसी क्रम का हिस्सा था। वह हिन्दू ऐतिहासिक प्रतीकों को नष्ट कर मस्जिदों के रूप में अपने इतिहास का सृजन कर रहे थे। दिल्ली सल्तनत काल के मुस्लिम सुल्तान अलाउद्दीन खिलजी ने नालंदा विश्वविद्यालय को जलाकर राख कर दिया, जिसके साथ वहाँ के पुस्तकालय की लाखों पुस्तके भी राख हो गई। वहाँ पर रखी हजारों वर्ष पुरानी ऐतिहासिक पुस्तकें नष्ट हुईं और इसके साथ ही भारत का एक समृद्धिशाली इतिहास भी। भातीय इतिहास को समूल नष्ट करने की यह प्रकिया इस्लामिक साम्राज्यवाद की एक सोची-समझी रणनीति का हिस्सा थी।

ब्रिटिश साम्राज्यवाद काल भी भारतीय इतिहास को एक और नए ढंग से नष्ट करता दिखाई पड़ता है, जिसमें उसने अपने इतिहासकारों के माध्यम से भारतीय इतिहास को खण्डित करने का पुनः प्रयास किया। अपने द्वारा निर्मित नए-नए ऐतिहासिक सिद्धान्त निकाल कर सारे ऐतिहासिक तथ्यों को काल्पनिक एवं मिथ्या सिद्ध करने का प्रयास किया और इस प्रकिया में उन्होंने विदेश शिक्षित भारतीयों को भी शामिल किया। यह सब इसलिए किया जा रहा था, जिससे कि हम अपना मूल इतिहास भूलकर उनके साम्राज्यवादी भारतीय इतिहास को पढ़कर सदा हीन भावना से ग्रस्त हो उनकी दासता स्वीकार करते रहें।

कश्मीर के इतिहास के सम्बन्ध में भी ऐसी ही अनेक अवधारणाएँ दृष्टिगोचर हैं। अनेक इतिहासकारों द्वारा कश्मीर को एक अलग सभ्यता क्षेत्र दिखाने की भी कोशिश की जाती रही है। लेकिन जैसा कि पहले भी कहा है कि इतिहास एक बृहद है, जिसमें कहानी, गीत, संगीत, धर्म, समाज सब कुछ समाहित है। अनेक सामाजिक परम्पराएँ एवं सोच भी इतिहास का हिस्सा हैं। कश्मीर की प्रत्येक सांस्कृतिक विरासत अखण्ड भारत की सांस्कृतिक विरासत का हिस्सा है। यहाँ की सभी धार्मिक एवं सामाजिक मान्यताएं हिन्दू धर्म का ही हिस्सा हैं। कश्मीरी शैव अद्वैतवाद एकात्मवाद हमारे ही सनातन धर्म का एक महत्वपूर्ण अंग है। यहाँ पर स्थित कला, शिल्प एवं साहित्य सब कुछ अखण्ड भारत का अंश है। यह भारत का दुर्भाग्य था कि लगभग 11वीं एवं 12वीं शताब्दी के पश्चात पश्चिमोत्तर भारत के इतिहास को 'इस्लामिक साम्राज्यवादियों' द्वारा नष्ट किया जाता रहा, जिससे एक बड़ी सीमा तक हमारा लिखित एवं भौतिक इतिहास विलुप्त हुआ। अतएव हमारे इतिहास का एक बड़ा भाग हमारे किस्से-कहानियों का हिस्सा बन गया।

'हम आज रामायण एवं महाभारत को ऐतिहासिक दृष्टिकोण से एक सिरे से नकार नहीं सकते, क्योंकि वह पाश्चात्य इतिहास की परिभाषा परिधि से बाहर हैं या उससे मेल नहीं खाते। इतिहास को देखने और समझने की अनेक वैज्ञानिक पद्धतियाँ हो सकती हैं। ऐसा आवश्यक नहीं कि जो आज है, वही सत्य है। यह कह देना कि हमारे पौराणिक धर्म ग्रन्थ मात्र साहित्यिक कल्पना है न्यायसंगत नहीं होगा। रामायण और राम यदि जन-जन में बसे हैं और उनका चिन्तन एवं चरित्र यदि आज भी हमारे लिए प्रेरणा का स्रोत हैं तो वह अवश्य ही सत्य एवं सनातन है।' किन्तु भारत की राजनैतिक, सामाजिक एवं धार्मिक दासता ने उसके इतिहास के तथ्यों एवं उसके विस्तार को क्षत-विक्षत कर दिया। उसे इतिहासकारों द्वारा संकुचित कर दिया गया है। एक अखण्ड भारतवर्ष को अनेक छोटे-छोटे देशों का समूह कहा जाने लगा। आर्यावर्त को भारत भूखण्ड के ही एक हिस्से तक सीमित कर दिया गया। हमारी सभ्यता को खण्डित करने का एक षड्यन्त्र 'इस्लामिक एवं ब्रिटिश साम्राज्यवादियों' द्वारा चलाया गया। धीरे-धीरे समय के साथ हमारे अपने बुद्धिजीवी लोग भी उसी भेड़चाल में शामिल हो गए। मौलिक शोध के स्थान पर साम्राज्यवादी इतिहास की ही नकल पर इतिहास लिखा जाने लगा। हमारी प्राचीन बौद्धिक क्षमता का क्षय प्रत्यक्ष रूप से दिखाई दे रहा था।

कश्मीर का इतिहास, जो आज दिख रहा है, क्या आज से 5000 वर्ष पूर्व भी ऐसा ही था? कश्मीर का अस्तित्व भारतवर्ष से कब अलग हुआ? इस्लामिक साम्राज्यवाद का कश्मीर के इतिहास पर क्या प्रभाव पड़ा? क्या हम जिस हिन्दू-मुस्लिम सभ्यताओं की कश्मीर में मिलन की बात करते रहते हैं, वह हिन्दुओं की राजनैतिक एवं सामाजिक विवशता थी, विशेषकर सुल्तान सिकन्दर के बाद के काल में? इतिहास में और इतिहास से ऐसे ही अनेक यक्ष प्रश्न सदा ही किए जाते रहेंगे। क्या 'भारत का भक्तिकाल' हिन्दू समाज की बुराईयों के साथ-साथ इस्लामिक कट्टरता एवं बर्बरता के विरुद्ध नहीं था? शायद यही कारण था कि गुरुनानक देव का भक्ति आन्दोलन 'गुरु गोविन्द सिंह' एवं 'बन्दा बहादुर' के आते-आते सैन्य अभियानों में परिवर्तित हो गया। सुल्तान सिकन्दर के काल में जब कश्मीर हिन्दूविहीन हो गया, फिर उसके बाद कभी भी कश्मीर में हिन्दू 5-7 प्रतिशत से ऊपर गया ही नहीं। फिर हम किस साझा संस्कृति एवं सभ्यता की बात करते हैं? पूरे इस्लामिक शासनकाल में हिन्दू इसलिए छोड़ा गया, क्योंकि वह शासन के अनेक कार्यों में निपुण था और पढ़ा-लिखा था और संख्या में कम होने के कारण राज्य के लिए सैन्य एवं राजनैतिक खतरा नहीं था। फिर भी समय-समय पर हिन्दुओं को कई मुस्लिम शासकों की क्रूरता का शिकार होना पड़ा। हम जिस कश्मीर के इतिहास का अध्ययन इस अध्याय में करेंगे, वह उस घाटी का इतिहास है, जो चारों ओर से उन पहाड़ों से घिरी है, जिनकी उँचाई 18000 फुट तक है। इस घाटी की लम्बाई लगभग 199 किमी और चौड़ाई 68 किमी से लेकर

127 किमी तक है (*वैली ऑफ कश्मीर* सर वाल्टर लारेंस) इस घाटी में बूलर, मानसबल और डल झील हैं। बूलर झील भारत में मीठे पानी की सबसे बड़ी झील है। लंबाई 21 किमी एवं चौड़ाई लगभग 9 किमी है। झेलम नदी बूलर झील को दक्षिण में छूते हुए बारामूला की ओर निकलती है। डल झील की लम्बाई लगभग 7 किमी और चौड़ाई 4.5 किमी है। और यह श्रीनगर शहर में ही स्थित है। दुनिया के सुन्दर स्थानों में एक है। इसके आसपास का क्षेत्र अत्यन्त रमणीक एवं मनमोहक है। कश्मीर में प्रमुख धार्मिक पर्वत अमरनाथ लगभग 17500 फुट की ऊँचाई पर स्थित है। यह हिन्दुओं का एक प्राचीन शिव धार्मिक स्थान है। यहाँ की गुफा में बनने वाले हिम शिवलिंग के दर्शनार्थ सम्पूर्ण भारत से तीर्थ यात्री हर साल जुलाई, अगस्त के महीनों में आते हैं। ये धर्मस्थल हजारों सालों से भारतीय समाज के श्रद्धा का केन्द्र रहे हैं और हमारे धार्मिक एवं सामाजिक जीवन को ऊर्जावान रखते हैं। श्रीनगर स्थित शकराचार्य पहाड़ी पर शिवलिंग एवं मन्दिर पाण्डव युग का माना जाता है।

कश्मीर घाटी से होते हुए झेलम मैदानों की ओर चली जाती है। डल झील का पानी आराह नदी से आता है। लेकिन आज झील धीरे-धीरे गन्दी हो-होकर दलदल का रूप धारण करने लगी है और यही स्थिति बनी रही तो वह दिन दूर नहीं जब यह दुःस्वप्न भी साकार हो जाएगा। प्राकृतिक रूप से समृद्ध कश्मीर घाटी पर्यटकों को अपार नयनसुख प्रदान करनेवाली है। सदियों से इसी सुन्दरता को देखने लोग देश-विदेश से आते रहे हैं। यही कारण था कि प्राचीन युग में यह भूभाग देवों की तपोस्थली रहा। अनेक देवी-देवताओं का निवास यहाँ के तुंग शिखरों एवं गुफाओं में रहा।

कश्मीर के इतिहास के अध्ययन के लिए कलहन के महाग्रन्थ *राजतरंगिणी* का पठन आवश्यक है। यह महाग्रंथ ही काव्यरूप में कश्मीर के ऐतिहासिक शोध को तथ्यात्मक एवं कलात्मक ढंग से उस समय की भाषा संस्कृत में प्रस्तुत करता है। उन्होंने ही सर्वप्रथम कश्मीर के इतिहास को लगभग 1148-50 ई. में लिखा और उनके बाद जोनाराजा, श्रीवर, प्रज्यभट्ट और राज्यवलिपतक आदि इतिहासकारों ने यह ऐतिहासिक लेखन का क्रम सन् 1586 तक शुरू रखा। कलहन के इतिहास को आज भी कश्मीर के घर-घर में याद रखा जाता है। कश्मीर के लिए यह सौभाग्य की बात थी कि कलहन जैसे विद्वान इस इतिहास को लिखकर हमें भारतीय इतिहास की भी एक झलक दिखाई। कलहन ने इस ऐतिहासिक धरोहर के शोध लेखन के लिए अनेक अन्य पूर्व लिखित या मौखिक लोगों की यादों का सहारा लिया। इस शोध के लिए पण्डित कलहन नें पुराणों, धर्मग्रन्थों एवं कथाओं का भी सहारा लिया। आज कलहन के इस शोध को ही सबसे अधिक प्रामाणिक एवं तथ्यपूर्ण माना जाता है। कश्मीर के इतिहास के हर विद्यार्थी के लिए इसका अध्ययन एवं मनन अति आवश्यक है। यह महाकाव्य या महाग्रन्थ कश्मीर के साहित्य कला एवं ज्ञान का एक अमिट नमूना है।

यह कश्मीर में संस्कृत भाषा के प्रयोग का एक जीवन्त उदाहरण देकर, कश्मीर को भारतीय सभ्यता का ही एक अंश दर्शाता है। कश्मीर का प्राचीन इतिहास, भारतीय संस्कृति एवं सभ्यता के इतिहास को दोहराता हुआ ही दिखता है। हस्तिनापुर राज्य की सीमाएँ तिब्बत, अफगानिस्तान और मध्य एशिया तक थीं।

'नीलमत-पुराण' के अनुसार आज की कश्मीर घाटी एक बृहद झील हुआ करती थी, जिसका नाम सतीसर था और मान्यताओं के अनुसार, भगवान शिव और पार्वती यहीं प्रवास करते थे। माता पार्वती के नाम पर ही यह झील 'सतीसर' कहलाई। इस झील में जलोदभव नाम का दैत्य रहता था, जिसने वहाँ वास करने वाले वनवासियों को, जो नाग समुदाय के थे, परेशान कर रखा था। यह नाग समुदाय इस घाटी क्षेत्र का रक्षक एवं मूल वासी था। इस नाग समुदाय के अतिरिक्त घाटी में प्रवास करने वाले लोग मात्र तपस्वी एवं सन्यासी थे। नाग समुदाय के इस विकराल संकट का पता जब उनके गुरु एवं पिता तुल्य संरक्षक महऋषि कश्यप को चला, तो वह अत्यन्त दुःखी एवं क्रोधित हुए। कश्यप महामुनि ने यह बात ब्रह्मा और अन्य देवताओं को बताई और उनसे सहायता के लिए गुहार लगाई। महऋषि की बात देवता एवं भगवान भी टाल न सके और वह लोग कश्मीर की धरती पर प्रकट हुए परन्तु ब्रह्मा के वरदान के कारण जलोदभव जल के भीतर अपराजेय था। अतः झील के जल के भीतर उसका बाल भी बाँका नहीं किया जा सकता था। इस परिस्थिति से निपटने के लिए भगवान विष्णु के कहने पर बलभद्र ने झील को एक स्थान पर काट दिया, जिससे झील का सारा जल बह गया। 'सतीसर' झील के स्थान पर एक विशाल मैदान बन गया था। जलोदभव जल सूखते ही चक्रधारी विष्णु के चक्र से मारा गया। प्रसन्नचित्त कश्यप ने कश्मीर घाटी में रह रही जनजातियों को निडर हो जल से निकली इस भूमि पर कृषि कार्य के लिए प्रोत्साहित किया। इस प्रकार घाटी शनैः-शनैः सभ्यता धारण करने लगी। कश्मीर का प्राचीन इतिहास लगभग कौरव वंश या हस्तिनापुर शासन के समय से प्रकाश में आता है, क्योंकि उसी समय के लिखित प्रमाण हमारे पौराणिक ग्रंथों इत्यादि में हैं। हस्तिनापुर साम्राज्य का विस्तार अखण्ड भारत था और वह काल भारत की गौरवशाली सभ्यता, संस्कृति एवं शक्ति का चरम था। कश्मीर इतिहास में जिस जलोदभव वध की घटना का वर्णन है। उसकी पुष्टि बाद में भूगर्भ शास्त्रियों के द्वारा वहाँ पर झील की उपस्थिति बताकर की गई है। अतः पौराणिक कथाएँ एवं यह इतिहास काफी हद तक तथ्य एवं वैज्ञानिकता आधारित है।

कलहन इस प्रकार कश्मीर के इतिहास का आरम्भ राजा गोनंद प्रथम के काल से करते हैं। गोनंद श्रीकृष्ण का समकालीन एवं धुर विरोधी था। गोनंद, श्रीकृष्ण के विरोधियों के साथ मिलकर उनको युद्ध में पराजित करना चाहता था, परन्तु युद्ध में वह स्वयं मारा गया और बाद में उसका पुत्र दामोदर भी। यहाँ पर यह निष्कर्ष निकालना मुश्किल नहीं है कि यह युद्ध एक प्रकार से या तो साम्राज्य विस्तार के लिए

लड़ा गया था या फिर एक विस्तृत साम्राज्य को निरन्तर सुदृढ़ बनाए रखने के लिए। अतः यहाँ यह तथ्य भी प्रकाश में आता है कि कश्मीर सदैव ही भारत की केन्द्रीय सत्ता का एक हिस्सा रहा है। भारतीय सम्राट ही यहाँ के उत्तराधिकारियों का चयन करते थे। दुर्बल केन्द्रीय सत्ता ने ही कश्मीर को अवश्य स्वतन्त्र रहने का अवसर प्रदान किया। लेकिन वह मात्र अपवाद थे अन्यथा कश्मीर सदैव भारतीय सभ्यता एवं साम्राज्य का एक अभिन्न अंग था। सामान्य ज्ञान के अनुसार महाभारत युद्ध के उपरान्त भी हस्तिनापुर सिंहासन के ही उत्तराधिकारी कश्मीर के स्वामी थे। यह सब भारत के अपार सैन्यशक्ति एवं आर्थिक शक्ति के काल थे। भारतीय सनातन धर्म पूरे विश्व पर प्रभावी था। यह भारतीय सभ्यता के स्वर्णिम युग थे, जिसमें हम विश्व शक्ति थे। आधुनिक ऐतिहासिक अध्ययन पद्धति के अनुसार भारतीय प्राचीन इतिहास के लिखित एवं प्रामाणिक अवशेष लगभग मौर्य वंश काल से मिलना आरम्भ होते हैं। यहीं से हमारा कालानुक्रमिक इतिहास प्रारम्भ होता है। चन्द्रगुप्त मौर्य ने चाणक्य के बौद्धिक संरक्षण में जिस साम्राज्य की स्थापना की, उसका विस्तार वर्मा से मध्य एशिया और दक्षिण में कन्याकुमारी तक हुआ। मौर्य शासन ने ही ग्रीस के आक्रान्ताओं से भारत भूमि को मुक्ति दिलाई। मौर्य वंश ने चाणक्य के दिशा-निर्देशन में एक अदभुत राज्य संचालन प्रणाली एवं व्यवस्था को बनाया और सुचारू रूप से संचालित भी किया। राज्य संचालन एवं युद्ध कला पर चाणक्य का महाग्रन्थ 'अर्थशास्त्र' आज भी सामायिक एवं अदभुत है। ऐसे ही सुदृढ़ शासन संचालन ने हमें एक विशाल साम्राज्य दिया था। इसी वंश में सम्राट अशोक महान ने लगभग 273 ई. पूर्व जन्म लिया, उसने भारत के विस्तार को और नए-नए आयाम दिए। अशोक के द्वारा निर्मित अनेक 'बौद्ध स्मारक', 'स्तूप' और 'विहार' आज भी अपनी सभ्यता के इतिहास को कहते हैं। उस काल के 'शिला लेख' और अनेक 'स्तम्भ' आज भी भारतीय सभ्यता की महानता के अद्वितीय प्रतीक हैं। अशोक ने ही कश्मीर को मौर्य साम्राज्य का एक बार फिर हिस्सा बनाया। कश्मीर की राजधानी श्रीनगर का निर्माण अशोक द्वारा किया गया, जो धीरे-धीरे एक भव्य नगर में विकसित हुई। अशोक ने अपने काल में अनेक भव्य मन्दिरों एवं विहारों का निर्माण कश्मीर में करवाया। अशोक का शासनकाल 'कलिंग युद्ध' के लिए कुख्यात हुआ, तो उसके प्रायश्चितस्वरूप 'बौद्ध धर्म' के विस्तार के लिए विश्वविख्यात भी हुआ। उसके पुत्र और पुत्री बौद्ध धर्म के प्रचार एवं प्रसार के लिए श्रीलंका और कई दक्षिण एशिया के देशों में गए। समानता के अधिकार और शान्तिप्रियता जैसे सिद्धान्तों ने इसे अति लोकप्रिय बना दिया। हिन्दू धर्म भारत से लगभग लुप्तप्राय हो गया। सम्पूर्ण भारत में बौद्ध धर्म के ही स्तम्भ और स्तूप इत्यादि निर्मित होने लगे और बौद्ध भिक्षु पूरे विश्व में धर्म प्रचार के लिए लम्बी यात्राएँ करने लगे। अशोक काल के शिलालेख मानवजीवन जीने के दुनिया को अद्भुत एवं अलौकिक सिद्धान्तों से परिचित कराते हैं। 'सारनाथ अशोक स्तम्भ' आज हमारा

राष्ट्रीय चिह्न है। अशोक काल में बौद्ध धर्म पूरे दक्षिण-पूर्वी एशिया में फैला। कश्मीर घाटी में भी बौद्ध धर्म का आगमन इसी काल में हुआ। अशोक ने यहाँ अनेक बौद्ध विहारों एवं स्तूपों का निर्माण करवाया। अशोक के समय से ही बौद्ध धर्म प्रभाव तिब्बत और आस-पास फैलना शुरू हुआ। लेकिन अशोक के द्वारा कभी भी बौद्ध धर्म को अन्य कश्मीरी हिन्दुओं पर थोपा नहीं गया। हिन्दू और बौद्ध धर्म पूर्ण सहिष्णुता एवं भाईचारे के साथ एक साझा सांस्कृतिक विरासत के निर्माण में सदैव लगे रहे। परन्तु भारतीय सभ्यता की इस साझी विरासत पर कभी भी किसी को कोई आश्चर्य नहीं हुआ, क्योंकि 'सनातन धर्म' के मूल में ही 'सर्वे भवन्तु सुखिनः' सदा-सदा से विद्यमान है। विविधता एवं बहुलतावाद की सांस्कृतिक जड़े भारतीय सभ्यता में उसी धार्मिक एवं सामाजिक दर्शन से पैदा हुईं। भारतीय सभ्यता के मर्यादा पुरुषोत्तम श्रीराम ही बने। क्योंकि वह महान सामाजिक एवं मानवीय मूल्यों के प्रवर्तक एवं संरक्षक थे। और उन्होंने उन महान मूल्यों को अक्षय बनाए रखने के लिए महान त्याग किए। यह चर्चा भारतीय सभ्यता के मूल्यों को समझने के लिए अति आवश्यक है और भारतीय सभ्यता समझने के बाद ही सामाजिक, राजनैतिक एवं धार्मिक जीवन को समझ पाएँगे। कैसे 'भारतीय बहुलतावाद' उसके सामाजिक सरोकार के साथ-साथ धर्म में भी अनेक कोटि देवी-देवताओं एवं अनेक पूजा पद्धतियों के रूप में विद्यमान है। कैसे अलग-अलग भौगोलिक एवं सामाजिक वर्ग में ईश्वर के अनेक रूपों का पूजन किया जाता है, लेकिन फिर भी कोई 'धर्म युद्ध' या 'जिहाद' का प्रश्न कभी उत्पन्न नहीं हुआ। भारतीय आध्यात्मवाद एवं बहुलतावाद समावेशी है, जिसे किसी पंथ या धर्म से भय, ईर्ष्या या द्वेष नहीं है। सनातन धर्म ईश्वर को सगुण, निर्गुण किसी भी रूप में मानने को तैयार है। यहाँ हैं मानवतावाद के समन्वयवादी सिद्धान्त, जिसमें सभी मतों की समान मान्यता है। आज की दुनिया में हिंसा रोकने का एकमात्र साधन एवं मार्ग, त्याग और सहिष्णुता जीवन के लिए आवश्यक है।

अशोक काल में कश्मीर में बौद्ध धर्म ने जिस सहिष्णुता एवं धर्मपरायण समाज का निर्माण किया, वह सदैव हिन्दू समाज का आधार एवं सिद्धान्त रहा।

सम्राट अशोक की मृत्यु के पश्चात उसके पुत्र जलोका ने कश्मीर के शासन की बागडोर संभाली। कलहन के अनुसार, वह एक कुशल नेतृत्वकर्त्ता एवं यशस्वी शासक था, उसने युद्धों में विजय प्राप्त की। *राजतरंगिणी* के अनुसार, जलोका के विद्वान सलाहकार एवं आध्यात्मिक गुरु ने बौद्धों के एक समूह को शास्त्रार्थ में पराजित किया जो उस समय बहुत ही शक्तिशाली माने जाते थे। जलोका ने उसी दिन से हमेशा-हमेशा के लिए नंदीश क्षेत्र के विजयेश्वर एवं ज्येष्ठेश की पूजा का व्रत ले लिया था। यह दोनों भगवान शिव के ही रूप हैं। लेकिन सम्राट जलोका का शासनकाल विकास की दृष्टि से साधारण ही रहा। व्यापार, कृषि और उद्योग आदि अपनी कोई अलग पहचान

न बना पाए जैसा कि उसके पूर्वजों के समय में था। राज्य की शासन-व्यवस्था भी बहुत साधारण रही, जिसमें कोई उल्लेखनीय परिवर्तन दृष्टिगोचर नहीं होता है।

जलोका के काल से हिन्दू पुनर्जागरण आरम्भ हो गया था। उसने स्वयं अनेक बौद्ध विहारों एवं मठों को मन्दिरों में परिवर्तित करा दिया था। बौद्ध धर्म को उसके शासनकाल में कोई राजकीय सहायता एवं सम्मान नहीं मिला। किन्तु सम्राट ने अपने जीवनकाल में कुछ घटनाओं से प्रभावित हो बौद्ध धर्म को पुनः संरक्षित किया एवं कुछ विहार बनवाने के साथ-साथ अनेक का जीर्णोद्धार भी करवाया। जलोका की मृत्यु के उपरान्त दामोदर द्वितीय कश्मीर का राजा बना। वह भगवान शिव का उपासक था। दामोदर मौर्य वंश का था या किसी और वंश का यह ज्ञात नहीं है। उसका शासनकाल आर्थिक व्यवस्था की दृष्टि से विलक्षण था। कहते हैं कुबेर स्वयं उसके मित्र एवं शुभचिन्तक थे। उसने बाढ़ से बचने के लिए बाँध इत्यादि बनवाए थे। उसने कश्मीर को सिंचित बनाने के लिए बाँधों के द्वारा जल को अन्य स्थानों पर पहुँचाने की व्यवस्था भी की। उसनें एक ऐसे नगर की भी स्थापना की, जहाँ बाँध के द्वारा पानी भेजा जा सकता था। कृषि एवं व्यापार सुदृढ़ होने से जन सामान्य का जीवन भी सुखमय हो गया था। परन्तु इस समय तक मौर्य वंश धीरे-धीरे दुर्बल होता जा रहा था, उसकी सैन्यशक्ति क्षीण हो रही थी। अशोक के बौद्ध धर्म में जाने के साथ ही भारतीय सभ्यता का सैन्य तन्त्र पतनोन्मुख हो चला था। लोग धीरे-धीरे शक्ति उपासना से शान्ति उपासना की ओर चले गए थे और भूल गए थे कि इतिहास केवल शक्ति संचालित हैं और शक्ति से ही बनते हैं। मौर्य साम्राज्य का पतन भारतीय सभ्यता एवं भारत के गौरवशाली इतिहास का पतन बनने जा रहा था।

मौर्य साम्राज्य की दुर्बलता ने अनेक छोटे-छोटे राज्यों को स्वतन्त्र कर दिया था। लेकिन वह स्वतन्त्रता मात्र एक आभासी सच था और कालान्तर में ये छोटे-छोटे राज्य बाहरी आक्रमणकारियों के एक-एक कर ग्रास बनते गए। मानव का व्यक्तिगत स्वार्थ, लालच एवं मोह उसे हमेशा नर्क के द्वार पर पहुँचाता है। वह कभी भी इतिहास की गलतियों यहाँ तक कि स्वयं की गलतियों से कुछ भी सीखने को तैयार नहीं होता है। छोटे-छोटे राजाओं के व्यक्तिगत स्वार्थ एवं महत्वाकांक्षा भी इसी प्रकार काम करती है। आज भी कश्मीर के अलगाववादी इसी रास्ते पर चलने को तैयार है।

सम्राट अशोक के शासनकाल के लगभग 3 शताब्दियों बाद कुषाण आक्रमणकारियों ने भारत की धरती पर अपने पैर रखे और यहाँ टूट चुकी राज्य व्यवस्था को ध्वस्त करते चले गए और एक नए वंश एवं शासन की आधारशिला रखी। कलहन ने कुषाणों में हुस्क-जुस्क और कनिष्क के नाम का उल्लेख किया। इन में सबसे अधिक योग्य एवं महान शासक कनिष्क था। कुषाण वंश के राजा बौद्ध धर्म के अनुयायी थे। कुषाण वंश के शासक तुर्क थे और चीनी इन्हें 'यून्ची' कहते थे। कुषाणों ने अनेक बौद्ध विहारों एवं चैत्यों का निर्माण करवाया। बौद्ध धर्म इनके शासन काल में पुनः

फलने-फूलने लगा। इस काल में कश्मीर बौद्ध धर्म के केन्द्र के रूप में विकसित हुआ। बौद्ध धर्म की महायान शाखा का कश्मीर प्रमुख केन्द्र था। कश्मीर में अनेक बौद्ध सभाओं का विश्वस्तरीय आयोजन हुआ। कनिष्क प्रसिद्ध अश्वघोष, जिन्होंने 'बुद्धचरित' की रचना की, के संरक्षक थे। इस 'बुद्धचरित' का 420 ई. में चीनी भाषा में अनुवाद किया गया। कनिष्क ने अश्वघोष को अपार धन सम्पदा देकर कश्मीर में बसाया था और यहीं से वह अपने साहित्य के कार्यों के द्वारा बौद्ध धर्म का प्रचार-प्रसार करते रहे। अश्वघोष एक महान कवि, संगीतकार, विद्वान, धर्म प्रवर्तक और एक त्यागी बौद्ध भिक्षु था। उसके अनुशासन एवं धर्म परायणता से ही बौद्ध धर्म मध्य एशिया, चीन, कोरिया एवं जापान जैसी जगहों तक धीरे-धीरे पहुँचा। इसी काल में एक और महान बौद्ध विद्वान एवं दार्शनिक नागार्जुन भी हुए। उनका जीवनकाल पहली शताब्दी माना जाता है। नागार्जुन 'माध्यमिका' के रचयिता भी हैं उनेक दर्शन का बौद्ध धर्म पर गहरा प्रभाव पड़ा। आज भी अनेक बौद्ध देशों में उनके दर्शन पर परिचर्चाएँ होती हैं। ऐसे ही महान बौद्ध विद्वानों एवं दार्शनिकों ने अपने तप, त्याग, आध्यात्म से बौद्ध धर्म को सम्पूर्ण जगत में वन्दनीय बना दिया।

दक्षिण भारत में गुटूंर आदि स्थानों पर बौद्ध विहारों की खुदाई एवं शोध में अनेक बौद्ध मूर्तियों के साथ नागार्जुन की मूर्तियाँ एवं शिलालेख मिलते हैं। तिब्बत और नालन्दा आदि स्थानों से भी नागार्जुन की मूर्ति और चित्र प्राप्त हुए, आज पटना संग्रहालय में संरक्षित हैं। बौद्ध धर्म के अनेक विद्वान कश्मीर की धरा से ज्ञान की नदियाँ पूरे विश्व एवं भारत में प्रवाहमान कर रहे थे। यदि अशोक के शासनकाल में बौद्ध धर्म दक्षिण एवं दक्षिण-पूर्व एशिया में फैला, तो कुषाण वंशज कनिष्क के काल में यह मध्य एशिया, चीन, अफगानिस्तान, कोरिया एवं जापान तक फैला। बौद्ध धर्म का यह विस्तार भारतीय आध्यात्म एवं सभ्यता का विस्तार था। दुनिया को सत्य, अहिंसा, न्याय, सहिष्णुता, दया, करूणा एवं मोक्ष का ज्ञान बौद्ध धर्म के द्वारा दिया जा रहा था। भारतीय सभ्यता बौद्ध धर्म के द्वारा बिना किसी भी हिंसा के दुनिया के एक बड़े भाग में आग की तरह फैल रही थी। यह सिद्ध करता है कि कोई भी धार्मिक, सामाजिक या राजनैतिक विचारधारा किसी पर भी शक्ति से थोपी नहीं जा सकती है। इसी बलात् धर्म प्रचार के कारण आज सभ्यताओं का टकराव अवश्यम्भावी हो गया है। आज भी भारतीय सहिष्णुता एवं समन्वयवादिता अक्षुण्ण हैं। आज भारतीय दर्शन एवं अध्यात्म ही विश्व को शान्ति दे सकता है, अन्यथा आज जो पश्चिमी एशिया से लेकर यूरोप तक युद्ध विभीषिका फैल रही है, वह शीघ्र ही असाध्य महामारी का रूप धारण करने वाली है। शायद पश्चिमी एशिया शरणार्थी विस्थापन कहीं यूरोपीय संघ के विघटन का कारण न बने। कहीं ब्रसल्स (बेल्जियम की राजधानी) जहाँ मुस्लिम आबादी आज 25 प्रतिशत है, पश्चिमी यूरोप में 'जिहादी आतंक का मदीना' न बन जाए। आज यूरोप में हो रही आतंकी घटनाएँ भविष्य के असाधारण घटनाक्रम की

ओर इशारा कर रही हैं। इतिहास के साथ-साथ सामयिक घटनाक्रम हमारी ऐतिहासिक समझ को परिपक्व करने के लिए आवश्यक है। कुषाण शासक भारतीय सभ्यता-संस्कृति के पालक हो गए। उन्होंने उस समय के बौद्धमत का अधिक से अधिक प्रचार-प्रसार एवं विस्तार किया। वह साम्राज्यवादी न रहकर भारतीयता के अंग बन गए। उनके शासनकाल में बौद्ध संस्कृति, कला, एवं वास्तु का विकास अपने उच्चतम शिखर तक पहुँचा। उस काल के अनेक बौद्ध विहार, स्तूप, कलाकृत्तियाँ, मूर्तियाँ सिक्के आदि आज भी भारतीय उपमहाद्वीप के अनेक स्थानों पर पाए जाते हैं। कुषाण शासकों में कनिष्क का नाम उल्लेखनीय है। उसके काल में भारतीय सभ्यता एवं सीमाओं का विस्तार सर्वाधिक रहा। कश्मीर का नाम उसी के काल में मध्य एशिया और चीन आदि देशों में फैला। कश्मीर की ख्याति बौद्धिक नगर के रूप में कनिष्क के काल में हुई। कुषाण वंश का शासनकाल पहली और दूसरी ईसवी तक कश्मीर में प्रभावी था।

कुषाण वंश के अन्त के साथ कश्मीर सत्ता पुनः कुछ स्थानीय राजाओं के हाथ में रही, किन्तु वह शासक भारतीय इतिहास में कोई उल्लेख्नीय योगदान नहीं कर पाए। इस काल में बौद्ध धर्म का स्थान धीरे-धीरे हिन्दू धर्म ले रहा था। कलहन ने *राजतरंगिणी* में अभिमन्यु प्रथम, गोनंद तृतीय, विभीषण प्रथम, इन्द्रजीत, रावण, विभीषण द्वितीय, नरा आदि राजाओं के नामों का उल्लेख किया है। इन नामों से आप कश्मीर पर भारतीय सभ्यता एवं हिन्दू धर्म का प्रभाव आसानी से देख और समझ सकते हैं। किस प्रकार हजारों वर्षों से आजतक 'रामायण' और 'महाभारत' जनमानस के हृदय में रची-बसी है। यह दर्शाता है सभ्यता की एकरूपता एवं उसके बृहद भौगोलिक विस्तार को। यूँ ही नहीं राम और कृष्ण आज भी हमारे नायक हैं।

इन शासकों के काल में धीरे-धीरे बौद्ध धर्म का स्थान हिन्दू धर्म ने लेना शुरू कर दिया। कलहन के अनुसार, बौद्ध धर्म के शनैः-शनैः समाप्त होने का कारण ब्राह्मणों द्वारा यह एक भ्रान्ति फैलाना था कि कश्मीर में हो रही सारी प्राकृतिक आपदाओं के लिए बौद्ध भिक्षु जिम्मेदार हैं, क्योंकि वह धार्मिक कर्मकाण्ड नहीं करते हैं, जिससे कि ईश्वर ने सभी को अभिशप्त किया हुआ है। इसी कारण से अत्यधिक हिमपात, गर्मी एवं वर्षा होने लगी है। और जहाँ-जहाँ ब्राह्मणों ने दान-दक्षिणा, बलि आदि आरम्भ की है, वहाँ अब सुख-शान्ति स्थापित हो रही है। इस प्रकार से दुष्प्रचार के माध्यम से तत्कालीन शासकों को बौद्ध धर्म के विरुद्ध कार्यवाही के लिए उकसाया गया। यूँ शुरू हुआ बौद्ध धर्म की उपेक्षा एवं उत्पीड़न का राजकीय क्रम। हिन्दू धर्म के ऐसे अन्धविश्वासों एवं कर्मकाण्डों का सामाजिक क्रान्तिकारी उत्तर था बौद्ध धर्म, परन्तु इस सामाजिक क्रान्ति से स्वार्थी एवं अज्ञानियों को पद, प्रतिष्ठा एवं अर्थ हानि थी और उनकी आजीविका पर ग्रहण लग गया था। अतएव वह इस महानतम सामाजिक व्यवस्था के कट्टर विरोधी थे। कश्मीर में धीरे-धीरे फिर से मठों एवं विहारों में ही अनेक स्थानों पर शिव उपासना आरम्भ हो चुकी थी। यह काल भारतीय

इतिहास में किसी महत्वपूर्ण उपलब्धि या घटना को नहीं जोड़ता है। इस काल में एक प्रकार से समाज में कुरीतियों एवं कर्मकाण्डों की पुनरावृति आरम्भ हो चुकी थी। पाँचवी शताब्दी के अन्त तक धीरे-धीरे एक बार फिर भारत की केन्द्रीय सत्ता जो गुप्ता शासकों के हाथों में थी, कमजोर हो रही थी। छोटे-छोटे राज्य अपनी स्वतन्त्रता के लिए लड़ रहे थे। ऐसे ही अस्थिर राजनैतिक परिस्थितियों के बीच छठवीं शती के आरम्भ में आ धमके हूणों ने अफगानिस्तान की बौद्ध सभ्यता को नष्ट कर दिया। उत्तर भारत में उन्होंने भविष्य के सैन्य अभियानों एवं शासन-व्यवस्था को सुचारू रूप से चलाने के लिए अपना मुख्यालय सियालकोट (सकाला) में बनाया। हूणों ने उस समय भारत में फल-फूल रहे बौद्ध धर्म को अत्यधिक हानि पहुँचाई। अनेक मठ, विहार एवं स्तूपों को खण्डित एवं नष्ट किया। असंख्य बौद्ध भिक्षुओं की सामूहिक हत्या की। हूण आक्रमण भारतीय सभ्यता के लिए एक आपदा से कम न था। हमारे वास्तु एवं स्थापत्य कला के अनेक अद्वितीय नमूने नष्ट हो गये। हूणों ने भारत के दक्षिण एवं पश्चिम तक अपने विनाश का ताण्डव खेला। वह बेहद क्रूर एवं असभ्य थे। हूणों का मुख्य सेनापति एवं शासक मिहिरकुल था। वह साहसी होने के साथ-साथ निर्दयी व क्रूर था। युद्ध के समय उसने रास्ते में पड़ने वाले गाँव एवं नगर सब नष्ट कर दिए।

हूणों को एक ऐतिहासिक मत के अनुसार, गुप्त वंश के अन्तिम शासक बालादित्य ने पराजित किया और दूसरे मत के अनुसार, उन्हें मालवा के यशोवर्धन ने पराजित किया। परन्तु हूणों को हराने के लिए कुछ राज्यों ने सैन्य गठबंधन किया और उसे लगभग सन् 530 ई. के मध्य पूर्ण रूप से पराजित कर उत्तर भारत से खदेडा। वह इस पराजय के बाद अपनी बची सेना को लेकर कश्मीर की ओर भागा और फिर कश्मीर पर वह कुछ सालों तक राज्य करता रहा। आज भी कश्मीर में उसकी क्रूरता की अनेक कहानियाँ प्रचलन में हैं। हूण बौद्ध धर्म के कट्टर विरोधी होते हुए भी शिव के उपासक थे। उन्होंने अपने शासनकाल में अनेक शिव मन्दिर बनवाए। अन्ततः हूणों को परास्त कर भारत से भगाने का श्रेय हर्ष वंश के राजाओं को जाता है, जिनकी राजधानी थानेश्वर में थी।

मिहिरकुल के बाद कश्मीर में जिन राजाओं का शासन आया, उनमें कोई विशेष उल्लेखनीय नाम नहीं था। कलहन ने जिन नामों का *राजतंरगिणी* में वर्णन किया है उनमे नरा, क्षितनन्द, नरा द्वितीय, अक्ष प्रमुख रूप से उल्लेखनीय नाम हैं। गोपादित्य छठी शताब्दी के अन्त अथवा सातवीं शताब्दी के आरम्भ में कश्मीर का शासक रहा होगा। उसका शासन सामाजिक एवं धार्मिक रूप से उत्तम एवं सहिष्णु था। उसने भारत के अनेक स्थानों से कश्मीर में ब्राह्मणों को आमंत्रित किया। वह हिन्दू धर्म का अनुयायी था। उसने गोपा पहाड़ी पर ज्येष्ठश्वर निर्माण करवाया। इसी गोपा पहाड़ी को शंकराचार्य भी कहते है, यह श्रीनगर में स्थित है। आज का शिव मन्दिर भी उसी काल का है और वह भी इसी ज्येष्ठश्वर का हिस्सा रहा होगा। उसने पशु बलि पर पूर्ण

प्रतिबन्ध लगा दिया था। गोपादित्य के वंशज कुछ विशेष उल्लेखनीय कार्य न कर सके और उनमें से अधिकांश ढ़ीले प्रशासक एवं खराब व्यवस्थापक सिद्ध हुए। राज्य की शासन-व्यवस्था बिगड़ती रही और उसका स्थान अराजकता ने ले लिया। कश्मीर एक बार फिर अंधकार एवं पतन की ओर अग्रसित हो रहा था। जनमानस एवं कुलीन वर्ग सब दिशाहीन एवं व्यथित थे। साम्राज्य एवं सभ्यताएँ बनती और बिगड़ती मानव के गुण-दोषों से ही हैं। समाज का उत्थान-पतन मानव उद्यम, पराक्रम एवं बुद्धिमत्ता पर निर्भर है। कश्मीर में भी ऐसा ही हो रहा था। शायद ऐसा सत्ता हस्तान्तरण मात्र पारिवारिक सदस्यों में होने के कारण हो रहा था, जिससे कि योग्य-अयोग्य के चयन की प्रक्रिया ही समाप्त हो चुकी थी। उत्तम व्यक्ति का चयन ही अच्छे शासन का आधार हो सकता है। आज भी भारत में शासन की गिरती गुणवत्ता एवं भ्रष्टाचार का प्रमुख कारण राजनीति में परिवारवाद एवं सामन्तवाद है। प्राचीनकाल में जब शासक चयन की सुचारू एवं दोष मुक्त व्यवस्था थी, तब भारतीय सभ्यता एवं साम्राज्य अपने उत्थान के चरम बिंदु पर था। शासक न्यायप्रिय एवं पराक्रमी थे। अनुवांशिक सत्ता हस्तान्तरण सदैव भ्रष्ट एवं अनाचारी होगी। अपवाद के अतिरिक्त सभी शासक गुणहीन एवं चाटुकारिता पसन्द होंगे। अनेक राज्य में अभिव्यक्ति की स्वतन्त्रता को दबाया जाता है। राज्य को दीमक चाटते रहते हैं, लेकिन शासक को इससे कोई अवगत नहीं करा सकता है क्योंकि सभी अपनी स्वार्थपूर्ति में लगे होते है। राजतन्त्र में भी लोकतान्त्रिक व्यवस्था भारतवर्ष के विशाल साम्राज्य की जननी थी और आज हम लोकतन्त्र में राजतान्त्रिक व्यवस्था को देख रहे हैं। राजनैतिक दलों के अनेक सदस्य एवं प्रवक्ता लोकतान्त्रिक राजाओं के भाट-चारण की भूमिका में दिखाई देते हैं। वह अपने गुणहीन राजाओं एवं राजकुमारों के लिए सर्वस्व बलिदान करने का स्वांग करते सड़क से संसद तक दिखाई देते हैं। सम्पूर्ण विश्व के पतन का इतिहास इसी राजनैतिक एवं सामाजिक प्रक्रिया की देन है, जिससे मोह एवं स्वार्थवश शासक अपना उत्तराधिकार एक योग्य व्यक्ति को न देकर अपने ही अयोग्य एवं गुणहीन सन्तान को देकर चले गए, जिसका परिणाम सम्पूर्ण साम्राज्य के विनाश के रूप में हुआ। 'पुरुष बली नहीं होत है, समय होत बलवान।' समय गतिमान है। कश्मीर में राजा आ रहे थे, जा रहे थे, परन्तु अपने निशान समय पर अंकित नहीं कर पा रहे थे। अतः उनका स्मरण भी आज सम्भव नहीं रह गया है।

इस समय भारत में सबसे अधिक प्रभावशाली राजपरिवार उज्जैन का था। महाराज विक्रमादित्य उस समय उज्जैन में सिंहासनारूढ़ थे और उनके पराक्रम के सम्मुख टिकने वाला कोई न था। उनके वैभवशाली शासनकाल में ज्ञान-विज्ञान के क्षेत्र में भारत अनेक उपलब्धियाँ प्राप्त कर रहा था। विक्रमादित्य ने स्वयं मैत्रीगुप्त को कश्मीर का शासक नियुक्त किया। मैत्रीगुप्त एक सहनशील, दयालु और नम्र व्यक्ति

था और व्याख्यानों के अनुसार, उसने स्वयं राजा प्रवरसेन को अपने सभी अधिकार एवं शक्तियाँ समर्पित कर दीं।

पंडित कलहन तृतीय तरंग (*राजतरंगिणी*) में मैत्रीगुप्त और प्रवरसेना के पूर्व शासक मेघवाहन के काल का वर्णन एक बौद्ध सहिष्णु एवं प्रजा प्रेमी राजा के रूप में करते हैं। उसके शासनकाल में पशु वध पूर्णरूप से प्रतिबन्धित था। पूजा-कर्म इत्यादि में बलि के लिए मात्र मृत पशु चर्म के प्रयोग की अनुमति थी। मेघवाहन ने कश्मीर को एक सफल शासन-व्यवस्था एवं सुदृढ़ सैन्य प्रणाली दी। प्रवरसेना मेघवाहन का ही पुत्र था। वह भी अपने पिता के पद चिह्नों पर चल कर प्रजा की सेवा एवं रक्षा करता रहा। कलहन ने इस काल में राजाओं द्वारा प्रजा की भलाई के लिए किए गए कार्यों की पूरी-पूरी प्रशंसा की है। इस काल का शासन नीतिपूर्ण एवं आध्यात्मिक था। प्रवरसेना की सैन्यशक्ति के सम्मुख आस-पास के सभी राजा नतमस्तक थे। कलहन के अनुसार, प्रवरसेना की सेनाओं ने गंगा-यमुना के मैदानों तक अपनी विजय पताकाएँ फहराईं। उसने वितस्ता (झेलम) के ऊपर नावों के प्रयोग से पहली बार पुल बनवाया। उस काल में ऐसे पुल का निर्माण करने वाला वह पहला शासक था। उसने अनेकों मन्दिर एवं बौद्ध विहार भी बनवाए। वह एक कुशल शासक, न्यायप्रिय दण्डाधिकारी एवं वीर योद्धा था।

प्रवरसेना के बाद उसका पुत्र युधिष्ठिर द्वितीय और नरेन्द्रादित्य कश्मीर की गद्दी पर बैठे, किन्तु प्रवरसेना के वंशज वैसे प्रतापी एवं कुशल प्रशासक सिद्ध न हुए। परन्तु इस वंशानुक्रम में रणादित्य ने एक बार फिर अपने पूर्वजों का नाम एवं मान बढ़ाया। वह भी एक कुशल शासक एवं योद्धा सिद्ध हुआ। वह शिव का उपासक था। उसके बाद बालादित्य गोनंद वंश का अन्तिम शासक था। उसके साथ ही गोनंद वंश और कश्मीर के इतिहास का भी एक स्वर्णिम अध्याय समाप्त हुआ।

यह सातवीं शताब्दी का काल रहा होगा, बालादित्य के पुत्र न होने के कारण शासन उसके जमाता दुर्लभवर्धन को मिला। बालादित्य की लड़की का नाम अनंगलेखा था। दुर्लभवर्धन ने 'कारकोटा वंश' के शासन का आरम्भ किया। अनंगलेखा एवं दुर्लभवर्धन के पुत्र का नामकरण प्रतापादित्य पारिवारिक परम्पराओं के अनुसार किया गया। प्रताप आदित्य एक कुशल शासक था। उसके उपरान्त उसके दो उत्तराधिकारी चन्द्रपिदा और तारापिदा कोई उल्लेखनीय कार्य न कर सके और बहुत लघुकाल में अकाल मृत्यु को प्राप्त हुए, परन्तु प्रतापआदित्य के तीसरे उत्तराधिकारी 'ललितआदित्य' ने कश्मीर के इतिहास को अत्यन्त गौरवशाली बना दिया। ललिताआदित्य का काल इतिहासकारों के अनुसार, सन् 697-738 है। ललितआदित्य का शासनकाल कश्मीर का स्वर्ण युग एवं सैन्यशक्ति का बेजोड़ नमूना था। कलहन के अनुसार, ललितआदित्य ने गंगा-जमुना के मैदानों तक अपनी शक्ति का सिक्का स्थापित कर लिया था। उनके अनुसार कन्नौज के तत्कालीन सम्राट ने भी ललितआदित्य की शक्ति का लोहा माना

था। कलहन ने ललितआदित्य की विजय यात्राओं को अखिल भारतीय बताया है। ललितआदित्य की सेनाएँ गंगा-जमुना के मैदानों से होते हुए बंगाल, उड़ीसा और कर्नाटक तक निर्बाध चलती रही। ललितआदित्य के सैन्य अभियान सम्पूर्ण भारत से लेकर मध्य एशिया तक अविराम चलते रहे। इन सैन्य अभियानों में उसने अकूत धन एकत्रित किया, जिसका प्रयोग उसने कश्मीर के विकास एवं निर्माण में किया। उसने अनेक नगर बसवाए, लगभग हर गाँव में मन्दिर बनवाए। झेलम (वितस्ता) नदी से नहरों का निर्माण किया, जो कृषि-कार्य के लिए जल आपूर्ति करती थीं।

मार्तण्ड मन्दिर

'मार्तण्ड मन्दिर' का निर्माण ललितआदित्य की निर्माण कला एवं वास्तु का एक अद्‌भुत उदाहरण था। इस मन्दिर के अवशेष आज भी इसकी भव्यता की गाथा कहते हैं। इस मन्दिर को सुल्तान सिकन्दर ने खण्डित किया था। इतिहासकारों एवं अन्य पुरातत्व वेत्ताओं के अनुसार इसे जलाया भी गया था, जिससे कि उस पर लिखा इतिहास मिट गया। ललितआदित्य ने कश्मीर का सबसे बड़ा साम्राज्य खड़ा किया और शासन व्यवस्था को भी सुदृढ़ किया। कुछ इतिहासकार इसके शासनकाल को सन् 724 से 761 तक भी मानते हैं। ललितआदित्य धार्मिक, न्यायप्रिय एवं प्रजापालक था। उसने बौद्ध विहारों के निर्माण से लेकर अनेक मूर्तियों का भी निर्माण करवाया। वह अनन्य विष्णु भक्त था। उसने भगवान विष्णु की अनेक विशालकाय मूर्तियों का निर्माण करवाया। ललितआदित्य का शासन एवं उसकी राज्य नीतियाँ उसके एक आदर्श राजनीतिज्ञ एवं समाजशास्त्री होने की ओर इशारा करती हैं। वह शासन-प्रशासन

में परिवारी लोगों के होने का विरोधी था और इसको राज्य के पतन का मार्ग मानता था। वह राजकर्मियों के द्वारा भी भाई-भतीजावाद फैलाने का विरोधी था और दोषियों को कठोर दण्ड भी देता था। कश्मीर में उसने एक व्यवस्थित शासनप्रणाली की शुरुआत की। सेना, कृषि, व्यापार और न्याय-व्यवस्था पर विशेष ध्यान दिया। ललितआदित्य का अधिकांश समय कश्मीर से बाहर सैन्य अभियानों में (कारकोटा वंश-दुर्लभवर्धन, 625 ई. आरम्भ हुआ) ही निकल गया। जिससे वह स्वयं कई कार्यों का निरीक्षण सुनिश्चित न कर सका परन्तु फिर भी उसका काल हर प्रकार से कश्मीर का स्वर्णयुग था। ललितआदित्य की मृत्यु के बाद उसके कारकोटा वंशज अयोग्य एवं निर्बल शासक सिद्ध हुए और वह धीरे-धीरे कारकोटा वंश के पतन एवं फिर अन्त का कारण बने। इस प्रकार कारकोटा वंश धीरे-धीरे समाप्त हुआ और उसका स्थान 'उत्पल वंश' ने ले लिया।

सत्ता परिर्वतन सदैव सकारात्मक एवं जन लाभ लेकर आएगा आवश्यक नहीं है। परिवर्तन संसार का नियम है। समय चक्र कश्मीर के राजनैतिक एवं सामाजिक जीवन में भी गतिमान था, परन्तु उसके अनेक शासक जड़ बने रहे। अतः जड़त्व के नियमों के अनुसार मुँह के बल गिरे। यह विज्ञान और दर्शन दोनों ही प्रकृति के इस नियम को विभिन्न रूपों एवं तरीकों से हमें बार-बार बताते हैं। दूरदर्शी राजनीतिज्ञ शासक जानता है कि समय के साथ-साथ कदम मिलाकर ही चलना सम्भव है। समाज, धर्म और राष्ट्र सभी व्यक्तिगत स्वार्थों से ऊपर है। कश्मीर के इतिहास में कभी भी एक के बाद एक सुयोग्य सम्राट, शासक अथवा राजा नहीं आए। दो सुयोग्य शासकों के मध्य समयावधि इतनी अधिक हो गई कि हर एक को कश्मीर के उत्थान के कार्यों को हमेशा शून्य से ही शुरू करना पड़ा। कश्मीर में प्राचीनकाल से लेकर आधुनिक युग तक प्राकृतिक, धार्मिक, सामाजिक एवं राजनैतिक उथल-पुथल रही। किसी न किसी प्रकार की अस्थिरता कश्मीर की विशेषता बन गई। कभी अकाल, आग और बाढ़, तो कभी धार्मिक उठा-पटक। इन सबके पीछे मानवीय भूलो का और फिर उन भूलों को बार-बार दोहराने का कश्मीर स्वभाव और भी असहनीय है। यही कारण है 'अलवरूनी' एवं 'अबू फजल' जैसे इतिहासकार एवं विद्वान भी कश्मीरियों की भर्त्सना करते हैं।

अवन्तिवर्मन (सन् 855-883)

'उत्पल वंश' के शासक एवं प्रतापी राजा 'अवन्तिवर्मन' का राज्याभिषेक बहुत ही धूम-धाम से हुआ और ऐसा प्रतीत हो रहा था मानों स्वयं सूर्य और चन्द्र उसे आशीर्वाद देने चलकर धरती पर आ गए हैं। कलहन के अनुसार, अवन्तिवर्मन का राज्याभिषेक कारकोटा वंश के 265 वर्षों एवं 17 राजाओं के उपरान्त हो रहा था। इन

गणनाओं में कुछ विद्वानों में मतभेद भी है। परन्तु उत्पल वंश का आरम्भ लगभग सन् 850 के आस-पास ही माना जाएगा।

अवन्तिवर्मन का शासन भी कश्मीर का स्वर्णकाल माना जाएगा। अवन्तिवर्मन काल का 'अवन्तिस्वामी मन्दिर' आज भी स्थापत्य कला का एक बेजोड़ नमूना है। दीवारों पर उकेरी गई लक्ष्मी आदि की चित्रावली अद्‌भुत है। विद्वानों के मतानुसार इन पर ग्रीस वास्तु एवं स्थापत्य कला की छाप है। अवन्तिवर्मन का काल साहित्य, कला, संगीत के उन्नति का काल था। उसके समय वाणिज्य एवं व्यापार का विकास अपने चरम पर पहुँचा। कश्मीर का व्यावसायिक आदान-प्रदान दूर-दूर तक फैला। इससे कश्मीर की आर्थिक व्यवस्था अत्यन्त सुदृढ़ हुई। अवन्तिवर्मन, ललितआदित्य की तरह विस्तारवादी तो नहीं था, परन्तु उसने कश्मीर की समृद्धि एवं उसके शहरी और ग्रामीण विकास के लिए बढ़-चढ़कर कार्य किए।

अवन्तिवर्मन के काल में शहरों एवं गाँवों में गन्दे पानी की निकासी हेतु नालों एवं नालियों का निर्माण किया गया। नगरों को यातायात हेतु आपस में जोड़ने के लिए मार्गों का भी निर्माण किया गया। अवन्तिवर्मन समानता एवं सर्वसमाज के विकास में ध्यान देने वाला व्यक्ति था। उसने राज्य के धनाढ्य वर्ग एवं अपने राजपारिवारिक व्यक्तियों का धन भी सरकारी कोष में जमा करा कर उससे राजकीय विकास के कार्य किए। अवन्तिवर्मन स्वयं भी एक सर्वसाधारण व्यक्ति का जीवन जीता था। उसने सारे ऐशो-आराम के साधनों का परित्याग कर दिया था। उसके इन सामाजिक क्रान्तिकारी कार्यों के कारण राज्य में अनेक विद्रोह तक उठ खड़े हुए थे, जिन्हें उसे पूर्ण रूप से कुचलना पड़ा। अवन्तिवर्मन का सिद्धान्त 'त्याग के साथ भोग' हर युग में कल्याणकारी रहेगा। आज का आधुनिक समाज भी ऐसे ही महान व्यक्तियों का प्रतीक्षारत है।

अवन्तिवर्मन स्वयं विष्णु उपासक था, परन्तु उसके राज्यकाल में स्वयं उसके द्वारा शैव् मत को भी समान स्थान दिया गया। अवन्तिवर्मन द्वारा बनाए गए अनेक भव्य मन्दिरों के अवशेष आज भी श्रीनगर के पास अवन्तिपुर में स्थित हैं। यही पास में स्थित अवन्तिस्वामी अर्थात विष्णु मन्दिर काफी अच्छी स्थिति एवं और भी भव्य है। इन सभी मन्दिरों को सुल्तान सिकन्दर के द्वारा नष्ट किया गया था। इस प्रकार कश्मीर के एक महान युग के स्थापत्य एवं वास्तुकला को एक मदान्ध इस्लामिक चरमपंथी द्वारा सदा-सदा के लिए विनाश के मुँह में धकेल दिया गया।

मेघवर्मन की भाँति ही अवन्तिवर्मन के काल में भी बलि और पशुवध पर प्रतिबन्ध था। कहते हैं, उसके काल में मछलियाँ तक नदियों के किनारे आकर धूप सेंका करती थीं, तात्पर्य यह है कि किसी भी प्रकार की जीव-हत्या वर्जित थी।

अवन्तिवर्मन ने कश्मीर को बाढ़ के प्रकोप से बचाने के लिए अपने सुयोग्य जल अभियन्ता सुय्या की सहायता से झेलम को गहरा करवाया एवं आवश्यक स्थानों पर

उसके किनारे-किनारे बाँध का भी निर्माण करवाया गया। यह कार्य समय के हिसाब से दूरदर्शी पहल थी और इससे घाटी में धान की पैदावार कई गुना बढ़ गई थी। उसने अनेक नहरों का भी निर्माण करवाया। उसने 'महापद्मा झील' (वूलर) से आरम्भ कर काफी लम्बी दूर तक वितस्ता (झेलम) नदी के दोनों किनारों पर पत्थरों के सुदृढ़ तटबंध बनवाए, जिसके द्वारा झेलम के पानी को दिशा निर्देशित करना आसान हो गया था।

सुय्या ने कृषिकार्यों के लिए वितस्ता जल वितरण की एक अद्भुत एवं कारगर प्रणाली विकसित की, जिससे कि फसलों के लिए यथोचित समय पर जल मिलता था। उसने ग्रीष्मऋतु के लिए जल भण्डारण के लिए बाँधों का निर्माण किया। वितस्ता के तट पर सुय्या ने जो गाँव बसाया था, वही आज सोपोर है।

अवन्तिवर्मन ने अपने सम्पूर्ण शासनकाल को कश्मीर की भलाई के लिए समर्पित किया। उसने कृषि, व्यापार की दशा एवं दिशा को ठीक किया। उसकी बाढ़ नियन्त्रण एवं सिंचाई प्रणाली आधुनिक युग से सर्वोपरि थी। उसका जीव संरक्षण आज के लिए सीख है। उसकी न्याय-व्यवस्था एवं आर्थिक समाजवाद आज के सत्ताधारियों के लिए एक उदाहरण है। कलहन इसीलिए उसकी तुलना महान सम्राट मान्धता से करते हैं और उसके काल को स्वर्णयुग कहते हैं।

59 वर्ष की आयु में भगवद् गीता का पाठ सुनते हुए यह विष्णु उपासक स्वर्गवासी हुआ और एक बार फिर कश्मीर के इतिहास में उत्तराधिकार का युद्ध शुरू हुआ। अवन्तिवर्मन का 28 साल का शासनकाल कश्मीर में जल नियंत्रण के क्षेत्र में मील का पत्थर साबित हुआ। उसके बाद उत्पल वंश में कोई भी शासन उसकी तरह दूरदर्शी, जनप्रिय या सुयोग्य नहीं हुआ। कश्मीर में एक बार फिर राजनैतिक अन्तर्कलह का चक्र आरम्भ हो गया।

अवन्तिवर्मन की मृत्यु के बाद उसका पुत्र शंकरवर्मन बड़ी कठिनाइयों एवं लड़ाइयों के बाद ग्रहरक्षक रत्नवर्धन की सूझ-बूझ एवं सहायता से सिंहासनारूढ़ हो पाया। परन्तु धीरे-धीरे शंकरवर्मन ने अपने मार्ग की सभी बाधाओं को दूर किया और राज्य के काम-काज को पूर्णरूपेण अपने अधिकार में ले लिया। उसने धीरे-धीरे सैन्य शक्ति को बढ़ाना आरम्भ किया और पर्याप्त संख्या बल के बाद अपने सैन्य अभियानों को कश्मीर से बाहर की दिशा दिखलाई। उसकी सैन्य अभियानों की विजयों ने उसे अपार धन दौलत का स्वामी बना दिया। लेकिन इस लूट-पाट की धन-दौलत से राजा भी अनेक पापों का भागी बन जाता है और वह पाप उसे उसके जीवनकाल में ही प्रायश्चित करने पर विवश कर देते हैं। उसकी बौद्धिक क्षमता कम हो जाती है, अनाचार एवं दुर्व्यवहार उसका चरित्र बन जाता है। ऐसे कर्मों से उसका भी पतन हुआ। उसने बहुत सारा धन व्यर्थ के कार्यों में नष्ट किया। कलहन उसके इन कृत्यों की तुलना उस हाथी से करते

हैं, जो स्वच्छन्द जल में स्नान के बाद फिर से मिट्टी को अपने शरीर पर लेप लेता है। मानव, धन, ऐश्वर्य एवं शक्ति पाकर भी यदि सम व्यवहारी, नम्र, त्यागी और सदाचारी बना रहे, तो उसका स्थान देवों के तुल्य हो जाता है।

शंकरवर्मन का लगभग 18-20 वर्षों का शासन सैन्य अभियानों से भरा रहा, अनेक युद्ध जीते गए, परन्तु कश्मीर का कुछ भी भला नहीं हुआ। जनमानस भारी करों के बोझ तले कराहता रहा। कृषि उपज एकदम ही कम हो गई। कश्मीर में राज्यकर्मी अराजक हो गए थे। मनमानी कर वसूली और कर न देने वालों को मनमाने दण्ड दिए जा रहे थे। लेकिन इन्हीं कृत्यों के कारण आज शंकरवर्मन का कश्मीर में कोई नाम तक नहीं जानता है। उसके द्वारा स्वयं बसाए अपने नाम के नगर को लोग आज केवल पट्टन के नाम से जानते हैं। बुरे कर्म व्यक्ति को इसी हाल पर लाकर छोड़ते हैं। लगभग सन् 902 में युद्ध में आहत हो शंकरवर्मन की मृत्यु हुई। उसके पुत्र गोपालवर्मन को महारानी सुगंधा के अभिभावक रूप में राज्य की बागड़ोर सौंपी गई। किन्तु सुगंधा के अपने मंत्री से अंतरंग सम्बन्ध बन गए थे। रानी सुगंधा के कई और पुरुषों से सम्बन्ध बनते रहे। ऐसी चरित्रहीनता के कारण राजा गोपालवर्मन की हत्या कर दी गई। उसकी हत्या के बाद जब उसका भाई राजा बना, तो मात्र 10 दिनों में ही वह भी मारा गया।

इस प्रकार षड्यंत्र एवं चरित्रहीनता के दौर में उत्पल वंश के प्रतापी राजा अवन्तिवर्मन का पूरा परिवार समाप्त हो गया। धीरे-धीरे कश्मीर के राजा कभी पूरे भारत में सैन्य अभियान पर निकलते थे। आज दिन-प्रतिदिन के खर्च के लिए दूसरों पर निर्भर हो गए थे। सुगंधा की लगभग सन् 914 ई. में मृत्यु हो गई।

इस बीच कश्मीर के सिंहासन के लिए भितरघात चलते रहे। सैन्य अधिकारी इस सत्ता की लड़ाई में पूर्ण भागीदार थे। वह एक-के-बाद एक उत्तराधिकारी बदल रहे थे। इस प्रकार शंकरवर्मन की मृत्यु के लगभग 34 साल पश्चात् सन् 939 में उत्पल वंश का अन्त हुआ। यशास्करदेव को राजसिंहासन पर बिठाया गया। उसका लगभग दस वर्षों का शासन कई मानदण्डों पर पूर्व के 37 वर्षों से कहीं बेहतर था। उसने शासन व्यवस्था को एक दिशा एवं दशा देने का पूर्ण प्रयास किया और काफी हद तक सफल रहा। परन्तु यशास्करदेव 9 सालों के बाद चल बसा। फिर सन् 948 से 949 तक उसके पुत्र के नाम पर पर्वगुप्त शासन करता रहा और अन्त में उसकी भी हत्या कर पर्वगुप्त कश्मीर का शासक बन बैठा। किन्तु पर्वगुप्त मात्र एक साल् भी शासन न कर पाया और मृत्यु को प्राप्त हुआ। उसकी मृत्यु के पश्चात उसका पुत्र क्षेमगुप्त कश्मीर का राजा बना, किन्तु वह भी एक दुर्गुणी एवं चरित्रहीन व्यक्ति था। वह हर पल चाटुकारों एवं मद्यपान करने वाले अनाचारियों से घिरा हुआ नीच कर्मों में लिप्त रहता था।

लोहारा वंश की राजकुमारी दिद्दा से क्षेमगुप्त का विवाह हुआ और उसके बाद क्षेमगुप्त पूर्णरूप से दिद्दा में खो गया। लोग उसे दिद्दाक्षेम के नाम से भी पुकारने लगे थे। दिद्दा का प्रभाव धीरे-धीरे राज-काज में बढ़ने लगा था।

सन् 958 में क्षेमगुप्त की मृत्यु के पश्चात् उसका अबोध पुत्र अभिमन्यु रानी दिद्दा की देख-रेख में राजा बना। परन्तु दिद्दा प्रकृति से निर्दयी एवं निर्भय थी। दिद्दा ने धीरे-धीरे अपने सभी शत्रु एवं मार्ग की बाधाएँ हटाकर अपना पूर्ण वर्चस्व कश्मीर की सत्ता पर कर लिया।

उसने सन् 973 में अपने ही पुत्र की षड्यन्त्रपूर्वक हत्या करवा दी और फिर उसने लगभग सन् 973-75 ई. में अपने पौत्र त्रिभुवन की भी हत्या करवा दी। परन्तु सन् 975 ई. में उसने अपने अन्तिम पौत्र भीमगुप्त को गद्दी पर बिठाया और उसने करीब सन् 980-81 ई. तक कश्मीर पर शासन किया। किन्तु उसे भी अन्त में रानी दिद्दा के हाथों मरना पड़ा क्योंकि दिद्दा को उसके विद्रोही हो जाने का शक हो गया था। भीमगुप्त की हत्या के बाद वह स्वयं कश्मीर के सिंहासन पर सन् 980-81 ई. से सन् 1003 तक विराजमान रही। उसके इस काल में उसके कुछ विशेष लोगों का ही कश्मीर पर परोक्ष य प्रत्यक्ष रूप से राज था। रानी दिद्दा ने षड्यन्त्र रचते एवं झेलते हुए 50 वर्षों तक कश्मीर पर शासन किया और कश्मीर को एक साथ बाँधकर रखा। वह साहसी और बुद्धिमान थी, पर व्यक्तिगत रूप में उसका चरित्र एक सद्गुणी शासक एवं प्रजापालक का न था।

रानी दिद्दा ने अपनी मृत्यु से पहले अपने लोहारा वंश के संग्रामराजा (सन् 1003-28) को कश्मीर का राजा बना दिया। इस लोहारा वंश ने लगभग एक शताब्दी सन् 1003 से 1101 तक कश्मीर पर शासन किया। कश्मीर में गुप्तवंश का काल कोई भी उल्लेखनीय योगदान न दे सका और यही कारण था कि धीरे-धीरे आने वाले समय में कश्मीर की शासनप्रणाली और सभी शासन-प्रशासन के प्रतिष्ठान धराशायी होते चले गए। कुछ अवगुणी, अयोग्य और अकर्मण्य नेतृत्वकर्त्ता महान से महान सभ्यता एवं राष्ट्र को धूल-धूसरित कर सकते हैं। कश्मीर में भारतीय सभ्यता-संस्कृति के साथ वहाँ के मूल शासकों ने कुछ ऐसा ही किया। निजी स्वार्थ, आपसी वैमनस्यता एवं अदूरदर्शिता राष्ट्रीय हितों पर भारी पड़ती गई। बाह्य जगत में इस्लाम अहर्निश चहुँदिश अपना विस्तार कर रहा था और भारतीय हिन्दू राजा अन्र्तमुखी बन आपस में ही युद्धरत थे। घर पहुँच चुके शत्रु की भी आहट नहीं मिल रही थी। इस्लाम 712 ई. में जब सिन्ध में पहुँचा, उस समय भारत के ही अन्य हिस्सों में एक से एक प्रतापी राजा थे, जिनके पास असंख्य सैन्य बल था, किन्तु कोई हिन्दू सैन्य गठबंधन बनाकर इस संकट से निपटने को तैयार न था। परिणामस्वरूप 1192 ई. आने तक दिल्ली भी इस्लामिक शासन के अधीन थी। इन लगभग 480 वर्षों में हम कभी दुनिया में बढ़ रहे इस्लामिक वर्चस्व एवं उसकी बर्बर प्रवृति को न समझ

पाए और उसके विस्तार के हमारे ऊपर पड़ने वाले प्रभाव को भी विश्व के इतिहास से जान पाए। यही राजनैतिक अज्ञानता हमारे धर्म एवं सभ्यता के पतन का कारण बनी। आज भी हम और हमारे राजनैतिक नेतृत्वकर्त्ता अनेक वैश्विक प्रक्रियाओं से अनभिज्ञ हैं, जो कि हमारे आन्तरिक एवं बाह्य सुरक्षा के लिए घातक हैं। क्यों हमारी व्यक्तिगत महत्वाकांक्षा राष्ट्रीय हितों से ऊपर है? क्यों हम वैश्विक स्तर की राजनैतिक एवं सामरिक सोच इस संचार युग में भी विकसित नहीं कर पा रहे हैं।

संग्रामराजा का लगभग 25 वर्ष का शासनकाल इतिहास का एक काला अध्याय ही कहा जाएगा क्योंकि उसने अपने सम्पूर्ण शासनकाल में एक भी विकास व निर्माण का कार्य नहीं करवाया। संग्राम राजा की मृत्यु के पश्चात का काल भी कोई विशेष उपलब्धि का काल नहीं था। संग्राम राजा की मृत्यु के पश्चात उसके पुत्र अनन्त ने लगभग सन् 1028 से सन् 1063 तक कश्मीर पर राज्य किया। अनन्त के गद्दी पर बैठते ही अनन्त के चाचा विग्रह राजा ने कश्मीर पर अधिपत्य के लिए युद्ध छेड़ दिया। परन्तु अन्नत की माँ महारानी श्रीलेखा ने समय पर सैन्य कार्यवाई करते हुए विग्रह राजा को श्रीनगर के पास पूर्णरूप से नष्ट कर दिया। किन्तु राजा अनन्त जो अभी अपनी बाल्यावस्था में था, उसको एक शासक के अनुसार शिक्षा-दीक्षा नहीं दी जा रही थी। वह हर समय कुछ चाटुकार मित्रों एवं रिश्तेदारों मात्र से ही घिरा हुआ रहता था, जो उससे नजदीकियों का लाभ लेकर शासन में भ्रष्टाचार फैला रहे थे।

राजा अनन्त का विवाह सूर्यमती से होने के पश्चात, आगे चलकर रानी ने शासन-प्रशासन का काम अधिक उचित एवं न्यायपूर्ण ढंग से चलाया। रानी के ही आदेशों एवं देख-रेख में अनेक उपद्रवियों का दमन भी किया गया। अनन्त धीरे-धीरे शिवभक्ति में अधिक तल्लीन रहने लगा। अनन्तदेव का काल युद्धों एवं आन्तरिक कलह से सदैव भरा रहा । डमारा आदि के विद्रोह क्रमवार चलते रहे। परन्तु यह सभी राजा कश्मीर की सीमाओं के आस-पास तक सीमित थे। पंजाब में महमूद गजनी का शासन एवं प्रभाव बढ़ रहा था। इस्लाम धीरे-धीरे कश्मीर के आस-पास भी पहुँचने लगा था। इधर इस्लाम विस्तारवादी बन रहा था, तो कश्मीर के राजा अपनी पारिवारिक कलह में ही उलझे हुए थे। अन्तःपुर के झगड़े भी राजदरबारों में लड़े जाने लगे थे। राजाओं की सामरिक एवं राजनैतिक सोच समाप्त हो गई थी। अनन्तदेव के उत्तराधिकारी कलसा आदि भी बस औसत योग्यता के थे, उसके सलाहकार उससे भी निम्न श्रेणी वाले थे। उन लोगों ने शासन प्रबंधन एकदम ही बेकार कर दिया था। राजकाज की प्रत्येक प्रक्रिया अस्थायी तौर-तरीकों से चलाई जा रही थी। इस प्रकार अधिकतर कश्मीरी राजा अन्तर्कलहों एवं दुर्बल चरित्र के कारण कभी भी घाटी से बाहर निकलने का प्रयास तक न कर सके। वह जनता पर ही भारी कर लगाकर सरकारी कोष भरते रहे। इन वंशों के कई राजाओं ने तो मठ एवं मन्दिरों तक के धन को लूट कर अपने राजकीय कोष भरे। राजा कलसा का काल सन् 1063 ई. से सन्

1089 ई. तक रहा। लेकिन ये 25 से 26 साल के शासनकाल इतिहास के पटल पर कुछ भी खास न अंकित कर पाए। इन राजाओं के गिरते चरित्र एवं अज्ञानता के पीछे इनमें नियमित प्रशिक्षण एवं शिक्षण की कमी का होना भी था। दसवीं, ग्यारहवीं शताब्दी आते-आते पूरे भारत में ही किसी भी प्रकार के अच्छे विश्वविद्यालय की कमी थी। चन्द्रगुप्त मौर्य जैसे पराक्रमी और यशस्वी सम्राट अच्छे विश्वविद्यालयों की देन थे और जहाँ चाणक्य जैसे महान विद्वान गुरु थे। भारतीय सभ्यता के वर्णाश्रम समाप्त हो गए थे। दर्शन और युद्ध कौशल राजपरिवारों से परे हो गए थे। उसका स्थान सुख, वैभव एवं विलासिता ने ले लिया था।

इस काल के हर्ष (सन् 1089—1101) जैसे राजाओं ने राजकीय शासन के निम्नतम स्तर को छुआ। उसने इस्लामिक प्रभाव में आकर मन्दिरों एवं मूर्तियों को भी नष्ट किया। इस युग में राजतन्त्र में राजा के चयन की प्रक्रिया पूर्णरूप से समाप्त हो चुकी थी। राज परिवार में षड्यंत्रों एवं हत्याओं के द्वारा ही उत्तराधिकारी सुनिश्चित होने लग गये थे। ऐसी व्यवस्था के फलस्वरूप ही शासन-व्यवस्था भी पथभ्रष्ट हो चली थी। वह समय भी आज के ही राजनैतिक परिवेश की तरह चला था। तब राज परिवार लड़ रहे थे। आज के राजनैतिक प्रथम परिवारों में भी उत्तराधिकार की लड़ाई चालू है। निरीह जनमानस का भूत, वर्तमान और भविष्य तीनो ही बलि वेदी पर न्यौछावर हैं। मानव स्वभाव एवं चरित्र अभी भी विकास की दौड़ में उसी प्राचीनकाल में ठहरा हुआ है। स्वार्थ हर सामाजिक एवं राष्ट्रीय हित पर भारी है। वह अपने अहंकार के लिए किसी व्यक्ति या विषय की बलि दे सकता है। रावण और दुर्योधन अभी भी मानव मन, स्वभाव एवं मष्तिष्क पर राज करते हैं। इस भगवान बुद्ध की धरती पर भी हम मोह-माया में फँसे रह गए। आध्यत्मवाद कहीं सो गया है। मानवता और परोपकार हमारी सभ्यता के महत्वपूर्ण स्तम्भ आज हिल चुके हैं। हर्षदेव सत्ता संघर्ष में उच्चल के सैनिको के हाथों मारा गया। उच्चल ने सभी डामरा विद्रोहियों एवं लुटेरों को धीरे-धीरे समाप्त कर शासन एवं राज्य पर अपनी पकड़ को सुदृढ़ किया। उसने ऐसे ही अनेक अराजक तत्वों एवं उपद्रवी लोगों को मौत के घाट उतार कर राज्य में उत्पात करने वाले व्यक्तियों के द्वारा सीमान्त जनपदों के भूस्वामियों में अपने आप को एक कुशल एवं योग्य प्रशासक के रूप में स्थापित किया। वह निर्धनों एवं पीड़ितों के प्रति सहदय एवं दयालु था। उसने हर्षदेव के समय तोडे गए मन्दिरों एवं मूर्तियों के जार्णोद्धार का कार्य करवाया। वह धर्म सहिष्णु एवं राज्य के व्यापारिक ढाँचे को सुधारने वाला शासक था। उसके लगभग 10 वर्ष के शासनकाल (सन् 1101 से सन् 1111 ई.) तक राज्य में शान्ति और समृद्धि थी। उच्चल ने कायस्थों (सरकारी कर्मचारी) को उनके कार्यों एवं जिम्मेदारियों के प्रति जवाबदेह बना दिया था। उसके शासन में जनता और उसकी सेवा राज्य की वरीयता थी। एक कहावत जो विद्वान कलहन *राजतरंगिनी* में बताते हैं 'केकड़ा अपने जनक को मार देता है, सफेद चींटी

अपनी माँ को नष्ट कर देती है और कृतघ्न राज्यकर्मी राज्यपद मिल जाने के बाद पूरे समाज को नष्ट कर देता है।' कलहन ने नौकरशाही और विषवृक्ष की तुलना करते हुए कहा कि दोनों ही अपने-अपने स्थान को जहाँ वे बढ़ते हैं, अन्य लोगों के आवागमन के लिए दुरूह कर देते हैं। उस विद्वान के अनेक वक्तव्य एवं कथन आज के लिए कितने सटीक बैठते है और सामयिक भी हैं। परन्तु इस योग्य एवं गुणी राजा की हत्या भी षड्यंत्रपूर्वक उसके ही राजकर्मियों एवं कुछ परिवारियों द्वारा की गई उसके सभी विश्वासी जनों को भी मौत के घाट उतार दिया गया। उसका अन्तिम संस्कार वितस्ता तट पर चुपचाप बिना किसी विधि-विधान के सम्पन्न कर दिया गया। उसे न किसी ने मरते ही देखा और न ही अन्तिमसंस्कार में। यह साल सन् 1111 था। लेकिन एक दिन बाद वह सारे षड्यंत्रकारी मारे गए। रड्डा जो विरोधी प्रमुख था और एक रात के लिए सिंहासन पर बैठा, वह भी मारा गया।

उच्चल की मृत्यु के चार महीने बाद तक कश्मीर में उठा-पटक का दौर चलता रहा, परन्तु अन्ततः उसके छोटे भाई सुसाला ने सुलह-समझौते एवं कुछ लड़ाइयों के द्वारा कश्मीर की गद्दी को हासिल किया। सुसाला ने राज्य के शत्रुओं एवं षड्यंत्रकारियों के लिए आतंक का साम्राज्य स्थापित कर दिया। षड्यंत्रकारियों के पारिवारिक सदस्यों तक को मृत्युदण्ड दिया गया। उसका शासनकाल सन् 1112 से सन् 1120 तक रहा। सुसाला का शासनकाल अत्यन्त उतार-चढ़ाव वाला रहा। सन् 1121 में सुसाला को एक बार कुछ समय के लिए राज्य से हाथ धोना पड़ा किन्तु 'परनोत्सा' के युद्ध के बाद उसने पुनः अपना राज्य प्राप्त कर श्रीनगर में प्रवेश किया। परन्तु डमारा लड़ाकों एवं विद्रोहियों के साथ राजा सुसाला की लड़ाईयाँ सालों तक चलती रहीं। सन् 1123 में डमारा उग्रवादियों ने श्रीनगर में आग लगा दी, जिससे की पूरा श्रीनगर आग की लपटों से घिर गया और शत्रुओं द्वारा पूरा नगर घेरा जा चुका था, लेकिन साहसी एवं निडर सुसाला ने निर्भीक होकर शत्रु का डटकर मुकाबला किया। मनुष्य रूपी शत्रु तो समाप्त हुआ परन्तु आग के बाद अकाल ने श्रीनगर एवं कश्मीर को समाप्ति के कगार पर पहुँचा दिया था। कश्मीर राजनैतिक, सामाजिक, आर्थिक और सैन्यरूप से अपनी अन्तिम सांसे ले रहा था। राजकीय शासन व्यवस्था पंगु हो चुकी थी। इन परिस्थितियों में सुसाला ने अपने पुत्र जयसिंह को राज्याभिषेक के लिए बुलाया। राजकुमार को युवराज तो बना दिया गया परन्तु राज्य और राजतन्त्र हस्तान्तरित करने के नाम पर राज्य के पास कुछ न था। लेकिन जयसिंह के उत्तराधिकारी बनते ही राज्य के सितारे बुलंदियों की ओर चढ़ने लग गए। किन्तु अभी भी राजा सुसाला और राजकुमार के मध्य कुछ कारणों से मतभेद और मनभेद बने रहे। धीरे-धीरे उच्चल और सुसाला का चाल-चलन और चरित्र एक जैसे हो गए थे। वह दोनों सामाजिक मर्यादाओं को भूलकर सभी कुकर्मो में लिप्त हो गए। कश्मीर में अविश्वास और धोखा, राजकाज एवं समाज के अंग बन चुके थे। षड्यंत्र और हत्याएँ शासन एवं राजकाज का अभिन्न

अंग बन चुके थे। सन् 1128 ई. के ऐसे ही अनिश्चित कालीन समय में कुछ राज्यकर्मियों एवं अधिकारियों द्वारा राजा सुसाला की महल में ही बड़े निर्मम तरीके से हत्या कर दी गई। कश्मीर में एक बार फिर से रक्तरंजित इतिहास की पुनरावृति होने लगी। वह अनिश्चितता काल के द्वार भारतीय सभ्यता को धीरे-धीरे दीमक की तरह खा रहे थे। सुयोग्य शासकों का अकाल बाहरी आक्रांताओं को भारत की लूट एवं उस पर अपनी साम्राज्यवादी महत्वाकांक्षाओं को पूर्ण करने के लिए खुला आमंत्रण दे रहा था।

इन परिस्थितियों एवं खुले विद्रोह के बीच कश्मीर के राजा सुसाला का अन्तिम संस्कार भी दो स्थानों पर किया गया। सुसाला के सर को राजौरी एवं धड़ को श्रीनगर में अग्नि समर्पित किया गया। इससे अधिक अराजक परिस्थितियाँ और क्या हो सकती थीं? इस प्रकार के अन्तिम संस्कार की घटना ही अपने आप में अभूतपूर्व थी।

सुसाला पुत्र जयसिंह ने अपने कूटनीतिक, राजनैतिक एवं सैन्य क्षमताओं के अद्भुत प्रदर्शन द्वारा अपने पिता की मृत्यु के चार महीनों के भीतर कश्मीर की शासकीय व्यवस्था को पूर्णरूपेण अपने अधिकार में कर लिया। सभी छोटे बड़े भूस्वामी, सैन्यपालक एवं राजा उसके ध्वज तले आ गए थे। लेकिन कश्मीर की अर्थव्यवस्था एवं सामाजिक दशा अभी भी दयनीय थी और राजा के पास प्रचुर संसाधनों का नितान्त अभाव था। राज्य में अनेक डमारा भूस्वामी राजाओं का जीवन जी रहे थे और अनेक भितरघाती अभी अवसर की तलाश में बैठे थे।

जयसिंह ने सन् 1128 ई. से सन् 1149 तक कश्मीर पर शासन किया। उसका शासनकाल राजनैतिक एवं सामाजिक दृष्टि से अच्छा एवं समृद्ध था। कश्मीर में जनता आर्थिक रूप से खुशहाल रही एवं व्यापार में भी उन्नति रही। परन्तु वह कोई ऐसी विशेष शासन-व्यवस्था न बना सका, जिससे कि कश्मीर को भविष्य में भी लाभ मिलता। उसके शासन का उसके समकालीन शासनों का तुलनात्मक अध्ययन उसे एक योग्य शासक की श्रेणी में रख सकते हैं।

लोहारा वंश का कश्मीर पर शासन लगभग सन् 1171 तक रहा। राजनैतिक एवं सांस्कृतिक दृष्टि से यह वंश कश्मीर को विशेष विरासत न दे सका। कश्मीर में यह काल कोई भी स्थायी शासन व्यवस्था न दे सके, जिससे कि आने वाली पीढ़ियाँ कोई लाभ उठा पाती। कलहन लोहारा वंश के अन्तिम काल खण्ड में ही पैदा हुए और अपनी पुस्तक इसी वंश के शासक जयसिंह के काल में लिखी। उनकी पुस्तक *राजतरंगिनी* का आठवाँ अध्याय या तरंग लोहारा वंश के समय के कश्मीर के सामाजिक, आर्थिक, राजनैतिक एवं भौगोलिक परिस्थितियों का सटीक एवं सजीव चित्रण करती है। उनकी पुस्तक से कश्मीर के इतिहास की विस्तृत जानकारी तो मिलती ही है, साथ में उस इतिहास की भारतीय भूभाग के इतिहास में कितनी समानताएँ हैं, इसका भी हमें पता चलता है। कैसे एक के बाद एक वंश काल के ग्रास

बन रहे थे और साथ में भारतीय इतिहास में काले अध्यायों की सूची को लम्बा करते जा रहे थे। कैसे बड़े-बड़े साम्राज्य एवं सभ्याताएँ नष्ट होते हैं। कश्मीर का हिन्दू इतिहास भी इसी का उदाहरण है।

कश्मीर में लोहारा वंश का शासनकाल लगभग सन् 1003 से शुरू होकर सन् 1171 ई. तक रहा। इस वंश का शासन कई अर्थों में सम्भवतः औसत स्तर का ही था। शासकीय और राजनैतिक उतार-चढ़ाव के बीच कश्मीर आर्थिक और सामाजिक रूप से अधिक सम्पन्न न हो पाया। इस काल की विशेष उपलब्धियाँ न के बराबर रही।

लोहारा वंश के बाद सत्ता हस्तान्तरण बोपादेवा वंश को हुआ। यह वंश सन् 1171 से सन् 1286 तक कश्मीर पर सिंहासनारूढ़ रहा, किन्तु इस वंश का उल्लेख इतिहास में न के बराबर है। एक शताब्दी का शासन और एक भी सुयोग्य शासक न होना कश्मीर के राजनैतिक पतन का जीवन्त उदाहरण है। ऐसे ही शासकों के कारण कश्मीरी समाज का भी नैतिक एवं सामाजिक पतन हुआ। यथा राजा तथा प्रजा, कहावत यूँ ही चलन में नहीं आयी। अयोग्य शासन तन्त्र ने कश्मीर के साहित्य, कला, संगीत एवं वास्तु सभी कुछ धीरे-धीरे समाप्त कर दिए। इस काल में एक भी उल्लेखनीय निर्माण नहीं हुए और न ही एक भी कालजयी साहित्यिक ग्रन्थों की रचना हुई। सम्राट और साम्राज्य बस नाट्यमंच के कलाकारों की तरह परिवर्तित होते रहे। कश्मीर पूर्णरूप पर्वत शृंखलाओं के मध्य सिमट कर रह गया था। ललितआदित्य का साम्राज्यवादी एवं विस्तारवादी कश्मीर शताब्दियों तक आपस के छोटे-छोटे झगड़ों में उलझकर रह गया था। राजाओ की हत्या जानवरों की तरह की जा रही थी। लोहारा वंश के राजा सुसाला इसका सबसे बड़ा उदाहरण था? सन् 1171 से सन् 1286 तक का काल भारत के इतिहास का भी काला अध्याय था, क्योंकि इसी काल में इस्लामिक साम्राज्यवाद भारत में पंजाब से दिल्ली की गद्दी तक पहुँच गया था। उत्तर भारत का एक बृहद भूभाग मुस्लिम आक्रान्ताओ द्वारा दमन का शिकार हो रहा था। एक बहुत बड़े स्तर पर हिन्दुओं को तलवार के बल पर मुसलमान बनाया जा रहा था। इस्लाम राजकीय संरक्षण में शताब्दियों से अनेकों रूप में भारत के कोने-कोने में दस्तक दे रहा था। अनेक सूफी संगठन ईरान, मध्य एशिया एवं अन्य इस्लामिक देशों से निकल-2 कर भारत के दूरस्थ क्षेत्रों को अपने प्रचार-प्रसार के लिए निशाना बना रहे थे। कश्मीर भी इसी काल में अनेक सूफी अनुयायी आए। वह एक प्रकार से कश्मीर में इस्लाम के प्रचार-प्रसार के ध्वज वाहक थे।

'डमारा वंश' कश्मीर का अन्तिम हिन्दू शासक वंश था। उनका शासनकाल सन् 1286 से 1339 तक रहा। इसके वंशज आरभ्भ में कश्मीर के छोटे-छोटे भूस्वामी थे। इन लोगों का ग्राम्यस्तर पर पूर्ण आधिपत्य था। लोहारा वंश के शासनकाल में वह अत्याधिक शक्तिशाली एवं अराजक हो गए थे। वह राज्य सत्ता के विरुद्ध तक विद्रोह

में उठ खडे हुए थे। वह या तो सत्ता के साथ मिलकर संघर्ष कर रहे थे या कभी-कभी सत्ता के विरुद्ध ही संघर्षरत थे, परन्तु किसी भी समय शान्ति से बैठकर काम करने के आदी नहीं थे।

उनके शासनकाल में कश्मीर के शासनतंत्र का सूरज पूर्णरूप से अस्ताचल की ओर था। कश्मीर का आर्थिक, सामाजिक और राजनैतिक पतन पूर्णरूप से सम्पन्न हुआ। कश्मीर एक सुदृढ़ राज्य की इकाई के रूप में समाप्त हो चुका था। सत्ता एवं प्रशासन के सभी स्तम्भ ध्वस्त हो चुके थे। सैन्य बल समाप्त हो चुका था, नैतिक और धार्मिक वृत्तियाँ पलायन कर चुकी थी। जनमानस त्रस्त एवं परेशान था। प्राकृतिक आपदाओं के समय कोई भी किसी भी प्रकार की राजकीय सहायता करने वाला नहीं था। घाटी में इस्लामिक प्रचारक पूर्णरूपेण सक्रिय थे। वह कश्मीर के राजनैतिक, आर्थिक एवं सामाजिक स्थितियों से भी परिचित थे। निर्बल सैन्यशक्ति को देखकर कई विदेशी भाड़े के सैन्य नायक भी कश्मीर में भविष्य के अवसर की तलाश में पहुँच चुके थे।

इस वंश के लगभग 50 साल के शासनकाल में कश्मीर उस दीमक खाये हुए वृक्ष की तरह हो चुका था, जो एक झोंके से गिर सकता था। कश्मीर की सीमान्त चौकियों की सुरक्षा व्यवस्था न के बराबर थी। स्थायी सैन्यबल भी कुछ न था और न वह किसी छोटे से छोटे युद्ध लड़ने की भी क्षमता रखते थे। ऐसे ही असमय दुलाचा के नेतृत्व में मंगोल आक्रमण ने कश्मीर राज्य को पूर्णरूपेण नष्ट कर दिया। मंगोलों ने लगभग आठ महीने के समय में कश्मीर को आग, हत्या, लूट एवं बलात्कार के द्वारा नष्ट किया। उन्होंने कश्मीर को एक राष्ट्र एवं समाज के रूप में नष्ट कर दिया था। कश्मीर मंगोलो के जाने के बाद पूर्णरूप से निर्जन एवं राख का ढ़ेर बनकर रह गया था। उस समय का शासक सुहादेव मंगोल आक्रमणकारियों से लड़ने के स्थान पर स्वयं कश्मीर से पलायन कर गया था। कश्मीरी घाटी में पूर्णरूप से किसी भी प्रकार की शासन व्यवस्था समाप्त हो चुकी थी, प्रधानमंत्री रामचन्द्र किसी प्रकार से स्थिति को नियंत्रित करने का प्रयत्न कर रहे थे, पर उनको भी अपने ही शरणार्थी तिब्बती बौद्ध रिनचिन के षड्यंत्र का शिकार होना पड़ा और सन् 1320 में रामचन्द्र को मौत के घाट उतार कर वह स्वयं कश्मीर का शासक बन बैठा और 3 वर्ष के शासनकाल में ही उसकी मृत्यु हो गई और सुहादेव के भाई उदयनदेव को कश्मीर की सत्ता संभालने का मौका मिला। लेकिन उसकी शासन-व्यवस्था एवं सत्ता पर कभी भी पकड़ मजबूत न हो पायी और एक बार फिर कश्मीर को मंगोल आक्रमण झेलना पड़ा, लेकिन इस बार उदयनदेव की रानी कोटारानी एवं प्रधानमंत्री शाहमीर ने कश्मीर को मंगोलो से बचा लिया। परन्तु उदयनदेव अपने भाई की भाँति ही लद्दाख भाग गया था। किसी प्रकार उसका शासन सन् 1338 उसकी मृत्यु तक चला किन्तु सन् 1338 के बाद कोटारानी को कश्मीर की रानी बने रहने का सौभाग्य मात्र कुछ समय का ही रहा। कोटारानी

की हत्या कर शाहमीर ने कश्मीर में मुस्लिम सल्तनत की नींव रखी। कश्मीर में इस वंश का शासन लगभग दो शताब्दियों तक रहा। यह काल ही कश्मीर से हिन्दू सभ्यता का काल भी सिद्ध हुआ। हिन्दू, हिन्दू सभ्यता एवं संस्कृति का पूर्ण संहार इसी वंश के शासकों एवं इस्लामिक मुल्लों को जाएगा। कश्मीर का इस्लामिक साम्राज्यवाद सैन्यबल से न आकर षड्यन्त्र से आया, क्योंकि वहाँ हिन्दू राजा भी इतने निर्बल हो गए थे कि किसी सैन्य संघर्ष की आवश्यकता ही न पड़ी। कश्मीर का जनसमुदाय एवं राज्यकर्मी भी हिन्दू राजा की सहायता के लिए लामबन्द नहीं हुए। जनता का तत्कालीन राजाओं का साथ न देने का सीधा अर्थ था उसका शासन-व्यवस्था से विश्वास टूटना। यह विश्वास समाप्ति की प्रक्रिया कश्मीर में कई शताब्दियों एवं कई शासन-कालों से अविराम एवं अथक रूप से चल रही थी, हिन्दू साम्राज्यों एवं समाज का पतन उसकी धार्मिक व्यवस्था एवं राजनैतिक व्यवस्था से ही शुरू होता है। अनुवांशिक वर्ण व्यवस्था या जाति व्यवस्था, जहाँ हमारे समाज को खोखला कर रही थी, तो उसका प्रत्यक्ष प्रभाव हमारे राजनैतिक जीवन में अयोग्य शासक चयन के रूप में दृष्टिगोचर था। योग्यता का स्थान कुल वंश ले रहे थे। आज भी भारतीय राजनैतिक प्रक्रिया किसी हद तक उसी वंश व्यवस्था से संचालित हैं। वर्ण व्यवस्था का स्थान जाति कुव्यवस्था ने ले रखा है। सामान्यजन तब भी तटस्थ था और आज भी तटस्थ है। आज की राजनैतिक प्रक्रिया को स्वार्थी तत्वों ने जाति आधारित कर हिन्दू समाज को विखण्डित कर रखा है। डा. भीमराव अम्बेडकर ने जहाँ जातियों के विनाश की बात की थी आज वहीं जातियों को राजनैतिक पहचान बनाने का प्रयास किया जा रहा है। क्या भारत में जनक्रान्ति जनता के द्वारा न आकर सदैव कुलीन नेतृत्व आधारित रहेगी अर्थात वंशवाद कभी न नष्ट होने वाली परम्परा बनी रहेगी।

अध्याय 2

कश्मीर का इस्लामिक साम्राज्यवाद सन् 1339-1819

कश्मीरी हिन्दू नरसंहार के 480 वर्ष

भारतीय उपमहाद्वीप में पहला इस्लामिक आक्रमण सन् 712 सिंध में हुआ था और उसके बाद से सिंध इस्लामिक शासन का एक हिस्सा हो गया। परन्तु उपमहाद्वीय क्षेत्रफल के हिसाब से इसे एक बहुत बड़ी घटना के रूप में नहीं देखा जा रहा था। भारत के अन्य शासक इसे कोई सामाजिक महत्व नहीं दे पा रहे थे। शायद इसका कारण उनका भारतीय क्षेत्र से बाहर तेजी से बढ़ रहे राजनैतिक इस्लाम से अनभिज्ञता। क्यों वह तेजी से फैल रहे राजनैतिक इस्लाम एवं उसकी सैन्यशक्ति को समय से नहीं पहचान पाए? लेकिन इस्लाम 300 वर्षों तक सिंध तक ही सीमित था। फिर सन् 1003 से इस्लामिक आक्रमणकारी अरब देशों से न आकर अफगानिस्तान की ओर से पंजाब में दाखिल हुए। इन आक्रमणकारियों का नेतृत्व अब महमूद गजनवी कर रहा था। महमूद गजनवी के आक्रमणों से आपस में लड़ रहे सैन्यशक्ति से कमजोर हो चुके भारतीय राजा एक के बाद एक पराजित होते चले गए। महमूद गज़नवी अपने अनेक आक्रमणों से पश्चिमी व उत्तर भारत के विभिन्न हिस्सों में लगभग 25 वर्षों तक लूट एवं हिंसा का ताण्डव करता रहा। सन् 1030 तक महमूद गजनवी को रोकने के लिए उत्तर भारतीय शासक एक संगठन के रूप में एकत्र होने लगे थे, जिसने महमूद गजनवी को पंजाब में ही रोक दिया था। लेकिन 11वीं शताब्दी के मध्य तक पंजाब में इस्लामिक शासन की नींव पड़ चुकी थी।

अब इस्लामिक शासन की बारी दिल्ली की ओर बढ़नें की थी और दिल्ली पर इस्लामी परचम लहराया। सन् 1192 में पानीपत की दूसरी लड़ाई में मोहम्मद गौरी की जीत के बाद और यहीं से दिल्ली पर शुरुआत हुई 'सल्तनत काल' शासन की। इस समय तक कश्मीर की सीमाओं के बाहर मैदानी क्षेत्रों में भारत का उत्तरी भाग इस्लाम के ध्वज के नीचे आ चुका था। भारतीय सभ्यता को नष्ट करने के इस्लाम के हिंसक

प्रयास चल रहे थे। सभ्यता के प्रतीक चिह्नों को नष्ट किया जा रहा था। प्रमुख धार्मिक स्थानों के मन्दिरों को तोड़कर उनके स्थान पर मस्जिदों को बनाया जा रहा था। इस्लाम का बर्बर एवं दमनकारी चेहरा हिन्दुओं के सम्मुख दानवी रूप में खड़ा था।

12वीं शताब्दी के अन्त तक इस्लाम की सीमाएँ धीरे-धीरे पंजाब से होते हुए दिल्ली और गंगा-जमुना के दोआब क्षेत्र में फैल रही थी। इस्लाम राजनैतिक और सैन्य सम्प्रभुता स्थापित कर रहा था। उसकी बर्बर एवं दमनकारी धार्मिक व सामाजिक नीतियों के कारण उसकी भारतीय सभ्यता में स्वीकार्यता अभी भी न के बराबर थी। अपने शासन को स्थायित्व एवं शक्ति देने के लिए जनशक्ति अति आवश्यक थी और उसके लिए इस्लाम के अनुयायियों का होना भी, जिसके लिए येन-केन-प्रकारेण धर्मान्तरण नितान्त आवश्यक। इस आवश्यकता की पूर्ति के लिए साम, दाम, दण्ड, भेद की नीति अपनायी जाने लगी, लेकिन यह भारतीय सभ्यता ही थी, जो कभी भी इस्लाम के द्वारा उसके 600 वर्ष के शासनकाल में नष्ट नहीं की जा सकी। और न ही इस्लामिक शासन कभी भी पूर्णरूप में भारत के आन्तरिक भू-भागों तक पहुँचा। इस्लाम भारत में सदैव अल्पमत में ही रहा।

इसी काल में इस्लामिक व्यापारी, यात्री एवं धर्म प्रचारक व्यापार यात्रा एवं धर्म के प्रचार हेतु भारतीय सभ्यता के दूरस्थ स्थानों की ओर रुख करने लगे। इसी क्रम में इस्लामिक मतावलम्बी कश्मीर घाटी भी पहुँचने लगे। इतिहासकारों के अनुसार घाटी में 13वीं शताब्दी के मध्य तक इस्लाम में आस्था रखने वालों की संख्या दिखने लग गई थी, लेकिन यह धर्मान्तरण शांतिपूर्ण था। इस समय तक कश्मीर का हिन्दू शासन तन्त्र पूरी तरह पतनोन्मुख था और निर्धन जनता पीड़ित एवं परेशान थी। जिससे उसे इस नई ईश पद्धति में एक आशा की किरण दिखी जो उसका कष्ट निवारण कर सकती थी। सूफी इस्लाम की ईश्वर स्तुति पद्धति भी हिन्दू धर्म प्रणाली के किसी-न-किसी रूप से मेल खाती लगती थी। सूफी इस्लाम में जिस प्रकार मज़ारों एवं दरगाहों की पूजा प्रथा है, वैसे ही हिन्दुओं में भी अनेक क्षेत्रों में कुछ ऐसे ही पूज्यनीय 'स्थान' होते हैं, जहाँ देव मूर्तियाँ नहीं होती हैं। वह इस्लाम और अल्लाह को ईश्वर का ही रूप मानकर पूजने लगे और इस नए पंथ या सम्प्रदाय के अनुयायी बनने लगे, लेकिन उन्होंने अपनी पुरानी हिन्दू पहचान को नहीं छोड़ा था। कश्मीर में आज भी मुस्लमानों के हिन्दू उपनाम इस बात के प्रमाण है। यह हिन्दू धर्म की समावेशी एवं सहिष्णु मूल्यों की धरोहर है, जिसमें हर धर्म के लिए स्थान है, क्योंकि हिन्दू धर्म में 33 कोटि देवी-देवता हैं अतः एक अल्लाह के जुड़ जाने से कोई असर नहीं पड़ता था। यदि भारत में इस्लामिक हिंसा के द्वारा हिन्दुओं को न दबाया गया होता तो शायद अल्लाह या मोहम्मद साहब की पूजा भी किसी न किसी अवतार के रूप में हो रही होती। यही है असली सनातन मानव धर्म, जहाँ सबका समावेश किया जा सके और हर एक मानवीय दृष्टि एवं मान्यता को बिना किसी विरोध के मानव कल्याण के लिए

अपनाया जा सके। 'वसुधैव कुटुम्बकम्' का सर्वव्यापी एवं सर्वग्रही सिद्धान्त ही आज विश्व का कल्याण कर सकता है। कोई एक विशेष धार्मिक पुस्तक या एक धार्मिक मान्यता इस विविधता एवं बहुलतापूर्ण समाज को नहीं चला सकती। आज सभ्यताओं का संघर्ष ही इस बात पर हो रहा है। इस्लाम और ईसाई मतावलम्बी लगभग एक हजार वर्षों से अपने को सर्वोपरि सिद्ध करने के लिए युद्धरत हैं। पश्चिमी एशिया में इस्लाम के ही शिया, सुन्नी सम्प्रदाय अपने-अपने वर्चस्व की लड़ाई लगभग 1300 वर्षों से लड़ रहे हैं, परिणाम आज 50 लाख से भी ज्यादा इन्सान भूख-प्यास से व्याकुल घरों से विस्थापित होकर भटक रहें हैं। क्या यही है इस्लामिक जिहाद?

कश्मीर में जो इस्लाम पनप रहा था, उसका स्वरूप हिन्दू धर्म के सानिध्य से अपने मूल स्वरूप से भिन्न एवं समावेशी था। उस समय के सूफी-सन्तों को भी हिन्दू धर्म के ऋषियों जैसी ही मान्यता थी। हिन्दू बहुसंख्यकों को इस्लाम के इस स्वरूप से कोई आपत्ति नहीं थी। यही कारण था कि जब शाहमीर और रिनचिन जैसे साहसिक सैन्यकर्मी कश्मीर आए, तो बिना किसी धार्मिक भेदभाव के उन्हें उस समय कश्मीर के प्रधानमंत्री रामचन्द्र ने अपनी नौकरी में रख लिया और उनकी योग्यता के अनुसार, उन्हें पद एवं सम्मान दिया। यह बात अलग है कि आगे चलकर ये दोनों धोखेबाज एवं मक्कार निकले।

कश्मीर में 13वीं शताब्दी के अन्त तक इस्लाम एक बड़े आकार में दिखने लगा था, क्योंकि इस समय तक उसके पड़ोसी राज्य में इस्लाम को आए लगभग 2 शताब्दी बीत गई थी। प्रत्यक्ष एवं परोक्ष रूप से इस्लामिक शक्तियाँ कश्मीर में प्रभावी होने लगी थीं। अब कश्मीर में इस्लामिक धर्म प्रचारकों की संख्या दिन-प्रतिदिन बढ़ने लग गई थी, मुस्लिम व्यापारी भी एक बड़ी संख्या में कश्मीर घाटी में आने लगे थे। इन सब प्रभावों से इस्लामिक मतावरण बढ़ रहा था, हिन्दू शासक कमजोर थे, जो इन सबसे लापरवाह थे। शासन-व्यवस्था हिन्दू लोगों के हाथ में थी, वह आकण्ठ भ्रष्टाचार में डूबे हुए थे। शोषित एवं निर्धन जनता दुःखी एवं परेशान थी और इस शासन व्यवस्था से ऊब चुकी थी। वह डामरा वंश (सन् 1286-1320) का शासनकाल था। इसके शासक बेहद काहिल और निस्तेजबल थे। जनता से कर लेने के अलावा इनका कोई भी उत्तरदायित्व नहीं था। आर्थिक दशा इस प्रकार खराब हो चुकी थी कि सेना रखने तक के लिए धन का अभाव था। राज्य की सीमाएँ असुरक्षित थी। ऐसे ही माहौल को जानते हुए शाहमीर और रिनचिन जैसे लोग अपनी किस्मत आजमाने कश्मीर आए थे। उस समय के डामरा राजा सुहादेव ने उन्हें जागीर देकर अपने पास इसीलिए रख लिया था, क्योंकि उनके पास कुछ सैनिक थे। भविष्य के गर्भ में क्या चल रहा था, यह कोई नहीं जानता था। लेकिन उस समय के राजनैतिक नेतृत्व की दशा देखकर यह अनुमान लगा लेना कि एक धक्का पूरे हिन्दू राज्य को गिरा देगा, किसी भी सामान्य व्यक्ति के लिए भी मुश्किल नहीं था।

जैसा कि मैंने पहले भी बताया है कि कश्मीर में इस्लामिक धर्म-प्रचारकों से लेकर व्यापारी और अनेक इस्लामिक साहसिक योद्धाओं के समूहों के जासूस आ जा रहे थे। यह लोग ही ऐसे कमजोर छोटे-छोटे राज्यों की सूचनाएँ इधर-उधर पहुँचाते थे। मंगोल योद्धा दुलाचा (जो तुर्किस्तान से था) का सन् 1320 में कश्मीर पर आक्रमण, चौकियों इत्यादि की कमजोर रक्षा प्रणाली को वह ध्वस्त करता हुआ सीधा घाटी में आ धमका। उसके सैनिकों ने घाटी को लाशों से पाट दिया। कई महीनों तक लूटपाट का सिलसिला चलता रहा। राजा सुहादेव पहले ही घाटी से पलायन कर चुके थे। मंगोल आक्रमण अक्टूबर, 1947 के पाकिस्तानी आक्रमण की तरह ही था। दोनों परिस्थितियों में कश्मीर के हिन्दू राजाओं की सेनाएँ कमजोर थीं, सीमा चौकियों पर लचर रक्षा प्रणाली थी। मंगोलो ने हर वयस्क पुरुष को मौत के घाट उतार दिया, जो उनके रास्ते में आया, औरतों और बच्चों को गुलाम बनाया। रास्ते में पड़ने वाले गाँव, उपनगर व नगर सब जला दिए गए। सब तरफ विनाश ही विनाश था। चील-कौऐ लाशों को खा रहे थे। पूरी घाटी निर्जन हो चुकी थी। सारे घर-परिवार व शासन-प्रशासन आदि के चिह्न मिट चुके थे। प्रसिद्ध इतिहासकार जोनाराजा के शब्दों में 'कश्मीर आज एकदम ही अविकसित क्षेत्र की तरह लग रहा था।' युद्ध में दुश्मन की ऐसी बरबादी कर देना मंगोलों की पारम्परिक युद्धनीति का हिस्सा थी। यदि मंगोल तुर्किस्तान से कश्मीर तक आए तो अवश्य ही उनके पास राज्य की बदहाली की, सैन्यशक्ति इत्यादि की पूर्ण सूचना रही होगी। मंगोल युद्धनीति के कुशल ज्ञाता थे, वे बिना पूरी जानकारी के कभी नहीं आ सकते थे। फिर तो उन्हें यह बात भी पता रही होगी कि कश्मीर आर्थिक रूप से एकदम समाप्त-सा हो चला है, तो लूट में भी अधिक कुछ न मिलेगा। हो सकता है, उस कमजोर राज्य-व्यवस्था को नष्ट करने के लिए रिनचिन और शाहमीर ने ही यह षड्यंत्र रचा हो? इतिहास ऐसी घटनाओं एवं विश्वासघातों से भरा पड़ा है। क्योंकि मंगोल आक्रमणकारियों से उत्पन्न अव्यवस्था का लाभ उठा कर रिनचिन ने भी लाड़ घाटी के अपने क्षेत्र में लूट-पाट को अंजाम दिया था। मंगोल आक्रमण से डरे-सहमे लोगों को रिनचिन ने आसानी से अपने वश में कर लिया और आखिरी बाधा के रूप में सुहादेव के प्रधानमंत्री रामचन्द्र की भी हत्या कर दी और सुहादेव की अनुपस्थिति में स्वयं को कश्मीर राज्य का शासक घोषित कर दिया और इस प्रकार कश्मीर घाटी की सत्ता एक लद्दाखी बौद्ध के हाथों में चली गई।

इस प्रकार के कपटपूर्ण कृत्य से जनता बहुत क्षुब्ध थी और उसमें काफी रोष भी था। लोगों का अपने प्रति नरम व्यवहार की आशा में उसने प्रधानमंत्री रामचन्द्र की बेटी कोटारानी (कोटा देवी) से विवाह किया। अपने अवैध शासन और अधिक वैधता देने के लिए उसने अपने धर्मान्तरण के लिए कश्मीर के पण्डितों को बुलाया और अपनी हिन्दू धर्म अपनाने की इच्छा व्यक्त की, परन्तु पण्डितों ने ऐसा करने में असमर्थता दर्शायी। यही था उस समय व्याप्त हिन्दू धर्म की अज्ञानता का उदाहरण

और हमारी वर्ण-व्यवस्था के स्थान पर जाति-व्यवस्था का आगमन एवं भारतीय सभ्यता के रसातल में पहुँचने का कारण। लेकिन उस समय तक घाटी में इस्लाम धर्म के मानने वाले लोग भी ठीक संख्या में हो चुके थे अतः रिनचिन के पास दूसरा विकल्प था इस्लाम कुबूल कर लेना और रिनचिन सुल्तान सद्रुद्दीन बन गया और कश्मीर का पहला मुस्लिम शासक भी। रिनचिन के मुस्लिम बनने के अनेक कारण उस समय की भारत में राजनैतिक परिस्थितियों से भी उत्पन्न थे। उस समय लगभग पूरे उत्तर भारत एवं पश्चिमी भारत गुजरात सिन्ध आदि तक इस्लाम फैल चुका था और इसके अतिरिक्त बाहरी देशों अफगानिस्तान और मध्य एशिया में भी अनेक मंगोल शासक भी धीरे-धीरे इस्लाम के अनुयायी बन रहे थे। रिनचिन दूरदर्शी था। उसे ज्ञात था कि आगे चलकर राजनैतिक सम्बम्धों एवं आर्थिक गतिविधियों के लिए यह एक सहायक एवं समझदारी भरा कदम रहेगा, वह धूर्त और मौकापरस्त तो था ही। लेकिन उसका शासन मात्र 3 वर्षों तक (सन् 1320-23) ही रहा, जो उसकी अचानक मृत्यु से समाप्त हो गया। उसके उत्तराधिकारियो में उसका एक छोटा अवयस्क पुत्र हैदर था। अतः राज्य के मंत्रियों एवं अधिकारियों ने आपस में विचार-विमर्श कर राजा सुहादेव के भाई उदयनदेव को शासक मनोनीत कर दिया। उदयनदेव ने रिनचिन की विधवा कोटा रानी से विवाह कर लिया। किन्तु वह भी कमजोर और आलसी राजा था। उसका शासनकाल भी बिना किसी सुधार या सुदृढ़ शासन-व्यवस्था के चल रहा था। पहले की कमजोरियों को भी सुधारने का कोई काम भी नहीं किया गया। सैन्य सुधार या नई सेना तैयार करने की तरफ भी कोई ध्यान नहीं दिया गया। राज्य बस अपने आप चल रहा था। हर तरफ निर्धनता और भुखमरी फैली हुई थी। राजा का कोई भय नहीं रह गया था, कानून-व्यवस्था एकदम चौपट थी।

सन् 1326, तुर्क उर्दिल ने कश्मीर पर सैन्य आक्रमण किया, इस बार फिर कश्मीर का राजा लद्दाख भाग निकला, लेकिन कोटारानी और शाहमीर ने जनमानस की सहायता से इस आक्रमण को विफल कर दिया और तुर्क वापस चले गए। वैसे भी घाटी में ऐसा कुछ था नहीं, जिसके लिए वह अपने जीवन को संकट में डालते। लेकिन इस सैन्य अभियान में सबसे महत्वपूर्ण भूमिका कोटारानी की थी। उसके जन एवं सैन्य संचालन से ही तुर्को को वापस भगाया जा सका था। इस पूरे सैन्य अभियान में तुर्को को एक समझौते के तहत भाग जाने का अवसर दिया गया। उदयनदेव पुनः वापस आ गए थे और राज्यभार संभाल लिया, लेकिन राज्य की असली शक्ति शाहमीर के पास ही थी। उदयनदेव उसी उदासीन तरीके से शासन सन् 1338 तक चलाते रहे और सन् 1338 में उनकी मृत्यु हो गई। लेकिन उनकी मृत्यु की सूचना कोटारानी ने चार दिनों तक छुपा के रखी जब तक कि अपनी स्थिति इन्द्रकोट में सुदृढ़ नहीं कर ली और फिर खुद को शासक घोषित कर दिया। लेकिन शाहमीर ने रानी से धोखेबाजी शुरू कर दी और दरबार के चुनिन्दा लोगों को धीरे-धीरे अपनी ओर मिलाने लगा। जैसे

ही उसे उपयुक्त अवसर मिला, उसने सत्ता अपने हाथों में ले ली और दुस्साहस स्वरूप रानी को विवाह का प्रस्ताव भेज दिया। रानी ने वह नीच प्रस्ताव ठुकरा दिया, लेकिन उसने इन्द्रकोट किले की घेराबन्दी कर ली। उस वीर क्षत्राणी ने घेराबन्दी तोड़ने की भरपूर कोशिश की, लेकिन कुछ इतिहासकारों का मत है कि उसे शाहमीर द्वारा धोखे से मरवा दिया गया। यह एक मध्ययुगीन काल के सत्ता हस्तान्तरण का अमानवीय तरीका बहुत पुराना था। मुस्लिम शासनकाल में शाहमीर अनेक भाड़े के सैनिक विभिन्न दरबारों में अपनी सेना के लिए उपस्थित होते रहते थे और कभी-कभी किस्मत और मौका जब दोनों साथ देते थे, तो वह शासक बन जाया करते थे। इस्लामिक एवं भारतीय इतिहास में ऐसे किस्से भरे पड़े हैं। शाहमीर के आने के बाद ही दो बार तुर्क-मंगोलों का आक्रमण उसकी साजिश भी हो सकता था, क्योंकि वह स्वयं भी स्वात घाटी से आया था और उसके लिए अपने संदेशवाहकों के माध्यम से किसी भी एक ऐसे शक्तिशाली सैनिक प्रमुख को कश्मीर के इन हालातों से परिचित भर कराना था। ऐसे भाड़े के सैनिको के समूह इस प्रकार के लूट-पाट के कार्यों के निपुण योद्धा होते थे और वे हमेशा घूमते-फिरते रहते थे। दुलाचा और उर्दिल तुर्क मंगोल उसी श्रेणी के योद्धा थे।

पण्डित जोनाराजा मंगोल दुलाचा के 8 महीने रक्तपात, लूट-पाट कर के चले जाने के बाद के हालात का वर्णन कुछ इस प्रकार करते हैं—'जब दुलाचा कश्मीर की धरती छोड़कर चला गया तब जो लोग उसके भय से भाग गए थे, इस प्रकार वापस आ रहे थे, जैसे चूहा अपने बिल से डरता हुआ बाहर निकलता है। जब राक्षस दुलाचा की हिंसा समाप्त हो गई उसके बाद न पुत्र को पिता और न भाई को भाई मिल रहे थे। कश्मीर सृजन से पूर्व की स्थिति में चला गया था, एक बड़े जनसमुदाय के लिए खाने के लिए कुछ भी नहीं था और खेतों में मात्र घास थी।'

'वीर भोग्या वसुंधरा' गीता बहुत स्पष्ट रूप से कहती है अर्थात वीर ही इस धरती का भोग करेगा। व्यक्तिगत रूप से रिनचिन और शाहमीर भले ही स्वार्थी और धूर्त रहें हों लेकिन शासक के रूप में दोनों ने पहले के राजाओं की अपेक्षा कुछ सराहनीय कार्य किए। दोनों का शासनकाल छोटा था, लेकिन उनकी कार्यक्षमता को उस छोटे समय में भी परखा जा सकता था। उन दोनों ने धार्मिक सहिष्णुता दिखाई, जो उनकी राजनैतिक और सामाजिक दूरदर्शिता थी, क्योंकि बहुसंख्यक हिन्दुओं पर शासन के लिए वह आवश्यक था।

इस प्रकार सन् 1339 में शाहमीर ने खुद को सुल्तान शमसुद्दीन घोषित किया और मस्जिद में उसके नाम का खुतबा पढ़ा गया और उसने कश्मीर घाटी में शाहमीर वंश एवं इस्लामिक शासन की नींव डाली, जिसका 220 साल तक शासन रहा। इन 220 वर्षों के शासनकाल का लगभग 130 वर्षों का इतिहास धार्मिक कट्टरता, गैर-मुस्लिमों के दमन और कश्मीर की बर्बादी का रहा। जिसका प्रभाव आगे चलकर

कश्मीर की आर्थिक, सामाजिक, धार्मिक और राजनैतिक दिशा एवं दशा पर पड़ा। कश्मीर की सांस्कृतिक एवं सामाजिक धरोहर नष्ट हो गई। कला, साहित्य और दर्शन सब उस अव्यवस्था के काल के ग्रास बने। कश्मीर मात्र एक निर्जीव भौगोलिक इकाई बनकर रह गया।

जब कश्मीर घाटी में इतिहास सरपट दौड़ रहा था, राजनैतिक बिसातों पर नई चालें चली जा रही थीं, मोहरे द्रुतगति से अपने स्थानों को बदल रहे थे और कश्मीर में एक रक्तरंजित इतिहास की कहानी की शुरुआत रामचन्द्र और कोटारानी की हत्या से की जा चुकी थी। यह कहानी मात्र कश्मीर की नहीं वरन् पूरी भारतीय सभ्यता की थी। सल्तनत काल के सुल्तान भारतीय सभ्यता और सनातन धर्म को नष्ट करने पर आमादा थे। इस्लामिक शासन के काल के अधिकांश शासक आज के आई एस के सरगना अबू बकर अल-बगदादी से कम नहीं थे। भारतीय मध्ययुगीन इतिहास इसका साक्षी है। अलाउद्दीन खिलजी जैसे क्रूर एवं आतंकी शासक ने लाखों हिन्दुओं का रक्त बहाया, नगर के नगर उजाड़े, नालंदा जैसे प्रसिद्ध विश्वविद्यालय को जलाकर राख कर दिया। परन्तु इन परिस्थितियों के लिए हमारे उस काल के स्वार्थी एवं भीरु हिन्दू शासकों का ही पूर्ण दोष था। उनकी आपसी लड़ाई के कारण हिन्दू सभ्यता नष्ट होने की कगार पर खड़ी थी। भारत पर इस्लामिक जीत के कुछ महत्वपूर्ण कारण निम्नलिखित हैं—

1. भारत में एक शक्तिशाली केन्द्रीय सत्ता का न होना।
2. छोटे-छोटे सैन्य रूप से कमजोर एवं आपस में निरन्तर लड़ रहे राजतन्त्रों का होना।
3. स्वार्थी, आलसी, व्यसनी, अदूरदर्शी एवं लालची शासको का होना।
4. वैश्विक राजनैतिक घटनाओं, परिस्थितिथों के विषय में अनभिज्ञता।
5. नवीन युद्ध विधाओं, हथियारों आदि का पूर्ण अभाव।
6. सामरिक एवं रणनैतिक सोच का पूर्ण अभाव।
7. 'स्थिर रक्षात्मक युद्ध प्रणाली', जो किलेबन्दी पर आधारित थी और दुश्मन गतिशील आक्रमण युद्धप्रणाली में निपुण था।
8. किसी भी स्थायी सामरिक सैन्य गठबन्धन का अभाव।
9. अखिल भारतीय एवं वैश्विक खुफिया या सूचना तन्त्र का नितान्त अभाव।
10. सामाजिक भेदभाव, जातिप्रथा आदि से सर्वजन में सैन्य भावों एवं गुणों का ह्रास।
11. तक्षशिला या नालंदा जैसे विश्वविद्यालयों में या उन जैसे शिक्षण संस्थानों की कमी से भारत में सामरिक एवं रणनैतिक ज्ञान का अभाव। चाणक्य जैसे सामरिक विद्वानों ने एक साम्राज्य का सृजन किया था, तो कमी ने इस्लामिक दासता।

12. सिन्ध की पराजय के बाद भी हम इस्लाम के द्रुतगति के फैलाव से अनभिज्ञ बने रहे और 300 वर्षों बाद इस्लामिक आक्रान्ता इस बार पंजाब का लक्ष्य करके आए थे, पहले पूरे भारत में लूट और फिर इस्लामिक राज्य की स्थापना, लेकिन हम फिर दिल्ली में ही प्रतीक्षा करते रहे। स्वार्थ एवं आपसी वैमनस्यता ने हमारी आँखें बन्द कर रखी थी। यही कारण था कि हमें महमूद गजनवी जैसे कबीले के सरदार कुछ हजार घुड़सवारों के साथ लूट-लूट कर जा रहे थे।
13. भारत में देश की सीमाओं से बाहर निकलकर सैन्य अभियान पर जाने की परिपाटी का अन्त।
14. सैन्य प्रशिक्षण की कमी।
15. सुप्रशिक्षित स्थायी सेना की कमी।

सम्पूर्ण भारत छोटे-छोटे राज्यों के रूप में आपस में लड़ रहा था, क्योंकि एक शक्तिशाली केन्द्र का अभाव था और वही स्थिति छोटे-छोटे राज्यों के भीतर थी, जहाँ राजा कमजोर था और वहाँ अलग-अलग स्वार्थ समूह आपस में सत्ता के लिए लड़ रहे थे। यह सारे लक्षण थे सभ्यता के पतन के जो राजनैतिक एवं सामाजिक पतन की प्रक्रिया भारत में चल रही थी, वही प्रक्रिया उसी रूप में कश्मीर में शुरू हो चुकी थी। जिसकी परिणिति भी कश्मीर में स्वात घाटी से आए एक भाड़े के सैनिक द्वारा वहाँ इस्लामिक शासन की स्थापना से हुई। हमारा कश्मीर का ऐतिहासिक अध्ययन सम्पूर्ण भारतीय ऐतिहासिक अध्ययन का ही एक महत्वपूर्ण हिस्सा है। कश्मीर की एक अलग सभ्यता या भौगोलिक इकाई के रूप में ऐतिहासिक, राजनैतिक या सामाजिक अध्ययन हमारी, हमारे भारतीय इतिहास की अनभिज्ञता होगी।

अगर हम आज देश के राजनैतिक संवादों एवं प्रकिया पर पारखी दृष्टि डालते हैं, तो पाते हैं कि सत्ता पक्ष एवं विपक्ष कभी एक-दूसरे को नीचा दिखाने के लिए इस भाँति आक्रामक हो जाते हैं कि वह देश, इसकी सनातनधर्मी सभ्यता एवं इसकी संस्कृति को ही नीचा दिखाने लगते हैं। कभी-कभी तो भारतीय सभ्यता के प्रतीक चिह्नों तक को साम्प्रदायिक बना दिया जाता है। जैसे कि राष्ट्रगीत अभी भी मुस्लिम समुदाय के लिए अछूता है। इस्लामिक साम्राज्यवाद को न्यायिक ठहराया जाता है, तो वामपंथियों द्वारा भारतीय सभ्यता की रीढ़ तोड़ने के लिए आर्य-अनार्य जैसे झूठे सिद्धान्तों को प्रतिपादित किया जाता है। देव एवं राक्षसों को बाहरी आर्य एवं मूल निवासियों की अनार्य आदि की संज्ञा देकर हमारे कमजोर (अशक्त) सामाजिक संरचना को पूर्णतयः नष्ट करने की कोशिश की जाती है। इस्लामिक आतंकवाद, माओवाद, नक्सलवाद, बोडो, नागा उग्रवाद सब उर्पयुक्त धार्मिक, सामाजिक एवं राजनैतिक विभाजन से उपजे हैं। इसके मूल में आज के राजनैतिक सामन्त, सामाजिक

सामन्त कथित उदारवादी बौद्धिक सामन्त, वामपंथी सामन्त एवं विभिन्न धार्मिक ठेकेदार हैं। इन सबका अहंकार देश हित से भी बड़ा है। वह अपनी खोखली, विदेशी विचारशैली एवं तथ्यों पर टिकी विचारधारा से स्वयं को धन्य एवं गौरवान्वित अनुभव करते है। वह इस तथ्य से अनभिज्ञ हैं कि हर देश, सभ्यता और समाज अपने आप में एकदम भिन्न है और वह उधार की बाहरी विचारधारा से संचालित नहीं हो सकता। जब भारतीय सर्वोच्च न्यायालय तक ने हिन्दू धर्म को एक जीवनशैली और मात्र एक जीवन जीने का तरीका करार दिया है, तो फिर क्यों हिन्दू और हिन्दुत्व के नाम पर इस्लाम को खतरे में बताया जा रहा है। क्यों हिन्दुत्व से सूक्ष्मतम पारसी धर्म को खतरा नहीं है? सारे पंथ अब केवल भारतीय सभ्यता है, उनको उसी भाँति उन्हीं मान्यताओं के साथ रहना चाहिए और हमारी सभ्यता सनातन है।

शाहमीर की मृत्यु के बाद जो उत्तराधिकारी गद्दी पर बैठा, उसका शासनकाल एकदम उल्लेखनीय नहीं था। शाहमीर के बाद जो प्रमुख शासक हुआ, वह था शिहाबुद्दीन। शिहाबुद्दीन (सन् 1354-73) शाहमीर का पौत्र और वंश का प्रथम महत्वपूर्ण एवं योग्य शासक था। राजनैतिक और सैन्य दृष्टि से उसकी उपलब्धियाँ सैन्य संगठन सुदृढ़ करने एवं सामन्त प्रमुखों को अपने नियंत्रण में करने की थी। वह कश्मीर के उत्तर, उत्तर-पश्चिम एवं दक्षिण में अनेक सैन्य अभियानों पर गया। उसने कश्मीर की भौगोलिक सीमाओं में वृद्धि के साथ उन्हें सैन्य रूप से सुदृढ़ भी किया। शिहाबुद्दीन को बालटिस्तान, लद्दाख, किश्तवाड़ और जम्मू के सैन्य अभियानों में पूर्ण सफलता मिली। उसके समय एवं वास्तुकला को राजकीय प्रोत्साहन मिला। उसको कश्मीर का शासन बहुत ही जर्जर एवं अशक्त दशा में प्राप्त हुआ था। अतः उसने इसे सही करने के लिए पूर्ण सामाजिक, आर्थिक एवं राजनैतिक वरीयता दी। समाज में किसी भी उथल-पुथल से बचने के लिए उसने धार्मिक सहिष्णुता की नीति अपनाई क्योंकि वह जानता था कि बहुसंख्यक जनमानस को परेशान कर वह एक शक्तिशाली साम्राज्य की स्थापना नहीं कर सकता था और उसका शासन अभी बहुत सुदृढ़ एवं पुराना नहीं हुआ था। अतः लोगों के मध्य उसकी स्वीकार्यता पर भी अभी प्रश्नचिह्न थे।

शिहाबुद्दीन का लगभग 20 वर्ष का शासनकाल शान्तिपूर्ण एवं राजनैतिक व सामाजिक स्थिरता वाला रहा। सन् 1361 में आयी प्रलयंकारी बाढ़ जैसी आपदा का भी उसके काल में बेहतर प्रबंन्धन किया गया। उसने जनता की सहायता के लिए अन्न-जल आदि की भी प्रचुर मात्रा में सहायता की। उसने उजड़ गए गाँव, नगर आदि के पुनर्वास में भी राजकीय सहायता की। उसकी धार्मिक व सामाजिक उदारता राज्य संचालन में बहुत सहायक सिद्ध हो रही थी। सन् 1373 में शिहाबुद्दीन की मृत्यु हो गई और सत्ता शान्तिपूर्ण ढंग से कुतुबुद्दीन को हस्तान्तरित हुई।

कुतुबुद्दीन (सन् 1373-1389)

कुतुबुद्दीन ने जब कश्मीर की बागडोर सँभाली, उस समय कश्मीर में मुस्लिम धर्म प्रचारक, व्यापारी एवं कलाकार, वास्तुकार मध्य एशिया से तुर्क मंगोलों से डर-डर कर कश्मीर में शरण ले रहे थे। तैमूर लंग जैसे क्रूर शासकों ने इस प्रकार भय का साम्राज्य फैला दिया था कि जिस किसी को भागने का अवसर मिल रहा था, वह मध्य एशियाई देशों से अपनी जान बचाकर भाग रहा था। कश्मीर आनेवाले इन शरणार्थियों में प्रमुख था सैय्यद अली और उसके साथ लगभग 700 अनुयायी। सैय्यद अली एक इस्लामिक विद्वान था, जिसने इस्लाम और राजनैतिक इस्लाम पर अनेक पुस्तकें लिखीं। पर वह शिया के हमदान शहर से आया था, इसलिए लोग इसे 'शाह हमदान' कहकर बुलाने लगे।

कश्मीर में धीरे-धीरे इन बाहरी मुस्लिम धर्म प्रचारकों की संख्या बढ़ चुकी थी जिसका असर समाज में इस्लामिक गतिविधियों की वृद्धि और समाज में धीरे-धीरे इस्लामिक कट्टरपन फैल रहा था। राजतन्त्र एवं मुस्लिम राज्याधिकारी इस्लामिक चरमपंथियों के कथनानुसार धार्मिक व सामाजिक नीति-निर्धारण करने लग गए थे। राजभाषा संस्कृत की जगह फारसी ले रही थी। कश्मीरी पण्डित अभी भी राजकीय कामकाज करने वाले प्रमुखतम लोग थे। यदि कश्मीर में सूफी इस्लाम एक समावेशी समाज की स्थापना के लिए प्रयासरत था, तो कट्टर इस्लाम एक ईश्वर, एक किताब के सिद्धान्त के प्रतिपादन के लिए कटिबद्ध था।

उधर कश्मीर से बाहर मंगोलों के क्रूरतम हिंसक घटनाक्रम ने पूरे एशिया की विचारधारा एवं शासनप्रणाली प्रभावित कर दी थी। नए-नए मंगोल शासक दुनिया को नए-नए राजनैतिक सत्ता के केन्द्र दे रहे थे। उधर पश्चिमी एशिया के इस्लामिक राज्यों में राजनैतिक परिवर्तन का दौर चल रहा था। भारतीय संस्कृति और भारतीय सभ्यता को इस्लामिक मुल्लों द्वारा क्रमबद्ध तरीके से नष्ट किया जा रहा था। इस्लाम और मंगोल पद्धति राज्य स्थापित करने की एक नीति थी, वह थी हिंसा के द्वारा दुश्मन की फिर खड़े होकर लड़नें की इच्छाशक्ति को समाप्त कर देने की। लेकिन मंगोलों और इस्लाम में एक बड़ा अन्तर था और वह था मंगोल धर्म आधारित हिंसा नहीं करते थे और न ही अपने स्थापित राज्यों को धर्म के आधार पर चलाते थे।

इस बाहरी दुनिया और स्वयं भारत में ही हो रही इस्लामिक हिंसा का प्रभाव धीरे-धीरे कश्मीर में भी आने लगा। सन् 1389 में कुतुबुद्दीन की मृत्यु के बाद उसका पुत्र सिकन्दर कश्मीर की सत्ता पर काबिज हुआ।

सिकन्दर (सन् 1389-1413)

सिकन्दर 'बुतशिकन' या 'मूर्तिभंजक' के नाम से प्रसिद्ध हुआ। इस नाम से ही आप उसकी धार्मिक कट्टरता का अनुमान लगा सकते हैं। उसके पिता के शासनकाल से ही

कश्मीर की हवा में इस्लामिक चरमपंथी रंग उड़ने लग गया था। उसका असर सिकन्दर की परवरिश पर सीधे तौर पर पड़ा। उसकी शिक्षा-दीक्षा भी उसी वातावरण में हो रही थी। कश्मीरी समाज में धीरे-धीरे हिन्दू विरोधी मुहिम बाहर से इस्लामिक धर्म प्रचारकों ने बड़े ही सुनियोजित ढंग से शुरू कर दी थी। इस्लामिक कार्यकर्त्ता राजकीय कार्यों में लिप्त ब्राह्मणों की जगह लेना चाहते थे। इसके लिए उन्होंनें दरबारी ब्राह्मणों के विरुद्ध षड्यंत्र रचे और फिर धीरे-धीरे सुल्तान के द्वारा उन्हें रास्ते से हटाते गए। फिर शुरू हुआ हिन्दुओं का शक्तिपूर्ण मतान्तरण और कत्लेआम। पूरी कश्मीर घाटी में हिन्दू विरोधी बयार बह रही थी। हिन्दू दोयम दर्ज़े का नागरिक व अभिशप्त जीवन व्यतीत करने पर विवश था। प्रमुख हिन्दू विरोधी इस्लामिक नीति के कार्य--

1. हिन्दू धार्मिकस्थलों का तोड़ा जाना या मूर्ति तोड़कर उन्हें खण्डित किया जाना। मार्तण्ड मन्दिर को भी क्षतिग्रस्त किया गया।
2. हिन्दू धार्मिक, साहित्यिक व अन्य संस्कृत पुस्तकों को अग्निसात करना या झीलों में जलसमाधि दे देना।
3. हिन्दुओं पर 'जज़िया कर' लगाया गया और उनके तिलक लगाने व जनेऊ पहनने पर प्रतिबंध लगा दिया गया।
4. बलपूर्वक धर्मान्तरण, उनकी स्त्रियों के साथ दुर्व्यवहार व कन्याओं से जबरन विवाह।
5. 'शेख-उल-इस्लाम' धार्मिक संस्था लोगों को कट्टर इस्लामिक व्यवहार व क्रिया-कलापों के लिए बाध्य करती थी। इस संस्था के द्वारा सर्वाधिक अत्याचार हिन्दुओं पर किया जाता था।
6. हिन्दू दोयम दर्ज़े के नागरिक थे।
7. हिन्दू घुड़सवारी नहीं कर सकते थे और न ही कोई अस्त्र-शस्त्र रख सकते थे।
8. हिन्दू पुरुष एवं महिलाओं से गुलामों जैसे कार्य लिए जाते थे।
9. हिन्दुओं को किसी भी धार्मिक समारोह, पूजा, शव-दहन आदि की अनुमित नहीं थी।
10. संस्कृत भाषा पूर्णरूप से प्रतिबन्धित कर दी गई और उसका स्थान फारसी ने ले लिया।
11. हिन्दुओं को सभी राजकीय कार्यों से अलग कर दिया गया।

सिकन्दर का शासनकाल भी दिल्ली के सल्तनतकाल की तरह था। कश्मीरियों ने भी राजनैतिक इस्लाम का असली चेहरा अब देखा था, जिसमें बाहरी इस्लामिक शक्तियों का विशेष हाथ था। इससे पहले के तीनों शासकों का शासनकाल तो कश्मीरी इस्लामिक मूल्यों पर ही आधारित था और उस समय तक कश्मीर में धर्मान्तरित मुसलमानों का ही प्रभाव था, जो अधिक कट्टर नहीं थे। लेकिन मध्य

एशिया एवं पश्चिमी एशिया से आए मुसलमानों ने समीकरणों को पूरी तरह उलट दिया था। आज हम जिस 'कश्मीरियत' की बात करते हैं वह थी कश्मीर की हिन्दू सभ्यता जो साहित्य, कला, संगीतप्रधान थी और उसने अपने में ही 'सूफी पंथ' को भी आत्मसात कर लिया था। यह कहना कि 'कश्मीरियत' सूफी पंथ से उत्पन्न है, एकदम तथ्यहीन है। 'सूफी पंथ' और 'सनातनधर्म' दोनों ही आस्था के विषय में एकदम लचीले हैं और हर प्रकार की पूजा विधि को मान्यता देते हैं। ईश्वर को हर रूप में देखने को तैयार हैं, वह चाहे शंकर के रूप में, चाहें अल्लाह या ईसामसीह के रूप में। ईश्वर के सभी रूप वंदनीय है।

मार्तण्ड सूर्य मन्दिर

सिकन्दर का शासनकाल 'इस्लामिक साम्राज्यवाद' का काल था, जिसमें बाहरी शक्तियों का प्रभाव दिखा और भारतीय सभ्यता को पूर्णरूपेण नष्ट करने की कोशिश की गई। सिकन्दर के शासन के अन्त तक कश्मीर में मुस्लिम बहुसंख्यक हो गए थे। सिकन्दर ने जहाँ लगभग सब मन्दिर और बौद्ध बिहार नष्ट किए तो अनेक मस्जिदें बनवायीं जिनमें 'श्रीनगर की जामा मस्जिद' और 'बीजबेहरा की मस्जिद' प्रसिद्ध हैं। प्रसिद्ध इतिहासकार जोनाराजा के अनुसार, सिकन्दर के शासन के समाप्ति तक कश्मीर में मात्र 12 हिन्दू परिवार शेष थे। इससे साफ तौर पर एक बड़े हिन्दू नरसंहार की पुष्टि होती है।

भारत का 'मध्ययुगीन' इस्लामिक साम्राज्यवाद का काल 'हिन्दू नरसंहार' का सबसे बड़ा इतिहास है। महमूद गजनी से लेकर औरंगजेब तक भारतीय सभ्यता के विनाश का युग है। यह तो सनातनधर्मियों की जिजीविषा थी जिसने भारतीय सभ्यता को इन 5-6 सदियों तक अक्षुण्ण रखा।

सन् 1989-90 में जो कश्मीर घाटी में हुआ, वह भी भारत के आधुनिक युग का सबसे बड़ा नरसंहार है, जिसमें हिन्दू कश्मीरियों के अल्पसंख्यक समुदाय की चयनित हत्याओं के द्वारा उन्हें जड़ से उखाड़कर सूखने के लिए फेंक दिया गया। आज के युग के 'सिकन्दरों' को भारत सरकार (यासीन मलिक और जिलानी जैसे अनेक आतंकियों को) एवं राज्य ने क्यों अतिथि की श्रेणी प्रदान कर रखी है। क्यों राजनैतिक इस्लाम ने अधिक सिकन्दर और कम ज़ैनुल अबीदीन पैदा किए? क्यों इस्लाम के लिए यह चिन्ता का विषय नहीं है? क्यों ओसामा बिन लादेन, अबू बकर अल बगदादी, मसूद अजहर, मुल्ला उमर और हाफ़िज सईद आज के आधुनिक युग में भी पैदा हो रहे हैं? क्यों कश्मीर के 480 वर्ष के इस्लामिक साम्राज्यवाद मे मात्र 50 वर्ष (सन् 1420-70 ई.) तक हिन्दुओं को इन्सान समझा गया और उन्हें बराबरी का स्थान दिया गया। हिन्दुओं को बराबरी का स्थान एक मुस्लिम शासक द्वारा एक अनहोनी घटना थी, इसीलिए आज लगभग 650 वर्षों बाद भी उसका महिमामण्डन किया जाता है। जबकि उस शासक ने इसे बस अपना कर्त्तव्य समझ कर किया होगा। लेकिन इससे यह बात साफ तौर पर स्पष्ट है कि उस समय भारतीय सल्तनतकाल में हिन्दुओं का क्या हाल रहा होगा? और उस समय के सन्दर्भ में ज़ैनुल अबीदीन का शासनकाल वास्तव में असाधारण था।

आज हम 'ब्रिटिश साम्राज्यवाद' या 'यूरोपीय साम्राज्यवाद' तो कहते हैं और उसके भारतीय जीवन पर आर्थिक, राजनैतिक और सामाजिक प्रभाव को भी खूब लिखते और पढ़ते हैं, पर 'इस्लामिक साम्राज्यवाद' पर असाधारण चुप्पी क्यों? जिस साम्राज्यवाद ने हमारी सभ्यता को अकथनीय क्षति पहुँचाई जो शायद अवर्णनीय है। सिन्धु घाटी सभ्यता की छाती पर बैठा पाकिस्तान उसी इस्लामिक साम्राज्यवाद की उपज है। आज भी भारतीय सभ्यता और सम्प्रभुता को चुनौती देते इस्लामिक आतंकी भी इसी की देन हैं।

अली शाह (सन् 1413-20)

सुल्तान सिकन्दर की सन् 1413 में मृत्यु के उपरान्त उसके पुत्र अलीशाह को कश्मीर की सत्ता मिली। अलीशाह अपने 7 वर्षों के शासनकाल में अपने दरबारियों की सलाह पर शासन चलाता रहा। वह अपनी पिता की असहिष्णु राजकीय नीति पर कायम रहा। उसके शासनकाल में उसके प्रधानमंत्री सैफ-उद-दीन ने जनता पर अपने क्रूर कृत्य जारी रखे। अलीशाह के शासन काल के अन्त तक राजव्यवस्था एवं सामाजिक प्रणाली, दोनों ही टूट कर बिखरने की कगार पर पहुँच चुकी थी। अलीशाह सन् 1420 में एक युद्ध में मारा गया। यह युद्ध अलीशाह और उसके छोटे भाई शाही खान के बीच में कश्मीर की गद्दी के लिए ही था। यह युद्ध आज की मुगल सड़क के आस-पास कहीं सूरनकोट के इलाके में हुआ था। यही शाही खान जो अभी 20 वर्ष का भी नहीं

हुआ था, कश्मीर का अगला शासक बना। उसने अपना नाम ज़ैनुल अबीदीन घोषित किया।

जैनुल अबीदीन (सन् 1420-70) सिकन्दर बुतशिकन' या 'मूर्तिभंजक' का छोटा पुत्र और कश्मीर में इस्लामिक साम्राज्यवाद का सबसे उदार एवं बड़ा शासक। पिता और पुत्र, गुण और कर्म दोनों में ही एक दूसरे के विपरीत सिद्ध हुए। एन.के. जुश्ती लिखते हैं कि उसमें प्लेटो के दार्शनिक राजा के सभी आदर्श उपस्थित थे।

ज़ैनुल अबीदीन ने अपने पिता सिकन्दर की भूलों को सुधारनें की पूरी कोशिश की। वह हिन्दुओं और बौद्ध मतावलम्बियों की ओर सहिष्णु था। उसने पुनः काफी पण्डितों को वापस कश्मीर में बुलवाया। ज़ैनुल अबीदीन का काल सैन्य, आर्थिक, धार्मिक, सामाजिक, साहित्यिक एवं कलात्मक युग का उत्कर्ष काल था। उसके प्रशासनिक सुधार, हथकरघा उद्योग, हस्तशिल्प बुनकरी आदि को विदेशों तक में विशेष स्थान मिला। उसके काल में ही एक नई धार्मिक-व्यवस्था ऋषि प्रणाली ने जन्म लिया। इसमें सूफीवाद, हिन्दुत्व और बौद्ध शिक्षाओं का समन्वय था, जो त्याग और मानव प्रेम पर आधारित था। वह सभी धर्मों में लोकप्रिय था। इसके संस्थापक शेख नूरुद्दीन या नंदरिशी थे। उसके काल में प्रशासनिक, न्यायिक व्यवस्थाएँ सब अपने समय से काफी आगे थीं। ज़ैनुल अबीदीन ने कई नए उपनगर बसाए और स्थापत्य कला के नमूनों के तौर पर कई इमारतें बनवायीं। उसका स्वयं का अपना महल इसका एक अदभुत नमूना था।

सुल्तान ने कई सैन्य अभियानों में भी अपनी जीत दर्ज की। उसने लद्दाख, बालटिस्तान, नौशेरा, राजौरी एवं लोहारा आदि राज्यों पर अपना नियंत्रण स्थापित किया। ज़ैनुल अबीदीन ने अपने 50 वर्षों के शासनकाल में पूर्व वंशजों के कार्यों को सुधारा एवं अपने वारिसों को सुदृढ़ कश्मीर की भेंट दी, जिसे उन्हें समाप्त करने में लगभग 100 वर्ष लगे।

ज़ैनुल अबीदीन की मृत्यु से पूर्व ही उसके उत्तराधिकारियों में सत्ता के लिए संघर्ष शुरू हो चुका था। सैय्यद लोग शक्तिशाली दरबारी बन चुके थे और साथ-साथ अभिमानी भी। वह धीरे-धीरे राज षड्यंत्र के संचालक हो गए थे। राजशक्ति क्षीण हो चुकी थी और राज्य-व्यवस्था चौपट। भ्रष्टाचार अपने चरम पर था और एक गुण समझा जाने लगा था। आगे आनेवाले सुल्तानों का सत्ता-शासन में कोई रुझान नहीं था और न ही योग्यता। वे नशे और व्याभिचार का जीवन व्यतीत कर रहे थे। चक और मंगरे धीरे-धीरे शक्तिशाली एवं प्रभावशाली हो चुके थे। शिया-सुन्नी तनाव कभी भी एक नए संघर्ष को जन्म दे सकता था। चक, डार, मागरे और सैय्यद सब अपने राजनैतिक खेल खेल रहे थे। सामान्य जनता का जीवन और कश्मीर की हालत खराब होती जा रही थी। उनमें चक शिया थे और सब सुन्नी थे। और ऐसे ही हालात में 1515-16 में भीषण महामारी फैल गई जिससे राज्य की सभी व्यवस्थाएँ एकदम से ठप

हो गईं। असंख्य लोग नगर और गाँवों में काल का ग्रास बने। राज्य एकदम से पाषाणकाल की स्थिति में पहुँच गया। शासन के पास मदद के नाम पर कुछ न था। लोग भूख और बीमारियों से तड़प-तड़प कर मर रहे थे। जब सन् 1540 में मिर्ज़ा हैदर अपने मात्र 400 सैनिकों के साथ घाटी में पहुँचा, तो उसे किसी भी प्रकार के विरोध का सामना नहीं करना पड़ा और उसने मागरे और सैय्यदों की मदद से सन् 1541-51 तक घाटी में शासन किया, किन्तु उसके भेद-भाव पूर्ण शासन पद्धति ने कश्मीरी अभिजात वर्ग एवं जागीरदारों को उसके विरुद्ध कर दिया और अन्ततः सन् 1551 में वह मारा गया।

इसके बाद 'चक शासनकाल' आया, जो सन् 1589 तक मुगल शासन के साथ समाप्त हुआ। इन सब शासनकाल में कश्मीर की पूरी जनता परेशान थी। ज़ैनुल अबीदीन के बाद के सभी शासनकाल हिन्दुओं के लिए ठीक नहीं थे। शासन-सत्ता पर काबिज दरबारी कट्टर मुस्लिम थे। धर्म प्रचारकों एवं धर्मगुरुओं की तूती बोल रही थी। सन् 1492 में आए मुस्लिम धर्म प्रचारक (शिया) शमसुद्दीन ईराकी आदि ने अपना प्रभाव शासक वर्ग तक स्थापित कर लिया था। उनके सबसे बड़े और शक्तिशाली धर्मान्तरित समूह में थे चक। ऐसे में धर्मान्तरण फिर जोर-शोर से चलने लगा था। शिया-सुन्नी संघर्ष में भी हिन्दुओं को अक्सर लक्ष्य कर नुकसान पहुँचाया जाता था। कश्मीर एक बार फिर हिन्दुओं के रहने के लिए खतरनाक हो गया था।

कश्मीर सल्तनतकाल (शाहमीर वंश काल), जो लगभग 200 वर्ष से अधिक का था, उसमें कुल 50 से 70 वर्षों को छोड़कर सम्पूर्ण सल्तनतकाल में धार्मिक सहिष्णुता का वातावरण नहीं था। शासकों की नीतियाँ हिन्दुओं के लिए दमनकारी एवं साम्प्रदायिक थीं। सल्तनतकाल के अन्तिम वर्षों में शिया-सुन्नी हिंसा भी साम्प्रदायिकता का हिस्सा बन चुकी थी और हर साम्प्रदायिक हिंसा का नुकसान बौद्ध और हिन्दुओं को सबसे अधिक उठाना पड़ता था। अरबी धार्मिक चरमपंथ कश्मीर घाटी में पूर्ण रूप से फैल चुका था। 'कश्मीरियत' इस्लामिक शासनकाल में समाप्त हो चुकी थी। इस्लाम में धार्मिक सह-अस्तित्व का कोई स्थान नहीं है, इतिहास और मिट गई सभ्यताएँ इसकी साक्षी हैं। इस्लामिक सैद्धान्तिक दर्शन एवं राजनैतिक इस्लाम में कश्मीरियत कभी भी अपनी जगह नहीं बना सकती थी। इस्लामिक साम्राज्यवाद का यह काल कश्मीरी सभ्यता, संस्कृति, साहित्य, संगीत एवं कला का काल बन गया।

सन् 1339 से 1586 तक का कश्मीर का सल्तनतकाल उत्तर भारत के तत्कालीन दिल्ली से संचालित सल्तनतकाल जैसा ही था, क्योंकि कश्मीर के सुल्तानों की सामाजिक और धार्मिक नीतियों में बहुत समानताएँ थीं। यह इस्लामिक उपनिवेशवाद आर्थिक कम धार्मिक और सामाजिक अधिक था। यदि ब्रिटिश साम्राज्यवाद एवं उपनिवेशवाद के मूल में प्राकृतिक संसाधनों का दोहन एवं उपनिवेशों की अर्थव्यवस्था को अपने आर्थिक हितों के अनुरूप तैयार करना था, तो 'इस्लामिक उपनिवेशवाद'

इस्लाम के विस्तार और इस्लामिक सामाजिक मूल्यों के विस्तार के लिए था। इस्लामिक उपनिवेशवाद एवं साम्राज्यवाद ने धर्म और अर्थ, दोनों की अपूर्णीय क्षति की। इसका उदाहरण कश्मीर में आज भी इस्लामिक हिंसा से जले हुए कश्मीरी हिन्दुओं के घर हैं। सन् 1380-1420 तक हुई इस्लामिक हिंसा का असर आज भी कश्मीरी आवाम की मनोव्यथा पर है। कैसे एक बहुसंख्यक धर्म नष्ट होकर उस ऋषि तपोभूमि से विलुप्त हो गया? कैसे भारत की बहुमूल्य संस्कृति साहित्य जलकर राख हो गई? फिर भी आज जेएनयू के छात्र कश्मीर के इस्लामिक आतंकियों के अधिकारों एवं इस्लामिक अलगाववदियों की आज़ादी की बात करते हैं। जैसे अंग्रजों ने भारतीय भूमि को कभी अपनी मातृभूमि नहीं माना, वैसे ही अधिकांश इस्लामिक शासक भी और शायद इसीलिए वह यहाँ के धार्मिक, सामाजिक एवं आध्यात्मिक मूल्यों से दूर रहे। उन्होंने हमारी भाषा को न अपनाकर अपनी भाषा हम पर थोपी। हमारी सभ्यता-संस्कृति न अपनाकर अपनी सभ्यता-संस्कृति हम पर थोपनी चाही। अंग्रेजों का लक्ष्य सिर्फ आर्थिक लाभ था और उस आर्थिक कार्य और कच्चे माल के लिए उन्हें यहाँ बसने की कोई आवश्यकता भी नहीं थी। इसीलिए हम इसे साम्राज्यवाद एवं उपनिवेशवाद कहते हैं।

मुस्लिम आक्रमणकारी भारत में जब 8वीं, 11वीं एवं 12वीं शताब्दी में आए तो उनका लक्ष्य सिर्फ और सिर्फ लूट-पाट था, लेकिन जब उन्होंने देखा कि भारत में उनके साम्राज्य के लिए भी सैन्य और राजनैतिक परिस्थितियाँ अनुकूल हैं, तो वह यहाँ पर अपने प्रतिनिधियों द्वारा शासन करने लगे। कोई भी मुस्लिम शासक चाहे मोहम्मद बिन कासिम, महमूद गजनी या मोहम्मद गौरी हो, कभी भी जीत के बाद भारत में रुककर शासन नहीं किया, अपितु अपने विश्वसनीय सेनापतियों, प्रतिनिधियों को यहाँ छोड़कर वापस चले गए। वह यहाँ से सालाना एक निश्चित धन कर के रूप में लिया करते थे। इस प्रकार उन्होंने भी अपने उपनिवेश स्थापित कर लिए थे। धन के साथ वह भारत भूमि के अन्य सामान एवं काम करने के लिए और महिलाओं को गुलामों के रूप में भी ले जाते थे। काबुल, गजनी , बुखारा एवं समरकन्द आदि में भारतीय गुलामों की मण्डियाँ लगती थीं। हिन्दुओं को वहाँ जानवरों की तरह बेचा जाता था। बहुत से भारतीय तो विषम मौसम की परिस्थितियों से उन दुर्गम पहाड़ों में मारे जाते थे। 'हिन्दुकुश' पर्वत श्रृंखला का नाम ही इन हिन्दुओं के वहाँ मरने से पड़ा है। यह 'इस्लामिक साम्राज्यवाद' पूरे उत्तर-भारत को उसकी सभ्यता एवं संस्कृति के साथ नष्ट करने पर तुला था। वह इस्लाम के विस्तार के लिए हिन्दू सभ्यता को समूल नष्ट करना चाहता था। वह यहाँ की सभ्यता-संस्कृति का हिस्सा न बनकर हमारे ऊपर 'रेगिस्तानी अरबी सभ्यता' थोपना चाहते थे।

कश्मीर सल्तनतकाल भी इसी इस्लामिक विस्तार की मुहिम में लगभग 150 वर्षों तक सक्रिय रहा। सल्तनतकाल के अन्त के साथ कश्मीर में भारतीय सभ्यता भी

समाप्त हो गई थी। सन् 1551 ई. से चक वंश के शासक कश्मीर की गद्दी पर बैठे, लेकिन उनका शासनकाल अराजकता पूर्ण एवं अव्यवस्थित था। शासन एवं न्याय व्यवस्था जैसी कोई सजग इकाई नहीं थी। सन् 1586 में मुगलों के आने के साथ ही चक वंश समाप्त हो गया और सन् 1589 में मुगल कश्मीर के शासक बने।

मुगल वंश (सन् 1589-1753)

अकबर ने जब कश्मीर जीतकर मुगल साम्राज्य का हिस्सा बनाया, तब अकबर का शासन भारत के कई भागों में स्थापित हो चुका था। सन् 1589 ई. में कश्मीर मुगल साम्राज्य का एक सूबा बन गया और वहाँ मुगल सूबेदार की नियुक्ति कर दी गई जिसका काम राज्य के शासन को सुचारु ढंग से चलाना था। कश्मीर में बाढ़ और अकाल का सिलसिला चलता रहता था, लेकिन मुगलों ने ऐसी प्राकृतिक आपदाओं से निपटने के लिए एक सुगम एवं सुदृढ़ नीति तैयार कर ली थी। प्राकृतिक आपदा प्रबन्धन के लिए प्रशिक्षित दल थे। खाद्य पदार्थों पूर्व निर्धारण एवं भण्डारण रखा जाता था। पंजाब से प्रचुर मात्रा में अन्न आदि कश्मीर पहुँचाया जाता था। अकबर, जहाँगीर, और शाहजहाँ तक तो कश्मीर में किसी हद तक शन्ति-स्थिरता बनी रही। कश्मीर में सामान्य शासन-प्रशासन तो चुस्त-दुरुस्त था, लेकिन अधिकतर सूबेदारों का हिन्दुओं के प्रति बहुत ही क्रूर व्यवहार था। मतान्तरण लालच एवं भय दोनों के द्वारा किया जा रहा था।

मात्र अकबर का शासनकाल था जिसमें धार्मिक कट्टरता कम थी। जहाँगीर, शाहजहाँ आदि के शासनकाल में धार्मिक आज़ादी धीरे-धीरे कम हो गई थी। हिन्दुओं को नीचे स्तर पर मुसलमानों द्वारा परेशान किया जाता था। प्रशासन एवं न्याय-व्यवस्था आदि सुचारू रूप से चल रही थी।

शाहजहां (1627-58) अपने जीवनकाल में कई बार घाटी आया। उसने यहाँ कई बागीचे विकसित कराये जिनमें प्रमुख हैं शालीमारबाग, निशात, अधबल, चश्मेशाही और परी महल। इनसे कश्मीर घाटी की प्राकृतिक सुन्दरता को चार चाँद लग गए।

औरंगजेब की कट्टरता ने हिन्दुओं को और भी जीवट एवं दृढ़ बना दिया था। मध्य भारत एवं दक्षिण क्षेत्र में 'मराठाशक्ति' शिवाजी के नेतृत्व में दिन दूनी रात चौगुनी बढ़ रही थी। इधर गुरु गोविन्द सिंह जी के नेतृत्व में 'सिख' शस्त्र धारण कर चुके थे। अब 'हिन्दूशक्ति' का पुनर्जागरण काल प्रारम्भ हो चुका था।

सन् 1707 में औरंगजेब की मृत्यु के साथ मुगल साम्राज्य का पतन शुरू हो गया था। इधर केन्द्रीय सत्ता का प्रभाव समाप्त होते ही कश्मीर में मनोनीत सूबेदारों तक

ने आना बन्द कर दिया था। उनके प्रतिनिधि ही सत्ता संभाल रहे थे। (औरंगजेब के बाद, एक कश्मीरी सूबेदार इनायतुल्ला खान ने सन् 1717 में श्रीनगर के हिन्दू क्षेत्र को आग के हवाले कर दिया था और हिन्दुओं को पगड़ी पहनने का अधिकार नहीं था।) शासनव्यवस्था ध्वस्त हो चुकी थी। हिन्दुओं की दशा विशेष रूप से खराब थी। उनका जीवन बहुत ही कष्टपूर्ण ढंग से कट रहा था। उनके पास रोजगार के कोई साधन नहीं थे। कोढ़ में खाज की स्थिति सन् 1746-47 में उत्पन्न हुई। इस वर्ष कश्मीर में भीषण बाढ़ और उसके बाद अकाल ने मुगल सत्ता को पूर्णरूप से उखाड़ दिया। कश्मीर की लगभग 78 प्रतिशत जनसंख्या खत्म हो गई। काफी लोग घाटी से पलायन में सफल रहे और बहुत से लोग थकान और भुखमरी से राह में ही मारे गए। मुगल साम्राज्य तो कब का समाप्त हो चुका था अब तो बस उसके ताबूत में सिख, मराठा और अंग्रेज कीले ठोंकने का कार्य कर रहे थे। कश्मीर में हिन्दू और शिया विरोधी सूबेदार अपना रंग दिखाने लगे थे। औरंगजेब की मृत्यु सन् 1707 से लेकर सन् 1773 तक अनेक सूबेदार और नायब सूबेदार ऐसे हुए, जिन्होंने मुगल साम्राज्य की कश्मीर से एक-एक ईंट उखाड़ दी। कई सूबेदारों को तो जनविद्रोह तक का सामना करना पड़ा, तो महताब खान जैसे लोग जनता के हाथों मारे भी गए।

मुगल शासन ने कश्मीर को कुछ वर्षों तक स्थिर शासन दिया और कश्मीर में शान्ति-व्यवस्था कायम रही। किन्तु सन् 1658-1753, लगभग, 100 वर्ष कश्मीरी हिन्दुओं और शिया लोगों के लिए कभी भी अच्छे नहीं थे। अल्पसंख्यक होने के कारण उनकी सुनवायी भी न थी। हिन्दुओं पर जज़िया कर लगाया हुआ था और गोकशी खुलेआम हो रही थी। हिन्दू एवं शिया धार्मिक कार्यक्रमों पर प्रतिबंध थे। तिलक लगाना, जनेऊ पहनना मना था। मुगल साम्राज्य के पतन में औरंगजेब की धार्मिक कट्टरता ने सबसे बड़ा किरदार निभाया। उस काल ने ही हिन्दू-मुस्लिम के बीच एक और अविश्वास की दीवार खड़ी की। आज यदि कोई मुसलमान औरंगजेब का नाम महान शासक की श्रेणी में ले रहा है, तो वह एक प्रकार से हर एक हिन्दू को चिढ़ा रहा है, उस पर तंज कस रहा है। लेकिन अधिकतर मुस्लिम इतिहासकार उसकी तारीफ करते और लिखते ही मिलेंगे। डा. बी.आर. अम्बेडकर अपनी पुस्तक 'थॉट्स ऑन पाकिस्तान' में इसी बात को लिखते हुए कहते हैं कि 'हिन्दू और मुसलमानों के इतिहास और इतिहास पुरुष अलग-अलग हैं, तो वे कैसे एक राष्ट्र हो सकते है।'

कोई भी धर्मावलम्बी, किसी भी शासन में अगर उन्हें वहाँ के बहुसंख्यक समाज को समान अधिकार न मिले, तो उसका जीवन कैसा होगा? यह बताना कोई कठिन कार्य नहीं है। राज्य कितना ही स्थिर और समृद्धशाली क्यों न हो? कश्मीर के 480 वर्ष के 'इस्लामिक उपनिवेशवाद' में कुछ वर्षों को छोड़कर बाकी का समय हिन्दुओं के लिए धार्मिक उत्पीड़न एवं सामाजिक बहिष्कार का रहा वह कहीं और भाग कर जा नहीं सकते थे, इसलिए घाटी में गुजर-बसर को मजबूर थे।

अफगान (सन् 1753-1819) अहमदशाह अब्दाली 'दुर्रानी'

मुगल साम्राज्य के धीरे-धीरे पतन के साथ कश्मीर से एक इस्लामिक साम्राज्यवादी ताकत का अन्त हुआ। कश्मीर के ही कुछ प्रमुख व्यक्तियों की सूचना पर अहमदशाह अब्दाली ने अफगान जनरल, अब्दुल्ला खान अकासी के नेतृत्व में एक सेना कश्मीर भेजी, जिसने शोपियां में कश्मीरी सेना को लगभग 15 दिनो की लड़ाई के बाद पराजित किया। अफगान सेना जीत कर श्रीनगर पहुँची तब कश्मीरियों को एहसास हुआ कि वह और बुरे फँस चुके हैं। स्वधर्मी होने के बावजूद भी अफगानों का दमनचक्र शुरू हो गया। लूट-पाट, हिंसा, हत्या बलात्कार का एक सिलसिला शुरू हुआ। कश्मीरी महिला एवं पुरुषों को बंधक बना-बना कर गुलामों के तौर पर बिक्री के लिए काबुल भेजा जाने लगा। कश्मीरी जीवन भय के साये में कटने लगा।

कश्मीरी पण्डित एक बार फिर अफगान हिंसा और दमन का शिकार होने लगे। अफगान गर्वनर अब्दुल्ला खान कश्मीरी हिन्दुओं और मुसलमानों, दोनों से ही पैसे वसूल रहा था। उसने हिन्दुओं के सभी धार्मिक अनुष्ठान बन्द करा दिए थे। मन्दिर तोड़े जाने लगे और मूर्तियाँ भी नष्ट की जाने लगीं।

अफगान काल में कई गर्वनरों ने अपने आप को काबुल से स्वतन्त्र स्थापित करने की कोशिश भी की। अफगान शासन इस्लामिक उपनिवेशवाद का एक उपयुक्त उदाहरण था। गैर-मुस्लिम द्वितीय श्रेणी नागरिक थे। उनके अधिकार नहीं बस कर्त्तव्य थे। आज़ाद खान जैसे शासकों ने हिन्दुओं पर पगड़ी और जूता आदि पहनने पर भी प्रतिबंध लगा दिया था। जज़िया कर, धर्मान्तरण, बलात्कार, हत्या तो जैसे इस्लामिक साम्राज्यवाद का हिस्सा थे। उनको बार-बार लिखने से लगता है, जैसे हम इस्लामिक साम्राज्यवाद के सामान्य प्रशासनिक व्यवस्था से अनभिज्ञ हैं। सर वाल्टर लॉरेन्स 'वैली ऑफ कश्मीर' में लिखते हैं—

> *'आजाद खान दण्ड के रूप में दो पण्डितों को एक साथ बोरे में बाँध कर डल झील में डलवा देता था, यह उसकी एक सामान्य दण्ड संहिता थी।'*

अफगान शासन अथवा कश्मीर के लगभग सभी इस्लामिक साम्राज्यवादी शासन के प्रतिनिधि या शासक किसी भी प्रशासनिक नियम अथवा न्यायिक व्यवस्था से बँधे नहीं थे। अतः उनके सही या गलत सभी आदेश ही संविधान थे। उन पर कुछ इस्लामिक नियम-कानून की बाध्यताएँ भर जरूर थी, क्योंकि उस समय लगभग पूरा उत्तर व पश्चिम भारत इस्लामिक ध्वज के नीचे था। इस्लामिक साम्राज्यों का सामाजिक, राजनैतिक एवं धार्मिक जीवन कुरान एवं हदीस से संचालित हो रहा था। और ये इस्लामिक न्यायिक एवं प्रशासनिक प्रणाली 'काफिरों' को कोई भी अधिकार नहीं देती थी। अतः एक-आध 'इस्लामिक साम्राज्यवादी प्रतिनिधियों' के अच्छे भेद-भाव रहित शासन को हमे नियम न मानकर अपवाद ही समझना चाहिए, जैसे कि

कश्मीर में ज़ैनुल अबीदीन और फिर आगरा में अकबर। इन दोनों ही शासको का उस समय के इस्लामिक धर्म गुरुओं/काजियों द्वारा खूब विरोध भी हुआ और मुस्लिम समाज में भी इनके प्रति रोष देखने को मिला।

आज आधुनिक युग में भी इस्लामिक नेतृत्व चरमपंथियों के हाथ में ही है। इस्लामिक उदारवादी पहले की ही तरह अल्पसंख्यक एवं हासिये पर हैं। ओवैसी, आज़म खान और जिलानी सरीखे ही उनके नायक हैं। मोहम्मद अली जिन्ना भी तभी मुस्लिम नायक बने, जब वह सूट की जगह शेरवानी पहनने लगे थे। पंथ निरपेक्ष रहकर वह हमेशा राजनैतिक नौसिखिये रहे। आज भी 'बगदादी' और 'ओसामा' के ही अनुयायी अधिक है। क्यों है यह इस्लामिक विडम्बना?

सन् 1339 में जिस इस्लामिक शासन की शुरुआत एक षड्यंत्र एवं तख्ता पलट के साथ हुई, कैसे धीरे-धीरे इस्लामिक काज़ियों के प्रभाव एवं दबाव में वह शासन इस्लामिक साम्राज्यवाद में परिवर्तित हो गया, यह प्रकिया आपको इस अध्याय में बताने की कोशिश की गई है। कैसे धार्मिक असहिष्णुता एवं अति इस्लामवाद ने एक बड़ी भारतीय सभ्यता को एक झटके में ही कश्मीर से नष्ट कर दिया? कैसे हत्याओं, धर्म परिवर्तन, कला, साहित्य एवं धर्मचिह्न विनाश ने एक सभ्यता के जीवन्त एवं स्थूल रूप का संहार किया? कैसे कश्मीर की मानव त्रासदी को कुछ लोगों द्वारा उसे इस्लाम और हिन्दुत्व का समावेश कहकर 'कश्मीरियत' का नाम दे दिया और कहा कि हिन्दुत्व सूफीवाद के प्रभाव से एक नए वाद का जन्म हुआ है। जबकि सच्चाई यह थी कि हिन्दुत्व एवं सूफीवाद दोनों ही राजनैतिक इस्लाम के निशाने पर रहें। यह तो सनातन धर्म का लचीलापन, कष्ट एवं त्यागी जीवन का अभ्यास था जिसने उसे उन मुश्किल परिस्थितियों में भी धर्म की पताका को ऊँची रखने का अदम्य साहस दिया। वह जंगलों एवं पहाड़ की कन्दराओं में सदा लहराती रही। उत्तरी अफ्रीका एवं पश्चिमी एशिया की सभ्यताएँ सदा-सदा के लिए इस्लामिक साम्राज्यवाद के द्वारा कुछ वर्ष में नष्ट कर दी गईं जबकि हम कई शताब्दियों में भी अड़िग खड़े रहे और यथाशक्ति विभिन्न रूपों में संघर्षरत रहें। शस्त्र से शास्त्र तक का धर्मयुद्ध चलता रहा। हर सदी में अनेक धर्म गुरु एवं धर्म योद्धा, धर्म रक्षा के लिए जन्म लेते रहे और भारतीय तपोभूमि का सनातन धर्म जीवित रहा, भले ही नाम और रूप बदलते रहे हों।

कश्मीर में भारतीय सभ्यता एवं हिन्दुत्व को सबसे बड़ा झटका लगा, जहाँ वह किसी प्रकार जीवित तो रही, पर जीवन्त नहीं रह गई। हिन्दुओं के नाम लेवा तो रह गए लेकिन उनके मूल्य और वह 'सुसंस्कृत' सभ्यता लुप्त हो गई। सभ्यता, मूल्य, साहित्य, संगीत, कला एवं धर्म का नष्ट होना भी 'नरसंहार' है और इस प्रकार भारतीय सभ्यता का कश्मीर में सबसे बड़ा 'हिन्दू नरसंहार' हुआ और शायद आज इसकी चर्चा भी सम्प्रदायवाद के दायरे में आ जाए।

आज सन् 2018 का कश्मीर एक उस परिवर्तन के दौर से गुजर रहा है, जहाँ हर क्षेत्र का नेतृत्व युवा वर्ग कर रहा है, वह भी वह युवा, जो शायद सन् 1990 के दशक के 'इस्लामिक आतंकवाद' के काल में पैदा हुआ। उसने अपना पूरा बाल्यकाल बन्दूकों के साये में बिता दिया। उसने घाटी में निर्दोषों का आतंकियों के हाथों कत्ल होते देखा। दैनिक रूप से हड़ताल एवं उग्र प्रदर्शनों को देखा। उसने घाटी में फैली हुई कट्टर विचारधारा को जिया। वह वयस्क हुआ तो इंटरनेट और मोबाइल युग आ गया। जहाँ से उसने दुनिया को देखना शुरू किया। उसने सैटेलाइट टी.वी. से अमेरिकन 9/11 की आतंकी घटना में दो व्यापारिक इमारतों को ध्वस्त होते देखा, आतंक एवं तालिबान को समाप्त करने के लिए अफगानिस्तान पर अमेरिका के नेतृत्व में नाटों देशों का आक्रमण देखा, इराक पर अमेरिका हमला, लीबिया एवं मिश्र में तख्ता पलट और आज सीरिया एवं ईराक में गृहयुद्ध और अब इस्लामिक स्टेट आतंकी संगठन का आतंक दिन-रात देख रहा है। इस हिंसक घटनाक्रम का असर उस समाज पर अवश्यम्भावी है, जो पूर्ण इस्लामिक है, क्योंकि इस्लाम सार्वभौमिक प्रक्रिया है। इसका जीवन्त उदाहरण 24-25 आयु वर्ग के आतंकी क्षेत्र प्रमुख जैसे दक्षिण कश्मीर में हिजबुल मुजाहिदीन आतंकी संगठन का प्रमुख बुरहान मुजफ्फर वानी था। कश्मीर घाटी में सारे उग्र एवं हिंसक प्रदर्शन भी इन्हीं के द्वारा आयोजित किए जा रहे हैं। आज इस युवा वर्ग ने सारे पुराने मुख्य धारा के राजनैतिक एवं अलगाववादी नेतृत्व को हाशिये पर कर दिया है। कश्मीर की राजनैतिक ताकत अब यह युवा वर्ग है। यह युवा वर्ग अलकाएदा और आईएस जैसे बर्बर इस्लामिक संगठनो से वैचारिक खुराक ले रहा है, जो चिन्तनीय है और इसके लिए अलगाववादी नेतृत्व एवं राजनैतिक नेतृत्व की विचारधारा ही जिम्मेदार है। यह विभाजनकारी एवं साम्प्रदायिक विचारधारा उनके विकास में सबसे बड़ी बाधक बन रही है। उन्होंने जो वैश्विक इस्लामिक घटनाक्रम देखा है, उसके परिणामस्वरूप जो नरसंहार हुआ, वह भी अवश्य देखा होगा, जो विनाश हुआ है और लगभग 50 लाख शरणार्थी भूखे-प्यासे, बिना घर-मकान के दर-दर की ठोकरें खा रहे हैं, वह भी अवश्य देखा होगा। हिंसा का अन्त यही है। आज सारे इस्लामिक जगत की बर्बादी के पीछे उनकी 'जिहादी' संस्कृति है या उनके धार्मिक चिन्तन का समावेशी एवं उदारवादी न होना है।

अध्याय 3

हिन्दू कश्मीर–उपलब्धियाँ एवं पतन

जिस भारत भूमि का विस्तार हम सदैव सागर से हिमशिखरों तक पढ़ते आए और जहाँ हमारे अधिकांश देवी-देवता और भगवान इन्ही पर्वत शिखरों में विराजमान रहे हैं। इन्हीं की प्राप्ति में हमारे ऋषि-मुनि भी इन पर्वतों पर तप-तपस्या और ज्ञानार्जन करने जाते रहे। कुछ त्यागी और तपस्वी इन्हीं पर्वत शृंखलाओं में रम गए। भातीय सभ्यता इन्हीं ऋषियों के तप एवं प्रताप से पूरी धरा पर फैलती चली गई। सनातनधर्मी दुनिया के हर कोने में पहुँचे। हमारा ज्ञान यहाँ के प्राचीन विश्वविद्यालयों नालंदा और तक्षशिला से निकल कर पूरे विश्व में पहुँचा। आचार्य चाणक्य जैसे गुरुओं की ख्याति पूरी दुनिया में फैली हुई थी। अशोक महान जैसे सम्राटों ने एक शक्तिशाली एवं सम्पन्न अखण्ड भारत की स्थापना की। उनके शासन में भारतवर्ष का राजनैतिक प्रभाव मध्य एशिया, पश्चिम एशि़या, दक्षिण पूर्व एशिया, चीन और जापान तक था। दुनिया में बौद्ध धर्म का प्रसार-प्रचार करने का श्रेय सर्वप्रथम अशोक को ही जाता है।

आज का कश्मीर अशोक के बौद्ध प्रचार-प्रसार के प्रमुख केन्द्रो में से एक था। यहीं से बौद्ध धर्म तिब्बत और चीन तक गया। 273-232 ईसा पूर्व का अशोक का शासनकाल कश्मीर के लिए भी कला और साहित्य के विकास का काल था। कश्मीर एक प्रकार से दुनिया के बहुत से दूरस्थ देशों से बौद्ध धर्म के कारण जुड़ा रहा था। बौद्ध भिक्षु कश्मीर में दुनिया के अनेक हिस्सों से आ रहे थे और साथ में नई कला, संस्कृति लेकर, कश्मीर धीरे-धीरे एक वैश्विक समाज के रूप में जन्म ले रहा था। हिन्दू और बौद्ध धर्मावलम्बी एक साथ मिल-जुलकर कश्मीर को एक प्रतिष्ठित ज्ञान का केन्द्र बना रहे थे। कुषाण वंश के महान शासक कनिष्क के काल में भी कश्मीर बौद्ध धर्म प्रचारक मध्य एशिया एवं चीन तक जाते रहे। कश्मीर से लेकर तिब्बत तक बौद्ध धर्म एक ही इकाई के रूप में स्थापित हो रहा था। अनेक बौद्ध विहार कश्मीर की घाटी को सुशोभित करने लगे। लेकिन बौद्ध धर्म और हिन्दू धर्म का सहअस्तित्व और बहुत से क्षेत्रों में मिश्रित विरासत अकल्पनीय है। कश्मीर का नाम बौद्ध धर्म के अनुयायी दूर-दूर तक फैला रहे थे। कश्मीर प्राचीनकाल से ही ज्ञान के केन्द्र के रूप

विकसित एवं प्रसिद्ध हुआ। पण्डित कलहन ने भी अपने ग्रन्थ 'राजतरंगिनी' में कश्मीरियों के सीखने की जिज्ञासा एवं पठन-पाठन के गुण का विशेष उल्लेख किया है। ह्वेनसांग, चीनी विद्वान एवं यात्री सन् 631 में कश्मीर भ्रमण पर आया। उसने भी कश्मीरी लोगों के ज्ञान एवं बौद्धिक क्षमता की प्रशंसा की और कहा कि वे शिक्षा प्रेमी हैं। संस्कृत भाषा के विकास और उसका गहन अध्ययन कश्मीरी पण्डितों के लिए एक विशेष रुचिकर विषय था। संस्कृत भाषा के अनेक विद्वान कश्मीर की धरती पर पैदा हुए। कश्मीर में अनेक संस्कृत के कवि, लेखक और नाटककार हुए। अभिनव गुप्त का नाम इनमें सर्व अधिक प्रसिद्ध है। कश्मीर ने क्षेमेन्द्र, सोमदेव, विलहन, कलहन, जोनाराजा, श्रीवरा और प्रज्यभट्ट जैसे संस्कृत विद्वान, कथाकार एवं साहित्यकार भारतीय सभ्यता को दिए।

'कश्मीरी आध्यात्मवाद' और 'शैववाद' मानवता और भारतीय सभ्यता के लिए मील का पत्थर है। कश्मीरी पण्डित आज भी जहाँ कहीं भी हों, शिवरात्रि का त्यौहार और पूजन विशेष धूमधाम से करते हैं। शिव-पार्वती उनके धार्मिक जीवन का विशेष अंग हैं। कश्मीर से बौद्ध तीर्थ यात्रियों के आवागमन से कश्मीर की स्थापत्य कला एवं साहित्य पर बहुत असर पड़ा। प्राचीन कश्मीरी निर्माण शैली या स्थापत्य कला ग्रीक और हिन्दू कला का मिश्रण हैं। कश्मीर जब कनिष्क के शासनकाल में महायान बौद्ध का शिक्षण केन्द्र बना, तब कश्मीर विदेशी आवागमन का केन्द्र रहा। तब कश्मीरी पडितों ने बाहर से आ रहे अनेकानेक विदेशियों को बौद्ध धर्म ग्रन्थों का ज्ञान दिया। कुमार जीव जैसे कश्मीरी विद्वानों ने तिब्बत, चीन से लेकर दक्षिण-पूर्वी एशिया तक बौद्ध धर्म का प्रचार एवं ज्ञान को फैलाया। यह प्राचीनकाल कश्मीर के बौद्धिक विकास का काल था। उसके विद्वान और उसका ज्ञान कश्मीर की पहचान थे। हर बाहर से आने वाला व्यक्ति कश्मीरियों के ज्ञान से मंत्रमुग्ध था। भारतीय सभ्यता एवं संस्कृति को इनकी विद्वता से एक नई पहचान मिल रही थी। ललितआदित्य और अवन्तिवर्मन दो और महत्वपूर्ण कश्मीरी इतिहास के महान शासक हुए। दोनों के काल में कश्मीर में अनेक मन्दिरों का निर्माण हुआ और इन राजाओं के शासनकाल के आते-आते बौद्ध धर्म का स्थान हिन्दू धर्म लेने लग गया था। लेकिन बौद्ध धर्म और हिन्दू धर्म का सहअस्तित्व शान्तिपूर्ण रहा।

अवन्तिवर्मन ही एक प्रकार से कश्मीर का आखिरी सबसे शक्तिशाली एवं प्रभावी हिन्दू राजा साबित हुआ। उसके बाद उसके उत्तराधिकारी या आने वाले अन्य राजा शनैः-शनैः कमजोर होते चले गए। उधर कश्मीर से बाहर दुनिया एक नए सामाजिक एवं धार्मिक उथल-पुथल से गुजर रही थी। अखण्ड भारतवर्ष में अब कई अन्य राजा भी स्वतन्त्र हो चुके थे। लेकिन कन्नौज के सम्राट हर्षवर्धन ही अभी भारतवर्ष के सबसे बड़े भाग पर आधिपत्य रखते थे। कश्मीर भी उनकी ही केन्द्रीय सत्ता के अधीन था। उसी समय लगभग सन् 622 में मक्का में एक नई आस्था जन्म

ले चुकी थी और आस्था एवं मान्यता के जनक उस समय की मूर्ति पूजा पद्धति के विरोधी थे। कबीलों में संघर्ष शुरू हुआ और आज इस्लाम धर्म के पैगम्बर कहे जाने वाले हजरत मोहम्मद विजयी हुए। उनकी सामाजिक व्यवस्था शुरू हुई और एक नया धर्म उभर कर सामने आया जिसको 'इस्लाम' के नाम से जाना जाने लगा। इस्लाम के प्रचार-प्रसार के लिए लड़ाई 'जिहाद' के आह्वान होने लगे। आने वाले अगले 100 वर्षों में इस्लाम यूरोप से लेकर भारत में सिन्ध तक फैल गया। लेकिन सन् 712 से सन् 1000 तक वह सिन्ध में ही सीमित रहा। लेकिन सन् 1000 के बाद से महमूद गजनवी के आक्रमणों का सिलसिला पंजाब से शुरू हुआ और कुछ ही वर्षों में उसने पंजाब, पेशावर आदि पर अपना अधिकार जमा लिया। कश्मीर की सीमाएँ अब इस्लामिक शासन के साथ छू रही थीं। सन् 1192 से दिल्ली पर भी मुस्लिम शासन आ गया। कश्मीर पहाड़ों के बीच एवं कोई व्यापारिक केन्द्र न होने से किसी इस्लामिक आक्रमणमारी को आकर्षित नहीं कर रहा था। कश्मीर सबसे दूर औसत शासकों के साथ समय बिता रहा था। लेकिन कश्मीर के दक्षिण और पश्चिम में इस्लाम ने दस्तक देनी लगभग 13वीं शताब्दी में शुरू की। भारत के पंजाब में इस्लाम तलवार के जोर पर फैल रहा था। जबरन धर्मान्तरण इस्लाम के अनुयायियों की संख्या दिन-प्रतिदिन बढ़ा रहा था। इस्लामिक धर्म प्रचारक शासन-सत्ता के संरक्षण में निरंकुश हो हिन्दू जनता को लालच, भय आदि से इस्लाम कुबूल करा रहे थे।

पंजाब और दिल्ली में इस्लामिक शासन स्थापित हो जाने के बाद इस्लाम प्रचारकों एवं सूफी सन्तों ने नए गैर-इस्लामिक स्थानों की खोज शुरू कर दी। वह यात्रियों और व्यापारियों के माध्यम से धीरे-धीरे कश्मीर घाटी पहुँचने लगे और 13वीं शताब्दी के अन्त तक कश्मीर घाटी में मुस्लिमों की मौजूदगी को देखा जा सकता था। लेकिन इस समय इसका कारण हिन्दू धर्म में अनेक देवी-देवताओं के पूजने की परम्परा से भी था। लोग इस्लाम को भी ईश्वर तक पहुँचने का एक मार्ग समझने लगे। उससे अधिक उस समय कश्मीर के हिन्दुओं को इस्लाम की समझ नहीं थी। अगर राजनैतिक इस्लाम को ही इस्लाम धर्म के रूप में पेश न किया जाए, तो यह भी हिन्दू धर्म या एक जीवन जीने की शैली ही तो है। सूफी इस्लाम यही भक्ति और जीवन जीने का तरीका तो बता रहा था, इसीलिए हिन्दुओं को इस प्रकार धर्म और भारतीय सभ्यता की जीवनशैली और प्रभुभक्ति में कोई अन्तर नहीं लगा। इस्लाम की छवि को खराब किया 'जिहाद' और 'राजनैतिक इस्लाम' की बर्बरता ने। इस्लाम के केवल 'एक ही ईश्वर' के सिद्धांत ने और अन्य आस्थाओं एवं मान्यताओं पर पाबन्दियों ने। भारतीय सभ्यता में कोटि देवी-देवता एवं अनेक उपासना पद्धतियाँ उपस्थित थीं, यहाँ हर एक अवसर के लिए एक ईश्वर था। भला कैसे हमारी सभ्यता एक ही धर्मग्रंथ और एक ही ईश्वर की मान्यता को मान लेती और कैसे निराकार भगवान का ध्यान कर पाती। भारतीय सभ्यता धर्म के भीतर भी धर्म की स्वतन्त्रता की पक्षधर हैं। यही

कारण रहा यहाँ हिन्दू, बौद्ध, जैन, सिख आदि धर्म, पंथ, आस्थाएँ या सामाजिक आन्दोलन जन्म लेते रहे। यह सब हमारे समाज में व्याप्त कुरीतियों एवं आस्था में अंधविश्वास को मिटाने के लिए थे। भारतीय सभ्यता में आदिकाल से ही धर्मसभाएँ एवं शास्त्रार्थ इन्हीं सामाजिक एवं आध्यात्मिक विषयों पर चिन्तन के लिए होते रहते थे। यह विचार मंथन ही समाज को आपसी टकराव से रोक कर रखते थे और आस्थाओं की विविधता को फलने-फूलने देते थे। भारतीय सभ्यता में धर्म कभी राजनैतिक शस्त्र नहीं बना। धर्म केवल ईश्वर प्राप्ति एवं आध्यात्म के लिए था। यह शासन-सत्ता से परे था।

कश्मीर घाटी, जहाँ भारत के बौद्धिक वर्ग का बोलबाला था, जब इस्लाम के प्रचारक वहाँ पहुँचे, तो उनका स्वागत भी ईश्वर के प्रतिनिधियों के रूप में किया गया। उन्हें अपनी आस्था को लोगों के बीच प्रचारित करने का मौका दिया गया और हिन्दू धर्म को कभी उनसे कोई खतरा महसूस नहीं हुआ। हिन्दू राज्य होने पर भी धर्म परिवर्तन का कोई विरोध नहीं था। सूफी इस्लाम सन् 1300 आने तक कश्मीर घाटी में अपने पैर मजबूती से जमा चुका था। इसके कई सूफी-सन्तों के बड़ी संख्या में हिन्दू अनुयायी भी हो गए थे। उस समय के राजदरबारों में भी इनका आदर-सम्मान था। कश्मीर के कुछ हिन्दू राजा तक सूफी-सन्तों के भक्त थे। लेकिन इसका अर्थ यह नहीं था, वह इस्लाम के अनुयायी हो रहे थे, अपितु वह इस्लाम को भी उस आस्था और पूजा पद्धति के रूप में देख रहे थे, जिससे ईश्वर की प्राप्ति सम्भव थी। भारतीय सभ्यता में वही धर्म या आस्था सर्वग्राही हो सकती थी, जो मानवीय मूल्यों पर सौ प्रतिशत खरी उतरती हो। यही कारण रहा यहाँ धर्म और राजनीति हमेशा अलग-अलग रहे। इसीलिए शायद सदियों के शासनकाल के बाद भी इस्लाम भारत में अल्पसंख्यक ही रहा। कष्ट, दमन, उत्पीड़न एवं यातनाएँ सहने के बाद भी भारतीय सभ्यता एवं धर्म कभी पथभ्रष्ट नहीं हुआ। अनेक बलिदान देकर भी हमने अपनी आस्था को अक्षुण्ण रखा। इस्लामिक हिंसा ने पश्चिमी एशिया एवं उत्तरी अफ्रीका की सभ्यताओं को समूल नष्ट कर दिया। मिश्र और मेसोपोटामिया की सभ्यताओं के आज अवशेष तक लुप्त हो गए। आज लगता है वे सभ्यताएँ कभी धरती पर हुईं ही नहीं, लेकिन भारतीय सभ्यता और आस्था आज भी अमिट, अटल और अजेय बनी हुई हैं, तो इसका कारण था इसका सामयिक लचीलापन। आज इसको कुछ कुरीतियाँ तोड़ रही हैं, पर इसका आध्यात्मिक सिद्धांत तो मानवता से ओत-प्रोत है, इसीलिए यह आज भी अविरल बह रही है। इसीलिए आज भारतीय सभ्यता विश्वव्यापी हो रही है।

आज भी कश्मीरी मुसलमानों के अधिकतर उपनाम हिन्दुओं के ही हैं, क्योंकि उनके पूर्वज इस्लाम को भी एक ईश्वर प्राप्ति का मार्ग मान कर इस्लाम के अनुयायी बन गए थे। अतः उन्हें अपना उपनाम बदलने की आवश्यकता ही नहीं लगी। कश्मीरी मुसलमानों में क्षत्रिय एवं ब्राह्मण दोनों के ही उपनाम मिलेंगे। इसके गहन एवं विस्तृत

अध्ययन के लिए आप जम्मू-कश्मीर के प्रसिद्ध आईएएस अधिकारी एवं लेखक परवेज दीवान की किताब *'दि पीपल एण्ड कल्चर आफ जम्मू-कश्मीर लद्दाख'* पढ़ सकते हैं।

कश्मीर में हिन्दुओं के शासनकाल में बौद्ध और मुस्लिम समुदाय बहुसंख्यक हिन्दुओं के साथ प्रेमपूर्वक रहते हुए एक साझा कश्मीरी संस्कृति को जन्म दे रहे थे। आज के समय जब लोग 'कश्मीरियत' की बात करते हैं या फिर जैनुल-अबीदीन 'बुदशाह' के काल की जहाँ 'कश्मीरियत' तो कई धर्म एवं सम्प्रदायों की एक साझा संस्कृति थी। न कि आज के पूर्ण इस्लामिक कश्मीर की, जहाँ अन्य अल्पसंख्यक गैर-मुस्लिम रहने से डरते हैं। 12वीं एवं 13वीं शताब्दी का कश्मीर बुरे शासन एवं अकर्मण्य शासकों के लिए जाना गया। कश्मीर पर केन्द्रीय सत्ता का प्रभाव भी समाप्त हो चला था। बाहरी दुनिया से व्यापारिक और सामाजिक सम्बन्ध कम हो रहे थे। शायद इसका एक बहुत बड़ा कारण कश्मीर के हिन्दू शासकों का बाहर स्थापित हो गए मुस्लिम शासकों का भय। व्यापारिक सम्बन्ध कम हो जाने पर अर्थव्यवस्था कमजोर हुई, जिससे सरकार चलाना मुश्किल हो रहा था, राज्य में अराजकता फैलने लगी थी। 13वीं शताब्दी के अन्त तक दुनिया पर मंगोलों की सेनाएँ टिड्डी दल की तरह छाने लगी थी। चीन से लेकर रूस, मध्य एशिया, पूर्वी यूरोप और पश्चिम एशिया तक केवल एक ही काल का पर्याय बना हुआ था मंगोल योद्धा 'चंगेज़ खान'। वह बड़े-बड़े राज्यों की किस्मत बदल रहा था। उसकी सेनाएँ जिधर से निकल रही थीं उधर ही शहर खण्डहर हो जा रहे थे। इधर कश्मीर कई बाढ़ो और अकाल से ग्रस्त हो तेजी से पतन की ओर बढ़ रहा था। राजाओं के पास सेना रखने तक लिए पर्याप्त धन नहीं था इसीलिए रिनचिन और शाहमीर जैसे किराये के सैनिक दल राजा सुहादेव ने रखे थे। यह कश्मीर के दुर्दिन थे। कश्मीर जैसी छोटी भौगोलिक इकाई का स्वयं के संसाधनों से राज्यव्यवस्था एवं अर्थव्यवस्था चला लेना आसान नहीं था। पड़ोसी राज्यों से सम्बन्ध न होने पर तो व्यापार भी सम्भव नहीं था। आज भी अगर हम कश्मीर घाटी का भौगोलिक आकलन करें, तो कुछ ऐसा ही पाएँगे अपितु अब तो सीमा रेखाएँ और भी संकुचित हो चुकी है, पाक अधिकृत कश्मीर निकल जाने के बाद। इसीलिए क्या होगा 'आजाद कश्मीर' का केवल दान से राज्य नहीं चलाये जा सकते और देने वाला भी कोई नहीं है। इसीलिए राजनीतिज्ञों के लिए ऐतिहासिक ज्ञान होना और उससे सीख लेते रहना अति महत्वपूर्ण है।

14वीं शताब्दी का आरम्भ कश्मीर राज्य एवं हिन्दुओं के शासन के अन्त का काल था। प्राकृतिक आपदाओं से कश्मीर अभी उबर भी नहीं पाया था कि मंगोल दुलाचा अपनी बर्बर सेना के साथ कश्मीर की सीमाओं पर पहुँच चुका था। वह एक बर्बादी की तरह आगे बढ़ रहा था और उसके पीछे शवों के ढेर और गाँवों एवं नगरों के ध्वंसावशेष छूटते जा रहे थे। कश्मीर के नगर-गाँव सब निर्जन हो चुके थे। राजा

भाग चुका था। लाशों और जले हुए भवनों से भी मंगोल सेना की लूट जारी थी। मंगोलों के इस आक्रमण ने कश्मीर को एक प्रशासनिक इकाई एवं एक सैन्यशक्ति (जो बहुत थोड़ी शेष थी) के रूप में पूरी तरह से समाप्त कर दिया था। स्थिति ऐसी हो गई थी कि 100-200 मंगोल सैनिक भी पूरे कश्मीर के राज्य को निर्भय होकर संचालित कर सकते थे। इसका सबसे बड़ा कारण कश्मीरी लोगों में अधिकांशतः लोगों का योद्धा न होना था। कश्मीर ऐतिहासिक काल से ही धर्म एवं कला का केन्द्र रहा था। लोग यहाँ ज्ञान लेने आते थे न कि युद्ध करने। यहाँ के लोग विद्वान एवं आध्यात्यमवादी थे, जिनका युद्ध से कोई लेना-देना नहीं था। अतः जब राजाओं के पास अपनी प्रशिक्षित सेनाएँ नहीं रह गई थीं तो आकस्मिक आपातकाल की स्थिति में युद्ध के लिए सैनिक जुटा पाना असम्भव था। जिसका परिणाम हमने मंगोल के हाथ मिली पराजय में देख लिया। इतिहास का अध्ययन आपको यह ज्ञान अवश्य देगा कि 'सभ्यता-संस्कृति का विकास होता, तो शान्ति से है, लेकिन शान्ति की प्राप्ति शक्ति से होती है और शक्ति आती है शस्त्र से और उसके प्रयोग के कौशल से। कश्मीर की सभ्यता-संस्कृति का विकास भारत की केन्द्रीय शक्ति से हो रहा था, जिसके पीछे अशोक सम्राट जैसे महान योद्धा थे। कश्मीर की शान्ति सदैव केन्द्रीय सत्ता की शक्ति में रही है और भविष्य में भी रहेगी, क्योंकि कश्मीर अपने आप में कभी भी एक सम्पूर्ण राष्ट्र-राज्य की इकाई नहीं हो सकता, लेकिन व्यक्तिगत स्वार्थ आँखों पर पट्टी बाँध कर रखता है। आज का या बीसवीं शदी से 21वीं शदी तक के कश्मीरी नेतृत्व का यही हाल है। वह आज भी जहाँ ज्ञान एक बटन दबाने मात्र से हासिल है, कश्मीरी इतिहास से कुछ सीखने को तैयार नहीं हैं। राष्ट्र कवि रामधारी सिंह दिनकरजी का 'शक्ति' के सम्बन्ध में और उसकी आवश्यकता क्यों है, पर 'कुरूक्षेत्र', उनके काव्यसंकलन में बड़ी कालजयी पंक्तियाँ है—

"क्षमा शोभती उस भुजंग को जिसके पास गरल हो,
वह क्या जो दन्तहीन, विषरहित, विनीत, सरल हो।"

कैसे धीरे-धीरे अपनी ही अकर्मण्यता एवं अदूरदर्शिता से एक बड़ी विकसित एवं भारतवर्ष के शीर्ष पर स्थित हिन्दू या भारतीय सभ्यता विलुप्त हो गई। मन्दिरों एवं बौद्ध स्तूपों की कला काल के साथ नष्ट हो गई। कश्मीरी पण्डित जो कभी ज्ञान के प्रकाशपुंज थे, आज अंधकारलीन हो गए। हजारों वर्ष की सभ्यता के विकास की यात्रा सन् 1320 में आकर थम गई। सन् 1320 से सन् 1339 सभ्यता के दीपक की लौ बस कंपकपाती रही और फिर बुझकर शान्त हो गई। इसके बाद सन् 1339 से सन् 1819 के कालखण्ड में हजारों वर्षों से विकसित हुई भारतीय सभ्यता को नष्ट कर उसके स्थान पर अरबी, फारसी एवं तुर्की सभ्यता को लादने की कोशिश की गई और उसके लिए हिन्दू बहुसंख्यकों को बलपूर्वक एवं लालच देकर मुसलमान बनाया गया।

धर्मान्तरण न करने वाले अधिकांश लोगों को मृत्युदण्ड दिया गया, हिन्दू स्त्रियों का अपहरण कर बलपूर्वक विवाह, बलात्कर या न मानने पर हत्याएँ की गईं। इस्लामिक काल में केवल जैनुल अबीदीन (बुदशाह) सन् 1420-70 का शासनकाल, स्वर्णिमकाल था, जहाँ 'कश्मीरियत' को एक बार फिर जीवित करने की शुरुआत हुई। लेकिन उसके पहले या बाद के अधिकतर शासक गैर-मुस्लिमों के प्रति असहिष्णु थे।

सन् 1986 से आज सन् 2018 लगभग 32 वर्षों से कश्मीर में 'सुल्तान सिकन्दर' का ही शासन चल रहा है। सन् 1389-1413 तक शाह-मीर वंश का सुल्तान सिकन्दर इस्लामिक कश्मीर का सबसे क्रूर एवं निर्दयी शासक था। उसके शासनकाल में मन्दिरों बौद्ध-विहारों को तोड़ने से लेकर हिन्दुओं की सम्पत्ति को जब्त करना, हिन्दुओं की हत्याएँ, बड़ी संख्या में धर्मान्तरण, स्त्रियों का बलात्कार एवं लड़कियों से बलपूर्वक विवाह व हिन्दुओं पर 'जजिया कर' लगा देना स्थापित नियम था। हिन्दुओं को शासन-प्रशासन के कार्यों से पदच्युत कर दिया गया। यह काल हिन्दुओं के लिए किसी अकाल से कम नहीं था। कुछ हिन्दू कश्मीर से भाग कर अन्य हिन्दू राज्यों में पहुँचने में सफल भी रहे, किन्तु अधिकांश जन दुर्गम रास्तों में भूख-प्यास से मारे गए। हिन्दुओं के हजारों धर्मग्रन्थ और पुस्तकों को जला दिया गया। हिन्दुओं को तिलक लगाने एवं जनेऊ पहनने पर रोक लगा दी गई। वह न अस्त्र-शस्त्र रख सकते थे न ही घोड़े। ऐसा कोई दमन-उत्पीड़न का तरीका शेष नहीं था, जिसका प्रयोग हिन्दुओं पर न हो रहा हो। कश्मीरी इतिहासकार जोनाराजा कश्मीर के इतिहास में लिखते हैं कि सिकन्दर के शासनकाल के अन्त तक कश्मीर घाटी में मात्र कुछ हिन्दू परिवार ही शेष बचे थे। अलगाववादी और घाटी का सामाजिक एवं राजनैतिक नेतृत्व अब शायद इसी साझा संस्कृति या कश्मीरियत की बात करता है और उसके संरक्षण के लिए धारा-370 की वकालत करता है। आज घाटी के इस्लामीकरण के साथ वहाँ की सांस्कृतिक, सामाजिक, साहित्यिक एवं कलात्मक बहुलता और विविधता सब समाप्त हो गई और उसी के साथ 'कश्मीरियत' भी।

व्रह कश्मीर जिसने कभी बौद्ध धर्म के साहित्य को पहली बार संस्कृत में लिखा, जो कि उससे पहले पाली भाषा में ही लिखा जा रहा था। कश्मीर ने संस्कृत साहित्य को काव्य-दर्शन एवं गद्य का अमूल्य योगदान दिया। कश्मीर के विद्वान भारत के लगभग हर कोने में फैले हुए थे। बिलहन जैसे कश्मीरी कवि और नाटककार पूरे भारतवर्ष में प्रसिद्ध थे। उनके विद्यार्थी भारत के विभिन्न भागों से आते थे। मैत्रिगुप्त जैसे बड़े विद्वानों को विक्रमादित्य हर्ष ने उनकी विद्वता एवं ज्ञान को देखते हुए उन्हें कश्मीर की जागीर दी।

कश्मीर के बौद्ध धर्मगुरुओं एवं भिक्षुओं ने भी बौद्ध धर्म के प्रचार-प्रसार में महती भूमिका निभाई। कनिष्क काल में कश्मीर बौद्ध धर्म के मुख्यालय के रूप में विकसित हुआ। नार्गाजुन अश्वघोष, वासुबन्धु, धर्मत्राता और अन्य आचार्यों ने यहाँ

पर प्रवास किया। बहुत से कश्मीरी बौद्ध विद्वानों ने 'नालंदा' एवं 'विक्रमशिला' विश्वविद्यालयों में पठन-पाठन का कार्य भी किया। गया के शिला अभिलेखों में कश्मीरी विद्वानों का उल्लेख मिलता है। अखण्ड भारतवर्ष की साक्षी सभ्यता-संस्कृति का यह एक अदभुत उदाहरण है। हजारों वर्षों तक जो कश्मीर भारतीय सभ्यता-संस्कृति का केन्द्र रहा हो और जिसके अद्वितीय विद्वानों ने भारतीय सभ्यता एवं ज्ञान की छाप पूरे दुनिया में छोड़ी हो, उसे आज कुछ शताब्दियों का इस्लामिक अतिक्रमण उस पर कैसे अपना अधिकार जता सकता है। भारतीय उदारवादी सभ्यता में सभी का स्वागत एवं अभिनंदन हो सकता है, धार्मिक विचारों, सामाजिक व्यवस्थाओं की स्वतन्त्रता हो सकती है, वह भी दूसरों के साथ धार्मिक एवं सामाजिक समन्वय के साथ। बहुलता एवं विविधता के साथ ही नैसर्गिक विकास सम्भव है। कश्मीर अपनी सभ्यता के उत्कर्ष पर तब पहुँचा जब वह पूरी दुनिया के लिए खुला हुआ था, विचारों का आदान-प्रदान था। व्यापार था और सांस्कृतिक मेल-जोल था। पश्चिमी एशिया, इजरायल में स्थित मृत सांगर जो कि एक बहुत बड़ी खारे पानी की झील है, उसका पानी इतना खारा है कि उसके अधिक घनत्व के कारण कोई इन्सान उसमें डूब नहीं सकता है। क्यों है उसका जल इतना खारा, जबकि उसका पानी तो नदी से ही आता है। कारण उसमें से जल का कोई भी निकास न होना । यही बात सभ्यताओं और मानवजीवन के लिए भी लागू होती है। एक बन्द चहारदीवारी में रहकर हम विकास नहीं कर सकते। अगर आज अमेरिका विश्व शक्ति है। दुनिया की एक बड़ी अर्थव्यवस्था एवं सैन्य ताकत है, तो इसका सबसे बड़ श्रेय जाता है वहाँ मानव संसाधन एवं प्रतिभा की विविधता को। वहाँ दुनिया के हर कोने का इंसान अपने-अपने धर्म एवं संस्कृति के साथ रह रहा है। वैचारिक एवं धार्मिक अभिव्यक्ति की पूर्ण स्वतन्त्रता है।

उसके उलट वह राष्ट्र जहाँ एकल धर्म एवं संस्कृति व्यवस्था में लोग रह रहे हैं, वहाँ वैचारिक एवं अभिव्यक्ति की स्वतन्त्रता निषेध है। अनेक प्रतिबन्ध हैं। वहाँ के शासक अपने ही लोगों से सशंकित है, क्योंकि कोई संवाद नहीं है, शासक और शासित के बीच में। सभी इस्लामिक राष्ट्र लगभग इसके उदाहरण हैं और चीन में भी एकल पार्टी व्यवस्था है। कश्मीर को भी आज वहाँ का नेतृव ऐसे ही बन्द कर उसे 'मृत सागर' बनाना चाहता है। वह इसीलिए नहीं चाहता कि आज कोई गैर इस्लामिक इन्सान वहाँ आकर बसे और इसके लिए वह आड़ धारा-370 की लेता है और कश्मीरियत को बचाने के बहाने शरीयत लाना चाहता है। यह अब ऐसा प्रश्न है जिसका उत्तर वहाँ के हालात से सर्वविदित है।

कश्मीरी संस्कृति में कला एवं विचार के आदान-प्रदान को हम प्रसिद्ध सम्राट ललितआदित्य के दरबार में दो प्रसिद्ध कवियों की उपस्थिति से समझ सकते है 'वकपतिराजा' और *मालती माधव* के रचयिता 'भवभूति'। ये दोनों कवि आठवी

शताब्दी में भारतवर्ष के अत्यन्त प्रसिद्ध कवि एवं विद्वान थे। इस प्रकार अनेक विद्वान भारत के विभिन्न भागों से कश्मीर घाटी में अध्ययन एवं अपने ज्ञान को साझा करने के लिए आया करते थे। इन विद्वानो का कश्मीरी राजाओं का राज्य संरक्षण हासिल था। इनमे से अनेक विद्वान कश्मीर में ही बस गए। कश्मीर की प्रशासनिक व्यवस्था या सैन्य संचालन पद्धति सब भारतवर्ष के अन्य भागों की तरह ही थी। मौर्य शासन का सैन्य संचालन ही उस समय लगभग सम्पूर्ण भारतवर्ष में चलन में था। तीर्थ यात्राएँ कश्मीर से कन्याकुमारी तक हिन्दू धर्म या भारतीय सभ्यता का हिस्सा थी। रामेश्वरम, अमरनाथ, बद्रीनाथ, द्वारका एवं पुरी और गया सब कही मुक्त तीर्थ यात्रा बड़े उत्साह से की जाती थी। इन्हीं तीर्थ यात्राओं एवं व्यापार आदि के माध्यम से पूरा भारत आपस में जुड़ा हुआ था। कला और सांस्कृतिक समन्वय एवं मेल-मिलाप से सभ्यता समय के साथ रूपान्तरित होती रहती है। रहन-सहन, खान-पान आदि नए रूप लेते हैं। सभ्यताओं में अनेक मानवीय एवं प्राकृतिक क्रियाओं के फलस्वरूप कुछ परिवर्तन भी आते हैं लेकिन समय सीमा क्या होगी यह उन क्रियाओं की सघनता एवं तीव्रता इत्यादि पर निर्भर करेगी। जैसे कि सुनामी किसी एक पूरी सभ्यता के अस्तित्व को ही समाप्त कर सकती है और वैसे ही युद्ध और हिंसा भी मानवजीवन को नष्ट कर सकती है। चंगेज खान ने 13वीं शताब्दी में मध्य एशिया एवं चीन इत्यादि में अनेक नगरों एवं राज्यों को सदा-सदा के लिए खत्म कर दिया। उसके ही समय में बगदाद को जलाकर खाक कर दिया गया था। मंगोल सेना ने कई सभ्यताओं के ताबूतों में आखिरी कील गाड़ी।

कश्मीर का उत्कर्ष काल भी लगभग भारत के पूर्ण विकास के साथ जुड़कर चल रहा था। भारतीय केन्द्रीय सत्ता की समृद्धि ही कश्मीर की सम्प्रभुता एव विकास की कुन्जी थी। इधर सन् 1000 के बाद से पंजाब में हिन्दू राजा कमजोर हुए और मुस्लिम आक्रमणकारी लुटेरों ने आना शुरू किया। इधर कश्मीर भी रानी दिद्दा (सन् 950-1003) के बाद पतनोन्मुख हो चला था। सन् 1030 से पंजाब में मुस्लिम शासन स्थापित हुआ और कश्मीर में भी कमजोर एवं निरंकुश शासक सिंहासनारूढ़ होने लगे, क्योकि अब भारतीय केन्द्रीय सत्ता से कोई दिशा-निर्देशन नहीं था और जिससे उत्तराधिकार के मामलों में भी पूरी अराजकता फैली हुई थी। हर्षवर्धन और उसके बाद तक कश्मीर पर कन्नौज का बड़ा प्रशासनिक नियंत्रण था, जिससे वहाँ कुछ हद तक शासन-व्यवस्था सुचारू रूप से चलती थी। लेकिन 11वीं शती से 14वीं शती (लगभग 300 वर्ष) कश्मीर के प्रवाहमान जीवन में अचानक विराम लग गया था। सीमाएँ मुस्लिम शासन से धिर जाने के कारण बन्द सी हो गई थी। शायद इस भय से कश्मीर के हिन्दू राजाओं ने वाह्य सम्बन्धों को रोक सा दिया होगा और यहीं से शुरू हो गया कश्मीर राज्य को घुन लगना और यह टूट कर गिरा 14वीं शताब्दी के आरम्भ में (लगभग सन् 1320) मंगोल दुलाचा के आक्रमण के साथ और सुहादेव के कश्मीर घाटी से भाग जाने

के बाद। सुहादेव की कायरता के कारण जनता ने उन पर विश्वास खो दिया और अन्ततः सन् 1339 से मुस्लिम शाहमीर वंश की नींव पड़ी और उसके वंश के लगभग 220 वर्षों के शासन में हिन्दू कश्मीर पूर्णतया इस्लामिक कश्मीर हो गया। वैसे ही सन् 1947 में महाराजा हरि सिंह के भारत विलय एवं नेहरू की अदूरदर्शिता से एक बार फिर कश्मीर की गद्दी पर एक और शाहमीर बैठ गया। इस 20वीं शती के शाहमीर को 14वीं शती के शाहमीर से बड़ा राज्य मिला, जिसमें जम्मू और लद्दाख भी थे। एक बार फिर लगभग 130 वर्षों के हिन्दू शासन के बाद भारत के पंथनिरपेक्ष कहे जाने वाले नेतृत्व ने मुस्लिम तुष्टिकरण करते हुए जम्मू-कश्मीर की सत्ता एक कट्टर मुसलमान को दी। इसका परिणाम जो काम शाहमीर वंश को कश्मीर को हिन्दूविहीन करने में लगभग 75 वर्ष लगे, वह काम शेख अब्दुल्ला और उनके वंशजों ने मात्र (सन् 1947-90) 43 वर्षों में सम्पन्न कर दिया, जबकि अब तो केन्द्र में पंथनिरपेक्ष सरकारें थी और सन् 1339 से सन् 1413 तक शाहमीर वंश तो पूर्णरूप से स्वतन्त्र और निरंकुश था। लेकिन इस नरसंहार के बाद भी शेख अब्दुल्ला और उनका परिवार हमारे भारतीय बौद्धिक वर्ग के लिए पंथनिरपेक्ष, सहिष्णु एवं देशप्रेमी है। एक लोकतान्त्रिक पंथनिरपेक्ष देश में एक प्रदेश के एक सम्भाग ने वहाँ के अल्पसंख्यक समुदाय का 'धर्म चयनित नरसंहार' एवं हिंसा के द्वारा पलायन करने पर विवश कर दिया और उलट मानवाधिकार उल्लंघन का आरोप भी सरकार का ही एक षड़यंत्र बताया।

कश्मीर घाटी जो एक महान भारतीय सभ्यता का अंग थी, स्वयं भी सभ्यता का एक उन्नत केन्द्र थी। कैसे 15वी शताब्दी के आरम्भ में वह इस्लामिक राज्य या 'दारुल इस्लाम' में तब्दील हो गई? कैसे कभी संस्कृत के व्याकरणाचार्यों के मन्त्रों एवं स्तुतियों से गुंजायमान रहने वाली घाटी एक नवगांतुक हिंसक मतावलम्बियो द्वारा नष्ट कर दी गई? क्यों कश्मीरी सभ्यता के मूल निवासियों द्वारा किसी भी प्रकार का प्रतिकार नहीं हुआ। क्या कश्मीरी हिन्दुओं के बौद्धिक विकास ने उनके शारीरिक शक्ति एवं साहस को कम कर दिया था या बौद्ध धर्म के सान्निध्य से वह अहिंसक बन चुके थे। जिससे उन्हें अपना धर्म, सम्मान और स्वाभिमान सब कुछ गंवाना पड़ा।

संस्कृत भाषा का स्थान फारसी और अरबी लेने लगी। फारसी ही शासकीय काम-काज की भाषा बन गई। पण्डितों ने भी अब अरबी और फारसी पढनी-लिखनी शुरू कर दी। हमारी सभ्यता की प्रतीक और हमारी कला-साहित्य की जननी सदा-सदा के लिए घाटी से निर्वासित हो गई। सभी उपलब्ध संस्कृत के धर्म ग्रन्थों को या तो अग्निसमाधि दी गई या जलसमाधि। एक सुनियोजित तरीके से मुस्लिम शासकों, धर्मगुरुओं एवं विद्वानो द्वारा हमारी सभ्यता के सभी चिह्नो को मिटाया गया। यह सब किसी क्षणिक रोष से उत्पन्न राजकीय आदेश द्वारा नहीं किया जा रहा था, अपितु यह सब बृहद जिहादी रणनीति का हिस्सा था, जिसकी अगुवाई धार्मिक प्रमुखों के हाथों में थी। किस-किस श्रेणी के नागरिकों की हत्या की जानी है, किन-किन गैर-इस्लामिक

प्रतीकों को नष्ट करना है? किन-किन सामाजिक संरचनाओ को नष्ट करना है? यह सब तब तक लगभग 700 वर्षों के हिंसक इस्लामिक विस्तार ने मुस्लिमों को सिखा दिया था। वह इस प्रकार की विनाशलीला के पुरोधा बन चुके थे। किसी ने नहीं सोचा होगा कि मात्र 74-75 वर्षों में (सन् 1339-1413) में ही कश्मीर घाटी हिन्दूविहीन हो जाएगी या मध्ययुगीन इतिहासकार के अनुसार वहां मात्र 12 हिन्दू परिवार ही शेष रह जाएँगे। यह था एक हृदयविदारक एवं अकल्पनीय एक जीती-जागती समृद्ध सभ्यता का नरसंहार। यहाँ पर कितने लोग इन वर्षों में मारे गए होगे या बेधर्म हुए होगे महत्वपूर्ण नहीं है, जितना कि महत्वपूर्ण है एक सभ्यता की और महान संस्कृति की निर्मम हत्या। इससे बडे दुःख की बात यह है कि यह त्रासदीपूर्ण इतिहास हमें सामान्य रूप में कभी बताया भी नहीं जाता है न सामान्यतः शिक्षण पाठ्यक्रमों का ही यह हिस्सा है। यदि इतिहास पढा नहीं जाएगा तो गलतियाँ भी दोहराई जाएँगी। जो कश्मीर के सन्दर्भ में की जाती रही हैं। इतिहास भी हमेशा विजेता का पक्ष लेता है। लोग कश्मीर के परिपेक्ष में सूफी इस्लाम या जैनुल अबीदीन की चर्चा एवं प्रशंसा तो करते हैं पर सिकन्दर जैसे और कई निर्मम एवं मूर्ति भंजक हत्यारों की भर्त्सना कभी नहीं करते हैं। इस्लाम कश्मीर में इस्लामिक आक्रमणकारियों द्वारा नहीं लाया गया, यह तो अधिकांश विद्वान् बताना नहीं भूलते, पर कश्मीर के स्थानीय मुस्लिम शासकों ने जिस बेरहमी से हिन्दुओं का कत्ल किया, मन्दिर तोड़े, घर उजाड़े, धर्मांतरण किया, हिन्दुओं कों गुलाम बनाया, उनके सभी अधिकार छीने एवं कर लगाया, इसको बड़ी सफाई से छुपा लेते है। कितना उत्पीड़न, दमन, शोषण एवं अपमान हुआ होगा, उनको धर्मान्तरित करने के लिए। कैसा हृदयविदारक होगा वह दृश्य जब माओं के सामने उनके मासूम बच्चों का कत्ल होता होगा और कन्याओं के साथ बलात्कार एवं जबरन विवाह। ज़रा सोचो एक निरंकुश एवं निर्मम शासक के राज्य के दोयम दर्जे के नागरिक का अर्थ। कई मुस्लिम शासकों के काल में तो हिन्दुओं को पैरों में जूते-चप्पल आदि पहनने तक की मनाही थी। और आप किसी मुसलमान को काम के लिए मना नहीं कर सकते थे। हिन्दू स्त्रियों से जबरन मुस्लिम घरों में काम करवाया जाता था। वे कोई आभूषण नहीं पहन सकती थीं और न ही अच्छे वस्त्र। इन अत्याचारों का अर्थ ही था कि आप हारकर इस्लाम कुबूल करें या आत्महत्या। कश्मीर की भौगोलिक स्थिति ऐसी थी कि राज्य छोड़कर भागना लगभग असम्भव था। यह एक और मुख्य कारण था घाटी में शीघ्र हिन्दू सभ्यता समाप्त होने का, जबकि मैदानों एवं भारत के अन्य क्षेत्रों पर एक तो मुसलमान सब स्थानों पर एक साथ कभी भी शासक नहीं बन पाए, दूसरा भौगोलिक विस्तार ने दूरस्थ क्षेत्रों में उनका प्रभाव भी नगण्य रखा, जहाँ हिन्दू सभ्यता फलती-फूलती रही।

अध्याय 4

26 अक्टूबर 1947 से मार्च 1987—इस्लामिक अलगाववाद का पुनर्जागरण

22 अक्टूबर से महाराजा हरि सिंह को जम्मू-कश्मीर में हमलावरों के घुसपैठ की खबरें मिलनी शुरू हो गई थीं, वैसे भी सितम्बर से ही पुंछ आदि से पाकिस्तान के सैनिकों द्वारा घुसपैठ और सीमा चौकियों पर हमले जारी थे। बहुत से मुस्लिम सैनिक बागी होकर आजाद कश्मीर की लड़ाई करने लग गए थे। पुंछ इस बगावत में सबसे आगे था। लेकिन अक्टूबर 22 के बाद खतरा मुजफ्फराबाद से उरी-डोमेल की ओर तीव्र गति से बढ़ रहा था। महाराजा बेचैन हो रहे थे और किंकर्तव्यविमूढ हो चुके थे। एक अनुमान के अनुसार 22 अक्टूबर, 1947 को हमलावर पठानों और पाक सेना के जवानों की बड़ी सेना लगभग 300 ट्रकों में मुजफ्फराबाद पहुँच चुकी थी, जिन्होंने लूट और आगजनी शुरू कर दी थी। लोग मौत के घाट उतारे जाने लगे थे। इन कबायलियों या हमलावरों के लिए हिन्दू और मुसलमानों का कोई भेद नहीं था। यह सब आधुनिक हथियारों से सुसज्जित थे। इनके बीच में काफी बड़ी संख्या में पाकिस्तानी सेना के अधिकारी और जवान थे। इस पूरी लड़ाई की कमान पाकिस्तानी सेना के मेजर जनरल अकबर खान के पास थी। जिसका इस सैन्य अभियान के लिए जनरल तारिक नाम था।

मुजफ्फराबाद को तहस-नहस करने के बाद हमलावरों ने डोमेल-उरी-श्रीनगर मार्ग पर कूच किया। वे लोग रास्ते में पड़ने वाले हर गाँव और कस्बे को तबाह करते हुए आगे बढ़ रहे थे। लूट, हत्या और बलात्कार इन हमलावरों के निरीह जनता के दमन के सबसे बड़े हथियार थे। जवान महिलाओं को गुलाम के रूप में बँधक भी बनाया जा रहा था। हिन्दू और सिक्खों का कत्ल और धर्मान्तरण साथ-साथ चल रहा था। उरी से बारामूला तक तीन दिनों तक के लिए ब्रिगेडियर राजेन्दर सिंह और उनके सैनिकों ने आखिरी गोली और आखिरी दम तक देश की रक्षा के लिए लड़ाई लड़ी। उन्होंने 3 दिनों तक दुश्मन को अपनी बेहतरीन रणनीति से मात्र 150 सैनिकों के साथ

रोके रखा और यह तीन दिन कश्मीर के इतिहास के लिए मील के पत्थर साबित होने वाले थे। दुश्मन समय से श्रीनगर नहीं पहुँच पाया। बिग्रेडियर राजेन्दर सिंह के शहीद होते ही राज्य की सैन्यशक्ति भी समाप्त हो गई। उसके 3 घंटे के भीतर ही हमलावर बारामूला पर कब्जा जमा चुके थे।

बारामूला का नरसंहार पूरी दुनिया में चर्चित हुआ, विशेषकर पश्चिमी देशों में क्योंकि इसमें मरने वाले कुछ ब्रिटिश नागरिक, चर्च के पादरी और नन भी थी। सैंट जोसेफ कान्वेन्ट को जला कर राख कर दिया गया था। बारामूला से सैकड़ों कश्मीरी महिलाओं को बंधक बनाकर ले गए जिन्हें पेशावर में बेचा गया। सैकड़ों का धर्मान्तरण किया गया। *न्यूयार्क टाइम्स* जिसके संवाददाता ने भारतीय सेना के पहुँचने के बाद जाकर जो जानकारी पूरी दुनिया को दी, उसके अनुसार बारामूला कस्बे के 3000 लोग मारे गए। उनके साथ 4 यूरोपियन और एक ब्रिटिश सैन्य अधिकारी और उनकी पत्नी भी शामिल थीं। लेकिन हमलावरों के इस चार दिन के वहशीपन से बारामूला पूरी तरह नष्ट हो गया, पर श्रीनगर के साथ पूरा कश्मीर बच गया। श्रीनगर हवाईअड्डे पर ही भारतीय सेना को सबसे तेजी से उतार कर घाटी की रक्षा के लिए आगे भेजा जा सकता था।

24 अक्टूबर, 1947

मुजफ्फराबाद हाथ से निकल चुका था, बारामूला दुश्मनों के हाथ आ चुका था, पुंछ की तरफ मीरपुर, कोटली, झांगड़ और नवशेरा भी पाकिस्तान के कब्जे में जा चुका था। दूर-दूर टुकडों में फैली राज्य की सेना एकदम प्रभावहीन हो चुकी थी। राज्य अब किसी भी समय पाकिस्तान के हाथों में जाने वाला था। पूरे राज्य में त्राहि-त्राहि मची थी। भय का वातावरण था महाराजा और उनके सलाहकार महाजन 3 दिनों से सोए नहीं थे। उधर पाकिस्तान में पाक रेडियो कबीलियाई विजय की गाथाएँ गा रहा था और कुछ दिनों में ही जिन्ना के श्रीनगर पहुँचने की घोषणाएँ कर रहा था।

25 अक्टूबर को हताश और निराश महाराजा हरि सिंह ने शेख अब्दुल्ला को दिल्ली भेजकर भारत सरकार को इस स्थिति से अवगत कराया और मदद की माँग की। इस माँग पर त्वरित कार्यवाई के लिए भारतीय रक्षा समिति की आपात बैठक की गई जिसमें माउंटबेटेन, वरिष्ठ ब्रिटिश सैन्य अधिकारी और प्रमुखों ने कश्मीर को किसी भी प्रकार की सैन्य सहायता का विरोध किया और कारण दिया कि जवानों को खतरा है एवं आवागमन के उपयुक्त मार्ग भी नहीं हैं। चर्चा घंटों चली, पर कोई निर्णय न निकला। लेकिन अन्ततः वी.पी. मेनन को खुद स्थिति का ऑकलन करने के लिए श्रीनगर भेजा गया। रक्षा समिति को 26 अक्टूबर को जो स्थिति वी.पी. मेनन ने बताई वह बहुत ही चिन्ताजनक एवं हतोत्साहित करने वाली थी। उन्होंने महाराजा का हाल भी बताया।

26 अक्टूबर, 1947 गवर्नर माउंटबेटेन की अध्यक्षता में कैबिनेट की बैठक हुई, जिसमें महाराजा के प्रतिनिधि मेहरचन्द महाजन, नेशनल कान्फ्रेंस के शेख़ अब्दुल्ला ने हिस्सा लिया। इस लम्बी चली बैठक में गवर्नर जनरल ने ब्रिटिश सैन्य प्रमुखों की सेना न भेजने की राय से सबको अवगत कराया और सेना भेजना बड़ी भूल होगी और पाकिस्तान-भारत की लड़ाई भी हो सकती है। अतः वहाँ सेना भेजना तभी उचित होगा, जब कश्मीर भारत में विलय को मंजूरी दे दे। गवर्नर जनरल और कैबिनेट के इस प्रस्ताव को शेख अब्दुल्ला और महाजन की भी मंजूरी मिल गई। कैबिनेट मंजूरी के तुरन्त बाद मेनन ने फिर से कश्मीर की उड़ान भरी और वह इस बार महाराजा हस्ताक्षरित विलय की सन्धि और सैन्य मदद की माँग अपने साथ लाए। लेकिन इस बार भी गवर्नर जनरल ने हस्तक्षेप करते हुए कहा कि इय विलय को अस्थायी ही माना जाए और लोगों की इच्छा या इसके लिए जनमत संग्रह कराना आवश्यक है, जब एक बार शान्ति-व्यवस्था कायम हो जाए। इस प्रकार गवर्नर जनरल ने अपनी वाकपटुता एवं चालाकी से कश्मीर का पूर्णविलय शर्तबद्ध कर दिया। लेकिन यह विलय की दशा मात्र सुझाव भर थी, जो सन्धि का हिस्सा नहीं थी और यह विलय भी अन्य राज्यों की भांति ही था। 27 अक्टूबर प्रातःकाल सेना ने साजो-सामान को लेकर जहाजों से उड़ान भरनी शुरू कर दी। यह सब 26 अक्टूबर की रात भर की मेहनत का फल था। पहला हवाई जहाज 10 बजे सुबह श्रीनगर हवाईपट्टी पर उतरा। सेना की प्रथम सिख बटालियन ने स्वतन्त्र भारत के प्रथम संग्राम की स्वर्णगाथा को लिखना अपने सर्वोच्च बलिदानों से शुरू किया। हवाईपट्टी को पूर्णरूप से सुरक्षित किया गया, क्योंकि भारत और कश्मीर की जीवनरेखा ही यही थी। भारत के सैन्य अभियानों की शुरुआत 'एयर बोर्न' ऑपरेशन (वायु जनित अभियान) से ही शुरू हुई। पाकिस्तान के साथ पूरी दुनिया इस त्वरित हवाई अभियान से अचम्भित थी। पाकिस्तान को तो अभी भी लगता है कि भारत पहले से ही ऐसे सैन्य अभियान की पूर्ण तैयारी करके बैठा था, क्योंकि आखिरी मौके पर इतना साफ एवं सफल अभियान बहुत मुश्किल थां।

इधर कश्मीर घाटी के लिए युद्ध अपने चरम पर पहुँच रहा था। उधर 1 नवम्बर को लार्ड माउंटबेटेन और जिन्ना की लाहौर में बैठक हो रही थी। गवर्नर जनरल माउंटबेटेन ने जिन्ना को भारतीय सेना की मजबूत स्थिति के बारे में बताया और कहा कि अब हमलावर कभी भी श्रीनगर नहीं पहुँच पाएँगे। जिन्ना ने युद्धविराम की सलाह देते हुए गवर्नर की देख-रेख में जनमत-संग्रह कराने की बात कही। क्योंकि जिन्ना को अब पता चल चुका था कि जनमत-संग्रह अब पाकिस्तान के पक्ष में नहीं होगा। लेकिन माउंटबेटेन ने 'जनमत-संग्रह' संयुक्त राष्ट्र संघ की देख-रेख में कराने की सलाह दी। जबकि यह सारी सलाह और बातचीत माउंटबेटेन ने बिना कैबिनट की सलाह और संज्ञान में लेकर की थी। जबकि विलय के बाद पाकिस्तान से कश्मीर पर बातचीत के सब औचित्य समाप्त थे।

ब्रिटिश सरकार भविष्य के अपने सामरिक लाभ के लिए कश्मीर के विषय को अंतर्राष्ट्रीय कानूनी दाँव पेंच में फसाना चाह रही थी। ब्रिटेन चाहता था कि जम्मू और कश्मीर पाकिस्तान को मिले या फिर इसका बँटवारा हो, जिसमें भारत को मात्र जम्मू दिया जाए और बाकी हिस्सा पाकिस्तान को मिले। इस बँटवारे को ब्रिटेन स्वयं करना चाहता था न कि संयुक्त राष्ट्र संघ के द्वारा। अब जम्मू-कश्मीर को धीर-धीरे एक अंतर्राष्ट्रीय विवाद बनाने की ओर पश्चिमी शक्तियाँ प्रयासरत थीं और इसमें अमेरिका और ब्रिटेन मुख्य भूमिका में थे। समकालीन पश्चिमी देशों के कुछ उच्चाधिकारियों, राष्ट्राध्यक्षों के कुछ महत्वपूर्ण बयान, जो उन्होंने प्रेसवार्ता एवं संयुक्त राष्ट्र संघ के अधिवेशनों में कहे, वे सब आज भी इतिहास के पन्नों में मौजूद हैं।

पश्चिमी शक्तियाँ खासकर ब्रिटेन पश्चिमी एशिया के इस्लामिक देशों से अच्छे सम्बन्ध रखना चाहते थे और इसके कारण उन्होंने स्वयं बताए—

रूस के साम्राज्यवाद को रोकना और उसके साथ बढ़ते हुए साम्यवाद को एवं मध्यपूर्व के तेल के भण्डारों का दोहन अपने औद्योगिक एवं सामरिक हितों के लिए करना, क्योंकि द्वितीय विश्वयुद्ध ने तेल की शक्ति का वायुशक्ति से सीधा सम्बन्ध जोड़ दिया था।

उपनिवेशवाद के समाप्त होने के साथ-साथ पश्चिमी देश दुनिया में अपने हितों को पूरा करने के लिए नए-नए समीकरण बना रहे थे। नई व्यापारिक, सैन्य, राजनैतिक एवं सामरिक सन्धियाँ की जा रही थी। साम्राज्यवाद एक नया रूप धारण कर रहा था। संयुक्त राष्ट्र संघ के मंच को शक्तिशाली देश अपने हित साधने के लिए प्रयोग कर रहे थे। भारी उद्योगों को चलाने के लिए तेल की अहम भूमिका बन चुकी थी, सैन्य अभियानों के लिए एवं वायुशक्ति के लिए भी इसकी आवश्यकता थी। अतः पश्चिमी एशिया के लगभग सभी इस्लामिक देशों को भी इसकी आवश्यकता थी। इसलिए कश्मीर विषय पाकिस्तानी दृष्टि से देखना इन देशों की जरूरत थी। क्योंकि कश्मीर एक मुस्लिम बाहुल्य क्षेत्र था और पश्चिमी एशिया से नजदीक भी था।

पाकिस्तान के जन्म के बाद अमेरिका की एक बौद्धिक विचारधारा का यह भी मानना था कि आने वाले समय में पाकिस्तान इस्लामिक देशों का अगुवाकार बन सकता है। क्योंकि पाकिस्तान एक लोकतान्त्रिक एवं प्रगतिशील देश है, लेकिन ब्रिटेन को हमेशा ही इस सिद्धान्त पर शक था। अमेरिका और ब्रिटेन की रणनीतिक एवं सामरिक सोच के हिसाब से पाकिस्तान मध्य एशिया एवं पश्चिम एशिया में उनके लिए रूस और साम्यवाद को रोकेगा। इसीलिए पश्चिमी देशों का सैद्धान्तिक रूप से समर्थन हमेशा पाकिस्तान के साथ रहा। वह पाकिस्तान को कभी भी हमलावर होने का दोषी मानने को तैयार नहीं हो रहे थे। उनके बहुत से बड़े नेता कश्मीर पाकिस्तान को मिलना चाहिए की वकालत अंतर्राष्ट्रीय मंचों पर करते नजर आ रहे थे। संयुक्त

राष्ट्र संघ में कश्मीर मुद्दे को ले जाना नेहरू की एक बड़ी भूल साबित हुई और माउंटबेटेन की सभी सलाहें एक छलावा।

अलस्टेयर लैम्ब और स्टानले वाल्पोर्ट जैसे अनेक लेखकों एवं पश्चिमी विद्वानों ने कश्मीर पर भारत के अधिकार को एक अमानवीय एवं बर्बर कृत्य ठहराने की कोशिश की। अलस्टेयर लैम्ब के अनुसार, 27 अक्टूबर, 1947 को जब भारतीय सेनाएँ कश्मीर एवं उसके वासियों की रक्षा के लिए वहाँ उतरी थीं, वह कश्मीर का काला दिन था। उसके अनुसार भारत घाटी का अमानवीय दमन अभी भी करता आ रहा है।

मेहरचन्द महाजन जम्मू और कश्मीर के प्रधानमंत्री ने अपनी जीवनी में लिखा है—

"इस विषय पर कोई भी बहस या विवाद नहीं कर सकता है कि महाराजा को भारत के द्वारा विलय के लिए दबाव बनाया गया वरन् भारत ने ही बड़े अनमने मन से इस विलय को स्वीकार किया। महाजन आगे यह भी बताते हैं—भारत के गवर्नर जनरल कश्मीर के भारत में विलय के बहुत इच्छुक नहीं थे। जैसे कि मैंने पहले भी कहा था कि वह चाहते थे कि कश्मीर का विलय पाकिस्तान में हो।"

मीर कासिम जो जम्मू और कश्मीर के सन् 1971 से सन् 1974 तक मुख्यमंत्री थे, अपनी जीवनी 'माई लाइफ एण्ड टाइम्स' में लिखते हैं—

"रक्त-पिपासु हमलावरों ने घाटी में हत्या, लूट और बलात्कार से जीवन नारकीय कर दिया और वे यह दिल दहलाने वाले कृत्य बिना किसी धर्मभेद के कर रहे थे। महाराजा की सेना बुरी तरह हार चुकी थी और वह बुरी तरह से घबराए हुए थे और पाकिस्तान ने सभी आवश्यक वस्तुओं का आवागमन बन्द कर दिया था। ऐसे हालात में महाराजा ने भारत से मदद माँगी लेकिन नेहरू बिना विलय की सन्धि के सेना भेजने को तैयार नहीं थें। कैबिनेट की बैठक में भी नेहरू और माउंटबेटेन ने यही बात दोहराई।"

मीर कासिम के अनुसार—

'शेख अब्दुल्ला जो बगल के कक्ष से यह वार्तालाप सुन रहे थे, उन्होंने नेहरू के लिए एक पेपर पर सेना भेजने का निवेदन लिख भेजा, जिसे नेहरू ने बैठक में बैठे अपने सहयोगियों को सुनाया और कहा, 'जम्मू और कश्मीर के अकेले लोकतान्त्रिक प्रतिनिधि यहाँ हैं और इसके बाद 26 अक्टूबर को जम्मू में महाराजा कश्मीर के भारत में विलय की सन्धि हस्ताक्षरित कर दी।'

इन वक्तव्यों और लोगों के कथनों से यह सिद्ध होता है कि जम्मू-कश्मीर का भारत विलय महाराजा का अपना निर्णय था, जिसको शेख अब्दुल्ला की नेशनल कान्फ्रेन्स का पूर्ण समर्थन प्राप्त था। इन सबके अतिरिक्त इस निर्णय का जम्मू-कश्मीर

के उस समय के सभी प्रकार के राजनैतिक और सामाजिक संगठन समर्थन कर रहे थे। इसलिए पश्चिमी विद्वानों का यह कहना कि यह धोखे और दबाव में कराया गया विलय था, सरासर गलत है। इन विद्वानों का एक विशेष सामरिक एवं राजनैतिक उद्देश्य पूर्ति के लिए ऐसा लिखा जाना दर्शाता है।

दिसम्बर महीने में नेहरू, माउन्टबेटेन और भारतीय कैबिनेट की चर्चा कश्मीर युद्ध पर चलती रही। माउंटबेटेन नेहरू को बार-बार कश्मीर मुद्दे को संयुक्त राष्ट्र सघं में ले जाने की बात कहते रहे। नेहरू तैयार नहीं थे। अन्ततः 1 जून, 1948 को भारत कश्मीर मुद्दे को संयुक्त राष्ट्र संघ में पाकिस्तान का कश्मीर पर आक्रमण के नाम से ले गया, जहाँ ब्रिटेन और अमेरिका ने उसके साथ धोखा दिया और इस विषय पर उलटा पश्चिमी देश पाकिस्तान के साथ प्रत्यक्ष या परोक्ष रूप से खड़े नजर आए। नेहरू की सबसे बड़ी गलती उनका कहीं न कहीं शुरू से ही, 25-26 अक्टूबर की गवर्नर जनरल के साथ बैठकों से, एक प्रकार नैतिक दबाव में आ जाना कि वह बिना शर्त एक मुस्लिम बाहुल्य राज्य का भारत में विलय कर गलत करेंगे, जैसा कि उनके मस्तिष्क में लॉर्ड माउंटबेटेन ने बिठा दिया था। अतः महाराजा के प्रधानमंत्री महाजन के अनुसार, "लॉर्ड माउंटबेटेन ने कैबिनेट की बैठक को पूर्णरूप से अपने अनुरूप कर लिया था। यह उनकी सधी और कूटनीतिक वाकपटुता थी। जिसके फलस्वरूप जब उन्हें पूरा कश्मीर दिया जा रहा था उन्होंने आधा ही लिया।" इसके साथ शान्ति कायम हो जाने पर जनमत संग्रह कराने की बात पर भी तैयार हुए। 25-26 अक्टूबर से लेकर जनवरी, 1949 तक कश्मीर के मुद्दे पर पश्चिमी देशों की दोमुँही राजनीति देखने को मिली और बाद में भी इन्हीं देशों ने कहीं न कहीं विघटनकारी शक्तियों को भी समय-समय पर उकसाया। शेख अब्दुल्ला जो खुद सुल्तान बनने के सपने देख रहे थे, उन्हे भी पश्चिमी देशों ने पंख दिए और इस समस्या को आने वाले भविष्य के लिए और भी जटिल बनाते चले गए। नेहरू ने संयुक्त राष्ट्र के इस चलन पर कहा था—

"संयुक्त राष्ट्र संघ ने हमारे द्वारा सुरक्षा परिषद में उठाये गए मुद्दे को सीधे तरीके से सुलझाने के स्थान पर वहाँ बैठे शक्तिशाली राष्ट्रों ने उसे राजनीति में उलझा दिया।"

कश्मीर घाटी लगभग 135 किमी लम्बी और 42 किमी चौड़ी चारों ओर ऊँचे-ऊँचे पर्वत शृंखलाओं से घिरी हुई है, जिसमें प्रवेश के कुछ सीमित प्राकृतिक मार्ग दक्षिण, पश्चिम और उत्तर में हुआ करते थे, जो अब सुरंगों एवं राजमार्ग के द्वारा वर्ष भर चलने वाले बना दिए गए हैं। इस भौगोलिक संरचना के द्वारा कश्मीर घाटी एक किलानुमा राज्य हुआ करता था, जिसकी रक्षा हिमनद एवं उच्च पर्वत शृंखलाएँ अथक रूप से करती थीं। इससे घाटी के शासको में सुरक्षा का एक झूठा अहसास भी घर कर जाता था कि उन्हें कोई भी बाह्य आक्रमण का भय नहीं है। लेकिन कालान्तर में देखा

गया की बड़े इच्छाशक्ति वाले योद्धाओं के सामने ये प्राकृतिक बाधाएँ कुछ भी नहीं थीं। मौर्य और कुषाण साम्राज्य के सेनापतियों ने इन बाधाओं को पार कर बिना किसी अवरोध के घाटी में बौद्ध धर्म की नीव डाली एवं यहीं से मध्य एशिया एवं चीन में बौद्ध धर्म को फैलाया। समय-समय पर कई कालों में ऐसे ही अनेक आक्रान्ताओं ने इस भ्रान्ति को तोड़ा कि हिमशिखर और उन पर गिने-चुने मार्ग कभी भी एक दृढ और प्रशिक्षित योद्धा को नहीं रोक सकते हैं।

मुगलों के शासनकाल में भी कई सूबेदार, जिन्हें कश्मीर की व्यवस्था देखने भेजा गया था, इसी भ्रान्ति का शिकार हुए कि कश्मीर में वे वाह्य जगत से सुरक्षित हैं और उन्हें कोई हरा नहीं सकता। वे स्वतन्त्र शासक बन बैठे, लेकिन बिना बाहरी व्यापारिक सम्बन्धों के अर्थव्यवस्था दयनीय होने लगी। कश्मीर के संसाधन मात्र से राज्य चला पाना असम्भव लगने लगा। जनविद्रोह होने लगे। अन्त में ऐसे शासक या तो विद्रोह में ही मारे गए या अन्य राज्यों के द्वारा समाप्त किए गए। कश्मीर घाटी का कोई भी विद्वान और दूरदर्शी व्यक्ति यह आकलन आसानी से कर सकता है कि कश्मीर स्वयं अपने आप एक सम्पूर्ण राष्ट्र या राज्य नहीं बना सकता है। राष्ट्र के लिए उपस्थित रहने वाले सारे आवश्यक तत्व एवं अंग यहाँ पर नहीं हैं। मुगल, अफगान एवं सिख तीनों ही शासनकालों में यहाँ पर कई राज्य प्रतिनिधियों को जो कूपमण्डूक थे, इस सामरिक, आर्थिक एवं राजनैतिक सच्चाई की समझ नहीं थी। उन्होंने अपनी स्वतन्त्रता की घोषणा कर कश्मीर की जनता को अनेक कष्ट उठाने पर मजबूर किया, युद्ध विभीषिका से जन-त्रासदी ले आए और खुद भी काल के ग्रास बने।

व्यक्तिगत स्वार्थ ने सदैव ही जनमानस एवं राष्ट्रों का अहित किया है। प्राचीन इतिहास एवं और भी पहले पौराणिक काल से कश्मीर भारतवर्ष का अभिन्न अंग रहा है। यह ऋषियों की तपोस्थली रही है। बौद्ध एवं हिन्दू धर्म का विकास केन्द्र रहा है। यहाँ की हर झील एवं पर्वत श्रृंखला भगवान शंकर एवं अन्य देवों का वास स्थान रही है। भारतीय सभ्यता और संस्कृति की जड़े यहाँ कण-कण में समाई हुई हैं। कुछ कट्टर एवं सत्तालोलुप इस्लामिक कट्टरपंथी इसे दारुल-इस्लाम नहीं बना सकते।

कश्मीरी सियासत और शेख अब्दुल्ला

उधर 26 अक्टूबर को महाराजा हरि सिंह ने भारत के साथ विलय की सन्धि पर हस्ताक्षर किए और भारतीय सेना श्रीनगर पहुँची और मोर्चा संभाला। उधर राज्य की प्रशासनिक व्यवस्था के लिए शेख अब्दुल्ला को राज्य की अन्तरिम सरकार का प्रधान मंत्री बनाया गया। महाराज ने यह कदम खासकर उन हालात में नेशनल कान्फ्रेन्स से सहयोग पाने के लिए किया था। शेख अब्दुल्ला की ने.का. के कार्यकर्ताओं ने धीरे-धीरे राज्य का प्रशासन संभालना शुरू कर दिया। कश्मीर में शान्तिव्यवस्था बनाए रखना एक चुनौती था। कश्मीरी मुसलमानों को पाकिस्तान के झूठे प्रचार-प्रसार और

इस्लामिक एकता जैसे झूठ के खिलाफ समझाना भी था। कश्मीर में साम्प्रदायिक सौहार्द पूर्णरूप से बना रहा।

व्यापारिक एवं आर्थिक समस्याएँ विकराल रूप ले रही थीं। पर्यटन ठप पड़ गया था। फल और कुटीर उद्योग को बहुत हानि हुई थी। भारतीय सेना ही घाटी में इस समय सबसे बड़ी ग्राहक थी। मजदूरो से लेकर दैनिक उपयोग की अनेक वस्तुएँ खरीद रही थी। अनेक सहकारी संघों की स्थापना विभिन्न प्रकार की वस्तुओं के लिए की गई। भारत के अनेक शहरों में कश्मीरी सामानों के लिए दुकानें आदि स्थापित हुईं। जन जीवन सामान्य करने के जी-तोड़ प्रयास जारी थे। उधर सेना अभी भी युद्धरत थी, आपातकालीन प्रशासन सेना की पूर्ण सहायता कर रहा था। सेना के लिए मजदूर, खच्चर और यातायात की व्यवस्था लगातार सुचारू रूप से की जा रही थी। इस समय ने.का. और इसके नेताओं का सहयोग सैन्य अभियानों के लिए अमूल्य था। मार्च, 1948 में आपातकालीन प्रशासन का स्थान जनतान्त्रिक सरकार ने लिया, मत्रिमंडल का गठन हुआ और शेख अब्दुल्ला प्रधानमंत्री नियुक्त किए गए। शेख अब्दुल्ला ने सरकार का ध्यान सबसे पहले 'भूमि सुधार' की ओर खींचा। सरकार ने खेतिहर और जमीन जोतने वाले किसनों को अधिकार देने की बात की। किसानों को 50 प्रतिशत उपज के स्थान पर अब केवल 1/3 उपज ही भू-स्वामी को देनी थी। नए भूमिसुधार नियम में सिर्फ 22-75 एकड़ जमीन तक रखने का कानून बनाया गया। सन् 1950 में आम चुनाव करवाने के लिए पृष्ठभूमि तैयार की गई और मई 1951 में चुनावों की घोषणा की गई, चुनावों में ने.का. बहुमत से विजयी हुई और शेख अब्दुल्ला एक बार फिर ने.का. के सबसे बड़े नेता के रूप में उभरे।

संविधान सभा अक्टूबर, 1951 में पहली बार मिली। संविधान सभा को मुख्यतः इन बिन्दुओं पर चर्चा के लिए बुलाया गया था—

1. संविधान का निर्माण और केन्द्र के साथ प्रशासनिक व्यवस्था की रूपरेखा तैयार करना
2. राजपरिवार का भविष्य तय करना
3. भू-स्वामियों को हर्जाना देने के नियम तैयार करना।

संविधान सभा ने राज्य के मुखिया को सदर-ए-रियासत का नाम दिया, जो संविधान सभा के द्वारा चुना जाएगा, कार्यकाल 5 वर्ष।

राज्य के लिए एक अलग संविधान का निर्माण कुछ नेताओं द्वारा एक विभाजनकारी सोच पालने की ओर इशारा कर रहा था, और इसके मुख्य किरदार स्वयं शेख अब्दुल्ला थे।

आजादी के शुरुआती दौर के विलय ने सभी राज्यों ने खाली, रक्षा, विदेश और संचार व्यवस्था का ही विलय किया था, किन्तु धीरे-धीरे वे पूर्णरूप में भारतीय संविधान से जुड़ गए। लेकिन जम्मू-कश्मीर राज्य अभी तक भारतीय संघ के साथ कुछ

गलत सोच के कारण नहीं मिल रहा था और स्वायत्तता का अधिकार अपने पास ही रखा, जिसको धारा-370 के द्वारा मान्यता मिल रही थी। शेख अब्दुल्ला स्वेच्छा से एक तानाशाह की भाँति प्रशासन चला रहे थे। लेकिन और भी शक्तियों के इच्छुक थे। जैसे की मध्ययुगीनकाल में मुगल और अफगान सूबेदार कुछ शक्तियों से सम्पूर्ण शक्तियों के मालिक बनना चाहते थे। जिसके लिए स्वतन्त्र होना आवश्यक था। लेकिन यह स्वतन्त्रता कश्मीर में कभी भी बिना मूल्य के नहीं आयी। इसका मूल्य सीधे साधारण व्यक्तियों एवं उनके हितों का बलिदान था। कश्मीर में भी शेख अब्दुल्ला के व्यक्तिगत स्वार्थ के लिए जन बलिदान होने वाला था।

भ्रष्टाचार और भाई-भतीजावाद चरम पर पहुँच चुका था। सारी सहकारी समितियाँ टूट चुकी थीं या घाटे में थीं। प्रशासन निकम्मा एवं नकारा हो चुका था। जनता में इस सरकार और प्रतिनिधियों के प्रति रोष बढ़ रहा था।

सन् 1952 के शुरुआत में राजस्व मंत्री मिर्जा अफजल बेग एक कश्मीरी प्रतिनिधि मण्डल के साथ दिल्ली केन्द्र सरकार से कुछ मुद्दों और कानूनों पर राय लेने के लिए आए, जो कश्मीर संविधान सभा में पारित किए जाने थे—

1. धारा-370 पर आश्वासन
2. कश्मीरी भारत के नागरिक होंगे, लेकिन राज्य विधानसभा को अपने लोगों के कुछ विशेषाधिकार होंगे।
3. भारत का राष्ट्रपति पूरे देश का मुखिया होगा, कश्मीर का भी।
4. कश्मीर का अपना ध्वज होगा, लेकिन भारतीय ध्वज ही सर्वोपरि होगा।
5. सदर-ए-रियासत (गवर्नर) का चयन राज्य विधानसभा करेगी न कि केन्द्र, लेकिन राष्ट्रपति के स्वीकृति की जरूरत पड़ेगी।
6. सुप्रीम कोर्ट फिलहाल के लिए राज्य में मात्र अपील की शक्ति रखेगा।
7. आन्तरिक आपातकाल राज्य विधानसभा की सहमति पर ही लगेगा।

सन् 1952 के इसी समझौते को सन् 1952 का 'दिल्ली समझौता' भी कहते हैं। इस समझौते से केन्द्र सरकार और राज्य सरकार के बीच कुछ मतभेद अवश्य उत्पन्न हुए और जो बाद में कैंसर की तरह बढ़ते गए। जम्मू विश्वविद्यालय के प्रो0 हरिओम के अनुसार, वैधानिक रूप में जुलाई, 1952 की केंद्र सरकार और जम्मू-कश्मीर सरकार की बातचीत कभी किसी समझौते के रूप में संसद में पारित ही नहीं हुई, अपितु इसका उल्लेख अवश्य नेहरू ने सदन में किया था। अतः इस विषय पर एन.सी. की बातचीत औचित्यहीन है।

सन् 1950 में ने.का. में दो गुट बनने लगे थे। एक में अब्दुल्ला और बेग थे, दूसरे में बक्शी, सादिक, धर और सराफ आदि। पहला गुट धारा-370 पर कायम था, जबकि दूसरा ग्रुप भारत में अधिक एकीकरण के पक्ष में था। नेहरू को भी शेख

अब्दुल्ला की अलगाववादी बातों की खबर मिलने लगी थी। नेहरू इन बातों की उपेक्षा नहीं कर सकते थे।

सन् 1950 के मध्य तक शेख अब्दुल्ला संयुक्त राष्ट्र के प्रतिनिधि सर ओवेन डिक्सन से भी दबे सुर में कश्मीर की आजादी की बात करने लगे थे। नेहरू और अब्दुल्ला के मित्रवत सम्बन्ध खराब होने लगे थे। शेख अब्दुल्ला अब सार्वजनिक रूप से भारत की कश्मीर नीतियों की निंदा करने लगे थे। इन बातों को विराम देनें के लिए नेहरू ने 4 जुलाई, 1950 को शेख अब्दुल्ला को लिखा—

'मुझे बेहद दुःख एवं खेद है कि आप किसी भी मित्रवत सलाह को कोई मान्यता नहीं देते है। यह आपके उठाए गए कदमों एवं वक्तव्यों से दर्शाता है। इसे आप एक अनुचित हस्तक्षेप मानते हैं और इसकों उसी अनुचित निगाह से देखते हैं।'

शेख अब्दुल्ला का 10 जुलाई, 1950 को लिखा गया उत्तर एक सोची-समझी धमकी थी—

'यह काफी हद तक स्पष्ट हो चुका है कि भारत में कुछ शक्तियाँ आपको और आपके आदर्शो को फूटी आँखों से भी देखना पसंद नहीं करती हैं। जिन आदर्शों के द्वारा आप भारत को एक पंथनिरपेक्ष राष्ट्र बनाना चाहते हैं और न ही आपकी कश्मीर नीति को। जबकि मैं आपके लिए अपना जीवन बलिदान करने के लिए तत्पर हूँ। लेकिन मै उन 40 लाख कश्मीरियों का भी संरक्षक हूँ। मैं उनका और उनके सपनों एवं अधिकारों का सौदा नहीं कर सकता हूँ। हम ने अपना विलय भारत में इसलिए किया था, क्योंकि हमने आप और गाँधी जैसे दो चमकते सितारे देखे थे और उनमें अपनी अपेक्षाओं को फलीभूत होते देखा था, जबकि हमारी पाकिस्तान के साथ इतनी समानताएँ और जुड़ाव वाली मान्यताएँ थीं, और हम उससे नहीं जुड़े, क्योंकि हमने सोचा हमारी नीतियाँ और कार्यक्रम उनसे समानताएँ नहीं रखते। अगर मैं यहाँ के लोगों की भावनाओं पर खरा नहीं उतरूँगा, तो मैं अपने लोगों को अपना मुँह कैसे दिखाऊँगा।'

शेख अब्दुल्ला 3 वर्षों में ही प्रत्यक्ष या परोक्ष रूप से आजादी की बात करने लगे थे। वह सार्वजनिक सभाओं तक में अपनी अन्दर दबी आजादी की इच्छाओं को जनता की इच्छा और कश्मीरियों का अधिकार कहने लगे थे। वह अपनी प्रशासनिक कुव्यवस्थाओं को छिपाने हेतु केन्द्र सरकार पर हमलावर होने लगे थे। भ्रष्टाचार और लचर राज्य सरकार से कश्मीरी जनता का ध्यान हटाने हेतु वह कश्मीर की आजादी और मुसलमानों को साम्प्रदायिक हिन्दू ताकतों से सुरक्षित रखने जैसी बातें प्रायः करने लग गए थे। शायद वह इस प्रकार से कश्मीरी जनता को भड़काकर, उन्हें भारतीय संघ से दूर करने की एक सोची समझी साजिश रच रहे थे। वह शायद फिर से एक बार भारत में 'द्विराष्ट्र के सिद्धान्त' को प्रतिपादित करने जा रहे थे। वह शायद

अलीगढ़ मुस्लिम विश्वविद्यालय, जहाँ इस सिद्धान्त की नींव रखी गई थी, वहाँ के सच्चे विद्यार्थी होने का प्रमाण देने जा रहे थे। शायद यह तथ्य भी सत्य है कि जिस कालखण्ड में वह 'अलीगढ़ मुस्लिम विश्वविद्यालय' में छात्र थे, तब और उससे पहले भी वहाँ हिन्दू और सम्भावित हिन्दू प्रभाव के विरुद्ध द्वेष, ईर्ष्या और गुस्सा था। यहीं पर भारत विभाजन की आधारशिला रखी गई थी। यहीं के छात्र, शिक्षक और नेताओं ने मुस्लिम लीग पार्टी को देश के गाँव-गाँव जाकर सुदृढ़ किया और उस स्थिति में लाए, जहाँ अंग्रेज शासकों को उसे भारत में मुस्लिम आवाज का प्रतीक मानना पड़ा। शायद आज स्वतन्त्र भारत में भी इसी संस्था का एक और विद्यार्थी फिर से एक और सम्भावित हिन्दू-मुस्लिम विभाजन की बात कर रहा था।

सन् 1953 में अनेक ऐसी घटनाएँ घटीं और शेख अब्दुल्ला ने अनेक ऐसे बयान दिए जिससे नेहरू की चिन्ताएँ और परेशानियाँ राजनैतिक और व्यक्तिगत स्तर पर बेहद बढ़ गई थी। 1 मार्च, 1953 को उन्होंने मौलाना आजाद को पत्र लिखा 'मुझे भय है कि शेख साहब कैसी असमंजस की मनःस्थिति में है, उन्हें पता ही नहीं है कि क्या करना है। सब प्रकार से दबाव बनाया जा रहा है, लेकिन वह और भी उलझ रहे हैं। उनके पास उनकी मदद के लिए कोई नहीं हैं, क्योंकि वह किसी पर विश्वास नहीं करते हैं, लेकिन फिर सब उन्हें प्रभावित भी करते हैं। मुझे इस बात का डर है कि इस मनःस्थिति में शेख साहब कोई ऐसा कदम न उठा ले, जिससे कि स्थिति और भी बिगड़ जाए।

शेख अब्दुल्ला को शुरुआती दौर (अक्टूबर, 1947) से ही नेहरू के द्वारा जरूरत से ज्यादा महत्त्व दिया जा रहा था। फलस्वरूप कश्मीर में न दूसरा दल ज़मीन बना पा रहा था न ही कोई दूसरा जन प्रतिनिधि। लोकतन्त्र के लिए यह स्थिति सबसे भयावह हो सकती है। बिना विपक्ष के लोकतन्त्र तानाशाही में बदल जाता है। यही जम्मू-कश्मीर में हुआ। ने.का. और उसके अध्यक्ष कश्मीर को अपनी जागीर समझ रहे थे। वह जनमानस के लिए कम अपने व्यक्तिगत स्वार्थ एवं अपनी सत्ता को अक्षुण्ण बनाए रखने के लिए ज्यादा ही प्रयत्नशील थे। इसके लिए भारत की अखण्डता का कोई महत्व नहीं था। वह भारत सरकार के निषेध के बावजूद अपनी समानान्तर विदेश नीति चलाने की कोशिश करने लगे। वह मई, 1953 में अमेरिकी प्रतिनिधि एडलई स्टीवेन्सन से तीन दिन की वार्ता के लिए मिले। कई वार्ताएँ एकान्त में भी हुईं। यह तस्वीर साफ हो रही थी कि कहीं न कहीं शेख अब्दुल्ला को 'ऑग्ल-अमेरिका' सहयोग कश्मीर की स्वतन्त्रता के लिए मिल रहा है। इस प्रकार वह भारत सरकार की पूरी दुनिया में किरकिरी करने में लगे हुए थे। जिससे भारत सरकार की अन्तर्राष्ट्रीय मंचों पर कश्मीर मुद्दे पर स्थिति कमजोर पड़ रही थी। संयुक्त राष्ट्र संघ में पश्चिमी देश भारत पर दबाव बनाने की कोशिश करने लगे थे।

13 जुलाई, 1953 को शेख अब्दुल्ला ने अपने एक सम्बोधन में कहा—

'कश्मीर को पाकिस्तान और भारत दोनों का ही सहयोग और सहानुभूति मिलनी चाहिए। लेकिन यह आवश्यक नहीं है कि राज्य किसी एक का दास बन जाए।'

इस समय तक शेख अब्दुल्ला ने अपने दुष्कर्मो से अपने सभी शुभचिन्तक खो दिए थे। राज्य के भीतर और बाहर दोनों इनकी पार्टी के ही अनेक बुद्धिजीवी एवं राष्ट्रभक्त नेता इनका साथ छोड़ चुके थे। नेहरू तो बहुत ही अधिक दुःखी एवं ग्लानि से भरे हुए थे। उनका विश्वास तोड़ा गया था। शेख अब्दुल्ला ने कश्मीर को एक और विभाजनकारी राजनैतिक दलदल में फंसा दिया था। उन्होंने पूरी कश्मीरी राजनीति को साम्प्रदायिक बना दिया था। वह बार-बार भारत से अलग होने की बात का आधार भारत में साम्प्रदायिक ताकतों का बढना बताते थे। लेकिन वह भूल जाते थे, भारत में अभी करोड़ों मुसलमान रह रहे है और पाकिस्तान नहीं जाना चाहते। शेख अब्दुल्ला हिन्दू साम्प्रदायिकता बनाम कश्मीरी मुसलमान मुद्दें को उठाकर उसी 'द्विराष्ट्र सिद्धान्त' को पुनः परिभाषित कर रहे थे। उनके लिए जम्मू-कश्मीर और भारत, दो एकदम भिन्न राजनैतिक और सामाजिक इकाइयाँ थीं और भिन्नता का केवल आधार था धर्म। वह इस भिन्नता को कई बार रेखांकित भी करते है। जैसे कि वह अपने 10 जुलाई, 1950 के एक पत्र में भारत की पंथनिरपेक्षता के स्थायित्व पर सवाल करते हैं, जो कि एक परोक्ष रूप से हिन्दू-मुस्लिम एकीकरण पर उठाया गया प्रश्न था, और उसी पत्र में उनका यह कहना कि पाकिस्तान एक मुस्लिम देश, जिससे उनकी अधिक समानताएँ थीं, फिर भी उन्होंने कश्मीर का विलय भारत में किया। कहीं न कहीं फिर से उनके हिन्दू और मुसलमान दो अलग-अलग इकाई हैं कि सोच और विचारधारा को दर्शाता है। लेकिन नेहरू उन्हें फिर भी मौका देते रहे। कश्मीर में रह रहे अन्य धार्मिक और क्षेत्रीय अल्पसंख्यकों के नेतृत्त्व को नेहरू ने कभी विचारमंथन या नेतृत्व में साझीदार बनने का अवसर ही नहीं दिया और शेख अब्दुल्ला के भीतर बैठे विभाजनकारी दैत्य को पालते रहे।

इसी विभाजनकारी एवं अलगाववादी नीतियों को चुनौती देने के लिए जनसंघ के अध्यक्ष एवं सांसद श्यामा प्रसाद मुखर्जी ने कश्मीर जाने का प्रण लिया। वह कश्मीर के 'दो विधान' एवं 'दो निशान' जैसे नियमों से आहत थे। उनको वह नेहरू की लचर नीति और शेख अब्दुल्ला की विभाजनकारी नीति का परिणाम लगता था। डॉ. श्यामा प्रसाद मुखर्जी विरोध दर्ज कराने के लिए जब 11 मई, 1953 को पंजाब से कश्मीर सीमा पर पहुँचे, तो उन्हें वहाँ पहले से मौजूद पुलिस बल ने माधोपुर सीमा शुल्क की चौकी पर गिरफ्तार कर, उनकी शारीरिक अवस्था का बिना ध्यान रखे खराब रास्तों से सीधे श्रीनगर लाकर एक जर्जर से मकान में कैद कर दिया। यह

भारतीय लोकतन्त्र का एक काला दिवस था। यह दुस्साहसिक अभियान बिना नेहरू की मौन अनुमति के अंजाम नहीं दिया जा सकता था। डॉ. श्यामा प्रसाद मुखर्जी को इस ऐतिहासिक यात्रा पर उनके सहायक के रूप में भारत के पूर्व प्रधानमंत्री अटल बिहारी वाजपेयी भी पठानकोट तक साथ आए थे। लेकिन उन्हें डॉ. साहब ने वहीं से वापस दिल्ली भेज दिया था। श्रीनगर में डॉ. श्यामा प्रसाद मुखर्जी को जिस जर्जर मकान या कहिए कमरे में रखा गया था। उसके आस-पास की साफ-सफाई तक नहीं थी। सब तरफ बड़ी-बड़ी घास खड़ी थी। उन्हें वहाँ पर एक सामान्य अपराधी की तरह रखा गया था, न कि एक राजनैतिक कैदी की तरह। उन्हें वाह्य जगत से संवाद की मनाही थी। पूरे भारत में रोष था। शेख अब्दुल्ला इन सब घटनाक्रमों से बेपरवाह अमेरिकी प्रतिनिधि से वार्ता कर रहे थे। इसी बीच नेहरू भी कश्मीर ने.का. के नेताओं और शेख अब्दुल्ला से वार्ता के लिए गए, लेकिन उन्होंने डॉ. श्यामा प्रसाद मुखर्जी के मुद्दे को न उठाया और न ही उनसे औपचारिक रूप से मिलने ही गए। रहस्यमयी एवं अज्ञात परिस्थितियों में डॉ. श्यामा प्रसाद गुखर्जी देशहित के लिए, देश की एकता के लिए 23 जून, 1953 को शहीद हुए। यह देश की कश्मीर के लिए पहली और आखिरी राजनैतिक व्यक्तित्व की शहादत थी। कश्मीर मामलों का नियंत्रण नेहरू के ही हाथों में बना रहा और उनके दोस्त से बने दुश्मन शेख अब्दुल्ला ने कश्मीर मामले की ऐसी दुर्गति की कि आज तक सही नहीं हुई। अभी भी राष्ट्रीय नेतृत्व को सजग हो देशहित में एक कठोर कदम लेने की आवश्यकता है।

2017-2018 में भी पीपुल्स डेमोक्रेटिक पार्टी पी-डी.पी. और नेशनल कान्फ्रेंस जिस रास्ते पर चल रही हैं, उनके बड़े नेता जिस प्रकार के वक्तव्य कश्मीर में देते हैं और उसका राष्ट्रीय रूपान्तरण कैसे दिल्ली में देते हैं, सब अक्षरशः वैसे ही है जैसे 50 के दशक में हुआ था। इतिहास का कोई भी जानकार इसे समझ सकता है। 7 जनवरी, 2016 को जम्मू-कश्मीर के मुख्यमंत्री और पी.डी.पी. के संस्थापक मुफ्ती मो. सईद की मृत्यु के पश्चात उनकी पुत्री श्रीमती महबूबा मुफ्ती मुख्यमंत्री पद की शपथ न लेने की टालमटोल कर रही थी। उनका सत्ता में भागीदार एवं सहयोगी दल भारतीय जनता पार्टी जो केन्द्र सरकार भी चला रहा है, से विश्वास बहाली के प्रयास की बात इस प्रकार से करती हैं, जैसे भारत और कश्मीर दो अलग-अलग देश हों। क्यों महबूबा ने इन शब्दों का चयन किया। क्या इन शब्दों का चयन केन्द्र सरकार और प्रदेश सरकार के सम्बन्धों के परिपेक्ष में उचित हैं। यह कोई गलती नहीं, बल्कि सोची-समझी रणनीति का हिस्सा है। महबूबा के लिए पूर्ण स्वायत्ता का अर्थ कहीं 'आजादी' तो नहीं है। क्या भारतीय लोकतान्त्रिक व्यवस्था में कश्मीर के अराजक और आतंकी अलगाववादी समाहित नहीं हो पाएँगे? क्या कश्मीर के कुछ सत्ताधारी परिवार अपनी राजनैतिक विरासत से पदच्युत हो जाएँगे? क्यों कश्मीरी नेताओं की सारी समस्याएँ या तो केन्द्र सरकार का धन चाहती है या फिर 'आजादी', आजादी सिर्फ इसलिए कि दिए हुए धन

का राज्य सरकार को हिसाब न देना पड़े। धन हमारा, देशवासियों के कर से लिया हुआ और छाती पीट-पीट कर रोना पाकिस्तानी आतंकियों के लिए। भारतीय धन से ही पाकिस्तानी आतंकियों के लिए स्मारक बनाने की माँग। लेकिन अगर भारतीय इतिहास को देखा जाए तो यह सब प्रक्रिया हमारे ऊपर साम्राज्यवादी ताकतों द्वारा थोपी जा रही थी, क्योंकि तब विश्व में हमारी सैन्य और राजनैतिक शक्ति शून्य थी। लेकिन आज हमारी आर्थिक, सैन्य और राजनैतिक स्थिति बेहद सुदृढ़ है। अतः हमे आज अपने गौरवशाली इतिहास की पुनरावृत्ति करते हुए कश्मीर का पूर्ण विलय किसी किन्तु-परन्तु के साथ भारत में करना चाहिए और यहाँ के नागरिकों को भी आतंकमुक्त, मुख्य विकास की धारा में जोड़ना चाहिए। एक बार फिर कश्मीर से आतंकी न निकल कर, ज्ञान एवं संस्कृति की प्राचीन धारा पूरे विश्व में बहनी चाहिए। लेकिन कई समझौतों के बाद भी शेख अब्दुल्ला की विदेशी ताकतों के साथ कश्मीर की आजादी पर उनकी व्यक्तिगत मंत्रणा जारी रही। वह भारत सरकार के साथ लुका-छिपी खेलते रहे। उनकी विदेशी प्रतिनिधियों के साथ कश्मीर पर चर्चा चालू रही। इन सब बातों को लेकर शेख अब्दुल्ला से ने.का. के नेता भी नाखुश थे। बक्शी गुलाम मोहम्मद और शेख अब्दुल्ला की लड़ाई खुलकर सड़कों पर पहुँच चुकी थी। बक्शी ने अब्दुल्ला पर भ्रष्टाचार भाई-भतीजावाद और कुप्रबन्धन का सीधा आरोप लगाया कि उनकी कार्यप्रणाली से जनता परेशान एवं क्षुब्ध है, खासकर जम्मू और लेह की। ऐसी राजनैतिक स्थिति का लाभ अन्य देश उठा सकते हैं और विभाजनकारी शक्ति राज्य को नुकसान पहुँचा सकती हैं। विदेशी शक्तियाँ भी कश्मीर की इस राजनैतिक स्थिति का फायदा अपने हितों के लिए उठा सकती हैं।' उन्होंने इसी बात को आगे बढाते हुए अपने इस वक्तव्य में कहा—*'आप से बार-बार गुजारिश है कि आप अपनी खराब और बुरी सोच को छोड़कर जनता की अच्छाई के लिए प्रयास करें एवं उनका मनोबल बढ़ाये। लेकिन हमारी बातों पर आपने एकदम ध्यान नहीं दिया है और हम आपको यह समझाने में पूरी तरह विफल रहे हैं।'*

शेख अब्दुल्ला सन् 1953 के मध्य तक बिलकुल एक तानाशाह की भाँति व्यवहार करने लगे थे। वह अपने कैबिनेट सदस्यों से सलाह लेना या उनके द्वारा दी गई सलाहों पर भी कोई ध्यान नहीं देते थे, जनता की नब्ज पकड़ने में वह अब असफल हो चुके थे और वह जमीनी हकीकत को अपने स्वार्थ के लिए नजरअंदाज भी कर रहे थे। यह जानते हुए भी कि कश्मीरियों का हित सिर्फ भारत के साथ सुरक्षित है, वह अपनी ताजपोशी के लिए फिक्रमंद थे। वह राष्ट्रहित की तिलांजलि दे चुके थे।

इसी बीच कैबिनेट के कुछ सदस्यों ने बक्शी गुलाग मो. के नेतृत्व में गवर्नर (सदर-ए-रियासत) को एक ज्ञापन सौंपा, जिसमें उन्होंने शेख अब्दुल्ला के ऊपर राज्य के प्रति लापरवाही के आरोप लगाए थे और इससे उठते संवैधानिक संकट को दूर

करने की बात कही थी। सदर-ए-रियासत ने कैबिनेट की एक आपात बैठक बुलाई जिसमें की इस स्थिति से निपटने का हल ढूँढा जा सके, लेकिन शेख अब्दुल्ला इस बैठक में आने के स्थान पर गुलमर्ग चले गए।

संवैधानिक संकट के बीच, जिसमें उस समय के कश्मीर के तत्कालीन प्रधानमंत्री शेख अब्दुल्ला अपने ही कैबिनेट का विश्वासमत खो चुके थे और उन परिस्थितियों का सामना करने से भी डर रहे थे, राज्य की एकता अखण्डता और सम्पन्नता अक्षुण्ण रखने के लिए सदर-ए-रिसायत ने 8 अगस्त, 1953 की शेख अब्दुल्ला की सरकार को तत्काल प्रभाव से भंग कर दिया। 9 अगस्त, 1953 को बक्शी गुलाम मो. को सरकार बनाने के लिए आमंत्रित किया और उनको उसी दिन प्रधानमंत्री पद की शपथ दिला दी गई। 9 अगस्त को ही शेख अब्दुल्ला को गिरफ्तार कर उधमपुर जेल भेज दिया गया और इस प्रकार एक सामाजिक कार्यकर्ता जो सत्ता के नशे में तानाशाह बन गया था फलक से जमीं पर आ गिरा। शेख अब्दुल्ला ने घाटी में अलगाववाद एवं साम्प्रदायिकता के बीज बोने का कार्य किया, जिससे हिन्दू-मुस्लिम तनाव बढ़ा। उनके शासन काल में क्षेत्रवाद का विष भी अपने चरम तक फैला। जम्मू और लद्दाख क्षेत्र के निवासियों में राज्य सरकार के खिलाफ रोष बढा। हिन्दू एवं बौद्ध जनता को शासन द्वारा उपेक्षा का शिकार होना पड़ा। शेख अब्दुल्ला ने मस्जिदों एवं मुल्लों का अपने राजनैतिक स्वार्थ के लिए इस्तेमाल में हिचकिचाहट नहीं दिखाई। वह कश्मीर घाटी में अपने समर्थकों के बीच हमेशा एक कट्टर मुसलमान की छवि पेश करने की कोशिश करते थे। उनके श्रीनगर और दिल्ली के बयान हमेशा एक-दूसरे से विपरीत मायने रखने वाले होते थे। शेख अब्दुल्ला को राष्ट्र विरोधी कार्यों के लिए कारावास पाकिस्तान के द्वारा गलत ठहराया गया। उसने अन्तर्राष्ट्रीय मंचों पर भी भारत की इस कार्यवाई का विरोध जताया। ऐसी ही भिन्न-भिन्न प्रतिक्रियाएँ विश्व के अनेक देशों से समय-समय पर आती रहीं। इधर कश्मीर संविधान सभा ने जो वयस्क मताधिकार के द्वारा चुनी गई थी, संविधान तैयार कर लिया था, इस 'संविधान सभा' का संविधान लागू हो जाने बाद कार्यकाल समाप्त हो जाना था। इस संविधान से कश्मीर का भारत में विलय पक्का हो गया था। नया संविधान 26 जनवरी, 1957 को लागू हुआ। इस संविधान के लागू होने से पाकिस्तान, अमेरिका और इंग्लैण्ड के राजनैतिक हलकों में दुःख की लहर सी दौड़ गई। उनका शेख अब्दुल्ला को मोहरा बनाकर चल रहा अलगाववाद समाप्त हो गया। कश्मीर का भारत में विलय पूर्ण हो चुका था। जम्मू-कश्मीर विकास के पथ पर दौड़ रहा था। भारत के ही अन्य राज्यों की तुलना में सरकार इस राज्य को अधिक धन दे रही थी। प्राथमिक स्कूल एवं स्वास्थ्य केन्द्रों की संख्या सन् 1942 से सन् 1960 तक कई गुना बढ़ चुकी थी। चुनाव निष्पक्षपूर्ण एवं सफल तरीके से सम्पन्न हो रहे थे। इधर शेख अब्दुल्ला कारागार में थे, उधर अन्तर्राष्ट्रीय मंच पर धीरे-धीरे भारत की पकड़ कश्मीर मुद्दे पर सुदृढ़ हो रही थी।

जनवरी, 1958 शेख अब्दुल्ला को जेल से रिहा किया गया, लेकिन एक बार फिर शेख अब्दुल्ला देशद्रोह की राह पर चल पड़े, अप्रैल 1958 को उन्हें फिर बन्दी बनाया गया। इधर संविधान लागू होने के बाद मार्च, 1957 में कश्मीर विधानसभा के पहले चुनाव हुए और बक्शी गुलाम मो. राज्य के चुने हुए मुख्यमंत्री बन गए। ये चुनाव भी पार्टी के भीतर एक लड़ाई का कारण बने, जी.एम. सादिक और बक्शी गुलाम मो. की लड़ाई खुलकर सड़कों पर आ गई और पार्टी में एक विभाजन हुआ। जी.एम. सादिक ने डेमोक्रेटिक नेशनल कांफ्रेंस पार्टी का गठन किया।

सन् 1962 के विधानसभा चुनावों में सादिक के अनुसार धाँधली हुई थी, इसीलिए बक्शी जीतने में कामयाब रहे, लेकिन यह सब शेख अब्दुल्ला व उनके सिपहसालारों के द्वारा फैलाया गया झूठ था। अब तक यह सिद्ध हो चुका था कि शेख अब्दुल्ला कश्मीर के सुल्तान बनने का अपना सपना तोड़ना नहीं चाह रहे थे। फरवरी, 1958 में शेख अब्दुल्ला ने एक और विभाजनकारी बयान दिया—*'राज्य में चल रहे राजनैतिक आन्दोलन का एक मुख्य काम है, राज्य के लोगों के लिए अपने भविष्य को तय करने का अधिकार'*।

शेख अब्दुल्ला और मिर्जा अफजल बेग पाकिस्तान के साथ मिलकर या उसके सहयोग से कश्मीर में राष्ट्रद्रोह के बीज बो रहे थे। ये लोग सरकार और सत्ता में रहकर तो भारत गणराज्य के साथ जीने-मरने की कसमें खाते थे और सत्ता दूसरे के पास हस्तांतरित होते ही जनता को भड़काने के लिए आजादी की माँग शुरू कर देते थे। आज भी कश्मीर के राजनैतिक सुल्तान इसी पथ पर अग्रसर हैं। ने.का. हो या पी.डी.पी. सत्ता में न होने पर अलगाववाद की बाते शुरू कर दो और विभाजनकारी तत्वों के साथ राजनैतिक पींगे बढ़ाने लगो। शेख अब्दुल्ला से लेकर आज के मरहूम नेता मुफ्ती मो. सईद तक का राजनैतिक चाल-चलन एक ही था। घाटी में आजादी, इस्लाम और दिल्ली में भारतीयता और पंथनिरपेक्षता। यह सब इस बेशर्मी से किया जाता है कि देखने और सुनने वाला पानी-पानी हो जाए, पर कश्मीरी नेताओं के चेहरे पर यह करते हुए शिकन तक नहीं आती है। कश्मीर के हर एक दशक में ऐसी ही कहानी की पुनरावृत्ति हो रही है। 1950, 60, 70 के दशक तक का तो कलाकार भी एक ही है, 80 के दशक में उनके सुपुत्र। लेकिन नाटक की पटकथा और संवाद वही जो 50 के दशक में थे। इस कहानी के अधिकतम भाग के कलाकार एक ही घराने के हैं। यह घराना मात्र एकाध बार ही बदला है। आज सन् 2015 से नया घराना मंच पर है, लेकिन पटकथा वही है, बोले जाने वाले संवाद भी नहीं बदले हैं। यह तुलनात्मक अध्ययन इसलिए जरूरी है, क्योंकि यहाँ की राजनैतिक प्रक्रिया विकास जैसे मुद्दे पर आधारित नहीं हैं, अपितु भारत के विरुद्ध विष-वमन यहाँ की नीति है।

3 अक्टूबर, 1963 को बक्शी गुलाम मोहम्मद ने संविधान में मुख्य बदलाव करते हुए, 'सदर-ए-रियासत' को 'राज्यपाल' और राज्य के प्रधानमंत्री को 'मुख्यमंत्री'

कर दिया। जम्मू-कश्मीर में लोकसभा के लिए सीधे चुनाव की प्रक्रिया को भी अनुमति दे दी। लेकिन 4 अक्टूबर को ही बक्शी गुलाम मो. को कामराज योजना के तहत बर्खास्त कर ख्वाजा शमसुद्दीन को मुख्यमंत्री बना दिया गया। घाटी में राजनैतिक परिस्थितियाँ एवं कानून-व्यवस्था दिन-पर-दिन बिगड़ने लगी और 26 दिसम्बर, 1963 को इसकी परिणिति हजरत बल दरगाह से पैगम्बर मोहम्मद के 'मोए-ए-मुकद्दस' चोरी होने में हुई। घाटी में एकदम से तूफान आ गया, प्रदर्शनों और हिंसा का दौर शुरू हो गया। घाटी में लोगों को सीधे तौर पर केन्द्र सरकार के विरुद्ध भड़काया जाने लगा। कश्मीर के सभी राजनैतिक व्यक्ति, जो सत्ता के बाहर थे, भारत विरोधी बयान और आजादी की पैरवी करने लगे। घाटी में ऐसे अवसर राजनैतिक रोटियाँ सेंकने के लिए सबसे उपयुक्त होते हैं, जहाँ भारत विरोध हो और इस्लाम खतरे में हो। यह दो विषय जनमत एकत्र करने एवं बड़े आन्दोलन के लिए कश्मीर घाटी में मुख्य ईंधन की तरह काम करते हैं। आज भी यही दो विषय राजनैतिक हित के लिए हर दल के द्वारा भुनाए जा रहे हैं। पैगम्बर मोहम्मद की दाढ़ी का बाल तो मिल गया, लेकिन उसने घाटी की राजनैतिक एवं सामाजिक जीवन में एक उथल-पुथल मचा दी। राजनैतिक अस्थिरता का संकट और गहराने लगा। पाकिस्तान के द्वारा इस मुद्दे पर कश्मीर में इस्लाम के नाम पर जनमानस को खूब भड़काया गया। आम आदमी को लगने लगा भारत उनके धार्मिक आस्था को ठेस पहुँचाने की कोशिश कर रहा है। पाकिस्तान की सारी गतिविधियाँ भारत-चीन युद्ध की पराजय से प्रेरित थी। वह भारत को कमजोर आँकने लग गया था। इस्लामीकरण के बीज बोए जा रहे थे। इस्लामिक भाईचारे की आड़ में पाकिस्तान कश्मीरी आवाम के नजदीक आना चाह रहा था। पकिस्तान ने अपनी खुफिया गतिविधियाँ तेज कर दी थी। यह शायद सन् 1965 में 'ऑपरेशन जिब्राल्टर' की भूमिका थी। 'ऑपरेशन जिब्राल्टर' में पाकिस्तान सेना ने सैन्य घुसपैठियों के माध्यम से घाटी और राज्य के अन्य क्षेत्र जैसे पुंछ, राजौरी इत्यादि में भारतीय सरकार के विरुद्ध शस्त्रबद्ध जनविद्रोह करवाना था। जिसके लिए पाकिस्तान सेना के लगभग 30 हजार अधिकारी और जवानों को प्रशिक्षित किया गया था।

कश्मीर घाटी की स्थिति दिन-पर-दिन बिगड़ रही थी, शायद इसका कारण कहीं ना कहीं नेहरू का सन् 1962 चीन के युद्ध के बाद कमजोर पड़ना भी था। विदेश नीति नेहरू का कार्यक्षेत्र था, अतः अपनी चीनी नीति की विफलता एवं युद्ध में हुई हार के जिम्मेदार भी वही थे। कश्मीर में जी.एम. सादिक को शमसुद्दीन की जगह नया मुख्यमत्री बनाया गया और पाकिस्तान जाने की अनुमति भी दी गई जहाँ वह जाकर अयूब खान से मिले और पी.ओ.के. भी गए लेकिन उनकी इस पाकिस्तान यात्रा के दौरान ही 27 मई, 1964 को नेहरू का निधन हो गया।

सन् 1965 तक आते-आते शेख अब्दुल्ला ने अपना भारत विरोधी अभियान और भी तेज कर दिया था। मार्च, 1965 में शेख अब्दुल्ला और मिर्जा अफजल बेग

अपने कुछ और सहयोगियों के साथ मक्का गए और फिर अफ्रीका-एशिया देशों की बैठक में भाग ले रहे चाऊ-एनलाई से मिलने वह अल्जीरिया भी गए। विदेश यात्रा के दौरान उनके दिए गए देश विरोधी बयानों के कारण सरकार ने उन्हें जेल भेज दिया। घाटी में इस पर तीखी प्रतिक्रिया हुई। भारत विरोधी हिंसात्मक प्रदर्शन हुए। घाटी की राजनीतिक प्रक्रिया अभी भी लगभग एक ही व्यक्ति या उसके सहयोगियों के इर्द-गिर्द घूम रही थी। देश की प्रमुख पार्टियों का वहाँ कोई दखल नहीं था। यहाँ की राजनीतिक प्रक्रिया का पूर्णरूपेण 'स्थानीकरण' हो चुका था, जिससे की किसी भी राष्ट्रीय पार्टी का वहाँ पर जनविरोध भारत विरोध के कारण था। कोई भी व्यक्ति राष्ट्रीय पार्टी में शामिल हो भारत की मुख्य धारा या राजनीतिक प्रक्रिया का हिस्सा बनना नहीं चाह रहा था। यहाँ कश्मीरी क्षेत्रीयता से ज्यादा धार्मिक भिन्नता अधिक प्रबल थी। वैसे भी वहाँ कट्टर इस्लामिक अनुयायी वहाँ की साधारण और गरीब जनता को हिन्दू भारत के करीब नहीं जाने देना चाहते थे। भारत सरकार ने पूरा दाँव एक ही व्यक्ति पर लगाया हुआ था और उसके बगावत करते ही भारत का घाटी से राजनैतिक सम्बन्ध एकदम टूट गया। इस स्थिति को देखकर पाकिस्तान की आशा जागी कि इस समय थोड़ी शक्ति से ही भारत से कश्मीर अलग किया जा सकता है। उनकी इसी सोच ने सन् 1965 भारत-पाकिस्तान युद्ध कराया। यह युद्ध पाकिस्तान ने यह सोच कर शुरू किया था कि भारत इस समय सैन्यरूप से कमजोर और उसके पास अत्याधुनिक अमेरिकी युद्ध सामग्री है, दूसरे उसके पास कश्मीर की मुस्लिम जनता, जो जिहाद के लिए तैयार बैठी है, लेकिन पाकिस्तान के सभी अनुमान और गणनाएँ गलत साबित हुए और पाकिस्तान को हार का सामना करना पड़ा। इस युद्ध के फलस्वरूप कश्मीर के अलगाववादी रणनीतिक एवं राजनैतिक रूप से कमजोर एवं अलग-थलग पड़ गए। घाटी में शेख अब्दुल्ला के कारण बिगड़े हालात एकदम सामान्य हो गए। लेकिन सन् 1965 की पाकिस्तानी हार ने उनके रणनीतिकारों एवं सैन्य अधिकारियों को यह सोचने पर मजबूर किया कि कश्मीर को पाकिस्तान की तरफ करने के लिए उसका इस्लामीकरण और वहाँ पाकिस्तानी समर्थक पैदा करना अति अनिवार्य है। कश्मीर में कोई भी सफलता, जिसमें पाकिस्तान सहयोगी हो, उसके लिए वहाँ पर कट्टर इस्लाम का प्रसार जरूरी है और साथ-ही-साथ सूफी इस्लाम और हिन्दू धर्म का सफाया हो। पाकिस्तान को अब तक यह अहसास भी हो चुका था कि वह भारत के साथ सामान्य युद्ध कभी भी जीत नहीं सकता है, इसलिए उसने गुरिल्ला युद्ध की रणनीति पर विचार किया और उस पर अमल करने के लिए कश्मीरी अलगाववादियों को आर्थिक मदद देने लगा। लेकिन सन् 1965 के युद्ध में भारतीय जीत का सीधा असर उसकी जम्मू-कश्मीर की पकड़ पर पड़ा। राजनैतिक रूप से कांग्रेस पार्टी का जनाधार बढ़ने लगा। सन् 1967 के विधानसभा चुनावों में जी.एम. सादिक और उसके सहयोगियों की भारी बहुमत से जीत हुई। प्रदेश कांग्रेस के सादिक़ ग्रुप की विजय काफी

उत्साहवर्धक थी। इसी वर्ष बेगम अब्दुल्ला, मिर्जा अफजल बेग और मौलाना मो. सईद मसूदी को वापस घाटी भेज दिया गया, लेकिन शेख को दिल्ली में ही नजरबन्द रखा गया और फिर जनवरी 1968 में बिना शर्त के छोड़ दिया गया। लेकिन उनका आज़ादी अलाप अब भी जारी रहा। सन् 1969 में शेख अब्दुल्ला ने 'प्लेबीसाइट फ्रंट' से राजनैतिक मैदान में उतरने की घोषणा कर दी। वह अगस्त, 1969 में हुए पंचायत चुनावों के परिणामों से और भी उत्साहित थे। इधर धीरे-धीरे राजनैतिक जीवन में हिंसा बढ़ रही थी और राजनैतिक गतिविधियों के साथ घुल-मिल रही थी। सन् 1970 में बड़े ही सुनियोजित और योजनाबद्ध तरीके से पाकिस्तान समर्थक आतंकी संगठन 'अलफतह' ने हिंसक घटनाओं को घाटी में अंजाम दिया। इस बीच शेख अब्दुल्ला ने पाकिस्तान उच्चायुक्त से कई बार मुलाकात भी की थी। सन् 1971 में उन्हे फिर से दिल्ली में ही नजरबंद कर लिया गया और साथ-ही-साथ उनके संगठन 'प्लेबीसाइट फ्रंट' को एक गैरकानूनी संगठन घोषित कर दिया गया। ऐसा माना जा रहा था कि 'अलफतह' और 'प्लेबीसाइट फ्रंट' दोनों पाकिस्तान के साथ मिलकर जम्मू-कश्मीर राज्य को अस्थिर करना चाह रहे थे। इस बीच घाटी में 'अलफतह' पर अनेक बैंक डकैती में शामिल होने का इल्जाम था। पाकिस्तान ने संयुक्त राष्ट्र संघ में इन दोनों घटनाओं के लिए भारत की निंदा की।

30 जनवरी, 1971 को भारत के यात्री विमान को एक आतंकी संगठन, जिसने अपना नाम 'कश्मीर नेशनल लिबरेशन फ्रण्ट' बताया अगवा कर लिया था। जहाज को लाहौर ले जाया गया, जहाँ इसे अगवा करने वाले दो आतंकियों का जोरदार स्वागत हुआ। जुल्फिकार अली भुट्टो स्वयं उनसे मिले और उनका स्वागत किया। इसके बाद इस जहाज को आग के हवाले कर दिया गया। लेकिन पाकिस्तान शायद भूल रहा था कि जल्द ही यह आग पूर्वी पाकिस्तान पहुंचकर उसके अस्तित्व को राख करने वाली है।

3 दिसम्बर, 1971 को पाकिस्तान ने भारतीय हवाई ठिकानों पर हमला करते हुए युद्ध का शंखनाद किया, लेकिन भारत ने 13 दिनों में ही इस युद्ध का पटाक्षेप करते हुए पूर्वी पाकिस्तान को 'बांग्लादेश' नाम से एक स्वतन्त्र देश बना दिया। पाकिस्तान को भारत के हाथों शर्मनाक हार का सामना करना पड़ा। जिसमें उनके 93000 सैनिक युद्धबंदी बनाए गए। पाकिस्तान के लिए यह एक बहुत बड़ी विनाश की घटना जैसी थी। अन्तर्राष्ट्रीय स्तर भी उसे अपनी पकड़ का एहसास तब हुआ, जब उसकी मदद के लिए कोई खुलकर सामने नहीं आया। युद्ध के समय पश्चिमी देशों को पाकिस्तान के अस्तित्व का खतरा दिखने लग गया था और तत्कालीन अमेरिकी राष्ट्रपति निक्सन ने रूस की मदद से भारत सरकार को पश्चिमी पाकिस्तान पर आक्रमण न करने की चेतावनी दी थी, क्योंकि उसे लग रहा था कि शायद भारत पश्चिम में भी हमला कर पाकिस्तान का विखण्डन करेगा।

पाकिस्तान की इस हार का कश्मीर घाटी पर भी गहरा असर पड़ा। कुछ समय के लिए पाकिस्तान समर्थित सभी अलगाववादी अपने आप को अनाथ अनुभव कर रहे थे। बांग्लादेश के जन्म ने कश्मीर मुस्लिम समुदाय के भीतर जो पाकिस्तान से इस्लामिक लगाव था, उसको कम कर दिया। वहीं कश्मीरियों को यह सच पता चल ही चुका था कि धर्म ही सब कुछ नहीं होता, महत्वपूर्ण होते हैं रीति-रिवाज, क्षेत्र की भाषा, सभ्यता और संस्कृति। बांग्लादेश बनने के मुख्य कारण ही भाषा और बंगाली संस्कृति थी। आज भी पाकिस्तान में तीन भाषा और संस्कृतियाँ अलग रूप सें रह रही है और संघर्षरत है, 'पंजाबी', 'सिंधी' और 'बलूची'। तीनों ही एक-दूसरे से सामाजिक, आर्थिक, भाषाई और सांस्कृतिक रूप सें एकदम भिन्न। पाकिस्तान में आज सैन्य और राजनैतिक शक्ति पंजाब के पास है। पाकिस्तान में उर्दू बोलने-समझने वाले बहुत कम लोग है। लेकिन वहाँ की सरकारी भाषा उर्दू है। वहाँ सबसे प्रभावशाली संस्कृति भी पंजाबी है। फिर है अफगानिस्तान के साथ कबिलियाई इलाका, जो अपने आप में एक अलग ही मुल्क है। क्या इन सबके बीच में कही कश्मीरी सभ्यता, संस्कृति अपनी जगह बना पाएगी? या कश्मीरी मुसलमान भी मृगमरीचिका का शिकार होंगे। अगर खाली इस्लाम ही इतनी बड़ी एकीकरण करने वाली शक्ति होती, तो फिर इस्लामिक देशों में इतनी हिंसा और लड़ाई क्यों है?

सन् 1971 के भारत-पाक के निर्णायक युद्ध के पश्चात पाकिस्तान का भारत के साथ युद्ध करना स्वप्न हो गया है। अब वह मात्र 'छद्म युद्ध' या 'लघु स्तरीय संघर्ष' के द्वारा भारत को नुकसान पहुँचा रहा है। लेकिन इसका प्रत्यक्ष नुकसान कश्मीर की जनता उठा रही है। उसकी शान्ति भंग है। उसका विकास पूर्णरूप से बंद है। आतंकी हिंसा और सुरक्षाबलों की जवाबी कार्यवाई में भी निर्दोष लोग मारे जा रहे हैं। अनेक अवसरों पर इस जनता का प्रयोग भी आतंकी मानव ढाल की तरह करते हैं। ऐसी स्थिति में कई बार बड़ी संख्या में जान और माल का नुकसान होता है।

दिसम्बर, 1971 को जी.एम. सादिक की सी.एम. रहते हुए ही मृत्यु हो गई। सैय्यद मीर कासिम को मुख्यमंत्री बनाया गया। सन् 1972 के चुनाव में सैय्यद मीर कासिम को आसानी से बहुमत मिल गया। शेख अब्दुल्ला और मिर्जा अफजल बेग को रिहा किया गया। प्लेबीसाइट फ्रंट की समाप्ति को पुनः बहाल नहीं किया गया। यह सन 1973 की बात है। लेकिन शेख अब्दुल्ला अभी अपने पुराने सोच पर कायम थे। वह कश्मीर की आजादी की बात कर रहे थे और पी.ओ.के. को कश्मीर के साथ जोडने की बात भी। कश्मीर घाटी में साम्प्रदायिक तनाव बढ़ रहा था। 1973 में इग्लैण्ड में एक कार्टून प्रकाशित हुआ, जिसमें पैगम्बर मो. साहब को फरिस्ते गैबरयल से ग्रंथ लेते दिखाया गया था। कश्मीर घाटी में इसके कारण हिंसक प्रदर्शन शुरू हो गए। अलगाववादियों के पास एक और बहाना मिल गया, धार्मिक भावनाओं को भड़काने के लिए और सरकार को अस्थिर करने के लिए।

कश्मीर की आन्तरिक राजनीति में पाकिस्तान का हस्तक्षेप फिर बढ़ने लगा था। भुट्टो प्रत्यक्ष एवं परोक्ष रूप से कश्मीरी अलगाववादियों को नैतिक समर्थन दे रहे थे। शेख़ अब्दुल्ला 1975 आते-आते भारत सरकार से सुलह के संकेत दे रहे थे। वह कई मौकों पर भुट्टो के बयानों की प्रतीकात्मक रूप से निन्दा भी कर रहे थे और इस प्रकार शेख अब्दुल्ला और भारत सरकार के बीच एक बातचीत का रास्ता निकल रहा था। एक प्रकार से समझौते की पृष्ठभूमि तैयार की जा रही थी। भारत सरकार ने एक बार कश्मीर मसले को सुलझाने पर फिर अपनी अरुचि दिखाई थी, सरकार 28 वर्षों में कश्मीर के नेतृत्व की जिम्मेदारी का भार केवल और केवल शेख अब्दुल्ला के ऊपर ही छोड़ने को तैयार थी। केन्द्र सरकार अभी तक शेख़ अब्दुल्ला के अलावा कोई दूसरा विकल्प तैयार नहीं कर पायी या उसका ध्यान कश्मीर की समस्या पर था ही नहीं। कश्मीर की समस्या का हल ही वहाँ पर एक अच्छे, जिम्मेदार नेतृत्व को लाने से है, जिससे वह कश्मीर की दिशा और दशा सुधार सके। एक ऐसा विश्वासप्रद और जनप्रिय नेता हो, जो देशहित के साथ ईमानदारी से काम करे। लेकिन कश्मीर की बदकिस्मती है कि कश्मीर में बैठे हुक्मरान भारत सरकार से समझौता न करके सौदा करने की राह पर अधिक थे। वह भी आवाम की भलाई के लिए नहीं, बल्कि अपने व्यक्तिगत स्वार्थ एवं महात्वाकाँक्षा के लिए।

शेख अब्दुल्ला और केन्द्र सरकार के बीच एक बार फिर से वार्ताओं का दौर चालू हो गया। केन्द्र की ओर से डी.पी. धर, एल.के. झा और डॉ. कर्ण सिंह थे, तो शेख अब्दुल्ला का पक्ष रखने के लिए सैय्यद मीर कासिम थे। ये लोग पर्दे के पीछे रहकर कश्मीर समझौते के सारे बिन्दुओं पर बारीकी से विचार-विमर्श कर रहे थे। सार्वजनिक रूप से अभी भी शेख अब्दुल्ला कश्मीर को सन् 1953 से पूर्व के विशेष दर्जे एवं विशेष अधिकारों की बात कर रहे थे। गुप्त बातचीतों का दौर भी चलता रहा। अन्ततः फरवरी, 1975 में शेख अब्दुल्ला और इन्दिरा गाँधी के बीच कश्मीर-वार्ता पर सहमति बनी और यह समझौता इन निम्नलिखित बिन्दुओं के साथ हस्ताक्षरित हुआ—

- राज्य जम्मू-कश्मीर, जो भारत का एक अंग है, उसको धारा-370 के आधार पर ही शासित किया जाए।
- कुछ कानून बनाने की आजादी राज्य सरकार के पास होगी, लेकिन केन्द्र सरकार को अलगाववाद सम्बन्धी कानून और भारत की सीमाओं और एकता, अखण्डता की रक्षा करने के कानून बनाने का एकाधिकार होगा।
- राज्यपाल और मुख्यमंत्री के नामकरण पर कोई सहमति नहीं बनी।

कश्मीर समझौते के साथ ही शेख अब्दुल्ला ने मुख्यमंत्री का पदभार संभाल लिया और मिर्जा अफजल बेग मंत्री बने। पाकिस्तान ने शेख अब्दुल्ला की इस समझौते के लिए बड़ी भर्त्सना की और कश्मीर के हितों की बिक्री करने का भी आरोप

लगाया। मीर वायज मोहम्मद फारुक ने भी शेख अब्दुल्ला को कश्मीर के स्वतन्त्रता के अधिकारों का सौदा करने की बात दोहराई। जनसंघ ने एक बार फिर सरकार से धारा-370 हटाने की अपील की और कश्मीर समझौते का विरोध किया।

शेख अब्दुल्ला ने एक बार फिर पाक अधिकृत कश्मीर को जम्मू-कश्मीर से जुड़ने की बात कही और अपने पुराने सहयोगियों को 'प्लेबीसाइट फ्रंट' में वापस आने को कहा, लेकिन जुलाई, 1975 में इसका नाम बदल कर 'नेशनल कान्फ्रेंस कर दिया गया। इस समय विधानसभा में कॉग्रेंस का बहुमत था और नेशनल कान्फ्रेंस का कोई प्रतिनिधित्व इसमें नहीं था।

कश्मीर घाटी में पाकिस्तान प्रायोजित शेख अब्दुल्ला की विरोधी शक्तियाँ धीरे-धीरे ही सही अपना सर उठाने लग गई थी। कश्मीर के श्रीनगर, सोपोर और अनंतनाग का एक पढ़ा-लिखा और राजनैतिक रूप से जागरूक तबका चरमपंथ एवं अलगाववाद की ओर बढ़ रहा था। वह उसे वैचारिक रूप से जीवन में ग्रहण करता जा रहा था। लेकिन शेख अब्दुल्ला के व्यक्तिगत प्रभाव के कारण साम्प्रदायिकता व कट्टरपंथी शक्तियाँ दबी हुई थी और वह उनके जीवनकाल में दबी ही रहीं। लेकिन केन्द्र सरकार भी कोई क्षेत्रीय कश्मीरी नेता, जो शेख अब्दुल्ला की बराबरी कर पाता, तैयार न कर पायी। इसलिए मार्च, 1977 में जब कभी शेख अब्दुल्ला और कॉग्रेंस के टकराव की स्थिति बनी, कांग्रेंस ने अपने पैर तुरन्त पीछे खींच लिए। आपातकाल के बाद कश्मीर के चुनावों में 76 सीटों में से 47 सीट नेशनल कान्फ्रेस (40 सीटें घाटी में) कांग्रेस 11 और जनता पार्टी को 13 सीटें मिलीं। सन् 1977 में ने.का. ने एक बार फिर कश्मीर की सत्ता संभाली, राज्य में जम्मू और लद्दाख क्षेत्र की अनदेखी किए जाने के लिए सरकार को इन दोनों क्षेत्रों से काफी विरोध झेलना पड़ रहा था। जमीनी हकीकत भी कहीं-न-कहीं इसी ओर इशारा कर रही थी। अल्पसंख्यक वर्ग में असंतोष व्याप्त था। जम्मू-कश्मीर की सरकार का अर्थ कहीं-न-कहीं घाटी की सरकार जैसा ही था। अल्पसंख्यकों को सरकारी तन्त्र द्वारा उत्पीडित किया जा रहा था। राज्य के अधिकांश मुख्य विभागों के मंत्री और अधिकारी मुस्लिम ही रखे जा रहे थे। सन् 1977 से सितम्बर 1982, शेख अब्दुल्ला ने राज्य सरकार के कार्य की लगभग जिम्मेदारी अपने पारिवारिक सदस्यों में ही बाँट दी थी। सन् 1979 में शेख अब्दुल्ला का पार्टी में भी विरोध हो रहा था। मिर्जा अफजल बेग ने भी पार्टी छोड दी थी। कश्मीर घाटी की स्थिति धीरे-धीरे शेख अब्दुल्ला के हाथ से निकलनी शुरू हो गई थी। पकिस्तान समर्थक गुट काफी सक्रियता से उनकी सामाजिक और राजनैतिक स्थिति को गिरा रहे थे। चरमपंथी इस्लामिक मदरसों की संख्या दिन-पर-दिन बढ़ रही थी। आईएसआई ने 'जमात-ए-इस्लामी' की जड़े मजबूत करने के लिए दिल खोलकर धन देना शुरू कर दिया था। जनरल जिया कश्मीर में ऐसा मुस्लिम विद्रोह चाहते थे, जिसकी जड़ में चरमपंथी इस्लामिक विचारधारा हो और कश्मीरी मुसलमान वैश्विक

इस्लामिक जिहाद का हिस्सा बने। यह विचारधारा केवल बहाबी-सलाफी इस्लाम ही ला सकता था न कि कश्मीरी सूफी इस्लाम।

सितम्बर, 1982 में शेख अब्दुल्ला की मृत्यु के बाद डॉ. फारूक अब्दुल्ला ने सत्ता सँभाली, लेकिन वह बिलकुल ही प्रभावशाली नहीं थे। कानून-व्यवस्था बिगड़ने से लेकर भ्रष्टाचार आदि सब अपने चरम पर पहुँच रहे थे। सन् 1983 में आन्तरिक सुरक्षा का माहौल काफी बिगड़ रहा था, पंजाब में सिख उग्रवाद एवं आतंकवाद बहुत तेजी से फैल रहा था। पंजाब में आपातकाल की सी स्थिति थी। आतंकवादी बिना भय के आतंकी घटनाओं को अंजाम दे रहे थे। राजनैतिक और धार्मिक हत्याओं का सिलसिला थमने का नाम नहीं ले रहा था। इसका कुप्रभाव घाटी में भी दिखने लगा था। उधर पाकिस्तान भी अफगान युद्ध के कारण गुरिल्ला युद्ध में काफी निपुण हो चुका था। वह उस तकनीकी ज्ञान का परीक्षण भारत में करने लगा था। इधर सन् 1982 वर्ष के अन्त तक ने.का. और कांग्रेस के बीच का वैचारिक संघर्ष सड़कों तक पहुँच चुका था। इस राजनैतिक उठा-पटक का फायदा भी राष्ट्र विरोधी इस्लामिक ताकतों को मिल रहा था।

सन् 1983 के विधानसभा चुनाव में जीत ने.का. की हुई और डॉ. फारुक अब्दुल्ला फिर से मुख्यमंत्री बना दिए गए। लेकिन सन् 1984 आने तक कांग्रेस और ने.का. की राजनैतिक लड़ाई और भी कड़वी होती जा रही थी। दोनों दलो के समर्थक और कार्यकर्ता सड़कों पर हिंसात्मक गतिविधियों में लिप्त होने लगे थे। दोनों दलों ने एक-दूसरे को नुकसान तो पहुँचाया ही, पर वास्तव में अधिक नुकसान राज्य के आन्तरिक सुरक्षा एवं सामाजिक ढाँचे को हो रहा था। इस्लामिक चरमपंथी धीरे-धीरे इन दोनों का स्थान ले रहे थे एवं एक नए विकल्प के रूप में उभर रहे थे। इधर मई 1984 में ने.का. में आन्तरिक कलह भी अपने चरम पर पहुँच रही थी। जी.एम. शाह (फारुक अब्दुल्ला के बहनोई) का गुट, फारुक अब्दुल्ला को मुख्यमंत्री पद से हटाकर जी.एम. शाह को मुख्यमंत्री बनाना चाहता था। जी.एम. शाह के गुट के विधायकों का समर्थन हटते ने.का. सरकार अल्पमत में आ गई और गवर्नर ने सरकार बर्खास्त कर जी.एम. शाह को कांग्रेस समर्थन से मुख्यमंत्री बना दिया। फारुक अब्दुल्ला को नेशनल कान्फ्रेस से भी बाहर निकाल दिया गया। इस नए राजनैतिक घटनाक्रम का घाटी में जबरदस्त हिंसक विरोध हुआ। कानून-व्यवस्था को बनाए रख पाना जी.एम शाह की इच्छाशक्ति एवं काबिलियत से बाहर हो गया था। 13 जुलाई, 1984 को श्रीनगर में खूब हिंसा का ताण्डव हुआ, सरकार उसे रोक पाने में पूर्णरूप से विफल रही। यह एक-एक घटनाक्रम घाटी को भयंकर आनेवाले आपातकाल की ओर धकेल रहे थे। केन्द्र सरकार पंजाब में हो रहे घटनाक्रम से बाहर नहीं निकल पा रही थी। अभी तक 'ऑपरेशन ब्लूस्टार' के चिह्न ही राष्ट्र के स्मृति से नहीं हट पाए थे। कांग्रेस सरकार पंजाब और कश्मीर में अपनी सरकार बनाए रखने के क्रम में एक और

राजनैतिक संकट के दलदल में डूब रही थी। इसी वक्त घाटी में भी आतंक की दस्तक होने लग गई थी।

31 अक्टूबर, 1984 को एक अनापेक्षित आपातकाल इन्दिरा गाँधी की हत्या उनके ही अंगरक्षकों द्वारा किए जाने के रूप में आ गया। राजनैतिक संकट अपने सबसे खराब रूप में था और तभी एक और मानव त्रासदी ने जन्म ले लिया। दिल्ली और कुछ अन्य शहरों में सिखों का कांग्रेसियों के द्वारा कत्लेआम। यह भारत में एक अकल्पनीय घटना थी। इसके घाव सिख अंतरात्मा में गहरे थे। फलस्वरूप सिख उग्रवाद और तेजी से फैलने लग गया।

सन् 1985 इन्दिरा गाँधी की कमी के कारण कश्मीर घाटी की स्थिति और बिगड़ने लग गई। हिंसक प्रदर्शनों से घाटी का जीवन असामन्य हो चला था। कानून-व्यवस्था पर सरकार का कोई प्रभावी हस्तक्षेप नहीं रह गया था। राजीव गाँधी के नेतृत्व वाली केन्द्र सरकार कश्मीर पर पूरी तरह ध्यान नहीं दे पा रही थी। इन्हीं सबका यह मिला-जुला नतीजा था। इसी राजनैतिक संकट के बीच कांग्रेस ने सरकार से अपना समर्थन हटा लिया। जी.एम. शाह को मुख्यमंत्री पद से हटना पड़ा। राज्यपाल शासन लागू कर दिया गया। लगभग 22 महीने के जी.एम. शाह के कार्यकाल में घाटी में भ्रष्टाचार अपने चरम पर था। कट्टर इस्लामिक गतिविधियाँ भी तेजी से फैल रही थीं। सरकार की बर्खास्तगी के बाद तत्कालीन राज्यपाल जगमोहन ने राज्य में कानून-व्यवस्था को सुधारा और जंग लगे हुए प्रशासनिक ढाँचे में भी काफी सुधार किए। उनके कार्यकाल के कार्यों को आज भी जम्मू-कश्मीर में हर वर्ग, धर्म के द्वारा याद किया जाता है। कश्मीर को शायद शुरू से ही एक कुशल प्रशासक की आवश्यकता थी और आज भी है। जम्मू-कश्मीर की सभी लोकतान्त्रिक सरकारों ने जनता के साथ मात्र धोखा किया है। राज्य सरकारों की विफलता में कही न कहीं केन्द्र सरकार भी काफी हद तक जिम्मेदार रही है। जगमोहन ने अभी व्यवस्था को एक राह भर दिखाई थी कि केन्द्र सरकार ने एक बार फिर इतिहास में जैसे अदूरदर्शी शासक गलतियों को बार-बार दोहराता है, वैसे ही उसी गलती को दोहराते हुए फिर फारुक अब्दुल्ला को नवम्बर, 1986 में मुख्यमंत्री की गद्दी पर बिठा दिया। जम्मू-कश्मीर में राजनैतिक गतिविधियों की प्रक्रिया सिर्फ कश्मीर घाटी तक सीमित हो गई थी। बाकी दो क्षेत्र जम्मू और लद्दाख मात्र मूकदर्शक थे। कांग्रेस और नेशनल कान्फ्रेंस ने फिर से शासन-सत्ता का दोहन एवं दुरुपयोग शुरू कर दिया। अलगाववादी गुटों को सामान्य नागरिक को भड़काने का बहाना एवं कहानियाँ मिलने लगी। राजीव गाँधी और फारुक अब्दुल्ला की दोस्ती परवान चढ़ रही थी, तो उधर जम्मू-कश्मीर की साधारण जनता अपने अधिकारों के लिए त्राहि-त्राहि कर रही थी। हम एक झूठे लोकतन्त्र के सहारे सरकार चलाने की कोशिश कर रहे थे। जनमत दोनों पार्टियों में से किसी के पास पूर्णरूप से नहीं था। मात्र सांख्यिकी और गणनाओं के सहारे एक के बाद एक

मुख्यमंत्री बदले जा रहे थे। उस समय की जमीनी हकीकत कुछ और ही कह रही थी। घाटी इस्लामिक आतंकियों का अड्डा बन रही थी। धीरे-धीरे अल्पसंख्यक वर्ग में भय व्याप्त हो रहा था। सामाजिक ताने-बाने तार-तार होना शुरू हो रहे थे। नवम्बर, 1986 में साम्प्रदायिक दंगे हुए। हिन्दू नरसंहार की शुरुआत हो चुकी थी, किन्तु केन्द्र और राज्य सरकारें बेपरवाह थीं। राजनैतिक अगुवाकर बस अपनी कुर्सी के लिए संघर्षरत थे।

मार्च, 1987 में हुए विधानसभा चुनाव कांग्रेस और ने.का. द्वारा एक गठबंधन के रूप में लड़े गए। लेकिन यह चुनाव कश्मीर की जनता के द्वारा धाँधली भरे चुनाव करार दिए गए। जनता में इन चुनावों के प्रति रोष था। चुनावों के नतीजे को हम 'जनमत' नहीं कह सकते थे। चुनावों का भी हिंसक विरोध घाटी में बड़े पैमाने पर हो रहा था। यह स्थिति चरमपंथियों, अलगाववादियों एवं आतंकियों के लिए वरदान सिद्ध हो रही थी। उनका सरकार के विरुद्ध प्रचार-प्रसार लोगों में और भी मान्य हो रहा था। इस्लामिक आतंकवाद की यह शुरुआत थी। आज हम लोकतन्त्र से इतना सम्मोहित हो जाते है कि उसे किसी भी रूप में स्वीकार करने को तत्पर रहते हैं। उसके लिए हम उसे संवैधानिक परिधानों का एक न्यायिक आवरण भी दे देते हैं। लेकिन कभी भी ईमानदारी से यह नहीं सोचते कि इससे जनमानस का भला होगा या बुरा। संविधान सर्वोपरि है, पर लोकहित उससे भी अधिक? संविधान किसके लिए है? यदि डॉ. अम्बेडकर ने कभी मनुस्मृति को जलाया था जो हिन्दू धर्म का कभी न्यायशास्त्र था? या हमारे लोक आचरण को दिशा देने वाला ग्रंथ था, तो इसके पीछे कारण था उसकी समाज के लिए उपयोगिता समाप्त हो जाना और समाज उसके द्वारा पीड़ित किया जा रहा था। वैसे ही एक संविधान या एक प्रशासनिक या न्यायिक व्यवस्था हर समय और हर समाज के अनुकूल नहीं होती। लोकतान्त्रिक व्यवस्था सामान्य परिस्थितियों में शान्तिपूर्ण समाज में रह रहे एक बहुलतावादी समाज के लिए है।

जहाँ एक निर्णय पर पहुँचने हेतु समाज के बहुमत की आवश्यकता है। लेकिन उसके लिए समाज में शान्ति-व्यवस्था एवं कानून का राज होना आवश्यक है। जम्मू-कश्मीर के सन्दर्भ में कुछ आवश्यक लोकतान्त्रिक तत्वों एवं मूलभूत लोकतान्त्रिक ढाँचे की नितान्त कमी है, जो निम्नलिखित है—

1. कश्मीर घाटी के नागरिकों में लोकतान्त्रिक व्यवस्था में आस्था न होना, उसका कारण पहले की भ्रष्ट लोकतान्त्रिक सरकारें।
2. आतंकी हिंसा का भय।
3. इस्लामिक चरमपंथ में वृद्धि, जो लोकतान्त्रिक व्यवस्था की विरोधी है।
4. राजनैतिक प्रक्रिया में हिस्सा ले रहे व्यक्तियों की घटती विश्वसनीयता।
5. व्यवस्था में भ्रष्टाचार एवं परिवारवाद।

6. राष्ट्रीयता की कमी, जिससे लोकतान्त्रिक स्वतन्त्रता को राष्ट्र विरोधी विचारधारा पोषित करने के लिए उपयोग किया जा रहा है।
7. पंथनिरपेक्षता एवं बहुलतावाद का घाटी के बहुसंख्यकों द्वारा विरोध।
8. राष्ट्र की मुख्यधारा से अलगाववाद या धारा.370 को बरकरार रखने की माँग।
9. राज्य में क्षेत्रीय सन्तुलन का अभाव एक बड़ी बैचारिक एवं सामाजिक खाई।
10. कश्मीर घाटी को जम्मू, लद्दाख से अलग व्यवस्था की आवश्यकता, क्योंकि उपर्युक्त सभी बिन्दु कश्मीर घाटी पर ही लागू हो रहे हैं।

सन् वर्ष 2016 जनवरी से मार्च बीजेपी और पी.डी.पी. जिस प्रकार से सरकार बनाने के लिए श्रीनगर से लेकर दिल्ली तक बैठकों का एक क्रम सा चला लगता था जैसे महबूबा के मुख्यमंत्री बनते ही कश्मीर घाटी नन्दनवन बन जाएगी। झेलम में अमृतधारा बह निकलेगी। क्या हम सब कश्मीर के इतिहास से परिचित नहीं हैं? भाजपा अगर जे.एन.यू. के 9 फरवरी के आयोजनकर्ताओं के खिलाफ है, तो पी.डी.पी. इस आयोजन की पक्षधर एवं स्वयं अफजल गुरु को शहीद मानती है। यह दोनों दल दो विरोधी राजनैतिक विचार धारा को मानते हैं। क्यों भाजपा भी कांग्रेस की तरह राष्ट्रीय विचारधारा वाली राजनैतिक शुचिता की बलि अलगाववादियों के हाथों करवाना चाहती है? रहीमजी ने सही ही कहा था—

कहें रहीम कैसे निभै, केर-बेर के संग।
डोलत रस आपने, फाटत उनके अंग॥

केला और बेर जिस प्रकार एक साथ नहीं रह सकते, क्योंकि केले के हिलते ही उसके पत्ते बेर के काँटों में फंसकर फट जाते हैं। इसलिए दो विपरीत स्वभाव वाली पार्टियों का एक साथ सामंजस्य बनाकर रहना अकल्पनीय हो गया। अन्ततः पी.डी.पी. और बी.जे.पी. की साझा राज्य सरकार का जून 2018 में अन्त हो गया और जम्मू-कश्मीर में राज्यपाल का शासन लागू हो गया।

बार-बार बदलते राजनैतिक परिप्रेक्ष्य में, आज राष्ट्रहित में आवश्यक हो गया है कि हम कश्मीर घाटी के लिए शासन एवं प्रशासन का कोई दूसरा बेहतर विकल्प ढूढें। अन्तर्राष्ट्रीय जगत में इस झूठी लोकतान्त्रिक व्यवस्था का प्रदर्शन कर हम अपने राष्ट्रीय हितों और घाटी की गरीब जनता का भविष्य भी दाँव पर लगा रहे हैं।

अध्याय 5

अफगान संघर्ष (सन् 1979-1989) (वैश्विक जिहाद का जन्म)

वैश्विक राजनैतिक, सामरिक परिदृष्य और कश्मीर

वियतनाम युद्ध समाप्त हो चुका था। अमेरिका जैसी महाशक्ति एक छोटे से देश में बुरी तरह असफल रही। शीतयुद्ध अपने चरम पर था। विश्व सोवियत संघ और अमेरिकी भागों में प्रत्यक्ष या परोक्ष रूप में बटा हुआ था। तभी अमेरिकी प्रतिष्ठा में एक और धक्का ईरानी इस्लामिक क्रान्ति के रूप में लगा। अमेरिकी दूतावास बँधक बना लिया गया। शाह शासन जो अमेरिकी पक्षधर था, खत्म हो गया। तभी एक और घटनाक्रम शुरू हुआ, दिसम्बर, 1979 को सोवियत संघ की सेनाएँ काबुल में कम्युनिस्ट सरकार स्थापित करने के लिए प्रवेश कर गईं। दुनिया पर सामरिक संकट छा गए। खासकर पश्चिमी देशों के समूह पर। नाटो की आपात बैठक बुलायी गई। आगे की रणनीति पर विस्तृत चर्चा हुई। काबुल में स्थापित सरकार विरोधी खेमे से सम्पर्क साधा गया। इधर पाकिस्तान में जनरल जियाउल हक पाकिस्तान के सैन्य शासक थे। अमेरिका, नाटो देश और अरब देशों ने मिलकर एक सामूहिक रणनीति तैयार की जिसका सम्पूर्ण सैन्य संचालन पाकिस्तान से उनकी सेना और आईएसआई द्वारा किया जाएगा। पैसा, गोला-बारूद और हथियार उपलब्ध कराने की जिम्मेदारी सीआईए की होगी। सन् 1980 से 88 तक एक भीषण लड़ाई सीआईए ने संचालित की, पानी की तरह पैसा बहाया जाने लगा। इस पैसे का एक बड़ा हिस्सा पाकिस्तान अपने सैन्य तैयारियों के लिए उपयोग करने लगा। पाकिस्तान अमेरिका की सोवियत संघ के विरुद्ध लड़ाई में सहायता के बदले में निम्नलिखित भारत विरोधी सामरिक काम भी करता रहा—

1. कश्मीर के लिए आतंकियों का प्रशिक्षण उन्हीं शिविरों में, जहाँ अफगान युद्ध के लिए मुजाहिद प्रशिक्षण ले रहे थे।
2. परमाणु बम विकसित करना।

3. पंजाब में आतंक के बीज बोना।

4. कश्मीर का इस्लामीकरण।

5. कश्मीरी अलगाववादियों को धन और हथियार उपलब्ध कराना।

अफगानिस्तान में चल रहे युद्ध का असर सारे इस्लामिक देशों में पड़ रहा था। लगभग सारे इस्लामिक देशों से जिहाद के लिए लड़ाके आ रहे थे। प्रशिक्षण के साथ-साथ इन जिहादियों को लड़ाई के मैदान का अनुभव भी मिल रहा था। अमेरिका ने दुनिया के जिहादियों को सामूहिक रूप से काम करने का सुनहरा अवसर दिया था। इन्हीं जिहादियों ने बाद में अमेरिकी ट्रेड टावर्स को गिराने में मदद की। इस अफगान लड़ाई के बाद इस्लामिक जिहाद वैश्विक स्तर पर संगठित हुआ। अलकायदा, तालिबान और आई.एस. जैसे संगठन एवं विचारधारा यहीं से जन्मे। इस्लामिक कट्टरपंथियों को पहली बार पता चला कि संगठित रूप में जिहादियों को कैसे लड़ना है। आज युद्ध का स्वरूप बदल चुका है। युद्ध करने के तौर-तरीके भी बदल रहे हैं। युद्ध का आकार और प्रकार अनिश्चित हैं। युद्ध का अब कोई मैदान या क्षेत्र नहीं है।

80 का दशक कश्मीर के लिए एक निर्णायक दौर साबित हुआ। पाकिस्तान जिया के नेतृत्व में पूर्णरूप से एक कट्टर इस्लामी देश बन रहा था। जमातेइस्लामी जैसे संगठन अत्यधिक शक्तिशाली हो चुके थे। पाकिस्तान, पंजाब में आतंकी गतिविधियों से उत्साहित था। कश्मीर रणनीतिक हिसाब से अब किसी भी तरह के इस्लामिक उठा-पटक या एक प्रकार से गुरिल्ला युद्ध के लिए ठीक था। पूरी दुनिया अफगानिस्तान में फंसी हुई थी और भारत सरकार पंजाब में। सिखों में सरकार के खिलाफ गुस्सा था। जून, 1984 में स्वर्ण मन्दिर में सैन्य अभियान 'ऑपरेशन ब्लूस्टार' हुआ और फिर 31 अक्टूबर, 1984 को इन्दिरा गाँधी की हत्या, जिसके फलस्वरूप कांग्रेस पार्टी के गुण्डों द्वारा सिखों का नरसंहार। पूरे भारत में करीब 4000 सिख निर्ममतापूर्वक मारे गए। भारत में यह एक सामाजिक विखराव का बहुत बड़ा उदाहरण था। पाकिस्तान और अलगाववादी कश्मीरियों के पास इससे बड़ा और सुनहरा मौक़ा किसी भी प्रकार सरकार विरोधी मुहिम के लिए और क्या हो सकता था। इसके लिए सबसे महत्वपूर्ण था कश्मीरी मुस्लमानों का इस्लामीकरण। सूफीवाद को खत्म करना। कट्टर वहाबी इस्लाम को लोगों पर थोपना, भय का माहौल पैदा करना, जिससे लोग जल्दी से जल्दी इन इस्लामिक नियमों का पालन शुरू कर दें। इसके लिए आतंकियों ने लड़कियों के ऊपर गोलीबारी तक की। सिनेमाघरों को बन्द कराया गया। हज़ारों कश्मीरी मुसलमान धीरे-धीरे सीमा पार कर आतंकी शिविरों में प्रशिक्षण लेकर वापस आने लगे। जमात-ए-इस्लामी के मुल्ला मस्जिदों से जिहाद के लिए साधारण कश्मीरी को भड़काने लगे। पाक टी.वी. और रेडियो जनसंचार के सबसे बड़े माध्यम बन गए। उर्दू प्रेस पूरी तरह से भारत विरोधी गतिविधियों में लिप्त हो गया। कश्मीर को दारुल-इस्लाम बनाने की बात होने लगी।

जम्मू-कश्मीर लिबरेशन फ्रंट, हिजबुल मुजाहिदीन, अल-बदर, अल-फतह और बहुत से छोटे-छोटे उग्रवादी एवं आतंकी समूह पैदा होने लगे। इन सबका प्रेरणास्रोत अफगान युद्ध था। 1988-89 आते-आते सोवियत संघ जब हार की कगार पर पहुँच गया, तब दुनिया के इस्लामिक आतंकी अत्यधिक गर्व और जोश से भर गए। सोवियत संघ की सन् 1989 में अफगान युद्ध में हार और फिर सन् 1991 में विघटन इस्लामिक ताकतों के लिए और भी ज्यादा प्रेरणादायी था, और इसके फलस्वरूप पूरी दुनिया में कुछ उग्र इस्लामिक गतिविधियों की बानगी—

1. इस्लामिक आतंकवादी संगठनों की संख्या में वृद्धि।
2. संगठनों का आपस में विश्वस्तरीय समन्वय स्थापित होना।
3. सार्वभौमिक इस्लामी परम्परा का और सुदृढ होना।
4. अलकायदा जैसे विकेन्द्रित विश्वव्यापी आतंकी संगठनों का उदय।
5. विश्व में अन्य मुस्लिम बाहुल्य देशों का इस्लामीकरण और बहावी विचारधारा का दक्षिण और दक्षिण-पूर्वी एशिया में बढत बनाना।
6. बालकन देशों में नए मुस्लिम देशों की माँग के लिए खूनी संघर्ष पैदा होना।
7. पहली फिलिस्तीनी इन्तीफादा-1987।
8. उत्तरी एवं पूर्वी अफ्रीका में इस्लामिक आतंकवादी संगठनों का दबदबा स्थापित होना।
9. अन्ततः सी.आई.ए द्वारा पैदा किए गए मुजाहिदों का 11 सितम्बर, 2001 को अमेरिका पर ही बड़ा हमला।
10. आतंकियों का नया तकनीकी प्रशिक्षण (जो सी.आई.ए. द्वारा दिया गया, वह उसे आगे और बेहतर बनाते गए)।
11. तालिबान, हक्कानी, और अलकायदा समूह इसी अफगान लड़ाई से प्रशिक्षण एवं युद्ध के मैदान का अनुभव लेकर पैदा हुए।
12. आज दुनिया के लगभग सभी आतंकी सरगना अफ्रीका, यूरोप, पश्चिमी एशिया, पाकिस्तान और फिलीपींस, चीन तक इसी अफगान लड़ाई की उपज हैं।

यह विश्व इस्लामीकरण की हवा इतनी तेज बही कि सब उदार इस्लाम के पेड़ या तो झुक गए या टूटकर गिर गए। वहाबी इस्लाम को 'पेट्रो-डालर' ने विश्वव्यापी बना दिया। सूफी इस्लाम के चिह्न जमींदोज कर दिए गए। कश्मीर जैसी छोटी जगहों पर अनेक वहाबी मदरसे जमाते-इस्लामी ने बना दिए। आतंकियों ने सरकारी स्कूलों को ढहा दिया या बन्द करा दिया। सूफीवाद और कश्मीरियत को कट्टरपंथी वहाबी इस्लाम ने नष्ट कर दिया। गैरइस्लामिक चिह्न और प्रतीक और गैरमुसलमान सब इस नए कश्मीर के लिए हराम हो गए।

मध्य और पूर्व यूरोप से लेकर मध्य एशिया तक इस्लामिक आजादी और इस्लामिक देशों की माँग बढ़ने लगी थी। तो भला भारत अछूता कैसे रहता, जो सन् 1947 में इस इस्लामीकरण एवं 'द्विराष्ट्र सिद्धान्त' का सूत्रधार बन चुका था। पाकिस्तान ने ही विश्व को इस अलगाववादी प्रक्रिया से परिचित कराया। दो राष्ट्र के नियम की नींव भारतीय उपमहाद्वीप में ही पड़ी। लेकिन इसके मूल में दो ही हित साधने वाले समूह मुख्य थे। एक तो सम्भ्रांत और उच्चवर्गीय मुसलमानों का और दूसरे अंग्रेज (फूट डालो और राज करो की नीति के तहत)। अतः कश्मीर में इस्लामीकरण के बाद आजादी की माँग बहुसंख्यक समुदाय के सम्भ्रांत और कुलीनों द्वारा कोई नई बात नहीं थी। लेकिन इस बार उनका साथ देने के लिए बस कोई बाहरी हुकूमत नहीं थी। 80 के दशक के सबसे कद्दावर नेता शेख अब्दुल्ला (1982 तक) और उसके नेशनल कान्फ्रेंस के कुछ और नेता, उमर फारुक, अली शाह जिलानी और डा. फारुक अब्दुल्ला और बाद में मुफ्ती मो. सईद सब-के-सब कश्मीर में आजादी और अलगाववादी विचारधारा का प्रत्यक्ष और परोक्ष दोनों रूप से समर्थन करते थे। केन्द्र सरकार की हमेशा बुराई करना और इस्लाम की दुहाई देना इनका चरित्र बन चुका था। ये ही नेता जब दिल्ली जाते, तो पंथनिरपेक्षता और कश्मीरियत की दुहाई देते और कश्मीर पहुँचते ही कट्टर मुसलमान बन जाते। कश्मीर के सभी राजनेताओं के पाकिस्तानी शासकों और जरनलों से हमेशा अच्छे सम्बन्ध रहे। शेख अब्दुल्ला जैसे नेता तक, जो दिल्ली में नेहरू के सामने पंथनिरपेक्ष होने का दावा करते थे। कश्मीर में मुसलमानों को जिहाद के लिए तैयार करते थे। कश्मीरी नेताओं ने सत्ता में बने रहने के लिए 'विकास की सिर्फ बात' या विकास न करके सिर्फ और दो ही काम किए—

1. एक तो भारत विरोधी बयान देकर जनता को भावनात्मक रूप से भड़काया,
2. दूसरा इस्लाम और इस्लाम, मतलब कश्मीर को दारुल-इस्लाम बनाने की बात।

धर्म को अच्छा जीवन जीने का तरीका न रखकर उसे नशे के रूप में सेवन करना सिखाया जाने लगा। पाकपरस्त या आजादी जैसी बातें कर लोगों का ध्यान उनकी समस्याओं से हटाया गया। कश्मीर के अधिकांश नेता भ्रष्टाचार और भाई भतीजावाद में आंकठ डूबे हुए थे। इन सब मुद्दों से आम जनता और भी घुटन महसूस कर रही थी। उच्चतर शिक्षा और स्वास्थ्य व्यवस्थाओं को अच्छा और सुचारू बनाने का कोई भी ठोस कदम जनता के द्वारा चुनी सरकारें नहीं उठा रही थी। पार्टियाँ वोटों के लिए सिर्फ भारत विरोधी और इस्लाम की बातें कर रही थीं।

सन् 1980 से लेकर सन् 1990 तक कश्मीर (घाटी) की राजनीति सिर्फ इस्लाम और भारत विरोध पर आधारित थी। केन्द्र सरकार से अन्य राज्यों की अपेक्षा सबसे ज्यादा सरकारी धन दिया जा रहा था। मैंने खुद कुछ दूरस्थ गाँव और कस्बों में कुछ कच्चे रास्ते देखे हैं, जो कागजों पर पक्की सड़क बने हुए थे। आतंकी और उग्रवादी

गतिविधियों के कारण इन विकास कार्यों की न कोई समीक्षा होती थी और न ही डर के मारे कोई निरीक्षण के लिए मौके पर जाता था। नेताओं और आतंकियों की मिली भगत चल रही थी। कहीं-कहीं पर तो लगता था, ये आतंकी एक माफिया राज चला रहे थे। जबरन वसूली, हत्या, लूटपाट और बलात्कार जैसी असामाजिक और क्रूर कृत्य कर रहे थे। भय का वातावरण था, कोई आवाज उठाने वाला नहीं था और न अभी है। फिर 80वें दशक का अन्त आते-आते अफगानिस्तान से सोवियत संघ बाहर हो गया था, पाकिस्तान के सारे आतंकी खाली थे, इसलिए उन्हें 'अभियान कश्मीर' के लिए लगाया गया। कश्मीर में अन्य देशों के आतंकी आने लगे। हथियार और गोला-बारूद भी काफी मात्रा में घाटी पहुँच गया और फिर शुरू हुआ हिन्दुओं की हत्याओं का एक लम्बा और भयावह सिलसिला। घाटी को हिन्दूविहीन किया जाने लगा। जैसा कि पहले भी सन् 1339 से सन् 1819 के 480 वर्षों के इस्लामिक शासनकाल में पहले कई सुल्तानों के समय में किया जाता रहा था। उस काल में जब हिन्दुओं को बचाने के लिए कोई केन्द्रीय सरकार नहीं होती थी और न ही घाटी से बाहर भागने के यातायात के साधन। कैसे जीते होंगे हिन्दू जब आज कश्मीरियों का पलायन इतना मार्मिक और पीड़ादायी है, तो पहले कैसे होता होगा? कहीं भाग के भी नहीं जा सकते थे। सब तरफ इस्लामिक शासन अपनी जड़ें जमा चुका था। जनवरी से मार्च, 1990 के बीच लगभग 1,80,000 पण्डितों ने कश्मीर से पलायन किया, उनकी सम्पत्तियाँ, घर-मकान और आत्माएँ पीछे छूट गई। आज सन् 2018 में घाटी में कुल 2800 के आसपास ही हिन्दू शेष हैं। उनके घर या तो गिर गए हैं, जला दिए गए या जबरन ख़रीद लिए गए हैं। हिन्दुओं के लिए अभी भी भय का माहौल बना हुआ है। उनके पुनर्वास का भी घाटी के इस्लामिक अलगाववादी विरोध कर रहे हैं। उनको अलग बसने न देना या उनको रहने नहीं देंगे, एक ही बात है। कश्मीर को ख़राब करने में वहाँ के समाज के अगुवाकारों का हाथ है या समाज ही खराब है, इसलिए उनके अगुवाकार भी खराब हैं या दोनों ही एक सोची-समझी रणनीति के तहत काम कर रहे हैं। यह कहना बड़ा ही मुश्किल है। अगर पूरे हिन्दुस्तान के अधिकतर मुसलमान सूफी-सन्तों के प्रभाव के द्वारा हिन्दू धर्म छोड़कर इस्लाम में आए तो अधिकांश मुस्लिम कट्टर इस्लाम के अनुयायी कैसे बने? अगर इस्लाम शान्ति का धर्म है, तो 'जिहाद' की संस्कृति का जन्म कहाँ से हुआ? वहाबी और देवबंदी इस्लाम कैसे पैदा हुए?

जमात-ए-इस्लामी को आईएसआई द्वारा कश्मीर में खूब बढावा दिया गया। जमात ने 1980 के दशक के मध्य में अनेक छोटी-छोटी पुस्तिकाएँ कश्मीरियों में बँटवायी जिनमें कि मुसलमानों को भारत और हिन्दुओं के विरुद्ध भड़काया गया। उन्हीं पुस्तिकाओं में से एक अंश :-

'तुम्हारे दुश्मन तुम्हारा धर्म और पहचान मिटाने पर तुले हुए हैं। वे पूरी शक्ति से सेना और हथियारों से तुम्हारा दमन कर रहे हैं। अगर आपने इस चेतावनी की उपेक्षा की तो यहाँ भी मुरादाबाद की पुनरावृत्ति होगी। तुम सब एक क्रूर औपनिवेशिक शक्ति से टकरा रहे हो जिसकी हिन्दुत्व विचारधारा तुम सबके लिए परेशानियाँ लेकर आएगी। अगर तुम इसे आज और अभी नहीं समझोगे, तो तुम्हें इतिहास के पन्नों पर कोई स्थान नहीं मिलेगा।'

राजनैतिक इस्लाम दुनिया में हो रहे किसी भी बड़े इस्लामिक प्रक्रिया, घटनाक्रम या आन्दोलन से बिना प्रभावित हुए नहीं रह सकता। क्योंकि इस्लाम राजनीति के द्वारा पैदा की गई भौगोलिक सीमा रेखाओं को नहीं मानता। इसलिए अफगानिस्तान का सत्ता परिवर्तन साम्यवादी सरकारी तन्त्र का सत्ता पर काबिज होना और सोवियत सेनाओं का काबुल पहुँचना पूरे इस्लामिक जगत पर बहुत बड़ा असर डालने वाला था। 1980-1989 के बीच जो मुजाहिदीन सी.आई.ए और आईएसआई ने पैदा किए उनमें से बहुत से पाकिस्तान के रास्ते कश्मीर भी पहुँचे, इनमें से कश्मीरी भी थे और बहुत से जिहादी विदेशी मूल के भी। 'हजारों घावों के द्वारा मौत' छद्म युद्ध या गुरिल्ला युद्ध की बहुत पुरानी एवं परखी हुई पद्धति है। इसी के द्वारा अफगानिस्तान को सोवियत संघ का वियतनाम बनाया गया। इसी पद्धति का इस्तेमाल पाकिस्तान भारत के खिलाफ अपने गुप्त युद्ध में करना चाहता है। कश्मीर का युद्ध भी जमात-ए-इस्लामी के इस्लामीकरण से शुरू होकर धीरे-धीरे गुरिल्ला युद्ध और हत्याओं की तरफ बढ़ा और फिर सेना के खेल में उतरते ही इस पूरे गुरिल्ला युद्ध की परिणिति सिर्फ आतंकी गतिविधियों तक सीमित रह गई।

19 अगस्त, 1988 जनरल जियाउल-हक की पाकिस्तान वायुसेना के सी.130 विमान के दुर्घटनाग्रस्त होने से मृत्यु हुई और पूरा कश्मीर शोक की लहर में डूब गया। कश्मीर बन्द हुआ। कई सरकारी इमारतें जलाई गईं या जलाने की कोशिश की गई। कारण जियाउल-हक का पाकिस्तान और कश्मीर जमात-ए-इस्लामी जैसे संगठनों के करीब होना था। हजारों मुजाहिदीनों को उसके शासनकाल में प्रशिक्षण मिलना। जिया का भारत विरोधी चेहरा ही उसे कश्मीरियों का प्रिय बनाए हुए था। राजनैतिक दलों से लेकर जन साधारण सब दुःखी थे। पाकिस्तान जिन्दाबाद और भारत मुर्दाबाद के नारे लगाए जा रहे थे। श्रीनगर इस्लामाबाद लग रहा था। कश्मीरी आतंकियों का उनका प्रिय रहनुमा उन्हें अनाथ बना गया था। जम्मू-कश्मीर के सन् 1983 के विधानसभा के चुनाव और सन् 1985 के लोकसभा चुनाव कश्मीर के सामाजिक, धार्मिक और राजनैतिक हालात बदलने में बहुत महत्वपूर्ण भूमिका अदा करते है। अलगाववाद एवं धर्मान्धता को एक नया आयाम देते हैं। आज़ादी की माँग धीरे-धीरे पाकिस्तान में विलय की माँग में बदल जाती है। सामाजिक खुलापन और बौद्धिक सोच धीरे-धीरे कुन्द होने लगती है। सन् 1980-90 के दशक में कश्मीर में जमात के

मदरसों की बाढ़ सी आ गई। सैकड़ों मदरसे कट्टर इस्लाम की शिक्षा-दीक्षा देने में जुट गए। कश्मीर का सहिष्णु और सूफी इस्लाम हासिये पर जाने लगा। इन मदरसों में उत्तर प्रदेश और बिहार जैसे राज्यों से अनेक देवबन्दी और नदवी आलिम और उलेमा आने लगे। इस दशक की कश्मीरी पीढ़ियाँ कट्टर इस्लाम के झण्डाबरदार बनने लगीं। सन् 1987 में हुए विधानसभा चुनावों की गड़बड़ी ने जनता और अलगाववादियों को घाटी में अस्थिरता फैलाने का एक अच्छा मौका दे दिया। घाटी में सुलग रही चिंगारियाँ धीरे-धीरे शोला बनने लगीं। हालात बद से बदतर होते रहे। कश्मीर घाटी में धीरे-धीरे हिंसक वारदातें शुरू हो गई थीं। 'ऑपरेशन टोपैक' का आगाज हो चुका था।

सन् 1983 के विधानसभा चुनाव ने.कां. ने जीते लेकिन कांग्रेस और ने.का. के बीच राजनैतिक युद्ध शुरू हो चुका था। लोकतान्त्रिक लड़ाई विधानसभा में बहस और चर्चा के रूप में लड़ी जा रही थी। 1984 तक हालात खराब हो चुके थे। मुस्लिम कट्टरपंथी शक्तिशाली हो रहे थे, जो पंजाब में हो रहा था, उसी की पुनरावृत्ति घाटी में करने की तैयारी आईएसआई द्वारा की जा रही थी। नेशनल कांफ्रेन्स के अन्दर भी सत्ता के लिए उठापटक जारी थी। एक गुट फारुक अब्दुल्ला को हटाकर उनकी बहन खालिदा शाह को मुख्यमंत्री बनाना चाह रहा था। जल्द ही फारुक अब्दुल्ला को बर्खास्त कर खालिदा शाह के पति जी.एम. शाह को कश्मीर की गद्दी पर बिठा दिया गया। इसके फलस्वरूप जुलाई, 1984 को घाटी में हिंसक झड़पें हुईं और घाटी में हालात जी.एम. शाह से बेकाबू होने लगे।

31 अक्टूबर, 1984 में इन्दिरा गाँधी की हत्या और उसके उपरान्त राजीव गाँधी प्रधानमंत्री बने, लेकिन कश्मीर के घटनाक्रम को वह बहुत अधिक राष्ट्रहित में प्रभावित न कर सके। कश्मीर में जैसे हिंसक राजनैतिक प्रदर्शनों का दौर शुरू हो चुका था। जिसके फलस्वरूप कांग्रेस ने जी.एम. शाह की सरकार से समर्थन वापस ले लिया। 9 मार्च, 1986 को जी.एम. शाह ने उस समय के राज्यपाल जगमोहन को अपना इस्तीफा सौंप दिया। उसके बाद वह पूरा वर्ष राज्यपाल शासन के अधीन रहा, लेकिन उग्र प्रदर्शनो से लेकर, कश्मीर की मास्जिदों से चल रही भारत विरोधी गतिविधियाँ या भाषण रुकने का नाम नहीं ले रहे थे। जगमोहन ने प्रशासनिक कार्यप्रणाली और उनके प्रभावी क्रियान्क्यन को काफी हद तक सुधार दिया था। उग्र प्रदर्शन बहुत कम हुए पर भीतर सुलगती आग एकदम बुझी नहीं। कट्टरपंथी इस्लामिक विचारधारा अपना घर बना चुकी थी और काफी हद तक अपना रंग भी दिखा रही थी। स्थानीय नेता और घाटी के नवयुवक इस रंग में रंग चुके थे। महिलाओं और पुरुषों के पहनावे से लेकर रहन-सहन में यह सब दिखने लगा था। शुक्रवार की नमाज का वक्त मस्जिदों में राजनैतिक गतिविधियों और राष्ट्र विरोधी बातों के लिए आरक्षित हो गया था। भाषण और उसके बाद हिंसा करना एक सामान्य पूर्वनियोजित कार्यक्रम बन चुका था। यह क्रम और घटनाचक्र आज 30 वर्षों बाद तक पूर्ववत जारी है।

कश्मीर में भ्रष्टाचार और भाई-भतीजावाद इन सबके लिए सबसे ज्यादा उत्तरदायी था। नवयुवकों को अब इस्लामी नियम और तौर-तरीके ज्यादा शक्ति देने वाले लग रहे थे। उन्हें लग रहा था कि अगर इस्लामिक शक्तियाँ सत्ता में होंगी, तो भ्रष्टाचार खत्म होगा। इस्लामिक संगठनों ने लोगों की मदद के लिए अनेक सामाजिक संगठन भी बना लिए थे। समाज में उनकी जड़े गहरी होती जा रही थीं। घाटी के नेता खाली अपनी सत्ता और अपने परिवार के भले के लिए सोच रहे थे। राष्ट्र और समाज उनके लिए शक्ति प्राप्त करने और सत्ता में बने रहने के साधन मात्र थे। केन्द्रीय अनुदान या विकास कार्यों के लिए आने वाला धन केवल व्यक्तिगत खातों को भर रहा था। घाटी के गिने-चुने परिवार भारत और पाकिस्तान के पैसे पर पल रहे थे, राजाओं जैसा जीवन जी रहे थे। सामान्य व्यक्ति जम्मू क्षेत्र में खासकर अभावों में जी रहा था। घाटी और जम्मू क्षेत्र के पीर-पंजाल के कस्बों और गाँवों में मैंने स्वयं लोगों को बर्फ में धान के पुवाल की चप्पलें और फटे-पुराने कपड़े पहने देखा है। उ.प्र. और बिहार जैसी निर्धनता जम्मू और कश्मीर में केवल जम्मू क्षेत्र या दुर्गम पहाड़ी क्षेत्रों में देखने को मिलती है। तुलनात्मक रूप में घाटी का हाल कुछ ठीक हो सकता है, लेकिन सामान्य नहीं कहा जा सकता है। रियासी जनपद के तहसील महोर आदि में मैंने स्वयं लोगों को निपट गरीबी और बीमारियों से जूझते देखा है। सन् 1998-99 में कई वर्षों से टूटी सड़कों को सरकारें मरम्मत तक करवाना उचित नहीं समझती थीं। बहुत से मार्गों एवं रास्तों को तो सेना ने ही बहाल किया। इन स्थानों पर तो लगता ही नहीं था कि सरकारी तन्त्र का कोई भी प्रतिनिधि कभी आता भी था। अस्पताल और स्कूल बिना डॉक्टर और शिक्षकों के चलते थे। सेना ही कई बार महोर में स्वास्थ्य शिविरों का आयोजन करती थी। इसके अलावा दैनिक रूप से भी हमारे चिकित्सक सामान्य जनता का इलाज करते थे और सभी दवाइयाँ भी देते थे। यह परिस्थितियाँ एक महोर की नहीं, बल्कि अनेक दूरस्थ कस्बों और गाँवो की है। पुंछ, राजौरी, रियासी, गुल, डोडा और किश्तवाड़ सब कहीं वन विभाग या स्थानीय अन्य विभागों के कर्मचारी मात्र मासिक वेतन लेने के समय दिखाई देते थे। ऐसे कश्मीर के शासन में यदि अलगाववाद और आतंकवाद नहीं पनपेगा, तो क्या होगा? साधारण जनता को फिर भड़काया भी जाता है कि केन्द्र सरकार विकास, शिक्षा और स्वास्थ्य के लिए धन ही नहीं देती है। सेना जो लोगों की रक्षा से लेकर, सामाजिक रूप से भी मदद कर रही है, उसके खिलाफ इस्लामिक अलगाववादियों और राजनैतिक दलों द्वारा दुष्प्रचार भी किया जाता है।

छः महीने में सन् 1986 में जगमोहन ने कश्मीर की दशा और दिशा दोनों को बहुत कुछ परिवर्तित किया। उन्होंने भ्रष्टाचार खत्म करने की पूरी कोशिश की। कई नियम-कानून बनाये। लेकिन उनके खिलाफ भी इस्लामिक मुल्लों और इस्लामिक नेताओं ने दुष्प्रचार कर उन्हें मुस्लिम विरोधी दिखाने की कोशिश की। नवम्बर 1986 में जैसे ही फिर फारुक अब्दुल्ला की सरकार आई, जगमोहन कालीन बने कानून रद्द

कर दिए गए। भारतीय सेवाएँ पुलिस और प्रशासनिक अधिकारियों को मुख्य विभागों या नीति-निर्धारण करने वाले कार्यक्रमों से दूर रखना एक राष्ट्रघाती और राष्ट्रविरोधी नीति है। घाटी में अधिकतर मुस्लिम अधिकारियों और जम्मू क्षेत्र में हिन्दू अधिकारियों की तैनाती करना एक प्रकार से कानून बन चुका है। जिसे वहाँ पर रहने वाले किसी भी व्यक्ति द्वारा पता किया जा सकता है और देखा जा सकता है। क्या यह प्रथा एक पंथनिरपेक्ष लोकतान्त्रिक देश के हित में है? लेकिन इस विषय पर राज्य एवं केन्द्र सरकार दोनों की चुप्पी असाधारण है।

सन् 1980-90 का दशक दुनिया के लिए इस्लामिक आतंकवाद और वैश्विक इस्लामिक भाई-चारे की नीव डालने वाला था और पूरी दुनिया को 'दारुल-इस्लाम' और दारुल-हरब में बाँटने वाला था। 'पेट्रो डॉलर' का असर मदरसों के विस्तार के रूप में और जमाते-इस्लामी के बढते वर्चस्व के रूप में देखा जा सकता था। लेकिन कश्मीर में डॉ. फारुक अब्दुल्ला और उनके दल के लोग अपने निजी स्वार्थ सिद्ध करने के लिए किसी भी निम्न स्तर तक गिरने के लिए तैयार थे। इस्लाम खतरे में है, आदि के नारे देने के लिए तत्पर थे। राजनैतिक सामन्त भी पुराने राजपरिवारों के ही पद चिह्नों पर चल रहे थे। कश्मीर बेचा जा रहा था—

1. एक तो उसकी जमीने और जंगल बड़े-बड़े व्यापारियों को व्यावसायिक कार्यों के लिए कौड़ियों के दाम पर दिए जा रहे थे। डल झील के आस-पास का पूरा इलाका बिक चुका था।
2. दूसरा उसकी आत्मा को सूफी और शैव विचारधारा को नष्ट कर वहाबी और देवबन्दी इस्लाम की धर्मान्ध विचारधारा को पोषित किया जा रहा था। कश्मीरी समाज, पाकिस्तान और अफगानिस्तान के बर्बादी वाले रास्ते पर ले जाया जा रहा था।

शेख अब्दुल्ला का राजपरिवार आज कश्मीर की बोली लगा रहा था। उनके पारिवारिक झगड़ों के कारण घाटी और राज्य के लोगों की बलि दी जा रही थी। डा. फारूक अब्दुल्ला और उनके बहनोई जी.एम. शाह एक कुर्सी के लिए पूरे राज्ध का माहौल खराब कर रहे थे। दोनों पक्ष चुनाव जीतने के लिए जनता का खून बहाने को तैयार थे। इन दोनों गुटों के समर्थक और गुण्डे सड़कों पर खुलेआम खून-खराबा कर रहें थे। राज्य में विकास के नाम पर केवल चुनावी चर्चाएँ थीं और कार्य कुछ नहीं। विकास कार्यों के धन की लूट नेता, अधिकारी और ठेकेदारों के बीच पूरी ईमानदारी से चल रही थी। जो पैसा लोगों की भलाई और तरक्की के लिए आता था, उसका कुछ हिस्सा नेताओं के माध्यम से देशविरोधी तत्वों के पास भी पहुँच रहा था। नेताओं और आतंकियों के सम्बन्ध जगजाहिर थे। इस दशक के दौर में कई बार तो दोनों खुलेआम एक-दूसरे के पूरक बने हुए थे। अगर सन् 1980-90 का दशक कश्मीर के इतिहास में एक निर्णायक मोड़ लाने वाला था, तो इसके प्रभाव कालान्तर में भी बहुत अहम

होने वाले थे। इस दशक के मुख्य अंशों को हम निम्नलिखित बिन्दुओ में लिख सकते हैं—

1. जनवरी, 1980 में इन्दिरा सरकार बनी, लेकिन क्षेत्रीय असमानता के लिए शेख अब्दुल्ला को जम्मू और लेह क्षेत्र के लोग दोषी बताने लगे। लेकिन लोगों की न्यायसगत माँगों को भी शेख अब्दुल्ला ने भारत और पकिस्तान की चाल करार दे दिया।
2. जमाते इस्लामी का आगमन, मदरसों का खुलना और खाड़ी देशों से इनकी आर्थिक मदद। कश्मीर में इस्लामिक कट्टरता की वृद्धि।
3. 8 सितम्बर, 1982 को शेख अब्दुल्ला की मृत्यु और डॉ फारुक अब्दुल्ला मुख्यमंत्री बने। इस समय देश के सुरक्षा के हालात खराब थे।
4. कांग्रेस और एन.सी. का मतभेद, टकराव में बदल गया और सड़कों पर हिंसक झड़पें होने लगीं।
5. सन् 1983 में विधानसभा चुनाव एन.सी. को 46 सीटें घाटी में और कांग्रेस को 26 सीटें (केवल जम्मू में)।
6. मई, 1984 एन.सी. दो भागों में टूट गई। एक भाग में डारु. फारुक अब्दुल्ला के समर्थक और दूसरे में जी.एम. शाह थे। और जल्द ही फारुक अब्दुल्ला को पद से बर्खास्त कर जी.एम. शाह को मुख्यमंत्री बनाया गया।
7. 31 अक्टूबर, 1984 इन्दिरा गाँधी की हत्या, राजीव गाँधी प्रधानमंत्री बने। 1986 कांग्रेस ने जी.एम. शाह सरकार से समर्थन वापस ले लिया, सरकार गिर गई। गवर्नर शासन। नवम्बर में डा. फारुक अब्दुल्ला फिर मुख्यमंत्री बने।
8. सन् 1987 में विधानसभा चुनाव हुए, लेकिन बड़े स्तर पर धाँधली की बात उठी। जनता के बीच काफी गुस्सा था और अब तक इस्लामिक संगठनों का भी असर बढ़ चुका था।
9. हिंसक प्रदर्शन आम बात थी। छोटे-छोटे मुद्दों पर प्रदर्शन होने लगे, जैसे कि-
   a. बिजली की कमी पर प्रदर्शन
   b. सलमान रुशदी की किताब *सेटेनिक वर्सेस* पर प्रदर्शन
   c. जनरल जिया की मृत्यु पर उग्र प्रदर्शन इत्यादि।
10. आजादी के मुद्दे से अलगाववादी पाकिस्तान समर्थक होने लगे।
11. मुस्लिम यूनाइटेड फ्रंट, जो इस आन्दोलन को चला रहा था, अब जमाते इस्लामी और उसके छात्र संगठन जमाते-तलबा के द्वारा अलग कर दिया गया और इनके साथ आतंकी संगठन भी आ गए।
12. सन् 1984-85 में लोकसभा चुनाव हुए, काफी धाँधली करने की कोशिश की गई। राजीव सरकार सत्ता में आई लेकिन केन्द्र सरकार ने राज्य के ढीले प्रशासन पर गवर्नर के निरन्तर बताए जाने पर भी कोई ध्यान नहीं दिया।

13. राज्य के हालात विद्रोह के लिए एकदम अनुकूल हो चुके थे। जनता पूरी तरह से इस्लामिक रंग में रंग चुकी थी और शासन-सत्ता के खिलाफ थी। उसके लिए राज्य और केन्द्र सरकारें एक ही जैसी थी।
14. 7 नवंबर, 1986 से 18 जनवरी, 1990 के बीच डॉ. फारुक अब्दुल्ला का शासन पूर्णरूप से नकारा और अप्रभावी था, कहीं भी सरकार का इकबाल बुलन्द नहीं था।
15. सन् 1989 दिसम्बर से एक संगठित हत्याओं, अपहरण, हत्या और लूट का न रुकने वाला दौर शुरू हो चुका था। जम्मू-कश्मीर लिबरेशन फ्रंट के अध्यक्ष अमानुल्लाह खान ने भारत के विरुद्ध 18 महीने आतंक का अभियान शुरू कर दिया था।
16. 18 जनवरी, 1990 की रात और 19 जनवरी, 1990 की सुबह तक पूरी घाटी में मस्जिदों से हिन्दुओं को घाटी छोड़ने का फरमान जारी होने लगा था। रात में जुलूस निकाले जाने लगे और भारत विभाजन के बाद देश का सबसे बड़ा हिन्दू पलायन कश्मीर से शुरू हो गया।
17. मार्च, 1990 तक 3.5 लाख कश्मीरी पण्डित घाटी छोड़कर भाग चुके थे। करीब 1200 लोग मारे जा चुके थे। हजारों घर जलाए जा चुके थे। अनेक मन्दिर नष्ट किए जा चुके थे। हजारों आगजनी की घटनाएँ कुछ ही महीनों में घटी। कश्मीर घाटी कश्मीरी पण्डितों के लिए असुरक्षित हो चुकी थी। दारुल-इस्लाम का निर्माण शुरू हो चुका था।

सन् 1990 के अन्त में इराक ने कुवैत पर आक्रमण कर अपना कब्जा जमा लिया और अन्ततः इसकी परिणिति खाड़ी युद्ध के रूप में हुई। अमेरिका की अगुवाई में 'ऑपरेशन डेजर्ट स्टॉर्म' चलाया गया। ईराक परास्त हुआ। दुनिया पर अमेरिकी सैन्य वर्चस्व स्थापित हुआ। इस्लामिक दुनिया को और उसके स्वाभिमान को करारा झटका लगा। एक शक्तिशाली इस्लामिक देश को एक अपमानजनक और एकतरफा हार का सामना करना पड़ा। कश्मीर में आतंकी संगठन और दृढ संकल्प हुए, सेना और हिन्दुओं पर अचानक हमलों में वृद्धि हुई। सन् 1990 के दशक में ही दुनिया की एक और बड़ी घटना थी, सोवियत संघ का विघटन और मध्य एशिया के अनेक इस्लामिक राष्ट्रों का जन्म। यह घटना इस्लाम के लिए एक हर्ष एवं स्वाभिमान का प्रतीक थी। शीतयुद्ध का एक खेमा चरमरा चुका था। अमेरिका एकल रूप से महाशक्ति का स्थान लेने वाला था, उसकी सारी चुनौतियाँ समाप्त थीं। यह घटना अकल्पनीय एवं अविश्वसनीय जीत जैसी थी। इस्लाम उस ऐतिहासिक जंग का हिस्सा था, जिसने यह घटने के लिए हालात पैदा किए। अफगानिस्तान सच में सोवियत संघ का वियतनाम बन गया था। कश्मीरियों के लिए यह एक बेहद उल्लेखनीय एवं अविस्मरणीय पल था। कश्मीर की राजनीति पर इस्लामिक दुनिया का असर एक

अवश्यम्भावी घटना थी। बालकन देशो में मुस्लिम राज्यों की माँग कश्मीर के मुस्लिम समुदाय को और उद्वेलित करती थी। अगर बोस्निया में मुस्लिम समुदाय मारा जाता था, तो उसकी प्रतिक्रिया स्वरूप हिंसा घाटी में हो रही थी। पश्चिमी देशों में कश्मीरी मुसलमानों के मानवाधिकार हनन की कहानियाँ तो दिखाई और सुनाई दे रही थी लेकिन कश्मीरी पण्डितों को कोई याद करने वाला नहीं था। वैसे भी भारत की स्वतंन्त्रता के समय से ही ब्रिटेन और अमेरिका इस्लामिक देश पाकिस्तान के करीबी बनना अधिक हितकारी समझ रहे थे। जिससे कि उनके ऊर्जा से सम्बन्धित हितों की रक्षा हो सके। इस स्वार्थ के लिए वह कश्मीर को भी पाकिस्तान का हिस्सा बनाने के लिए तैयार थे। संयुक्त राष्ट्र संघ से लेकर और अन्य सभी वैश्विक मंचों पर नाटो देशों ने भारत के खिलाफ मुहिम छेड़ी। कश्मीर को एक मुद्दा बनाए रखा गया। दुनिया में घट रही एक-एक घटना कश्मीर पर कुछ न कुछ नकारात्मक असर अवश्य डाल रही थी। इसका उदाहरण उन्हीं मुद्दों पर होते बहुत सारे उग्र एवं हिंसक प्रदर्शन थे। इस्लामिक सार्वभौमिकता कश्मीर में अपने पूरे कट्टर रूप में अपनी जड़े जमा चुकी थी। दुनिया की हर एक इस्लामिक घटना, जो मुल्लों को पसन्द नहीं थी, के लिए घाटी में उग्र एवं हिंसक प्रदर्शन हो रहे थे। इन प्रदर्शनों को भी भारत विरोधी जनसंचार माध्यमों ने कश्मीरियों का भारत के विरुद्ध प्रदर्शन का रूप दे दिया। साम्यवाद के प्रसार को रोकना एवं कार्बन ऊर्जा के स्रोत संरक्षित करना पश्चिमी देशों की पहली वरीयता थी और इसके लिए इस्लामी देशों को खुश रखना आवश्यक था। इसलिए कश्मीर को इस्लामिक समस्या के चश्मे से देखना इन देशों की मजबूरी थी। यही कारण था कि पाकिस्तान के कश्मीर राग को पश्चिमी देशों की सरकारें और उनका मीडिया कान दे रहा था। इसके अलावा भारत का किसी भी पश्चिमी देशों के सैन्य गुट का सदस्य न होना भी इन देशों को भारत के विरुद्ध लामबंद करता था। पश्चिमी देशों के लिए पाकिस्तान की उपयोगिता सोवियत संघ को रोकने के अलावा, पाकिस्तान के द्वारा मध्य एशिया में इस्लामिक प्रभाव को फैलाना भी था। पश्चिमी देशों की नजरों में पाकिस्तान अन्य इस्लामिक देशों की तुलना में अधिक उदारवादी व सैन्य रूप से शक्तिशाली भी था, अतः उसको कोई नाराज भी नहीं करना चाहता था। सन् 1980-90 के दशक में कश्मीर घाटी में पाकिस्तान का प्रभाव बढ़ने एवं वहाबी-सलाफी इस्लाम के मजबूत होने के कारण निम्नलिखित हैं—

1. सन् 1979 में ईरान में इस्लामिक क्रान्ति के फलस्वरूप वहाँ पर अमेरिकी प्रभाव का अन्त इसलिए इस्लामिक जगत में पैर मजबूत बनाने के लिए इस्लामिक मुद्दों पर उसका समर्थन।
2. सोवियत संघ का अफगानिस्तान पर आक्रमण और उसको बाहर निकालने के लिए पाकिस्तान, सऊदी अरब और अन्य मुस्लिम देशों के सहयोग की आवश्यकता।

3. मध्य एशिया में सोवियत संघ के विरुद्ध इस्लामिक ताकतों को मजबूत करने के लिए भी कश्मीर के मुद्दे पर पाकिस्तान का सहयोग आवश्यक।
4. भारत सरकार की कूटनीतिक असफलता, कश्मीर के विषय पर हम समुचित अन्तर्राष्ट्रीय सहयोग प्राप्त करने में नाकाम रहे।
5. ब्रिटेन के प्रारम्भ से ही पाकिस्तान के साथ अच्छे सम्बन्ध रहे, कारण भले ही स्वार्थ और सामरिक चुनौतियाँ हों।
6. पश्चिमी देशों में इस्लामिक लामबंदी अधिक बेहतर थी। इसका कारण इन देशों में पहले से मौजूद एक बड़ा प्रवासी वर्ग एवं उनके मजबूत सक्रिय इस्लामिक संगठन।
7. राजनैतिक इस्लाम के बेहतर प्रचार एवं प्रसार की रणनीति एवं इसके लिए आसानी से उपलब्ध 'पेट्रो डॉलर'।
8. पश्चिमी देश इस्लामिक देशों को साम्यवादी खेमे में किसी भी कीमत पर जाने नहीं देना चाहते थे, इसलिए भी उनके तुष्टीकरण में लगे थे। कश्मीर पर भारत विरोध भी उसी तुष्टीकरण का ही एक उदाहरण था।
9. अफगान युद्ध ने लगभग पूरी दुनिया का एक नए सिरे से इस्लामीकरण कर दिया। इस्लामिक आतंक वैश्विक रूप धारण कर चुका था और कश्मीर भी इससे अछूता नहीं रह सका। अगर कश्मीर में एक कट्टर इस्लामिक व्यवस्था घर कर रही थी, तो सूफी इस्लाम खत्म हो रहा था। इसी के फलस्वरूप 8-10 मई, 1995 को आतंकी मस्तगुल ने चरारे-शरीफ को जलाकर खाक कर दिया। यह वहाबी इस्लाम की एक झलक भर थी। कश्मीरी पण्डितों से घाटी खाली करवाने के अलावा सैकड़ों मन्दिर नष्ट किए गए, लेकिन समाचार एजेंसियों ने सरकारी ईशारों पर इन समाचारों को मुख्य धारा के भरातीय समाचार पत्रों में छपने भी नहीं दिया। उन्हें देशहित और साम्प्रदायिक सौहार्द की दुहाई दी गई।
10. घाटी में स्थानीय समाचार पत्रों में आधे से ज्यादा जगह में इस्लामिक विषय वस्तुएँ प्रकाशित होने लगीं।
11. 'उम्माह' पर कश्मीरी नवयुवक भी धार्मिक और राजनैतिक बहस करने लगे और एक नई 'खिलाफत' खड़ी करने के स्वप्न देखने लगे।
12. कश्मीरी महिलाएँ भी 'बुरका' अपने पहनावे के रूप में अपनाने लगीं, इस पर कई इस्लामिक एवं आतंकी संगठनों ने फरमान भी जारी किए।
13. करीब 400 विद्यालयों को जला दिया गया और घाटी में धीरे-धीरे वहाबी मदरसे बढ़ने लगे, जिनमें भारत और हिन्दू विरोधी शिक्षा दी जाने लगी।

अध्याय 6

'धारा-370' या द्विराष्ट्र सिद्धान्त का नया नाम

भारतीय संविधान की धारा-370 जम्मू एवं कश्मीर राज्य को एक विशेष स्थान प्रदान करती है। यह व्यवस्था मात्र इस राज्य को ही विशेष परिस्थितियों में दी गई थी, जो कि एक अस्थायी और संवैधानिक समीक्षा के लिए हमेशा खुली थी। 26 अक्टूबर 1947 को जब महाराजा हरि सिंह ने जम्मू और कश्मीर विलय की सन्धि की उस समय उन्होंने रक्षा, विदेश और जनसंचार का अधिकार भारत की संघीय सरकार को सौंप दिया। यह विलय की सन्धि अन्य राज्यों की तरह ही थी। लेकिन भारत सरकार के कहने पर ही तय हुआ कि इस विलय के लिए बाद में जम्मू और कश्मीर की संविधान सभा से भी निर्णीत करा लिया जाए। लेकिन उस समय जम्मू और कश्मीर की संविधान सभा का गठन नहीं हुआ था अतः जब तक यह गठन न हो जाए तब तक के लिए भारतीय संविधान में कुछ अस्थायी उपाय कर लिए जाए। और यह उपाय धारा-370 के रूप में किए गए।

धारा-370 के अनुसार, भारतीय केन्द्र रक्षा, विदेश और जनसंचार के अलावा किसी भी विषय पर कानून बनाने हेतु यहाँ की राज्य सरकार की सहमति अनिवार्य की गई। जबकि संसद को किसी भी राज्य के लिए कानून बनाने के लिए पूर्ण स्वतन्त्रता है।

जम्मू और कश्मीर की संविधान सभा ने 6 फरवरी, 1956 को भारत में विलय को पूर्ण मंजूरी दे दी और भारत के राष्ट्रपति को भारतीय संविधान को जम्मू-कश्मीर में वहाँ की सरकार की सहमति से लागू करने की शक्ति दी।

कालान्तर में भारतीय संविधान के कुछ और भी नियम और अनुच्छेदों को जम्मू और कश्मीर राज्य के लिए लागू किया गया। सन् 1966 में राज्य सरकार के संविधान में संशोधन कर सदर-ए-रियासत को राज्यपाल और प्रधानमंत्री को मुख्यमंत्री किया गया। लेकिन आज भी बहुत से क्षेत्र भारतीय संविधान के बाहर हैं और कहीं न कहीं भारतीय जनमानस और कश्मीरी जनमानस को अलग-थलग करके रखते हैं। क्या

राज्य में अलग संविधान और ध्वज होना भारतीय गणतन्त्र और सम्प्रभुता पर एक प्रश्नचिह्न जैसा नहीं है?

जम्मू-कश्मीर में धारा-370 और 35'अ' के कारण ही नागरिकों को उनके मौलिक अधिकार सम्बन्धित समस्याओं से सामना करना पड़ता है। कुछ मुख्य समस्याएँ—

1. राज्य सम्पत्ति का अधिकार केवल यहाँ के नागरिक को है।
2. नागरिकता का अधिकार केवल राज्य के लोगों को है, जिसके कारण भारत विभाजन के समय राज्य में आए अनेक हिन्दुओं को जम्मू और कश्मीर की नागरिकता से वंचित रहना पड़ रहा है।
3. राज्य में बसने का अधिकार किसी बाहरी व्यक्ति को कहीं नहीं है।

इनके कारण राज्य में व्यापार करना मुश्किल है। औद्योगीकरण कर पाना सम्भव नहीं है। आज भी राज्य में बाहरी व्यापारिक इकाइयाँ आ पाना सम्भव नहीं हो पा रहा है। धारा-370 से आम जनता को कोई फायदा होता नहीं दिखता है। यह सिर्फ भद्र समाज और कुलीन वर्ग के हितों की पोषक है। जम्मू और कश्मीर में एक सामन्तवादी लोकतन्त्र बना हुआ है, जिसकी बागडोर अब उमर अब्दुल्ला और स्वर्गीय मुफ्ती मो. सईद की पुत्री महबूबा मुफ्ती के हाथों में है। इन दो राजपरिवारों के बीच ही जम्मू-कश्मीर की जनता को अपने तकदीर के पालनहार चुनने हैं। आज राष्ट्रीय पार्टियों के लिए यहाँ सरकार बनाना मुश्किल हो गया है, क्योंकि कश्मीर क्षेत्र में विधानसभा की सीटें जम्मू से ज्यादा हैं। जबकि क्षेत्रफल और जनसंख्या जम्मू क्षेत्र की ज्यादा है इसका कारण जम्मू-कश्मीर की राजनीति में सदैव से कश्मीरियों का वर्चस्व रहा है। भारत सरकार धारा-370 के रहते इसमें परिवर्तन भी नहीं कर सकती है। अतः जम्मू और लद्दाख क्षेत्र के लोगों को हमेशा सौतेलापन सहना पड़ेगा। दुःख की बात यह है कि कश्मीर की बढ़ रही इस्लामिक कट्टरता इस त्रासदी को और भी विकराल रूप दे रही है। उदाहरण के तौर पर यदि फरवरी, 2016 में पी.डी.पी. और बी.जे.पी. की गठबंधन सरकार बनने में कोई सबसे बड़ी बाधा थी तो वह कश्मीर घाटी की कट्टर इस्लामिक सोच। पी.डी.पी कश्मीर के जनमत विरोध से घबराई हुई थी । महबूबा को कश्मीर जन विरोध का पता तब चला जब उनके वालिद के जनाज़े के लिए मात्र एक दो हज़ार लोग या एक अनुमान के अनुसार उससे भी कम लोग आए जो एक मुख्यमंत्री के जनाज़े के लिए न के बराबर थे। मुफ्ती साहव के जनाजे से ज्यादा लोग कश्मीर में लश्कर के पकिस्तानी आतंकी के जनाजे में इकट्ठे हुए थे (लगभग 40-50 हजार लोग)। महबूबा के लिए यह एक बहुत बड़ा झटका था। शायद यही कारण था कि मीडिया ने भी स्वर्गीय मो. सईद साहब के अन्तिम संस्कार को बहुत कम या कहिये न के बराबर प्रसारित किया था।

अलगाववादियों और इस्लाम की कट्टरवादिता रोकने के लिए घाटी का राजनैतिक महत्व कम करना आवश्यक हो गया है। आज घाटी पूरे जम्मू और कश्मीर पर अपनी

मनमानी थोप रही है। घाटी की असहिष्णुता पूरे प्रदेश (जम्मू और लद्दाख) के लिए असहनीय है। अगर कोई पीर-पंजाल के क्षेत्र को देखेगा, तो उसे गरीबी क्या होती है, इसका अहसास हो जाएगा। कैसे गरीब व्यक्ति हर रोज जिन्दगी के लिए संघर्ष कर रहा है? मैंने देखा है लोगों को चरपाइयों पर मरीजों को अस्पताल ले जाते हुए, वह भी पहाड़ो पर, अपने पीठ पर बिठाकर बुजुर्गों को लादकर दवा दिलाने ले जाते हुए, कभी न धुले हुए कपड़े पहने हुए, कच्चे घरों में रहते हुए, जिनमें एक भी रोशनदान तक नहीं है। मैंने देखा है इस क्षेत्र के लोगों को जानवरों के साथ रहते हुए। शायद इस जीवन की झलक खुद कश्मीर के कुलीनों एवं हुक्मरानों ने न देखी हो। सुविधाओं से वंचित गाँव जहाँ पूरा एक दिन सिर्फ कुछ आटा पिसवाने में निकल जाता है। केन्द्र सरकार द्वारा दिए गए अन्य राज्यों से अधिक अनुदान और बड़ी-बड़ी सहायता राशियाँ आखिर किसके खजानों की शोभा बढ़ा रही है? कहाँ गया विशेष दर्जा मिलने का फायदा? क्यों नहीं मिट रही भुखमरी एवं गरीबी? क्यों नहीं पहुँच रहा विकास पीर-पंजाल की इन खूबसूरत पहाड़ियों में? क्यों नहीं बन रही सड़कें, स्कूल और अस्पताल?

धारा-370 विकास के लिए है या विनाश के लिए, अराजकता और भ्रष्टाचार फैलाने के लिए। अगर धारा-370 जम्मू, कश्मीर और लद्दाख की सभ्यता, संस्कृति एवं इसके रीति-रिवाजों की रक्षा के लिए लाई गई थी, तो यह व्यवस्था सभी अन्य राज्यों में लागू क्यों नहीं हुई? जबकि भारत के लगभग हर राज्य की एक अलग पहचान और संस्कृति है, यहाँ तक कि मौसम भी अलग रहता है। पूर्वोत्तर भारत तो और भी भिन्न हैं, भाषा और संस्कृति के लिहाज से भी, फिर कश्मीर को ही क्यों अलग रखा गया? क्या इसका कारण धार्मिक तो नहीं था? सच तो यही है। भारत का एक विभाजन हो जाने के बाद भी जब हम खुद ही निर्णायक थे, तो यह फैसला कैसे लिया गया? कश्मीर आज भी हमारे गैर-सामारिक, रणनीतिक और गैर-ऐतिहासिक अदूरदर्शिता को उजागर करता है। क्या अगस्त, 1947 और उससे पहले हुए इस्लामिक उपद्रव से हम इतना सहम गए थे कि कश्मीर जहाँ विलय की सन्धि एक हिन्दू राजा से होनी थी, उसको भी हम भारतीय संघ की शर्तों पर नहीं करवा पाए? क्या हम ब्रिटिश षडयंत्र में बुरी तरह फँस गए जिसमें कि वह इस्लामिक देश पाकिस्तान को ही छद्म रूप से अधिक शक्तिशाली देखना चाहते थे? जिससे कि वह मध्यपूर्व के तेल के करीब रहें। सन् 1908 में शुरू हुई ब्रिटिश तेल कम्पनी जो सन् 1947 में एग्लों परसियन तेल कम्पनी के रूप में स्थापित थी, साल में करोड़ों लीटर तेल निकाल कर ब्रिटेन भेज रही थी। कश्मीर समस्या को माउण्टबेटेन इसीलिए नेहरू को यू.एन. ले जाने की सलाह देकर चले गए। अधिकतर ब्रिटिश अधिकारी यहाँ तक कि प्रधानमंत्री एटली तक कश्मीर पर पाकिस्तान का समर्थन कर रहे थे। कारण बस एक, 'तेल', जो सेना और उद्योग दोनों के लिए महत्वपूर्ण था। आज भी कश्मीर को ज्यादा हवा देने वाले लोग

पश्चिमी देशों के ही हैं। वही यहाँ मानवाधिकार हनन के झूठे आरोप लगाते हैं और मीडिया में झूठी कहानियाँ छापते और दिखाते हैं।

भारत के राजनेताओं और विद्वान नागरिकों ने कट्टर मुल्लाओं और मुस्लिम लीग के द्विराष्ट्र सिद्धान्त को मानने से इनकार कर दिया, लेकिन उसी सिद्धान्त को जम्मू और कश्मीर में मान लिया। यह हमारे लिए आज आत्मघाती सिद्ध हो रहा है। आज धारा-370 की वजह से कश्मीर वस्तुतः दिल्ली सल्तनतकाल की झलक दिखाता है और जो भारत के भीतर एक पाकिस्तान सा दिखता है। जहाँ आज भी हड़ताल और प्रदर्शनों में पाकिस्तानी और आई.एस. के झण्डे दिखते हैं और सबसे अधिक दुःख और कष्ट की बात यह है कि ये सब भारतीय संघ के पैसे से हो रहा है। कश्मीर के नेता आज भी संघीय सरकार से पैसा लेते वक्त तो भारतीय हो जाते हैं, लेकिन कोई भी राजनैतिक परिचर्चा या मुद्दा आने पर आजादी की माँग करते हैं। लेकिन हम इस चाल को या तो समझ ही नहीं रहे या हम कोई ठोस कदम उठाने से डर रहे हैं। कोई भी कश्मीरी मुसलमान आज भारतीय व्यवस्था पर विश्वास नहीं करता है। बहुत ही कम लोग हैं, जो जानते हैं कि भारतीय संघ ही उनको अच्छा एवं शान्तिपूर्ण जीवन दे सकता है। पाकिस्तान और आजादी एक और गुलामी और मुसीबत की राह है। कश्मीर के नेता आज भी भारत के साथ प्यार-भाईचारे को बढावा नहीं देते हैं। अगर भारत के अन्य राज्य केन्द्रीय सत्ता का विकेन्द्रीकरण चाहते हैं, तो कश्मीर के नेता स्वायत्तता के नाम पर एक अलग राष्ट्र चाहते हैं, जिसकी देखभाल भारत अपने अन्य राज्यों के पेट काट कर करता रहे और यह लोग मुख्य धारा से अलग रहते हुए अपनी सामन्तसाही जीवित रख सकें।

धारा-370 में 'द्विराष्ट्र सिद्धान्त' पूर्णरूप से समाहित है और इसी से कश्मीर की मुस्लिम साम्प्रदायिकता की मनोदशा फल-फूल रही है। यही कारण है कि संसद पर हमला करने वाले आतंकी अफजल गुरु का कश्मीरी शहीदी दिवस 9 फरवरी को मनाते हैं। सितम्बर, 2014 की बाढ़ के समय सेना के द्वारा दिन-रात राहत कार्य किए गए, लेकिन फिर भी कई स्थानों पर सेना पर पथराव तक किया गया। सेना और अन्य सुरक्षा बलों पर हमले का अर्थ ही भारतीय सत्ता को चुनौती है।

आज धारा-370 के कारण सेना को नए सैन्य ठिकानों के लिए भूमि का अधिग्रहण असम्भव हो गया है। जम्मू और कश्मीर में भारी कैलीबर हथियार जैसे तोप और टैंक इत्यादि का गोलीबारी अभ्यास बन्द हो चुका है और सैन्य इकाईयाँ इसके लिए राजस्थान या अन्य स्थानों को जाने लगी हैं। यह है राज्य के हुक्मरानों की देश के प्रति वफादारी।

वैसे भी धारा-370 का लाभ कश्मीर के ही शासक वर्ग के द्वारा हेराफेरी करके उठाया जाता रहा है। जम्मू और लद्दाख क्षेत्र तो इस व्यवस्था से बेहद दुःखी हैं। यह व्यवस्था एक प्रकार से कश्मीर के मुस्लिम बहुसंख्यक क्षेत्र के लिए अन्य दो क्षेत्रों पर

येन-केन-प्रकारेण अपने उपनिवेश जैसे स्थापित करता है। केन्द्र सरकार के द्वारा दिया जा रहा अधिकांश धन और योजनाएँ तो घाटी के लोगों द्वारा ही हड़प ली जाती हैं। कहीं-न-कहीं यही कारण है कि जम्मू और लद्दाख को अलग राज्य या केन्द्रशासित प्रदेश बनाने की माँग उठती रही है। वैसे भी मार्च, 1846 से पूर्व कश्मीर और जम्मू क्षेत्र अलग-अलग राज्य-व्यवस्था के अधीन थे। जम्मू, कश्मीर और लद्दाख राज्य वैसे भी भौगोलिक, सांस्कृतिक और धार्मिक लिहाज से काफी हद तक भिन्न हैं। आज की तारीख में घाटी की बढ़ती इस्लामिक धर्मान्धता ने इस अन्तर को और भी बढ़ा दिया है। जम्मू और कश्मीर क्षेत्र के बीच अकसर ही किसी न किसी मुद्दे को लेकर तनाव की स्थिति बनी रहती है। सन् 2015 में ही गो-तस्करी को लेकर हुए विवाद में उधमपुर जनपद में एक कश्मीरी वाहन को आग के हवाले कर दिया गया। उसमें वाहन चालक की बाद में मौत हो जाने से जम्मू और कश्मीर के लोग एक बार फिर आमने-सामने आ गए थे। कश्मीर में भी कई जम्मू की गाड़ियों को निशाना बनाया और कई दिनों तक कश्मीर बन्द भी रहा। सन् 2008 में अमरनाथ यात्रा को लेकर भी जम्मू-श्रीनगर राष्ट्रीय राजमार्ग यातायात के लिए बन्द रहा। सामान्य जीवन अस्तव्यस्त रहा। इन सब की जड़ में कहीं न कहीं कश्मीरी हुक्मरानों का जम्मू क्षेत्र के लोगों के साथ सौतेला व्यवहार है। राजनीतिक शक्तियों का कश्मीर में केन्द्रीकरण है। हालात पूर्व एवं पश्चिमी पाकिस्तान जैसे बनते दिखाई देते हैं। क्षेत्रफल जम्मू क्षेत्र का ज्यादा है, लेकिन आधारभूत ढाँचों पर धन अधिक कश्मीर घाटी को दिया जाता है।

अगर आज घाटी में निरन्तर हिन्दू धर्म आस्थाओं और उसके धर्मस्थलों को चोट पहुँचाई जा रही है, तो इसमें भी धारा-370 की अहम भूमिका है। उदाहरणार्थ अमरनाथ यात्रा के आयोजन एवं सुचारू रूप से चलाने के लिए पर्याप्त भूमि और संसाधन न देना। कई धार्मिक स्थानों की यात्राओं को मुल्लों द्वारा रोका जाना, संसाधन न देना और इसको घाटी के हिन्दूकरण करने का तर्क देना। यही कश्मीरी जब भारत के अन्य हिस्सों में जाता है, तब पंथनिरपेक्षता की दुहाई देता है। कथनी और करनी में यह अन्तर केवल कश्मीरी नेतृत्व जिस सफाई से करता है, उसे देखकर हर कश्मीर के जानकर का क्षुब्ध होना लाजिमी है। यह सिलसिला शेख अब्दुल्ला के समय से लेकर मुफ्ती मो. सईद और महबूबा सईद तक और अब भी चल रहा है।

26 अक्टूबर, 1947, कश्मीर के भारत में विलय के बाद महाराजा हरि सिंह दो बातों से सबसे ज्यादा चिन्तित थे, पहली वह नेहरू के साथ कभी भी अच्छे सम्बन्ध नहीं रख पाए थे और दूसरी उनको शेख अब्दुल्ला के साथ मिलकर काम करने को कहा जा रहा था जो हमेशा से उनके और कुछ हद तक हिन्दू विरोधी भी थे। लेकिन नेहरू को हमेश लगता था कि शेख अब्दुल्ला ही कश्मीर की लोकतान्त्रिक आवाज हैं और खासकर मुसलमानों की, जो कश्मीर में बहुसंख्यक हैं। अतः राष्ट्रीय और अन्तर्राष्ट्रीय कूटनीति के हिसाब से शेख अब्दुल्ला एक जनप्रिय नेता के रूप में सही

व्यक्ति रहेंगे। 13 नवम्बर, 1947 को नेहरू ने महाराजा को लिखा—कश्मीर में अगर कोई व्यक्ति अच्छे नतीजे दे सकता है, तो वह है शेख अब्दुल्ला। वह एक प्रमुख जनप्रिय व्यक्तित्व है, हमें उसमें पूर्ण विश्वास रखना चाहिए और मैं आपको सलाह देता हूँ कि आप स्वयं उनसे व्यक्तिगत रूप से सम्पर्क में रहें और सीधे तौर पर सम्पर्क रखें न कि मध्यस्थ के माध्यम से। किन्तु महाराजा को नेहरू के ऐसे बेकार सुझाव कभी भी पसन्द नहीं आए और वह हमेशा सभी विचार मंथन सरदार पटेल के माध्यम से ही करते थे। नेहरू अपने व्यक्तित्व को अन्तर्राष्ट्रीय ख्याति देने हेतु हर विषय को अन्तर्राष्ट्रीय स्तर से सोचने लग गए थे और कश्मीर पर भी वो वैसा ही सोच एवं कर रहे थे। अन्तर्राष्ट्रीय स्तर पर भारत की कश्मीर नीति को लोकप्रिय बनाने हेतु वह कश्मीर में लोकतान्त्रिक प्रतिनिधि के रूप में हमेशा एक मुस्लिम विकल्प ही सोचते थे जो पंथनिरपेक्षता के सिद्धान्त के विरुद्ध था लेकिन नेहरू के हिसाब से उचित था। यही थी नेहरू की कश्मीर पर पहली गलती। उन्होंने शेख अब्दुल्ला को उस पहले लोकतान्त्रिक प्रतिनिधि के रूप में चुना और इस प्रकार से शेख अब्दुल्ला को पहली राजनैतिक जिम्मेदारी के रूप में मुख्य प्रशासक बनाया गया। लेकिन शेख अब्दुल्ला को प्रशासन का रत्ती भर भी ज्ञान नहीं था और उनके राजपरिवार से सम्बन्ध भी खराब थे। वह हरि सिंह की पूर्णरूप से उपेक्षा करते थे, जबकि नियमतः महाराजा अभी भी आन्तरिक मामलों के प्रमुख थे। शेख अब्दुल्ला ने स्वेच्छा से भूमि सुधार आरम्भ किए। अब्दुल्ला और हरि सिंह की सरकारी विभागों में तैनातियों को लेकर भी काफी बहस चली, लेकिन अन्ततः शेख अब्दुल्ला की ही जीत हुई। शेख अब्दुल्ला ऊँचे पदों पर मुस्लिम अधिकारियों की नियुक्ति महाराजा के विरोध के बावजूद करते रहे। शेख अब्दुल्ला उलट महाराजा और उनके प्रधानमंत्री पर राष्ट्रीय स्वयं सेवक संघ को हथियार एवं धन देने का आरेप लगाते रहे और उन पर मुसलमानों पर अत्याचार, दमन का आरोप भी लगाते रहे। विलय के 5-6 महीने में महाराजा और शेख अब्दुल्ला के सम्बन्ध बद से बदतर हो चुके थे। नेहरू आँख बन्द कर शेख अब्दुल्ला का समर्थन कर रहे थे और शुरू से महाराजा के खिलाफ बहुत से कारणों से पूर्वाग्रहों से ग्रस्त थे। इसका मुख्य कारण नेहरू का उन समाजवादियों के बीच उठना-बैठना था, जो राजतन्त्र के वैचारिक रूप से विरोधी थे। किन्तु इस सन्दर्भ में नेहरू शेख अब्दुल्ला के इस्लामिक झुकाव को नहीं जान पाए थे और वह महराजा विरोध को एक प्रकार से हिन्दू विरोध के रूप में देखने में असमर्थ थे। मई, 1949 में महाराजा ने कश्मीर कभी वापस न आने के लिए छोड़ दिया और सन् 1962 में उनकी अस्थियाँ ही कश्मीर वापस आईं।

शेख अब्दुल्ला ने प्रधानमंत्री के रूप में भूमि सुधार के नाम पर हिन्दू जमींदारों की जमीने मुसलमानों में बाँटी और वह घाटी में खासकर मुसलमानों के लोकप्रिय नेता बनते जा रहे थे। शेख अब्दुल्ला के विदेशी दौरों पर अकसर ही कश्मीर की आजादी का जिक्र होता था।

विक्टोरिया स्कॉफील्ड अपनी किताब *'कश्मीर इन द क्रासफायर'* में शेख अब्दुल्ला के जनवरी, 1948 का एक बयान जो उन्होंने चौधरी मो. अली, पाकिस्तान सरकार के महामंत्री और सरदार इब्राहीम खान, राष्ट्रपति 'आजाद कश्मीर' को दिया था, उद्घृत किया है—'कश्मीर एक स्वतन्त्र राष्ट्र होना चाहिए, भारत और पाकिस्तान दोनों से आजाद। यह एक समाधान बना रहेगा। यदि बाद में कश्मीर एक स्वतन्त्र राज्य बनता है, तो पाकिस्तान के ज्यादा नजदीक रहेगा, पहले क्योंकि वह एक मुस्लिम देश होगा। दूसरा लाहौर नजदीक है और दिल्ली दूर। यह समाधान पाकिस्तान के लिए तो नुकसानदायक नहीं होगा।'

जुलाई, 1952 दिल्ली समझोते के द्वारा धारा-370 को लागू किया गया। यह एक अस्थायी एवं परिस्थितिजन्य व्यवस्था थी, जिसको कि जल्द ही खत्म हो जाना था। लेकिन इस समझौते और धारा-370 के द्वारा शेख अब्दुल्ला ने अपने लिए वह सब हासिल कर लिया था, जो महाराजा हरि सिंह भी शायद अपने लिए न माँग पाते। शेख अब्दुल्ला ने एक प्रकार से एक तानाशाह वाले अधिकार प्राप्त कर उसका इस्तेमाल भी भस्मासुर की तरह करने लग गए थे। इन अधिकारों के साथ-साथ वह कश्मीर की स्वतन्त्रता की बात भी कर रहे थे। वह पाकिस्तान, 'आजाद कश्मीर' या पाक अधिकृत कश्मीर और पश्चिमी देशों से भी एक स्वतन्त्र राज्य की भाँति अपने विचारों को व्यक्त करने लग गए थे। वह बीच-बीच में केन्द्र सरकार को कश्मीरी मुसलमानों को नौकरियाँ न देने का आरोप भी लगाते जा रहे थे। वह कश्मीर को भारत के साथ जोड़ने के बजाय उसे और उसके लोगों को खासकार मुसलमानों को और भी दूर ले जाने की कोशिश करते प्रतीत हो रहे थे। सन् 1947-53 के बीच ऐसा प्रतीत होने लग गया था कि जम्मू और श्रीनगर के बीच क्षेत्रीय दूरियाँ बढ़ गईं हैं और हिन्दू-मुस्लिम खाई जो सन् 1947 में कम थी और बढ़ती चली गई।

सन् 1952 दिल्ली समझौते और धारा-370 के बारे में लेखक बलराज पुरी अपनी किताब *'कश्मीर टूवर्डस इमरजेंसी'* में कहते हैं कि "कश्मीर का भारत में विलय और राज्य में लोकतन्त्र का अर्थ आम जनता के लिए मात्र शक्ति हस्तान्तरण जम्मू के राज शासकों से कश्मीर के नेतृत्व को ही जाना था।" ऐसा लग रहा था जैसे कि भारत ने दबाव में आकर यह समझौता कर लिया हो। माना उस समय का अन्तर्राष्ट्रीय माहौल दूसरा था, हमारी सैन्यशक्ति कम थी, लेकिन जब हमने हैदराबाद का विलय बिना किसी मुश्किल के और बिना शर्तों के कर लिया फिर जम्मू और कश्मीर पर हम अधिक दबाव में कैसे आ गए।

इसका एक मुख्य कारण दो स्थानों पर दो अलग नेताओं का निर्णय लेना भी है। हैदराबाद में पटेल निर्णयात्मक भूमिका में थे, जबकि कश्मीर नेहरू स्वयं देख रहे थे। शायद नेहरू को दबाव में अच्छा निर्णय न ले पाने की शक्ति कमजोर थी। वह अन्तर्राष्ट्रीय जनमत और दबाव के आगे झुकते चले गए। एक राष्ट्रीय मुद्दे को वह

अन्तर्राष्ट्रीय मंच पर बिना किसी की सलाह के ले गए और फिर अन्तर्राष्ट्रीय कूटनीति में भी वह अनाड़ी साबित हुए। वे अपनी छद्म छवि बचाने के चक्कर में भारतीय हितों की बलि चढ़ा बैठे। जम्मू-कश्मीर में लोकतान्त्रिक व्यवस्था का मतलब वहाँ पंथनिरपेक्ष सरकार का होना था न कि एक मुस्लिम नेतृत्व की सरकार, क्योंकि वहाँ मुस्लिम बहुसंख्यक हैं। और आज भी भारतीय राजनीति में यही स्थापित पंथनिरपेक्षता है।

फरवरी, 1952 जम्मू में दिल्ली समझौते की भनक मात्र से हिंसा भड़क उठी। जम्मू के प्रमुख राजनैतिक दल प्रजा परिषद ने एक विधान, एक निशान, एक प्रधान, का नारा दिया। प्रजा परिषद के नेता जम्मू और लद्दाख को कश्मीर के साथ रखने के पक्ष में नहीं थे। प्रजा परिषद ने शेख अब्दुल्ला को ही राज्य का भारत में विलय का विरोधी माना। डॉ. श्यामा प्रसाद मुखर्जी, जनसंघ के संस्थापक एवं अध्यक्ष ने शेख अब्दुल्ला को कठोर शब्दों में पत्र लिखकर त्रिराष्ट्र सिद्धान्त का प्रतिपादन करने वाला कहा और तीसरा देश कश्मीरियों का कहा और कहा ये बहुत ही खतरनाक लक्षण हैं। और 11 मई, 1953 में जब डॉ. श्यामा प्रसाद मुखर्जी ने जम्मू-कश्मीर में प्रवेश की कोशिश की, तो उनको गिरफ्तार कर उनकी तबीयत खराब होने के बावजूद उन्हें लखनपुर से सीधे श्रीनगर बिना विश्राम के लाया गया। उन्हें श्रीनगर लाकर एक ऐसे टूटे हुए से खण्डहर में रखा गया, जहाँ वर्षों से कोई नहीं रहा था। यहीं पर संदेहास्पद परिस्थितियों में डॉ. श्यामा प्रसाद मुखर्जी की 23 जून, 1953 को मृत्यु हो गई। यह एक प्रकार से केन्द्र और राज्य सरकार का मिलाजुला राजनैतिक षड्यंत्र था। केन्द्र सरकार ने इतने बड़े नेता के मौत की जाँच तक नहीं करवाई।

जम्मू के साथ-साथ लद्दाख भी शेख अब्दुल्ला के सरकार चलाने के तरीके से नाखुश था। सन 1949 में बौद्ध संघ लद्दाख ने नेहरू को पत्र लिखकर लद्दाख को अलग कर जम्मू के साथ जोड़ने को कहा या फिर भारत का हिस्सा बनाने को कहा, लेकिन वह कश्मीर के साथ जुडने को एकदम तैयार नहीं थे। आज की परिस्थितियों में भी धारा-370 कश्मीर घाटी के प्रभुत्व को स्थापित कर बाकी दो क्षेत्रों को उससे अलग.थलग करती है। इन परिस्थितियों में कहीं हम कुछ अलगाववादी तत्वों को बचाने के लिए दो और क्षेत्र के लोगों को उसी देशद्रोह के रास्ते पर चलने को मजबूर तो नहीं कर रहे। धारा-370 ही कहीं-न-कहीं कश्मीर घाटी के लोगों के अन्दर राष्ट्र से अलग होने की भावना पैदा कर रही है। अगर एक व्यवस्था कानूनी रूप से मौजूद रहेगी, तो उसके लिए संघर्ष भी होगा और उसका समाज पर दुष्प्रभाव भी पड़ेगा। कश्मीर का इस्लामीकरण धारा-370 के कारण ही हुआ। अगर अलगाववादी आज विस्थापित कश्मीरी पण्डितों को किसी एक सुरक्षित स्थान पर आवासीय परिसर बनाने का भी विरोध कर रहे हैं, तो उसके लिए भी उनका तर्क है कि केन्द्र सरकार घाटी का जनसांख्यिकी सन्तुलन हिन्दुओं के पक्ष में कर रही है। आज कश्मीरी विचारों में यह संकीर्णता कहीं-न-कहीं धारा-370 और विशेष दर्जे का राग अलापते-अलापते आई

है। यह स्थिति एक संप्रभु लोकतन्त्र के लिए आत्मघाती है। भारत में जहाँ चारों तरफ विविधता है, जहाँ सांस्कृतिक बहुलता है, संविधान में दर्ज 20 से अधिक क्षेत्रीय भाषाएँ हैं, विभिन्न धर्म हैं, नस्लीय विविधता है और भौगोलिक विविधताएँ हैं। वहाँ हम यदि एक किसी भी क्षेत्र, राज्य या धर्म को विशेष दर्जा स्थायी तौर पर देकर रखते हैं, तो इसका नकारात्मक असर दूसरे अन्य क्षेत्र अथवा धर्म पर भी कालान्तर में पड़ सकता है। इसमें पूर्वोत्तर के राज्य काफी हद तक संवेदनशील हैं। हमारी एकता अखण्डता तभी तक अक्षुण्ण बनी हुई है, जब तक हमारी विविधताएँ और हमारी बहुलता सबको बिना किसी शर्त के स्वीकार्य है और जब तक हम एक ही संविधान में विश्वास और एक ही ध्वज के नीचे गर्व का अनुभव करते हैं। राष्ट्र के निर्माण में जहाँ भौगोलिक सीमाएँ महत्वपूर्ण हैं वहीं ऐतिहासिक मान्यताएँ और उससे जुड़ी धरोहर भी उन भौगोलिक सीमा रेखाओं को तय करती हैं। राष्ट्र के परिप्रेक्ष्य में काल की सीमाएँ बहुत बृहद हैं, वो हजारों-हजार साल के चक्र में पिरोयी जा सकती हैं। अतः भारत राष्ट्र के रूप में हिमालय पर्वत से भी परे उत्तर में और समुद्र से परे दक्षिण में हो सकता है। हिन्दू मन्दिर और बौद्ध मठों का विस्तार एवं फैलाव हमारे राष्ट्रीय अस्तित्व का कभी सुनहरा एवं स्वर्णिम इतिहास था। फिर कैसे आज कश्मीर एक विशेष दर्जे का हकदार हो गया। सन् 1947 से सन् 1957, भारत में विलय और प्रथम लोकतान्त्रिक चुनाव तक कुछ राजनैतिक परिस्थितियाँ अवश्य विपरीत थीं, किन्तु उसके पश्चात उस विशेष दर्जे को बनाए रखना हमारी अदूरदर्शिता एवं इच्छाशक्ति की कमजोरी है। ऐतिहासिक, राजनैतिक, सामाजिक और भौगोलिक सभी दृष्टि से सम्पूर्ण जम्मू और कश्मीर हमारी ही सांस्कृतिक विरासत का एक अभिन्न अंग है। हम इसे द्विराष्ट्र सिद्धान्त का विस्तार नहीं होने दे सकते हैं। लेकिन कश्मीर घाटी की प्रतिदिन की घटित होने वाली घटनाएँ कहीं-न-कहीं इसी दिशा में इशारा करती हैं। अगर 26 अक्टूबर, 1947, प्रथम दिन से नेहरू ने इस प्रकरण को सरदार पटेल को दे दिया होता, तो इसका अविवादास्पद हल 31 अक्टूबर, 1947 तक ही हो जाना था। नेहरू की राजनैतिक अपरिपक्वता दम्भपूर्ण अन्तर्राष्ट्रीय नीति ज्ञान एवं दिखावटी सहिष्णुता ने अकथनीय राष्ट्रीय क्षति पहुँचाई। जम्मू एवं कश्मीर प्रकरण के आन्तरिक विषयों पर भी सरदार पटेल की उपेक्षा की गई, जबकि गृह-विभाग उनके पास ही था। यह नेहरू की एक प्रकार से राजनैतिक एवं बौद्धिक तानाशाही थी। नेहरू जहाँ कश्मीर में एक राष्ट्रहित का ध्यान रखने वाला नेतृत्व भी न दे सके। शेख अब्दुल्ला और उसके दल के रूप में एक ऐसी महामारी का पोषण किया जो अभी भी सुरसा की भाँति मुँह फैलाए खड़ी है।

भारत सरकार ने कश्मीर विलय के बाद सन् 1947 से सन् 1953 तक के काल में ही जम्मू और कश्मीर में विकास के अनेकानेक कार्यों को सम्पन्न किया। जुलाई, 1955 में '*न्यूयार्क टाइम्स*' के अनुसार, 'भारत सरकार ने कश्मीर में लगभग

100 मिलियन डॉलर खर्च कर वहाँ पर 500 प्राथमिक विद्यालय और बनिहाल पर सुगम रास्ते के लिए लगभग 3 कि.मी. लम्बी सुरंग भी बनवाई"। यह धन उस समय भारत की आर्थिक स्थिति के हिसाब से बहुत अधिक था और आज भी केन्द्र सरकार जम्मू और कश्मीर राज्य पर बहुत अधिक धन व्यय करती है। आने वाले कम समय में ही कश्मीर घाटी भारत से रेल यातायात और चार लेन सड़क से भी जुड़ चुकी होगी। लेकिन इनका फायदा तब होगा, जब घाटी में बाहरी निवेश भी आए और वह तभी आ पाएगा जब लोग बाहर से आकर यहाँ बसना शुरू करेंगे।

सन् 1954 में संविधान सभा ने औपचारिक रूप से कश्मीर का भारत में विलय स्वीकार कर लिया था, जो कि एक प्रकार से महाराजा हरि सिंह के विलय को एक कानूनी मान्यता देने और जनमत देने के लिए था। क्योंकि यह राज्य की संविधान सभा वहाँ की जनता का प्रतिनिधित्व कर रही थी। इसके साथ ही जनमत संग्रह का प्रश्न भी समाप्त हो गया था। इसके साथ ही या अधिकतम चुनाव के बाद मार्च, 1957 में धारा-370 को स्वतः खत्म हो जाना चाहिए था। परन्तु मई 1954 में राष्ट्रपति के आदेशानुसार धारा 370 की उपधारा (1)डी के अन्तर्गत 'अनुच्छेद 35अ' को संविधान में जोड़ा गया था। इस अनुच्छेद को समाप्त करने की याचिका उच्चतम न्यायालय में लंबित है। 'अनुच्छेद 35अ' से संबंधित कुछ तथ्य–

1. यह अनुच्छेद और धारा 370 दोनों ही अस्थायी परिस्थिति जन्य विकल्प हैं जो राष्ट्रपति की आज्ञा द्वारा समाप्त किए जा सकते हैं।
2. यह अनुच्छेद जम्मू-कश्मीर विधानसभा को स्थायी नागरिक की परिभाषा तय करने का अधिकार देता है।
3. राज्य के स्थायी नागरिक ही राज्य में सम्पत्ति खरीदने, सरकारी नौकरी प्राप्त करने, एवं विधानसभा चुनावों में मतदान का अधिकार रखते हैं।
4. यदि राज्य की महिला राज्य से बाहर किसी व्यक्ति से विवाह करती है तो वह अपनी नागरिकता खो देगी।

तार्किक रूप से राष्ट्रपति को इसी संविधान सभा के अनुमोदन पर ही धारा-370 के समाप्ति की राजाज्ञा प्रकाशित करनी थी। 'अति सर्वत्र वर्जयेत्', अत्यधिक विलम्ब ने इस समस्या रूपी वृक्ष की जड़े और अधिक गहरी कर दीं। लोगों के कुछ 'स्वार्थ प्रेरित समूह' के द्वारा यह विश्वास दिलाया जाता रहा कि धारा-370 ही उनको बचाए हुए है, वरना भारत की हिन्दू सरकार कबका उनको खा चुकी होती। यह झूठ बार-बार दोहराकर सत्य बनाया जा चुका है। अलगाववादियों के चूल्हे इन्हीं से जल रहे हैं और वह अपनी राजनैतिक रोटियाँ सेंक रहे हैं। आज जम्मू क्षेत्र और कश्मीर घाटी की जनसंख्या लगभग बराबर है। जम्मू क्षेत्र का क्षेत्रफल लगभग 50 प्रतिशत अधिक है, लेकिन विधानसभा क्षेत्र कश्मीर में 46 हैं, जबकि जम्मू में मात्र 37 निर्वाचन क्षेत्र हैं। घाटी और जम्मू क्षेत्र के निर्वाचन क्षेत्रों में जनसंख्या का अन्तर भी जम्मू के पक्ष में

ज्यादा है। उदाहरण के लिए जम्मू क्षेत्र के गाँधी नगर विधानसभा क्षेत्र में 1,43,629 मतदाता, जम्मू पश्चिम- 1,39,465 और वहीं श्रीनगर में रवनयार विधानसभा क्षेत्र-48,900 मतदाता और हाबाकादल-49,667 मतदाता हैं। यही अन्तर आपको लोकसभा क्षेत्रों में भी देखने को मिलेगा और यह अन्तर आपको तुलना करने पर हर सीट पर दिखेगा। इस प्रकार के खुल्लम-खुल्ला उपेक्षा से दो क्षेत्रों के बीच वैमनस्यता बढ़ती है। यह भावना तब और भी प्रबल हो जाती है, जब दोनों क्षेत्रों में धर्म अनुपातिक अन्तर भी अलग-अलग और हिन्दू और मुसलमान का हो। किसी भी और कहीं भी राजनैतिक नेतृत्व का काम धर्म, क्षेत्र, जातीय अन्तर और वैमनस्यता को कम करने का होना चाहिए न कि उसे बढ़ाकर राजनैतिक लाभ लेने का। किसी भी संस्कृति और सभ्यता का विकास उनके आपसी मेलजोल और भाईचारे से होता है। कश्मीर स्वर्ग बनाने के लिए भी भगवान बुद्ध के सिद्धान्तों और उपदेशों को जीवन में उतारने की आवश्यकता है। इसी कश्मीर की भूमि से कनिष्क ने बौद्ध धर्म और उसके संदेशों को मध्य एशिया, चीन और जापान तक फैलाया था। कश्मीर से वहाबी इस्लाम को निकालकर सूफी इस्लाम और शिवभक्ति के समन्वय की आवश्यकता है। भारत में जब पारसी बिना किसी विशेष दर्जे के सबसे बड़े औद्योगिक घराने के मालिक से लेकर भारत के फील्डमार्शल तक बन सकते हैं फिर कश्मीरी आवाम को किसी का भय क्यों है जब स्वयं वे लोग बुद्धिमान एवं कला निपुण हैं। आज उनके विकास की सारी सम्भावनाएँ उभरते भारत में है। उनका विकास न 'पाक परस्ती' से होगा और न ही आजादी से, होगा तो भारत की आबादी से। अगर 'सभ्यताओं का संघर्ष' जारी रहेगा, तो जीवन भी मुश्किल होगा। जैसा कि पश्चिमी एशिया यानी इराक, सीरिया, लीबिया, फिलिस्तीन और यमन में देखा जा सकता है। यह सिर्फ अहम की लड़ाई है। पाकिस्तान जिस दौर से गुजर रहा है। उसी रास्ते पर वह अफगानिस्तान को भी चला रहा है और चाहता है कि कश्मीर में भी यही चले। कश्मीरियों ने जब-जब अपने शासकों के खिलाफ बगावत कर बाहरी आक्रान्ताओं से मदद ली तब-तब वह उन आक्रान्ताओं के द्वारा दमन का शिकार हुए। उग्र एवं हिंसक प्रदर्शनों के बीच आई.एस. और पकिस्तान के झण्डों का दिखना क्या महज एक शरारत है या फिर वह उस धर्मान्ध इस्लामिक सोच का असर, जो पूरी दुनिया को दारुल-इस्लाम में बदलना चाहती है। वैसे कश्मीर घाटी में यह कट्टर सोच 80 के दशक के मध्य से धीरे-धीरे आना शुरू हो गई थी और जनवरी, 1990 में अपने चरम पर थी और आज तक जिन्दा है, बस सैन्य बलों की ताकत से दबी हुई है। कहीं यही कट्टर विचारधारा भय से हथियार न उठाकर सड़कों पर संगबाजी करती दिखाई दे रही है। कश्मीर में आतंकी गतिविधियों के पीछे मुख्य कारण निम्नलिखित हैं—

1. कश्मीर के विषय को विश्व या अन्तर्राष्ट्रीय स्तर पर जीवन्त रखना।
2. कश्मीरी मुसलमानों को समय-समय पर आजादी के लिए जिहाद की याद दिलाना।

3. कश्मीर में गैर-मुस्लिमों में भय पैदा करना।
4. भारत सरकार को नीचा दिखाना।
5. भारत के सैन्य-बलों को आन्तरिक सुरक्षा के काम में उलझाए रखना और रक्षा व्यय बढाना।
6. पाकिस्तान के लिए यह सरल एवं कम खर्चीला लड़ाई का तरीका है।
7. कश्मीरी आवाम में भय बनाकर रखना, जिससे कि उन्हें समय आने पर सड़कों पर उतारा जा सके और दुनिया को दिखाया जा सके कि आतंकियों के साथ पूर्ण जन समर्थन है।
8. कश्मीर के एक पंथनिरपेक्ष और शान्तिप्रिय बड़े वर्ग को डराकर चुप कराया जा सके।
9. कुछ आतंकी सिर्फ पैसे और शक्ति के लिए हथियार लेकर घूम रहे हैं और उनके करीबी ठेकेदारी कर मोटा मुनाफा कमा रहे हैं।

कश्मीर की बिगड़ती सुरक्षा की स्थिति और बढ़ रही धार्मिक कट्टरता को अब एक सुदृढ़ इच्छाशक्ति के द्वारा रोकने का समय आ गया है। आज कश्मीर घाटी में हमारी संवैधानिक लोकतान्त्रिक व्यवस्था उसी प्रकार से समाप्त करने की कोशिश की जा रही है, जैसे की तमाम अन्य इस्लामिक राष्ट्रों में की गई है। यहाँ पर भी उपद्रव और हिंसक घटनाचक्र लगभग उसी भाँति से चलाया जा रहा है, हमारी सैन्यशक्ति अधिक होने के कारण हमे हटा पाना असम्भव हो चला है। इसी लोकतान्त्रिक धर्म की रक्षा के लिए सरकार को कुछ सामयिक नीति रूपी शस्त्रों का सहारा लेना पड़ेगा, जो सामरिक और राजनैतिक नीतियाँ सन् 1947 से सन् 1965 तक थीं, वो आज कारगर और प्रभावशाली नहीं हो सकती हैं। जैसे कि अक्टूबर सन् 1947 से सन् 1954 तक का समय जम्मू और कश्मीर राज्य के लिए बहुत ही उथल-पुथल का समय था, जनमानस मानसिक रूप से त्रस्त और वाह्य आक्रमण से घबराया हुआ था, तब उसके अधिकारों की रक्षा और उसके जीवन को स्थिरता देना देश की केन्द्र सरकार का दायित्व था और वह कार्य राज्य को विशेष अधिकार देकर किया गया। लेकिन 68 वर्षों में वही निरीह जनमानस आज कश्मीर घाटी में इस्लामिक उन्मादी एवं उपद्रवी का रूप ले चुका है। ऐसी स्थिति में उससे वह विशेष दर्जा वापस ले लेना ही न्यायसंगत एवं प्राकृतिक न्याय के अनुरूप होगा। तभी घाटी से दुष्टों का सफाया कर एक नए शान्तिपूर्ण जीवन की शुरुआत की जा सकेगी, जिसमें की असली मायनों में कश्मीरियत को स्थान मिलेगा और मन्दिर-मस्जिद की पूजा और नमाज एक साथ हो पाएगी। बहुलता और विविधता ही एक महान राष्ट्र की धरोहर है। ईश्वर तो एक ही है, लेकिन हर व्यक्ति के लिए अलग-अलग रूप और नाम हो सकते हैं। कोई भी इन्सान अपनी धार्मिक, संस्कृति और राजनैतिक मान्यताओं को दूसरे के ऊपर थोप नहीं सकता है। इन सब उपर्युक्त तथ्यों को ध्यान में रखते हुए और आपके सामरिक, रणनीतिक,

राजनैतिक, क्षेत्रीय और आर्थिक परिस्थितियों के आधार पर धारा-370 का 2-3 वर्षों में चरणबद्ध तरीके में खत्म करना ही दूरदर्शिता का निर्णय रहेगा।

सन् 1989 से सन् 1990 तक जिस प्रकार धार्मिक हिंसा के द्वारा कश्मीरी पण्डितों को मारा गया एवं पलायन करने पर मजबूर किया गया, वह समय केन्द्र सरकार के लिए जागने एवं उचित राजनैतिक और संवैधानिक कदम लेने का था। कश्मीर की सामरिक स्थिति को देखते हुए हम उसे—

1. एक पूर्णरूप से इस्लामिक क्षेत्र नहीं बनने दे सकते।
2. वहाँ भारत विरोधी तत्वों एवं विचारधारा को पनपने नहीं दिया जा सकता।
3. वहाँ से भगाये गए कश्मीरी पडिण्तों एवं अन्य हिन्दुओं का पुनर्वास आवश्यक एवं अनिवार्य है।
4. कश्मीर को मुख्य धारा में जोड़ने के लिए वहाँ पर सुनियोजित व्यापार क्षेत्र बनाना आवश्यक।
5. जम्मू और कश्मीर राज्य के अन्य जगहों से मिश्रित धार्मिक जनसंख्या का वहाँ बसाना अनिवार्य। जनसंख्या की हम सुनियोजित तरीके से क्षेत्रीय अदला-बदली राज्य के भीतर-भीतर भी कर सकते हैं और जनसंख्या का यह आवागमन लोगों की सुविधानुसार पहले से चलता आ रहा है।
6. अखिल भारतीय सेवाओं को राज्य में प्रभावी बनाना अति आवश्यक है।
7. मदरसों पर अंकुश।
8. इस क्षेत्र की सामरिक और भौगोलिक स्थिति यहाँ पर असाधारण कदम उठाने की पक्षधर है।
9. धार्मिक और सामाजिक सहिष्णुता पर जोर।
10. अलगाववाद, देशद्रोह, धार्मिक कट्टरता की भाषा बोलने वालों के विरुद्ध कठोरतम कार्यवाई हो।
11. भ्रष्टाचार एवं भाई-भतीजावाद के विरुद्ध कठोर कानून विशेषकर आतंकवाद से जूझ रहे इस क्षेत्र के लिए अति आवश्यक।
12. इस राज्य को धारा-370 के तहत विशेष दर्जा न देकर यहाँ की राज्य सरकार को सीधे केन्द्र सरकार की देख-रेख में रखने की आवश्यकता है, क्योंकि यहाँ के अब तक सारे बड़े लोकप्रिय नेता विभाजनकारी भाषा बोलते आए हैं। कुछ हजार लोगों के अलावा बाकी सब जनता गरीबी का जीवन जीने के लिए अभिशप्त है।
13. राज्य पुलिस बल भर्ती, प्रशिक्षण और उनकी धार्मिक और क्षेत्रीय संरचना और संगठन की नए सिरे से केन्द्रीय समीक्षा।

कारण, सितम्बर, 2015 से जनवरी, 2016 तक तीन पुलिस कांस्टेबल 7 ए.के. -47 स्वचलित राइफल के साथ भगोड़े हो गए और आतंकियों के साथ जा मिले हैं।

उनमें से एक बीच में सुरक्षा-बलों के साथ मुठभेड़ में मारा गया। ये सारी खबरें सभी मुख्य समाचार पत्रों के कोनों में छपी। शायद जम्मू और कश्मीर की इन खबरों को लोग अब पढ़ते भी नहीं हैं, खासकर राज्य के बाहर। पुलिस के काफी जवानों की आतंकी संगठनों के साथ संलिप्तता पाई गई है और उनका इस तरह भगोड़ा होना कोई नई खबर भी नहीं है।

27 नवम्बर, 2015 को सांसद महबूबा मुफ्ती ने सदन में कहा था कि 'यह देश मुसलमानों का है और मुसलमान इस देश के हैं और कहा था कि 'मुसलमानों ने द्विराष्ट्र सिद्धान्त को ठुकराकर यहाँ रहने का निर्णय लिया था, आओ इस देश को सदभावना की एक मिसाल बनाएँ'। और जब अपने राज्य को एक मिसाल बनाने का समय आया, तो वह लुका-छुपी का खेल खेल रही हैं। इसी क्रम में अगर हम देखें और जम्मू और कश्मीर के चुनावों के तुरन्त बाद मुफ्ती मो. सईद द्वारा दिए गए उस बयान को जिसमें उन्होंने शान्तिपूर्वक चुनाव सम्पन्न हो जाने के लिए अलगाववादियों और पाकिस्तान को शुक्रिया कहा था। उन्होंने भारतीय चुनाव आयोग और सुरक्षाबलों को अलगाववादियों के दबाव में बधाई देना उचित नहीं समझा। कश्मीर की जनता, जिसने उन्हें 28 सीटें दीं, उसका धन्यवाद करना भी भूल गए। जबकि कश्मीर के अलगाववादी और उग्रवादी इन लोकतान्त्रिक चुनावों के विरुद्ध हैं या फिर ये अलगाववादी इन्हीं राजनैतिक दलों के सहारे भारत के करदाताओं का पैसा लूटना चाहते हैं।

कश्मीर घाटी के नेता भारत सरकार से विकास कार्यों के लिए धन की बात तो करते हैं, घाटी के लोगों के लिए रोजगार की बात होती है, पर कभी भी जम्मू और लद्दाख क्षेत्र की बात उस वजन के साथ नहीं होती। मारे गए आतंकियों के परिवार वालों को रोजगार की बात की जाती है, पर कश्मीरी पण्डितों के कश्मीर में पुनर्वास पर मौन क्यों? हम क्यों अलगाववादियों के विरुद्ध देशद्रोह का आरोप लगाकर हमेशा-हमेशा के लिए सलाखों के पीछे फेंकने से डरते हैं या कश्मीर में द्विराष्ट्र सिद्धान्त को एक कड़वी सच्चाई स्वीकार किया जा चुका है। 'एक मछली पूरे तालाब को गन्दा करती है' कहावत एकदम सटीक है, क्योंकि ये लोग ही भोली-भाली जनता को भड़काने का कार्य करते हैं।

कश्मीर की राजनीति की दिशा और दशा परिवर्तन बहुत आवश्यक हो गया है। आज के राष्ट्र विरोधी एवं आतंकी असुरक्षा के वातावरण में कोई स्वस्थ लोकतान्त्रिक व्यवस्था सुचारू रूप से नहीं चल सकती। घाटी क्षेत्र को ही एक केन्द्रशासित प्रदेश या एक विशेष केन्द्र शासित ईकाई के रूप में घाटी के कुछ केन्द्र सरकार नामित प्रतिनिधियों के द्वारा शासित किया जाए। यहाँ लोकतान्त्रिक चुनाव शान्ति बहाली एवं भय का वातावरण समाप्त होने के बाद ही कराए जाएँ। आज घाटी से ही सबसे पहलें एवं सबसे ज्यादा महत्वपूर्ण है धारा-370 को हटाना। भारतीय संविधान को पूर्णरूप से लागू करना। राजनीति से वंशवाद को खत्म कर कर्मठ एवं राष्ट्रप्रेमी लोगों को

राजनीति का हिस्सा बनाना। आज अन्तर्राष्ट्रीय स्तर पर भी भारत एक सक्षम एवं शक्तिशाली राष्ट्र है। अब उसे राष्ट्रहित के फैसलों पर अन्तर्राष्ट्रीय दबाव एवं छवि खराब होने की चिन्ता नहीं करनी चाहिए। कश्मीर से कन्याकुमारी तक भारत एक है, कश्मीर भारत का अभिन्न अंग हैं, ये कथन कहीं जुमले बन कर ही न रह जाएँ और कश्मीर में हम अपना राष्ट्रीय ध्वज भी लाल चौक पर कभी धूम-धाम से न फहरा पाएँ। आखिर किसलिए हम हज़ारों करोड़ रुपये कश्मीर को दे रहे हैं, जबकि शायद ही ऐसा कोई दिन बीतता हो, जब वहाँ पर खुलेआम भारत विरोधी नारे न लगते हों। भारत के अलावा शायद ही कोई ऐसा पंथनिरपेक्ष देश हो, जहाँ ऐसा करनेवाले जेल न जाएं और जननायक बन कश्मीर के मुद्दे पर और उसकी आजादी के लिए गुटबाजी पूरी दुनिया में करते हों। पी.डी.पी. के सभी नेता जनसंचार माध्यमों से केन्द्र सरकार को कश्मीर के लिए विशेष सहायता राशि और पाकिस्तान से बातचीत आदि कुछ कदम विश्वास बहाली के लिए उठाने को कहते रहे हैं। कश्मीरी राजनैतिक दल इन अलगाववादियों को हमेशा से कश्मीरी बातचीत का हर मंच पर हिस्सा बनाना चाहते हैं। यह भारतीय प्रभुसत्ता को सीधे-सीधे चुनौती है। इस चुनौती के समूल नाश का पहला कदम किसी को कभी तो लेना होगा। आज के केन्द्रीय नेताओं की स्थिति कुरुक्षेत्र में हथियार डालकर बैठे अर्जुन की भाँति है, लेकिन यहाँ बस कृष्ण की कमी है। यदि देशहित में लिया गया निर्णय कुछ क्षति भी पहुँचाता है, तो उसकी चिन्ता करने की आवश्यकता नहीं है। आज इस युद्धक्षेत्र और धर्मक्षेत्र में हमें अर्जुन की भाँति गाण्डीव उठाकर लड़ना ही होगा। हम उन भीष्म की तरह उस समय मौन धारण कर आँखें नहीं झुका सकते, जब द्रौपदी का चीरहरण हो रहा हो। कश्मीर घाटी की स्थिति एकदम स्पष्ट है, हम लोकतन्त्र नहीं चाहते, हम आजादी चाहते हैं। भारत अपने अंग को काट नहीं सकता अर्थात् आजादी नहीं दी जा सकती। और लोकतन्त्र उनको पसन्द नहीं अतः कश्मीर-घाटी में सैन्य शासन क्यों न लगा दिया जाए। हमारी सेना तो लोकतन्त्र के अधीन है, इस प्रकार से हम वहाँ परोक्ष रूप से लोकतन्त्र ला सकते हैं। यही व्यवस्था सबसे श्रेष्ठ है घाटी के लिए।

केन्द्र धृतराष्ट्र तो नहीं बन सकता, जब हस्तिनापुर के भीतर और सीमाओं पर शत्रु ललकार रहा हो। हमारे धर्मग्रन्थ हमेशा ही हमे सन्मार्ग दिखाते हैं। आज भी स्थिति वैसी ही है। अगर आप बाल्मीकि रामायण में देखें, जब ऋषियों की रक्षा हेतु ऋषिराज विश्वामित्र महाराज दशरथ के पास जाते हैं और महाराज से उनके प्रिय ज्येष्ठ पुत्र राम को ऋषि समाज की रक्षा के लिए माँगकर ले जाते हैं। वैसी ही स्थिति तथा आज राक्षसों ने कश्मीरी पण्डितों की की है। किन्तु दुःख एवं खेद का विषय यह है कि केन्द्रीय सत्ता अब भी बहुत सक्रिय प्रतीत नहीं होती है। राक्षसों का उत्पात अबाध गति से चल रहा है परन्तु राम कहाँ है? क्या राम और अर्जुन हर युग में पैदा नहीं होंगे? कौन त्याग करेगा सत्ता का? कौन बनेगा जननायक मर्यादा पुरुषोत्तम राम? कश्मीर, प्राचीन

तपो भूमि, देवभूमि की रक्षा कैसे होगी? क्या हम उस सन् 1952 का दिल्ली समझौता, जिसमें कश्मीर को विशेष दर्जे की बात, साम्राज्यवादी ताकतों अमेरिका, इंग्लैण्ड के दबाव में किया था, को अभी भी मानने पर बाध्य हैं? क्या संविधान देशहित से बड़ा है? कोई कानून मानव जीवन और अधिकारों से बड़ा है? आज कश्मीर में मानवजीवन और देशहित दोनों मृतप्राय हैं। क्या हम 143 किमी 42 किमी क्षेत्र के लिए भारत की एकता और अखण्डता को दाँव पर लगा देंगे? क्या हम यह मानकर चल रहे हैं कि वे सब मुसलमान हैं इसलिए उन्हें अलग राष्ट्र का अधिकार है, तो यह सोच एक लोकतान्त्रिक पंथनिरपेक्ष राष्ट्र की सोच नहीं हैं। सारे कश्मीरी (चाहे किसी भी धर्म के हों) पहले भारतीय नागरिक हैं और हमेशा भारतीय नागरिक ही हैं और यह राष्ट्र कुछ पथभ्रष्ट लोगों के लिए बाँटा या काटा नहीं जा सकता है। आज घाटी के बहुसंख्यक मुस्लिम नहीं हैं, बल्कि वह गरीब भारतीय नागरिक हैं, जिन्हें कट्टर मुल्लों और अलगाववादियों ने पैसे और बन्दूक की ताकत से बन्धक बना रखा है। उन्हीं को वह आज भीड़ की शक्ल में अपने शक्ति प्रदर्शन के लिए प्रयोग कर रहे हैं। आज हम 'अभी नहीं या कभी नहीं' की स्थिति में हैं। क्योंकि अब सन्धि, समझौता और मान मनौवल का समय निकल चुका है। उन्हें धर्म आधारित राजनैतिक लाभ न दिए जाएँ। देश की मुख्यधारा सहिष्णु और पंथनिरपेक्ष है, वहाँ बहुलता और विविधता है। इसलिए इस धारा में जोड़ने के लिए उन्हें शान्ति मार्ग पर लाना राष्ट्र की जरूरत है।

जनवरी, 1999, पीर-पंजाल की पर्वत श्रृंखलाएँ और ऊँची चोटियाँ श्वेत हिम वस्त्र धारण कर हमारे मार्ग में बाधा बन खड़ी थी लेकिन हमें मिली आतंकियों की सूचना भी सत्य थी, अतः रुकने का सवाल कहाँ था? आधी रात गंतव्य पर पहुँचे, जंगल घुप्प अंधेरा, एक ढोक (कच्चा मकान) जहाँ आतंकियों के छिपे होने की खबर थी, चारों तरफ बर्फ-ही-बर्फ, घेरा डाला गया, सावधानीपूर्वक दो दिशाओं से दो जोड़े आगे बढने लगे, ढोक में कोई दरवाजा नहीं था। थोड़ी देर जायजा लेने के बाद हमने सावधानी से अन्दर टार्च की रोशनी डाली, तो देखा सिर्फ घर के बीच में कुछ लकड़ियाँ अभी भी सुलग रही थीं। इसका मतलब आतंकी बस थोड़ी देर पहले ही वहाँ से निकले थे। हमारी यात्रा उनकी खोज में फिर आरम्भ हो गई। यह एक छोटा वृत्तान्त मैंने इसलिए बताना जरूरी समझा, क्योंकि पूरे जम्मू-कश्मीर में प्रतिदिन रात और दिन, सर्दी, गर्मी या बरसात ऐसी अनगिनत सैन्य टुकड़ियाँ नागरिकों की सुरक्षा के लिए पहाड़ों और जंगलों में घूम रही हैं। सैनिक अपने राष्ट्र के नागरिकों के लिए अपने प्राणों का बलिदान दे रहे हैं। भारत सरकार हज़ारो करोड़ रुपये विकास कार्यों में खर्च कर रही है। किसके लिए? भ्रष्ट नेताओं की हिफाजत के लिए या पाकपरस्त जमात के मुल्लों और अलगाववादियों के लिए।

9 फरवरी, 2016, अफजल गुरु के फाँसी दिए जाने का चौथा साल, वह संसद पर हमले का दोषी था। कश्मीर पर बन्द का पूरा असर था। श्रीनगर में काफी प्रतिबंध

लगा दिए गए थे। कई अलगाववादी नेताओं को नजरबंद किया गया था, गिरफ्तार किया गया। अखिर एक आतंकी से सहानुभूति क्यों दिखा रही है घाटी की जनता, क्या यह आतंकियों का भय है, जो उन्हें ऐसा करने के लिए बाध्य कर रहा है? उन्हें भारतीय कानून और राज्य की पुलिस का भय शून्य के बराबर भी नहीं है? अगर आज राज्य में ऐसे हालात पैदा हुए हैं, तो इसके लिए सन् 1980-90 के दशक की वैश्विक इस्लामिक हिंसक उथल-पुथल और कश्मीर पर उसका सीधा असर, कमजोर केन्द्रीय सत्ता व उसकी लापरवाही, अन्ततः सबसे महत्वपूर्ण घटक घाटी को तबाह करने वाला है, संविधान के तहत विशेष दर्जा 'धारा-370' 'द्विराष्ट्र के सिद्धान्त' का एक साम्राज्यवादी चिह्न। धारा-370 कश्मीर के कुलीन शासक वर्ग के लिए लोकतान्त्रिक राजतन्त्र की कुंजी है। यह राष्ट्र-विरोधी धारा को खत्म करना आज मुश्किल हो सकता है, लेकिन असम्भव नहीं है। आज की केन्द्र सरकार से जम्मू-कश्मीर राज्य के एक बड़े क्षेत्र को और एक बड़ी आबादी को इस राष्ट्र विरोधी धारा-370 को समाप्त करने की पूरी उम्मीद है। आज यह धारा-370 ही कश्मीर घाटी के विघटनकारी तत्वों के लिए राजनीति करने का सबसे बड़ा हथियार है। यही धारा उन्हें पाकपरस्त बनाती है। लद्दाख व जम्मू क्षेत्र इसके विरुद्ध आरम्भ से अपनी आवाज समय-समय पर उठाते आए हैं। जब राज्य के बड़े वर्ग के द्वारा इसका विरोध किया जा रहा है तब तो इसका हटना ही जनहित एवं राष्ट्रहित में होगा। अगर भारतीय नागरिक के कश्मीर में कोई अधिकार नहीं है, इस तरह तो कश्मीरियों के भारत के अन्य हिस्सों में मिलने वाले अधिकारों को भी तत्काल प्रभाव से समाप्त करना चाहिए। इस राज्य में सन् 1947 में लाए गए करीब 200 वाल्मीकि समाज के लोग आज भी यहाँ की नागरिकता से वंचित है। वह अभी मात्र सफाई कर्मचारी के रूप में ही राज्य में नौकरी कर सकते हैं। यह कौन सा संविधान है? क्या यह मानवाधिकारों का हनन नहीं है? यही कहानी महाराजा के सेना के गोरखा सैनिकों की है। आज कई पीढ़ियों से रह रहे ये लोग मौलिक मानवाधिकारों से वंचित हैं। आज इन लोगों के जनसंख्या भी काफी अधिक हो चुकी है पर निज़ाम आँखों पर पट्टी बाँधे है। धारा-370 और अनुच्छेद 35 अ उसके लिए ढाल है। यह खुलेआम हिन्दू-उत्पीड़न है, परन्तु बोलेगा कोई नहीं साम्प्रदायिक बनने के डर से आखिर और कितना वर्ग विशेष का तुष्टीकरण हिन्दुओं की कीमत पर क्यों 1947, 1965 और 1971 में पाक अधिकृत कश्मीर और पाकिस्तान से आए हिन्दू शरणार्थियों का अभी तक पुनर्वास लम्बित है?

अध्याय 7

मार्च 1987 से 19 जनवरी 1990 (घाटी में इस्लामिक आतंकवाद और हिन्दू नरसंहार)

जम्मू-कश्मीर राज्य की राजनीति का केन्द्र स्वतन्त्र भारत के इतिहास में शुरू से कश्मीर घाटी ही बन चुकी है। 26 अक्टूबर, 1947 से लेकर सन् 2018 और आगे भी घाटी का हर एक दिन अपने आप में विलक्षण है और नया है। घाटी के लिए अनिश्चतता एक दिनचर्या है। सन् 1980 से लेकर सन् 1990 तक का समय पूरे विश्व के लिए एक नए इस्लामिक लड़ाई का दशक था। अफगान युद्ध दुनिया के सभी इस्लामिक चरमपंथियों के लिए मुक्त प्रशिक्षण और युद्ध अनुभव के लिए उपयुक्त स्थान था। अमेरिकन और पेट्रो डॉलर इस युद्ध के पर्दे के पीछे बैठे संचालनकर्ता थे। इस्लामिक लड़ाके और अनेक आतंकी नए हथियारों एवं बम बनाने की नई-नई तकनीक सी.आई.ए. प्रशिक्षित प्रशिक्षकों से सीख रहे थे। इन्हीं में घाटी के युवक भी शामिल थे। पाकिस्तान इन युवकों को प्रशिक्षण के साथ-साथ हथियार, गोला-बारूद भी दे रहा था। कश्मीर घाटी से अब 'आजादी' की माँग करनेवाले आतंकी गुटों को किनारे कर पाकपरस्त आतंकी गुटों को लाया गया था। 'हिजबुल-मुजाहिद्दीन' सन् 1989 से प्रमुख आतंकी गुट था। जमात-ए-इस्लामी इन आतंकी संगठनों का वैचारिक एवं बौद्धिक मुख्यालय था। जम्मू-कश्मीर लिबरेशन फ्रंट आदि धीरे-धीरे अपना असर खो रहे थे।

कश्मीर में प्रतिदिन किसी-न-किसी देश में कहीं के भी इस्लामिक मुद्दे पर हिंसक प्रदर्शन होने लगे थे। सरकारी तन्त्र और पुलिस का भय समाप्त हो चुका था। उसका स्थान धीरे-धीरे इस्लामिक आतंकियों ने लेना शुरू कर दिया था। चयनित राजनैतिक और अल्पसंख्यकों (हिन्दुओं) की हत्याओं का दौर शुरू हो गया था। कुछ को इसलिए मारा जा रहा था कि वो सरकार के साथ हैं, तो कुछ को इसलिए कि वो काफिर हैं, तो कुछ को इसलिए कि वो मुखबिर हैं। आतंकी निडर होकर हथियारों के साथ श्रीनगर शहर में घूम रहे थे। पुलिस का इकबाल राजनैतिक आकाओं ने गिरा दिया था

तो कुछ उन्हीं में शामिल हो गए। मस्जिदों से 'पाकिस्तान जिन्दाबाद, भारतीय कुत्तों वापस जाओ' के नारे बुलंद हो रहे थे। कश्मीरी पण्डितों को कश्मीर घाटी छोड़ने के फरमान अखबारों में छप रहे थे। पूरा उर्दू प्रेस बेखौफ आतंकी प्रचार-प्रसार में लगा हुआ था। इन अखबारों को ऊपर से सरकारी विज्ञापन भी दिए जा रहे थे। उर्दू अखबार वही छाप रहे थे, जो आतंकी उनसे छपवाना चाह रहे थे। सरकार और नेता जनता से पूरी तरह से अलग-थलग पड़ चुके थे। कश्मीरी आवाम पूरी तरह से पाक प्रायोजित आतंकियों के चंगुल में फँस चुका था। 'आज़ादी और दारुल-इस्लाम' के नाम पर वह गुमराह हो रहा था। शायद उसे पाकिस्तानी और पाक अधिकृत कश्मीरी मुसलमानों के हालात की सच्चाई नहीं मालूम थी। वह वैश्विक इस्लामिक भाईचारे के नशे में घूम रहा था।

डा. फारुक अब्दुल्ला और कांग्रेस की सरकार केवल नाममात्र के लिए सरकार थी। पार्टी और नेता मात्र धनार्जन करने में लगे थे। राज्य की राजनैतिक, आर्थिक और सामाजिक स्थिति गर्त में जा रही थी। आतंकियों के बढ़ते हमलों एवं हौसलों ने स्थिति को 'लघु स्तरीय संघर्ष' में बदल कर रख दिया था। घाटी जल रही थी, सभी राजनैतिक दलों का नेतृत्व संज्ञाशून्य हो चला था। इस दौर में हो रही कुछ सामाजिक, राजनैतिक एवं इस्लामिक गतिविधियाँ जो भारत सरकार के लिए विशेष चुनौती थीं—

1. सूफी और शान्तिपूर्ण कश्मीरी इस्लाम की जगह धीरे-धीरे कट्टर वहाबी इस्लाम ने ले ली थी, जो केवल दारुल-इस्लाम स्थापित करने की बात करता है। दूसरे धर्म के लिए वहाँ कोई स्थान नहीं है।
2. लोकतान्त्रिक राजनैतिक प्रक्रिया के नाम पर केवल हिंसक और भारत विरोधी प्रदर्शन हो रहे थे। हर शुक्रवार को नमाज के बाद प्रदर्शन, आगजानी, सुरक्षाबलों पर पत्थरबाजी पाक परस्त कट्टर इस्लामिक ताकतों की दिनचर्या का हिस्सा था।
3. मदरसों में भारत विरोधी शिक्षा अबाध गति से दी जा रही थी या वह शिक्षा दी जा रही थी, जो लोकतन्त्र एवं बहुलतावाद की विरोधी है।
4. भारत एक हिन्दू राष्ट्र है, अतः कभी भी वह इस्लामिक मूल्यों एवं मुसलमानों के साथ सम्मानजनक व्यवहार नहीं करेगा। इस प्रकार की भावनाएँ आम कश्मीरी मुसलमान के दिलो-दिमाग में लगातार भरी जा रही थीं और इसका असर आप भारत विरोधी प्रदर्शनों में देख सकते थे।
5. यह विभाजनकारी गतिविधियाँ चल रही थीं और जम्मू-कश्मीर में डा. फारुक अब्दुल्ला और उनके सहयोगी कांग्रेस की सरकार आँखों में पट्टी बाँधकर कोई भी ठोस प्रशासनिक या पुलिस कार्यवाई करने से बच रही थी। उग्रवादियों एवं आतंकियों के हौसले बुलन्द हो रहे थे। कश्मीर जल रहा था और मुख्यमंत्री सो रहा था।

6. पाकपरस्त आतंकवाद स्थानीय जनता के सहयोग से अपने पैर जमा चुका था। आतंकियों के राजनैतिक और सशस्त्र गुट पूर्ण व्यवस्थित रूप से काम कर रहे थे।
7. कश्मीर स्थित आकाशवाणी और दूरदर्शन तक परोक्ष रूप से आतंकी संगठनों के दबाव और इशारे में काम करने लगे थे। कार्यक्रम और समाचार उनके दिशा-निर्देशन से प्रसारित होने लगे थे।
8. इस्लामिक धार्मिकस्थलों का प्रयोग भारत विरोधी बयानवाजी एवं धार्मिक उन्माद फैलाने के लिए बेरोक-टोक हो रहा था। इन धार्मिक-स्थलों पर धर्म चर्चा पर अगर पूरे समय दस प्रतिशत तो भारत-विरोध, इस्लामिक चरमपंथ एवं राजनीति पर 90 प्रतिशत।
9. हिन्दू, सिख, बौद्ध एवं इसाईयों को भयभीत किया जा रहा था। हत्याएँ, लूट, आगजनी, महिला उत्पीड़न कर उन्हें घाटी छोड़ने पर मजबूर किया जा रहा था। धर्म परिवर्तन का दबाव डाला जा रहा था।
10. सुरक्षाबल एवं सरकारी तन्त्र आतंकियों एवं आम जनता दोनों के निशाने पर थे, क्योंकि वह भारत सरकार का प्रतिनिधित्व कर रहे थे।
11. इस प्रशासनिक एवं राजनैतिक अव्यवस्था के बीच भ्रष्टाचार और भाई-भतीजावाद भी अपने चरम पर था, जो और भी कोढ़ में खाज का काम कर रहा था। नवयुवक बेरोजगार था और भ्रष्टाचार से त्रस्त नौकरियाँ और काम, योग्यता के आधार पर न होकर पूर्णतया आपकी सरकार में पैठ और धन पर आधारित था। इससे अलगाववाद एवं इस्लामिक आतंकवाद को और भी मदद मिली।

कश्मीर में इस दौरान पर्यटन लगभग खत्म हो रहा था। भय एवं अराजकता का वातावरण था। पर्यटन के लिए आवश्यक बुनियादी ढाँचा टूट कर बिखर चुका था। सड़के, पानी, बिजली आदि सुविधाएँ धीरे-धीरे भ्रष्टाचार एवं राजनैतिक अकर्मण्यता की भेंट चढ़ चुकी थी। नौजवान खाली था। इसलिए राष्ट्र-विरोधी प्रदर्शनों में शामिल हो रहा था। उसके लिए पाकिस्तान या भारत अथवा आजाद कश्मीर शब्दों से ज्यादा कोई अर्थ नहीं रखते थे। वह किस राष्ट्रप्रेम पर न्यौछावर हो, जो उसे न रोजगार दे रहा है न सम्मान। लोग अपनी पहचान के लिए एवं अपने स्वाभिमान के लिए एक मुकम्मल स्थान नहीं देख पा रहे थे। जिससे उनका इस्लामिक चरमपंथ के चंगुल में फँसना ज्यादा आसान था। उन्हें इस्लाम के नाम पर कम-से-कम एक मजहबी पहचान तो मिल रही थी, साथ-ही-साथ सम्मान एवं स्वाभिमान के लिए ए.के.47। राजनैतिक नेतृत्व जिसका काम है, देश की युवाशक्ति को राष्ट्र निर्माण के लिए सबल एवं कर्मठ बनाना, नीतिवान एवं ईमानदार बनाना, सहिष्णु एवं बहुलतावादी बनाना, अगर स्वयं पथभ्रष्ट, लोभी, अनैतिक, बेईमान, निर्दयी और असहिष्णु हो जाए तो फिर देश, समाज

और मानवता का क्या होगा? वही, जो कश्मीर घाटी में घट रहा था। पाकिस्तान या अन्य वाह्य शक्तियों को दोष देने से पहले हमे अपनी व्यवस्था और आस्था का निष्पक्ष मूल्यांकन करना चाहिए। 'मार्च 1987–19 जनवरी 1990' तक की कश्मीर की राज्य सरकार एवं केन्द्र सरकार को क्या अपना कर्तव्यबोध था? अगर था तो कश्मीर घाटी की यह खराब स्थिति हो जाने का अपराधी कौन है? तत्कालीन कश्मीर के राज्यपाल, जगमोहन के केन्द्र को भेजे अनेक पत्र जो घाटी के हालात पर थे, उनके आधार पर कोई सकारात्मक, रचनात्मक कदम क्यों नहीं उठाये गए?

अविश्वास, बेईमानी, भ्रष्टाचार, सरकार और जनता के बीच संवादहीनता के बीच और चुनावों में धाँधली सत्ताधारियों की एक और बड़ी राष्ट्रविरोधी महाभूल थी। जनता का कश्मीर के नाटकीय लोकतन्त्र से पूरा ही विश्वास उठ गया और यह किसी भी प्रकार की कश्मीरी शान्ति प्रक्रिया के ताबूत में आखिरी कील साबित हुआ। कश्मीर का राजनैतिक नेतृत्व दूरदर्शिता और एक बृहद राष्ट्रीय सोच के अभाव में भूल पर भूल कर रहा था और केन्द्र का कोई अंकुश न होने के कारण उनको सुधार पाना भी मुश्किल काम था। आज भी ने.का., पी.डी.पी. और अन्य स्वतन्त्र नेतृत्व उसी शुतुरमुर्गी चाल से चल रहे हैं। सत्ता सर्वोपरि है और उसको प्राप्त करने के लिए कोई मार्ग अनुचित नहीं है। आज भी कश्मीरी राजधर्म संघीय सत्ता का विरोध और भारतीयता की मुख्य धारा से दूरी बनाए हुए है।

सन् 1987 के चुनाव के बाद डॉ. फारुक अब्दुल्ला एक बार फिर राज्य के मुख्यमंत्री बने। लेकिन राज्य में व्याप्त कानूनी अव्यवस्था इस कदर बिगड़ रही थी कि राष्ट्र-विरोधी तत्व पूरी तरह से मुखर थे। तत्कालीन राज्यपाल जगमोहन की सन् 1988 अगस्त माह की एक रिपोर्ट के कुछ अंश जो वह राष्ट्रपति, प्रधानमंत्री और गृहमंत्री को भेज रहे थे, वह इस प्रकार से है—

'बड़े पैमाने पर हिंसा, यह सारे प्रदर्शन पाकिस्तान में हो रहे कुछ राजनैतिक हलचलों से हैं। राज्य के काफी युवा सरहद पार पाकिस्तान हथियारों का प्रशिक्षण लेकर आ रहे हैं, जो कश्मीर में पंजाब जैसी आतंकवाद की स्थिति पैदा करना चाहते हैं। और यह कुछ उग्र घटनाएँ कहीं-न-कहीं उसी तरफ इशारा करती हैं। राज्य के सामाजिक और राजनैतिक बिखराव की स्थिति एवं कमजोर प्रशासनिक ढाँचे की स्थिति इन घटनाओं में साफ प्रदर्शित होती हैं।'

आतंकी गोला-बारूद और हथियारों से लैस थे। पाकपरस्त गुट पूर्णतया सक्रिय थे। उनकी पहुँच घाटी के कोने-कोने में थी। घाटी में इस्लामीकरण पूर्ण होकर अपने चरम पर पहुँच रहा था। जिस घाटी में अप्रैल, 1979 में जनरल जिया के विरुद्ध जोरदार प्रदर्शन हुए थे वहीं आज जिया की मौत पर चार दिनों तक हिंसक प्रदर्शन हो रहे थे। जहाँ भुट्टों की मौत के बाद जमात-ए-इस्लामी का दफ़्तर जला दिया गया था,

वहीं जमात का आज के कश्मीरी युवा पर पूर्ण नियंत्रण था। इस्लामी घुट्टी सबसे कारगर निकली।

इन परिस्थितियों के लिए स्थानीय कश्मीरी नेतृत्व पूरी तरह से जिम्मेदार था क्योंकि वह अपने राजनैतिक लाभ के लिए धार्मिक भावनाएँ भड़काने से लेकर पाक परस्ती करने से भी नहीं चूकता था। आप स्वर्गीय पी.डी.पी. नेता एवं पूर्व गृहमंत्री भारत सरकार मुफ्ती मो. सईद का ही उदाहरण ले लें, जिन्होंने सन् 2015 में कश्मीर में सफलतापूर्वक हुए विधानसभा चुनावों का श्रेय पाकिस्तान एवं अलगाववादियों को दिया था। आज भी यदि भारत पाकिस्तान से रिश्ते बनाता या बिगाड़ता है, तो उसकी अच्छी या बुरी प्रतिक्रिया सबसे पहले कश्मीरी नेताओं से आती है। शायद ऐसा ये लोग घाटी के पाकपरस्त अलगाववादियों को खुश करने के लिए करते हैं या इस्लामिक राष्ट्र से घनिष्ठता दिखाकर घाटी के बहुसंख्यकों को खुश करना चाहते हैं। यदि आज इस्लामिक मान्यताओं के हिसाब से घाटी दारुल-इस्लाम है, तो इसके लिए 1987 से जनवरी, 1990 का घटनाक्रम जिम्मेदार है, जिसमें हिन्दुओं को भयभीत कर एवं नरसंहार के बाद भगाया गया।

एक तरफ हिंसक प्रदर्शन, आतंकी गतिविधियों और इस्लामीकरण अबाध गति से चल रहा था, तो दूसरी तरफ डॉ. फारुक अब्दुल्ला के विरोधी दल, अवामी नेशनल कांफ्रेन्स (जी.एम.शाह) पीपुल्स कांफ्रेन्स, मुस्लिम यूनाइटेड फ्रण्ट (जमात-ए-इस्लामी) और मुस्लिम यूनाइटेड फ्रण्ट आदि सरकार पर जनता पर शान्तिपूर्ण प्रदर्शनों एवं कानून मानने वालों पर पुलिस उत्पीड़न एवं गोली चलवाने का आरोप लगा रहे थे। वो राज्य की सरकार बर्खास्त करने की माँग कर रहे थे। मुफ्ती मो. सईद (जनमोर्चा) भी मुख्यमंत्री की निंदा करते हुए पुलिस और केन्द्रीय सुरक्षाबलों और केन्द्र में बैठे उनके आकाओं पर निर्दोष एवं भोले-भाले नागरिकों को मारने का आरोप लगा रहे थे। विपक्षियों के आरोपों के खण्डन से लेकर, उग्रवादियों के हिंसक प्रदर्शन तक का सड़कों पर विरोध करते कहीं भी और कांग्रेस के कार्यकर्ता दिखाई नहीं दे रहे थे। इसके दो ही अर्थ थे, पहला कि इन दो सत्ताधारी दलों का कोई कर्मठ कार्यकर्ता था नहीं और दूसरा घाटी के सभी नागरिक धीरे-धीरे राज्य सरकार के विरोधी हो गए थे। अतः वह लोकप्रिय जनाभाव के कारण राष्ट्रविरोधी शक्तियों का जन आन्दोलन के माध्यम से कोई विरोध नहीं कर पा रहे थे। कश्मीर घाटी के बहुसंख्यक शुरू से ही शासन, सत्ता और व्यवस्था विरोधी रहे हैं। शायद परोक्ष रूप से इसका अर्थ कहीं-न-कहीं भारत सरकार विरोध (हिन्दू सरकार विरोध) से भी है, तभी तो वह तानाशाह, भ्रष्ट, आर्थिक रूप से असफल, गरीब और आतंक से ग्रस्त पाकिस्तान सरकार के पक्ष में तो नारे लगाते हैं, पर भारत का विरोध करते हैं, कारण हम महजब होना। यह जानते हुए कि इस्लाम पूर्वी पाकिस्तान को जोड़ के न रख सका, क्योंकि दोनों में भाषा और सभ्यता

का अन्तर था। लेकिन इस्लामीकरण ने उनके सोचने एवं सही निर्णय ले पाने की क्षमता को कुन्द कर दिया था।

कश्मीर घाटी और विशेषकर राजधानी श्रीनगर की दिनचर्या किसी न किसी हिंसक वारदात से शुरू हो रही थी। आज बम बिस्फोट तो कल हिंसक प्रदर्शन, तो कभी सम्मिलित रूप से दोनों। इन सभी हिंसक कार्यवाईयों को पूरा-पूरा स्थानीय सहयोग प्राप्त था। इन घटनाओं के न तो प्रत्यक्षदर्शी मिलते थे और न ही कोई गिरफ्तारियाँ हो रही थीं। आतंकी संगठन अपनी समानान्तर सरकार चला रहे थे। 8 अप्रैल, 1989 को तत्कालीन राज्यपाल का पत्र जो प्रधानमंत्री राजीव गाँधी को लिखा था, उसके कुछ अंश निम्नलिखित हैं—

'प्रिय प्रधानमंत्री,

कश्मीर की स्थिति बहुत तेजी से बिगड़ रही है। स्थिति लगभग सुधार की हालत में नहीं है। कश्मीर हमेशा किसी न किसी मुद्दे पर प्रतिदिन सुलग रहा है। यदि कल मकबूल भट्ट, तो आज 'सेटेनिक-वर्सेज' है। मुख्यमंत्री एकदम ही अलग पड़ चुके हैं। वह राजनैतिक, सामाजिक और प्रशासनिक सभी मापदण्डों पर पूर्णतयः गिर चुके हैं, खत्म हो चुके हैं। उनका बस राजनैतिक संस्कार शेष है। परिस्थितियाँ प्रभावी हस्ताक्षेप की तरफ ईशारा कर रही हैं। आज समय है, कल देर हो चुकी होगी।"

घाटी में धर्म और आतंक का मिश्रण सरकारी तन्त्र पर भारी पड़ रहा था। घाटी में शुक्रवार की नमाज का इस्तेमाल धार्मिक से ज्यादा राजनैतिक हितों के लिए होता है। राजनीति अगर मात्र धर्म से चलती, तो भाई-भाई में ही क्यों सत्ता के लिए खून की नदियाँ बहतीं? क्यों पश्चिमी एशिया मध्य युगीन काल से आज तक युद्ध का मैदान बना रहता है? क्यूँ आज सीरिया और ईराक में विध्वंसक युद्ध चल रहा होता? जहाँ अब तक बीसीयों लाख लोग काल का ग्रास बन चुके है। 1980 से 2018 तक अफगानिस्तान में केवल इस्लामिक शक्तियाँ ही आपस में लड़ रही है। क्या 'दारुल-इस्लाम' कश्मीरियों को रोटी दे पाएगा? क्या 'आजाद कश्मीर' एक वास्तविकता बनकर बच पाएगा? लेकिन यह सत्य कश्मीरी नेतृत्व अपने मुँह से बोलना नहीं चाहता। वह अपनी सस्ती लोकप्रियता एवं सत्ता के लिए कश्मीरी हितों को दाँव पर लगाए हुए है। क्यों उनका नेतृत्व बार-बार, 26 अक्टूबर, 1947 से लेकर, 2018 तक केवल मुस्लिम कश्मीर और हिन्दू भारत कहकर द्विराष्ट्र के सिद्धान्त को बढ़ाता है? क्यों वह धारा-370 का रोड़ा अटकाकर कश्मीर को विकास की मुख्य धारा में जुड़ने से रोक रहा है? इस 'वसुधैव कुटुम्बकम्' के युग में देश के भीतर ही एक दूसरा देश बनाने की मुहिम चला रहा है। क्यों हम भूल जाते है कि सभ्यता-संस्कृति, रीति-रिवाज, बोल-चाल के आदान-प्रदान से ही आपस में समाहित होंगें। एक महान सभ्यता बनेंगे जैसे कि अशोक के समय में थी। हमारी आस्थाएँ, धर्म अलग हो सकते हैं लेकिन

सभ्यता-संस्कृति अलग होना विभाजनकारी है। हर भौगोलिक इकाई की एक संस्कृति और सभ्यता है। यह सब इलाके कभी सिन्धु घाटी और मोहनजोदाड़ो सभ्यता के अंग थे। आज हमारा धर्म भिन्न हो सकता है। पर भौगोलिक परिस्थितियों पर आधारित पहनावा-ओढावा, भाषा और खान-पान एक ही होगा। मानव का नैसर्गिक विकास भी तभी होता है, जब उसे प्राकृतिक रूप से बहुत अलग-अलग न किया जाए।

कश्मीर घाटी के इस्लामीकरण से लेकर आतंकियों को शस्त्रबद्ध करना एवं प्रशिक्षित करने का काम पाकिस्तान ने किया था और लगातार कर भी रहा है। भारत के जाने-माने रक्षा विशेषज्ञ ने इसका सही आकलन किया और पाकिस्तान का यह आपरेशन टोपैक, इंका प्रिंस टोपैक के नाम पर रखा गया था, जिसने स्पेन के साथ युरूगुए में एक गुरिल्ला युद्ध लड़ा था। इस ऑपरेशन को पाकिस्तान ने अप्रैल, 1988 में शुरू कर दिया था। इस पर *इंडिया डिफेंस रिव्यू* में जुलाई, 1989 में एक विस्तृत लेख भी छपा। पाकिस्तान इसे नकारता रहा और इसे भारतीय गुप्तचर एंजेंसी रिसर्च एनालिसिस विंग की एक कहानी बताया।

भारत सरकार ने सन् 1988 में 'धार्मिक संस्थान दुरुपयोग निषेध कानून' पारित किया, जो धार्मिकस्थलों के राजनैतिक या देश विरोधी प्रयोग पर प्रतिबँध लगाता था। यह कानून भारत के हर राज्य में लागू हुआ, सिवाय जम्मू-कश्मीर के जहाँ सबसे अधिक इसकी आवश्यकता थी। उग्रवादियों, आतंकियों एवं इस्लामिक कट्टरपंथियों का दबाव सरकार पर पूरी तरह से हावी था। सरकार कोई भी कदम, जो उसके हितों के विरुद्ध था, उठा पाने में सक्षम नहीं थी। यह कानून धारा-370 के कारण बिना राज्य की सहमति के लागू नहीं हो सकता था। जम्मू-कश्मीर में तब से लेकर आज तक मस्जिदों में शुक्रवार की नमाज का अर्थ ही राजनैतिक मंच हो गया है। इन्ही मस्जिदों से सारे राजनैतिक और सामाजिक फरमान सुनाए जाते हैं। यहीं से भारत-विरोधी स्वरों को धार दी जाती है। इस्लाम खतरे में है कि नहीं यह निर्णय यहीं से हर एक शुक्रवार को लिया जाता है। यहीं से उन्मादी भीड़ भारत के संविधान की धज्जियाँ उड़ाने निकलती है। कश्मीर में सन् 1977 और सन् 1983 में हुए विधानसभा चुनावों में धर्म के साथ धर्मग्रन्थ 'कुरान' का प्रयोग भी मतदाताओं को कसम दिलाने के लिए किया जा रहा था। कांग्रेस पार्टी को काफिरों की पार्टी कहा जा रहा था।

कश्मीर घाटी के मुस्लिम नेताओं का एक सबसे अनोखा गुण कि जब सत्ता में तब भारत के साथ और जब विपक्ष में या सत्ता से बाहर, तब पाकिस्तान के साथ एवं उसके साथ 'नमाजी मुसलमान'। इसके उदाहरण आपको उनके उन बयानों से अनेक अवसरों पर मिलेंगे, जब वह सत्ता में थे और जब बाहर थे। इसी दोहरे मापदण्ड एवं चरित्र से कश्मीर में आज वैचारिक भारत विद्रोह है।

21-22 फरवरी, 2016 को श्रीनगर के पास पैम्पोर में एक तरफ एक सरकारी भवन में आतंकी मुठभेड़ चल रही थी, सेना के दो अधिकारी, 1 कमांडों और 2 सी.

आर.पी.एफ. के जवान शहीद हो चुके थे। दूसरी ओर नगर की मस्जिद फ्रेस्टाबल, द्रागबल, कदलाबल और सेमपुरा से आतंकियों के सम्मान में कसीदे कहे जा रहे थे, और 'आजादी' के नारे लगाए जा रहे थे। और एक तरफ सैकडों नवयुवकों की एक भीड़ मुठभेड़ स्थल की ओर आने के लिए उग्र प्रदर्शन कर रही थी और सुरक्षाबलों पर पथराव कर रही थी। पुलिस मस्जिदों में घुसकर इन लाउड स्पीकरों को बन्द भी नहीं करवा सकती थी। 22 फरवरी, 2016 को पुलवामा और त्राल आतंकियों के समर्थन में पूरी तरह से बन्द रहे। इस प्रकार की देशद्रोही कार्यवाही कश्मीर घाटी में प्रतिदिन कहीं-न-कहीं हो रही है। राज्य सरकार मूक-बधिर की भाँति अकर्मण्य है। इस घटना के आतंकियों के समर्थन में पोस्टर तक चिपकाए जा रहे हैं। क्यों भारत सरकार का विरोध और कश्मीरी राष्ट्रद्रोह रुकने का नाम नहीं ले रहा? शायद सन् 1953 से लेकर अब तक कश्मीर घाटी के राजनैतिक नेतृत्व ने धीरे-धीरे जनता को इस्लाम के नाम पर खूब बहकाया है और आज कश्मीरी आवाम का इस्लामीकरण लगभग पूरा हो चुका है। आज कश्मीर अपना भविष्य दाँव पर लगाकर राष्ट्र विरोधी गतिविधियों में संलिप्त होता जा रहा है। केवल यह मान लेना कि राष्ट्रविरोधी गतिविधियाँ आतंकियों के मात्र दबाव में हो रही हैं, आँखो पर पट्टी बाँधे रखने जैसा है।

सन् 1989 कश्मीर घाटी के लिए हड़ताल और हिंसक प्रदर्शनों का वर्ष था। काम से अधिक हड़ताल। बाजार और दुकानें बस कभी-कभी ही खुल रही थीं। बम बिस्फोट, हत्याएँ, गोलीबारी आदि दिनचर्या में शामिल हो चुकी थी। अगस्त, 1989 में 13 दिन लगातार हड़ताल थी। सरकार एवं राष्ट्रविरोधी प्रचार-प्रसार खूब जोरों से चल रहा था। पर्चे, पोस्टर और आडियो कैसेट्स इस काम के लिए बार-बार बाँटे जा रहे थे। लेकिन कोई भी सरकारी संगठन या खुफिया संगठन इसको रोक पाने में समर्थ नहीं था। अक्टूबर-नवम्बर, 1989 में सरकार इन्ही हालातों के बीच घाटी में चुनाव की खानापूर्ति भी करना चाहती थी, यह जानते हुए कि आतंकी और अलगाववादी चुनाव नहीं होने देंगे। ऐसा ही हुआ, मत प्रतिशत न के बराबर था और इससे सारी दुनिया को यह भी पता चल गया कि घाटी में हालात बिलकुल भी सामान्य नहीं हैं। कांग्रेस और ने.का. मृतप्राय हो चुकी हैं, उनका जनाधार पूर्णरूप से समाप्त हो चुका है, यह संदेश भी साफ था।

8 दिसम्बर 1989 को 'जे.के.एल.एफ.' के आतंकियों ने तत्कालीन गृहमंत्री मुफ्ती मो.सईद की बेटी डॉ रुबईया सईद का अपहरण कर लिया और उसकी रिहाई पाँच बड़े आतंकियों को छोड़ने पर हुई। राज्य और केन्द्र सरकार हर समय घुटने टेकने को तैयार थी। केन्द्र के नेता कश्मीरी जमीनी हकीकत से कोसों दूर थे। दिसम्बर महीने में प्रतिदिन एक आतंकी घटना घट रही थी। घाटी के एक कोने से लेकर दूसरे कोने तक बम विस्फोट हत्याएँ और डकैती हो रही थीं। सरकारी भवनों, कर्मचारियों, पुलिसवालों को निशाना बनाया जा रहा था। पत्रकार से लेकर शिक्षकों तक की बेरहमी

से हत्या की जा रही थी। हिन्दुओं को विशेष रूप से निशाना बनाया जा रहा था। हिन्दू अधिकारी व कर्मचारी धमकाए जा रहे थे, उन पर घाटी छोड़ने, आतंकियों का साथ देने या धर्मान्तरण तक के लिए दबाव बनाया जा रहा था।

'मार्च, 1987, जम्मू-कश्मीर के विधानसभा चुनावों से लेकर 19 जनवरी, 1990, जिस दिन से कश्मीरी पण्डितों का घाटी से बड़ी संख्या में पलायन शुरू हुआ, का काल कश्मीर के इतिहास के आधुनिक समय का सबसे रक्तरंजित एवं हिंसक काल है। घाटी में लगभग 600 वर्ष पूर्व भी सुल्तान सिकन्दर के समय कुछ ऐसा ही उस समय हिन्दुओं के साथ हुआ था। पण्डित जोनाराजा के अनुसार, कश्मीर घाटी में सिकन्दर का काल समाप्त होते-होते मात्र 12 परिवार हिन्दुओं के बचे थे। वैसा ही कुछ मार्च, 1990 तक एक बार फिर हुआ। कश्मीर के सत्ताधारियों एवं उनके बहुसंख्यक प्रजा ने एक बार फिर कश्मीरी पण्डितों का कत्लेआम कर घाटी से भागने पर मजबूर कर दिया।' आज कश्मीर में जो कुछ कश्मीरी पण्डित बचे हैं, भयग्रस्त और दोयम दर्जे के नागरिक का जीवन जीने को अभिशप्त हैं। हम झूठी पंथनिरपेक्षता को ओढ़ और बिछा रहे हैं, जबकि कश्मीर में खुलेआम इस्लामिक शासन चलाने की कवायद चल रही है। देश विरोधी नारों से आज भी घाटी गुंजायमान है। घाटी में मुख्यमंत्री मुफ्ती मो. सईद की मृत्यु पर उनके जनाजे में अनुमानतः 1000-6000 लोग ही आते हैं, तो आतंकी अब्दुल रहमान उर्फ अबू कासिम के जनाजे में 30000 से भी अधिक लोग एकत्र होकर रोते हैं, जबकि आतंकी पाकिस्तानी है। केन्द्र और राज्य सरकारें केवल तमाशबीन हैं। ऐसी तटस्थता विनाश का मूल है। राष्ट्रकवि 'रामधारी सिंह दिनकर' जी की ये पंक्तियाँ यहाँ कितनी न्यायसंगत एवं सटीक हैं—

'समर शेष है, नहीं पाप का भागी केवल व्याध।
जो तटस्थ हैं, समय लिखेगा उनका भी अपराध॥'

अगर हम सन् 1980 के दशक और सन् 2010 से सन् 2018 तक का तुलनात्मक अध्ययन करें, तो हमें राजनैतिक और सामाजिक हालात लगभग एक जैसे ही लगेंगे। कश्मीर की स्थिति राजनैतिक और सामाजिक रूप से काफी संवेदनशील है, खासकर के मई, 2010 के बाद। पथरी बल मुठभेड़ के सिलसिले में हिंसक प्रदर्शनों एवं पत्थरबाजी में 117 प्रर्शनकारी कश्मीर की सड़कों पर मारे गए थे। उस समय इसकी तुलना 'फिलीस्तीनी इन्तीफदा' से कर इसे 'कश्मीरी इन्तीफादा' कहा गया था।

उसके बाद से हालात बेकाबू ही होते गए। कश्मीर घाटी किसी राष्ट्रीय या अन्तर्राष्ट्रीय इस्लामिक मुद्दे पर भाईचारा दिखाने से नहीं चूक रही है। घटनाओं का समर्थन हिंसक प्रदर्शनों के माध्यम से होना ही एकमात्र तरीका है। आतंकी गतिविधियों एवं मुठभेड़ में सैनिकों का शहीद होना हृदय विदारक है। किन्तु उस दौरान कश्मीर की आवाम का सुरक्षाबलों के विरुद्ध नारे लगाना एवं पुरुषों, महिलाओं एवं बच्चों

द्वारा आतंकियों के समर्थन में गाने गाना का एक गहन चिन्ता का विषय है, जैसा कि 21-22 फरवरी, 2016 को पैम्पोर की मुठभेड़ के दौरान हो रहा था। मस्जिदों से 'जीवे-जीवे पाकिस्तान' (पाकिस्तान जिन्दाबाद) के नारे लगाए जा रहे थे। 'साबेलूना-साबेलूना, अल-जिहाद, अल-जिहाद' जैसे जिहादी नारे लगातार पैम्पोर की सड़कों एवं गलियों में गूँज रहे थे। महिलाएँ भी आतंकियों की प्रशंसा में गीत गा रही थीं और उन्हें 'मुजाहिद'; मुजाहिद का अर्थ होता है 'जिहाद लड़ने वाला योद्धा' बता रही थीं। इससे तो ऐसा लगता है कि यह आतंकवाद, अलगाववाद एवं इस्लामीकरण का असाध्य रोग धीरे-धीरे आम नागरिक तक फैल रहा है। इस समस्या और बीमारी की जड़ केवल आर्थिक पिछड़ापन, बेरोजगारी या केन्द्र सरकार द्वारा बाढ़ पीडितों को सरकारी धन लुटाना मात्र नहीं है, अपितु कश्मीर घाटी का पूर्ण इस्लामीकरण है। अब दर्द धन का कम, धर्म का अधिक है। कश्मीरी आज 'कश्मीरी पण्डितों' एवं सन् 1947 बँटवारे के समय के विस्थापितों, जो हिन्दू हैं, के पुनर्वास के लिए दिए गए रुपये 2000 करोड़ के लिए अधिक परेशान हैं। वह आज घाटी में पण्डितों की वापसी को लेकर एकदम भी उत्साहित नहीं हैं। वह उनको एक सुरक्षित जगह बसाए जाने का भी विरोध कर रहे हैं। यह जानते हुए भी कि हिन्दू भय के कारण अलग-अलग अकेले नहीं रह सकते हैं। आज वह भारत से आजादी चाहते हैं। वह कश्मीर को दारुल-इस्लाम बनाकर रखना चाहते हैं। आतंकियों के मारे जाने पर पूर्ण बन्द रखना वह भी दो-दो तीन-तीन दिन तक और बड़े पैमाने पर प्रदर्शनों का होना। हर प्रदर्शन पर पाकिस्तान व आई.एस. के झण्डों का दिखाया जाना और इसी प्रक्रिया को बार-बार दोहराया जाना। कश्मीर घाटी की दिशा और दशा दोनों ही बिगड़ते प्रतीत हो रहे हैं। कश्मीर घाटी में आज कश्मीरी अलगाववादी केन्द्र की भाजपा सरकार के राज्य में उठाए गए कदमों की निन्दा करते हुए उसे हिन्दुत्व को बढावा देने वाली सरकार कहकर बदनाम करते हैं। खुद को कभी आईने में देखने का कष्ट नहीं उठाते, नहीं तो उन्हें अपना वहाबी इस्लाम के रंग में रंगा चेहरा साफ दिखाई दे। ये वो पंथनिरपेक्ष है, जिन्होंने घाटी से हिन्दुओं को भगाने के लिए बन्दूक उठाई, मस्जिदों से 'आजादी' और 'काफिरों घाटी छोड़ो' के नारे बुलंद किए। कश्मीरी पण्डितों का नरसंहार कश्मीर घाटी के मुस्लिम शासकों द्वारा चलाई गई पुरानी परम्परा है। यह सब झूठा प्रचार-प्रसार इस्लामी कट्टरपंथियों द्वारा फैलाया जाता रहा कि 'के.पी.' की सम्पत्ति की रक्षा उनके मुस्लिम पड़ोसी आज भी कर रहे हैं, जबकि हकीकत इसके बिलकुल विपरीत है। कश्मीरी हिन्दुओं की अधिकतर अचल सम्पत्तियाँ या तो कौड़ियों के दाम बिकीं, कब्जा हुईं या फिर सरकार के द्वारा ही अधिग्रहीत कर ली गईं।

कश्मीर के सामाजिक और धार्मिक हालात वही समझ सकता है, जो वहाँ कुछ वर्षों तक उस समाज के बीच में रहे। तब उसे पता चले कि 'अल्लाह-हो-अकबर' आजादी-आजादी, पाकिस्तान जिन्दाबाद, भारत मुर्दाबाद और 'काफिरों घाटी छोड़ो

जैसे' नारे गैर-मुसलमानों के दिल और दिमाग में कैसा अकथनीय भय पैदा करते हैं? दिल्ली में जन्तर-मन्तर पर बैठकर पंथनिरपेक्ष बने रहना बहुत आसान है। जवाहर लाल नेहरू विश्वविद्यालय के विद्यार्थियों एवं शिक्षकों के लिए कश्मीर की आजादी के नारे लगाना और भारत के टुकड़े-टुकड़े होगें चिल्लाना आसान है, क्योंकि उन्होंने कश्मीर की कहानियों को सिर्फ उन्हीं लोगों से सुना है, जो वहाँ बहुसंख्यक हैं और भारत विरोधी भी हैं। उन्होंने कश्मीर घाटी को कभी वर्षों तक जिया नहीं है। कश्मीर में तैनात सैन्यबलों पर जेएनयू की पूर्व अध्यक्ष सुश्री सुचेता एक टी.वी. कार्यक्रम, आजतक चैनेल पर, दिनांक 2 फरवरी, 2016 रविवार 'ऊपर वाला देख रहा है' में कश्मीरी महिलाओं के साथ बलात्कार करने का झूठा आरोप लगाती हैं। शायद जे.एन.यू. के काबिल शिक्षक उन्हें यही खोखली और देशविरोधी शिक्षा दे रहे हैं। क्या इन लोगों के पास सिर्फ अफवाहों की कहानियाँ हैं, क्या कोई तथ्य है, कोई साक्ष्य है?

कश्मीरी हिन्दुओं को पहले कई वर्षों तक दिन-रात धीरे-धीरे परेशान किया गया, इस्लाम का डर उनके दिलो-दिमाग पर बिठाया गया। आतंकियों के द्वारा उनकी हत्याएँ की गईं। ये आतंकी भी उन्हीं कश्मीरी पण्डितों के आस-पड़ोस के रहने वाले थे। लड़कियों को जबरन अगवा कर निकाह किए गए। और यह सब 'अफजल गुरु' 'मकबूल भट्ट' के भाई- बंधु, इस्लामिक आतंकियों द्वारा किया जा रहा था। आज भी यहाँ अशान्ति फैलाने वाले इस्लामिक आतंकी ही हैं। कश्मीर घाटी जो प्राचीनकाल में 'देवभूमि', तपोभूमि, और हिन्दुओं की धर्मस्थली हुआ करती थी, आज उन्हीं हिन्दुओं एवं कश्मीरी पण्डितों के नामो-निशान तलाश रही है। आज के हालात एवं पिछले 30 वर्षों से अधिक की कश्मीर की पृष्ठभूमि एवं इतिहास यह सोचने पर विवश कर देता है कि इस्लाम सिर्फ और सिर्फ तलवार के जोर से फैला। घाटी को कैसे काफिरों (हिन्दुओं) से जनशून्य किया गया, वह भी तब जब केन्द्र में एक पंथनिरपेक्ष सरकार थी। सोचिए जरा सुल्तान सिकन्दर के समय में हिन्दुओं का क्या किया गया होगा। जिस समय कश्मीर घाटी का वाह्य जगत से सम्पर्क न के बराबर था, चारों ओर घिरी पहाड़ियाँ मानव आवागमन में पूर्ण बाधा थी। ऐसे काल में हिन्दुओं के पास सुलतान सिकंदर से बचने के दो ही रास्ते थे, मौत या धर्म परिवर्तन। दोनों ही प्रकार से हिन्दुओं की मृत्यु हो रही थी। शेष हिन्दुओं से बेगार कराई जाती थी और 'जजिया कर' भी वसूला जाता था। हिन्दुओं की बहू-बेटियाँ को अगवा कर मुसलमान अपने पास रख लेते थे। सुल्तान सिकन्दर के लगभग 24 वर्षों के शासन में ही कश्मीर घाटी में जनसांख्यिकी पूर्णरूप से मुस्लिम पक्ष में थी। संगीत बन्द था। मन्दिर टूट चुके थे, साथ ही साथ हिन्दुओं की संघर्ष की इच्छाशक्ति। हिन्दू तिलक नहीं लगा सकते थे और न ही जनेऊ पहन सकते थे। घोड़ो पर चलना मना था। शासन-सत्ता से निकाल दिया गया था। उनकी सारी सम्पत्ति हड़प ली गई थी। यह सब कुछ कितना अविश्वसनीय एवं अमानवीय सा लगता है। लेकिन इन सबकी पुनरावृत्ति 19 जनवरी, 1990 से

आरम्भ हुई और आज 28 वर्षों तक अबाध रूप से चल रही है। सरकारें पंथनिरपेक्षता की दुहाई देती रही और इस्लामी ताकतें इसे गैरइस्लामिक मानती हैं, अतः हिन्दू पलायन जारी है। हिन्दू भी यहूदियों की राह पर हैं। शायद कभी अपना राष्ट्र भारत भी यहूदियों की भाँति इसी सिन्धु घाटी सभ्यता में ढूँढते नजर न आए। सेमुएल हटिंगटन का 'सभ्यताओं का संघर्ष' शुरू है। पाकिस्तान का जन्म नई वैश्विक व्यवस्था में इसका पहला उदाहरण था। द्वितीय विश्वयुद्ध के बाद धर्म के नाम पर राष्ट्र का बँटवारा, विश्व में होने वाले सभ्यताओं के संर्घष की तरफ पहला कदम था। उसके बाद से ही शृंखलात्मक क्रिया यूरोप, अफ्रीका, सोवियत संघ तक चालू है। गृहयुद्ध से लेकर बहुउद्देशीय युद्ध निरंतर चल रहे है। कश्मीर से फिलीस्तीन तक, चेचेन्या से कोसोवो तक, ईरान से यूरोप तक ये सारे संघर्ष, सभ्यता के संघर्ष है।

सन् 1947 में जनगणना के अनुसार, कश्मीर घाटी में 15 प्रतिशत हिन्दू थे लेकिन सन् 1981 की जनगणना के अनुसार, यह घटकर 5 प्रतिशत रह गया। आज पूरी कश्मीर घाटी में इनकी संख्या 3000 से भी कम है। जबकि कश्मीरी पण्डितों की संख्या, जो अब पूरे भारतवर्ष में फैले है, कोई 6 लाख होगी। कश्मीरी पण्डित का सामूहिक निवासस्थान कश्मीर घाटी आज 28 वर्षों बाद भी विषाक्त है। जो वातावरण सन् 1990 में उनके पलायन के समय था, वैसा ही आज भी है। इस्लामिक चरमपंथी आज भी कश्मीर में अपनी स्थिति सुदृढ बनाए हुए हैं। लगभग हर शुक्रवार को आज भी उग्र प्रदर्शन एवं भारत विरोधी नारे लगते हैं। लगभग हर प्रदर्शन पर इस्लामिक स्टेट व पाकिस्तानी झण्डे घाटी में बढ़ते वैश्विक इस्लामिक आतंकवाद का प्रतीक हैं। सन् 2011 से चल रहा सीरिया और सन् 2003 से ईराक युद्ध से पैदा हुए 'आई.एस.' जैसे खूँखार एवं क्रूर आतंकी संगठन आज घाटी में युवकों के प्रेरणाश्रोत बने हुए हैं।' इंटरनेट, फेसबुक और सोशल मीडिया के द्वारा यह नई पीढ़ी को 'साइबर जिहाद' से लेकर 'सशत्र जिहाद' के लिए तैयार कर रहे हैं। जनसंचार के अनेकों साधन ने 'वैश्विक जिहाद' की विचारधारा को और भी प्रबल किया है। इन साधनों के द्वारा एक संगठन बनाना एवं चलाना आसान हो गया है। विचारों का आदान-प्रदान चुटकियों में होने लगा है। अच्छे एवं खराब विचार दोनों ही आज की युवापीढ़ी के लिए उपलब्ध हैं। पहले अगर एक विचार के प्रचारित करने में 10 दिन लगाते थे, तो आज 10 घंटे में ही वह विचार कार्यवाई का रूप लेने लगता है।

इस वैचारिक एवं सशस्त्र जिहादी वातावरण के बीच किसी भी कश्मीरी पण्डित का घाटी में जीवनयापन असम्भव है। आज यह आतंकी समूह निडर हो अपनी तस्वीरें फेसबुक आदि पर डाल रहे हैं। आज वैश्विक जिहाद के प्रचार-प्रसार का सीधा असर कश्मीर में दिख रहा है। इसका सबसे बड़ा कारण सूचना प्रौधोगिकी के क्षेत्र में हो रहा विकास है। कश्मीर हमेशा से ही इस्लामिक दुनिया में हुए बदलावों से प्रत्यक्ष या परोक्ष रूप से अवश्य प्रभावित होता आया है। 11 सितम्बर, 2001 के बाद जो अमेरिकी

नेतृत्व में पश्चिमी देशों ने इस्लामिक आतंकवाद के विरुद्ध अभियान चलाया, उसके अच्छे एवं बुरे परिणामों का असर भी कश्मीर घाटी में देखने को मिलता है। नाटो देशों के सैन्य अभियान जब अफगानिस्तान में शुरू हुए, तो उसके विरोध में स्वर कश्मीर घाटी में भी उठाए गए। दुनिया के सभी मुस्लिम कट्टरपंथियों को यह आक्रमण तालिबान या अल-कायदा पर न लगकर इस्लाम पर लगा। इस्लाम खतरे में है कि आवाज बुलन्द होने लगी। अप्रैल, 2003 को अमेरिका और सहयोगी देशों ने अलकायदा एवं अन्य इस्लामिक आतंकी संगठनों को समाप्त करने के लिए ईराक पर हमला किया। सद्दाम हुसैन और उसके शासन का अन्त हुआ, लेकिन लड़ाई जारी रही। इस्लामिक आतंकी रक्तबीज राक्षस की भाँति बढते रहे। वह पश्चिमी एशिया से निकल कर उत्तरी अफ्रीका, मध्य एशिया व दक्षिण एशिया तक फैलने लगे। इस युद्ध का सबसे बड़ा दुष्परिणाम हुआ। जिहादी विचारधारा की वृद्धि के रूप में इस्लामी कट्टरपंथियों ने पश्चिमी देशों के इन हमलों को इसाईयों का इस्लाम पर हमला बताकर पूरे इस्लामिक देशों को एक विरोधी मंच पर लाने की मुहिम छेड़ दी। उसका असर इस्लामिक आतंकवाद की वृद्धि के रूप में पश्चिमी एशिया में देखने को मिलने लगा। अलकायदा अनेक इस्लामिक देशों में फैलने लगा। इसके साथ वहाबी एवं सलाफी विचारधारा इण्टरनेट के सहारे और तेजी से फैलने लगी। ईराक में शिया-सुन्नी गृह युद्ध छिड़ा, साथ-ही-साथ पूरे पश्चिमी एशिया में शिया-सुन्नी विभाजन दिखाई देने लगा।

शिया-सुन्नी समर्पित सशस्त्र गुट अलग-अलग देशों में युद्धरत हो गए। इसी समय उत्तरी अफ्रीका में राजनैतिक उथल-पुथल शुरू हो गई। तानाशाहों के विरुद्ध जन आन्दोलन शुरू हुए, जिनके पीछे मजबूत कट्टरपंथी इस्लामिक संगठन ही थे। मिश्र में 'मुस्लिम ब्रदरहुड' ने पर्दे के पीछे बैठकर इस पूरे जन आन्दोलन की कमान संभाल ली थी। मुस्लिम ब्रदरहुड को एक प्रकार से इस्लामिक आतंकवाद का जनक भी कहा जा सकता है। पूरे फिलिस्तीनी आतंकवाद को मुस्लिम ब्रदरहुड से हमेशा नैतिक एवं आर्थिक मदद मिलती रही है। मिश्र, लीबिया और ट्यूनेशिया में तख्त पलट गए। पश्चिमी देशों ने भी इन आन्दोलनों को काफी सहयोग दिया, पर परिणाम विपरीत निकले, तानाशाहों के स्थान पर कट्टर इस्लामिक सत्ता में आ गए। अलकायदा जैसे गुट और मजबूती से फैलने लगे। 'हमास' और 'हिजबुल्लाह' जैसे आतंकी गुट इजरायल के विरुद्ध लामबन्द होकर अत्यन्त आक्रामक हो गए। परिणामस्वरूप सन् 2006 में इजरायल और हिजबुल्लाह में महीनो लड़ाई चली। विश्व शान्ति पर खतरा मंडराने लगा। सन् 2003 ईराक आक्रमण के बाद पश्चिमी एशिया अभी तक शान्त नहीं हुआ है।

मई, 2011 से सीरिया में गृहयुद्ध छिड़ा हुआ है। यह भी शिया-सुन्नी युद्ध है, जिसमें ईरान बनाम अन्य सुन्नी देश सऊदी अरब के नेतृत्व में आमने-सामने हैं। येमेन और ईराक भी इसी प्रकार की लड़ाई लड़ रहे हैं। आई.एस. ने ऐसे ही हालात में जन्म

लिया, जो आज पूरे विश्व पर छा गया है। यह दुनिया का सबसे धनवान आतंकी संगठन है। सूचना प्रौद्योगिकी के बेहतर प्रयोग से इसने अपने आप को 3 सालों में स्थापित कर अलकायदा को भी मीलों पीछे छोड़ दिया। आज इसके पास पूरे दुनिया से शिक्षित लड़ाके आ रहे हैं। भारत से भी लगभग 15-20 लोगों के आई.एस. के साथ लड़ाई में शामिल होने की सम्भावना है। इसके प्रचार-प्रसार का पूरा श्रेय इण्टरनेट और सोशल मीडिया को है। परन्तु शायद ईराक और अमेरिका जल्द ही इस्लामिक स्टेट रूपी एक उस विचार धारा को ख़त्म करने में सफल हों जिसके अब अनेक रूप हैं। यह एक क्षेत्र में अस्थायी रूप से मिटकर दूसरे स्थान पर पुनः उत्पन्न होगी।

दक्षिण एशिया में इस्लामिक आतंकवाद की जड़े अफगान युद्ध में गहरी हुई। आज 'हक्कानी नेटवर्क' एक सक्षम एवं संगठित आतंकी समूह है, जो पाक-अफगान सीमावर्ती वजीरस्तान में स्थित है। यह आज भी दुनिया के अनेक आतंकी संगठनों एवं आतंकियों को प्रशिक्षित कर रहा है। यह समूह एवं तालिबान गुट दक्षिण एशिया के आतंकियों में सबसे अव्वल नम्बर पर है।

'लश्कर-ए-तैयबा' और 'जैश-ए-मोहम्मद' जैसे आतंकी समूह भारत पर विशेष रूप से आतंकी हमलों के लिए बनाए गए हैं। भारत में 13 दिसम्बर, 2001 संसद हमले से लेकर 22 नवम्बर, 2008 को मुम्बई हमले तक लगभग सभी हमलों में जैश और लश्कर प्रमुखतः से संलिप्त थे। 01 जनवरी, 2016 का पठानकोट एयरबेस हमला भी जैश की साजिश था। सन् 2012 के बाद से घाटी में भी स्थानीय आतंकियों की संख्या में वृद्धि देखी गई। जून, 2010 से श्रीनगर उग्र प्रदर्शनों का केन्द्र बना हुआ है। पाकिस्तान व आई.एस. के झण्डे आम दृष्य हैं। इधर सन् 2015-18 से आतंकी मुठभेड़ों के दौरान स्थानीय लोगों का सैन्य बलों पर पथराव या घेरे में फँसे आतंकियों को निकालने के लिए उग्र प्रदर्शन करना, एक बार-बार दोहरायी जाने वाली प्रक्रिया बन चुकी है। इसके पीछे अवश्य ही एक सुनियोजित एवं गहरा षणयंत्र है। चरमपंथी इस्लामिक शक्तियाँ अधिक सक्रिय हैं। भारतीय खुफिया एजेन्सियों को उनसे अधिक सक्रिय होने की आवश्यकता है। आतंकियों से अधिक घातक ये विचारधारा एवं घाटी का बृहद स्तर पर इस्लामीकरण है। अलगाववादी एवं विभाजनकारी शक्तियों को इस तरह स्वच्छंद रूप से सक्रिय रखना देशहित में नहीं है। ऐसे हालात में कश्मीरी पण्डित घर वापसी कर पाएँगे क्या? आज घाटी का माहौल सन् 1989-90 से कम खराब नहीं है। अगर हम आँखों पर पट्टी बाँधे रहें, तो अलग बात है और पूरे देश को पूर्ववर्ती सरकारों की तरह धोखा देते रहें। आज तीव्र जनसंचार एवं सुगम, सुदृढ सूचना प्रौद्योगिकी युग में इस प्रकार के चल रहे देशद्रोही कृत्य जल्द ही अपने अनुयायी बनाने में सफल हो जाएँगे जो और भी दुष्कर कार्य हो जाएगा। मई, 2014 में भाजपा सरकार आने के बाद कांग्रेस और अन्य क्षेत्रीय दल अब एक होकर सामूहिक रूप से उसका विरोध कर रहे हैं। कारण भाजपा की अपार सफलता से अन्य दलों की राजनैतिक

जमीन जाने का खतरा। इस खतरे से बचने के लिए यह सब देश में एक साम्प्रदायिक वातावरण पैदा कर रहे हैं। ये अल्पसंख्यकों को 'हिन्दुत्व' का नाम लेकर बार-बार डरा रहे हैं, जबकि हिन्दुत्व ही पूरे संसार में एक बहुलतावादी सभ्यता एवं सहिष्णुवादी सोच है। आज विपक्षियों का यह राजनैतिक दुष्प्रचार देश व हिन्दू धर्म दोनों के लिए घातक है। कश्मीर के अलगाववादी नेता भी इनके सुर में सुर मिलाकर भाजपा एवं आरएसएस को ही उलटा बढ़ते इस्लामिक चरमपंथ का दोषी मान रहे हैं। इस देश में मुस्लिम चरमपंथ एवं कट्टरपंथ का तुष्टीकरण ही पंथनिरपेक्षता एवं सहिष्णुता है। आप इस्लामिक जिहादियों को 'मुजाहिद' बताइए तो आप एक पंथनिरपेक्ष एवं खुले विचारों के विचारक हैं। आज मुख्य विपक्षी दल एवं एक राष्ट्रीय पार्टी कांग्रेस के उपाध्यक्ष राहुल गाँधी अफजल गुरु एवं मकबूल भट्ट जैसे आतंकियों के समर्थकों के पक्ष में जेएनयू में धरना देते हैं और इन्हीं समर्थकों का समर्थन फिर कश्मीर घाटी में हुर्रियत एवं अन्य इस्लामिक संगठन भी करते हैं। क्या लोकतान्त्रिक राजनीति का स्तर इस प्रकार से गिर सकता है? विचारों की स्वतन्त्रता एवं अभिव्यक्ति की स्वतन्त्रता की आड़ में जेएनयू की छात्र नेता सुश्री डे भारतीय सैनिको को कश्मीर में बलात्कार करने का दोषी बता सकती हैं। शायद उन्होंने कश्मीर के आतंकग्रस्त क्षेत्रों या आतंकी अभियानों के दौरान घाटी में कुछ मिनट भी न निकाले हों। उनका बयान सिर्फ और सिर्फ सुनी-सुनाई बातों के आधार पर है, कोई साक्ष्य या शोध पर आधारित नहीं होगा, जिसमें कि किसी एक घटना की गहन छानबीन के साथ दोनों पक्षों से पूछताछ या जाँच की गई हो। कश्मीर घाटी में कितने ही ऐसे झूठे आरोप, मनगढ़ंत कहानियाँ आतंकियों के दबाव में सुरक्षाबलों के ऊपर लगाए जाते हैं। भरतीय सेना संसार की सबसे अधिक अनुशासित सैन्य बलों में है। मेरे खुद के वर्षों के अनुभव में ऐसी घटनाएँ कभी भी सुनने तक में नहीं आईं जिसमें कोई वास्तविकता रही हो। कभी-कभी सैन्य अभियान के दौरान प्रतिक्रिया स्वरूप लड़ाई में कुछ ऊँच-नीच हो सकती है, लेकिन महिलाओं के साथ कोई अनैतिक अभद्रता का तो कभी प्रश्न ही नहीं उठता है। क्योंकि हर सैन्य कार्यवाई के दौरान सेना के अधिकारियों से लेकर पुलिस के प्रतिनिधि तक होते हैं।

कश्मीर घाटी के आज का राजनैतिक नेतृत्व जब कोई बयान देता है, तो वह अब सिर्फ और सिर्फ मुस्लिम और हिन्दू बनाम होता है। ऐसा क्यों? यह है कश्मीर घाटी की पंथनिरपेक्षता। फारुक अब्दुल्ला 24 फरवरी को श्रीनगर में ने.का. के कार्यकर्ता सम्मेलन में कहते हैं कि सरकार की मुस्लिम विरोधी नीतियाँ कश्मीर से उनका हक समाप्त कर देंगी, तो इसका अर्थ हुआ कि घाटी केवल मुसलमानों की है क्योंकि कश्मीर तो केवल घाटी है। बौद्ध और हिन्दुओं का अधिकार सिर्फ जम्मू और लद्दाख क्षेत्रों तक ही है। ऐसे कथन ही कश्मीर घाटी से हिन्दुओं के पलायन के लिए जिम्मेदार थे। क्यों सन् 2008 में अमरनाथ यात्रा बाधित की गई थी। क्योंकि घाटी

इस्लामिक परिभाषा के अनुसार अब 'दारुल-इस्लाम' बन चुकी है। आज खाली साहित्यिक कहानियों की कल्पनाओं को छोड़ दिया जाए और सुनहरे स्वप्नों के अलावा कश्मीरी पण्डितों की कोई कश्मीर घाटी में वापसी नहीं देखना चाहता है। न ही कोई भी कश्मीरी पण्डित वहाँ जाकर रोज-रोज मरना चाहता है। 19 जनवरी, 1990 तक की तारीख का इन्तजार केवल वही हिन्दू लोग कर रहे थे, जिनके पास बाहर जाने के कोई विकल्प नहीं थे। वरना सक्षम लोग तो अस्सी के दशक के मध्य से ही घाटी को छोड़ने लग गए थे या अपने लिए वैकल्पिक व्यवस्था कर रहे थे। आज भी कश्मीरी पण्डितों के लिए अलग सुरक्षित आवासीय परिसरों का घाटी में विरोध हो रहा है और दलील दी जा रही है कि ये इजरायल की तर्ज पर 'यहूदी पुनर्वास' जैसा हिन्दू पुनर्वास किया जा रहा। इसका मतलब अलगाववादी कह रहे हैं, कश्मीर घाटी सिर्फ मुसलमानो की है। हर अलगाववादी और आज तक मैं जितने भी कश्मीरी मुसलमानों से मिला हूँ, उनकी बातों से हमेशा यही झलक मिलती है कि कश्मीर जैसे कोई अलग पश्चिमी एशिया का इस्लामिक देश हो। इस मिथक को समाप्त करना ही आज भारतीय नेतृत्व का एक राष्ट्रीय उद्देश्य होना चाहिए। कश्मीरी इतिहास पर मुस्लिम आधिपत्य तो मात्र 480 वर्ष का ही है। वह भी सभी विदेशी (शाहमीर, वंश, मुगल या अफगान) (सन् 1339 से 1819 तक) लोगों का। उसके अलावा कश्मीर का सारा इतिहास ही भारतीय इतिहास है। एक सहिष्णु एवं बहुलतावादी संस्कृति का इतिहास है। पिछले 200 वर्षों का राजनैतिक आधिपत्य भी भारतीय है। अतः आज किसी मुस्लिम अलगाववादी नेता का कश्मीर का भारत में सशर्त विलय केवल एक विभाजनकारी एवं देशद्रोही प्रलाप है और कानूनी एवं संवैधानिक रूप से भी इसे इस प्रकार ही देखना चाहिए। आज हम उन औपनिवेशक एवं साम्राज्यवादी सन्धियों के सहारे या मुस्लिम उलेमाओं के फतवों के अनुसार, कश्मीर को एक इस्लामिक गणराज्य नहीं बनने देंगे।

आज अनेकों-अनेक प्रयासों एवं प्रलोभनों के बाद भी कश्मीर घाटी के अलगाववादी एवं राजनैतिक नेतृत्व राष्ट्रहित में काम न करके अपने व्यक्तिगत स्वार्थसिद्धि में लगे हुए हैं। एक बड़ा जनमानस भय एवं इस्लाम के तिलिस्म में फँसा हुआ है और उसके खून से देशद्रोही अपनी आतंक की फसल को सींच रहे हैं। आज हमे दो महापुरुषों में से एक की बात पर ही चलना होगा, अब जड़ता को सुधारने का और कोई तरीका शेष नहीं बचता है। इसीलिए श्रीराम युगों-युगों से हमारे मार्गदर्शक हैं। क्या आज भी रावण अनेक रूपों में जिन्दा नहीं है? क्या आज भी वही राक्षस राज नहीं चल रहा है? रामायण मात्र कथा नहीं, एक जीवन्त समाज की हर युग की घटित हो रही सच्चाई है।

भारतीय गणराज्य के सन्दर्भ में हमेशा अनेकता में एकता का एक गूढ़ सूत्र बार-बार दोहराया जाता है। इसका कारण है यहाँ स्थित भिन्न-भिन्न संस्कृति, सभ्यताएँ, भाषाएँ, बोलियाँ एवं कलाएँ। यह सब हमें एक बहुआयामी, विविधता

परिपूर्ण राष्ट्र तो बनाती हैं पर साथ-ही-साथ एक कमजोरी भी देती हैं। वह है सबका एक साथ जुड़ें रहना और जुड़े रहने के लिए आवश्यक केन्द्रीय गुरुत्वाकर्षण शक्ति अर्थात सुदृढ एवं शक्तिशाली केन्द्र सरकार।

अतः आज हम कश्मीर की सत्ता वहाँ के अलगाववादी नेताओं के हाथ में देकर अपना हाथ नहीं कटवा सकते। चाणक्य ने भी सीमावर्ती राज्यों के शासन प्रबन्धन की नीति में भी ऐसी ही व्यवस्था की बात की है। चाणक्य ने विशाल साम्राज्य के लिए इसीलिए एक सक्षम गुप्तचर व्यवस्था स्थापित की थी और ऐसे राज्यों पर हमेशा गिद्ध दृष्टि रखने की बात कही। यह सभी बातें आज भी अर्थपूर्ण इसलिए है क्योंकि इनके आधार पर बड़े-बड़े साम्राज्यों की स्थापना हुई और उनको सुचारू रूप से संचालित भी किया गया। आज कश्मीरी पण्डितों को सुरक्षा न दे पाना हमारी संवैधनिक एवं लोकतान्त्रिक असफलता है। अन्तर्राष्ट्रीय तुष्टीकरण एवं इस्लामिक तुष्टीकरण राष्ट्रीय हितों एवं बहुसंख्यकों के हितों को दाँव पर लगाकर नहीं होना चाहिए। कश्मीर में तो अल्पसंख्यक हितों की रक्षा इसलिए नहीं हो रही है, क्योंकि वह हिन्दू हैं। कश्मीर घाटी में सत्ता के भूखे कुछ समूह है, जो केन्द्र व राज्य की गरीब जनता के बीच एक अपारदर्शी दीवार के मानिंद खड़े हैं जो एक दूसरे को समझने व जानने से रोकते हैं। यह एक सत्य है एवं तथ्य भी है कि कश्मीर में अगर कभी निष्पक्ष एवं पारदर्शी शासन एवं विकास हुआ है, तो वह राज्यपाल शासन में चाहे वह सन् 1986 जगमोहन या सन् 1990 में 4 महीने जगमोहन या उसके बाद गिरीश सक्सेना का सन् 1996 तक। क्यों कश्मीर की चुनी सरकारें अपने ही लोगों का भला नहीं कर पायी। क्यों विकास के नाम पर उन्हें इस्लाम का नारा दिया जाता रहा। आज कश्मीर घाटी में सभी बाते क्यों हिन्दू और मुस्लिम बनाम हो रही है। क्यों एक बार फिर से 'द्विराष्ट्र सिद्धान्त' को पोषित किया जा रहा हैं? घाटी का नेतृत्व क्यों कर रहा है केन्द्र सरकार का विरोध—

1. भारत की संघीय सरकार का विरोध घाटी के राजनैतिक दलों को कश्मीरी आवाम के करीब लाता है।
2. घाटी में 26 अक्टूबर, 1947 के बाद से ही भारतीय केन्द्र सरकार को पंथनिरपेक्ष न बताकर 'हिन्दू सरकार' 'हिन्दू भारत' आदि सम्बोधन ही दिए जाते रहे हैं और कश्मीर को एक मुस्लिम इकाई के रूप में दर्शाया जाता रहा है, अतएव कश्मीर को हमेशा 'हिन्दुत्व' एवं भारत से खतरा है। 'दारुल-इस्लाम' और 'दारुल-हरब' संघर्षरत हैं।
3. इसी बुनियाद का सहारा ले घाटी के अलगाववादियों द्वारा 'कश्मीरी पण्डितों' को भारतीय एजेण्ट की संज्ञा दी गई एवं उन्हें काफिर कहकर घाटी छोड़ने पर विवश किया गया।
4. आज यदि भाजपा सरकार के कश्मीर पण्डितों का पुनर्वास घाटी में करवाना चाहती है, तो वह साम्प्रदायिक है एवं हिन्दुत्व को बढ़ावा दे रही है।

5. भारत सरकार यदि अमरनाथ यात्रा को सुविधानजक बनाने के लिए अस्थायी तौर पर 2-3 महीने के लिए कश्मीर घाटी में भूमि चाहती है, तो वह साम्प्रदायिक है एवं घाटी की जनसांख्यिकी बदलना चाहती है।
6. इन सबके पीछे घाटी के इस्लामिक अलगाववादी तो जिम्मेदार हैं ही, जिनका पोषण पाकिस्तान कर रहा है, साथ में वोट बैंक की राजनीति के कारण कश्मीरी राजनैतिक दल भी शामिल हो जाते हैं।
7. आज पाक अधिकृत कश्मीर और कश्मीर घाटी में हुए विकास में जमीन आसमान का अन्तर है। केन्द्र सरकार द्वारा दिए जाने वाला विकास के लिए धन भी भारतीय अन्य राज्यों की अपेक्षा अनुपातिक रूप से अधिक रहा है फिर भी कश्मीर घाटी पाकिस्तान जिन्दाबाद के नारे क्यों लगा रही है? क्या इस्लाम, विकास और लोकतान्त्रिक स्वतन्त्रता पर भारी है?
8. हिन्दू-मुस्लिम साम्प्रदायिकता की शुरुआत शेख अब्दुल्ला ने सन् 1950 के ज़मींदारी और चकदारी व्यवस्था समाप्त करने के साथ ही कर दी थी, क्योंकि भूमि सुधार उन भूमि पर लाए गए, जो हिन्दुओं की थी। यह सुधार उन बाग-बगीचों पर नहीं लगाए गए, जो डोडा या कश्मीर में मुस्लिमों के थे। *हाउ पार्टीशन राकड जम्मू एंड कश्मीर–डाक्टर एस.पी. वैद*। इसी पुस्तक में उन्होंने लिखा है।

   (डेब्ट एक्ट ने भी प्रतिकूल रूप से केवल हिन्दू साहूकारों को प्रभावित किया और मुस्लिमों को लाभ पहुँचाया। इसी पुस्तक के पृष्ठ 96-97 पर लिखा है- सन् 1953 से पूर्व जम्मू सम्भाग से मात्र एक ही प्रतिनिधि मंत्रिमण्डल में था। इसके अलावा सत्ताधारी पार्टी का कोई भी बड़ा पदाधिकारी, प्रधान, महासचिव, उपप्रधान या खजांची जम्मू संभाग से नहीं था। मात्र इतना ही नहीं, घाटी से मुख्यमंत्री बनाने की प्रथा सी बन गई। यहाँ तक की कांग्रेस प्रमुख भी कश्मीरी मुसलमान होना जरूरी था। आज कश्मीर में व्याप्त इस्लामिक साम्प्रदायिकता के बीज 27 अक्टूबर, 1947 से बोए जाने लगे थे। कश्मीर केन्द्रित मानसिकता, धर्मान्धता के कारण ही सन् 1990 में कश्मीर से हिन्दुओं का पलायन हुआ।)
9. आज इन सब तथ्यों को बोलने एवं लिखने वाला साम्प्रदायिक, जो मुस्लिम कट्टरत्ता का तुष्टीकरण न करे, वह इस्लाम विरोधी एवं साम्प्रदायिक। आज कश्मीरी प्रचार-प्रसार एवं बेहतर जनसम्पर्क स्थापित कर अपनी गलतियों को भी छिपाकर विरोधियों पर झूठा हल्ला बोल करने के मास्टर हो गए हैं। राष्ट्रीय स्तर पर अनेक छद्म पंथनिरपेक्षी उनके लिए भाड़े के टट्टू बने हुए हैं। ऐसे लोग विश्वविद्यालयों, मीडिया एवं गैरसरकारी संस्थानों में सरकारी धन परजीवी बनकर बैठे हुए हैं।

10. डॉ. फारुक अब्दुल्ला जैसे मुख्य धारा के नेता सार्वजनिक मंच से सन् 2017 में यह घोषणा करते हैं कि पाक अधिकृत कश्मीर अब पाकिस्तान के पास रहेगा और शेष जम्मू-कश्मीर भारत का ही अंग बना रहेगा, किन्तु साथ ही भारत सरकार को यह चेतावनी देना भी नहीं भूलते कि कश्मीर का विलय सशर्त था और यदि साम्प्रदायिकता को सरकार ने नहीं रोका, तो कश्मीर भारत के हाथ से निकल सकता है। क्या यह देशद्रोह नहीं है? कश्मीर का हर एक नेता या सामाजिक कार्यकर्ता कश्मीर की इस्लामिक पहचान बताने से नहीं चूकता। शायद इसी कारण से वहाँ से हिन्दुओं को जबरन भगाया गया और घाटी को पूर्णतया इस्लामिक क्षेत्र बनाने की कोशिश कामयाब हुई।
11. क्या गोमांस खाने की जिद साम्प्रदायिकता नहीं है, जबकि गोमांस खाने को लेकर कुरान में कोई भी धार्मिक आदेश नहीं है या सिर्फ हिन्दुओं की आस्था को किसी भी प्रकार से आहत करने का तरीका है। तभी तो घाटी से विधायक राशिद इंजीनियर गोमांस की दावत का आयोजन करते हैं। और इस मुद्दे को पीडीपी की सांसद महबूबा भी मुस्लिमों का धार्मिक हक मानती हैं।
12. यह पूरा साम्प्रदायीकरण एवं घाटी का इस्लामीकरण करने की कोशिश राजनैतिक अधिक है। आम नागरिक को कश्मीर की इस छवि से नुकसान के अलावा कुछ नहीं मिलेगा।
13. कश्मीर घाटी का 'द्विराष्ट्र सिद्धान्त' पर उसके राजनैतिक नेतृत्व द्वारा ले जाना भारतीय पंथनिरपेक्षता एवं भारतीय बहुलतावाद के लिए एक चुनौती है और इस विचारधारा को भी बल प्रदान करती है कि इस्लाम पंथनिरपेक्षता, बहुलतावाद और धार्मिक विविधता में विश्वास नहीं करता।
14. कश्मीर में धारा-370 वहाँ की सांस्कृतिक, प्राकृतिक एवं भौगोलिक सम्पदा को बचाने के लिए नहीं अक्षुण्ण रखी जा रही है, अपितु कश्मीर घाटी के इस्लामिक राज में हस्तक्षेप रोकने के लिए है। इसलिए धारा-370 एक राजनैतिक दस्तावेज का कानून से अधिक इस्लामिक कट्टरपंथियों के हाथ में एक अस्त्र है जिसका प्रयोग वह घाटी के पूर्ण इस्लामीकरण के लिए करते आए हैं।
15. घाटी के कुछ विद्वानों द्वारा जिस 'कश्मीरियत' के सिद्धान्त को प्रतिपादित करने की कोशिश की जा रही है, जैसे कि वह कोई अलग संस्कृति हो, एक सोची-समझी रणनीति है उसे भारतीय संस्कृति से अलग दिखाने की। जबकि कश्मीरी संस्कृति एक वृहद हिन्दू सभ्यता का ही अंश है। कश्मीर में शैव और बौद्ध संस्कृति एवं कला आज भी जीवित है, जिसे धर्मान्ध

सुल्तान सिकन्दर जैसे कितने ही मुस्लिम शासकों ने मिटाने की कोशिश की थी और आज के सत्ताधारियों द्वारा भी जारी है।

16. कश्मीर घाटी में बार-बार 'हिन्दू भारत' एक वाह्य आक्रान्ता के रूप में प्रस्तुत किया जा रहा, जबकि सत्य इसके विपरीत है कश्मीर की संस्कृति सभ्यता के लिए इस्लाम एक दुःस्वप्न एवं अनसुलझी पहेली है। आज कश्मीर के इस्लामिक कट्टरपंथियों को पंथनिरपेक्ष हिन्दुत्व का आभारी होना चाहिए कि हम उनकी तरह क्रूर एवं हत्यारे नहीं हैं, वरना आज कश्मीर भी पाकिस्तान की तरह होता, जहाँ अल्पसंख्यक हिन्दू 23.5 प्रतिशत से घटकर 1 प्रतिशत से भी कम हो गए हैं। या कश्मीर में ही आज घाटी हिन्दू विहीन हो चुकी है। प्रलाप हिन्दुओं को करना चाहिए, तो उल्टा यहाँ पर मगरमच्छ के आँसू इस्लामिक ताकतें बहा रही हैं। कश्मीर घाटी में जो कुछ परिगमन आवासीय परिसर कश्मीरी हिन्दुओं के लिए बने भी हैं, वे हर पल खतरे के साये में है उनमें रहने वाले हिन्दुओं को अपने-अपने काम के लिए जाना तो बाहर ही पड़ेगा। हिंसक एवं उग्र प्रदर्शनों के दौरान इन्हें निशाना भी बनाया जाता है।
17. कश्मीर के अलगाववादी एवं देशद्रोही दिन-रात एक स्वतन्त्र इस्लामिक राष्ट्र की कल्पना में अपना समय निकाल रहे हैं। पाकिस्तानी और अनेक इस्लामिक देशों की भीख लेकर भारत के विरुद्ध वैचारिक एवं सशस्त्र विद्रोह छेड़ा हुआ है। शायद कश्मीर घाटी की इस्लामिक ताकतों को लग रहा है कि उनके जिहादी एक दिन जंग जीतकर कश्मीर को भी वैश्विक 'उम्माह' का हिस्सा बना देंगे और शायद कोई कश्मीरी ही उसका 'खलीफा' भी बने। अलकायदा या इस्लामिक स्टेट के अलावा जो वैश्विक स्तर पर एक इस्लामिक संगठन के रूप में स्वतन्त्र तरीके से लड़ रहे हैं या आतंक फैला रहे हैं। क्या कहीं कोई इस्लामिक राज्यों के समूह का कोई सुदृढ राजनैतिक उम्माह जैसी चीज है?
18. नहीं, क्योंकि प्रत्येक क्षेत्र, महाद्वीप या उपमहाद्वीप में वह सब आपस में ही लड़ रहे हैं, तो फिर कश्मीर के लिए कौन लड़ने आ रहा है? यह कश्मीरियों की गलतफहमी या खुशफहमी है?
19. भारत सरकार का विरोध कर के एक प्रकार की अलगाववाद की भावना पैदा करना है, जहाँ सामान्य व्यक्ति को भारत सरकार से घृणा और नफरत पैदा हो और उन्हें लगे कि भारत सरकार उनके लिए कुछ भी नहीं कर रही है और वह उन्हें आक्रमणकारी की दृष्टि से देखें व उन्हें भ्रष्ट और कट्टर हिन्दू समझे। सितम्बर, 2014 में कश्मीर घाटी प्रलयंकारी बाढ़ से पीड़ित हुई, भारत सरकार ने तुरन्त सरकारी सहायता के लिए राष्ट्रीय आपदा

प्रबन्धन की टुकड़ियाँ और सेना को बाढ पीड़ित क्षेत्रों में उतार दिया। दिन-रात राहत केन्द्र चलने लगे। रहने के लिए अस्थायी कैम्प लगाए गए। राहतकार्य युद्धस्तर पर चल रहा था, लेकिन इसी बीच अलगाववादियों ने इसका भी विरोध शुरू कर दिया। कई जगह राहत कार्यों में जुटी सेना पर पथराव तक किया गया। यासीन मलिक (पूर्व आतंकी) व जम्मू-कश्मीर लिबरेशन फ्रंट के सरगना स्वयं ऐसे पत्थरबाजों का नेतृत्व कर रहे थे। क्या इस सहायता या राहत कार्य से भी इस्लाम को खतरा था या उन अलगाववादियों को जो चूहों की तरह अपने बिलों में छुपे हुए थे, अपनी साख गिरती नजर आ रही थी और लग रहा था कि भारत की हिन्दू सरकार कहीं कश्मीरी मुसलमानों की करीबी न बन जाएँ।

20. कश्मीरी स्थानीय उर्दू प्रेस भी कहीं न कहीं चाहे छोटे स्तर पर सही, किन्तु भारत विरोधी मानसिकता से ग्रस्त है। उर्दू प्रेस के कई अखबार एवं साप्ताहिक पत्रिकाएँ भारत विरोधी एवं सुरक्षाबलों के विरोध की झूठी कहानियों से भरे रहते हैं। धीर-धीरे आगे चलकर इसी कश्मीरी मीडिया के प्रचार-प्रसार से भारत विरोधी एवं हिन्दू धर्म विरोधी जनमत तैयार होता है। सन् 1980 से 90 के दशक तक ऐसा ही हुआ था और आज भी यह सूचना की जंग जारी है। अब तो इंटरनेट और सोशल मीडिया इस दुष्प्रचार में और भी प्रभावी है एवं बड़े स्तर पर खासकर नवयुवकों तक पहुँच बना रहे हैं। यही कारण है कि पत्थरबाजी और उग्र प्रदर्शनों के दौर बहुत बढ़ गए हैं। लगभग हर शुक्रवार को हिंसक प्रदर्शन एवं पत्थरबाजी की जाती है, पाकिस्तान और आई.एस. आतंकी संगठन के झण्डे लहराए जाते हैं और सुरक्षाबलों को हिंसा का निशाना बनाया जाता है। इन झण्डों का अर्थ यह भी नहीं है कि घाटी में आई.एस. के आतंकी आ गए हैं, लेकिन यह भारत सरकार और सुरक्षाबलों की खिल्ली उड़ाना तो अवश्य है। यहाँ सार्वजनिक स्थल पर भारतीय ध्वजारोहण आज भी अलगाववादियों द्वारा रोका जाता है या उस पर उग्र विरोध जताया जाता है। आज आई.एस. का झण्डा विश्व 'सलाफी इस्लामिक क्रान्ति' का प्रतीक अवश्य बनता जा रहा है। अतः इस दृष्टिकोण से यह स्थिति खतरनाक है।

जम्मू-कश्मीर राज्य को भौगोलिक, सामाजिक, राजनैतिक सांस्कृतिक और धार्मिक आधार पर तीन प्रमुख भागों में बाँटा जा सकता है। तीनों भागों की अपनी अलग-अलग सम्पूर्ण पहचान आदिकाल से रही है। तीनों एक बड़े कालखण्ड तक अलग-अलग राजनैतिक इकाईयों में बँटकर, अलग-अलग शासन पद्धति के द्वारा संचालित हुए हैं। यहाँ पर अभी केवल कश्मीर घाटी को अध्ययन का हिस्सा रखा जाएगा। यह भाग भौगोलिक रूप से पीर पंजाल पर्वत श्रृंखला के उत्तर में एवं

कराकोरम पहाड़ियों के दक्षिण में है। चारों ओर से पहाड़ों से घिरी घाटी मीठे जल की दो बड़ी झीलों को 'बूलर' और 'डल' को अपनी गोद में लिए हुए है। झेलम नदी भी इस घाटी से होकर प्रवाहित होती है। घाटी आज लगभग 100 फीसदी मुस्लिम आबादी क्षेत्र है, जिसमें सन् 1947 तक 15 प्रतिशत हिन्दू होते थे। सन् 1981 की जनगणना में वह घटकर मात्र 5 प्रतिशत रह गए और 2011 की जनगणना में वह 3000 के आस-पास ही हैं।

अगर हम 700 वर्ष पूर्व जाएं तो शायद अनुपात लगभग 100 फीसदी हिन्दू एवं बौद्ध और कुछ हजार मुस्लिम का होगा। तेरहवीं शताब्दी तक के इतिहास में घाटी में बहुत कम मुस्लिम आबादी होने की बात की जाती हैं। यही कारण था कि रिनचिन (1319 ई) राजा बनने के बाद हिन्दू धर्म अपनाना चाहता था, क्योंकि घाटी में हिन्दुओं की पूरी आबादी थी। आज 700 वर्षों में कश्मीर की प्राचीन एवं सांस्कृतिक पहचान माने जाने वाले कश्मीरी पण्डित और अन्य हिन्दू एवं बौद्ध कहाँ लुप्त हो गए। 700 वर्षों के कालखण्ड में लगभग 480 वर्ष का मुस्लिम शासनकाल विशेष रूप से इस बड़ी जनसांख्यिकी परिवर्तन की जड़ में है। अगर सन् 1941 की जनगणना में 15 प्रतिशत हिन्दू घाटी में थे, तो इसका कारण सन् 1819 से सन् 1947 तक घाटी में सिख और फिर डोगरा शासन था। 26 अक्टूबर, 1947, जम्मू-कश्मीर के भारत में विलय के बाद जब सत्ता शेख अब्दुल्ला और उनके दल नेशनल कांफ्रेन्स के पास गई और वह सरकार एक प्रकार से मुस्लिम सरकार थी और घाटी सम्भाग की सरकार होकर रह गई। और यहीं से शुरू हुआ घाटी का इस्लामीकरण।

शेख अब्दुल्ला, नेशनल कांफ्रेन्स और अन्य नेताओं एवं दलों ने मिलकर सत्ता हथियाने के लिए भारत विरोध एवं इस्लाम और जिहाद की जोरदार आवाजें उठाने लगे। सन् 1947 से लेकर सन् 1987 तक घाटी में जो पीढ़ियाँ पैदा हुईं उन्होंने सिर्फ और सिर्फ 'हिन्दू-भारत' (कश्मीरी नेतृत्व के द्वारा खोजा गया शब्द) का विरोध एवं इस्लामिक जिहाद की बातें सुनीं तो वह लोग कैसे राष्ट्रप्रेमी या पंथनिरपेक्षता में विश्वास करने वाले हो सकते थे। इसी बीच अल-फतह और जम्मू-कश्मीर लिबरेशन फ्रंट जैसे आतंकी संगठन भी अपनी दस्तक कश्मीर में दर्ज कराने लग गए थे। घाटी का इस्लामीकरण लगभग पूरा हो चुका था। मार्च 1987-90 के दौरान जनरल जिया के 'ऑपरेशन टोपैक' ने इसे एक संगठित जिहादी रूप भी दे दिया था। हथियार प्रशिक्षण और धन जैसे लगभग सभी जरूरी तत्व जो आतंकी कार्यवाई के लिए आवश्यक हैं, कश्मीर घाटी में आ चुके थे। ऑपरेशन टोपैक के तहत भारतीय एजेन्टों यानी हिन्दू कश्मीरी पण्डितों का चयनित रूप से नरसंहार शुरू हो चुका था। सरकारी व्यवस्था के ईमानदार और देशभक्त मुस्लिमकर्मियों को भी लक्ष्य किया जाने लगा था। हत्या, बैंक डकैती, बम विस्फोट घाटी में एक दैनिक कार्यवाई लगने लग गए थे। हर एक चीज, जो भारतीय राष्ट्रीयता का प्रतीक थी आतंकियों के द्वारा लक्षित थी। राज्य

सरकार और उसकी शासन-व्यवस्था एवं पुलिस भय से इस आतंकी मुहिम में प्रत्यक्ष या परोक्ष रूप से शामिल थी।

कश्मीर घाटी में 89-90 के दशक के बीच 10-15 प्रतिशत के आस-पास आतंकी विदेशी मूल के थे, जो मुख्यतः पाकिस्तानी और अफगानी थे। पाकिस्तानी खुफिया विभाग आईएसआई ने इन्हें कश्मीरी आतंकी संगठनों को मजबूत करने और उन पर निगरानी रखने के लिए भेजा था। पाकिस्तानी सैन्य संस्थानों को कश्मीरी आतंकियों की सशस्त्र लड़ाई की क्षमता पर हमेशा शक था और दुनिया में यह भी सिद्ध करने के लिए की कश्मीर में दुनिया के मुसलमानों के द्वारा 'जिहाद' की जा रही है। कश्मीर 80 के दशक तक कट्टर इस्लामी संस्कृति से दूर था, लेकिन पाकिस्तान और कश्मीर इस्लामिक कट्टरपंथियों ने मिलकर घाटी के सामाजिक एवं धार्मिक स्वरूप को बदल दिया। इस्लाम को धर्म से हटाकर एक राजनैतिक विचारधारा बना दिया। आज उसी के परिणामस्वरूप नवयुवक भारतीयता और अन्य धर्मों के प्रति अधिक असहिष्णु हो रहे हैं। वह आज के सूचना प्रौद्योगिकी के युग में मुख्य धारा से हटकर मध्ययुगीन सोच पर चलने को तत्पर हैं। कश्मीर घाटी में सन् 1988-89 से जब हिन्दुओं की हत्यायों, उत्पीड़न और नरसंहार का सिलसिला शुरू हुआ, तो कश्मीर से लेकर कन्याकुमारी तक कोई भी व्यक्ति, संस्था या पत्रकार इसके असल स्वरूप को अक्षरशः लिखने या बताने को तैयार नहीं था। कोई इसे चयनित हिन्दू नरसंहार कहना नहीं चाहता था। शायद कश्मीरी हिन्दू उनके लिए एक विवादित क्षेत्र का नागरिक था और जिसके उत्पीड़न या हत्या से भारतीय जनमानस पर कोई असर पड़ने वाला नहीं था। शायद मीडिया की यह कहानी बोफोर्स काण्ड या पंजाब के आतंकवाद की कहानियों की अपेक्षा कम पाठकों या दर्शकों को आकर्षित करती। कश्मीरियों के घर जलते रहे और हम मण्डल की राजनीति में उलझे रहे। भारत का बौद्धिक वर्ग हिन्दू कट्टरवाद एवं हिन्दुत्व को कोसता रहा और घाटी का हिन्दू इस्लामिक तलवार की भेंट चढ़ता रहा। क्यों हम घाटी को एक अलग राष्ट्रीय इकाई के रूप में मानते रहे? क्यों भारतीय विचारकों एवं प्रबुद्ध व्यक्तियों को यह नरसंहार उद्वेलित नहीं कर रहा था? कश्मीर घाटी में भारतीय पंथनिरपेक्षता की बलि चढ़ रही थी और भारतीय लोकतान्त्रिक नेतृत्व की चुप्पी असाधारण थी। दिल्ली अपने आप में खोई थी, वह देश की महारानी होने का कर्त्तव्य निर्वहन नहीं कर रही थी। बहुत से हिन्दू शरणार्थी उसकी शरणस्थली में भी आ रहे थे, पर वह उससे बेपरवाह अपने ही शक्ति समीकरणों को सही बिठाने में मग्न थी। दिल्ली की तन्द्रा तब भंग हुई, जब जगमोहन ने कश्मीर के राज्यपाल का पदभार संभाला और शासन-प्रशासन चुस्त-दुरुस्त होने लगा और इस्लामिक आतंकियों पर सेना का दबाव बढने लगा। तब पंथनिरपेक्ष बौद्धिक सेना को सैन्यबलों द्वारा हो रहे मानवाधिकार उल्लंघन दिखाई दिए और जगमोहन रूपी हिन्दू दानव भोले-भाले भटके कश्मीरी मुस्लिम युवाओं की सुनियोजित हत्याएँ करते दिखा। राजीव गाँधी,

जॉर्ज फर्नाण्डीज और अन्य राष्ट्रीय नेताओं को सैन्यबलों की कार्यवाई असहनीय लगी और जगमोहन द्वारा कश्मीरी पण्डितों को घाटी से योजनाबद्ध तरीके से भगा देना सरकार और विपक्ष को और भी पीड़ादायी लगा। सरकारी व गैरसरकारी बौद्धिक दल जमीनी हकीकत देखने श्रीनगर पहुँचने लगे। उनका प्रायोजित घाटी भ्रमण इस्लामिक अलगाववादियों एवं कट्टरपंथियों तक ही सीमित था। क्योंकि हिन्दू तो साम्प्रदायिक था और वैसे भी उस समय तक वह वहाँ नगण्य एवं मूक अवस्था में था। कश्मीरी हिन्दुओं को अछूत मानकर छोड़ दिया गया था। उनकी आवाज केवल कुछ साम्प्रदायिक हिन्दू ही उठा रहे थे। जैसे कि लोग गुजरात दंगों की बात करते हुए गोधरा जंक्शन पर साबरमती एक्सप्रेस की एस-6 बोगी के 59 कारसेवकों के जघन्य नरसंहार को भूल जाते हैं। दंगों को तो बौद्धिक वर्ग एवं पंथनिरपेक्षी 'जनसंहार' कहने को तैयार हैं लेकिन घाटी में हिन्दू जनसंहार की चिन्ता किसी को नहीं थी। आतंकियों के मानवाधिकार पर ग्रन्थ पर ग्रन्थ लिखे जा रहे थे। राष्ट्रीय विद्वान स्वयं अन्तर्राष्ट्रीय मंच पर भारत की स्थिति खराब कर रहे थे। कश्मीरी हिन्दू ठण्डे पहाड़ों से मैदानो की खुली गर्मी झेलने के लिए था। कालान्तर में हजारों लोग इस जलवायु परिवर्तन, भूख, रोग एवं सदमों से काल का ग्रास बने। शरणार्थी शिविर अव्यवस्था एवं अभाव का पर्यायवाची बन चुके थे। सरकार का कोई भी प्रतिनिधि इनकी सुध लेने वाला नहीं था। इन शरणार्थी शिविरों में जीवन बोझ की तरह ढोया जा रहा था। कई-कई कमरों के मकानों में रहने वाले लोग एक-एक कमरे में अपने पूरे परिवार के साथ जीवन यापन करने पर विवश थे। बच्चों की पढ़ाई तक बन्द हो रही थी। भविष्य अंधकारमय होता जा रहा था। आज 28 वर्षों बाद भी इन कश्मीरी हिन्दुओं का पुनर्वास सम्भव नहीं हो पाया है। एक संस्कृति एवं कला समृद्ध और बौद्धिक जाति समूह को अपने पूर्वजों की धरती से विलुप्त कर दिया गया। जैसे कि हजारों साल पहले यहूदियों को आज के फिलिस्तीन से किया गया था। कश्मीरी पण्डितों का नरसंहार एवं उनका जबरन विस्थापन, इस्लाम का वही मध्यमुगीन क्रूर एवं बदरूप चेहरा दिखाता है। यूँ ही नहीं, हिन्दुओं के मन में आज भी सैकड़ों वर्ष की पीड़ा सजीव है। आज केन्द्र में पंथनिरपेक्ष सरकार के रहते हुए भी हम घाटी में अल्पसंख्यक धर्मों, हिन्दू और बौद्ध की रक्षा करने में असफल हैं। सन् 2002 गुजरात दंगों का राग तो सभी अलापते दिखाई देते हैं, लेकिन 28 वर्षों से विस्थापित कश्मीरी हिन्दुओं को कोई क्यों याद नहीं करता। क्यों जेएनयू या जाधवपुर में उनके लिए आवाज नहीं उठाई जाती। देशद्रोहियों के लिए हल्ला-बोल और पीडितों के लिए ढोल में पोल। वाह पंथनिरपेक्षता का झूठा स्वांग।

फारुक अब्दुल्ला जैसे नेशनल कांफ्रेन्स के नेता और पूर्व मुख्यमंत्री जम्मू-कश्मीर के तत्कालीन राज्यपाल को कश्मीरियों का हत्यारा बताने लगे थे। उनकी तुलना 'हलाकू खान' व 'चंगेज खान' से कर रहे थे और कह रहे थे कि श्रीनगर को राज्यपाल

ने नाजी यातना शिविर में बदल दिया है। ये सारे बयान वह लगातार जनवरी, 1990 में मीडिया को दे रहे थे। वह कश्मीर में अन्तर्राष्ट्रीय पर्यवेक्षक को बुलाने की बात भी बार-बार अपने बयानों में दोहरा रहे थे। वैसे फारुक व उनके पुत्र के बयान आज भी भारतीय एकता एवं अखण्डता के लिए चुनौती हैं। इन्हें कश्मीर घाटी के अलावा पूरे हिन्दुस्तान में असहिष्णुता दिखाई देती है। इनके सुर में सुर मिलाने वाले दिल्ली में भी अनेक बौद्धिक अलगाववादी बैठे हैं। ये लोग भारत में गैरकानूनी रूप से रह रहे बांग्लादेशी मुसलमानों के लिए तो संघर्ष कर सकते हैं। अफजल गुरु के लिए उच्चतम न्यायालय को गलत ठहरा सकते हैं, लेकिन कश्मीरी हिन्दुओं के लिए बोलती बन्द कर लेते हैं। ममता बनर्जी बांग्लादेशी घुसपैठियों के लिए तो दिल्ली सरकार को चुनौती देती हैं कि उन्हें कोई बाहर नहीं निकाल सकता, लेकिन बांग्लादेश में हो रही हिन्दू-हत्याओं पर मौन धारण कर लेती हैं। शायद सच बोलने से उनकी पंथनिरपेक्ष छवि खराब होगी और उनका बंगाल में लगभग 30 प्रतिशत मुस्लिम मत किसी और पंथनिरपेक्ष की झोली में जा सकता है। देश की ऐसी 'वोटमयी लोकतान्त्रिक राजनैतिक व्यवस्था' में राष्ट्रीय हितों और राष्ट्रीय सुरक्षा के विषयों का रवाना खराब होना तय है। भारतीय राजनैतिक व्यवस्था सिर्फ और सिर्फ सत्ता और कुर्सी प्रधान हो गई है। जहाँ सत्ता के लिए त्याग नहीं षडयन्त्र करने पड़ते हैं, बलिदान नहीं विश्वासघात करने पड़ते हैं, जहाँ राष्ट्रीय 'हितों नहीं मतों' की भाषा अधिक तेज होती है। भारतीय लोकतन्त्र के विकास की प्रक्रिया किसी के भी समझ से परे है। यहाँ लोकतान्त्रिक परिवारवाद एवं सामन्तवाद है। राष्ट्रीय जनमत के नाम पर जाति, धर्म, एवं क्षेत्र विभाजित अलग-अलग मतों के समूह हैं। विचारधारा के नाम पर जाति और धर्म आधारित राजनैतिक दल हैं।

यही कारण है कि किसी भी राष्ट्रीय समस्या का हल मुश्किल है। व्यक्तिगत स्वार्थ सर्वोच्च है। कश्मीर समस्या के जड़ में यही भारतीय सामंतवादी लोकतान्त्रिक प्रणाली दोषी है। फारुक अब्दुल्ला जैसे लोग पीढ़ी दर पीढ़ी अपने परिवार के लिए सत्ता की लड़ाई लड़ रहे हैं। अपने स्वार्थ के लिए ऐसे नेता किसी भी हद तक राष्ट्रीय हितों से समझौता करने को तैयार हो जाते हैं। क़श्मीर का पूर्ण इस्लामीकरण एवं हिन्दू पलायन ऐसी राजनैतिक नीतियों, ऐसे ही बहुरूपिये नेताओं के कारण हुआ।

कश्मीर से जनवरी-मार्च, 1990 तक लगभग 1.8 लाख कश्मीरी हिन्दुओं ने जम्मू और अन्य भारतीय शहरों की ओर मुँह किया था। भय का आलम यह था कि लोग अपने कपड़े तक अपने घरों में छोड़ कर खाली हाथ भाग रहे थे, जिससे कि किसी को उनके भागने की भनक न लगे। लोग जनवरी एवं फरवरी के ठण्डे मौसम में भी रातों-रात अपने घर छोड़-छोड़ कर भाग रहे थे। शायद इनका राज्य की शासन व्यवस्था व पुलिस पर से पूरा विश्वास उठ चुका था। मैंने स्वयं जब काफी शरणार्थियों एवं अन्य कश्मीरी हिन्दुओं से जो आज सेना में हैं, उनसे उस समय की सरकार एवं

पुलिस आदि की बात की, तो मुझे बहुत ही निराश करने वाले उत्तर मिले। उन्हें कोई भी मदद का आश्वासन तक नहीं दे रहा था। वे खुद हमें घाटी छोड़ने की सलाह दे रहे थे। जनवरी, 1990, जब से यह मान लिया जाए कि घाटी से सूफी इस्लाम का सफाया वहाबी इस्लाम के द्वारा कर दिया गया, तब से ही घाटी की हर प्रकार की शक्तियाँ, चाहे अलगाववादी हो, वहाबी, आतंकी या राजनैतिक दल सब यही सिद्ध करते आए हैं कि कश्मीर घाटी मात्र एक इस्लामिक इकाई है और इसकी कोई दूसरी धार्मिक, सांस्कृतिक या सामाजिक पहचान नहीं है। फिर कैसे कश्मीरवासी भारतीय को हिन्दू राष्ट्रवाद या असहिष्णुता पर पाठ पढ़ा सकते हैं? चयनित एवं योजनाबद्ध नरसंहार, दैनिक पारिवारिक उत्पीड़न एवं प्रशासन के प्रत्यक्ष एवं परोक्ष सहयोग के शृंखलाबद्ध प्रणाली से हिन्दुओं में भय एवं अस्थिरता की भावना पैदा कर पलायन के लिए विवश किया गया। आतंकियों एवं अलगाववादियों द्वारा उस काल में किए जाने वाले कुकृत्यों का उल्लेख निम्नलिखित प्रकार से है—

1. हिन्दू सरकारी अधिकारी, कर्मचारियों की दिन-दहाड़े सनसनीखेज हत्याएँ।
2. हिन्दू-व्यापारियों एवं अन्य सरकारी नौकरी पेशा वालों को धमकीभरे पत्र जिसमें साफ तौर पर लिखा गया था कि यह जमीन सिर्फ मुस्लिमों की है, सिख और हिन्दू यहाँ नहीं रह सकते हैं।
3. कश्मीर के सभी दुकान एवं मकान मालिकों से अपने हिन्दू किराएदारों से दुकान व मकान तुरन्त खाली कराने के फरमान दे दिए गए।
4. पुलिस से लेकर प्रेस और अस्पताल से लेकर स्कूल तक, सब जगह आतंकियों के समर्थक एवं शुभचिन्तक उनके डर या उनके आन्दोलन से प्रभावित होकर उनके साथ थे।
5. शहरों, उपनगरों आदि में पोस्टर लगाए जा रहे थे एवं घरों में 'काफिरों कश्मीर छोड़ो' के पैम्पलैट बाँटे जा रहे थे। उनसे उनकी महिलाओं को भी कश्मीर में ही छोड़ने के लिए कहा जा रहा था।
6. पूरे कश्मीर घाटी की मस्जिदों से 'अल्लाह-हो-अकबर' के नारे बुलन्द हो रहे थे और साथ-ही-साथ हिन्दू भारत को कोसा जा रहा था। पाकिस्तान जिन्दाबाद के नारे लगाए जा रहे थे।
7. पूरी घाटी में रात में भी इस्लामिक टोलियाँ हिन्दुओं को डराती फिर रही थीं। इस्लामिक नारे बुलन्द किए जाते थे। 'हमे चाहिए आजादी' आजादी का मतलब 'ला इलाहा इल्लिल्लाह' के नारे लगाए जा रहे थे।
8. आतंकी बेखौफ हथियार लेकर घूम रहे थे। अपनी इच्छा से बेरोक-टोक हिन्दुओं को गोलियों का निशाना बना रहे थे।
9. स्थानीय पुलिस भी बहुत सी आतंकी घटनाओं में आतंकियों के साथ मिली हुई थी। जिसके कुछ उदाहरण स्वयं तत्कालीन राज्यपाल श्री जगमोहन ने

अपनी पुस्तक '*माइ फ्रोजेन टरबुलेन्स इन कश्मीर*' में लिखे हैं। ऐसी परिस्थितियों में हिन्दुओं के पास घाटी छोड़ देने के अलावा दूसरा कोई भी विकल्प शेष नहीं था।

10. कश्मीर घाटी का पूरा उर्दू प्रेस आतंकियों के लिए मुखपत्र का काम कर रहा था। सारे प्रेस संवाददाता आतंकियों के हितैषी बने हुए थे। हिन्दुओं और सरकारी कर्मचारियों को इन्हीं अखबार के माध्यम से धमकियाँ व चेतावनियाँ दी जा रही थीं। आतंक समूहों के धमकी भरे बयान इन अखबारों की सुर्खियाँ बनाए जा रहे थे।
11. कश्मीर घाटी में सैन्य संचालन की जिम्मेदारी देख रहे 15 कोर के मुख्य सैन्य अभियान योजना अधिकारी मेजर जनरल अर्जुन रे की पुस्तक '*कश्मीर डायरी*' के अनुसार, उस समय के उर्दू समाचार पत्रों में लगभग 40-50 प्रतिशत खबरें इस्लाम या इस्लामिक आतंकवादियों से सम्बन्धित थी। जिनमें प्रत्यक्ष या परोक्ष रूप से उनका महिमा मण्डन किया जा रहा था। इस प्रकार जमीन पर आतंक एवं मनोवैज्ञानिक प्रभाव के लिए मीडिया का प्रयोग कर कश्मीरी हिन्दुओं को भयभीत किया जा रहा था।
12. घाटी के हालात सन् 1988-89 में विस्फोटक बनते जा रहे थे। आतंकियों की घुसपैठ सरकार के हर एक विभाग में हो चुकी थी। लेकिन इन सबसे बेपरवाह फारुक अब्दुल्ला सरकार आतंकियों को जेल से रिहा करने में लगी हुई थी। जुलाई, 1989 से दिसम्बर 89 तक सरकार ने 70 खतरनाक आतंकी रिहा कर दिए थे। ये सारे पाक प्रशिक्षित आतंकी थे, जो राज्य की कानून-व्यवस्था को चुनौती दे सकते थे और नए लोगों को आतंकी संगठनों में भर्ती कर सकते थे। इनके पाक प्रशिक्षित होने के कारण इनके सीमा पर आईएसआई एवं अन्य आतंकी संगठनों से सम्बन्ध भी थे। जिससे इन्हे कश्मीर में आतंकी ढाँचा मजबूत करने में बहुत आसानी थी।
13. कश्मीर में पाकिस्तानी समय के साथ घड़ियाँ मिलान करने के फरमान आतंकियों ने जारी कर दिए थे और हुकुम न मानने पर सजाएँ भी दी जा रही थीं।
14. श्रीनगर बार कांउसिल भी पाकिस्तानी टट्टू बन चुका था। उन्होंने भी समय के साथ पाकिस्तान मिला लिया था और शुक्रवार को छुट्टी मनाने लगे थे।
15. स्टेट उच्च न्यायालय भी इस बीमारी से अछूता नहीं था। कई न्यायाधीश और न्यायिक प्रणाली संदिग्ध थी।

सन् 1987-1990 तक का समय दक्षिण एशिया के लिए अशान्ति और अस्थिरता का दौर था। भारत, पाकिस्तान, बांगलादेश और श्रीलंका सब आन्तरिक सुरक्षा के बिगड़ते दौर से गुजर रहे थे। अफगान युद्ध समाप्ति की ओर बढ़ रहा था,

पर वहाँ के आन्तरिक गुट काबुल पर आधिपत्य की लड़ाई लड़ रहे थे। अफगान युद्ध में अनेक आतंकी जिहादी संगठन पैदा हो चुके थे। विश्व और खासकर दक्षिण एशिया एक नए इस्लामिक आतंकवाद या जिहाद के लिए तैयार हो रहा था। पाकिस्तान अफगान युद्ध की विजय से मदान्ध होकर इस्लामिक आतंकियों की शरणस्थली बन चुका था। अफगान युद्ध के स्थापित प्रशिक्षण केन्द्र अभी भी पूरी मुस्तैदी से वैश्विक इस्लामिक आतंकवाद को प्रशिक्षित कर रहे थे। यहीं से कश्मीरी आतंकी भी आ रहे थे। पाकिस्तान पूर्णरूप से कश्मीर में अन्तिम निर्णय के लिए समर्पित था। वहाँ प्रधानमंत्री बेनजीर से लेकर जनरल जिया और उनकी मृत्यु के पश्चात दूसरे सैन्य प्रमुख एवं अन्य सभी का पूरा ध्यान कश्मीर पर केन्द्रित था। आतंकी अपना दबाव बढ़ाते जा रहे थे। भारतीय केन्द्र सरकार के लिए कश्मीर के अलावा पंजाब और असम के आन्तरिक हालात भी परेशान कर रहे थे। ऐसे राष्ट्रीय एवं अन्तर्राष्ट्रीय हालात के मध्य कश्मीरी हिन्दुओं का रुदन एवं दर्द सुनने वाला कोई भी आधिकारिक व्यक्ति या संस्था नहीं थी। उनके पास ऐसी परिस्थितियों में मृत्यु से बेहतर पलायन का विकल्प था। वह अपने आत्मसम्मान एवं जीवनरक्षा के लिए कश्मीर छोड़ने को तैयार थे। 19 जनवरी की रात जब कश्मीर घाटी की हर मस्जिद से शाम होते ही 'अल्ला-हो-अकबर', 'हमे चाहिए आजादी' और 'ये ज़ालिमों, ये काफिरों, कश्मीर हमारा छोड़ दो', जैसे नारे लगाए जा रहे थे। राष्ट्र विरोधी तत्वों द्वारा हिन्दुओं को उनके घरों के बाहर से गालियाँ दी जा रही थी। खिड़कियों पर पत्थर फेंके जा रहे थे। पूरी घाटी भय के कोलाहल से काँप रही थी। कश्मीरी हिन्दू सुबह होने का इन्तजार कर रहा था। लेकिन लग रहा था जैसे इस रात की सुबह नहीं है। वह अब तक घाटी में क्यों रुके हुए थे, अपने इस निर्णय को कोस रहे थे। बहुत से हिन्दुओं को लग रहा था जैसे उन्होंने अपने निर्णय से परिवार के सभी सदस्यों का जीवन संकट में डाल दिया था। उस कँपकँपाती ठण्ड में भी डर से पसीना छूट रहा था। बहुत से परिवारों में रात में ही चुपचाप घाटी छोड़ने का फैसला ले लिया था। श्रीनगर में जैसे लग रहा था कोई सोया ही नहीं है, पूरी रात 'पाकिस्तान जिन्दाबाद, भारत मुर्दाबाद', के नारे गूँजते रहे।

इस भय का अनुभव आप तभी कर सकते हो, जब आप अपने परिवार और छोटे-छोटे बच्चों के साथ ऐसे माहौल में हों, जहाँ लोग आप के ही घर के बाहर सैकड़ों की संख्या में इकट्ठा हो और हिंसक रूप से आप को गालियाँ दे रहे हों और बीच-बीच में पत्थर भी मार रहे हों। कुछ लोग आप के दरवाजे को खटखटा के गायब हो जा रहे हों। यह कोई कहानी नहीं, अपितु कड़वी सच्चाई है। मैं कितने ही कश्मीरी हिन्दुओं से ये कहानियाँ सुन चुका हूँ। कैसे आज भी लोग यह दुःस्वप्न बताते-बताते रोने लगते हैं।

भारतीय बौद्धिक वर्ग ने के.पी. (कश्मीरी पण्डित) पलायन के लिए अलगाववादियों एवं कट्टर इस्लामिक ताकतों के द्वारा बुनी हुई एक नई ही कहानी राष्ट्रीय एवं

अन्तर्राष्ट्रीय मंचों पर बतानी शुरू की थी। वह यह कि कश्मीरी हिन्दू तत्कालीन राज्यपाल जगमोहन के कहने पर या बहकावे में आकर पलायन कर रहे थे, जिससे कि वह इस शरणार्थी मुद्दे को अन्तर्राष्ट्रीय स्तर पर उठा सकें और कश्मीर के 'भोले-भाले' और 'सूफी आतंकियों' को बदनाम कर सकें। क्या कोई भी व्यक्ति किसी भी एक व्यक्ति के कहने पर अपना घर-बार-नौकरी और आराम छोड़कर सदा-सदा के लिए शरणार्थी शिविरों में अपने माँ-बाप, भाई-बहन और बच्चों की बलि देने चला जाएगा। दिल्ली में बैठे कॉफी और स्कॉच पीने वाले वर्ग के लिए इस कहानी पर विश्वास कर लेना शक से परे एवं आसान था। क्योंकि इसे बताने वाले जाने-माने राष्ट्रीय स्तर के व्यक्ति थे। एम.जे. अकबर, सांसद, राज्यसभा (भाजपा) भी इसी सिद्धान्त एवं कहानी को अपनी पुस्तक 'कश्मीर बिहाइन्ड द वेल' सन् 1991, में उद्घृत करते हैं। उनके अनुसार जगमोहन ने ही कश्मीर घाटी में हिन्दू-मुस्लिमों के बीच खड़ी दीवार को और मजबूत किया। यह कहानी केवल वे लोग विश्वसनीय मान सकते हैं, जिन्होंने घाटी में केवल एक पक्ष की बात सुनी, वह भी आक्रामक पक्ष की और वैसे भी जब घाटी जलना शुरू हुई, तो पत्रकार या अन्य शोधकर्ता अगर स्वयं कोई तथ्य जानना चाहते थे, तो वे सीधे श्रीनगर ही आते थे और वहाँ स्थित होटलों में बैठकर वहीं रह रहे लोगों, पत्रकारों और कश्मीरी बौद्धिक वर्ग से अपने लिए आँकड़े जुटाते थे। लेकिन यह सब आँकड़ा देने वालों में एक भी कश्मीरी हिन्दू शेष नहीं था, जो पहले ही पलायन कर चुके थे। उनकी कहानी कोई सुनाने वाला न था। फिर विद्धानों एवं कथाकारों को बताया किसने कि उन्हे जगमोहन ने बहला-फुसलाकर जम्मू एवं भारत के अन्य शहरों में भटकने के लिए भेज दिया है। यह सब कहानियाँ कश्मीर के उसी उर्दू प्रेस की हैं, जो आतंकियों की काफिरों के लिए धमकियाँ अपने मुख्यपृष्ठ पर छापते थे।

भारतीय उर्दू प्रेस की कुछ और सनसनीखेज खबरें—'मुम्बई के 'एटीएस' प्रमुख की हत्या 26-11 को आतंकियों ने नहीं आरएसएस वालों ने की थी, 9/11 अमेरिका ट्रेड टावर्स को अलकायदा ने नहीं 'मोसाद' इजरायली खुफिया एजेन्सी ने उड़ाया था।' उर्दू प्रेस की ऐसी खोजी पत्रकारिता का नमूना है कश्मीर घाटी से कश्मीरी पण्डितों के विस्थापन एवं पलायन की कहानी। चूँकि यह कहानी कुछ लोगों के हितों की पूर्ति कर रही थी, इसलिए उन्होंने इसे एक सच्चाई बताने की कोशिश की। यह कहानी सबसे उपयुक्त उस समय कांग्रेस एवं फारुख अब्दुल्ला के लिए थी। क्योंकि इससे उनकी नाकामियाँ छिप रही थीं, और जनता दल सरकार एवं जगमोहन को नीचा देखना पड़ रहा था। आप सबने कुछ किताबों या समाचारों के विशेषांक में पढ़ा होगा कि कैसे कश्मीरी मुसलमान आज भी अपने हिन्दू भाइयों की सम्पत्ति एवं घरों की रक्षा कर रहे है। एक हिन्दू-मुस्लिम एकता की मिसाल है। कश्मीर के लोगों ने कैसे आज भी कश्मीरियत, सूफी, इस्लाम और मानवता को जिन्दा रखा हुआ है। इसमें कोई शक नहीं है कि आम कश्मीरी शान्तिप्रिय एवं अपने काम से काम रखने वाला है। किन्तु

वह सजग है, अपने आस-पास घटनेवाली घटनाओं के प्रति। वह अपने राजनैतिक और सामाजिक अधिकारों के प्रति अन्य भारतीय से अधिक जागरूक भी है। लेकिन यह कहना कि कश्मीरी पण्डितों की सम्पत्ति की रक्षा कोई कर रहा है, तो तथ्य आधारित नहीं हैं और एक कपोल कल्पित कहानी मात्र है। अगर ऐसा होता, तो सन् 2016 में देश के उच्चतम न्यायालय को कश्मीर के राजस्व उच्चाधिकारियों को कश्मीरी पण्डितों की जमीन वापस दिलाने के लिए जाँच के आदेश न देने पड़ते। अधिकतर भू-सम्पत्तियों को घाटी के ही उग्रवादी एवं असामाजिक तत्वों द्वारा या तो कब्जा कर लिया गया है या कौड़ियों के दाम पर खरीद लिया गया है। अधिकतर स्थानों पर तो पड़ोसियों ने ही कब्जा किया हुआ है। कुछ भू-सम्पत्तियों को तो सरकारी कब्जे में लेकर सरकारी दफ्तर या अन्य भवन निर्माण करा दिए गए हैं। इस असलियत को कोई विद्धान कहना या लिखना नहीं चाहता है। शायद यह कहानी हिन्दुओं की व्यथा एवं दर्द है, तो साम्प्रदायिक हो जाएगी। लेकिन अलगाववादियों द्वारा प्रायोजित हिन्दू-मुस्लिम एकता की कहानी आज भारतीय असहिष्णु समय में ज्यादा बिकेगी। जाने-माने पत्रकार एवं लेखक राहुल पण्डित, जो एक विस्थापित कश्मीरी पण्डित हैं और आज एन.सी.आर. में रह रहे हैं। जब वह श्रीनगर अपना घर देखने गए तो उनके घर पर कोई और रह रहा था और उसने कहा कि यह घर उसी का है, तो फिर कैसे विश्वास किया जाए अन्य कहानियों पर। जो कुछ लिखा जाएगा और कहा जाएगा, कल वही इतिहास का सत्य माना जाएगा। क्या हम आने वाले भारतीय समाज को यह बताएँगे कि कश्मीर से कश्मीरी हिन्दुओं को भारतीय सरकार ने ही भगा दिया था और कश्मीरी मुसलमान (कट्टरपंथी) आज भी उनकी राह देख रहे हैं। सन् 1990 के यासीन मलिक और शब्बीर शाह जैसे आतंकी आज मानवाधिकार के रक्षक एवं हमारे मीडिया की आँखों के तारे बने हुए हैं। कल के हत्यारे आज सम्मानजनक जीवन जी रहे हैं। और उल्टा भारतीय सेना को मुस्लिम नरसंहार का दोषी बता रहे हैं।

नरेन्द्र मोदी की सरकार बनने के बाद आम धारणा बनी थी कि अब पाक प्रायोजित आतंक कश्मीर घाटी में बीते जमाने की बात हो जाएगी। लेकिन आतंकी गतिविधियाँ कुछ कम होती नहीं दिखतीं। उलटे कश्मीर घाटी में स्थानीय आतंकियों की संख्या में वृद्धि दर्ज की गई। उत्तरी कश्मीर की जगह आतंक दक्षिणी कश्मीर की तरफ बढ़ा, जो कि श्रीमती महबूबा का अपना राजनैतिक क्षेत्र है। पुलिस के भी कई जवान हथियारों सहित भागकर आतंकियों के साथ हो लिए। पठानकोट और पैम्पोर (जनवरी एवं फरवरी, 2016) के बाद कई अखबारों के सम्पादकीय लेखों में सन् 1990 जैसे हालात पैदा होने की बात की गई। घाटी में हर एक आतंक विरोधी सैन्य अभियान के समय सैन्यबलों पर पथराव या उस क्षेत्र में हिंसक प्रदर्शनों का दौर, जिससे कि आतंकी निकलने में सफल रहें। लगभग हर शुक्रवार की नमाज के बाद

प्रदर्शन एवं पाक व इस्लामिक स्टेट के झण्डों का लहराना। जून, 2010 से पत्थरबाजी की घटनाओं में एकदम से बढ़ोत्तरी। आखिर इन सबके कारण क्या हैं? मैं यहाँ पर सिर्फ मोदी सरकार की कश्मीर नीति एवं कश्मीरी पण्डितों के पुनर्वास से उपजे कारणों पर प्रकाश डालूँगा, जो आज के हालात के लिए विशेष रूप से जिम्मेदार हैं। वे निम्नलिखित हैं—

1. घाटी में कश्मीरी पण्डितों को कुछ चयनित सुरक्षित स्थानों पर आवासीय परिसर उपलब्ध कराना।
2. उनको व्यवसाय एवं नौकरियाँ उपलब्ध कराना।
3. उनकी भू-सम्पत्तियों को वापस कराना।
4. स्थिति सुधरने पर चरणबद्ध तरीके से धारा-370 पर बहस।
5. पाकिस्तान से केवल द्विपक्षीय वार्ता, उसमें अलगाववादियों को कोई स्थान न देना।
6. राष्ट्रीय स्वयंसेवक संघ द्वारा भाजपा के लिए एक वैचारिक दिशा तय करने का सवाल।
7. भाजपा का मुस्लिम तुष्टीकरण का विरोध एवं पंथनिरपेक्षता में विश्वास।
8. भाजपा का 'हिन्दुत्व' पर जोर देना।

इन सब कारणों से अलगाववादियों एवं आतंकियों को लगता है कि कहीं कश्मीरी हिन्दू वापस घाटी में न आ जाएँ और उन राष्ट्रविरोधी तत्वों को फिर से उनकी सम्पत्तियों को वापस न करना पड़े और दूसरे उन्हें फिर से मन्दिरों से घण्टों और शंखों की आवाज न सुननी पड़े, जो इस्लाम में हराम है। उन्हें डर है कि नरेन्द्र मोदी और उनकी पार्टी कहीं कश्मीर घाटी का फिर से हिन्दूकरण न कर दे। पाकिस्तानी या इस्लामिक स्टेट के झण्डे सुरक्षाबलों को डराने या चिढ़ाने के लिए नहीं दिखाए जा रहे है, अपितु पूरे भारत में फैले कश्मीरी पण्डितों को यह संदेश दिया जा रहा है कि घाटी अभी भी तुम्हारे लिए सुरक्षित नहीं हो पायी है। और यह हिन्दुत्व वाली सरकार भी किसी हिन्दू को घाटी में सुरक्षा नहीं दे सकती है। वह उस झण्डे के प्रतीकात्मक रूप के द्वारा अपनी उस क्रूरता एवं काफिरों के प्रति घृणा का प्रदर्शन करना चाहते हैं। झण्डे पकड़ने वाले नवयुवकों को मत देखो, बल्कि उसके पीछे की विचारधारा एवं उसको पोषित करने वाले व्यक्ति को पहचानो। कश्मीर की हवा में पहले उस जहर को देखो, जो कट्टर वहाबी इस्लाम, जमात-ए-इस्लामी या अन्य कट्टर इस्लामिक संगठनों के माध्यम से फैल रहा है। इस हवा में केवल गैर-इस्लामिक वर्ग ही नहीं, अपितु किसी भी प्रबुद्ध एवं प्रगतिशील मुस्लिम का रहना मुश्किल हो जाएगा। आज पाकिस्तान में आतंकी क्या कर रहे हैं? आज पश्चिमी एशिया में क्या हो रहा है? क्यों पूरा का पूरा पश्चिमी एशिया धीरे-धीरे शरणार्थियों में तब्दील हो रहा है? आज क्यों नहीं कश्मीर का प्रबुद्ध वर्ग इन आतंकियों के विरुद्ध खड़ा हो रहा है? अभी नहीं तो कभी नहीं।

क्योंकि इस त्रासदी को अब 28 वर्ष हो गए हैं। कई पीढ़ियाँ दफन हो चुकी हैं। क्योंकि हर दस वर्षों में एक पीढ़ी बदल जाती है। कश्मीरी पहचान जो हिन्दू, बौद्ध एवं सूफी, इस्लाम धर्म के समिश्रण से बनी, वह एक भारतीय सभ्यता के उत्कर्ष का प्रतीक है। कश्मीरी बुद्धिमत्ता एवं बौद्धिक क्षमता का आज भी लोग लोहा मानते हैं। सर वाल्टर लॉरेन्स, एक इण्डियन सिविल सर्विसेज अधिकारी जो उन्नीसवीं सदी के

अ = त

सन् 1895 के आस-पास कश्मीर के बन्दोबस्त आयुक्त थे, ने अपनी पुस्तक '*द वैली ऑफ़ कश्मीर*' 1909, में कश्मीरी व्यक्तियों के कुछ गुणों-अवगुणों का व्याख्यान कुछ ऐसे करते हैं—

1. भावुक और अस्थिर, लेकिन चालाक और बेईमान, क्योंकि सदियों से उसका दमन एवं शोषण हो रहा है, क्योंकि उसका जीना-मरना इसी पर निर्भर करता है।
2. श्रेष्ठ बौद्धिक क्षमता, किन्तु धूर्त या धोखेबाज।
3. ऐतिहासिक समझ और ज्ञान पर बढ़ा-चढाकर बताने की आदत।
4. सुदृढ केन्द्रीय शक्ति के अधीन रहने की आदत, लेकिन एकान्त पसन्द। अपना पक्ष या पीड़ा दुःख-दर्द बढ़ा-चढ़ाकर बताने की आदत (यह आदत शासन में जल्दी बात ना सुने जाने से पड़ी)
5. कश्मीरी परिवर्तन विरोधी हैं, चाहे वह परिवर्तन उनके लाभ के लिए ही क्यों न हो। कश्मीरी अपने ही अतीत एवं दुनिया में रहना चाहते हैं इसीलिए उनके ऊपर मुगल, पठान, सिख व डोगरा किसी भी शासन का कोई असर नहीं पड़ा।
6. शहरी कश्मीरी आलसी हैं और वह सोचता है कि उसका पालन-पोषण राज्य की जिम्मेदारी है।

सर लॉरेन्स की यह किताब आज भी कश्मीर पर एक अदभुत शोध मानी जाती है। आज कश्मीरियों का अपने आप को एवं अपने भविष्य को समझने की जरूरत है। उसे यह देखने की जरूरत है कि बांग्लादेश क्यों बना? क्यों इस्लाम पाकिस्तान के दो हिस्सों को इस्लामिक शक्ति से नहीं जोड़ पाया? क्यों पाकिस्तान और अफगानिस्तान जन्म से युद्धरत हैं। दोनों ही सुन्नी मुस्लिम देश हैं, पड़ोसी हैं। फिर क्यों आज पूरे पश्चिमी एशिया में भी इस्लामिक देश आपस में एक-दूसरे का खून बहा रहे हैं। यह सच्चाई कश्मीरी आवाम को समझने की आवश्यकता है। क्यों भारतीय लोकतन्त्र व हिन्दू सभ्यता, जिसमें भारतीय मुसलमान, सिख, इसाई, पारसी सभी शामिल हैं? वे आज पूरी दुनिया में एक मिसाल हैं। क्योंकि हिन्दू न धर्म है और न एकल पूजा पद्धति की कोई व्यवस्था। इसमें हर प्रकार के पूजन एवं वंदन मान्य हैं। हर धर्म एवं सम्प्रदाय का आदर है। 'वसुधैव कुटुम्बकम' इसका वैश्विक सिद्धान्त है। कश्मीरियत भी तो

यही है और इसी सभ्यता का परिष्कृत स्वरूप है। प्राचीनकाल के ऋषियों की सन्तानें ही तो हैं कश्मीरी। क्या हुआ जो आज उनकी पूजन-वंदन की पद्धति बदल गई? भारतीय सभ्यता में तो वैसे भी पूजा पद्धति के कई स्थापित स्वरूप हैं। भारतीय सभ्यता संस्कृति का ही एक स्वरूप है हिन्दुत्व, इसको मात्र धर्म से जोड़ कर देखना या साम्प्रदायिक रूप देना नासमझी है। भारतीय सभ्यता किसी भी सामाजिक एवं धार्मिक नियम की बाध्यता हमारे किसी भी धर्म ग्रन्थ में लिखी नहीं है। कुछ कुरीतियाँ या बुराइयाँ मानवजनित हो सकती हैं, पर लिखित कठोर नियम के रूप में नहीं हैं। भारतीय सभ्यता किसी एक धर्मग्रन्थ से संचालित नहीं है न ही उसके अक्षरशः मानने की बाध्यता है। हिन्दू सभ्यता या भारतीय सभ्यता कई सदियों तक इस्लाम या इसाईयत के हाथों दमन एवं उत्पीड़न का शिकार हुई, किन्तु फिर भी कभी कोई बदले की कार्यवाई नहीं की। आज कहीं-कहीं कुछ कट्टरपंथियों के द्वारा अवश्य प्रतिक्रियात्मक हिंसा हो सकती है, लेकिन वह हिंसा कोई सुनियोजित रणनीति नहीं है। अब यह कश्मीरियों को सोचना है कि वह कहाँ अधिक सुख-शान्ति पा सकते हैं? कहाँ उनका सम्मान और अधिकार सुरक्षित है?

कोई भी सभ्यता-संस्कृति तभी विकसित हो पाती है जब वह अन्य धर्म, संस्कृतियों एवं मान्यताओं से अन्तर्सम्बन्ध रखती है और उनको अपने आप में समाहित करने की कोशिश करती है। गुण और अवगुण सब जगह हैं, सही चीजों का चुनाव ही हमारी बुद्धिमत्ता है। विभिन्नताओं का एकीकरण ही एक सर्वांगीण विकसित व्यवस्था को जन्म देता है। जहाँ सभी प्राणी शान्ति एवं सद्भाव से रह सकते हैं। 1980 के दशक के प्रारम्भ से जो साम्प्रदायिक हवा बहनी शुरू हुई थी, दशक के मध्य तक उस हवा को कट्टर इस्लामिक संगठनों, अलगाववादियों एवं आतंकियों द्वारा तूफान में बदलने के प्रयास शुरू हो गए थे। अन्ततः 19 जनवरी, 1990 को वह सुनामी आ गई। एक-एक करके जा रहे हिन्दुओं की हत्या से पैदा हुआ दबाव उनके कश्मीर घाटी से त्वरित पलायन का कारण बना। कश्मीरी पण्डितों की स्थिति जर्मन यहूदियों से कम खराब नहीं थी। बस यहाँ वह बन्द मृत्यु के यातना शिविर नहीं थे लेकिन हालात उससे कुछ कम भविष्य के शरणार्थी शिविरों में होने वाले नहीं थे। जलवायु परिवर्तन और अभावों में कितने ही हिन्दुओं को अपने ही देश में बेघर होकर मरना था। खुले, स्वच्छ एवं शीतल जलवायु के परिन्दों को गर्म और गन्दे पिजडों में कैद कर दिया था। गन्दगी और मच्छरों से अनेक बीमारियाँ फैल रही थीं।

सरकार की तरफ से दी जाने वाली मदद ऊँट के मुँह में जीरे के समान थी। जम्मू के 11 शरणार्थी शिविरों में करीब 1.8 लाख कश्मीरी पण्डित गुजर-बसर कर रहे थे। इन शिविरों में दैनिक उपयोग की हर वस्तु की कमी थी। न बिजली थी, न पानी और न कोई इन्सानी जरूरत की मूलभूत सुविधाएँ। ये लोग अपने घर वापस जाने के इन्तजार में इन कष्टों को और मानसिक पीड़ा को झेल रहे थे, लेकिन पिछले 28 वर्षों

में यह नहीं सोचा था कि यूँ ही आज-कल, आज-कल करते 28 वर्ष कट जाएँगे। पीढ़ियों ने अपने स्थान एवं जिम्मेदारियाँ, नवपीढ़ियों को दे दीं लेकिन वह त्रासदी कभी न खत्म होनेवाली लगती है। हिन्दू आज असहिष्णु, साम्प्रदायिक और आक्रामक बनाया जा रहा है। लेकिन अगर हिन्दू स्थिति की देश में अगर कोई असली तस्वीर प्रस्तुत करता है, तो वह है 'कश्मीरी पण्डित'। सहनशीलता की प्रतिमूर्ति। वे आज भी कहीं किसी मुस्लिम विरोधी संगठन या मुहिम का हिस्सा नहीं हैं। जिन्होंने उनके घरों को जला दिया, उनके प्रति भी क्षमाभाव रखता है। मैं अनेक कश्मीरी पण्डित सैन्य अधिकारियों एवं जवानों से मिलता रहा हूँ, किन्तु वह कभी सामान्यतः इस मानव त्रासदी की चर्चा तक नहीं करते हैं। लेकिन हमारे बौद्धिक लोग कभी इस हिन्दू सहिष्णुता का जिक्र क्यों नहीं करते?

अध्याय 8

द्वितीय कश्मीरी हिन्दू नरसंहार— सन् 1990 से अब तक

सन् 1990 में मैं दसवीं कक्षा का विद्यार्थी था। उस समय आज की तरह न तो बहुत ज्यादा टेलीविजन होते थे और न ही सैटेलाइट प्रसारण सुविधाएँ दूरदर्शन का अकेला साम्राज्य, समाचार इत्यादि सब सरकार के आदेशानुसार। लेकिन मैंने लखनऊ में अपने एक रिश्तेदार के घर एक दिन अचानक एक नए किरायेदार को देखा। वह एक 50 वर्ष से अधिक आयु के व्यक्ति रहे होंगे और उनके साथ उनकी एक वयस्क लड़की और तब मुझे यह भी पता चला कि वह कश्मीर से आए है और इससे अधिक कुछ नहीं। लेकिन बाद में पता चला कि कश्मीर के कुछ और भी परिवार लखनऊ में रहने आए हैं। बात आई और चली गई। उसी वर्ष कुछ और बड़ी घटनाएँ घटीं, जो मेरे मस्तिष्क में आज भी वैसी ही ताजा हैं, जैसे कि कल ही घटी थीं। वह थी मण्डल पर देशव्यापी आन्दोलन, दिल्ली विश्वविद्यालय के छात्र राजीव गोस्वामी का आत्मदाह। मेरे विद्यालय में दो हप्ते का अवकाश और रुबइया सईद का कश्मीरी आतंकियों द्वारा अपहरण। ये खबरें समाचार पत्रों में प्रथम पृष्ठ पर महीनों सुशोभित होती रहीं एवं समाचार पत्रिकाओं के मुख्य पृष्ठ पर स्थान ले रही थी किन्तु कश्मीर से हिन्दू नरसंहार और पलायन की एक भी घटना मुझे आज याद नहीं है। शायद बचपन में हम लोग समाचार पत्र या समाचार पत्रिकाएँ भी कम ही पढ़ते थे। लेकिन उपर्युक्त घटनाएँ तो पत्थर के लकीर की तरह मस्तिष्क में अंकित हैं। फिर सैकड़ों लोगों की आतंकियों के द्वारा सुनियोजित हत्याएँ और अगले कुछ महीनों में लगभग 1.8 लाख लोगों के पलायन जैसी त्रासदी क्यों याद नहीं है? मुझे याद नहीं या मैंने उस समय कश्मीर सम्बन्धित समाचारों को किन्हीं कारणों वश देखा ही नहीं। पर आश्चर्य तो तब होता है, जब जिससे पूछो उसी को इस सम्बन्ध में कुछ याद नहीं आता। लेकिन हृदय तब फटा जब ज्ञात हुआ कि इस घटना को मीडिया या अन्य सामाजिक संस्थाओं द्वारा कभी इसकी गम्भीरता के हिसाब से महत्व तक नहीं दिया गया। यह भारतीय समाज

एवं सरकार की संवेदनहीनता ही कही जाएगी कि उसने इस पाक प्रायोजित हिन्दू नरसंहार को कभी अन्तर्राष्ट्रीय मंचो पर प्रभावी ढंग से नहीं रखा। उल्टे पाकिस्तान कश्मीरी मुस्लिम मानवाधिकार उल्लघनो की भ्रमित करने वाली कहानियाँ बनाकर विश्व को भारत के विरुद्ध उद्वेलित करने में काफी हद तक सफल रहा। स्थिति उलटा चोर कोतवाल को डाँटे वाली थी। हमारी अपनी सरकार के ही लोग हमारे सैन्यबलों के विरुद्ध अभियानों में लामबन्द थे। जार्ज फर्नांडीज जैसे कद्दावर नेता कश्मीर में शान्ति बहाली के नाम पर अलगाववादियों एवं विभाजनकारी तत्वों के हाथों में खेल रहे थे।

जैसा कि मैंने अपने पहले के दो अध्यायों में कश्मीर में उत्पन्न हुए सन् 1980-90 दशक के हालात पर चर्चा की और बताने की कोशिश की कि कैसे वह हालात पैदा हुए? और किन-किन धार्मिक सामाजिक एवं राजनैतिक प्रक्रिया ने उसमें भाग लिया और कैसे केन्द्र और राज्य सरकारें उसमें प्रत्यक्ष या परोक्ष रूप से भागीदार थीं? कैसे अलगाववाद एवं पाकिस्तान कश्मीर घाटी का पूर्ण इस्लामीकरण करने में सफल रहे? कैसे सार्वभौमिक इस्लामिक भावना चरमपंथी वहाबी इस्लाम ने कश्मीरी मुसलमानों में पैदा की? आज यह भावना अगर अपने पूर्णरूप में घाटी में पैर जमाये हुए है तो इसका श्रेय सन् 1930 में घाटी में शुरू हुए महाराजा विरोधी आन्दोलन को जाता है। यह आन्दोलन लाहौर से जमात-ए-इस्लामी द्वारा निर्देशित थे, जो पूर्णरूप से इस्लामिक आन्दोलन हिन्दू सत्ता के विरुद्ध थे। इन आन्दोलनों को इस्लाम की रक्षा के लिए चलाया गया। कश्मीर मुस्लिम कान्फ्रेंस इस आन्दोलन के प्रमुख की भूमिका में थी। इस आन्दोलन में भारत से शिक्षा प्राप्त कर आए बहुत से मुस्लिम नवयुवक शामिल थे। विशेषकर अलीगढ़ मुस्लिम विश्वविद्यालय, जहाँ यह बहुत सी प्रचार-प्रसार की पद्धतियाँ सीखकर आए थे। जो मुस्लिम लीग भारत में इस्लामिक सार्वभौमिकता फैलाने के लिए कर रही थी, इन युवाओं ने उसी पद्धति को अपनाते हुए घाटी में युवाओं के छोटे-छोटे दल बनाए जो पूरे राज्य में प्रचार-प्रसार के लिए जाने लगे। ये लोग मस्जिदों में इस्लामिक भाषण, जिसमें इस्लाम पर उत्पन्न हो रहे हिन्दू शासन के संकट से परिचित कराते थे और उससे संघर्ष के लिए प्रेरित करते थे। इन्हीं इस्लामिक प्रचारको में से एक थे शेख अब्दुल्ला, जिन्होंने अपने राजनैतिक जीवन की शुरुआत मस्जिदों में हिन्दू राज के खिलाफ जिहादी भाषणों से की। यह सन् 1930 की प्रक्रिया कश्मीर में अब हर दशक की ही कहानी है। बस कभी-कभी किरदार बदल जाते हैं। कहानी में हिन्दू-मुस्लिम संघर्ष अविराम चल रहा है। कहानी का पीड़ित पक्ष मुस्लिम है, पर मर हिन्दू रहा है और दर-दर भटक रहा है। न्याय चाहे हिन्दू, किन्तु माँग मुसलमान रहा है। कश्मीर हजारों-हजार वर्षों से हिन्दू भारतीय सभ्यता का हिस्सा था, पर अधिकार जता रहे हैं वे लोग, जो अरब सभ्यता को अपना मानते हैं। जो भारतीय कला, संस्कृति और सभ्यता के विरोधी है। क्या यह कभी भी न्यायपूर्ण एवं तार्किक

माना जा सकता है? हिन्दू आज अवश्य अपनी अहिंसा और सहिष्णुता के लिए क्षणिक रूप से पराजित हुआ है, पर दीर्घकालिक युद्ध का परिणाम उसके पक्ष में ही होगा।

पहले ही बताया जा चुका है कि किस प्रकार 89-90 के दशक तक पूरी कश्मीर घाटी के सरकारी तन्त्र में विभाजनकारी एवं अलगाववादी तत्व पूर्णरूप से सक्रिय थे एवं नीति निर्धारक की भूमिका निभा रहे थे।

घाटी में बहुत सुनियोजित, चयनित एवं प्रभावी तरीके से एक-एक कर अलग-अलग स्थानों से हिन्दू हत्यायों की वीभत्स प्रक्रिया शुरू की गई। हिन्दू समाज के प्रसिद्ध एवं प्रबुद्ध लोगों की शृंखलाबद्ध हत्याओं से इस प्रक्रिया का आरम्भ हुआ जिससे हिन्दू समाज को एक बड़ा संदेश मिले और उनके मन में भय व्याप्त हो। राजनैतिक व्यक्ति, वकील, डाक्टर, राज्य अधिकारी, शिक्षक, व्यापारी और पत्रकार इत्यादि निर्दोष हिन्दू काफिर कह-कह कर मारे जाने लगे। अधिकतर हत्याएँ करने वाले आतंकी पूर्व परिचित लोगों में से ही होते थे। इन लोगों की पूर्ण पूर्व सूचना भी इन्हे के मुस्लिम सहयोगी पड़ोसी इत्यादि दे रहे थे। अधिकतर हत्याएँ दिन-दहाड़े एवं सार्वजनिक स्थलों पर हो रही थीं, जिससे कि अधिक से अधिक भय का वातावरण बने। 19 जनवरी, 1990 आते-आते यह आँकड़े सैकड़ो में थे। कश्मीरी पण्डित पूरी तरह से डरा-सहमा हुआ था। पूरी घाटी में एक प्रकार से असुरक्षा, अविश्वास, अराजकता एवं अनीति का अंधकार छाया हुआ था। भारतीय सरकार एवं व्यवस्था के विरुद्ध हिंसक प्रदर्शनो की दिनचर्या अटूट एवं अविराम चल रही थी। 'लोकतान्त्रिक भीड़ आतंकवाद' एवं 'इस्लामिक आतंकवाद', 'हिन्दू भारत' को खुलकर चुनौती दे रहे थे। कश्मीर के तत्कालीन मुख्यमंत्री उन्हें राह भटके हुए सामान्य युवा बता रहे थे। राह भटक जाना और जान-बूझकर गलत राह चलना, दोनों में जमीन-आसमान का अन्तर है। एक गलती की श्रेणी में आता है और दूसरा अपराध की। यह आतंकी मात्र अपराधी थे। लेकिन फारुक अब्दुल्ला के केन्द्र सरकार में भी काफी मित्र एवं सहयोगी थे, जो उनके विचारो से मात्र सहमत ही नहीं थे, अपितु वह तो भारतीय सैन्य बलों को मानवाधिकार उल्लंघन का अपराधी भी मानते थे। 'कश्मीर पर पहल' समिति ने इस सन्दर्भ में जो लिखित विवरण तैयार किया, वह हमारे लिए तो झूठ पत्र था, पर पाकिस्तान ने तो उसके आधार पर अन्तर्राष्ट्रीय मंचों पर भारत को खूब नीचा दिखाया और सिद्ध कर दिया कि कैसे भारतीय सुरक्षाबल कश्मीरी मुसलमानों का दमन एवं उत्पीड़न कर रहे हैं? कैसे वह भोले-भाले आतंकियो को मुठभेड़ों में मार रहे हैं? लेकिन इस पूरे विवरण में कहीं भी 'कश्मीरी-पण्डितों' की चर्चा नहीं थी। मार्च 12-16, 1990 मात्र चार दिनो में चार सदस्यीय इस समिति ने घाटी में केवल मुस्लिम और अलगाववादी तत्वों एव विभाजनकारी लोगों से मिलने की आवश्यकता समझी और

यह निष्कर्ष निकाला कि सुरक्षाबल एवं राज्यपाल जुल्म ढा रहे हैं। यह था बौद्धिक आतंकवाद का एक जीता-जागता उदाहरण। जिसमें सैनिको के बलिदानों की बलि दी जा ग्ही थी और कश्मीरी आवाम की नजरो में उन्हे आततायी एव अत्याचारी दिखाया जा रहा था। कोई भी विवरण एक पक्षीय होने पर मात्र अन्याय है। जो सुरक्षाबल देश एवं समाज की रक्षा के लिए अपने घर-परिवार छोड़कर रात्रि प्रहर बर्फ में खड़े आम कश्मीरियों की रक्षा बर्बर आतंकियों से कर रहे थे। उन्हीं को 'पी.यू. सी.एल.' जैसे स्वार्थ समूह अपराधी करार दे रहे थे।

मानवाधिकार संगठनों एवं सरकार के कुछ लोगों ने दिल्ली में ऐसा वातावरण बना दिया था, जहाँ कश्मीरी पण्डितों की बात करना बेइमानी जान पड़ता था। ऐसा प्रतीत होने लगा था, जैसे वे लोग कोई बड़ा अपराध कर घाटी को छोड़कर भाग रहे थे। कश्मीरी पण्डितों के साथ दिल्ली सरकार एवं मीडिया में समानुभूति एवं सहानुभूति रखने वाले लोग नगण्य थे। शायद भारतीय लोकतन्त्र के सिद्धान्तों के अनुसार कश्मीरी हिन्दुओं का यह छोटा जनसंख्या समूह तो कोई प्रभावी वोट बैंक भी न था। मात्र 3-5 लाख विस्थापित एवं निर्वासित, बेसहारा-जन बिखरे एवं कमजोर होने के कारण कोई प्रदर्शन करके भी सरकार का ध्यान अपनी ओर नहीं खींच सकते थे।

कश्मीरी हिन्दू 19 जनवरी, 1990 की रात जब घाटी में जिहाद के लिए मुसलमान तैयार हो रहा था, वह उसी बर्फीली रात को ही कश्मीर छोड़ने के लिए अपनी और अपने परिवार को तैयार करने में जुटा था। सामान अधिक ले नहीं जा सकते इसलिए तैयारी एक प्रकार से मानसिक अधिक थी। भावनात्मक पीड़ा किसी भी दर्द से बड़ी है। जनवरी, 1990 के लगभग अंत तक घाटी के अधिकांश हिन्दू जम्मू और अन्य राज्यों में जा-जा कर शरणार्थी शिविरों में रहने लगे थे। घाटी से भाग जाना इतना मुश्किल नहीं था, जितना कि नए लोग एवं नए वातावरण में एक नए जीवन की शुरुआत करना। अधिकांश शरणार्थी शिविर मूलभूत जीवन सुविधा से शून्य थे। स्वास्थ्य, बिजली, पानी एवं शिक्षा कुछ भी नहीं था। शिविर का जीवन आदिम युग जैसा लग रहा था। सर्दी एवं बरसात के मौसम बरसातियों में निकालना किसी यातना से कम नहीं था। इन शिविरों की दशा असुविधाओं के मानकों के अनुसार किसी नाजी यातना शिविर से कम नहीं थी। यहाँ कितने ही लोग असाध्य रोगों से ग्रस्त हो रहे थे। साफ सफाई की कमी से मलेरिया, डायरिया जैसे रोग फैल रहे थे। चीकन-पॉक्स जैसे संक्रामक रोग बीमारियों का हिस्सा बन चुके थे। कितने ही बच्चे बूढ़े जवान इन असुविधापूर्ण आर्थिक तंगी, सरकारी उदासीनता एवं भरी निराशा के कारण प्रतिदिन दम तोड़ रहे थे। ये मौतें भी उसी इस्लामिक जिहाद या द्विराष्ट्रीय अलगाववाद से जनित आतंकवाद के खाते में जा रही थीं। लगभग प्रत्येक विस्थापित कश्मीरी पण्डित किसी-न-किसी प्रकार के मनोरोग से ग्रस्त था। इस कश्मीरी हिन्दू नरसंहार को इस

प्रकार से समझने की आवश्यकता है—

1. वह मौत, जो आतंकियों के सीधे गोलीबारी या बम धमाके से हुई।
2. वह मौत जिन पर न. (1) बिन्दु का सीधा प्रभाव था, जैसे कि पलायन के दौरान यात्रा में महिलाओं, बूढ़े और बच्चों की मौत।
3. विस्थापित जीवन में मौसम एवं असुविधाओं से उत्पन्न बीमारियों से मौत।
4. विस्थापन से उत्पन्न आर्थिक तंगी से रोगो का इलाज न हो जाने से, कुपोषण से मौत।
5. आवासीय सुविधा न होने एवं तनाव के कारण प्रजनन दर में कमी, जिससे इस समुदाय के नष्ट होने का प्रत्यक्ष खतरा। जनसंख्या वृद्धि दर में कमी।
6. बाल मृत्युदर में बढोत्तरी, कुपोषण एवं बालरोग में वृद्धि।
7. उनके धार्मिक-स्थल कला-संस्कृति केन्द्र इत्यादि को खण्डित करना एवं नष्ट कर देना, जिससे कि उनकी सांस्कृतिक पहचान मिटायी जा सके। यह एक जिहादी रणनीति का सबसे प्राचीन एवं प्रभावी हथियार रहा है। इसको आप सभ्यता के विनाश का ही एक सामाजिक हिस्सा मानेंगे।
8. शान्ति-सम्पन्नता समाप्त होने से परोक्ष रूप से आपकी सोच साहित्यिक, कलात्मक एवं नवसृजनात्मक शक्तियाँ भी क्षीण हो जाती हैं, जिससे आपकी सभ्यता एवं समाज का सम्पूर्ण विकास बाधित होता है। इन सब क्षेत्रों में कश्मीरी पण्डितों का विकास बाधित हुआ है। इन सब क्षेत्रों में कश्मीरी पण्डितों के संगठनो ने कश्मीरियों के योगदान में कमी को अनुभव किया और वह इस विषय पर चिन्तित भी हैं।
9. कश्मीरी-पण्डितों की घाटी की सम्पत्तियाँ एव धार्मिक-स्थल सभी पर मुसलमानों के अवैध कब्जे या कब्जा कर उन्हें कम कीमत पर खरीदा गया। इस सन्दर्भ में कश्मीरी हिन्दू संगठनों ने 4 मार्च, 2016 को घाटी के भिन्न-भिन्न जनपद प्रशासन को लिखित ज्ञापन भी दिया ।
10. मौजूदा सरकार के चयनित सुरक्षित स्थानों पर 'हिन्दू पुनर्वास' का मुस्लिम अलगाववादियों द्वारा विरोध।
11. हिन्दू कश्मीरियों के प्राचीन धार्मिक स्थलों की यात्रा का हिंसक विरोध। अमरनाथ यात्रा पर आतंकी हमला एवं कश्मीरी मुस्लिम समुदाय द्वारा 'भीड़ आतंकवाद' का सहारा लेना।

'जब हम इन सब बिन्दुओं की तार्किक विवेचना करते हैं तो उस निष्कर्ष पर पहुँचते हैं कि सम्मिलित रूप से यह सब कारक कश्मीरी हिन्दू सभ्यता के संहारक हैं। कश्मीरी पंडितों के सन्दर्भ में यह सब कुछ क्रमबद्ध तरीके से घटित हुआ। अतः सन् 1990 के बाद से अब तक का क्रमबद्ध हिंसात्मक घटनाक्रम एक जनसंहार की श्रेणी में आता है।' आज कश्मीरी पण्डित एक जीवन्त समुदाय एवं सभ्यता-संस्कृति के रूप

में नष्ट हो गए। उनकी अपनी जन्मभूमि पर ही उनके इतिहास का कोई नामलेवा नहीं बचा। सन् 2002 गुजरात दंगों को हमारे बौद्धिक चरमपंथियों द्वारा बिना किसी तर्क के ही एक नरसंहार करार दे दिया गया, जबकि वह तो हर प्रकार से सिद्ध साम्प्रदायिक दंगे थे, जिसमें दोनों पक्ष के लोग समानुपातिक रूप में मारे गए थे। विपक्ष से लेकर देश का हर 'मुक्त विचारधारा' का दिखावा करने वाला व्यक्ति गुजरात सरकार एवं हिन्दुओं के पीछे पड़ा रहा। अभी भी देश में फैले इस्लामिक आतंकवाद को गुजरात के दंगों से जोड़ देते हैं। कहते हैं अगर मुसलमान आतंकी बन रहा है, तो उसमें उसकी नहीं, अपितु उसके पीछे कट्टर हिन्दुत्व है। दंगों के कारण कोई बताना नहीं चाहता और उसका कोई क्यों विस्तृत उल्लेख नहीं करता? क्योंकि गोधरा में साबरमती एक्सप्रेस की एस-6 बोगी को बन्द कर पेट्रोल डालकर हजारों मुस्लिमों की उग्रहिंसक और उन्मादी भीड़ द्वारा जिन 59 कारसेवकों को जलाकर मारा गया वह हिन्दू थे। लेकिन इसे भी लालू और सोनिया गांधी ने मुस्लिम तुष्टीकरण के लिए एक दुर्घटना की शक्ल देने की कोशिश की। एक पूर्व जज की सेवाओं को खरीदा गया। यह था हिन्दू पक्ष कमजोर करने का एक और षड्यंत्र। राजनीति में मतों के लिए इससे नीच आपराधिक घटना और क्या हो सकती है? आज देश को हिन्दू-मुस्लिम खेमों में बाँट दिया। कुछ ऐसा ही सन् 1990 के दशक में कश्मीर के सन्दर्भ में बौद्धिक वर्ग एवं राजनैतिक वर्ग द्वारा किया जा रहा था। ऐसे झूठे उदारवादी विचारकों ने सन् 1990 को कश्मीरी आतंकवाद को भारत में ही कश्मीरी स्वतन्त्रता की लड़ाई बना दिया। इन्हीं वाम विचारकों की प्रेरणा से ही पश्चिमी मीडिया भी इसे कश्मीरी स्वतन्त्रता की लड़ाई कहने लगा। मुस्लिम देशो के बौद्धिक वर्ग के साथ वामपंथी भी भारत की कश्मीर में आतंकवाद की लड़ाई को भारत का साम्राज्यवाद कहने लगे या वे लोग उन्हीं से प्रेरित हो रहे थे। भारत के प्रथम प्रधानमंत्री स्वर्गीय नेहरूजी ने कहा था कि भारत को सर्वाधिक खतरा आन्तरिक राष्ट्रविरोधी शक्ति से है न कि बाह्य आक्रमणकारियों से। आज उनका कथन अक्षरशः सत्य हो रहा है। इन उदारवादी अथवा अनुदारवादी बौद्धिक विचारकों ने कश्मीरी पण्डितों के नरसंहार को कभी एक बृहद स्तरीय मानवाधिकारों के उल्लंघन का विषय ही नहीं बनने दिया।

आज 28 वर्षों बाद भी कश्मीरी पण्डित न्याय एवं अन्याय की लड़ाई लड़ रहे है। उनके मानवाधिकार का हनन अविराम गतिशील है। यदि इन हिन्दुओं की रक्षा पंथनिरपेक्ष राष्ट्र में नहीं होगी, तो कहाँ होगी? क्या पाकिस्तान और बांग्लादेश की तरह कश्मीरी हिन्दू भी एक दुर्लभ प्रजाति की तरह समाप्ति की कगार पर है। क्या एक पंथनिरपेक्ष राष्ट्र में भी एक इस्लामिक उपराष्ट्र स्थापित रहेगा और राष्ट्र बिना चिन्तन के सोता रहेगा? क्या भविष्य में असम, केरल और पश्चिम बंगाल में भी इस प्रक्रिया की पुनरावृत्ति की प्रतीक्षा है। 'यदि आज हम यहाँ खड़े होकर नहीं लड़ेंगे, तो हमेशा घुटनों के बल बैठकर सन्धि हस्ताक्षरित करते रहेंगे।' एक पंथनिरपेक्ष राष्ट्र

हिन्दू-मुस्लिम, सिख-ईसाई आदि पहचानों से नहीं चल सकता। हमारे लिए श्रेष्ठ है सिर्फ भारतीय सभ्यताएँ, संस्कृति और भारतीयता। बहुसंख्यक अथवा अल्पसंख्यक तुष्टीकरण से देश को समृद्धिशाली नहीं बनाया जा सकता। 9 फरवरी, 2016 को जवाहरलाल नेहरू विश्वविद्यालय में वह घटना घटी, जिससे देश के नागरिक अचम्भित थे और रोष में थे। कश्मीर घाटी का तो मुझे अनुभव था, पर दिल्ली में यह घटना गले नहीं उतर रही थी। दो आतंकवादियों के लिए विश्वविद्यालय परिसर में एक श्रद्धांजलि सभा का आयोजन एवं उसमें बड़ी संख्या में शोधछात्रों एवं उच्च शिक्षा ले रहे छात्रों का जुटना एक चिन्तनीय विषय है। इन छात्रो का भारत की संप्रभुता, एकता-अखण्डता को चुनौती देना एक गम्भीर एवं राष्ट्रविरोधी कृत्य था। लेकिन इससे बड़ा चौंकानेवाला घटनाक्रम तो इसके बाद शुरू होने वाला था। वह था राहुल गांधी का अपनी कांग्रेसी टीम के साथ परिसर में इन छात्रों के पक्षधर होने का और वामपंथियों से तो उम्मीद करना मृगमरीचिका सा है। अगर ये छात्र अपने इस निर्णय को कि कश्मीर स्वतन्त्र होना चाहिए और दोनों आतंकी स्वतत्रंता संग्राम सेनानी हैं तो फिर भारतीय सरकारों का कश्मीर में हस्तक्षेप व कथित कब्जा एक प्रकार से 'हिन्दू साम्राज्यवाद' है। अगर कश्मीर एक स्वतन्त्र इस्लामिक राष्ट्र है, तो कश्मीरी पण्डितों के साथ जो हुआ, वह शरिया कानून का न्याय है। फिर तो कश्मीर दारुल-इस्लाम है। उमर खालिद ब्रिगेड के इस नारे का अर्थ शायद हर पाठक समझ सकता है और उनकी मानसिकता को भी। 'अफजल हम शर्मिन्दा है, तेरे कातिल जिन्दा है'। यहाँ अफजल का कातिल कौन है। भारत की न्याय व्यवस्था, संविधान, सरकार और हम सब नागरिक, भारतीय लोकतन्त्र के सभी स्तम्भ आते हैं, इन कातिलों की श्रेणी में। इसीलिए इस्लामिक आतंकी भारतीयों को मार रहे हैं और यह आतंकी इस जंग को भारतीय अस्तित्व के अनन्तकाल तक चालू रखना चाहते हैं। लेकिन एक राहत की बात यह है कि यह सब बोलने और करने वाले जे.एन.यू. के छात्र नहीं थे। अपितु उनके ही बीच में आज की भारत सरकार के आई.बी. के जासूस। यह कहना था विद्वान प्रो. जयति घोष का। यह भी अभिव्यक्ति की स्वतन्त्रता का एक उदाहरण है।

कश्मीर के बारे में भ्रान्ति जिसका निराकरण नितान्त आवश्यक है, वह यह कि कश्मीर में भारत का विलय कुछ भिन्न शर्तों पर आधारित था। ऐसा कुछ भी नहीं था सिवाय इसके कि ब्रिटिश सरकार मुस्लिम तुष्टीकरण के लिए एक जनमत संग्रह कराना चाहती थी। लेकिन वह मात्र सलाह थी हमारी विलय की शर्तों का कोई हिस्सा नहीं था। लेकिन तत्कालीन सरकार ने भी शायद इस कश्मीर विलय का आवश्यकता से अधिक राजनैतिक महत्व दिया। कारण शायद मुस्लिम तुष्टीकरण एक नए भारतीय लोकतान्त्रिक रूप में रहा हो।

हम शायद हिन्दू-मुस्लिम सम्बन्धों के जटिल प्रारूप को कभी भी समझ नहीं सके, विशेषकर औरंगजेब की मृत्यु के बाद। जब मुस्लिम साम्राज्यवाद पतन की ओर

बढ़ रह था और भारतीय राजनैतिक सैन्य शक्तियाँ मराठा और सिख अपने विजय अभियान को आगे बढ़ा रही थी। मुस्लिम राजनैतिक शक्ति एवं प्रभाव क्षीण हो चला था। हिन्दू सदियो के संघर्ष एवं दमन के बाद शनैः-शनैः मुखर होकर अपने अधिकार वापस चाह रहा था। औरंगजेब की मृत्यु के लगभग 50-60 वर्षों तक उत्तर भारत में मुगलों के सिहासन की लड़ाई से लेकर अफगान आक्रमणों का सिलसिला चला और इसी बीच धीरे-धीरे ईस्ट-इण्डिया कम्पनी भी बंगाल से बिहार, अवध और दिल्ली की ओर अग्रसर हो रही थी। मध्य भारत लगभग पूरा मराठों के अधीन हो चुका था और वह मुगलों की गद्दी पर बैठने वाले उत्तराधिकारी के चयन तक में वह आधिपत्य और महत्वपूर्ण भूमिका निभाने लग गए थे। ईस्ट इण्डिया कम्पनी का भारत पर उसके बाद 1857 का प्रथम भारतीय स्वतन्त्रता संग्राम हिन्दू और मुसलमान दोनों ही सत्ता से बेदखल हो चुके थे। लेकिन समय के साथ ब्रिटिश सत्ता में भागीदारी को लेकर दोनों में शीतयुद्ध सी स्थिति थी। इस स्थिति को मुस्लिम नेता सैय्यद अहमद खान ने समझ लिया था। उनके अनुसार ब्रिटिश सत्ता में भागीदारी बढ़ाने के लिए अंग्रेजों का करीबी होना आवश्यक है। उसके लिए अच्छी अंग्रेजी पद्धति की शिक्षा। इसके लिए उन्होंने अलीगढ़ में 'एंगलो मोहमडन कालेज' की स्थापना की, जो आज अलीगढ़ मुस्लिम विश्वविद्यालय है। लगभग सन् 1888 में सैय्यद अहमद खान ने ही 'द्विराष्ट्र सिद्धान्त' को प्रतिपादित किया, जो आगे चलकर मुस्लिम राष्ट्र 'पाकिस्तान' के जन्म की दायी बना। इस्लाम एक राष्ट्र है और उसका सहअस्तित्व अन्य धर्मों के साथ सम्भव नहीं है। यह सिद्धान्त मराठा और सिख साम्राज्य के उदय के साथ ही मुस्लिम उलेमाओं के द्वारा बार-बार दोहराया जाने लगा था। ब्रिटिशकाल में अधिक राजनैतिक एवं सामाजिक अधिकार पाने के लिए मुस्लिम, अंग्रेजों से अपने लिए हर क्षेत्र में अलग से अधिकार की माँग करने लग गए। अंग्रेजों ने भी 'फूट डालो और शासन करो' की नीति के तहत उनको एक अलग इकाई के रूप में संबोधित करने लगे। इस विभाजन की नीति ने मध्ययुगीन मुगलकाल के हिन्दू-मुस्लिम अविश्वास एवं भेद को और भी बढ़ा दिया।

प्रथम विश्वयुद्ध के बाद ऑटोमन साम्राज्य का पतन हुआ और टर्की के खलीफा का अन्त। ब्रिटिश साम्राज्य सऊदी अरब के उपमहाद्वीप में पहुँच गया। यूरोपीय शक्तियों का प्रभुत्व अब पूरे इस्लामिक देशों पर था। इसाई देशों का 'पवित्र युद्ध' अब विजयी हुआ था। पेट्रोलियम की इस क्षेत्र में उपलब्धता से इसका सामरिक और आर्थिक महत्व औद्योगिक देशों के लिए बहुत अधिक था। अतएव ब्रिटिश हुकूमत के लिए मुस्लिम तुष्टीकरण भी विदेश नीति का एक आवश्यक अंग बनने वाला था।

द्वितीय विश्वयुद्ध में अंग्रेजों के लिए भारतीय सरकार एवं इसके संसाधनों का सहयोग ब्रिटिश साम्राज्य के जीवन के लिए जरूरी था। पर कांग्रेस ने सहयोग से मना कर दिया, लेकिन जिन्ना ने आगे बढ़कर सहयोग का हाथ बढ़ाया। जिन्ना का यह

कदम उनके पाकिस्तान बनने की दिशा में एक महत्वपूर्ण निर्णय साबित हुआ। इसे उन्होंने अंग्रेजों के बीच अपनी पकड़ बढ़ा ली थी। अंग्रेज भी समझ गए कि भारत की स्वतन्त्रता के बाद एक शक्तिशाली अविभाजित भारत को अपनी विदेश नीति के अनुसार चला पाना मुश्किल होगा, पर यदि पाकिस्तान बनता है, तो उसे संभालना अधिक सरल होगा। वह एक मुस्लिम देश होने के कारण अंग्रेजो के लिए आगे भी सहयोग देगा। इसलिए विभाजन तक और उसके बाद भी अंग्रेजी सामरिक एवं विदेश नीति पाकपरस्त थी।

यही मुस्लिम तुष्टीकरण ब्रिटिश नीति के अभिन्न अंग के रूप में हमें भी विरासत में मिली और हमारे आक्सब्रिज विद्वान इसे ही पंथनिरपेक्षता समझ बैठे। यही मुस्लिम तुष्टीकरण कश्मीर विलय के सम्बन्ध में भी माउंटबेटेन और लन्दन ने हमारे गले में बाँधने की कोशिश की। अगर अन्तर्राष्ट्रीय स्तर पर कश्मीर मुद्दा अब कहीं किसी भी रूप में उलझा हुआ है, तो उसके जिम्मेदार पश्चिमी देश हैं, जो कश्मीर को कभी स्वतन्त्र रख यहाँ से चीन, रूस और भारत को भी परेशान करना चाहते थे। लेकिन समय के साथ वैश्विक राजनैतिक परिदृष्य भी बदल चुका है और भारत की अन्तर्राष्ट्रीय स्थिति भी सुदृढ है। एक पंथनिरपेक्ष लोकतान्त्रिक राष्ट्र में विविधता और बहुलता आवश्यक हैं न कि धर्म आधारित तुष्टीकरण। वोट बैंक के लिए किसी भी पंथ और क्षेत्र का तुष्टीकरण संवैधानिक अपराध है, जो अक्षम्य है।

आज कश्मीर को हम एक भिन्न समस्या के रूप में क्यों देखते हैं? क्योंकि यह मुस्लिम बाहुल्य क्षेत्र है और इसमें जबरन एक इस्लामिक देश का हस्तक्षेप है और उसके सहयोग में अन्य मुस्लिम देश भी आ सकते हैं। अगर इस प्रकार से हम सोचते रहे और कश्मीर घाटी में जो आज चल रहा है, उसे चलने दिया तो कश्मीर और भी बुरे हाल में होगा। कश्मीर की सन् 1990 के बाद वाली पीढ़ी जिसने गैरमुस्लिम समाज के साथ कभी कोई सम्बन्ध ही नहीं देखे, उसका व्यवहार एक पंथनिरपेक्ष समाज में कैसा होगा? आज कश्मीर घाटी का इस्लामीकरण सन् 1990 से भी अधिक है। धार्मिक कट्टरता बढ़ रही है। आज सभी आतंकी 20 से 25 वर्ष की उम्र के ही हैं। यानी सन् 1990 के बाद की पैदाइश। सामाजिक समन्वय एवं भाईचारे के लिए आपसी मेलजोल, सामाजिक उठना-बैठना, त्यौहार मिल-जुलकर मनाना और सुख-दुःख बाँटना अति महत्वपूर्ण है। कश्मीर घाटी के हिन्दूविहीन हो जाने के बाद वह कड़ी भी टूट चुकी है।

आज घाटी में कट्टर इस्लामिक तत्वों का पढ़े-लिखे उदारवादी युवावर्ग से पृथक करना बहुत आवश्यक है। इसी युवावर्ग को देश की विकास की मुख्य धारा से जोड़े रखना भी राष्ट्रीय और कश्मीरी नेतृत्व की जिम्मेदारी है। लेकिन उसके लिए उनकी विद्रोही बातों एवं हरकतों का तुष्टीकरण कतई आवश्यक नहीं है। अलगाववाद को नकेल डालना अत्यन्त आवश्यक है। मस्जिदों से चल रहे देशद्रोही अभियान बन्द होना

इन हालात में राष्ट्रीय हितों के लिए अनिवार्य है। आज राजनैतिक इस्लाम राष्ट्रविरोधी अभियान का अमोघ अस्त्र बन चुका है। वह हर दर्द की दवा है। इसे दवा बनाए रखने के लिए इस्लामीकरण की आवश्यकता पड़ रही है। इस आवश्यकता को पूरा कर रहे हैं जमाती एवं तबलीगी मदरसे, धन उपलब्ध करा रहे है, हमारे शत्रु एवं कुछ इस्लामिक राष्ट्र।

सन् 2003 नंदीग्राम, जनपद-पुलवामा, दक्षिण कश्मीर, उपजाऊ भूमि केसर और सेब की खेती के लिए प्रसिद्ध प्रकृति की सुन्दरता की एक बेजोड़ जगह। दिसम्बर, 2002 तक मैं भी इसी क्षेत्र में था। यह क्षेत्र मुझे काफी जीवन्त लगता था सड़कों के साथ-साथ घरों की कतारें, फिर खेती और सेब के बाग ही बाग। कहीं-कहीं बीच में जले हुए या बहुत से खाली पड़े हिन्दुओं के घर, जो सन् 1990 के बाद छोड़ दिए गए थे। टूट रहे घर एवं उनके अन्दर लगे मकड़ी के जाले दूर से दिखाई देते थे। घरों के आगे खुली जगह जहाँ कभी सुन्दर फुलवारियाँ रही होंगी। आज जंगली घास से पटी पड़ी थीं। 10-12 सालों में सब कुछ खण्डहर हो गया था। यही हाल शायद कश्मीरी हिन्दुओं के जीवन का भी था, शायद यूँ ही उजड़ा हुआ। लेकिन नदीग्राम में अभी भी एक-दो हिन्दू परिवार किन्हीं आशाओ एवं मजबूरियों के बीच रह रहे थे कि एक रात आतंकियों के दल ने धावा बोलकर निर्दयता से 24 हिन्दुओं की हत्या की। इसमें 11 औरत, 11 आदमी और दो बच्चे शामिल थे। सारी गोलियाँ इन लोगों के चेहरे और सिर पर मारी गई थीं। इन सबको पहले घरों से निकालकर बाहर पंक्तिबद्ध कर, फिर ताबड़तोड़ गोलियों से भून दिया गया था। कारगिल युद्ध के बाद के समय की यह घाटी में हिन्दुओं के प्रति हिंसा की सबसे बड़ी घटना थी। यह नरसंहार उन बचे कश्मीरी हिन्दुओं को एक आखिरी चेतावनी थी, जो अभी भी यदि कहीं शेष बच गए थे। इस नरसंहार से पूरा भारत सकते में था। सितम्बर, 2001 के बाद अमेरिका की कश्मीर नीति एवं इस्लामिक आतंकवाद के विरुद्ध लड़ाई कठोर हुई थी, किन्तु अन्ततः जमीन पर लड़ाई भारतीय सुरक्षाबलों ने ही लड़नी थी।

सन् 1990 के बाद के काल को मैंने जान-बूझकर द्वितीय हिन्दू नरसंहार इसलिए कहा, क्योंकि पहली कश्मीरी सभ्यता/भारतीय सभ्यता/हिन्दू सभ्यता की जड़ों पर हमला शाहमीर वंश की नींव पड़ने के साथ ही शुरू हो गया था। किन्तु वह अपने चरम व निष्कर्ष पर पूर्ण हिन्दू नरसंहार के साथ सुल्तान सिकन्दर के समय निर्णीत हुआ। पण्डित जोनाराजा, जिन्होंने कश्मीरी इतिहास को समयबद्ध किया था, के अनुसार सिकन्दर के शासन के अन्त तक कश्मीर घाटी में मात्र कुछ ही हिन्दू परिवार शेष थे। मुझे लगता है, शायद यह संख्या भी प्रतीकात्मक रही होगी। हो सकता है कोई भी अस्तित्व रूप में या गिनतीदार व्यक्ति न बचा हो। एक समृद्ध सभ्यता को बर्बर इस्लामिक कठमुल्लों के हाथों नष्ट होना पड़ा। एक भारतीय सभ्यता की जगह अरबी-फारसी सभ्यता ने ली। वह सभ्यता जो सामाजिक रूप से निरन्तर लड़ रहे

अरब खानाबदोश एवं भौगोलिक दृष्टि से रेगिस्तान के लिए थी। मन्दिरों एवं हिन्दू धर्मग्रन्थों को नष्ट कर दिया गया और इस प्रकार हिन्दू सभ्यता का नरसंहार इस्लामिक शासन ने पूर्ण किया। इस प्रक्रिया को लगभग 74 वर्ष का समय लगा (सन् 1339-1413)

शायद 'सैमुअल पी. हटिंगटन' ने सन् 1996 में अपनी ऐतिहासिक पुस्तक 'क्लैश आफ सिविलाइजेशनस एण्ड रिमेकिंग आफ वर्ल्ड आर्डर' में जिस सभ्यता के टकराव की चर्चा की थी और कश्मीर का भी उसमें नाम लिया था, वह प्रक्रिया भारतवर्ष में शायद 1200 वर्षों से चल रही है। सितम्बर, 2001 से एक बार फिर यू.एस. राष्ट्रपति ने जिस क्रूसेड की बात आतंकवाद के विरुद्ध शुरू करने की थी, सही मायनों में वह पश्चिमी देशों की लड़ाई इस्लामिक आतंकवाद के विरुद्ध है। लेकिन मुस्लिम मतावलम्बियों के अनुसार, यह इसाई क्रूसेड इस्लाम के विरुद्ध है और भारत में इस्लामिक जिहाद हिन्दू काफिरों के विरुद्ध जारी है। सभ्यताओं का टकराव विश्व के अलग-अलग क्षेत्र में छोटे या बड़े रूप में चल रहा है। यह सभ्यताएँ आज धर्म के रूप में अधिक पहचानी जा रहीं है न कि कला, संस्कृति, विज्ञान एवं अध्यात्म के आधार पर। आज के छोटे-छोटे इस्लामिक आतंकी समूह एक बड़े संगठन में परिवर्तित हो राष्ट्रीय चुनौती बन सकते हैं। इसीलिए बिना किसी भी भेदभाव एवं 'वाद' के हम धार्मिक, जातीय एवं क्षेत्रीय आधार को एक 'भारतीय' का रूप दें। इसके लिए आवश्यक है समान शिक्षा, एकल शिक्षा प्रणाली, लोगों में बहुलतावाद, विविधता एक-दूसरे के धर्म व समाज को समझते हुए एक साझा भारतीय सभ्यता निर्माण का प्रयास। महान सभ्यताएँ व धर्म आपसी मेल-जोल से ही महानतम श्रेणी में पहुँचती हैं। आज समाज और धर्म की विडम्बना यह हो गई है कि उनको निर्देशित करने वाले

1990 दशक में मारे गए हिन्दू परिवार

अधिकतर लोग ही अज्ञानी हैं। शान्ति, समृद्धि के लिए सहिष्णुता और बहुलता नितान्त आवश्यक हैं। जो कश्मीर घाटी में सन् 1990 से चल रहा है, वह संघर्ष किसी निरंकुश-तन्त्र, शासकीय दमन, धार्मिक प्रतिबंध, सामाजिक अन्याय, शिक्षा एवं आर्थिक पिछड़ेपन के विरुद्ध नहीं है। अपितु एक अखण्ड राष्ट्र की संप्रभुता एवं अखण्डता के विरुद्ध है। 'द्विराष्ट्र सिद्धान्त' को भारत में एक बार पुनः दोहराने की कोशिश है, जिसको पाकिस्तान के द्वारा प्रायोजित किया जा रहा है। भारतीय लोकतन्त्र की बहुलता एवं विविधता जहाँ अनेक धर्म, अनेक भाषा-भाषी, अनेक पंथ एवं समुदाय, अनेक क्षेत्रीय भिन्नताएँ एवं धार्मिक अल्पसंख्यक बिना किसी भी प्रकार की समस्या के सुखमय जीवन निर्वाह कर रहे हैं, वहाँ केवल कश्मीरी मुस्लिम क्यों अलग-थलग हैं? क्यों वे आज कुछ आतंकियों, अलगाववादियों एवं राष्ट्र विरोधी तत्वों के हाथ में कठपुतली बनकर रह गए हैं? लगभग 70 लाख कश्मीर घाटी के लोगों के भविष्य को कुछ दर्जन हिंसक एवं उग्र कट्टरपंथियों ने बंधक बना लिया है। इस्लाम के नाम पर उन्हे पंथनिरपेक्ष भारत को हिन्दू भारत होने का झूठा ज्ञान दिया जा रहा है। उन्हें उस छोटे क्षेत्र के सफल स्वतन्त्र राष्ट्र के बेबुनियाद सपने दिखाए जा रहे हैं। भारतीय लोकतन्त्र में अब धर्म के नाम पर एक और राष्ट्र पैदा होना असम्भव है। लोकतान्त्रिक देश में वैचारिक मतभेद हो सकते है और उनका हल केवल बातचीत है न कि देश का बँटवारा। जैसा कि मैंने अपने पहले के अध्यायों में भी जोर दिया था कि कश्मीर पौराणिक एवं ऐतिहासिक काल से भारतीय सभ्यता का एक अभिन्न अंग रहा है और रहेगा। इस पर कोई भी देश वैश्विक संगठन या देशों का समूह अब भारत पर दबाव नहीं डाल सकता है कि कश्मीर पर हमारी नीति एवं नियति क्या है? पाकिस्तान विभाजन ब्रिटिश साम्राज्यवाद की देन था और हमारी परतन्त्रता का एक गहरा घाव। अतः आज यदि पाकिस्तान उस पर कोई अधिकार दिखाता है, तो वह उसी प्रकार से है, जैसे कि कोई पुत्र अपने पिता से कहे कि इस पैतृक सम्पत्ति पर मेरा हक पहले से है। पाकिस्तान का कश्मीर मुद्दे पर तो बात करना ही बेईमानी है। आज कश्मीर के जो नेतृत्वकर्ता कश्मीर को समस्या मानते है। उसके स्थायी हल में पाकिस्तान की भूमिका तलाशते हैं, उनका इस प्रकार की बात करने के दो ही कारण हो सकते हैं—

1. जम्मू-कश्मीर और लद्दाख राज्य के भारत में विलय पर अधूरी एवं गलत जानकारी होना और यह न जानना कि वह विलय पूर्ण एवं बिना शर्त था। 26 अक्टूबर, 1947 से जम्मू-कश्मीर भारत का एक अभिन्न अंग उसी प्रकार बन गया, जैसे अन्य 565 रियासतें बनी थीं।
2. दूसरा इस्लामिक गणराज्य पाकिस्तान से कश्मीरी मुसलमानों के अधिकारों के लिए मध्यस्थता की उम्मीद रखना, यह देखते हुए भी कि पाक अधिकृत मुस्लिम आबादी का हाल दयनीय ही नहीं, उससे भी खराब है।

यह अधूरी सूचनाएँ एवं 'इस्लामिक सार्वभौमिकता' पर अंधविश्वास ही कश्मीर के अलगाववादी वर्ग बार-बार भारत के विरुद्ध खड़ा कर रहा है। ये लोग अपने निजी स्वार्थवश कश्मीर को दाँव पर लगाने को तैयार हैं। स्वतन्त्रता मिलना आपका जन्मसिद्ध अधिकार है और वह मिलेगी लेकिन उसको बनाए रखना दुष्कर है, क्योंकि एक सम्पूर्ण राष्ट्र के एक भी समुचित मापदण्ड कश्मीर में नहीं है। शेख अब्दुल्ला ने सत्य ही कहा था। कश्मीर 15 अगस्त, 1947 को आजाद हुआ और 20 अक्टूबर, 1947 को उस पर आक्रमण हो गया। वह भी उस देश के द्वारा, जिससे हमारी शान्ति की सन्धि थी। जम्मू-कश्मीर दो बड़े देशों से घिरा हुआ है और उसका आकार बहुत छोटा, इसीलिए वह स्वयं अपनी रक्षा नहीं कर सकता।

कश्मीर में पाकिस्तान प्रायोजित आतंकवाद आज भी जारी है। बहुत से पाकिस्तानी आतंकी जिहाद के नाम पर घाटी की शान्ति भंग कर रहे हैं और दूसरी ओर स्वार्थी एवं अपराधी अलगाववादी भीड़ आतंकवाद से घाटी को बेहाल कर रही है।

'भीड़ आतंकवाद' परिभाषा और कार्यप्रणाली

परिभाषा—'ऐसे हिंसक जन-प्रदर्शन जिसमें सांख्यबल द्वारा एक क्षेत्र या नगर के दैनिक क्रिया-कलापों को रोककर वहाँ की सरकारी एवं सामाजिक-व्यवस्था को बाधित कर देना और हिंसक क्रियायों एवं भाषा के द्वारा लोगों में भय का संचार करना, जिससे लोग सामान्य रूप से अपना जीवन न बिता सकें।'

कार्यप्रणाली

1. सड़कों पर यातायात बाधित कर देना। वाहनों में आग लगाना।
2. राहगीरों, दुकानदारों, घरों एवं अन्य सरकारी भवनों घर पथराव आगजनी ।
3. सुरक्षाबलों पर पथराव, उनके साथ मारपीट एवं उनकी चौकियों में आग लगा देना।
4. दूसरे समुदाय के लोगों को हिंसा का निशाना बनाना।
5. भड़काऊ भाषण देना, समाज विरोधी एवं देश विरोधी झण्डे, बैनर तख्तियाँ इत्यादि लेकर भीड़ में चलना ।
6. पूजास्थलों एवं अन्य सार्वजनिक स्थानों पर तोड़फोड़ करना, आग लगा देना।
7. सरकार एवं कानून-व्यवस्था के प्रतीक जैसे सुरक्षाबलों की चौकियों, राष्ट्रीय ध्वज आदि को क्षतिग्रस्त करना, अपमानित करना ।

8. धर्मस्थलों का प्रयोग देशविरोधी गतिविधियों के लिए करना और धर्म के नाम पर एकत्रित लोगों को भड़काकर उग्र एवं हिंसक प्रदर्शन करवाना।
9. पाकिस्तानी, इस्लामिक संगठनों के झण्डों को लेकर चलना।
10. इन्हीं प्रदर्शनों एवं भीड़ में अस्त्र-शस्त्रों का प्रदर्शन करना, जिससे साधारण नागरिक भयभीत हो उनके आदेश मानें।
11. इन प्रदर्शनों के लिए लोगों को डरा-धमकाकर एवं धर्म के नाम पर भड़का कर लाना। ऐसे हालात बना देना कि सुरक्षाबल जब आत्मरक्षा के लिए गोली चलाए तो ये निरीह एवं निर्दोष लोग काल का ग्रास बनें। मई-जून, 2010 में घाटी के हिंसक प्रदर्शनो में करीब 117 युवा मारे गए और 2016 जुलाई से दिसम्बर तक लगभग 100 लोग लेकिन इन हिंसक प्रदर्शनों में कई सुरक्षाबल के जवान भी भीड़ के हाथों शहीद हुए थे। इन प्रदर्शनो में आतंकियों ने स्वचलित हथियारों से सुरक्षाबलों पर गोलियाँ तक दागी थीं। 8 जुलाई, 2016 आतंकी बुरहान वानी की मौत के बाद से सन् 2018 मई-जून तक यह प्रक्रिया निरन्तर सक्रिय थीं, भीड़ आतंकवाद आज भी अपने चरम पर है।

अलगाववादियों एवं इस्लामिक चरमपंथियों के लिए

'भीड़-आतंकवाद' के लाभ

1. अधिक संख्या में युवाओं की भागीदारी एवं उनका भी उस मुहिम के साथ जुड़ाव बढ़ जाना।
2. सशस्त्र आतंक की अपेक्षा इसकी अन्तर्राष्ट्रीय जगत में स्वीकार्यता।
3. इसके लिए कमजोर संवैधानिक कानून।
4. राष्ट्र एवं समाज को अधिक आर्थिक एवं सामाजिक हानि।
5. सरकार की छवि धूमिल होना एवं लोकप्रियता में कमी आना।
6. उग्र हिंसा उस सीमा से भी आगे ले जाओ, जहाँ सुरक्षाबलों को सरकारी संसाधनों एवं स्वयं की रक्षा के लिए अधिक बल प्रयोग करते हुए गोली चलानी पड़े और फिर उस मुद्दे पर सरकार को दमनकारी बताते हुए उस पर मानवाधिकार हनन के आरोप लगाओ।
7. प्रदर्शनों में महिलाओं को रख स्थिति खराब कर देने के बाद सुरक्षाबलों पर महिलाओं का उत्पीड़न, छेड़खानी एवं अन्य संगीन आरोप लगाकर झूठे मुकदमें दर्ज कराओ ।
8. इन हिंसक प्रदर्शनों से आतंकियों एवं अलगाववादियों के समर्थकों एवं अनुयायियों की संख्या बढ़ती है और उनकी अपराजेय और अदृश्य वाली

छवि बनती है, क्योंकि वह यह सब पर्दे के पीछे बैठकर निर्देशित किया जाता रहा है।

9. कानून-व्यवस्था, शासन एव प्रशासन पंगु हो जाता है, जिससे आयोजकों का कद और बड़ा हो जाता है।
10. 'भीड़-आतंकवाद' को काबू करने के लिए सरकार को बहुत अधिक मानव संसाधनों एवं विशेष प्रकार के अस्त्र-शस्त्र एवं यंत्रों का प्रयोग करना पड़ता है, जिससे सरकार को दैनिक रूप से अधिक धन खर्च करना पड़ता है।
11. सुरक्षाबलों के लिए यह कार्य अधिक चुनौतीपूर्ण एवं मानसिक परेशानी वाला है, जिसके कारण कभी-कभी मानवीय त्रुटियों की आशंका बनी रहती है।
12. इन हिंसक प्रदर्शनों से वाह्य जगत को यह भी संदेश आसानी से संचार माध्यमों के द्वारा जाता है कि समाज का बहुत बड़ा वर्ग सरकार की नीतियों, उत्पीड़न एवं दमन के विरुद्ध है।

सशस्त्र आतंकवाद के साथ-साथ 'भीड़-आतंकवाद' भी कश्मीरी हिन्दुओं को पलायन पर मजबूर करने में सहायक सिद्ध हुआ था। यह भीड़ सदैव ही अपने आकार से बहुत बड़ी प्रतीत होती है और जन सैलाब के रूप में सर्व सहमति देने का आभास कराती है। एक सड़क जिसकी चौडाई 25-30 फुट हो, उसमें 1000 हजार लोग भी जब यातायात आदि चल रहा होगा, तो कम से कम 5 हजार लोगों के होने का आभास देंगे। यह भी एक प्रकार से मनोवैज्ञानिक लड़ाई का एक रूप है। और यदि अर्धरात्रि काल के सन्नाटे में हजार लोग अल्लाह-ओ-अकबर चिल्लाएँ तो यही लगेगा पूरी घाटी में जैसे इस्लामिक क्रान्ति आ गई है। ऐसा ही हुआ था, 19 जनवरी, 1990 की मध्य रात्रि को। इसी प्रकार 'भीड़-आतंकवाद' ने अपने को अधिक कारगार सिद्ध कर कश्मीरी पण्डितों को भय से घाटी छोड़ने पर विवश कर दिया। इस भीड़ आतंकवाद का ही एक रूप 'साम्प्रदायिक दंगा' हो सकता है। यदि दूसरा पक्ष थोड़ा भी पलटवार करने की स्थिति में है, परन्तु घाटी में तो सब कुछ एक पक्षीय था। जैसे भारत में होने वाले हिन्दु-मुस्लिम दंगे इसी भीड़ आतंकवाद का एक घृणित रूप हैं।

'भीड़-आतंकवाद', सन् 1990 के दशक में भी इस्लामिक आतंकियो द्वारा इसी रणनीति को अपनाया जा रहा था, जिससे कि सैन्यबलों के साथ सशस्त्र संघर्ष में कई बार निर्दोष नागरिक भी मारे जा रहे थे और इसी को बाद में अलगाववादी प्रचारित कर सेना को निर्दोषों की हत्या का दोषी ठहराते थे। तब भारतीय सेना भी इस प्रकार की नागरिकों के बीच सशस्त्र संघर्ष के लिए बहुत प्रशिक्षित नहीं थी और अनुभव भी कम था। लेकिन फिर भी भारतीय सेना ने अन्य राष्ट्रों की सेनाओं की तुलना में आम नागरिकों की जान-माल को बहुत कम नुकसान पहुँचाया। अपवाद के रूप में कहीं कभी कुछ ऊँच-नीच हो सकती थी, जिसके फलस्वरूप कुछ नुकसान आस-पास के

निवासियों को उठाना पड़ा हो, लेकिन यह कोई नियम या सैन्य दस्तूर नहीं था। सेना ने अपने बहुत से अधिकारियों एवं जवानों को घरों में छिपे आतंकियों से लड़ते हुए खोया। लेकिन भारतीय सेना का हमेशा मानना था, कि हम अपने लोगों के बीच लड़ रहे हैं दुश्मन के युद्ध-क्षेत्र में नहीं। आज आतंकियों के सेना-विरोधी दुष्प्रचार में हमारे अनेकों 'बौद्धिक आतंकी' भी शामिल हैं। शब्दों पर संयम एक महान व्यक्तित्व का परिचय है, क्योंकि वाणी के द्वारा भी हिंसा की जाती है और वह भी सशस्त्र हिंसा जैसी ही प्रभावी है। 'मन, वाणी और कर्म', ये तीनों हमारे नीति-शास्त्रों के अनुसार हिंसा के माध्यम बन सकते हैं। कश्मीर घाटी में कैसे वाणी द्वारा फैलायी गई हिंसा ने भी हिन्दुओं को भयभीत किया एवं अन्ततः पलायन पर विविश किया। इसको मैं आपको कुछ नारों एवं मस्जिदों से हो रही उद्घोषणाओं द्वारा बताऊँगा—

1. पाकिस्तान जिन्दाबाद, हिन्दुस्तान मुर्दाबाद।
2. ये जालिमों, ये काफिरों, कश्मीर हमारा छोड़ दो। कश्मीर में अगर रहना होगा, अल्लाह-ओ-अकबर कहना होगा।
3. दिल में रखो अल्लाह का खौफ, हाथ में रखो क्लाशनिकोव।
4. इण्डियन डॉग्स गो बैक।
5. हम क्या चाहते हैं—आजादी-आजादी। 'आजादी का मतलब ला-इलाहा-इल्लिल्लाह'।
6. 'काफिरों को मौत', कश्मीर इस्लामिक गणराज्य बनेगा और अल्पसंख्यक भारत के जासूसों को मौत मिलेगी।

ऐसे ही न जाने कितने नारे, उद्घोष एवं जिहादी प्रशंसा गीत, जो वहाँ रह रहे अल्पसंख्यक समाज को एक गम्भीर चेतावनी के साथ-साथ शाब्दिक हिंसा के द्वारा भयाकुल कर रहे थे। 'सशस्त्र हिंसा' शाब्दिक या वाणी हिंसा को और भी असरकारक बना रही थी। इससे जन-आतंक में एक गुणात्मक वृद्धि थी। हम इस 'वाणी हिंसा' को आतंक के लिए एक और 'गुणक-शक्ति' कह सकते हैं। इन दोनों का साथ कार्यान्वयन और भी प्रभावी एवं त्वरित परिणाम देने वाला होता है। यह एक प्रभावी आतंकी रणनीति थी, जिसे अलगाववादी एवं आतंकी बेहद ही प्रभावी ढंग से कश्मीर घाटी में अल्पसंख्यकों के विरुद्ध प्रयोग कर रहे थे।

पकिस्तान का गुप्त अभियान 'ऑपरेशन टोपैक' कई रूप में, कई चरणों में सफलतापूर्वक चल रहा था और कई चरण तो पूर्णरूप से सफल भी हो चुके थे। उनमें सबसे प्रमुख था जमात-ए-इस्लामी द्वारा घाटी में 'इस्लामीकरण' की सफलता। सरकारी विद्यालयों का स्थान जमात के मदरसों ने ले लिया था, जो वहाबी/सलाफी इस्लाम के कट्टर सिद्धान्तों का जहर कश्मीरी युवावर्ग में घोल रहे थे। इससे आईएसआई एक वह वर्ग तैयार करने में सफल हो गई थी, जो इस्लामिक जिहाद के लिए सशस्त्र संघर्ष कर सके।

1990 के दशक में मारे गए हिन्दू परिवार

इन सबके साथ पाकिस्तान का दुष्प्रचार अलगाववादियों के माध्यम से पूरे जोर-शोर से चलाया जा रहा था। हर प्रकार के स्टीकर, पैम्फलेट्स, पोस्टर एवं लीफलेट्स तक पाकिस्तान के द्वारा घाटी में गैर-कानूनी रूप से लाए जा रहे थे। यह देशविरोधी एवं हिन्दूविरोधी प्रचार-प्रसार सामग्री सघन रूप से घाटी में घर-घर में उपल्बध कराई जा रही थी। 'निजाम-ए-मुस्तफा' के इस्तकबाल में घाटी को जलाया जा रहा था और इस अग्नि की पहली आहुति अल्पसंख्यक धर्मावलम्बियों की थी। प्रचार-प्रसार एवं जनसंचार के सभी माध्यम काफिरों के विरुद्ध विष-वमन कर रहे थे। जनवरी, 1990 तक इस हिसंक चक्र को लगभग 4-5 वर्ष हो चुके थे। 19 जनवरी, 1990 के बाद यह अपने उत्कर्ष बिन्दु पर था।

अकबर के समकालीन इतिहासकार एंव विद्वान अबुल फजल अपनी पुस्तक *'आईने-अकबरी'* में अकबर की कश्मीर यात्रा के समय वहाँ कश्मीरी पण्डितों की सख्या लगभग 2000 लिखते हैं। लेकिन पूरे 480 वर्ष के इस्लामिक शासनकाल में हिन्दुओं की जनसंख्या शासकों के रहमो-करम पर घट या बढ़ रही थी। सहिष्णु शासकों के समय में कभी थोड़ी-बहुत वृद्धि, क्रूर एवं निर्मम शासकों के समय कम। कारण कभी-कभी तो बड़े स्तर पर हत्याएँ या उससे बचने के लिए पलायन अथवा फिर धर्म परिवर्तन एव महिलाओं का अपहरण। मंगोल एंव अफगान आक्रमणकारियों द्वारा तो कश्मीरियों को गुलाम बनाकर ले जाना, फिर मध्य एशिया एवं अफगानिस्तान में उनको बेच देना। इसमें भी हिन्दुओं (काफिरों) को प्रथम वरीयता क्रम में रखा जाता था। मध्ययुगीनकाल से आधुनिक समय और भारत में लोकतान्त्रिक सरकार आ गई

किन्तु कश्मीरी हिन्दुओं की हालत में कोई सुधार नजर नहीं आया। इसी क्रम में 16 जनवरी, 1990 के 'कश्मीरी पण्डित सभा', जम्मू, का एक ज्ञापन, जो उन्होंने तत्कालीन राज्यपाल जनरल के.वी कृष्णा राव को दिया था। आपके लिए उद्धृत करना चाहूँगा—*'राज्य सरकार की अक्षमता के कारण निरीह हिन्दू जनता के साथ आगजनी लूट एवं हत्या जैसी घटनाएँ घटित हो रही हैं। सरकार की जगह आतंकी घाटी के बेताज बादशाह बने हुए हैं। राजनैतिक सत्ताधारी अपनी कुर्सी बचाने के लिए अलगाववादियों से दूरी बनाए हुए हैं। अनंतनाग, सोपोर, बारामूला, त्राल, मुशन, पुलवामा, इशबेर, विचारनाग, शोपिया और घाटी की अन्य जगहों में जो कुछ भी घट रहा है, उससे इस्लामिक आतंकियों की अल्पसंख्यक वर्ग को लेकर योजना पूरी तरह समझी जा सकती है। 15 दिसम्बर, 1989 को शोपिया में अल्पसंख्यक समुदाय पर हमला किया गया जिसमें उन्हें बेरहमी से मारा गया और महिलाओं के साथ दुर्व्यहार किया गया। महन्त केशवनाथ, टिक्कालाल टापलू, एन.के. गंजू, प्रेमनाथ भट, अजय कपूर एवं अन्य की हत्या हिन्दुओं में भय फैलाने के लिए की गई, जिससे कि वह यहाँ से शीघ्र पलायन करें। इससे कश्मीर से हिन्दुओं का पलायन और भी तेज हो गया है।*

07 मार्च, 2016 महाशिवरात्रि का पावन पर्व। कश्मीरी हिन्दुओं का सबसे प्रमुख धार्मिक उत्सव जैसे कि बृज और अवध क्षेत्र में होली जैसे बड़े पर्व। पाक राष्ट्रीय सुरक्षा सलाहकार जन्जुआ ने अपने समकक्ष अजीत डोभाल को भारत में गुजरात के रास्ते लश्कर एवं जैश-ए-मोहम्मद के 10 आतंकी घुस आने की अहम सूचना दी महाशिवरात्रि के मद्देनज़र पूरे भारत में उच्च-चौकसी। जम्मू-कश्मीर में उसके तीन दिन पहले से ही सूचनाएँ मिल रही थीं। सो उच्च चौकसी काल अपने पूर्णरूप में चल रहा था, सारे शैव धार्मिकस्थल सुरक्षा घेरे में थे। शिव-भोलेनाथ आज कितने असुरक्षित लग रहे थे। उनके उपासक भी सुरक्षाबलों की देख-देख कर और भी भयग्रस्त थे। कश्मीरी पण्डितों को 1990 से पूर्व के घाटी के महाशिवरात्रि पर्व के सुखनुमा दिनों की यादें कचोट रही थीं। वे जम्मू के तंग सुविधा वाले शिविरों में स्वनिर्मित छोटे-छोटे शिवालयों में महाशिवरात्रि मनाने को विवश थे। पर्व के पुराने तौर-तरीके पूजा पद्धतियाँ भी अब सिमट-सिमटकर गायब होने की कगार पर हैं। इस बार कुछ प्रशासनिक कमियों के चलते सरकारी सहायता प्राप्त कम मूल्य खाद्य पदार्थ वितरण भी समय से नहीं हुआ था। इससे त्यौहार और भी फीका रहा। बुजुर्ग कह रहे थे, अगर कुछ वर्षों तक और ऐसे ही चलता रहा, तो शायद यह धार्मिक पर्व नवपीढ़ी के लिए कोई विशेष मायने न रखें। इस वर्ष शिवरात्रि जम्मू क्षेत्र में तैनाती के कारण यहाँ एक बार फिर देखने को मिली और शिव मन्दिर में कुछ कश्मीरी हिन्दुओं से बातचीत में काफी वह तथ्य समझ में आए, जो कश्मीरी हिन्दू पलायन को दूरी से देखकर नहीं समझ सकते हो। तब आपको पता चलता है, कैसे बड़ी-बड़ी प्राचीन सभ्यताएँ इस धरती से लुप्त हो गईं। कैसे विशालकाय साम्राज्यों का कोई आज

नामलेवा नहीं है। कैसे भाषाएँ संस्कृतियाँ विलुप्त हो जाती हैं। शायद ऐसे ही जैसे आज कश्मीरी हिन्दू धीरे-धीरे अपनी पहचान खोता जा रहा है। जिस प्रकार अपनी जड़ों से उखड़ने के बाद वृक्ष सूखकर मात्र लकड़ी बन पाता है। वह कोई फल और फूल नहीं दे सकता। केवल शारीरिक मृत्यु ही मृत्यु नहीं है, यह भी एक मृत्यु है। इसलिए यह एक समूह का नरसंहार है। बिना युद्ध के या संघर्ष के कुछ नहीं मिलता। महाभारत में दुर्योधन ने श्रीकृष्ण से पाण्डवों के लिए कहा था कि बिना युद्ध के सुई की नोक के बराबर भी राज्य नहीं मिलेगा। अतः अपने अधिकारों के लिए न्यायपूर्ण संघर्ष नितान्त आवश्यक है। भारतीय लोकतन्त्र एवं इसके कथित नेतृत्व की इस मानव त्रासदी के प्रति सदा ही उदासीनता देखने को मिली। उनका व्यवहार वह अलगाववादी एवं देशद्रोही तय कर रहे हैं, जिनकी वजह से त्रासदी हुई थी।

आज जब 28 वर्षों बाद हम इन विस्थापित हिन्दुओं को देखते हैं, तो लगता है कि कश्मीर में अभी इनके जाकर रहने की समुचित परिस्थितियाँ नहीं हैं। आज जब भारत सरकार इन कश्मीरी-हिन्दुओ के पुनर्वास के लिए धन का आवंटन करती है। तो कश्मीर के मुसलमान बौद्धिक एवं सहिष्णु लोग लिखते हैं कि सरकार बाढ़ पीड़ितों के लिए अभी तक कुछ नहीं कर रही है किन्तु कश्मीरी हिन्दुओं के पुनर्वास एवं 1947 के शरणार्थी पुनर्वास के लिए 2000 करोड़ रुपये दे रही है। यह मानसिकता ही कश्मीर से हिन्दू पलायन की जिम्मेदार है। इन बयानों के माध्यम से सरकार को हिन्दू पक्षकार होने का दोषी ठहराया जा रहा है। जबकि जिस समुदाय को यह आर्थिक मदद देने की बात की जा रही है, वह बेघर, बेसहारा और निर्धन वर्ग है। इस प्रकार का प्रचार-प्रसार ही सामान्य जन को धर्म, जाति एवं क्षेत्र के आधार पर बाँटता है। ऐसे झूठे प्रचार-प्रसार से सरकार की अंतर्राष्ट्रीय जगत में भी छवि धूमिल होती है। कश्मीरी संभ्रान्त, राजनैतिक एवं सामाजिक वर्ग ने हमेशा ही कश्मीर घाटी में ऐसे झूठ धर्म-भेद के विषयों पर अपनी स्वार्थपूर्ण आकांक्षाओं को पूरा करने की कोशिश की है। घाटी में धार्मिक वैमनस्यता का संचार हो रहा है, तो उसके पीछे ऐसे कुत्सित विचारधारा के लोग खड़े है। घाटी में यदि पाकिस्तान और इस्लामिक स्टेट के झण्डे उठ रहे हैं, तो इसका अर्थ वहाँ इनके प्रति कोई प्रेम है या उनसे कोई सीधा जुड़ना नहीं है। अपितु भारतीय लोकतन्त्र से उनको कोई लगाव नहीं है एवं पाकिस्तान और इस्लाम से धार्मिक भाईचारा प्रदर्शन है। जैसे कि वर्ष 1994 में सराजेवो में हजारों की भीड़ द्वारा सऊदी अरब एवं टर्की के ध्वजों का प्रदर्शन। इस ध्वज प्रदर्शन से वह अपने इस्लामिक पहचान को समाज एवं विश्व के सामने रखना चाहते थे और दिखाना चाहते थे, उनका सच्चा मित्र कौन है।

इस जनसंचार के महायुग में 'प्रतीकात्मक प्रदर्शन' चिह्न एवं प्रचार-प्रसार का असर जनसमुदाय पर त्वरित एवं प्रभावी है। इस 'ध्वज प्रदर्शन' के अधिक प्रचार से कश्मीर को लेकर विश्व जनमत पर दुष्प्रभाव पड़ता है। लेकिन राष्ट्रीय सुरक्षा आकलन

के समय इस पर गम्भीर चिन्तन के साथ-साथ दोषियों को कठोर दण्ड भी आवश्यक है।

कश्मीरी हिन्दुओं के पलायन के कारण, उनकी हत्या के कारण, मीडिया, सरकार एवं गैर-सरकारी संगठनो द्वारा उनके हितों की उपेक्षा भी मानवाधिकार हनन की श्रेणी में आता है। काफी समय से अल्पसंख्यकों के खिलाफ कोई बड़ी घटना न होने का कारण आतंकियों की मनोदशा में सुधार नहीं है। अपितु घाटी में अब अल्पसंख्यकों की संख्या ही नगण्य है और उसका कोई सामाजिक, राजनैतिक अस्तित्व भी नहीं है, जो उनके विभाजनकारी हितों में कोई बाधा उत्पन्न कर सके। इस्लामिक आतंकियों ने चिह्नित लक्ष्यों को तय समय सीमा से पहले ही अप्रैल, 1990 तक हासिल कर लिया था। श्रीनगर पूर्णरूप से इस्लामिक कश्मीर की राजधानी बन चुका था। कश्मीर घाटी हिन्दूविहीन हो चुकी थी। भय कारगार हथियार सिद्ध हुआ। लेकिन फिर भी भारत सरकार द्वारा गठित एक चार सदस्यीय समिति, जिसका नाम 'इंसेटिव ऑन कश्मीर' था, अपने लिखित विवरण प्रस्ताव कुछ इस प्रकार से लिखती है:

'समिति एक चार सदस्यीय दल ने अपने चार दिनों के दौरे के दौरान मार्च 12-16, 1990 को बहुत सारी सूचनाएँ काफी बड़े जनसमूह से एकत्र की, जिसमें पीड़ित पक्ष, चश्मदीद, वरिष्ठ सरकारी कर्मचारी शामिल थे। उन्होंने दल को अन्धाधुन्ध हत्याओं, बेमतलब बन्द, गैरकानूनी तलाशी अभियान, शान्तिपूर्ण प्रदर्शन पर बल प्रयोग, लगातार सप्ताहों तक कर्फ्यू लगाना आदि के बारे में बताया। दल को अपनी विवेचना में यह भी दिखाई पड़ा कि यह सब मानवाधिकार हनन अभियानों की मजबूरी या किसी गलती से न होकर, अपितु, एक सरकारी नीति एवं रणनीति के तहत लगातार किया जा रहा था, और जब इस जाँच दल के वरिष्ठ अधिकारियों ने इस विषय में स्पष्टीकरण माँगा तो उन्होंने आतंक को रोकने के लिए यह सब अभियान न्यायसंगत ठहराये।'

यह जाँचदल 4 दिनों में किससे मिला, उसके तथ्य किन गणनाओं या सुबूतों पर आधारित थे, रिपोर्ट में कुछ भी नहीं दिया गया था। चार दिनो में खराब हालात में ऐसी जाँच पूरी कर लेना ही एक संशय का विषय था और उसकी प्रामाणिकता तो और अधिक संदेह के घेरे में थी। इस दल के अनेक दावों का बाद में राज्य सरकार के सदस्यों द्वारा लिखित खण्डन भी किया गया, परन्तु तब तक नुकसान हो चुका था। इस कमेटी की लक्ष्य प्राप्ति हो चुकी थी, लेकिन राष्ट्र जो लड़ाई पाकिस्तान एवं आतंकियों के दुष्प्रचार से नहीं हार रहा था, वह अपने ही जयचन्दों के दुष्प्रचार से हार गया था। इस रिपोर्ट ने इस्लामिक आतंकियों को और उनके आतंक को न्यायपूर्ण करार दे दिया था। कश्मीरी हिन्दुओं का पलायन भारत सरकार एवं राज्यपाल की साजिश का हिस्सा बता दिया गया था। जिससे कि सरकार जनविद्रोह के विरुद्ध अन्तर्राष्ट्रीय दबाव तैयार कर सके। इस रिपोर्ट में यह भी कहा गया था कि कश्मीरी

हिन्दुओं को घाटी से इसलिए भगाया जा रहा था, जिससे कि मुसलमानों के विरुद्ध आसानी से युद्धस्तर पर सैन्य अभियान चलाए जा सकें। उन्होंने साथ में यह भी जोड़ा कि इन कश्मीरी हिन्दुओं को घाटी से पलायन के लिए सरकार ने वाहनों की व्यवस्था की थी। जबकि राज्यपाल ने स्वयं कश्मीरी-पण्डितों से घाटी न छोड़ने की बार-बार अपील की थी। उन्होंने उन लोगों को कुछ ही समय में कानून-व्यवस्था सुधर जाने का भरोसा भी दिया था। यहाँ तक कि जम्मू जा चुके हिन्दुओं से भी वापसी के लिए कहा था। उन्हें सुरक्षित सरकारी स्थान देने का भी वायदा किया था। ये सभी अपीलें सरकारी अभिलेखों का हिस्सा है।

उजड़े हिन्दू आशियाने

सन् 1990 में कश्मीर घाटी में जो कुछ भी हो रहा था, वह पंथनिरपेक्ष भारतीय लोकतन्त्र के एक काले अध्याय की तरह था। इस्लामिक आतंकवाद दारुल-इस्लाम की स्थापना के लिए कृत संकल्प था। जियाउलहक का 'ऑपरेशन टोपैक' भारतीय सम्प्रभुता एवं अखण्डता को धूल-धूसरित कर रहा था और हमारे स्वार्थी और लालची बौद्धिक उदारवादी वामपंथी एवं अनेक नेता पश्चिम जगत और इस्लामिक जगत के हाथ की कठपुतली बने हुए थे। लेकिन भारतीय लोकतन्त्र की बिडम्बना देखिए कट्टर इस्लाम का तुष्टीकरण पंथनिरपेक्षता और हिन्दू धर्म की इनसे सम्मान की रक्षा भी साम्प्रदायिकता। कितना प्रभावी है इस्लामिक चरमपंथियों का असत्य का प्रचार-प्रसार भी। खुद चरमपंथी एक भगवान, एक किताब के उपासक अपने लिए अलग पर्सनल लॉ, भिन्न शिक्षा और फिर भी पंथनिरपेक्ष। कश्मीर घाटी अपने ही नियम एवं कानून से चल रही है। वहाँ के सभी राजनैतिक निर्णय मस्जिदों में लिए जाते हैं। सारे सामाजिक एवं राजनैतिक आन्दोलन भी मस्जिदों से ही शुरू होते हैं। वही लोग सम्पूर्ण

भारत को पंथनिरपेक्षता का पाठ पढाते है। क्या जो 19 जनवरी, 1990 को कश्मीर घाटी में घटिन होना शुरू हुआ, वही आज सीरिया और ईराक में नहीं हो रहा है? क्या जो कश्मीरी आतंकी कर रहे थे, वही इस्लामिक स्टेट या अल-कायदा नहीं कर रहे हैं? यह कहना अधिक ठीक होगा कि कश्मीरी आतंकी भी आई.एस. और अलकायदा की तरह कर रहे थे। वह भी अल्पसंख्यकों यजीदियो, कुर्द, ईसाइयों को मौत के घाट उतार रहे हैं। वही कश्मीर के इस्लामिक आतंकियों ने हिन्दुओं के साथ किया, दोनों ही दारुल-इस्लाम की स्थापना के लिए दृढ़संकलप है। अगर भारत सरकार सैन्यरूप से कमजोर रही होती, तो पूरे जम्मू-कश्मीर में ही आज एक भी हिन्दू न बचा होता। यह सब कहना ही सत्यता है और सत्य उजागर करना ही इस लड़ाई का पहला मजबूत कदम है। आज दुनिया में दो स्थान इस्लामिक आतंकवाद के सबसे बड़े केन्द्र हैं। पहला सीरिया, ईराक (अल-स्याम) क्षेत्र इस्लामिक स्टेट का गढ़ और दूसरा 'पाक-अफगान' सीमा क्षेत्र। दोनों जगहों पर शरिया कानून, गैरमुस्लिम गुलाम का जीवन, जजिया कर, ईश निन्दा कानून आदि। इसीलिए कश्मीर घाटी में इस्लामिक स्टेट और पाकिस्तान ध्वज प्रदर्शन का प्रतीकात्मक महत्व बढ़ जाता है। कश्मीरी अलगाववादी एवं आतंकी इस ध्वज प्रदर्शन क्रिया से अपने को उनके समकक्ष दिखा कर अपना और अपने कार्यकर्ताओं का मनोबल बढ़ाते हैं। क्या इस प्रक्रिया को हम मात्र कुछ शरारती तत्वों की हरकत मान कर छोड़ सकते हैं? क्या हमें लोकतान्त्रिक व्यवस्था के अन्तर्गत कमजोर एवं पीड़ित पक्ष की सहायता धर्म से ऊपर उठकर नहीं करनी चाहिए? क्या आज कश्मीरी-पण्डित पुनर्वास पर किसी प्रकार की राजनीति किसी के द्वारा भी न्याय संगत है? कश्मीर घाटी में बहुत से मुसलमानों के घर उजड़े, उन्हें भी बनना चाहिए। चाहे वह बाढ़ से हों या सैन्य और आतंकी कार्यवाइयों में। परन्तु हिन्दुओं की तो घरों के साथ-साथ भूमि भी चली गई खेती की जमीन तक तितर-बितर हो गई उसका क्या होगा? निर्जीव वस्तुओं का इन्तजाम तो धन कर सकता है, पर वह विश्वास और भाईचारा कैसे जीवित होगा? क्या कश्मीरी पण्डितों का इस्तकबाल इस्लामिक स्टेट ध्वज प्रदर्शन परेड से होगा? क्या 'इण्डिया और इंडियन डॉग्स गो बैक' से भारतीय कश्मीरी-पण्डितों को कश्मीर घाटी आने का आमंत्रण दिया जा रहा है?

क्या आज 28 वर्षों के बाद भी हम 'कश्मीरी-हिन्दू नरसंहार' की सम्पूर्ण प्रक्रिया को नहीं समझ पाए? क्या हम कश्मीर घाटी में हुए खूनी खेल के पीड़ित पक्ष के दर्द को 28 वर्षों से भी अधिक समय में नहीं जान पाए? क्या दिल्ली इतनी दूर हो गई कि अपनों की सिसकियाँ सुनाई पड़ना और आँसू दिखना बन्द हो गए? अथवा हम इस्लामिक अलगाववादियों के उस पक्ष पर विश्वास करने पर विवश हैं कि कश्मीरी हिन्दू भय से भागे नहीं, अपितु एक षड्यंत्र के तहत भगाये गए और वह जम्मू तथा अन्य शहरों में पिकनिक मना रहे हैं। और घाटी का एक-एक मुसलमान आज भी उनके घरों को उनके लिए सजा कर बैठा है। अब तो सारे झूठ बेपर्दा हो चुके हैं।

अलगाववादियों द्वारा हिन्दू पुनर्वास का प्रयास भी बाधित किया जा रहा है। गालिब का यह शेर इस स्थिति में काफी सटीक है—

'हमने माना कि तगाफुल न करेंगे लेकिन,
खाक हो जाएँगे हम उनको खबर होने तक।'

आज का हिंसक वैश्विक घटनाक्रम, इस्लामिक देशों में अस्थिरता, जिहादी आतंकवाद के नित नए संगठनों का जन्म और उनका वैश्विक जिहाद का नारा। पाकिस्तान में 'जमात-उत-दावा', 'लश्कर-ए-तैयबा' और 'जैश-ए-मोहम्मद' जैसे इस्लामिक संगठनो के मुख्यालय, जहाँ से कश्मीरी जिहाद के लिए इस्लामिक आतंकी भारत के अनेक शहरो में भेजे जाते है। संसद पर 13 दिसम्बर 2001, 26 नवम्बर, 2008 मुंबई, 1 जनवरी, 2016 पठानकोट एयर बेस पर हमला, ये सारे प्रमुख हमले जैश और लश्कर ने किए थे। इन दोनों आतंकी संगठनो का लक्ष्य कश्मीर की 'आजादी' है। आज भारत के बौद्धिक वर्ग का जेएनयू में 9 फरवरी, 2016 को लश्कर आतंकी अफजल गुरु की फांसी का विरोध-एवं उसका शहीद दिवस मनाना सीधे-सीधे कश्मीरी पण्डितों के पीठ में छुरा घोंपने जैसा है। इन बौद्धिक आतंकियों की समझ पर रोष और दया दोनों ही भाव उत्पन्न होते हैं। क्यों इन लोगों द्वारा आज तक कश्मीरी पण्डित जैसी मानव त्रासदी पर कभी भी एक शब्द नहीं बोला जाता है। इसलिए कि वह हिन्दू हैं? 'सत्य परेशान हो सकता है, पराजित नहीं।'

अध्याय 9

कश्मीरी इस्लामिक आतंकवाद में वृद्धि : सोशल मीडिया एक बड़ा कारक

'अलकायदा' को अपने समय का एक जनसंचार माध्यमों के प्रयोग में निपुण इस्लामिक आतंकी संगठन माना जाता था। उस समय के अनुसार अलकायदा तब वीडियो एवं ऑडियो पर ओसामा बिन लादेन, संगठन के अन्य बड़े सरगनाओं के संदेश व आतंकी घटनाओं की वीडियो और फोटो प्रसारित कर दुनिया को आतंकित करता था। लेकिन इन कैसेट्स की ध्वनि एवं चलचित्र गुणवत्ता दोषपूर्ण होती थी। अलकायदा को इसे सुधारने में बहुत लम्बा वक्त लग गया। लेकिन आज इस्लामिक स्टेट (आई एस) जैसे आतंकी संगठन इस खेल के कुशल खिलाड़ी है। उनके पास इस काम के लिए एक पूरा विशेषज्ञ दल है। उनकी वीडियो गुणवत्ता विश्वस्तरीय है। उनकी 'साइबर टीम' दिन-रात संगठन के क्रूर इस्लामिक चेहरे को दुनिया के अधिक से अधिक लोगों को दिखाने के लिए प्रयासरत है। उनका फिल्म एवं मीडिया विभाग 'साइबर युद्ध' के नए से नए तरीके खोज रहा है। ये आतंकी प्रचार-प्रसार की फिल्मों की गुणवत्ता को इतना महत्व देते हैं कि निर्दोष व्यक्तियों के सर काटने तक का पूर्वाभ्यास करते हैं, जिससे कि तैयार फिल्म प्रभावी लगे। उनके प्रशिक्षण, लड़ाई एवं अन्य बर्बरताओं की अनेक दिल दहला देने वाली फिल्में सोशल मीडिया पर पूरी दुनिया में देखी जा रही है। बहुत सारे इस्लामिक भाषण, लेख एवं कहानियाँ, सोशल मीडिया या इण्टरनेट के माध्यम से दुनिया के पठन-पाठन, सुनने व देखने के लिए हर वक्त मौजूद हैं। दुनिया के बहुत सारे देशों के साइबर विरोधी विभाग इन आतंकियों के इस मकड़जाल को नष्ट करने की कोशिश कर रहें हैं, लेकिन इस क्षेत्र में पूर्ण सफलता कभी भी मिलना बहुत मुश्किल है। इस आभासी दुनिया के जंगल में न जाने कितने ही युवा फँसे हुए हैं। आतंकी ऐसे लोगों को कितनी आसानी से अपना मोहरा बनाने में कामयाब हो रहे हैं। आज इस्लामिक स्टेट के पास बढ़ रही लड़ाकों की फौज इस साइबर युद्ध का एक सफल प्रयोग है। दुनिया के लगभग हर देश और कोने से

आतंकी रंगरूटों की भीड़ सीरिया-ईराक मात्र सोशल मीडिया पर उनके प्रसार से प्रभावित होकर जिहाद के लिए पहुँच रही है। इन रंगरूटों में अनपढ़ से लेकर डॉक्टर, इन्जीनियर, आई.टी. विशेषज्ञ व व्यापारी तक हैं।

भारत में ही खुफिया आकलन के अनुसार, इस विचारधारा के साइबर प्रभावित लगभग 200 लोग हैं। ये लोग हैदराबाद, चेन्नई, बंगलुरु, कोलकाता, केरल, पुणे, दिल्ली, लखनऊ, पटना, श्रीनगर, गुवाहाटी एवं जयपुर-अहमदाबाद तक फैले हुए हैं। ऐसे ही सीरिया जाने वाले इच्छुक लगभग दो दर्जन लोग पकड़े भी जा चुके हैं और अनेक खुफिया विभाग की निगरानी में हैं।

सोशल मीडिया एक असाध्य रोग के रूप में नवयुवकों एवं नवयुवतियों में फैल रहा है। 'लोन वूल्फ' जैसे आतंकी सिद्धान्त इसी इण्टरनेट एवं सोशल मीडिया की देन है। आज के युग में सूचना प्रोद्योगिकी के व्यवसाय में संलिप्त व्यक्ति के आतंकी बनने की सम्भावनाएँ मदरसा शिक्षित व्यक्ति की अपेक्षा अधिक हो गई है। कारण, नेट पर आतंकी साहित्य एक मदरसे की अपेक्षा बहुत अधिक है और सिखाने एवं बताने का तरीका भी कई गुना बेहतर हो सकता है। कट्टर इस्लामिक संगठनों से लेकर अनेक इस्लामिक आतंकी संगठनों का नेट एवं सोशल मीडिया पर साहित्य व पठन सामग्री मौजूद है। जिनके साथ इनकी तमाम गतिविधियों के ऑडियो एवं वीडियो अंश भी मौजूद हैं। आज यह सब दुष्प्रचार साम्रगी बस एक बटन के दबाने भर की दूरी पर उपस्थित है।

हाल ही में सीरिया से वापस लाया गया मुबंई का युवक आरिब मजीद और उसके अन्य साथियों का मताकरण इण्टरनेट व सोशल मीडिया से ही हुआ था और ये लोग इसके माध्यम से ही भारत से ईराक तक पहुँच गए। बेंगलुरु में सूचना प्रौद्योगिक कर्मी 'मेहंदी मसरूर बिस्वास', कोलकाता निवासी, एक छद्म परिचय से इस्लामिक स्टेट का उपदेशक एवं प्रचारक बना हुआ था। उसके ऑनलाइन लाख से अधिक अनुयायी थे। उसे ब्रिटिश खुफिया विभाग 'एमआई-6' की सहायता से पकड़ा जा सका था। ये कुछ चन्द लोग हैं, जो पकड़े जा सके हैं, न जाने कितने ही युवक-युवतियाँ और भी इसी प्रकार से इस्लामिक कट्टरपन के शिकार हो रहे होंगे। यदि आज भारत के युवावर्ग में सत्ता प्रतिष्ठान या सरकार विरोधी भावना आवश्यकता से अधिक पैदा हो रही है, तो उसकी जड़ में कहीं-न-कहीं उसको भड़काने के लिए कोई उसे सत्ता प्रतिष्ठान या देशविरोधी दिशा दे रहा है। आज यह नकारात्मक, सकारात्मक दिशा-निर्देशन बन्द कमरे, चलते वाहन या अन्य किसी भी स्थान से आसानी से हो सकता है।

सन् 2015 में कुछ कश्मीरी आतंकियो की सेना जैसी वर्दी में फोटो सोशल मीडिया पर खूब चर्चा में रही। इस फोटो में कुछ युवा आतंकी हथियारों के साथ बड़ी शान्तिपूर्ण मुद्रा में बैठे हुए थे, लग रहा था मानो कहीं घूमने-फिरने या मस्ती करने

निकले हुए हैं। इस फोटो ने घाटी में, इस फोटो के मुख्य किरदार बुरहान मुज़फ्फर वानी, दक्षिण कश्मीर, हिजबुल मुजाहिदीन आतंकी प्रमुख को एक प्रसिद्ध व्यक्ति बना दिया। सोशल मीडिया ने उसकी लोकप्रियता को नई ऊँचाइयों पर पहुँचा दिया। वह रातों-रात सोशल मीडिया नायक बन गया। घाटी में उसके प्रत्यक्ष या परोक्ष अनुयायी या प्रशंसकों की संख्या बढ़ी, तो उनमें से कई आतंकी भी बन गए। कश्मीर घाटी में आज अगर लगभग 200 आतंकी हैं, जिसमें एक अनुमान के अनुसार, 120-140 स्थानीय और शेष पाकिस्तानी है। आज अगर उत्तरी कश्मीर, जो कभी आतंकियों का गढ़ माना जाता था उसकी जगह दक्षिण कश्मीर ने ले ली है, तो उसके पीछे सोशल मीडिया की ताकत, लोकप्रियता एवं बुरहान वानी जैसे आतंकी का होना था। सोशल मीडिया एवं इंटरनेट ने आज इस्लामिक आतंकवाद को कश्मीर घाटी में एक नया जीवन दे दिया है और उसे नई पीढ़ी के लिए लुभावना बना दिया है। अप्रैल, 2017 में भी 15 से 20 कश्मीरी इस्लामिक आतंकियों ने अपने सामूहिक वीडियोज जारी कर सनसनी फैला दी थी। ये लोग आतंक को एक नए सिरे से देखने की कोशिश कर रहे हैं। इंटरनेट व सोशल मीडिया पर छाया रहने वाला आई.एस. इन सबका आदर्श बना हुआ है। 'गन-कल्चर' आज युवापीढ़ी को अधिक प्रभावित कर रहा है। वे हिंसा को किसी भी लक्ष्य प्राप्ति के लिए सरल एवं त्वरित परिणाम देने वाला मानते हैं।

सोशल मीडिया का प्रभाव सबसे अधिक दिखाई देता है, जब किसी आतंकी का अंतिम संस्कार का कार्यक्रम होता है और 20-25 हजार लोग आसानी से एकत्र हो जाते हैं। उदाहरण के लिए नवम्बर, 2015 में पाकिस्तानी आतंकी लश्कर कमाण्डर अबू कासिम के जनाज़े में लगभग 30,000 स्थानीय नागरिकों का एकत्र होना चकित करने वाला था, और सुरक्षा एजेंसियों की इन्द्रियों को जागृत करने वाला भी। पिछले लगभग दो वर्षों में आतंकी जनाज़ो पर भारी संख्या में जन सैलाब उमड़ना धीरे-धीरे एक जन आन्दोलन की शक्ल ले रहा है। ये 'जनाज़ा आन्दोलन' स्थानीय लोगों की नजरों में इस्लामिक आतंकवाद को जायज़ ठहरा रहें हैं। आतंकी पाकिस्तानी हो या कश्मीरी, पर जनाज़े के लिए लोगों की भीड़ में कोई कमी नहीं आती है। घाटी के राजनैतिक एवं सामाजिक विश्लेषकों का मानना है कि किसी भी व्यक्ति की लोकप्रियता का एक बहुत बड़ा पैमाना उसके जनाज़े में एकत्रित लोग होते हैं। जनाज़ों में इस भारी-भरकम भीड़ को एकत्र करने में युवा वर्ग द्वारा सोशल मीडिया का प्रयोग बहुत कारगर सिद्ध हो रहा है। घाटी में अप्रैल-मई 2017 में पत्थरबाजी के लिए सुरक्षा एजेंसियों के अनुसार लगभग 300 वाट्सएप समूहों का इस्तेमाल लोगों को एकत्र करने के लिए किया गया और हर समूह में लगभग 250 सदस्य थे। यह सरकार के लिए एक खतरनाक प्रक्रिया है इसी प्रकार घाटी में गैर कानूनी रूप से लगभग 50 सऊदी अरब और पाकिस्तान चैनल लोगों को भारत विरोधी ज्ञान के साथ-साथ वहाबी इस्लाम की भी दीक्षा दे रहे हैं। सोशल मीडिया के प्रयोग से साधारणजन को

भावनात्मक रूप से इन इस्लामिक आतंकियों की आजादी के लिए शहादत को जोड़ा जाता है। उन्हें इन आतंकियों को काफिरों के खिलाफ जंग करने वाले 'जिहादी' एवं 'गाजी' बताया जाता है। उनको जनसाधारण की नजरों में 'मुजाहिद' के रूप में पेश किया जाता है और आज ये सभी संदेश त्वरित गति से कम समय में एक बड़े जन समुदाय के पास पलक झपकते पहुँचाए जा सकते हैं। यह आतंकी 'जनाज़ा आन्दोलन' भारतीय लोकतन्त्र के लिए एक शुभ संकेत नहीं हो सकता है। यह विभाजनकारी एवं अलगाववादी गतिविधि है, जिसके पीछे शान्ति विरोधी, देशद्रोही तत्व काम कर रहे हैं। यही लोग युवावर्ग को आन्दोलित कर बाकी समाज पर दबाव बनाने में सफल हो रहे हैं। युवावर्ग इस कृत्य की गम्भीरता को एवं इसके देशविरोधी दृष्टिकोण को पूर्णतया समझने में विफल है। यह सोशल मीडिया का आभासी संसार यह करने पर उकसा रहा है, लेकिन मसला राष्ट्रीय सुरक्षा से जुड़ा है, इसलिए गम्भीर और सोचनीय है। यह 'जनाज़ा आन्दोलन' अब अपवाद न होकर एक नियम बनता जा रहा है। पुलिस और सरकार को पाकिस्तानी आतंकियों के दफनाने की पुरानी व्यवस्था पर लौटना पड़ा जिसमें आतंकियों को नियंत्रण रेखा के समीप दफनाया जाता है अन्यथा कुछ समय से उनका अन्तिम संस्कार स्थानीय लोगों को सौंप दिया गया था। लेकिन इस आन्दोलन और आतंकी महिमामण्डन को देखकर यह प्रक्रिया बन्द करनी पडी। लेकिन अब चौंकने की बारी पूरे भारत की थी, 7 जनवरी, 2016, तत्कालीन जम्मू-कश्मीर के मुख्यमंत्री एवं पूर्व गृहमंत्री भारत सरकार मुफ्ती मोहम्मद सईद का निधन और दक्षिण कश्मीर, बीजबेहरा, उनके जनाज़े में एकत्र हुए मात्र 6-7 हजार लोग या कुछ सूत्रों के मुताबिक मात्र 700-1000 (*आउटलुक पत्रिका*, 26 जनवरी, 2016), परन्तु एक मौजूदा मुख्यमंत्री, जो बस 10 महीने पहले ही जनता द्वारा भारी मतों से विजयी बनाया गया हो, उसके जनाज़े में इतने कम लोगों का आना उनके प्रति रोष का संकेत था। ये रोष शायद उनकी पार्टी, पीपुल्स डेमोक्रेटिक पार्टी व बीजेपी के गठबंधन को लेकर था। ये रोष शायद कश्मीरी मुस्लिम समुदाय के विश्वास को तोड़ने को लेकर था, क्योंकि मुस्लिम दृष्टिकोण से भारतीय जनता पार्टी एक हिन्दू पार्टी है और आज भारत के प्रधानमंत्री भी मुस्लिम विरोधी हैं। वैसे भी कश्मीर में केन्द्र सरकार के लिए हमेशा से हिन्दू भारत सरकार वाली मान्यता अधिक बलवती रही है। कश्मीर के अलगाववादियों द्वारा कभी भी कश्मीर के नेतृत्व को भारत सरकार की मुख्य धारा से मिलने की सहमति नहीं होती है। वे इसे उनकी पाकपरस्ती एवं 'आजादी' के विरुद्ध देखते हैं। अलगाववादियों की यह फौज ही आतंकियों के समर्थकों एवं एक प्रकार से उनके राजनैतिक धड़े का काम करती है। अलगाववादी एवं इस्लामिक आतंकी एक ही सिक्के के दो पहलू है और दोनों ही पाकिस्तान संचालित है। उनकी इस विषाक्त, विभाजनकारी एवं कट्टर इस्लामिक विचारधारा को प्रसारित करने में सहायक सिद्ध हो रहा है, सोशल मीडिया और इण्टरनेट। इसके द्वारा व्यक्ति या संगठन एक स्थान पर

बैठे-बैठे ही अपने विचारों एवं कार्यों को एक बड़े जनसमुदाय के मध्य आसानी से पहुँचा रहा है। लेख, फोटो, वीडियो और ऑडियो सब कुछ ही कहीं-से-कहीं सुरक्षित एवं गुणवत्तापूरक तरीके से पहुँचाया जा रहा है।

भारतीय जनता पार्टी की सरकार केन्द्र में आने के बाद घाटी में इस्लामिक आतंकवाद ने तेजी पकड़ी है। शायद वह कई मुद्दों पर भाजपा को लेकर पूर्वाग्रहों से ग्रस्त है, वे निम्नलिखत हैं—

1. धारा-370 का पुनर्रीक्षण या इसकी आवश्यकता पर बहस।
2. कश्मीरी-पण्डित पुनर्वास, गोकशी का भाजपा द्वारा विरोध।
3. 1947, 1965 और 1971 के शरणार्थियों का जम्मू क्षेत्र में पुनर्वास।
4. पाकिस्तान के साथ द्विपक्षीय वार्ता में अलगाववादियों को दूर रखना।
5. इस्लामिक आतंकवाद एवं मुस्लिम तुष्टीकरण का विरोध।
6. आर.एस.एस.-भाजपा सम्बन्ध।

ये कुछ मुख्य कारण है आतंकियों के अधिक सक्रिय होने के और उनके साथ अलगाववादी तत्वों एवं अनेक राजनैतिक व्यक्तियों के केन्द्र सरकार के विरुद्ध लामबन्द होने के।

कश्मीरी पण्डितों के सुरक्षित स्थानों पर पुनर्वास तक का विरोध इन सबकी कट्टर इस्लामिक मानसिकता को दर्शाता है। भारत सरकार के विरुद्ध इण्टरनेट और सोशल मीडिया पर अविराम दुश्प्रचार जारी है। उसे कश्मीर घाटी के हिन्दूकरण करने का भय दिखाया जा रहा है। आज कश्मीर घाटी में हर एक उस मुद्दे पर उग्र एवं हिसंक प्रदर्शन होते हैं, जिनमें 'इस्लाम' या 'कश्मीर' शब्द आया हो। वे चाहे जेएनयू में 9 फरवरी को उठाया गया अफजल का मुद्दा हो या पाकिस्तान में कोई भी इस्लामिक मुद्दा हो या इजराइल द्वारा फिलिस्तीनी नागरिकों के हिंसक प्रदर्शनों पर गोलीबारी का मुद्दा हो। कश्मीर के अलगाववादी कोई मुद्दा न होने को मुद्दा बनाकर प्रदर्शन कर सकते है। इन प्रदर्शनों को आयोजित करने के दो सबसे प्रभावी तरीके हैं एक- 'शुक्रवार की नमाज़ और दूसरा सोशल मीडिया'। सबसे चिन्तनीय विषय यह है कि सोशल मीडिया का प्रयोग भी खाली बैठा या बेरोजगार युवा अधिक करता है और उसी की सबसे अधिक सम्भावना होती है असामाजिक एवं देशविरोधी कार्यों में पड़ने की। कश्मीर घाटी में आज सोशल मीडिया प्रयोग करने वालों की संख्या भी काफी बढ़ रही है।

आज भारतीय खुफिया संस्थानो के अनुसार, 18-20 भारतीय युवक इस्लामिक स्टेट की तरफ से सीरिया और लगभग दो दर्जन से अधिक अफगानिस्तान में युद्धरत्त है। लेकिन एक खतरनाक पहलू और भी है, जो इनकी संख्या अत्याधिक बढ़ा सकता है, वह है खाड़ी देशों में भारतीय मूल की बहुत बड़ी आबादी का काम करना। उनमें से भी बहुत लोग आई.एस. के लड़ाकों में शामिल हो सकते हैं। इस युवावर्ग का

मताकरण सोशल मीडिया और इण्टरनेट के माध्यम से ही हो रहा है। केरल के ही लगभग 10-15 मुस्लिम युवकों की उपस्थिति सीरिया से लेकर अफगानिस्तान में दर्ज की गई है। इसमें कुछ लोग अप्रैल, 2017 में अमेरिका मोआब (मैसिव ऑर्डनेन्स एयर ब्लास्ट) में मारे गए हैं। एक आकलन के हिसाब से 4000-5000 आई.एस. लड़ाके (इंडियन मिलिट्री रिव्यु, दिसम्बर 2015) यूरोपीय देशों के हैं। जिनमें से आधे लगभग फ्रांस व बुल्गारिया से हैं

सुरक्षाबलों पर पत्थरबाजी करती हिंसक भीड़

सीरिया और ईराक में इस्लामिक स्टेट के साथ मरने वालों में अभी तक कुल 6 भारतीयों का पता चला है। इन 6 में से 3 इंडियन मुजाहिदीन के आतंकी थे, सुल्तान, अजमेर व बड़ा साजिद।

ऑनलाइन ट्रेकिंग के लिए खुफिया संस्थान आई.एस. परस्त वेब साइट्स, ट्विटर, फेसबुक आदि की निगरानी करते हैं।

'कश्मीरी साइबर जिहाद' धीरे-धीरे अपना दायरा बढ़ाती जा रही है। कश्मीरी चरमपंथियों के हाथ में यह एक नया एवं कारगर हथियार है। सन् 1980 के दशक में जहाँ इस्लामिक मताकरण एवं वहाबी विचारधारा को फैलाने के लिए जमात-ए-इस्लामी को सैकड़ों मदरसे खोलकर उनमें सैकड़ों मौलवी रखने पड़े थे। सैकड़ो करोड़ रूपये पानी की तरह बह गए थे। आज वही काम सोशल मीडिया एवं नेट बहुत आसानी एवं प्रभावी ढंग से कर रहे हैं।

जैसा कि पूर्व आतंकी और आज़ादी सर्मथक आज़म इन्कलाबी ने *आउटलुक* (जनवरी, 2015) को अपने बयान में कहा था कि 'मुफ्ती साहब कश्मीर और कश्मीरियत की बात करते हैं। लेकिन भाजपा उनकी आकाँक्षाओं को पूरा नहीं कर

सकती है और मैं अभी बता सकता हूँ कि अगर 'पी.डी.पी.' और 'बी.जे.पी.' की सरकार बनी, तो आतंकवाद बढ़ेगा। आतंकी कश्मीरी घटनाक्रम को गौर से देख रहे हैं। आज़म इंकलाबी जैसे चरमपंथी इस्लामिक आतंकियों के लिए यह कोई अनुमान लगाने जैसा विषय नहीं था, अपितु वह और उनके अन्य इस्लामिक आतंकी सहयोगियों ने यह पहले ही तय कर लिया था कि केन्द्र में भाजपा सरकार को कैसे दबाव में रखना है? कैसे उन्हें कश्मीर के बीजेपी के अपने मुद्दों पर अमल नहीं करने देना है? कैसे जम्मू-कश्मीर के अल्पसंख्यक वर्ग को अपने स्वार्थों के लिए सदा के लिए बँधक बनाए रखना है और कश्मीर में न लाने के लिए अनवरत प्रयासरत रहना है? कश्मीर घाटी में उपज रही इन परिस्थितियों से जम्मू-कश्मीर राज्य का अल्पसंख्यक भयभीत है। ऐसे हालात में घाटी में पुनर्वास के लिए कोई भी कश्मीरी हिन्दू अपने प्राण संकट में नहीं डालना चाहेगा।

स्वमताकरण की प्रकिया (Self Radicalization)

इस्लामिक स्टेट आतंकी संगठन आन्दोलन इस स्वमताकरण प्रकिया की एक महत्वपूर्ण देन है। स्वमताकरण का अर्थ है स्वयं के द्वारा उपलब्ध जिहादी पठन साम्रगी और चरमपंथी इस्लामिक विचारधारा के सिद्धान्तों का अध्ययन, मनन और फिर उसका पालन अपने जीवन में करना। इसका मुख्य साधन आजकल इण्टरनेट व सोशल मीडिया है। इस सशक्त माध्यम का प्रभावी तरीका बहुत से मानव प्रशिक्षकों से कई गुना बेहतर है। इसके साथ, इसमें उपस्थित ऑडियो, और वीडियो एवं फोटो इसे और भी प्रभावी बना देते है। कश्मीर से लेकर चेन्नई तक भारत में ही 'स्वमताकरण' के सैकड़ो उदाहरण हैं। स्वमताकरण आज की जिहादी लड़ाई की रीढ़ की हड्डी बन गया है। इससे सरल, सस्ता और सशक्त साधन इस्लामिक जिहादियों के पास और कोई नहीं हो सकता था। इस पर नियंत्रण असम्भव सा होता जा रहा है। दुनिया की सभी सरकारें चिन्तित हैं। 'लोन वूल्फ जिहादी' आतंकवाद की घटनाओं की संख्या धीरे-धीरे बढ़ रही है। हाल ही में अमेरिका में पाकिस्तान मूल के एक मुस्लिम दम्पति द्वारा सैन बरनारडिनो में स्वचालित हथियारों से 18 लोगों की हत्या, एक सफल 'लोन वूल्फ' जिहादी अभियान था। ऐसी अनेक आतंकी घटनाएँ दुनिया के अलग-अलग हिस्सों में घटित हो रही हैं। 'सेंटर फॉर लैंड वारफेयर स्टडीज' के पूर्व निदेशक एवं वरिष्ठ सुरक्षा समीक्षक गुरमीत कंवल के अनुसार, जिस प्रकार आई.एस. 'खिलाफत' स्थापित करने की बात करता है। उसी प्रकार वह 'साइबर खिलाफत' भी स्थापित करना चाहता है, और 'साइबर खिलाफत' से सम्बन्ध रखने वाले लोग इंटरनेट और सोशल मीडिया के माध्यम से युवावर्ग का मताकरण करेंगे। यह एक खतरनाक सच्चाई है। इस प्रकार की 'साइबर जिहाद' सुरक्षा संस्थानों के लिए एक बड़ी चुनौती है। ऐसे 'स्वमतावर्णीत'

(Self Radicalised) लोगों की खोज एवं पकड़ना बहुत ही दुष्कर कार्य है। ये लोग स्वतन्त्र रूप से रहते हैं और किस समय हमला करेंगे कोई नहीं जानता। यह प्रत्यक्ष या परोक्ष रूप से किसी भी आतंकी संगठन से जुड़े नहीं होते हैं।

सन् 2014 में सिंगापुर स्थित आतंकी विषयों के जानकार कुमार रामाकृष्ण ने अपने एक लेख में 'स्वमतावर्णीत लोन वूल्फ से मुकाबला' में लिखा है कि सन 2000 के बाद से आतंकी अभियानों के विकेन्द्रीकरण एवं 'एकल मानव अभियान' पर अधिक जोर दिया जा रहा, जिनको कि ढूँढ निकालना ज्यादा मुश्किल है। अलकायदा संगठन की यह कार्यप्रणाली आज सबसे कारगर एवं घातक सिद्ध हो रही है। 'अलकायदा इन अरेबियन पेनिनसुला' की ऑनलाइन अंग्रेजी पत्रिका 'इन्सपायर' का लेख 'मेक ए बॉम्ब इन मॉमस किचेन' (माँ की रसोई में बम बनाना) बहुत ही लोकप्रिय हुआ और सभ्य दुनिया के लिए नई चुनौती भी लेकर आया। यह लेख दुनिया की विभिन्न भाषाओं में अनुवाद भी हुआ। 'इन्सपायर' जैसी अनेक कट्टर इस्लामिक विचारधारा को प्रसारित करने वाली ऑनलाइन पत्रिकाएँ नेट पर उपलब्ध हैं। आज इण्टरनेट और सोशल मीडिया ने मताकरण एवं जिहादी विचारधारा प्रसारित करने के लिए किसी भी भूमिगत ढ़ाँचे की आवश्यकता को पूरी तरह से समाप्त कर दिया। भारत सरकार द्वारा प्रतिबन्धित सिमी (स्टूडेंट इस्लामिक मूवमेंट ऑफ इंडिया) जैसे संगठन आज ऑनलाइन फिर से सक्रिय हो उठे हैं। उनके सदस्य नेट द्वारा आपस में सम्पर्क में हैं। नेट के द्वारा उनका दायरा आज और भी बड़ा हो रहा है। वह अब देश में ही मौजूद अन्य इस्लामिक चरमपंथी संगठनों, इस्लामिक आतंकी संगठनों आदि से सरलतापूर्वक संवाद कर सकते हैं और आपस में हर प्रकार की सूचनाएँ भी साझा कर सकते हैं। आज किसी भी राष्ट्रीय, अंतर्राष्ट्रीय विषय को आसानी से लोगों के बीच पहुँचाया जा सकता है। उस पर अपने मत के अनुसार राय भी दी जा सकती है और लोगों को आसानी से उसका समर्थक बनाया जा सकता है। बहुत से लोग नेट की बात सच होगी, इस भ्रम में भी रहते हैं। यह न विचार करते हुए कि यह सोच या राय किसी एक व्यक्ति विशेष की हो सकती है।

केन्द्र में मोदी सरकार के आने के बाद घाटी में आतंकी घटनाओं में वृद्धि आई है। सरकारी आँकड़ों के अनुसार, दिसम्बर, 2015 तक घाटी में 79 युवक आतंकी समूहों में सम्मिलित हुए। (राज्यसभा में गृह-राज्यमंत्री ने यह सूचना एक प्रश्न के उत्तर में दी, जो कि 2014 से 30 प्रतिशत अधिक है।) इसके कुछ कारणों को पहले ही बता चुका हूँ। घाटी में जून-अक्टूबर, 2010 का दौर सड़कों पर उग्रप्रदर्शनों का था और सुरक्षाबलों के द्वारा इनको काबू करने में 117 युवा मारे गए थे। सैय्यद अली शाह जिलानी की इस रणनीति से सुरक्षाबलों को अत्यधिक तनाव एवं परेशानियों से गुजरना पड़ा था। लेकिन सन् 2011-2015 का समय घाटी के लिए शान्तिपूर्ण था। स्थानीय आतंकवाद ठण्डा पड़ चुका था और नियंत्रण रेखा से घुसपैठ भी लगभग न के बराबर

थी। सन् 2014 के बाद से सन् 2016 तक बढ़ रही आतंकी गतिविधियाँ एवं स्थानीय युवा आतंकियों की संख्या के कुछ राष्ट्रीय एवं अन्तर्राष्ट्रीय कारण भी हैं, जो निम्नलिखित हैं—

1. आई.एस.आई.एस. आन्दोलन के बढ़ते कदम और सोशल मीडिया एवं इण्टरनेट के माध्यम से उनका युवावर्ग पर बढ़ता असर।
2. नाटो सैन्यबलों की अफगानिस्तान में संख्या कम होने के बाद अफगानिस्तान में तालिबान की बढ़ती पैठ और वहाँ फैलती अस्थिरता एवं हिंसा कश्मीरी युवाओं के लिए प्रेरणा है।
3. पश्चिमी देशों का सीरिया में हस्तक्षेप एवं हिंसा से हज़ारों लोगों की मौत और 47 लाख लोग विस्थापित, नेट से इन कहानियों से इस्लामिक क्षेत्रों में रोष।
4. भारत में ऑनलाइन फैलता आतंकी समूहों का नेटवर्क और इन सबका आपस में गहरा तालमेल, जिसमें कश्मीरी युवा सर्वाधिक सक्रिय है।
5. पाकिस्तान द्वारा धन, हथियार उपलब्ध कराना।
6. कांग्रेस आदि विरोधी दलों के सदस्यों द्वारा हिन्दू चरमपंथ एवं असहिष्णुता की अफवाहें फैला-फैलाकर मुस्लिम समाज को भयभीत करना, जिससे उसमें हिंसक प्रवृति और भड़क रही है। कांग्रेस द्वारा जमायत उलेमा-ए-हिन्द के सम्मेलन में 'आर.एस.एस.' की 'आई.एस' से तुलना करना। (यह संदेश सोनिया गाँधी का था, जो गुलाम नबी आजाद ने उलेमा-ए-हिन्द के मंच से पढ़ा था)।
7. हिन्दू धर्म को अतिवादी बताकर इस्लामिक आतंकवाद को और अधिक भड़काना।
8. अमेरिकी एवं नाटो सेनाओं का सन् 2014 में अफगानिस्तान से वापसी और पाकिस्तानी सेना एवं आईएसआई पूर्वरूप से भारत विरोधी गुप्त अभियानों के लिए स्वतन्त्र।
9. खुफिया सोशल मीडिया सर्वेक्षणों से 'आई.एस.' के लिए नेट देखने वाले सबसे ज्यादा लोग भारत में श्रीनगर (जम्मू-कश्मीर से हैं।) (सर्वेक्षण 02/09/16 टाइम्स ऑफ इंडिया। यह नेट साइट्स देखने वाले लोग 16 से 30 वर्ष की आयु समूह के हैं।

'जनसंचार' आज के युग में हर क्षेत्र/विषय में सफलता या असफलता, परोक्ष अथवा प्रत्यक्ष रूप से सबके लिए जिम्मेदार है। एक वस्तु बेचने के लिए कोई विचारधारा फैलाने के लिए सबकुछ जनसंचार के अनेक माध्यमों पर निर्भर है। मिडिल ईस्ट मीडिया रिसर्च इंस्टीट्यूट (MEMRI, Middle East Media Research Institute), के अनुसार आई.एस. समर्थकों के पास लगभग 50 हजार ट्वीटर खाते हैं, जो पूरे मध्य

पूर्व में फैले हुए हैं। ऐरॉन ज़ेलिन जो 'वॉशिंगटन इंस्टीट्यूट फॉर नियर ईस्ट स्टडीज' से सम्बन्ध रखते हैं, के एक अध्ययन के अनुसार आई.एस. एक सप्ताह में लगभग 123 संचार संदेश (मीडिया रीलीबद्ध 16 अलग-अलग भाषाओं में प्रसारित करता है, जिनमें 24 विडियो होते हैं। उनके संदेशों में सुन्नी भाईचारा और इस्लाम के यश-कीर्ति के पुनर्जागरण पर पूरा जोर होता है। यही संदेश इस्लामिक जिहादियों को पसन्द आते हैं। इस्लामिक स्टेट के संदेशों के साथ-साथ अपने द्वारा स्थापित एक पूरी सेना राजनैतिक इस्लाम पर विश्वास करने वाले मुस्लिम समूहों को जल्द जिहाद के लिए उत्साहित कर देती है। यही सब कारण आज का कश्मीरी सुन्नी मुस्लिम युवा इस्लामिक स्टेट की भाँति कश्मीर में भी 'खिलाफत' और 'शरिया' कानून लाना चाहता है। इस हिंसक विचारधारा को जड़ से समाप्त करने के लिए घाटी में समावेशी राजनैतिक प्रकिया अति आवश्यक है। जिसमें कि वहाँ के अस्तित्व वाले दल गाँव-गाँव जाकर अपने जनसम्पर्क अभियान चलाएँ और युवाओं को इस राजनैतिक प्रकिया का हिस्सा बनाएँ।

अध्याय 10

'आजाद कश्मीर' या एक और पाकिस्तान

(1) 'आजाद कश्मीर' के 70 दिन

26 अक्टूबर, 1947 से आज सन् 2018 तक (लगभग 70 वर्ष) कश्मीर से कभी न कभी 'आज़ादी' की आवाज उठती रही है। सन् 1990 के बाद यह आवाज़ और भी तेज हुई। लेकिन 15 अगस्त, 1947 से 25 अक्टूबर, 1947 तक की 70 दिनों की आज़ादी शायद कश्मीर घाटी के लोग बड़ी जल्दी भूल गए। शायद वह मुजफ्फराबाद, डोमेल, मीरपुर और बारामूला के पाकिस्तानियों के नरसंहार, आगजनी, लूट-पाट, महिलाओं के बलात्कार को भूल गए और वह शायद भारतीय सेना के लगभग 15 महीने के युद्ध के बलिदान को भी भूल गए। 15 महीने की लड़ाई में सैनिकों ने कम गर्म कपड़ों में ही सन् 1947 और 1948 की सर्दियाँ निकालीं और कश्मीर के लिए सर्वोच्च बलिदान दिए। सेना की कमी के कारण बिना छुट्टियों और बदली के भारतीय सेना के वीर योद्धा कम संसाधनों के साथ भूखे-प्यासे जिन कश्मीरियों की रक्षा के लिए अपने प्राणों का बलिदान कर रहे थे, उन्हीं की संतानें आज उसी भारतीय सेना को अपशब्द कह रही हैं। उन पर मनगढ़ंत आरोप लगाकर पत्थर मार रही है।

70 दिनों की कश्मीरी आज़ादी के लिए भारतीय सेना को लगभग 450 दिन दुर्गम एवं बर्फीली पहाड़ियों पर युद्ध करना पड़ा। फिर भी सेनाए समय की कमी एवं संयुक्त राष्ट्र के हस्तक्षेप के कारण एक तिहाई कश्मीर आज पाकिस्तान के अधिकार में है। जिसका एक बड़ा हिस्सा उसने चीन को दे दिया है।

(2) इस्लामिक अलगाववादियों के सपनों का 'आजाद कश्मीर' क्या होगा?

माना आज कश्मीर को 'आज़ादी' दे दी जाती है, तो उस आज़ाद कश्मीर का क्षेत्र कहाँ से कहाँ तक होगा? क्योंकि उसे किसी भी सूरत में पूरा जम्मू-कश्मीर और लद्दाख तो मिलने से रहा? क्योंकि जम्मू सम्भाग और लद्दाख, कश्मीर से भाषा, संस्कृति,

भौगोलिक परिस्थितियाँ, धर्म एवं सामाजिक संरचना में एकदम अलग है। ये दोनों क्षेत्र राजनैतिक प्रक्रिया के हिसाब से भी कश्मीरी इस्लामिक चरमपंथ से कोसों दूर है। जम्मू क्षेत्र के मुस्लिम क्षेत्रों में भी धार्मिक सौहार्द कश्मीर की अपेक्षा अधिक है और कभी भी इस क्षेत्र में अलगाववादी गतिविधियाँ नहीं हुई हैं। लद्दाख क्षेत्र पूर्णरूप से बौद्ध अनुयायियों का क्षेत्र है, सिर्फ कारगिल क्षेत्र में ही शिया मुसलमान हैं।

ये दोनों क्षेत्र सदैव ही कश्मीरी राजनैतिक नेतृत्व द्वारा उपेक्षित रखे गए हैं। अतः इन क्षेत्रों के लोगों का इस नेतृत्व से मनभेद और मतभेद दोनों ही है और वे कभी भी कश्मीर की अलगाववादी एवं विभाजनकारी नीतियों एवं राजनीति का हिस्सा नहीं बनना चाहेंगे।

तो हम पहले बिन्दु पर ही अपना ध्यान केन्द्रित करें कि कश्मीर की 'आज़ादी' और उस 'आज़ाद कश्मीर' की सीमाएँ—दक्षिण में पीरपंजाल पर्वत श्रृंखला के उत्तरी मैदानी भाग से इसी प्रकार से पश्चिम में नियंत्रण रेखा तक (पाक अधिकृत कश्मीर के साथ) पूर्व में फिर भारत के साथ होगी।

'आज़ाद कश्मीर' को जम्मू सम्भाग और लद्दाख सम्भाग का एक भी क्षेत्र नहीं मिलेगा (उसका 'आज़ाद कश्मीर' सिर्फ घाटी का ही इलाका होगा, जिसका क्षेत्रफल (148 कि.मी × 44 कि.मी.) या 6,512 वर्ग किमी होगा) चारों ओर से पहाड़ों से बन्द और पहाड़ भी अधिकांशतः पड़ोसी देशों के तो सम्भवतः यह क्षेत्र जिसको हम घाटी कहते हैं, वह होगा 'इस्लामिक रिपब्लिक ऑफ कश्मीर'।

(3) सरकार/शासन का स्वरूप

आज़ादी के उत्तराधिकारी के रूप में सर्वप्रथम वरीयता सबसे बड़े आतंकी संगठन की होगी और कश्मीर में तो इस समय प्रमुखतः दो ही प्रभावी आतंकी संगठन हैं, 'हिजबुल मुजाहिदीन' जिसके सरगना सैय्यद सलाउद्दीन हैं, और दूसरा 'लश्कर-ए-तोइबा', हाफिज सईद (पर पाकिस्तानी) और तीसरे क्रम के दावेदार 'हुरियत', पर कई गुट।

स्थिति विचित्र एंव मुश्किल। कौन सत्ता संभालेगा इसका निर्णय लोकतान्त्रिक तरीके से होगा? नहीं वह तरीका तो गैर-इस्लामिक है, फिर? मिल-बैठकर सुलह समझौते से? लेकिन हर गुट अपना प्रधानमंत्री या 'कश्मीरी खिलाफत' का 'खलीफा' बनाना चाहेगा। हाफिज सईद, सलाउद्दीन और जिलानी तीनो प्रबल दावेदार होंगे लेकिन फिर हाफिज सईद को पाकिस्तानी होने के कारण बाहर से रखकर मदद के लिए कहा जाएगा। लेकिन क्या हाफिज सईद इस बात पर आसानी से तैयार हो जाएगा? पाकिस्तान, आईएसआई किसकी मदद करेंगे? यह सबसे महत्वपूर्ण विषय होगा? क्या पाकिस्तान अपने पुराने सहयोगी एवं दोस्त हुरियत के पीछे खड़ा होगा? क्या वह अपने सामरिक सहयोगी एवं अपने बच्चे हाफिज को यूँ लावारिस छोड़ देगा? लेकिन फिर उसके वफादार सलाउद्दीन का क्या होगा? ओह मौलाना मसूद अज़हर

साहब भी तो कश्मीर सेब खाने पहुँच चुके हैं। मामला तो अभी से कई समूहों के बीच प्रतिस्पर्धा का हो गया है। इस्लामिक मुल्क में चुनाव तो कुरान के खिलाफ, फिर फैसला कैसे होगा? इस्लाम में 'ज़िहाद' तो धार्मिक अनिवार्यता है? फिर तो जिहाद ही यह फैसला कर सकती है कि कश्मीर की गद्दी किसकी होगी? ठहरिये अभी तो दो दावेदार इस विरासत के और भी हैं 'अब्दुल्ला परिवार' एवं महबूबा मुफ्ती (लेकिन इस्लाम में महिलाओं के अधिकार सीमित हैं) अभी कोई पाकिस्तान की शहादत और त्याग के बारे में नहीं सोच रहा है। इस्लामिक स्टेट का हक तो हम सब भूल गए। मुझे तो ऐसा लगता है कश्मीरियों को इन विकल्पों में से चुनाव करना मुश्किल होगा। वह संयम के कारण नहीं अपितु उन्हें यह चुनने का कभी मौका ही नहीं दिया जाएगा। क्योंकि चुनाव तो गैर-इस्लामिक हैं। फिर आवाम क्या करेगी? यह भी कोई प्रश्न है? वही करेगी, जो अन्य इस्लामिक देशों की आवाम कर रही है। सत्ताधारी की गुलामी और पिएगी इस्लाम की नशीली घुट्टी।

(4) जिहादी संगठनों का प्रथम कश्मीरी सम्मेलन

कश्मीर के खलीफा की गद्दी को बहुत दिनो खाली तो नहीं रखा जा सकता। स्वधर्मी पाकिस्तान की सरकार, सेना, आईएसआई और वहाँ के स्वयंभू खलीफा जिहादी गुट अपने नवजात भाई की मदद के लिए गर्मियों में घाटी में एकत्रित होंगे और फिर तय किया जाएगा कश्मीर इस्लामिक उम्माह का खलीफा। कश्मीर के हर दावेदार को अपने समर्थक जिहादियों एवं जिहादी गुटों को बुलाने की आजादी होगी। उत्तरी, पूर्वी अफ्रीका, पश्चिमी एशिया, मध्य एशिया, दक्षिण एशिया, दक्षिण-पूर्वी एशिया, यूरोप सभी देशों के जिहादी प्रतिनिधि मण्ड़ल के साथ पधारेंगे। आपसी वार्ता के द्वारा खलीफा बनाने का अन्तिम निर्णय आईएसआई प्रमुख के हाथ में होगा और उस निर्णय पर कोई आपत्ति नहीं कर सकता है।

इसी सम्मेलन में जिहादी प्रशिक्षण को अधिक प्रभावशाली एवं अच्छा बनाने के लिए जिहादी ग्रीष्म प्रशिक्षण शिविर कश्मीर घाटी में चलाए जाएँगे और कुछ जिहादी समूह 'कश्मीरी खलीफा' की हिफाज़त के लिए स्थायी रूप से यही रहेंगे। कश्मीर में रहने वाले सभी जिहादी आईएसआई को सीधे रिपोर्ट करेंगे और उनका नियंत्रण कश्मीर में पाकिस्तान के प्रशासनिक अधिकारी या सलाहकार के पास होगा। इन जिहादियों के नियंत्रण रेखा के पार जाने की पूर्ण स्वतन्त्रता होगी और उधर से आने वालों को भी।

कश्मीर की सरकार इन वैश्विक जिहादियों को मासिक वेतन व अन्य सुविधाएँ भी प्रदान करेगी, जिसकी सूचना हमारे जिहादी सम्पर्क अधिकारी को नियमित रूप से भेजी जाएगी।

उपर्यक्त बिन्दु 3 और 4 व्यंग्यात्मक हो सकते हैं, लेकिन सच्चाई यही होगी। कश्मीर 'आज़ादी' के बाद पाकिस्तान कबिलियाई क्षेत्रों से भी अधिक खतरनाक हो जाएगा। तब कश्मीर विश्वविद्यालय में भी जिहादी प्रशिक्षण शिविर चलाए जाएँगे। जिहादी कश्मीर ही भारत के विरुद्ध पाकिस्तान के किसी काम का हो सकता है एवं यही कश्मीर का सामाजिक एवं रणनैतिक लाभ पकिस्तान भारत के विरुद्ध उठाएगा। कश्मीर के विकास एवं शान्ति से पाकिस्तान का क्या होगा? आज पाक अधिकृत कश्मीर का पिछड़ापन, अव्यवस्था और जिहादी प्रशिक्षण शिविर इसका सबसे बड़ा उदाहरण है। इस्लामिक कश्मीर पूरे विश्व के लिए खतरा बन जाएगा।

(5) पाकिस्तान की अफगान नीति ही कश्मीर नीति होगी

कश्मीर भी सामरिक दृष्टिकोण से एक अहम भौगोलिक क्षेत्र है। यहाँ से पाकिस्तान अपने प्रमुख विरोधी भारत के खिलाफ आसानी से इस्लामिक आतंक को बढ़ावा दे सकता है और प्रत्यक्ष रूप से अपने आपको अलग भी रख सकता है। अक्टूबर, 2001 से पहले जैसे तालिबान के माध्यम से पाकिस्तान ने अफगान क्षेत्र को इस्लामिक आतंक का गढ़ बना दिया था, कुछ ऐसा हीं वह कश्मीर में बैठे अपने पिट्ठुओं से करवाएगा। जैसे अराजकता एवं हिंसा ने अल-कायदा, हक्कानी नेटवर्क और तालिबान को जन्म दिया, वैसे ही कल कश्मीर में भी अनेक इस्लामिक आतंकी संगठन पैदा होंगे। इस्लामिक आतंकवाद और जिहाद सदैव ही पाकिस्तान के सामरिक हथियार रहे हैं। वह उनका प्रयोग दुनिया के हर देश के विरुद्ध प्रत्यक्ष या परोक्ष रूप से कर रहा है। पाकिस्तान स्थित हजारों देवबन्दी, वहाबी मदरसे इस इस्लामिक आतंकवाद की प्राथमिक पाठशाला है।

कश्मीर में सत्ता लोलुप विभिन्न 'स्वार्थ समूह' पाकिस्तानी सत्ता के हाथों की कठपुतली बनकर उसके इशारों पर नाचते रहेंगे। इन तथ्यों पर यदि किसी उदारवादी विचारक को संदेह हो, तो वह यथार्थ जानने एवं समझने के लिए कुछ समय घाटी में रह कर स्वयं अनुभव कर सकता है। आज घाटी के युवावर्ग का मताकरण 1990 के दशक की तुलना में भी कहीं अधिक है। वह 'इस्लामिक स्टेट' एवं 'अलकायदा' से प्रेरित है। कश्मीर की आजादी की अपेक्षा इस्लामिक सार्वभौमिकता से वह अधिक लगाव महसूस कर रहा है। उसका रोष भारतीय सरकार या संविधान से न हो कर, 'हिन्दू भारतीय सरकार' एवं 'हिन्दुत्व' से है। 'यहाँ वैचारिक क्षेत्रीय मनभेद या मतभेद न होकर धार्मिक एवं सांस्कृतिक भेद है। यहाँ बात आर्थिक या सैन्य दमन की न होकर, सिर्फ और सिर्फ इस्लाम के अर्न्तनिहित पांथिक अलगाववाद की है। दो भिन्न संस्कृतियाँ, सभ्यताएँ एवं धर्म एक साथ नहीं रह सकते, ऐ उसूल इस्लामिक सिद्धान्त के हैं'। कश्मीर के इस उग्र एवं हिंसक मुहिम में इस्लामिक उदारवादी आवाज़ खामोश

है। ख़ामोशी सहमति भी हो सकती है। ख़ामोशी भय से भी हो सकती है। लेकिन कश्मीर में जो सुना और देखा जा रहा है, वह कश्मीरी आवाम के भविष्य को अंधकार की ओर ले जाते दिखता है।

आधुनिक इस्लामिक समाज में पूरे विश्व में कहीं भी आम नागरिक का जीवन स्वतन्त्र एवं सुखमय नहीं है। प्रत्येक इस्लामिक राज्य में सत्ता के खिलाफ बागी सक्रिय हैं। कारण कोई भी इस्लामिक शासन लोकप्रिय एवं लोकहित में काम करने वाला नहीं है। डा. बी.आर. अम्बेडकर ने ठीक कहा था—

'इस्लामिक राज्यों में अमीर-गरीब की असमानता, सामन्तवाद, असहिष्णुता, लिंग-भेद और अधिनायकवाद आदि प्रमुख गुण हैं।'

आज कश्मीरी जिस विकल्प के लिए संघर्षरत है, वह विकल्प भारतीय लोकतन्त्र में मिलना अब असम्भव है। यदि मिल गया तो जीवन और भी कष्टमय। इस प्रकार कश्मीरी मुस्लिम अपना वर्तमान बर्बाद कर अंधकारमय भविष्य को पाना चाह रहे हैं। इस प्रकार न आज खुश हैं और न कल रहना चाहते हैं। शायद कश्मीरियों का यह सदियों का स्वघाती स्वभाव उनका गुण बन चुका है। जिसकी पुनरावृत्ति ऐतिहासिक है। इतिहास से सीख लेना महान सभ्यताओं का गुण है और उसकी उपेक्षा विलुप्त सभ्यताओं का गुण था।

(6) कश्मीरी सामंतवाद

अगर आप में से जिस किसी को भी कश्मीर के दूरस्थ पहाड़ों पर स्थित गाँवों को देखने का मौका मिला होगा, तो उसने अवश्य फटे, पुराने, गंदे फिरनों में लिपटी कश्मीर की गरीबी एवं बदहाली देखी होगी। यहाँ प्रतिदिन जीवन जीने के लिए संघर्ष है। सर्दियों में भूखे पेट रात गुजारना जब बिस्तर भी न हो, कौन बेहतर समझ सकता है? भूख के मारे छोटे बच्चों का बिलखना कौन देखेगा या कौन दिखाएगा समानुभूति? दूसरी ओर कश्मीर के राजनैतिक एवं उनसे जुड़े व्यापारिक सामन्त जो मौसम के अनुसार निवास स्थानों का चयन कर रहें हैं, वाजवान खा रहें है और महंगी मदिरा पान कर रहे हैं। कश्मीरी सामाजिक जीवन में गरीब और अमीर में जमीन-आसमान की असमानता है। यहाँ तक कि वह एक-दूसरे के जीवन को कभी भी समझ ही नहीं सकते हैं।

ऐसा नहीं है कि यह असमानता भारत के अन्य भागों में नहीं है, परन्तु जनसंख्या के अनुपात में यहाँ केन्द्रीय सरकार का धन आबंटन सबसे अधिक है एवं जम्मू-कश्मीर और लद्दाख राज्य का सबसे ज्यादा खर्चा कश्मीर घाटी में ही है। राज्य के भीतर हर क्षेत्र की योजना के लिए कश्मीर की वरीयता सर्वप्रथम है। लेकिन फिर भी मानव विकास मानकों पर कश्मीर पिछड़ा है। आवंटित धनराशि का एक बहुत

बड़ा हिस्सा तो भ्रष्टाचार की भेंट चढ़ रहा है। कुछ धन ऐसी योजनाओं पर जिनका सम्बन्ध पिछड़े इलाकों एवं गरीबों से नहीं है। सरकार की इस प्रकार की नीतियों में व्याप्त असमानता को और अधिक बढ़ा रही है। यह आर्थिक एवं सामाजिक असमानता ही सामंतवाद की जननी है। कश्मीर घाटी का राजनैतिक नेतृत्व और उनके समर्थक तो धनकुबेर बनते जा रहे हैं और आम आदमी अभी आदिम युग में जीने को मजबूर है। इस सामाजिक और आर्थिक असमानता के कारण ही आज कश्मीर जनमानस सरकार विरोधी है। केन्द्र के प्रति उसका आक्रोश भी इन्हीं कारणों से उपजा है। कश्मीरी राजनैतिक नेतृत्व एवं अलगाववादी तत्व भारतीय सरकार को दो प्रकार से ठग रहे हैं—

1. एक तो भारत सरकार के द्वारा दिए जाने वाले विकास कार्यों के धन का दुरुपयोग एवं घोटाला करके।
2. दूसरा विकास की कमी का रोना रोकर जनमानस को केन्द्रीय सत्ता के विरुद्ध भड़काकर।

अधिकतर कश्मीरी अलगाववादी नेतृत्व एवं राजनैतिक नेतृत्व के पारिवारिक सदस्य, जिसमें उनकी पत्नियाँ तक सम्मिलित हैं, कश्मीर के बाहर प्रवास कर रहे हैं।

वह अपने-अपने प्रवास स्थानों पर सुविधाजनक राजसी जीवन जी रहे हैं। उन्हें कश्मीर घाटी के सामान्य नागरिक जीवन से कोई सरोकार नहीं है। ये लोग तो 'आज़ादी' लेकर अपना राजतिलक चाहते हैं, जिसका मूल्य दूसरों को आज़ादी से पहले और बाद में कुछ भी चुकाना पड़े। आज का आतंकवाद, हिंसक प्रदर्शन, पत्थरबाजी, अलगाववाद सब इन्ही देशद्रोही जिहादी मानसिकता से पोषित तत्वों की देन है। सामन्तवाद इस्लामिक व्यवस्था का एक अभिन्न अंग बन चुका है। इसका उदाहरण विश्व के लगभग सभी देश हैं और कश्मीर भी उसी इस्लामिक परिपाटी के पथ पर अग्रसर है। लेकिन जनसाधारण इस चाल एवं सामन्ती रणनीति को समझने में विफल है। वह सोचता है कि भारत से 'आजादी' के बाद वह एक सम्पन्न एवं समर्थ राष्ट्र बनेगा। लेकिन वह इतिहास से यह सीख लेना नहीं चाहता कि 'आजादी' उसे दासता की राह पर लेकर जाएगी। 'आजादी' मात्र कुछ सामन्तों के लिए होगी, बाकी जनमानस को पूर्ववर्ती इस्लामिक शासन के अधीन ही जीवनयापन करना होगा। आज कश्मीर में एक भी सच्चा समाज सेवक या नेता शेष नहीं है तो कैसे आप उम्मीद कर सकते हैं कि 'आजाद कश्मीर' में ईमानदार एवं कर्मठ सरकार होगी? अपने आप को कश्मीर की प्रतिध्वनि कहने वाले नेतृत्व वर्ग का प्रभाव क्षेत्र श्रीनगर के ही कुछ छोटे-छोटे क्षेत्रों तक सीमित है। यहीं पर उनके कुछ अंधभक्त उनके लिए प्रदर्शनों की भीड़ जुटा सकते हैं। इन कथित नेतृत्वकर्ताओं की जनता के सुख-दुख से कोई भी समानुभूति नहीं है। उनकी दुकान मात्र भारत विरोध और इस्लामिक चरमपंथी नारों से चल रही है। ये लोग खुद को कश्मीर घाटी का बेताज बादशाह मानकर चल रहे

हैं। आजादी के बाद जनता का हाल अफगान शासन से भी खराब होगा। कोई केन्द्रीय नियंत्रण न होने पर विभिन्न सामन्तों के बीच सत्ता के लिए सतत लड़ाई एक सत्य होगा।

(7) कथित 'आज़ाद कश्मीर' की आर्थिक दशा एवं अर्थव्यवस्था कैसी होगी?

आज कश्मीर घाटी पूर्णरूपेण भारत सरकार के धन पर आश्रित है। कश्मीर में उद्योग-धन्धे नाममात्र के हैं और न ही कश्मीरियों में इनके प्रति कोई विशेष रुचि दिखती है। पर्यटन इनकी आय का मुख्य स्रोत है, परन्तु उसमें भी कश्मीर की कोई विशेष उपलब्धि शेष नहीं है। झीलों एवं अन्य पर्यटनस्थलों के रख-रखाव, साफ-सफाई के प्रति कश्मीरी शासन एवं स्थानीय लोगों की उदासीनता निंदनीय है। श्रीनगर में विशेषकर सामान्यजनों में उद्यमिता की भारी कमी है। भारत के अन्य भागों से कटे होने के कारण व्यापार एवं वाणिज्य बुरे रूप में प्रभावित हैं। फल, मेवा आदि उस लाभ से वंचित रह जाते हैं, जो सामान्यतः इन्हें मिलना चाहिए। कश्मीरी अर्थव्यवस्था स्वतः कभी भी विकसित नहीं हो सकती है, जिसके कारण निम्नलिखित हैं—

1. उद्योग-धन्धों के लिए सम्पूर्ण प्राकृतिक संसाधनों का नितान्त अभाव।
2. क्रय-विक्रय हेतु मण्डियों का अभाव और ग्राहकों का अभाव।
3. जलवायु और भौगोलिक परिस्थितियों का अनुकूल न होना, जिससे पूरे वर्ष निरन्तर व्यापार का संचालन असम्भव।
4. आक्रामक पड़ोसी देशों के कारण आपसी व्यापार सुचारू एवं समान स्तर पर न हो पाना असम्भव होगा, जिससे व्यापारिक सन्तुलन हमेशा शक्तिशाली के पक्ष में रहेगा।
5. प्राकृतिक आपदाओं जैसे भूकम्प और बाढ़ के समय 'आजाद कश्मीर' अपने जनमानस का भरण-पोषण अपने संसाधनों में कैसे करेगा? खाद्य पदार्थों की आपूर्ति कैसे होगी ?
6. पर्यटन एवं हस्तशिल्प आदि किस ग्राहक वर्ग के सहारे जीवित रखे जाएँगे।
7. कुछ गिने-चुने प्राकृतिक संसाधनों के अलावा अधिकांश मुख्य खनिज पदार्थों का यहाँ न होना।
8. प्रशिक्षित एवं कुशल मानव संसाधन का न होना। औद्योगिक प्रशिक्षण संस्थानों की नितान्त कमी।
9. शून्य सामुद्रिक सम्पर्क से भारतीय वस्तुओं के विक्रय दर में बढ़ोत्तरी होगी।
10. सेवा क्षेत्र के उद्योग एवं व्यापार न होने से कश्मीरी अर्थव्यवस्था पूर्णरूप से पराश्रित।

11. कश्मीर के कुछ छोटे कुटीर उद्योग उसे आर्थिक स्वतन्त्रता कतई नहीं दे सकते।
12. पाकिस्तान जैसे असफल राज्य से कोई भी स्थायी आर्थिक सहायता, रेगिस्तान में जल की अपेक्षा करना जैसे है।
13. कृषि या वन्य उपज का पर्याप्त मात्रा में न होना।

आर्थिक बदहाली किसी भी भौगोलिक क्षेत्र या राजनैतिक क्षेत्र को एक सम्पूर्ण राज्य नहीं बनने दे सकती है। अर्थव्यवस्था से ही सैन्यबल एवं राजनैतिक बल प्राप्त होता है। कश्मीर के संसाधनों से कभी भी उसके सुन्दर भविष्य की परिकल्पना करना असम्भव सा प्रतीत होता है। उसकी भौगोलिक और सामरिक स्थिति उसे और भी दयनीय स्थिति में लाकर खड़ा कर देती है। कश्मीर आज की राजनैतिक परिस्थितियों के अनुसार एक प्रकार से एक बन्दी की सी स्थिति में है, जो कहीं से भी बाहर निकाला नहीं जा सकता है। ऐसे में कश्मीर का एक स्वतन्त्र देश-विदेश नीति रख पाना लगभग असम्भव होगा। कमजोर राष्ट्र का अर्थ है देश के भीतर अराजकता एवं सदैव बाह्य आक्रमणों का खतरा।

(8) साम्प्रदायिक एवं पांथिक उन्माद में वृद्धि

कश्मीर घाटी में आज अल्पसंख्यक समुदाय अथवा अन्य 'ग़ैरमुस्लिम समुदाय' घटते-घटते लगभग नगण्य आँकड़ों पर पहुँच गया है। घाटी के मुस्लिम सम्प्रदाय में शिया-सुन्नी प्रमुख हैं। उनके अपने-अपने पर्वों या अन्य धार्मिक आयोजनों पर दंगे होना एक आम बात है। कश्मीर घाटी का अधिकतर शासनकाल सुन्नी मुसलमानों के हाथों रहा है, एक-दो अवसरों को छोड़कर। आज वैश्विक मुस्लिम जगत भी शिया-सुन्नी हिंसक संघर्ष में बुरी तरह उलझा हुआ है। सीरिया, ईराक यमन इस खूनी युद्ध के सबसे बड़े उदाहरण है। ईरान शिया गुट का अगुवाकार है, तो सऊदी अरब सुन्नी जगत का। यह संघर्ष सदियों से चल रहा है। पाकिस्तान हालात को खराब कर रहा है। अनेक शिया एवं सुन्नी आतंकी संगठन हिंसक कार्यवाई के जिम्मेदार हैं।

कल 'आजाद-कश्मीर' में भी यह हिंसक संघर्ष चालू हो जाएगा। किसी भी प्रकार की केन्द्रीय सत्ता का हस्तक्षेप न होने से स्थिति और भी खराब हो जाएगी। जिसका लाभ पाकिस्तान या चीन जैसे पड़ोसी देश अपने हित साधने के लिए उठा सकते है। 80 के दशक से कश्मीर घाटी में इस्लामिक चरमपंथ निरन्तर बढ़ रहा है। वहाबी इस्लाम धीरे-धीरे सूफी इस्लाम व अन्य धर्मों की जगह ले रहा है। कश्मीर में धीरे-धीरे इस्लामिक रूढ़िवादिता बढ़ रही है। वहाबी इस्लाम की जड़ें अनेक इस्लामिक संगठनों के माध्यम से तेजी से फैल रही हैं, जिससे अन्य धर्मों एवं सम्प्रदायों के प्रति सहिष्णुता घटती जा रही है। जनवरी, 1990 में जो हिन्दुओं के साथ हुआ, यह उसकी

बानगी मात्र थी। आज कश्मीर के अलगाववादी व विभाजनकारी नेता जिस प्रकार से कट्टर इस्लाम के सहारे अपनी सामाजिक व राजनैतिक वैतरणी पार उतरना चाहते हैं, वह पंथनिरपेक्ष लोकतन्त्र के लिए घातक है। 'आजाद कश्मीर' बनने की जड़ में ही द्विराष्ट्र सिद्धान्त है, जो इस्लाम को एक अलग राष्ट्र की संज्ञा देता है। अतएव आज़ादी के बाद कश्मीर में किसी अन्य धर्म का होना या पनपना असम्भव है। 'कश्मीर इस्लामिक सल्तनत' में वहाबी एवं सलाफी इस्लाम का एक छत्र राज्य होगा। उदारवादी कश्मीर इस्लामिक व्यवस्था अथवा सूफीवाद शनैः-शनैः लुप्त होगा। आज भी सूफी इस्लाम के प्रतीकों को समूल नष्ट करनें की समय-समय पर कोशिश की जाती है। पीरों की मज़ारों पर हमले एवं अनेक कट्टर इस्लामिक नियम लागू करवाना इसी दिशा में उठ रहे कुछ कदम हैं।

क्या एक और 'इस्लाम उन्मादी कश्मीर' आज की बिगड़ती वैश्विक राजनैतिक एवं सामाजिक व्यवस्था के लिए उचित होगा? क्या भारतीय उपमहाद्वीप जहाँ दो-दो आणविक शक्तियाँ आमने-सामने खड़ी हैं? वहाँ एक और इस्लामिक आतंकी देश क्षेत्रीय अस्थिरता को बढ़ावा नहीं देगा? कश्मीर की आज़ादी कभी भी कश्मीर के आम नागरिक के हित में नहीं होगी। यह आज़ादी केवल कश्मीरी अलगाववादी एवं कुछ पाकपरस्त आतंकियों को कुछ तात्कालिक लाभ दे सकती है, परन्तु दीर्घकालिक परिणाम किसी भी कश्मीरी के हित में नहीं हो सकते हैं। परन्तु कश्मीर में बड़ी बिडम्बना यह है कि कम संख्या वाले 'व्यक्ति स्वार्थ समूह' अधिक मुखर हैं और वह घाटी में एक अलगाववादी वातावरण तैयार करने में सफल हो रहें हैं। उदारवादी बहुसंख्यक समूह अश्रुत हैं। 'हिंसा एक जनसंचार का सशक्त एवं प्रभावशाली माध्यम बन चुकी है। शान्ति और सहिष्णुता मूक है एवं अदृश्य है।' आम कश्मीरी इसी उदारवादी बहुसंख्यक समूह का हिस्सा है। 31 मार्च, 2016 को टी-20 क्रिकेट विश्वकप प्रतियोगिता के सेमीफाइनल मैच में भारत को वेस्टइंडीज से पराजित होना पड़ा और उसके फलस्वरूप कश्मीर घाटी, श्रीनगर में राष्ट्रीय प्रौद्योगिकी संस्थान में कुछ छात्रों द्वारा भारत विरोधी नारेबाजी की जाती है और प्रतिक्रियास्वरूप दूसरे छात्र समूह द्वारा भारत के पक्ष में नारेबाजी होती है। लेकिन बात यहीं समाप्त नहीं होती है और यह घटना एक बड़े स्वरूप में हिंसक प्रदर्शन के रूप में श्रीनगर के लाल चौक में विस्फोटक होती है। श्रीनगर में किसी न किसी बहाने देश विरोधी हिंसक प्रदर्शन एक सामान्य घटना लगने लगी है। सरकारी तन्त्र निष्प्रभावी एवं निष्क्रिय हैं। विभाजनकारी एवं अलगाववादी तत्व मुखर एवं उत्साहित है। यह सब तब घटित हो रहा है, जब भारत में एक सशक्त केन्द्रीय सत्ता है। कश्मीर में अलगाववादियों का भारत विरोध राजनैतिक एवं वैचारिक न होकर हिन्दू और इस्लामिक है। वह केवल हिन्दू विरोध एवं चरमपंथी इस्लामिक पक्ष में प्रदर्शन करते हैं। भारत को वह कभी भी एक पंथनिरपेक्ष राजनैतिक, राजकीय इकाई न मानकर मात्र एक हिन्दू भारत मानते हैं।

कश्मीर के प्रत्येक प्रदर्शन में इस्लामिक आतंकी संगठन आईएस, लश्कर एवं पाक के ध्वजों का दिखना कोई आम घटना नहीं है, अपितु कश्मीर में बढ़ती इस्लामिक आतंकवादी विचारधारा का एक जीवंत प्रतीक है। यह विचारधारा एवं आतंकी समूहों की ज़मीन पर ताकत कश्मीर इस्लामीकरण एवं अलगाववाद की राह प्रशस्त कर रहे हैं। इस इस्लामीकरण की प्रक्रिया को रोकने का मात्र उपाय कठोर संवैधानिक नियम एवं कानून हैं। इस्लामिक आतंकी एवं उग्र तत्वों को जड़ से चिह्नित कर उन्हें उखाड़ने की आवश्यकता है। यदि आज प्रारम्भिक अवस्था में ही इस प्रकिया को और इसके विचारकों को न रोका गया, तो भविष्य में यही हिंसक प्रदर्शन एक सशस्त्र हिंसक आन्दोलन का रूप ले सकते हैं। आज भारत सरकार के पास उदारवादिता के नाम पर अलगाववाद को पोषित करने का समय और परिस्थितियाँ नहीं हैं। इस जनसंचार क्रान्ति के युग में किस प्रकार एक छोटी-सी घटना एक आन्दोलन बन सकती है, एक सामान्य समझ का विषय है। कैसे, एक बार घटित सामाजिक घटना भी किसी एक विषय पर जनमत तैयार कर सकती है। एक सीमा से आगे हमें किसी राष्ट्र-विरोधी प्रक्रिया एवं विचारधारा को उदारवादिता एवं अभिव्यक्ति की स्वतन्त्रता की आड़ में नहीं चलने देना चाहिए।

अतः जो आज कश्मीर में हो रहा है, वह एक स्वतन्त्र कश्मीर में इस्लामिक राज्य वैसे ही होगा, जैसे कि सीरिया, ईराक या अफगान सीमावर्ती क्षेत्रों में हो रहा है। लोकतान्त्रिक व्यवस्था के स्थान पर शरिया शासन-व्यवस्था होगी, जिसमें केवल इस्लाम एवं उसके अनुयायी रह सकेंगे। कश्मीर का धर्ममात्र 'सुन्नी इस्लाम' होगा, जो कट्टर इस्लामिक नियमों द्वारा संचालित होगा। अन्य इस्लामिक सम्प्रदाय शिया, अहमदिया आदि भी 'काफिर' श्रेणी में चिह्नित होंगे। आज विश्व की सभी कट्टर इस्लामिक राज्य व्यवस्थाएँ हिंसाग्रस्त हैं तो स्वतन्त्र कश्मीर में यदि ऐसा कुछ घटित होगा, तो वह कोई नई बात नहीं होगी। 'आजाद कश्मीर' वैश्विक व्यवस्था के लिए और नासूर होगा, जिसका प्रयोग कुछ स्वार्थी राष्ट्र अपने हितों को साधने के लिए कर सकते हैं। 27 मार्च, 2016, (गुड फ्राइडे) को पाकिस्तान में आतंकी आत्मघाती हमले में करीब 70-80 लोग मारे गए जिसमें अधिकांश 'ईसाई धर्म' के अनुयायी थे। मारे जाने वालों में अधिकांश छोटे-छोटे बच्चे थे, क्योंकि विस्फोट एक पार्क में किया गया था। यह है इस्लामिक राष्ट्र की गैर-इस्लामिक लोगों के लिए नीति। दुनिया में यदि सबसे अधिक मानवाधिकर हनन है, तो वह ऐसे ही अनेक इस्लामिक राज्यों में है। ये घटनाएँ विश्व के पाकिस्तानों' की पहचान हैं। 'ये पाकिस्तान कोई राष्ट्र नहीं, अपितु 'द्विराष्ट्र सिद्धान्त' से उपजी चरमपंथी इस्लामिक विचारधारा है, जो किसी भी अन्य समाज के साथ समाहित नहीं हो सकती हैं, और न ही अन्य सामाजिक या राजनैतिक विचारधाराओं के साथ समन्वय में विश्वास रखती हैं।' 'सैमुअल पी. हंटिंगटन' के अनुसार—यह सभ्यताओं के संघर्ष में विश्वास रखने वाली विचाराधाराएँ हैं। आज

दुनिया शायद इसी सभ्यता के संघर्ष के प्रथम चरण में खड़ी दिखाई दे रही है। नित नए 'पाकिस्तान' बनाने की माँग जोर पकड़ रही है और कितने पाकिस्तान? ये प्रश्न ज्वलंत भी है और आज के वैश्विक परिपेक्ष में सामयिक भी हैं। भारत के लिए तो यह जीवन-मरण का यक्ष प्रश्न है। सन् 1947 में पहला पाकिस्तान, आज कश्मीर के रूप में दूसरे पाकिस्तान की माँग और फिर एक और पाकिस्तान। यह सिलसिला क्या यूँ ही चलता रहेगा? या फिर इस सवाल का जवाब जेएनयू के उमर खालिद और कन्हैया के उन नारों में छिपा है, जहाँ वह आज़ादी की माँग करते हुए कह रहें है कि 'जंग रहेगी भारत की बर्बादी तक'। क्या जेएनयू के छात्रों का बौद्धिक अलगाववाद इसी पाकिस्तान निर्माण प्रक्रिया की ओर इशारा तो नहीं कर रहा है। क्या हम कोलकाता के जाधवपुर विश्वविद्यालय के प्रदर्शन को यूँ ही नजरअंदाज कर सकते हैं? क्या इस प्रकार के अलगाववाद के पीछे 'एक और पाकिस्तान' वाली शक्तियाँ काम कर रही है? क्यों जेएनयू के निवेदिता मेनन जैसे बौद्धिक अलगाववादी बिना किसी दण्ड के छोड़ दिए जाते हैं? क्यों उन्हें सरकारी धन पर अलगाववाद के बीज बोने दिया जा रहा है? ऐसे नारे एवं झूठे बौद्धिक विचार बार-बार दोहराने से एक 'सत्य एवं स्थापित विचारधारा' का रूप ले लेते हैं।

अध्याय 11

कश्मीर की रक्षक : भारतीय सेना

27 अक्टूबर, 1947 प्रातः 9:30 बजे प्रथम सिख वाहिनी के बहादुर सैनिकों ने स्वतन्त्र भारत के इतिहास में पहली बार श्रीनगर के हवाईअड्डे पर पदार्पण किया और कैसे राष्ट्रहित में सर्वोच्च बलिदान कर भारतीय सेना की बहादुरी और वीरता का एक अविस्मरणीय गौरवशाली इतिहास लिखा। कैसे कम संसाधनों एवं भूख-प्यास भुलाकर कश्मीर को उन बर्बर जिहादियों एवं पाक सैनिकों से बचाया। यह आज भी सैन्य अभियानों का एक बेजोड़ उदाहरण है। कश्मीर को स्वतन्त्र कराने के लिए लगभग 15 माह तक निरन्तर एवं अथक रूप से सेना लड़ती रही। उसके बाद संयुक्त राष्ट्र के हस्तक्षेप एवं भारत सरकार की अदूरदर्शी विदेश नीति एवं कूटनीति से सेना को विजित हो रहे युद्ध को विराम देना पड़ा। परिणामस्वरूप आज भी 1/3 कश्मीर का क्षेत्र पाक अधिकृत है। सैनिकों के अदम्य साहस और वीरता का अनुमान जम्मू-कश्मीर के 15 महीने तक चले सैन्य अभियान में मिले वीरता पुरस्कारों से लगाया जा सकता है। स्वतन्त्र भारत का यह प्रथम युद्ध था, जो एक दुर्गम एवं बृहद क्षेत्र में लड़ा जा रहा था। इसमें मिले वीरता पुरस्कारों की संख्या निम्नलिखित हैं—

परमवीर चक्र - 5
महावीर चक्र - 53
वीर चक्र - 313
कुल पदक - 371

इन पदकों को प्राप्त करने वालों में 70 सैनिक को मरणोपरान्त सम्मानित किया गया था। इनमें से बहुत से ऐसे सैनिक थे, जिन्हें दो-दो बार वीरता पदकों से सम्मानित किया गया। कठिनाइयों एवं विपरीत परिस्थितियों में लड़ा गया वो युद्ध सैन्य इतिहास के मील का पत्थर है।

भारतीय सशस्त्र-बलों ने अपने रक्त से कश्मीर की रक्षा की थी। भारतीय सैनिक जिन कठिन हालात एवं संसाधनों की कमी से यह युद्ध लड़ रहा था, उसकी निशानी पूरे विश्व में कम ही मिलेगी। 27 अक्टूबर, 1947 से आरम्भ होकर

1 जनवरी, 1949 तक अविराम यह युद्ध हिमालय की पर्वत शृंखलाओं से लेकर तिब्बत के पठारी क्षेत्र तक लड़ा जाता रहा।

15 अगस्त, 1947 को भारत का विभाजन हुआ और पाकिस्तान का जन्म हुआ। भारत का धर्म के आधार पर विभाजन कर दिया गया। पश्चिमी पाकिस्तान और पूर्वी पाकिस्तान, दो हिस्सों में बँटा हुआ था यह इस्लामिक राष्ट्र। पश्चिमी पाकिस्तान पंजाब, सिंध, और उत्तरी पाकिस्तान सीमान्त प्रदेश से मिलकर बना था। भारत की 565 रियासतों को भारत या पाकिस्तान में मिलने का विकल्प ब्रिटिश साम्राज्य द्वारा दिया गया था। जम्मू-कश्मीर जो उनमें सबसे बड़ी रियासत थी, विभाजन के अन्तिम समय तक निश्चय न कर पाई थी किधर जाएँ। यहाँ राजा हिन्दू और बहुसंख्यक समाज मुस्लिम था। परन्तु जम्मू-कश्मीर का मुस्लिम नेतृत्व भी पाकिस्तान के साथ जाने के पक्ष में नहीं था। अन्ततः महाराजा हरि सिंह ने स्वतन्त्र रहने का निर्णय कर लिया। लेकिन यह स्वतन्त्रता पाकिस्तान को खटक रही थी और उसने पुंछ के मुसलमानों को विद्रोह के लिए उकसाना शुरू कर दिया। पुंछ, कोटली, मीरपुर क्षेत्र से बड़ी संख्या में मुसलमान भारतीय ब्रिटिश सेना में रह चुके थे। उन्हें सशस्त्र विद्रोह के लिए तैयार कर लिया गया था। पाकिस्तान ने सशस्त्र विद्रोही, सेना की मदद से पुंछ में भेजने शुरू कर दिए थे। सितम्बर तक यह गतिविधियाँ बड़े स्तर पर जम्मू क्षेत्र में आरम्भ हो चुकी थी। जम्मू-कश्मीर राज्य सशस्त्र बल धीरे-धीरे इनसे लगातार लड़ाई लड़ने की क्षमता खो रहे थे। राज्य सैन्यबलों के काफी मुसलमान सैनिक अस्त्र-शस्त्र सहित भगोड़े हो रहे थे। स्थिति नियन्त्रण से बाहर होती जा रही थी। कम संख्या में सैनिक चौकियाँ धीरे-धीरे अपनी युद्ध करने की क्षमता पूर्णरूप से समाप्त कर चुकी थीं। राज्य का शासन-प्रशासन इस क्षेत्र में अस्ताचल की ओर था। बहुसंख्यक मुस्लिम आबादी खुलकर पाकिस्तान की तरफ हो गई थी। मीरपुर, कोटली, विंभर, नौशेरा आदि धीरे-धीरे पाकिस्तान सेना के प्रभाव क्षेत्र में आ चुके थे।

दूसरी ओर कश्मीर के लिए पाकिस्तान के सैन्य अभियान 'गुलमर्ग' की मेजर जनरल अकबर खान के नेतृत्व में तैयारी चल रही थी। जिसका आगाज 22 अक्टूबर 1947 को हुआ। 15 अगस्त, 1947 के तुरन्त बाद ही पाकिस्तान ने जम्मू-कश्मीर पर हमले की तैयारी शुरू कर दी थी। उनके इस योजना की जानकारी ब्रिटिश सैन्य अधिकारियों को भी अवश्य थी, परन्तु उन्होंने इसे भारतीय सरकार को बताना उचित नहीं समझा। सितम्बर, 1947 से पाकिस्तान ने कश्मीर आनेवाले जरूरत के सामानों कपड़े, नमक, खाद्यपदार्थ, तेल इत्यादि को रोकना आरम्भ कर दिया था। जम्मू-सियालकोट रेल यातायात भी बन्द कर दिया गया था। ये सभी संकेत थे आनेवाली त्रासदी के लेकिन महाराजा हरि सिंह अभी इन संकेतों को समझने में असफल थे। जम्मू संभाग में राज्य की सैन्य सुरक्षा प्रणाली पहले ही तितर-बितर हो चुकी थी।

सैन्य 'अभियान-गुलमर्ग' की योजना शायद अगस्त के शुरू में ही तैयार कर ली गई थी। क्योंकि 20 अगस्त 1947 को मेजर ओंकार सिंह कालकट को, जो उस समय के ब्रिटिश पाकिस्तान सेना के प्रमुख का जो पत्र देखने को मिला, उसमें 'अभियान गुलमर्ग' की विस्तृत जानकारी एवं विवरण था। इस योजना के लिए किस प्रकार से अलग-अलग कबीलों से 1000 संख्या के 'लश्कर' तैयार किए जाने हैं और प्रत्येक 'लश्कर' के साथ पाकिस्तान सेना के 2-2 अधिकारी, जेसीओ और 10-12 जवानों को रखा जाना है। ये सैन्य अधिकारी एवं जवान ही इन लश्करों का प्रभावी नेतृत्व एवं संचालन करेंगे। सेना के द्वारा ही इनको हथियार, गोला-बारूद और अन्य साजो-सामान देना भी सुनिश्चित किया गया था। इन लश्करों के एकत्रित होने के स्थान, समय इत्यादि सब योजना के तहत सुनियोजित किए जा चुके थे। पाकिस्तानी सेना ने कश्मीर और जम्मू क्षेत्रों को अधिकृत करने की विस्तृत योजना बना ली थी। लश्करों की संख्या, आक्रमण के मार्ग सुनियोजित किए जा चुके थे। पाकिस्तानी सेना की एक डिवीज़न और एक ब्रिगेड को इसके सहयोग के लिए तैयार कर दिया गया था। इन सारी योजनाओं में ब्रिटिश सैन्य अधिकारी भी पूर्णरूप से हर स्तर पर सम्मिलित थे। 22 अक्टूबर, 1947 को आक्रमण की पहल सुनिश्चित की गई थी।

दूसरी तरफ कश्मीर राज्य की सुरक्षा व्यवस्था ऐसे आक्रमणों से निपटने के लिए पर्याप्त न थी। कमज़ोर सैन्य सुरक्षा प्रणाली में अधिकतर मुस्लिम सैनिक राज्य के साथ गद्दारी की तैयारी पहले ही कर चुके थे। इन परिस्थितयों के मध्य 22 अक्टूबर, 1947 के बाद राज्य में जो हुआ, वह किसी प्रलय से कम न था। आक्रमण के कुछ समय के भीतर ही मुजफ्फराबाद धू-धू कर जल रहा था और नरसंहार का एक नया इतिहास लिखा जा रहा था। 22 से 24 अक्टूबर तक डोमेल, कोटली, कोहाटा इत्यादि पाकिस्तान के कब्जे में जा चुके थे। हिन्दू, सिख और ईसाइयों का बड़ी संख्या में नरसंहार किया जा रहा था। इन क्षेत्रों के सारे मार्ग विस्थापितों के शवों से पटे पड़े थे। मानव त्रासदी अपने चरम पर थी और भारत सरकार अभी भी इससे अनभिज्ञ बनी हुई थी अथवा कर्त्तव्य परायणता के राष्ट्रीय बोध की कमी के कारण वह इस मानवीय एवं सामरिक त्रासदी में अपने हाथ जलाने से बचाना चाहती थी।

25-26 अक्टूबर तक यह लड़ाई जम्मू-कश्मीर के कुछ वीर सैनिकों द्वारा ब्रिगेडियर राजेन्दर सिंह के नेतृत्व में कश्मीर घाटी को बचाने के लिए लड़ी जा रही थी। इन वीरों के बलिदान एवं सूझ.बूझ से कबिलियाई लश्करों को 4 दिनों का समय गँवाना पड़ा, जिससे कि भारत को कश्मीर बचाने का एक मौका मिल गया। मुजफ्फराबाद से लेकर बारामुला तक रास्ते में पड़ने वाले सारे नगर, उपनगर एवं गाँव इत्यादि उजाड़ दिए गए थे। लोगों का बड़ी संख्या में कत्ल किया गया था, जिनमें प्रमुखतः से हिन्दू और सिख थे। महिलाओं के बलात्कार के साथ-साथ उन्हें बंधक बनाकर ले जाया गया था। लूट-पाट और आगजनी मानवता को शर्मसार कर रही थी।

26 अक्टूबर को जम्मू-कश्मीर के महाराजा हरि सिंह ने विलय की सन्धि पर हस्ताक्षर किए और 27 अक्टूबर से भारतीय सेना श्रीनगर में हवाई जहाजों से उतारी जाने लगी थी। सेना ने कश्मीर में पैर रखने के साथ ही बिना किसी आराम या स्थानीय सहायता के सैन्य अभियान आरम्भ कर दिया था। सेना को जम्मू-कश्मीर राज्य से मदद के रूप में केवल मार्गदर्शक श्रमिक ही उपलब्ध थे। श्रीनगर डरे हुए पक्षी की भाँति लग रहा था। राज्य व्यवस्था युद्ध विभीषिका में पूर्णरूप से ध्वस्त प्रतीत हो रही थी। राज्य की लगभग वाह्य चौकियों पर तैनात सभी सैन्यबल मारे गए थे या पाकिस्तान की ओर मिल गए थे। किसी भी प्रकार की दुश्मन की गतिविधियों की सूचना का घाटी में अभाव था। प्रथम सिख वाहिनी, अपने सक्षम कमान अधिकारी ले. कर्नल डी.आर. राय के नेतृत्व में श्रीनगर को बचाने के लिए सर्वप्रथम घाटी पहुँची। इस वाहिनी का मुख्य उद्देश्य श्रीनगर हवाई पट्टी को सुरक्षित करना एवं दुश्मन की सूचनाएँ एकत्रित करना था। इसके साथ स्थानीय प्रशासन एवं अन्य प्रशासनिक केन्द्रों की रक्षा करना भी था। सैन्यबल कम और जिम्मेदारियाँ अधिक थीं। कश्मीर के हालात इतने खराब थे कि कर्नल डी.आर. राय को ये निर्देश भी दिए गए थे कि यदि दुश्मन जहाजों को श्रीनगर में उतरने न दें, तो वह जम्मू में उतरेंगे। दिल्ली में भारतीय सेना मुख्यालय को राज्य की सैन्यबलों के ठिकानों की जानकारी तक न थी। यह परिस्थितियाँ आने वाले कठिन समय की ओर एक इशारा कर रही थीं। हजारों कबीलाई इस्लामिक उन्मादी घाटी में अमानुषिक कृत्यों को अन्जाम दे रहे थे। गैरमुसलमानों के लिए समय बिलकुल ही प्रतिकूल था, इसका उदाहरण अभी भी जल रहे मुजफ्फराबाद, डोमेल और बारामुला थे।

27 अक्टूबर, 1947 का दिन कश्मीर के इतिहास का ऐतिहासिक दिन होने वाला था। भारतीय सेना की एक पूरी वाहिनी भी अभी श्रीनगर नहीं पहुँच पाई थी और भूमि पर रणनीतिक परिस्थितियाँ तीव्र गति से बिगड़ती प्रतीत हो रही थी। दुश्मन बारामुला नष्ट करने के बाद श्रीनगर की ओर बड़ी संख्या में बढ़ रहा था और उसे रोकने के लिए राज्य सैन्यबल के मात्र गिने-चुने सैनिक शेष थे। कर्नल डी.आर. राय ने अपनी दो कम्पनियों के साथ श्रीनगर और बारामुला के बीच में मोर्चा संभाल लिया था। समय मुश्किल था और ऐसा प्रतीत होने लगा था कि उनकी इस रक्षात्मक व्यवस्था को दुश्मन अन्यत्र खाली स्थानों से पार कर श्रीनगर पहुँच जाएगा।

रणनीति में परिवर्तन आवश्यक हो गया था, परन्तु शत्रु से सम्पर्क स्थापित हो चुका था, लड़ाई लग चुकी थी। शत्रु को रोक लिया गया, लेकिन इस लड़ाई में 1 सिख के कमान अधिकारी कर्नल डी.आर. राय शहीद हूए। इस प्रकार एक वीर एवं साहसी अधिकारी ने कश्मीर की रक्षा के लिए अपना सर्वोच्च बलिदान कर दिया। उनकी वीरता के लिए उन्हें मरणोपरान्त महावीर चक्र से सम्मानित किया गया।

भारत की अखण्डता एवं एकता के लिए भारतीय सैनिकों के कश्मीर में बलिदानों का सिलसिला आरम्भ हो चुका था। हजारों की संख्या में शत्रु को भारतीय सेना के 250-300 सैनिक मुँहतोड़ जवाब देने में सफल हुए थे। श्रीनगर और हवाई पट्टी को भारतीय संघ से सम्पर्क सूत्र के रूप में बचाया जा सका था। भारतीय सेना के अदम्य साहस की गौरव गाथा तब से आज तक अविराम चल रही है। कश्मीर और जम्मू, लद्दाख संभाग को बचाने की 'लड़ाई लगभग' 15 महीनों तक दुर्गम एवं निर्जन पर्वत शृंखला क्षेत्रों में रात-दिन चलती रही। सैन्यबलों के अभाव एवं राजनैतिक अदूरदर्शिता के कारण 1/3 जम्मू-कश्मीर क्षेत्र आज भी पाकिस्तान के अधिकार में है। ब्रिटिश सैन्य प्रमुख एवं गवर्नर जनरल का दिली रूप से इस्लामिक पाकिस्तान का समर्थन भी भारतीय सामरिक एवं रणनैतिक निर्णयों पर असर डाल रहा था। एक तरफ जहाँ हमारे हितों का संयुक्त राष्ट्र संघ में ठीक से प्रतिनिधित्व नहीं हो रहा था। वहीं दूसरी ओर कश्मीर अभियान के लिए कम सैन्यबल एवं संसाधन उपलब्ध कराए जा रहे थे। जहाँ पाकिस्तान में एक ओर ब्रिटिश सैन्य उच्चाधिकरी सैन्य अभियान की योजनाओं तक में शामिल थे, वहीं दूसरी ओर हमारे ब्रिटिश सैन्य अधिकारी हमारे तत्कालीन कार्यवाहक प्रधानमंत्री को भ्रमपूर्ण सलाहें देकर कश्मीर में हमारी स्थिति कमज़ोर कर रहे थे। कश्मीर में तैनात सेनानायकों को उनकी आवश्यकतानुसार सैन्यबल उपलब्ध न कराना हमारे आगे बढ़ने के अभियान पर ग्रहण लगा रहा था। हमारा प्रारम्भिक विजय अभियान शिथिल पड़ रहा था। पाकिस्तान तीव्रता से पुनः अपने सैन्य बल संगठित कर रिक्त पड़े सामरिक स्थानों पर स्थापित हो रहा था। डोमेल से मुज़फ्फराबाद खाली पड़ा क्षेत्र पाकिस्तान के हाथों में बिना संघर्ष के जा रहा था। ऐसा प्रतीत हो रहा था, एक सुनियोजित षड्यंत्र के तहत हम आज के पाक अधिकृत कश्मीर को उस समय छोड़ना चाह रहे थे। जमीनी स्तर पर तो सैनिक सर्वोच्च बलिदान के लिए तत्पर था, परन्तु रणनीतिकार उदासीन थे। 'हाजीपीर' जैसे पीर पंजाल स्थित दर्रे यूँ ही हमारे हाथ से निकलते जा रहे थे। शायद नेहरू के साथ अंग्रेजों द्वारा छल किया जा रहा था और पटेल जैसे विश्वसनीय व्यक्ति पर व्यक्तिगत कारणों से नेहरू को विश्वास न था या ईर्ष्या भाव था। कश्मीर पर धीरे-धीरे पश्चिमी शक्तियों द्वारा भारत विरोधी वातावरण तैयार किया जा रहा था। कारण इस्लामिक राष्ट्रों का तुष्टीकरण था।

कश्मीर घाटी में और पहाड़ी क्षेत्रों में नवम्बर के साथ-साथ ठण्ड बढ़ने लगी थी। सैनिक अभी भी गर्मी के कपड़ों में ही थे। धीरे-धीरे गर्म कपड़ों को लाया जा रहा था। दो-दो सैनिक एक ही कम्बल बारी-बारी से ओढ़कर प्रकृति और शत्रु से संघर्षरत थे। हालात कठिन, किन्तु देश की रक्षा के लिए बलिदान और त्याग सहर्ष स्वीकार्य था। कश्मीर घाटी को 7 नवम्बर को शालतंग की लड़ाई के बाद शत्रु के खतरे से सदा-सदा के लिए मुक्त करा दिया गया था। यह लड़ाई मात्र 20 मिनट में समाप्त हो

गई थी। ब्रिगेडियर एल.पी. सेन की रणनीति ने एक ही बार में शत्रु की रीढ़ की हड्डी तोड़ दी थी। 500 शत्रु सैनिक 20 मिनट में ही मारे गए थे। शत्रु अपनी युद्ध सामग्री और गाड़ियाँ इत्यादि वहीं छोड़ कर भाग खड़ा हुआ था। भारतीय सैनिकों के अदम्य साहस और बुद्धिमत्ता ने कश्मीर घाटी की जीत को आसान कर दिया था। इस्लामिक जिहादी भारतीय सेना के सामने भीगी बिल्ली बन चुके थे। उनका भविष्य में आगे बढ़ने और युद्ध करने का साहस समाप्त हो चुका था। भारत सरकार की घाटी को 15 नवम्बर, 1947 तक मुक्त कराने की योजना 13 नवम्बर को ही उरी के कब्जे के साथ पूर्ण हो गई थी।

कश्मीर घाटी से खतरा टल चुका था, किन्तु जम्मू संभाग में पुंछ, कोटली एवं मीरपुर की स्थिति अभी भी सामान्य से बहुत दूर थी। अक्टूबर के प्रारम्भ से ही पाक गतिविधियों ने यहाँ की सैन्य-व्यवस्था को पूर्णरूप से ध्वस्त कर दिया था। जम्मू-कश्मीर सेना के मुसलमान सैनिक पाक सेना से हथियार एवं गोला-बारूद सहित जा मिले थे। राज्य की सैन्य प्रतिरोधक क्षमता ताश के पत्तों की तरह धराशायी हो चुकी थी। भारतीय सेना ने तो 27 अक्टूबर के बाद ही सैन्य कार्यवाई शुरू की थी, जबकि अपूर्णीय क्षति सितम्बर, अक्टूबर के महीनों में ही हो चुकी थी। सैन्यबलों की कमी का कारण बताकर भारत सरकार प्रथम वरीयता के रूप में कश्मीर घाटी को मुक्त कराना चाह रही थी, जिसके कारण जम्मू संभाग के क्षेत्र भारत के हाथ से धीरे-धीरे निकलते जा रहे थे। अन्ततः इस क्षेत्र के मुख्य हिस्सों को मुक्त कराने के लिए सेना को अनेक बलिदान देने पड़े। फिर भी इस क्षेत्र का एक बड़ा भूभाग एवं अनेक प्रमुख नगर, उपनगर पाकिस्तान के अधिकार क्षेत्र में ही रह गए। ब्रिगेडियर उस्मान जैसे उच्चाधिकारियों तक को अपना सर्वोच्च बलिदान इस भूमि के लिए देना पड़ा। इस क्षेत्र में सैन्य अभियान लगभग पूरे एक वर्ष तक चलता रहा।

इस क्षेत्र के हालात खराब होते जा रहे थे। गैर-मुस्लिम जनसंख्या को चयनित रूप से कत्ल किया जा रहा था। खबरों के अनुसार राजौरी में अकेले 30,000 हिन्दुओं को या तो मार दिया गया था या अपरहण कर लिया गया था। चिंगास में लगभग 1500 शरणार्थी भी मार दिए गए थे। जम्मू संभाग शरणार्थियों से भरा हुआ था। हिन्दू नरसंहार अपने चरम पर था। मीरपुर, झांगड़, कोटली, मेंढर, नौशेरा, राजौरी, पुंछ इत्यादि जगहों पर पाकिस्तान सेना और अनेक इस्लामिक लड़ाके एक के बाद एक गाँव और कस्बा कब्जा करते जा रहे थे। भारत मात्र हवाई हमले कर पा रहा था, उसकी सेना अभी इस क्षेत्र में सैन्य अभियान के लिए पर्याप्त संख्या में न थी। 16 नवम्बर, 1947 के बाद इस क्षेत्र में सैन्य अभियान आरम्भ करने का निर्णय लिया गया। योजना के अनुसार सेना ने चरणबद्ध रूप में इस क्षेत्र को पाकिस्तानी कब्जे से मुक्त कराया। उरी-पुंछ मार्ग सैन्य कमी से निगरानी के अभाव में शत्रु के द्वारा आवागमन के लिए बाधित कर दिया गया था। मार्ग में पड़ने वाले लकड़ी के पुलों को

जला दिया गया था। मीरपुर, कोटली, मुजफ्फराबाद को भारत सरकार ने सैन्य एवं संसाधन के अभाव की आड़ में पहले ही हाथ से निकला हुआ मान लिया था। इसकी खास वजह ब्रिटिश सलाहकार थे, जो पाकिस्तान के हितैषी हो चुके थे। भारतीय सेना को कश्मीर का युद्ध सैनिकों और संसाधनों के अभाव में मात्र इच्छाशक्ति एवं अपने अदम्य साहस से लड़ना था, 1947-48 जम्मू-कश्मीर सैन्य अभियान सामरिक एवं रणनैतिक दृष्टि से काफी हद तक रहस्यमयी लगता है। भारतीय संघ के पास पाकिस्तान से अधिक सेना एवं संसाधनों के बावजूद भी हम और अधिक सैन्यबल का प्रयोग जम्मू-कश्मीर और लद्दाख क्षेत्र पर अधिकार के लिए क्यों नहीं कर पा रहे थे। क्यों हम पूर्ण इच्छाशक्ति के साथ यह युद्ध लड़ते प्रतीत नहीं हो रहे थे? शायद इन सबके पीछे कहीं-न-कहीं नेहरू एवं अन्य नेताओं की युद्ध एवं युद्ध जैसी परिस्थितियों की अनुभवहीनता भी थी या अन्य सामरिक एवं कूटनीतिक कारणों से हम लड़ना नहीं चाह रहे थे।

'लद्दाख-गिलगिट धुरी' को सुरक्षित बनाए रखने एवं लेह की सुरक्षा के लिए डोगरा का एक सैन्यदल कैप्टन पृथ्वीचंद के नेतृत्व में दिसम्बर-जनवरी के जिस बर्फीले मौसम में जोज़िला दर्रे को पार कर गया था, वह कोई आज भी सोच तक नहीं सकता है। सैकड़ों फुट बर्फ से ढ़के भाग को कमतर संसाधनों एवं कम शीत वस्त्रों में चलकर जाना ही एक अदम्य साहस का काम था और उसके बाद लगभग एक प्लाटून की संख्या के साथ शत्रु को रोकना एक असम्भव लगने वाला कार्य था पर भारतीय सेना ने यह कार्य दो सैन्यदलों के सहारे कुशलतापूर्वक किया। लेह के लिए दूसरा साहसी सैन्यदल लेह में लाहौल-स्पीती मार्ग से प्रवेश हुआ था। यह सब भारतीय सेना के कुछ अदभुत, अविस्मरणीय एवं शौर्यपूर्ण कारनामे थे, जिनसे कि आज का जम्मू-कश्मीर राज्य जीवित है। जब भारतीय सेना बर्फ के पहाड़ों पर सर्दियों में शौर्यगाथाएँ लिख रही थी, उस समय कथित शेर-ए-कश्मीर शेख़ अब्दुल्ला घाटी के स्थान पर जम्मू में बैठे हुए थे। क्या यही होता है आगे खड़े होकर नेतृत्व का तरीका। जिनके वंशज आज कश्मीर पर अपना अधिकार दिखाते हैं, वे सभी युद्ध के समय गायब थे। जम्मू-कश्मीर रियासत के 1800 कुछ सैनिक लगभग 1 महीने श्रीनगर छावनी में हीं चुपचाप छिपे रहे। उन्हें भी दुर्घटनावश भारतीय सेना ने देख लिया। आज के कश्मीर के इस्लामिक अलगाववादी किस आधार पर भारतीय सेना द्वारा विजित एवं रक्षित उनकी ही प्राचीन तपोभूमि पर अपना अधिकार माँग सकते हैं।

सन् 1947 में भारत के रक्षा रणनीतिकार एवं सामरिक नेतृत्वकर्त्ता कुछ ज्यादा ही रक्षात्मक सोच के साथ कश्मीर में युद्ध की योजना बना रहे थे। उन्हें पंजाब, राजस्थान और गुजरात में भी पता नहीं क्यों आक्रमण की आशंका दिखाई पड़ रही थी और जिसके परिणामस्वरूप वह कश्मीर के लिए सैन्यबलों को छोड़ नहीं पा रहे थे। हम एक स्थान पर पूरी आक्रामक शक्ति का प्रयोग कर पाकिस्तानियों को कश्मीर से

खदेड़ने में संकोच कर रहे थे, जिसका सीधा-सीधा लाभ पाकिस्तान को उसकी स्थिति सुदृढ़ करने में मदद कर रहा था। पाकिस्तान की सैन्यशक्ति भारत की तुलना में काफी कम थी, परन्तु हम फिर भी उसके आक्रमण से आशंकित थे। कश्मीर, जम्मू और लद्दाख क्षेत्र की लड़ाइयाँ पूर्णरूप से सेना की इच्छाशक्ति मात्र से लड़ी जा रही थीं।

हैदराबाद राज्य जो चारों ओर से भारतीय सीमाओं से घिरा हुआ था और जिसके पास न ही अधिक प्रशिक्षित सैन्यबल थे, हमें चिन्तित कर रहे थे, किन्तु अन्ततः सरदार पटेल की सूझ-बूझ से यह सामरिक एवं राजनैतिक समस्या पलक झपकते ही हल हो गई और उधर कश्मीर की समस्या बेवजह उलझकर रह गई। उस समय सेना और संसाधनों का अभाव तो था ही, लेकिन उससे भी अधिक अभाव था उनके सही इस्तेमाल की नीतियों का।

प्रधानमंत्री नेहरू सदैव चाहते थे कि भारतीय सेनाएँ कम-से-कम डोमेल तक आगे बढ़े और एक रणनीतिक महत्वपूर्ण स्थान पर वर्चस्व स्थापित करें। किन्तु सेनाध्यक्ष का कहना था कि वहाँ तक फैले सैन्यबलों का रख-रखाव मुश्किल है। इधर जम्मू सम्भाग के मीरपुर और पुंछ में गैर-मुसलमानों के साथ अमानवीय कृत्य बढ़ रहे थे, जिससे कि पूरे देश में उबाल था। पुंछ को बचाना अब नेहरू की राजनैतिक विवशता हो रही थी और अन्ततः पुंछ को किसी भी हाल में बचाने का निर्णय लिया गया, क्योंकि मीरपुर तो हाथ से पहले ही निकल चुका था। डोमेल के लिए अभियान पर चल रहा विचार-विमर्श एक प्रकार से स्थगन की ओर बढ़ गया। भौगोलिक और सैन्य परिस्थितियों के साथ सेना के उच्चतम ब्रिटिश अधिकारी भी कहीं न कहीं भारतीय सैन्य अभियान में बाधा साबित हो रहे थे। माउण्टबेटेन से लेकर जनरल लॉकहार्ट, ले. जनरल रसेल सभी सरकार को इस अभियान के लिए निराशाजनक एवं नकारात्मक विश्लेषण ही दे रहे थे और नेहरू सैन्यक्षेत्र में अधिक दखल देने के पक्ष में नहीं थे। कभी-कभी पाकिस्तानी सैन्य अभियानों की प्रतिक्रिया यह भी सोचने पर विवश करती है कि कहीं ब्रिटिश अधिकारी इन योजनाओं या रणनीतियों की जानकारी अपने पाक समकक्ष ब्रिटिश अधिकारियों से साझा तो नहीं कर रहे थे। हर प्रकार से सेना के लिए सभी परिस्थितियाँ प्रतिकूल थीं। डोमेल धुरी पर सैन्य अभियान की वरीयता अन्तिम पायदान पर पहुँच चुकी थी। कोटली और मीरपुर क्षेत्र में हुए हिन्दू-सिख नरसंहार को देखते हुए पुंछ बचाना अब सरकार की राजनैतिक वरीयता बन चुका था। नेहरू ने स्पष्ट शब्दों में कह दिया था कि इसके लिए कितने भी बलिदान दिए जा सकते हैं। यह सर्वोच्च बलिदान भी अन्ततः सेना के अलावा किसने करना था।

बलिदानों का सबसे बड़ा युद्ध 24 दिसम्बर, 1947 को नौशहरा-झाँगड़ में लड़ा गया। झाँगड़ सामरिक रूप से अत्यधिक महत्वपूर्ण था, क्योंकि वह मीरपुर और कोटली के मार्गों को पूर्णरूपेण बाधित करता था। झाँगड़ पर अधिकार जमाने के लिए

पाकिस्तान ने लगभग 2000 सैनिकों के साथ 1 कम्पनी 'पीर मतालसी' पर आक्रमण किया। नौशहरा के सारे रास्ते बाधाओं के माध्यम से रोक दिए गए थे। नौशहरा से अतिरिक्त सैन्य सहायता पहुँचना असम्भव हो गया था। खराब मौसम में हवाई हमले सम्भव न थे। 'झाँगड़ युद्ध' भारतीय सेना के इतिहास का बेजोड़ एवं अदम्य साहस एक मील का पत्थर है। इस युद्ध में 2 अधिकारी और 58 जवान शहीद हुए एवं 3 अधिकारी, 2 जे.सी.ओ 51 जवान आहत हुए तथा 42 जवान लापता घोषित हुए। भारतीय सेना ने यह बलिदान मात्र एक दिन में दिया था। शत्रु संख्या जम्मू क्षेत्र में भारतीय सेना की तुलना में कई गुना अधिक थी, जिसका प्रमुख कारण उनकी ओर से सैन्य रख-रखाव की धुरी का छोटा एवं अच्छी स्थिति में होना। सेना के साथ उसके पास एक बड़ी संख्या 'घुसपैठिए असैनिकों' की थी, जो आधुनिक अस्त्र-शस्त्र बद्ध थे। राष्ट्रहितों की रक्षा में भारतीय सेना के बलिदान सदैव अतुलनीय रहेंगे। कश्मीर का 15 महीने का युद्ध स्वतन्त्र भारतीय इतिहास का सबसे लम्बा एवं कठिन युद्ध था। सैनिक बिना रुके, बिना आराम किए, सर्वोच्च बलिदान कर रहे थे। इन बलिदानों के लिए वे कभी भी कश्मीरी आवाम की सहायता का दबाव नहीं डाल रहे थे। यदि कश्मीर भारत का अभिन्न अंग नहीं था, तो भारतीय सैनिक क्यों यह त्याग कर रहे थे। 24 दिसम्बर, 1947, झाँगड़ के युद्ध के पश्चात भारतीय आंकलन के अनुसार शत्रु की स्थिति एवं संख्या विभिन्न स्थानों पर कुछ इस प्रकार थी—

उरी क्षेत्र	—	13,000 और लगभग 6000 मुजफ्फराबाद में
पुंछ	—	1000
नौशहरा	—	10,000
जम्मू क्षेत्र	—	5000
अखनूर	—	500

इस लगभग 35,000 की सैन्य संख्या के साथ पाकिस्तान के पास आवागमन एवं संचार तन्त्र का अच्छा जाल था। उनकी ओर से सैन्य रखरखाव भौगोलिक दृष्टि से आसान था। भारत के पास जम्मू-कश्मीर के लिए मात्र 4 बिग्रेड ग्रुप थे, जोकि पहाड़ों में आक्रामक युद्ध के लिए बहुत ही कम थी। पहाड़ों में आक्रमण के लिए कम से कम 3 गुणा सैन्यबल की आवश्यकता होती है, जबकि हमारे पास उनकी संख्या की 1/4 भी नहीं थी। सांख्य बल के साथ-साथ भारतीय सीमा से कश्मीर क्षेत्र के लिए सड़के एवं आवागमन के अन्य रास्ते भी बहुत खराब थे या थे ही नहीं। पाकिस्तान को इसके साथ पुंछ, मीरपुर आदि क्षेत्रों में स्थानीय मुस्लिम आबादी का भी सहयोग था। उसके लिए लड़ाके स्वयंसेवी एकत्र करना आसान था।

आक्रामक युद्धनीति के हिसाब से भारतीय सैन्य स्थिति कतई संतोषजनक न थी। लेकिन फिर भी उसके साहसी एवं बलिदानी सैनिकों ने दुश्मन के छक्के छुड़ा रखे

थे। नौशहरा की एक लड़ाई में एक प्लाटून दक्षिण क्षेत्र में 27 जवानों में से 24 जवान शहीद हो जाने के बाद भी जदुनाथ सिंह और दो अन्य सैनिकों ने दुश्मन के सैंकड़ो सैनिकों को अन्तिम समय तक रोक कर रखा और समय पर भारतीय सेना ने पहुँच कर उस मुख्य ऊँचाई को दुश्मन के हाथों में जाने से बचा लिया। नायक जदुनाथ सिंह, 1 राजपूत वाहिनी, ने इस प्रकार अपना सर्वोच्च बलिदान देकर इस युद्ध की पूरी दिशा ही बदल दी। इस अदम्य साहस एवं वीरता के लिए उन्हें मरणोपरान्त परमवीर चक्र से सम्मानित किया गया। भारतीय सेना थल और नभ दोनों जगह प्रतिदिन ऐसे बलिदान के इतिहास लिख रही थी। कुल 371 वीरता पुरस्कार इस गौरव गाथा का जीता-जागता प्रमाण हैं। नौशहरा के युद्ध में ब्रिगेडियर उस्मान के अनुमान के अनुसार, लगभग 2000 शत्रु सैनिक या अन्य मारे गए जिसमें कि 963 सैनिकों के मृत शरीर भारतीय सेना ने स्वयं गिने थे। भारतीय सैनिक 32 शहीद और 102 हताहत हुए थे। नौशहरा की लड़ाई ने ब्रिगेडियर उस्मान और वीर सैनिकों को देश का नायक बना दिया था। नौशहरा की जीत भारत के लिए बहुत अहम थी।

जम्मू और कश्मीर सम्भाग में युद्ध दिन-प्रतिदिन छोटे या बड़े स्तर पर लड़े जा रहे थे। भारतीय सेना नभ और थल में अथक, अविराम लड़ रही थी। कश्मीर और जम्मू दोनों क्षेत्रों के नागरिकों के जान-माल की रक्षा सेनाएँ अपने प्राणों को न्यौछावर करके कर रही थीं। हर दिन युद्ध क्षेत्र बदलने के साथ-साथ रणनीतिक एवं सामरिक परिस्थितियाँ भी बदल रही थीं। राजनैतिक लक्ष्यों की पूर्ति एवं भारतीय सम्प्रभुता को अक्षुण्ण बनाने के लिए सेना एक अन्तिम साधन के रूप में इन्द्र के वज्र की तरह शत्रु पर एक के बाद एक घातक एवं निर्णायक प्रहार करती जा रही थी। भूमि पर नित नई नियंत्रण रेखाएँ बन और बिगड़ रही थीं। सेना ने 18 मार्च तक झाँगड़ कों पुनः जीत लिया था। जम्मू क्षेत्र में पुंछ इत्यादि क्षेत्र अब पूर्णतयः स्थिर रूप से भारतीय नियंत्रण में आ चुके थे। कश्मीर घाटी में फरवरी तक कुपवाड़ा और आस पास के क्षेत्रों को सुरक्षित कर कश्मीर घाटी को एक हद तक पूर्णतयः सुरक्षित किया जा चुका था। किन्तु अभी भी कश्मीर और जम्मू के साथ गिलगिट आदि का एक बड़ा क्षेत्र पाकिस्तान के अधिकार में था। इसको मुक्त कराने के लिए सैन्य योजनाएँ तैयार थीं। क्षेत्रों का हवाई सर्वेक्षण किया जा रहा था। ज़मीन पर भी सेना लगातार दुश्मन की स्थिति का जायज़ा ले रही थी। भारतीय सैनिक बर्फ में भी दुर्गम पहाड़ों पर दिन-रात गतिशील थे। दुश्मन अपनी बढ़त स्थापित करने के लिए प्रतिदिन हमले कर रहा था। डोमेल-मुजफ्फराबाद धुरी को शत्रु से मुक्त कराने के लिए 'श्री डिवीजन' ने 21 मई से 27 मई, 1948 तक जो सैन्य अभियान चलाए, उसमें भारतीय सेना के 40 सैनिक शहीद हुए और 95 घायल एवं 28 मई से 4 जून, 1948 के सैन्य अभियानों में 198 शहीद हुए और 55 घायल। संसाधनों और सेना की कमी से यह सैन्य अभियान अपने

अन्तिम चरण तक भी नहीं पहुँच सके। इन सबके बाद भी भारतीय सेनाओं का मनोबल आसमान छू रहा था।

'स्कार्दू किले में भारतीय सेना का बलिदान, वीरता एवं अदम्य साहस की एक मिसाल हैं। जहाँ सैनिक 6 महीने शत्रु के घेरे में भी बिना पीछे हटे या बिना समर्पण के युद्धरत रहे। भूखे-प्यासे, गिने-चुने सैनिकों के साथ कर्नल थापा ने दुर्गम पहाड़ों की लड़ाई का एक इतिहास बनाया। यह जानते हुए भी कि भारतीय सैन्य मदद पहुँचना असम्भव हो चुका है, फिर भी वह शत्रु से आखिरी सैनिक और आखिरी गोली और खाद्यान्न समाप्ति पर भी लड़ते रहे।' सैनिकों और किले के भीतर अन्य शरणार्थियों का महीनों से भोजन के अभाव में भी कभी साहस कम नहीं हुआ। 'स्कार्दू दुर्ग' का रक्षात्मक युद्ध वास्तव में एक अद्वितीय शौर्यगाथा है, जिससे आम भारतीय अभी अनभिज्ञ है। कुछ गिने-चुने सैनिकों की राष्ट्र के लिए आत्म बलिदान की मार्मिक कथा है।

जम्मू-कश्मीर, सन् 1947-48 युद्ध अभियान स्वतन्त्र भारत के युद्ध अभियानों में सबसे लम्बा एवं बलिदान पूर्ण है। कैसे संसाधनों के अभाव में विपरीत भौगोलिक एवं वातावरणीय परिस्थितियों में भी हमारे सैनिक भूखे-प्यासे लगातार महीनों लड़ते रहे। क्या ऐसी गौरवगाथा का सृजन करने वाली भारतीय सेना के ऊपर किसी भी व्यक्ति को कश्मीर में मानवाधिकार हनन के झूठे आरोप लगाने का अधिकार है? विशेषकर उन व्यक्तियों एवं समूहों के द्वारा जिनका अपना राष्ट्र के प्रति बलिदान नगण्य हो। ऐसे निराधार आक्षेपों का कारण आज भी सामान्य एवं बुद्धिजीवी भारतीय का सेना एवं उनके द्वारा लड़े गए युद्धों का कमतर ज्ञान होना। उसे सेना के सिद्धान्त एवं मूल्यों का ज्ञान न होना। सेना आज तक प्रतिकूल परिस्थितियों में भी इन मूल्यों की धारक है। अनुशासनहीनता अपवादस्वरूप हो सकती है, परन्तु वह सेना का तौर-तरीका नहीं है। सेना के लिए राष्ट्रहित सर्वोपरि रहेंगे। सेना सदैव भारतीय लोकतान्त्रिक मूल्यों की रक्षा के लिए दृढ़ संकल्प रही है।

लेह-लद्दाख क्षेत्र से लेकर जम्मू सम्भाग तक सेना ने भारतीय भू-भाग की रक्षा अपने प्राणों की आहुति देकर की। कैसे एक-एक दिन थल और वायुसेना कश्मीर की एक-एक इंच ज़मीन के लिए लेह से कारगिल तक जोजिला से बनिहाल तक और जम्मू से पुंछ तक लड़ रही थी। उन परिस्थितियाों की कल्पना भी सामान्य व्यक्ति से परे है। लेह और कारगिल की रक्षा के लिए कैसे भारतीय सैनिकों ने हिम शिखरों को रात-दिन चलकर और भूखे-प्यासे रहकर पार किया। कैसे उन सैनिकों ने महीनों बिना नहाये इस देश के लिए अपना जीवन दाँव पर लगाया? सन् 1947-48 जम्मू-कश्मीर सैन्य अभियान की हर एक छोटी-बड़ी लड़ाई अपने आप में एक मिसाल है। चाहे वह गुरेज की लड़ाई के लिए सैनिकों द्वारा 10 कि.मी. हिम शिखरों पर तोपों कों खींच कर ले जाना हो या दुर्गम मार्गों पर टैंक पहुँचाना हो। इस सैन्य अभियान ने जहाँ भारतीय संप्रभुता को इस राज्य में स्थापित किया, वहीं भारतीय सैन्य नेतृत्व की भी कड़ी परीक्षा

लेकर उसे एक नई ऊँचाई दी। कुछ सैन्य कमिया राजनैतिक निर्णयों के चलते भले हुई हों, किन्तु सेना ने उन सारे कार्यों को उनके अंजाम तक पहुँचाया, जो उसे दिए गए थे।

सन् 1947-48 जम्मू-कश्मीर सैन्य अभियान में सेना की 12 ब्रिगेडों ने हिस्सा लिया और यह अभियान लगभग 15 महीनों तक चला। इस युद्ध में भारतीय सेना के कुल 1103 सैनिक खेत रहे। जिनमें 76 अधिकारी, 31 जे.सी.ओ. और 996 जवान थे। कुल आहत सैनिकों की संख्या 3152 थी, जिनमें 81 अधिकारी, 107 जे.सी.ओ. थे। इसके साथ-साथ जम्मू-कश्मीर राज्य सैन्यबलों ने भी बड़ी कुर्बानी दी थी। उनके शहीद हुए सैन्यबलों में 1990 अधिकारी और जवान थे। वायुसेना के भी कुल 32 सैनिक शहीद हुए जिनमें 9 अधिकारी थे। यह युद्ध वायुसेना और थलसेना के आपसी तालमेल एवं सहयोग का भी अच्छा उदारहण था। वायुसेना ने इस युद्ध में एक 'गुणात्मक शक्ति' का कार्य किया। कश्मीर को पाकिस्तान से बचाने में वायुसेना और उसके पायलट अधिकारियों की भूमिका अमूल्य एवं अकथनीय है। उनके साहस और सूझबूझ से ही यह लड़ाई लड़ी जा सकी। रणक्षेत्र में सहयोग से लेकर सेना और उसके लिए साजो-समान को युद्धक्षेत्र में लड़ाई के दौरान ले जाना अप्रतिम वीरता का कार्य था। विमानों को उनकी क्षमता से अधिक ऊँचाई पर ले जाने से लेकर खराब हवाई पट्टियों पर विमानों को उतारना किसी आश्चर्य से कम नहीं था। यह देश सदैव ऐसे अदम्य साहसी एवं बहादुर सैनिकों को कभी भुला नहीं सकता है। भारत के द्वारा लड़े गए अब तक के चार युद्धों में 'कारगिल-1999' और 'जम्मू-कश्मीर और लद्दाख-1947-48' दो युद्ध पूर्णरूप से जम्मू और कश्मीर क्षेत्र में ही लड़े गए थे, जबकि 1965 का युद्ध शुरू तो जम्मू-कश्मीर के लिए हुआ था, पर उसकी परिणिति भारत और पाकिस्तान के बीच एक सम्पूर्ण युद्ध के रूप में हुई। 'अभियान जिब्राल्टर' जो कश्मीर में सशस्त्र विद्रोह खड़ा करने के लिए शुरू किया गया था, असफल हो जाने पर पाकिस्तान ने छंब (जम्मू) क्षेत्र अभियान 'ग्रान्ड स्लैम' के रूप में भारत के विरुद्ध युद्ध छेड़ दिया, किन्तु भारत ने इसका जवाब पंजाब में मोर्चा खोल कर दिया।

भारत पाकिस्तान के बीच हुए चार युद्धों के पीछे कुछ कारणों में समानताएँ प्रमुखता से दिखाई देती हैं, वे हैं—

(1) भारत का 'द्विराष्ट्र सिद्धान्त' पर विभाजन।
(2) विभाजन के बाद साम्प्रदायिक दंगों की कड़वाहट।
(3) रियासतों के भारत और पाकिस्तान में विलय को लेकर आपसी मतभेद।
(4) कश्मीर पर आधिपत्य को लेकर अविराम संघर्ष।

'हिन्दू भारत' और 'इस्लामिक पाकिस्तान' एक धार्मिक विचारधारा का न ख़त्म होने वाला युद्ध लड़ रहे हैं। यह विपरीत सिद्धान्तों की दो विचारधाराओं की हजार वर्ष से अधिक पुरानी लड़ाई है। द्विराष्ट्र सिद्धान्त की आग अभी जल रही है। भारत में

हिसंक इस्लामिक आतंकवाद इसी की देन है। चारों युद्धों के बाद पाकिस्तान को भारत से आमने-सामने क्रे युद्धों में विजय पाना असम्भव जानकर छद्म युद्ध का मार्ग अपनाया। आज भारत में पैर पसार रहा इस्लामिक आतंकवाद इसी की बानगी है।

सन् 1965 भारत-पाक युद्ध की शुरुआत को 1 सितम्बर, 1965, 'सैन्य अभियान ग्रान्ड स्लैम' (छंब) से माना जाता है, जबकि वास्तव में यह युद्ध जम्मू और कश्मीर में 5 अगस्त 1965 से निरन्तर चल रहा था। पाकिस्तान का युद्ध आरम्भ करने का मुख्य कारण कश्मीर को भारत से मुक्त कराना था, जिसमें वह पूर्णरूप से असफल रहा। परन्तु भारत को भी निर्णयात्मक जीत न मिल सकी। भारत ने मात्र 1920 वर्ग कि.मी. पाकिस्तान भूमि पर कब्जा किया और पाकिस्तान ने 540 वर्ग कि.मी.। इस युद्ध में भारत के 2,862 सैनिक वीरगति को प्राप्त हुए और 8,617 आहत हुए। यह युद्ध भारत पर अचानक थोपा गया था। परन्तु भारतीय सैनिकों के बलिदान ने पाकिस्तानी सेना, जो उस समय आधुनिक अस्त्र-शस्त्रों से सुसज्जित थी, को मुँहतोड़ जवाब दिया। पाकिस्तान को 200 टैंकों के साथ अपने 5,800 सैनिकों से भी हाथ धोना पड़ा। पाकिस्तान का भारत को कमजोर समझने का भ्रम पूर्णरूप से टूट गया। पाकिस्तान का एक और भ्रम कि पाकिस्तानी सैनिक कई-कई भारतीय सैनिकों के बराबर है, भी टूटा। उसके सैनिक कहीं भी भारतीय सैनिकों से उत्कृष्ट युद्धकौशल न दिखा सके। यही कारण था कि अच्छी युद्ध मशीन के साथ भी उनका साहस युद्ध के मैदान में रेत की तरह बिखर गया। पाकिस्तान का कश्मीर हड़पने का सपना फिर एक बार साकार न हो सका।

इस युद्ध में भारतीय सैनिकों (थल एवं वायुसेना) ने 2 परमवीर चक्र, 37 महावीर चक्र (4 वायु सेना), 171 वीर चक्र (43 वायु सेना) जीते। ये वीरता पदक भारतीय सैनिकों की यशगाथा कहने के लिए पर्याप्त हैं। यह युद्ध भारत की अनेक कमियों को उजागर करने वाला था। प्रशिक्षण से लेकर आधुनिक अस्त्र-शस्त्रों की कमी युद्ध में साफ दिखाई दी। परन्तु फिर युवा अधिकारियों एवं जवानों का युद्ध के मैदान में बहादुरी का प्रदर्शन अद्भुत था। इन अधिकारियों के हताहत होने का अनुपात सेना में उनकी संख्या की तुलना में जवानों के मुकाबले अधिक था अर्थात निचले स्तर पर नेतृत्व अत्यन्त ही प्रेरणादायक एवं प्रभावशाली था। खेमकरण, डोगराई, असल उत्तर, फिलौरा, बाजरागढ़ी, चाविंडा, पुंछ, ओपी हिल, हाजीपीर एवं तिथवाल और कारगिल भारतीय सेना की अप्रतिम लड़ाई एवं हमारी सेना की बहादुरी के आज भी अविस्मरणीय संदर्भ हैं। कई स्थानों पर भारतीय सेना को वांछित सफलता न मिलने का कारण शीर्ष नेतृत्व का सामयिक एवं सही निर्णयों का न लेना भी था। भारतीय सशस्त्र सेना के सर्वोच्च बलिदान भारतीय अखण्डता को अक्षुण्ण रखने के लिए थे, जिसके लिए आज इस्लामिक जिहादी तत्व हाथों में पत्थर लेकर खड़े हैं। क्या यह राष्ट्र जिसने कश्मीर के लिए इतने बलिदान किए हैं, वह इन इस्लामिक अलगाववादियों

के धार्मिक उन्माद एवं हिंसा के सामने नतमस्तक हो जाएगा? पाकिस्तान जो अपनी अखण्डता और भौगोलिक सीमाओं की रक्षा नहीं कर सकता है, वह कैसे इन जिहादियों के लिए एक इस्लामिक राष्ट्र बना सकता है? कश्मीरी अलगाववादियों के लिए यह पहलू चिन्तन करने योग्य है।

सन् 1965 भारत-पाक युद्ध एक प्रकार किसी निर्णय तक नहीं पहुँच पाया था। इस युद्ध में पाकिस्तान का आधुनिक सेना बनाकर भारत के साथ युद्ध कर कश्मीर जीतने की योजना अवश्य धूल-धूसरित हुई। उसकी आधुनिक वायुयानों की वायुसेना एवं पैटन टैंक धारी सेना सबके सब सीमाओं के इर्द-गिर्द ही लड़कर समाप्त हो गए। खेमकरण एवं फिलौरा उसके टैंकों के कब्रगाह बन गए।

10 जनवरी, 1966 को ताशकन्द समझौते में भारत को 22 दिनों के युद्ध में विजित क्षेत्रों को वापस करना पड़ा। इनमें सबसे महत्वपूर्ण स्थान था 'हाजीपीर पास' 1 सितम्बर से 23 सितम्बर सुबह 3:30 बजे तक चले युद्ध का सबसे दुःखद पहलू ताशकन्द समझौता रहा, जहाँ हमारे प्रधानमंत्री श्री लाल बहादुर शास्त्री का रात्रि 1:30 बजे दिल का दौरा पड़ने से देहान्त हो गया। यह भारत के लिए एक अपूर्णीय क्षति थी। इस घटना ने देश की आने वाले समय में राजनैतिक, आर्थिक एवं सामाजिक दिशा एवं दशा ही बदल दी। जिसका मूल्याँकन एक शोध का विषय हो सकता है।

पाकिस्तान को जल्द ही समय की अकल्पनीय मार बांग्लादेश के जन्म के रूप में पड़ने वाली थी। सन् 1965 भारत-पाक युद्ध या द्वितीय कश्मीर युद्ध तो अनिर्णीत ही रहा, पर, 1971 का भारत-पाक युद्ध 'बांग्लादेश' के युद्ध के नाम से ही जाना गया। इस्लाम के नाम पर बने पाकिस्तान को इस्लाम भी 25 वर्ष जोड़कर न रख सका। पश्चिमी और पूर्वी पाकिस्तान के बीच सांस्कृतिक, सामाजिक, भाषाई और भौगोलिक भिन्नताएँ उनके बीच की दूरियों को कभी पाट न सकी। पश्चिमी पाकिस्तान का पाकिस्तानी सेना में पूर्ण दबदबा था, जिसका लाभ वह राजनैतिक और सामाजिक पटल भी ले रहा था। पूर्वी पाकिस्तान को धीरे-धीरे द्वितीय श्रेणी के प्रान्त के रूप में देखा जाने लगा। लोकतान्त्रिक व्यवस्था में पूर्वी पाकिस्तान को उसकी अधिक आबादी का कोई लाभ नहीं मिल रहा था। पाकिस्तान में पंजाबी वर्चस्व हावी था। पाकिस्तान अब इस्लाम की पहचान से ज्यादा पंजाबी, सिंधी, बलूची, कबिलियाई समूहों की क्षेत्रीय एवं भाषाई पहचान के साथ अधिक जुड़ चुका था। इन सबके अलावा सबसे अलग एक और पहचान थी पूर्वी पाकिस्तान की 'बांग्ला' पहचान, जो इन सबसे एकदम ही भिन्न थी। अन्ततः इसी वर्चस्व की लड़ाई में 'बांग्ला नरसंहार' शुरू हुआ। पाकिस्तानी सेना के द्वारा 'चयनित नरसंहार' बंगाल के बुद्धिजीवी मुस्लिम वर्ग एवं हिन्दुओं का था। लाखों लोगों का कत्ल और लगभग 1 करोड़ के आस-पास लोग इस विभीषिका से बचकर भारत भाग आए। भारत में मध्य 1971 तक शरणार्थी समस्या हमारे मौजूद संसाधनों से बहुत ज्यादा हो चुकी थी। भारत अन्तर्राष्ट्रीय समुदाय से

मदद माँग-माँग कर परेशान था, परन्तु परिणाम शून्य था। बांग्ला जनमानस पूर्वी पाकिस्तान में अपनी आजादी के लिए उठ खड़ा हुआ था। 'मुक्ति वाहिनी' ने सैन्य प्रशिक्षण आरम्भ कर पाकिस्तान के साथ गुरिल्ला लड़ाई छेड़ दी थी। भारत सरकार को भी मानवीय आधार पर इन लड़ाकों की सहायता करनी पड़ रही थी। परिणामतः 3 दिसम्बर को पाकिस्तान ने एक बार फिर भारत के साथ युद्ध छेड़ दिया। भारत इस स्थिति से निपटने के लिए पूर्णरूप से तैयार था। 14 दिनों की लड़ाई में ही पाकिस्तान की सेनाओं ने घुटने टेक दिए और 95,000 पाक सैनिकों ने ढ़ाका में एक साथ आत्मसमर्पण कर विश्व में एक नया कीर्तिमान स्थापित कर दिया। पाकिस्तान से एक नए देश 'बांग्लादेश' का जन्म हुआ। इस्लाम एक राष्ट्र है का सिद्धान्त खोखला सिद्ध हुआ। यह हार पाकिस्तान के जन्म पर एक प्रश्नचिह्न बन गई। विभाजन की पैरवी करने वाले जिहादी तत्वों के गाल पर एक तमाचा था। अलीगढ़ मुस्लिम विश्वविद्यालय जहाँ से यह सिद्धान्त जन्मा एवं पला-बढ़ा था, उसकी साख पर एक बट्टा था।

इस हार से पाकिस्तान का कश्मीर लड़कर लेने का स्वप्न भी सदा-सदा के लिए खत्म हो गया। इस्लामिक सैन्यबलों की बहादुरी के झूठे एवं कपोल-कल्पित किस्से-कहानी सब रेत के महल भर साबित हुए। बात-बात पर जिहाद और जंग की बात करने वाले इस्लामिक राष्ट्र को उसकी औकात पता चल गई। कश्मीर में भी शेख़ अब्दुल्ला और उनके सहयोगी अलगाववादियों के हौसले पस्त हो गए। एक अनुमान के अनुसार, सन् 1965 के अभियान 'जिब्राल्टर' की खबर शुरू से शेख़ अब्दुल्ला को थी और वह पाकिस्तान की मदद से कश्मीर को भारत से अलग करना चाहते थे। 1971 की पाकिस्तानी हार ने पाकिस्तान में बैठे कश्मीर प्रेमी और कश्मीरी देशद्रोहियों की सोच को बदलकर रख दिया। पाकिस्तान ने तत्पश्चात लगभग 15-16 वर्षों तक कश्मीर में किसी भी हस्तक्षेप से दूरियाँ रखीं। परन्तु 'रूस-अफगान' लड़ाई ने एक बार फिर पश्चिमी देशों द्वारा पाकिस्तान को जिहाद के लिए धन और अस्त्र-शस्त्र मिले, जिनसे उसने अस्सी के दशक में कश्मीर और पंजाब में अलगाववाद एवं आतंकवाद को हवा देनी शुरू की। इन दोनों स्थानों पर उसे काफी सफलता भी मिली, परन्तु सेना के द्वारा कश्मीर और पंजाब को पुलिस ने धीरे-धीरे सही कर लिया। कश्मीर का इस्लामीकरण एवं वहाबीकरण किया गया। सन् 1989 से इस्लामिक आतंकवाद ने हिन्दू नरसंहार को खुलकर अंजाम दिया। सन् 1998 तक पाकिस्तान को सदैव भारत से 'परम्परागत युद्ध' का खतरा एवं तय हार का मनोवैज्ञानिक भय था, किन्तु मई 1998 में भारत और फिर पाकिस्तान द्वारा आणविक विस्फोट ने वह भय भी समाप्त कर दिया। पाकिस्तान को आणविक शक्ति से विश्वास हो गया कि भारत अब उस पर कभी भी सैन्य आक्रमण नहीं करेगा और उसका दुष्परिणाम शीघ्र ही कारगिल में पाकिस्तानी सेना के 'कारगिल घुसपैठ' के रूप में हुआ। सन् 1999 की सर्दियों में पाकिस्तानी सेना ने कारगिल, द्रास, बटालिक इत्यादि क्षेत्रों पर अपना कब्जा जमा लिया। ये वे क्षेत्र थे

जो सर्दियों में सदैव सेना द्वारा खाली कर दिए जाते थे। इन क्षेत्रों से पाक सैनिकों को निकालने के लिए दो महीने सैन्य अभियान या एक सीमित युद्ध करना पड़ा। (कारगिल युद्ध--शहीद-473 सैनिक आहत -1060 सैनिक)

भारतीय उपमहाद्वीप में सन् 1857 के बाद से ही इस्लाम राजनैतिक और सामाजिक शक्ति के सर्वोच्च पर पहुँचने के लिए संघर्षरत रहा है। पहले अंग्रेजों और हिन्दुओं से अनेक माध्यमों के द्वारा या फिर एक पक्ष के साथ मिलकर दूसरे पक्ष के साथ। इसी शक्ति की चाह ने जब एक असाध्य रोग का रूप धारण कर लिया, तो महाद्वीप को दो भागों में विभाजित करना पड़ा। पाकिस्तान के रूप में एक नए इस्लामिक राष्ट्र का उदय हुआ और विश्व को 'द्विराष्ट्र सिद्धान्त' की प्राप्ति। आज भी 'पाकिस्तान' एक सिद्धान्त के रूप में विश्व के अनेक स्थानों पर नए-नए 'पाकिस्तान' की माँग को जन्म दे रहा है। पाकिस्तान में कश्मीर की माँग करना एक सियासी मसला है, तो 'कश्मीर घाटी' में पाकिस्तान के झण्ड़ों को उठाने का अर्थ है 'पाकिस्तान सिद्धान्त' या 'द्विराष्ट्र सिद्धान्त' की मान्यता को बार-बार दोहराना। भारत-पाक युद्ध सिर्फ दो देशों का सैन्य और राजनैतिक युद्ध नहीं है, अपितु वह हमारे लिए 'धर्म युद्ध' है, तो पाकिस्तान के लिए 'जिहाद' और महान विचारक सैमुअल पी. हटिंगटन के अनुसार, 'सभ्यताओ का संघर्ष' है। यह युद्ध मात्र भौगोलिक या आर्थिक लाभ के लिए ही नहीं लड़े जा रहे हैं, अपितु इसका सम्बन्ध वैचारिक और सैद्धान्तिक मनभेद पर आधारित है। ये युद्ध एक हिंसक एवं विध्वंसक प्रक्रिया के रूप में सदैव प्रवाहमान रहेंगे। यह संघर्ष हजार वर्षों से अविरल चल रहा है। यह युद्ध हमारे भौतिक संसाधनों या सैन्यशक्ति की समाप्ति के साथ समाप्त होने वाला कतई नहीं है। पाकिस्तान के नायक हमारे लिए खलनायक हैं, वे भारतीय सभ्यता के विनाशक थे। ऐसी विरोधी वैचारिक धाराओं का मेल असम्भव है। यदि हमने पिछले लगभग 70 सालों में 4 युद्ध लड़े हैं, तो छद्म युद्ध अविराम चल रहा है। यदि हजारों सैनिक एवं असैनिक लोग मारे गए हैं, तो करोड़ों लोगों का जीवन भी प्रभावित हुआ है। आज पाकिस्तान छद्म युद्ध के रूप में जिस जिहाद को भारत के भीतर लड़ रहा है, वह कभी भी एक आणविक युद्ध का विकराल रूप ले सकती है। इस वैचारिक जंग का अन्त देख पाना मुश्किल है। यदि दिसम्बर, 2001 का संसद आतंकी हमला इस उपमहाद्वीप को युद्ध के एकदम करीब ले आया था, तो वैसी ही स्थिति की पुनरावृत्ति कभी नहीं होगी, इसे नकारा नहीं जा सकता है।

18 सितम्बर, 2016 को कश्मीर के उरी में सेना के शिविर पर इस्लामिक आतंकवादियों के हमले में 18 सैनिक शहीद हुए और लगभग 30 सैनिक घायल भी हुए। पिछले दो दशकों का यह सबसे बड़ा आतंकी हमला था। अब राष्ट्र के लिए एक निर्णय लेने की घड़ी आ गई है। क्या हम अब भी रक्षात्मक और प्रतिक्रियात्मक युद्धनीति के द्वारा पाकिस्तान के इस सतत इस्लामिक छद्म युद्ध का प्रत्युत्तर देंगें? 9

महीनों के भीतर 'पठानकोट' और 'उरी' जैसे दो-दो बड़े महत्वपूर्ण आतंकी हमले सीधे-सीधे भारतीय शक्ति और संयम को खुली चुनौती है। क्या विश्व का कोई और राष्ट्र इसे सहन कर सकता है? यह आतंकी हमले कश्मीरी जिहाद को भी हवा देंगे।

सन् 2017, 27 अक्टूबर, को भारतीय सेना के जम्मू और कश्मीर राज्य में लड़ते हुए 70 साल हो चुके हैं। यह सात दशक भारतीय सेना के बलिदान और शौर्य की गाथा का अभूतपूर्व काल है। सेना ने अपलक, अथक एवं अविराम इस दुर्गम क्षेत्र को प्रत्येक मानवीय एवं प्राकृतिक आपदा से रक्षित किया है, जिसकी कीमत क्यों न प्राणों की आहुति ही रही हो। इन बलिदानों के लिए यह राष्ट्र सदैव कृतज्ञ रहेगा। परन्तु कश्मीर का एक बड़ा वर्ग एवं देश में कुछ अनभिज्ञ विद्वान अपनी कृतघ्नता दिखाने से भी नहीं चूक रहे हैं। जवाहर लाल नेहरू विश्वविद्यालय दिल्ली में वामपंथी छात्र नेताओं द्वारा भारतीय सेना को बलात्कारी बताया जाता है। आज भारतीय वामपंथी विचारधारा में 'जिहादी' विचारधारा का अधिक समन्वय एवं मिश्रण दिखता है। यह दोनों ही विचारधाराएँ अलगाववादी हैं। अपने उद्देश्य पूर्ति के लिए हिंसा के मार्ग पर चलने की प्रेरणा देती हैं। आज कश्मीर में सेना और अन्य सुरक्षाबल जिस जिहादी शक्ति से लड़ रहे हैं, वह 70 वर्ष पुरानी है। यह जिहाद अक्टूबर, 1947 में आरम्भ हुई थी और अनवरत आज तक बड़े या छोटे रूप में चल रही है। यह युद्ध धर्म उन्माद का अंग है। इसका रणनीतिक, राजनैतिक अथवा सामरिक लक्ष्य 'दारुल-इस्लाम' है। पाकिस्तान 'इस्लामिक जिहाद' को एक सशक्त हथियार के रूप में प्रयोग कर सम्पूर्ण विश्व को लहुलुहान कर रहा है। 'इस्लामिक जिहाद' का सिद्धान्त अब लगभग 1400 साल पुराना हो चुका है। दुनिया में अनेक 'वाद' आए और चले गए लेकिन 'जिहादी सिद्धान्त' अपने मूल से भी अधिक भयावह एवं शक्तिशाली रूप में आज भी सभ्य समाज की शान्ति के लिए खतरा बना हुआ है। पाकिस्तान के साथ हुए भारत के सारे युद्ध 'जिहादी धर्म-उन्माद' से शुरू हुए थे। आज चल रहा विश्वयुद्ध 'इस्लामिक जिहाद' बनाम अन्य के रूप में दिखाई दे रहा है। इस जिहाद को विभिन्न स्थानों पर स्थानीय कम स्तरीय लड़ाई के रूप में देखना हमारी अदूरदर्शिता होगी और बिना सामूहिक विश्वस्तरीय रणनीति के लड़ाई असम्भव है। वैश्विक जिहाद एक प्रकार का 'असममित युद्ध' है, जो कहीं भी, कभी भी, किसी भी रूप में और विभिन्न सांख्य बल द्वारा लड़ा जा सकता है। कश्मीर में यह हथियार और सिद्धान्तों द्वारा बराबर ऊर्जा के साथ लड़ा जा रहा है। कश्मीर में महाराजा रणजीत सिंह के 'सिख शासनकाल' से लेकर महाराजा हरि सिंह, 'डोगरा शासन' एवं स्वतन्त्र भारत की सरकारों के काल तक यह 'इस्लामिक जिहाद' धार्मिक उन्मादियों द्वारा किसी न किसी रूप में जीवन्त रखा गया। 'जिहाद' को मात्र क्षेत्रीयता या कश्मीरियत का चोला पहनाना भी जिहाद का एक हिस्सा रहा है। कश्मीर की लड़ाई सिर्फ 'जिहाद' है और कुछ नहीं है। सेना सात दशकों से बड़े ही संयमित ढंग से इस 'असममित' (असिमेट्रिक

वारफेयर) या 'परोक्ष' युद्ध से लड़ती आ रही है। वर्ष 2016 में लगभग 90 सैनिक शहीद हुए, जो हाल के अन्य वर्षों की अपेक्षा अधिक थे। कश्मीर घाटी लगभग पूर्णरूपेण इस्लामिक हो चुकी है। अन्य अल्पसंख्यक धार्मिक समूह लगभग नगण्य हैं और जो हैं, वे किसी भी रूप में लेसमात्र भी प्रभावी नहीं है। यही कारण है कि सुरक्षाबलों पर दिन-दहाड़े गोलियाँ चलाकर भी इस्लामिक आतंकी भागने एवं छिपने में कामयाब हो रहें हैं। मुठभेड़ों के दौरान स्थानीय लोगों द्वारा इन इस्लामिक आतंकियों को बचाने के लिए सुरक्षाबलों पर पथराव करना एक स्थापित परम्परा बन चुकी है। सैनिक के लिए यह लड़ाई अत्यन्त ही दुष्कर होती जा रही है।

इस्लाम का अलगाववादी चरित्र ही आज कश्मीर में जिहाद का कारण है। दारुल-इस्लाम की स्थापना के उद्देश्य से लगभग 7 सदियों से कश्मीर घाटी में हिन्दू नरसंहार अविराम चल रहा है। कश्मीर और राज्य के अन्य हिस्सों में भी हिन्दू दूसरे श्रेणी के नागरिक की हैसियत से रह रहे है। यहाँ लगभग सभी निर्णायक पदों पर राज्य के सचिवालय इत्यादि में अधिकतर मुसलमान ही स्थापित हैं। इस धार्मिक भेद-भाव का भारत के मुख्यधारा के मीडिया के द्वारा कभी उल्लेख तक नहीं किया जाता है।

अध्याय 12

कश्मीरी पण्डितों का विस्थापित जीवन, पुनर्वास और 'तृतीय इंतिफादा'

(8 जुलाई, 2016 से 2018 तक)

प्राकृतिक आपदाएँ अधिकाँशतः अल्पकालिक होती हैं, परन्तु मानव जीवन पर दीर्धकालिक प्रभाव डालती हैं। निर्बल आय वर्गीय व्यक्ति की जीवन दशा एवं दिशा ऐसे कभी-कभार आने वाले अल्पकालिक संकटों से ही सदा-सदा के लिए बदल जाती है। आप कभी सोचिए उस व्यक्ति के बारे में जो 28 सालों से ज्यादा समय से बेघर, बेरोजगार जीवनयापन कर रहा हो। इतना बड़ा वनवास तो स्वयं श्रीराम ने भी नहीं काटा था। ऐसे कठोर जीवन की कल्पना ही भयावह है। पशु तक अपने नैसर्गिक वास से विस्थापित हो सामान्य जीवन नहीं जी पाते हैं, मानव तो सामाजिक जीव है, जो सामान्यतः स्थायी जीवन जीने का आदी है। नैसर्गिक विकास भी प्रकृति के उन्मुक्त वातावरण में ही सम्भव है। हर प्राणी को एक निजी स्थान एवं गोपनीयता की आवश्यकता होती है। 28 वर्षों से भी अधिक समय से कुछ तंग शिविरों में रह रहे कश्मीरी पण्डितों को जीवन में यह कुछ भी उपलब्ध नहीं है। हजारों वर्ग किलोमीटर में जो जीवन स्वच्छ वायु, जल, हवा प्राप्त करके बड़े-बड़े घरों में जिया जा रहा था। वह सम्पूर्ण कश्मीरी पण्डितों का जीवन कुछ गिने-चुने शिविरों में सीमित कर दिया गया है, जहाँ जीवनदायी प्रत्येक सुविधा का नितान्त अभाव है। इन शिविरों की स्थिति मानव निवास के प्रत्येक प्राकृतिक, सामाजिक और भौगोलिक दृष्टिकोण से विपरीत है। जीवन की हर आधुनिक या पुरातन आवश्यकता से परे इन शिविरों की स्थिति ही कश्मीरी पंडितों के भीतर 'सामाजिक परित्यक्त' की प्रतिपल याद दिलाती है। वह हर समय अभिशप्त होने की पीड़ा झेलता है। 'वह हिन्दू समाज को भी उसके निर्बल एवं असहाय होने का भान दिलाता है। आज हमारे सैन्यबल एवं लोकतान्त्रिक शक्ति उसके लिए मिथ्या है।' वह आज बस अपने लिए कुछ अधिक खाद्यान्न की माँग को लेकर छोटे-छोटे समूहों में जम्मू एवं नगरोटा की सड़कों पर आन्दोलित है। हमारे

अनेक दिल्लीवासी काग़जी विद्वानों के अनुसार, कश्मीरी पण्डित घाटी तत्कालीन राज्यपाल जगमोहन के बहकावे में छोड़कर आ गए थे, जबकि कश्मीरी इस्लामिक अलगाववादी उनसे न जाने की प्रार्थना करते रह गए। इन भ्रामक कहानियों ने तत्कालीन राष्ट्रीय एवं अंतर्राष्ट्रीय जनमत को नकारात्मक रूप में प्रभावित किया। मिथ्यावादी मानवाधिकार संगठनों ने पूर्णरूप से अलगाववादियों के सुर में सुर मिलाया।

जम्मू-कश्मीर के लगभग 11 शरणार्थी शिविरों में 1.8 लाख कश्मीरी पण्डित अपना व्यथित जीवन काटने को विवश थे। जम्मू-कश्मीर के सरकारी आँकड़ों के अनुसार जम्मू में कश्मीरी पण्डितों, विस्थापितों को 2 कमरे वाले लगभग 5242 आवास दिए गए हैं। इन आवासों की निर्माण की गुणवत्ता अति निम्न स्तरीय है। जमीन पर देखने से पता चलता है कि सरकारी आपदा प्रबंधन के कार्यों तक को मात्र खानापूर्ति के लिए किया जाता है। इन सरकारी आवास के निर्माण होने तक विस्थापितों को खुले में, धूप-बरसात एवं शीत ऋतु का पाला झेलना पड़ा। ये सारे शिविर कोई आवासीय परिसर न लगकर यातना शिविर अधिक लगते थे। मानवजीवन भी कभी-कभी कैसे नाटकीय ढ़ंग से बदलकर अच्छे से बुरा और बुरे से अच्छा हो जाता है। कश्मीरी पण्डित कभी कश्मीर के शासन-प्रशासन के रीढ़ की हड्डी हुआ करते थे और आज स्वयं उनके रीढ़ की हड्डी टूट गई थी। एक प्रतिभावान एवं बौद्धिक समुदाय आज कैसे अपने अनुवांशिक गुणों को मात्र दो समय की रोटी के चक्कर में नष्ट कर रहा था। जीवन की पीड़ा कम होने की अपेक्षा प्रतिदिन, प्रतिपल बढ़ रही थी। सबसे अधिक पीड़ित वर्ग था किसान, क्योंकि उसके पास जीविकोपार्जन का अब कुछ भी उपाय न था। न वह पढ़ा-लिखा था और न ही उसके पास अब कृषिकार्य हेतु भूमि थी। बड़े-बड़े परिवारों को दो वक्त का पेट भरने तक के लिए धनाभाव। सरकार के द्वारा मात्र 1000 रु/- प्रति व्यक्ति प्रति माह के हिसाब से आर्थिक सहायता इस महंगाई के युग में ऊँट के मुँह में जीरे के समान थी।

आज भी बस्तियों में जलाभाव की स्थिति अनेक अवसरों पर लोगों में आपसी मनमुटाव तक ला देती है। कई बार पारिवारिक सदस्यों को जल के लिए दूर-दूर तक जाना पड़ता है। छोटे-छोटे विद्यालय जाने की उम्र के बच्चों की जीवन की इस आवश्यकतापूर्ति के लिए अपने विद्यालय की उपस्थिति से वंचित होना पड़ता है। जीवन की प्रत्येक आवश्यकता अब संघर्षोपरान्त ही पूर्ण होती है। यह स्थिति अब है, कल्पना करिये 1990 के दशक में, विस्थापन के आरम्भिक वर्षों की जब बरसातियों में अस्थायी शिविर थे। पानी जैसी आवश्यक वस्तु तक एक निश्चित अल्प मात्रा में मिलती थी, जो एक परिवार की गर्मियों में प्यास तक न बुझा सकती थी। व्यक्ति के अन्य दैनिक कार्य स्नान, कपड़े इत्यादि धोना तो स्वप्न की बात थी। कई मौकों पर तो पंक्ति में पानी लेने की प्रतीक्षा करते हुए ग्रीष्मऋतु में महिलाएँ बेहोश तक हो जाती

थीं। खाद्यपदार्थों की आपूर्ति भी कुछ कम हृदय विदारक न थी और आज भी दयनीय अवस्था में है। कभी-कभी ये परिस्थितियाँ सोचने पर अवश्य मजबूर करती होंगी कि जिस मृत्यु के भय से पारिवारिक सदस्यों को लेकर पलायन किया, क्या इस प्रकार तिल-तिल कर मरने के लिए। क्या लोकतन्त्र में सरकारें अपने ही विस्थापित परिवारों की देखभाल नहीं कर सकती हैं? क्या कश्मीरी पण्डित केन्द्रीय सरकारों को धिक्कारते न होंगे कि वह न उनके जीवन की सुरक्षा इस्लामिक कट्टरपंथियों एवं आतंकियों से कर सकती हैं और न ही उन्हें अब शिविरों में मानवीय सम्मान के साथ रख सकती हैं?

अन्तर्राष्ट्रीय स्तर पर हम अनेक आन्तरिक एवं वाह्य विस्थापित समुदायों की पीड़ा एवं व्यथा को बार-बार सुनते हैं और अनेक बार समाचार चैनलों पर अनेक शिविरों की अव्यवस्था को दिखाया भी जाता है। परन्तु सन् 1990 में कश्मीरी पण्डितों की इस त्रासदी को वैश्विक जगत को सुनाने व दिखाने वाला कोई न था। इन यातना शिविरों का जीवन सन् 1990 की गर्मी आते-आते और भी भयावह हो चला था। शिविरों में समुचित साफ-सफाई की व्यवस्था न होने से मलेरिया, डायरिया, कालरा और चिकन पॉक्स जैसी बीमारियाँ फैल रही थीं। सामयिक एवं समुचित इलाज बस एक स्वप्न हो सकता था। यह छोटी-छोटी आम बीमारियाँ तक साधन एवं संसाधनों के अभाव में अनेक असामयिक मृत्यु का कारण बन रही थीं। सरकारी तन्त्र उदासीन था। ऐसा प्रतीत हो रहा था, मानो कश्मीरी हिन्दुओं को कश्मीरी इस्लामिक अलगाववादियों तथा कथित 'हिन्दू भारत' द्वारा यूँ ही अनाथ छोड़ दिया गया है। *'सन्डे न्यूज मैगजीन'* के 1994 के एक विशेषांक (पेज 70-74) के आंकड़ों को अध्ययन करें, तो व्यथित कर देने वाले कुछ आंकड़े—कुल 1600 घर जलाए गए, 50 मन्दिर तोड़े गए, और उस समय तक लगभग 3.5 लाख हिन्दुओं ने कश्मीर घाटी से पलायन किया। परन्तु तत्पश्चात विस्थापित शिविरों में मरने वाले व्यक्तियों की संख्या कहीं अधिक है। मानसिक पीड़ा और विस्थापित होने का दर्द अधिक जानलेवा सिद्ध हो रहा था। इन शिविरों में जीवन की अनिश्चितता एवं दैनिक परेशानियाँ अनेक मानसिक एवं मनोवैज्ञानिक असाध्य रोगों को जन्म दे रही थीं। इस मानव व्यथा एवं संवेदना पर कोई ध्यान नहीं दे रहा था। इस मानव-जीवन की भोजन के अतिरिक्त भी अनेक अन्य आवश्यकताएँ है, अनेक भावनात्मक पहलू है, संवेदनाएँ है। जीवन में हर एक जीवनदायी पहलू का समुचित सामंजस्य महत्वपूर्ण है। किसी भी एक मनुष्य की आवश्यकताएँ दूसरे मनुष्य की आवश्यकताओं की भाँति नहीं हो सकती हैं। ऐसे सुख-दुख, जीवन-मरण, यश-अपयश, लाभ-हानि के समय मनुष्य का आचार-व्यवहार कैसा होगा, बता पाना आसान नहीं है। इसी प्रकार कश्मीरी हिन्दुओं पर इस त्रासदी का प्रभाव भी भिन्न-भिन्न पड़ा। कुछ व्यक्ति एवँ परिवार टूट गए, तो कुछ गिरकर संभल भी गए परन्तु इस नरसंहार से संभलने वाले व्यक्ति बहुत कम ही हैं। इस

परोक्ष नरसंहार का आकार एवं स्वरूप और भी भयावह है और कई पीढ़ियों तक चलने वाला है।

हिन्दू विस्थापित शिविर-1990

इस विस्थापित जीवन से सर्वाधिक प्रभावित होते है बच्चे और महिलाएँ। बच्चों पर पड़ने वाले प्रभाव अल्पकालिक और दीर्धकालिक दोनों हो सकते हैं। ऐसे जीवन से बच्चों पर पड़ने वाले सामान्य प्रभाव—

1. सुचारू शिक्षा-दीक्षा न हो पाना, जो आने वाली पीढ़ियों को ज्ञान के लाभ से वंचित रखती है।
2. बाल मृत्यु दर और बाल रोगों में अप्रत्याशित वृद्धि।
3. सामाजिक कुरीतियों के पहले शिकार बालक, बाल अपराध आदि में बढ़ोत्तरी।
4. बालश्रम से लेकर बाल यौन-उत्पीड़न जैसे सामाजिक अपराध।
5. पोषण की कमी से सम्बन्धित अनेक बाल-रोग और उनका युवा जीवन पर दीर्धकालिक प्रभाव।
6. कलात्मक एवं सांस्कृतिक दृष्टि से उनमें अपने परिवार एवं समुदाय के अनुवांशिक गुणों का अभाव रह जाना, क्योंकि बहुत संस्कृति एवं कलाएँ स्थान विशेष से भी सम्बन्ध रखती हैं।
7. बच्चे राष्ट्र व समाज की धरोहर हैं, उनका सर्वांगीण विकास न होने से सभ्यताओं के नष्ट होने तक का खतरा।
8. बच्चों में हीनभावना, तनाव व हिंसक प्रवृत्तियों का विकास होना।

9. बच्चों पर मौसम की मार का सर्वाधिक प्रभाव, इन शिविरों में जहाँ मौसम और बच्चों के बीच मात्र एक तंबू या फिर बरसाती थी। यह सब बाल अकाल मृत्यु के मुख्य कारण थे।
10. सर्पदंश एवं अन्य जीवों के काटने से भी अनेक मृत्यु हुईं।

महिलाओं पर इन शिविरों के कुप्रभाव

1. एक महिला के लिए आवश्यक व्यक्तिगत स्थान की कमी।
2. प्रजनन क्षमता के साथ प्रजनन दर में भारी कमी।
3. मनोवैज्ञानिक एवं मानसिक रोगों में वृद्धि।
4. रक्त की कमी से सम्बन्धित रोग जैसे एनीमिया आदि में बढ़ोत्तरी।
5. वृद्धावस्था की प्रक्रिया का कम आयु से आरम्भ।
6. पौष्टिक खुराक न मिल पाने से गर्भवती महिलाओं में अनेक रोगों के होने की सम्भावना एवं होने वाले शिशु पर भी दुष्प्रभाव।
7. बन्द स्नानघर आदि न हो पाने के कारण महिलाओं को व्यक्तिगत साफ-सफाई, स्नान आदि की मुश्किल।

जम्मू और दिल्ली स्थित सभी शरणार्थी शिविर ऐसी ही अनेक परेशानियों से ग्रस्त थे। जम्मू से दिल्ली तक अनेक बच्चे, महिलाएँ और वृद्ध प्रतिदिन काल का ग्रास बन रहे थे। लू और गर्मी इन पर सर्वाधिक दुष्प्रभावी था। सबसे अधिक मृत्यु ग्रीष्म काल में दर्ज की गईं। बिना बिजली और अपर्याप्त जल से तम्बुओं का जीवन नारकीय था। राज्य सरकार से लेकर केन्द्र सरकार तक मूक-बधिर की भाँति प्रतिक्रियाविहीन थी। उन्हें जैसे इस मानव त्रासदी से कुछ लेना-देना ही नहीं था। हर शिक्षित कश्मीरी हिन्दू इन शिविरों की तुलना हिटलर के द्वारा यहूदी नरसंहार के लिए बनाए गए यातना शिविरों से कर रहा था। कश्मीरी हिन्दू इन शिविरों की अव्यवस्था से तिल-तिल कर मर रहे थे। यह शिविर अनेक मनोवैज्ञानिक व मानसिक बीमारियों का स्थायी घर बन चुके थे। इन समस्याओं का शिकार सर्वाधिक महिलाएँ एवं वृद्ध व्यक्ति हो रहे थे। जिस अवस्था में उन्हें आरामदायक जीवन की सर्वाधिक आवश्यकता थी, तब वह अपने परिवार को एक आपदाकारी पीड़ा से गुजरते देख रहे थे। उनके अपने जी तोड़ मेहनत से बनाए गए घरौंदे जलकर खाक हो चुके थे। अनेक परिवार आर्थिक बदहाली के कारण अपनी ब्याहने योग्य बहन-बेटियों की शादियाँ तक न कर पा रहे थे। विगत 28 वर्षों में अनेक स्त्री-पुरुष अविवाहित रह गए थे। यह भी है एक कारण जाति-समूहों के धरा से विलुप्त होने का।

ऐसे ही कुछ असहनीय कष्ट एवं पीड़ाएँ व्यक्ति के चरित्र एवं स्वभाव तक बदल जाते हैं। यही विपरीत परिस्थितियाँ मानव-जीवन में और सभ्यताओं में कुछ

अवाँछनीय गुण एवं चरित्र का भी संचार करती हैं। मानव ऐसे जीवन में रहते-2 अत्यधिक अविश्वासी एवं स्वार्थी होने लगता है। उसको अपने भूख-प्यास, रहने-ओढ़ने के अलावा कुछ नहीं सूझता है। ऐसा जीवन मानव की विचारशीलता, कार्यशीलता एवं कलात्मकता को नष्ट करता है। इन शिविरों का कृत्रिम जीवन वातावरण सामान्य जीवन के नैसर्गिक सभी नियमों के विपरीत था।

जीवन मात्र एक आवास और भोजन से ही नहीं चलता है। उसको चलाने के लिए अनेक सामाजिक और प्राकृतिक जीवनदायी तत्वों की भी आवश्यकता होती है। ये दोनों तत्व ही जीवन में कृत्रिम रूप से तैयार नहीं किए जा सकते और न ही हर वातावरण एवं हर स्थान पर ही। कश्मीरी हिन्दुओं के विस्थापित जीवन में भी इन दोनों जीवनदायी तत्वों का अभाव हो रहा था। जम्मू के सन् 1990 के प्रारम्भिक दौर के शिविरों में व्याप्त अमानवीय अव्यवस्थाएँ :

1. तम्बू एवं बरसाती जो मात्र 10 फुट गुणा 10 फीट के लगभग थे, किसी भी मौसम के अनुकूल न थे और इनमें रहने वालों की संख्या 5 से 10 कुछ भी हो सकती थी।
2. बरसात के समय होने वाले जलभराव का शिविर क्षेत्र से निकासी के लिए नालियों आदि की समुचित व्यवस्था तक नहीं थी। अधिकांश शिविरों के स्थापना की योजना ही दोषपूर्ण थी, जो कि निचली भूमि पर बनाए गए थे।
3. पेय जल एवं बिजली जैसी बुनियादी जरूरतों की आवश्यकता से अधिक कमी और ऊपर से समय पर आपूर्ति न होना।
4. मच्छरों एवं अन्य कीटनाशकों इत्यादि के लिए छिड़काव का न होना।
5. शौच आदि के लिए पर्याप्त समुचित व्यवस्था का न होना।
6. विद्यालय जाने वाले छात्रों की शिक्षा का कोई प्रबन्ध न होना।
7. स्वास्थ्य सम्बन्धी सेवाओं का नितान्त अभाव। बीमार पड़ने वाले व्यक्तियों के अनुपात में योग्य एवं पर्याप्त डाक्टरों एवं दवाओं का अभाव।
8. शिविरों में मानव घनत्व अधिक होने से रहन-सहन में कठिनाइयाँ। बच्चों के खेलने-कूदने आदि तक कोई स्थान न होना।
9. शरणार्थियों के लिए समुचित आर्थिक सहायता के अभाव में अवैतनिक लोगों को अनेक पारिवारिक कठिनाइयों से गुजरना पड़ रहा था।
10. जम्मू क्षेत्र के विभिन्न भागों में पर्याप्त सरकारी खाली भूमि होने के बाद भी उन्हें छोटे-छोटे स्थानों पर रखना असंवेदनशील एवं अमानवीय कृत्य था। गन्दगी फैलने का यह सबसे बड़ा कारण था और गन्दगी ने ही बीमारी, अस्वस्थता एवं मृत्यु चक्र को बढ़ा दिया था।

इस अकल्पनीय एवं अकथनीय पीड़ा के समय समानुभूति व्यक्त करने वाले लोग उँगलियों पर गिने जा सकते थे। विस्थापन एवं अचानक बदली जलवायु ने

कश्मीरी हिन्दुओं पर मार्च, 1990 के बाद ही अपना रंग दिखाना शुरू कर दिया था। सर्द जलवायु के आदी कश्मीरी हिन्दुओं की खुले आसमान में बिना बिजली एवं पानी के ज़िन्दगी बेहद ही मुश्किल थी। गर्मी के कारण अनेक बीमारियाँ एवं मौतें आम हो चलीं थीं। इस मानवीय पीड़ा की परिस्थिति ने अनेक मनोरोग को जन्म दिया। इन सघन मानव शिविरों की कोई भी व्यक्तिगत अवसाद, पीड़ा या अप्रिय घटना छिप नहीं सकती थी। यह दुःख-दर्द संक्रमणीय रोगों की भाँति लोगों की मानसिक अवस्था को दयनीय बना रहे थे। एक मृत्यु कई मृत्यु का कारण बन रही थी। जीवन में खुशियों का कोई स्थान नहीं बचा था। संघर्ष और पीड़ा जीवन के अभिन्न अंग बन चुके थे। न पर्याप्त भोजन था और न ही रहने के लिए समुचित व्यवस्था। राज्य और केन्द्र सरकार के प्रतिनिधि उदासीन थे। विस्थापितों को उनके हाल पर छोड़ दिया गया था।

ये शिविर कुव्यवस्था व अव्यवस्था के प्रतीक थे। स्थान की कमी से लेकर संसाधनों इत्यादि की अत्यधिक कमी थी। व्यवस्थाओं के लिए कोई रुचि या इच्छा शक्ति न थी। विस्थापितों को सुविधाएँ उपलब्ध कराने की कोई भी चरणबद्ध योजना न थी। गर्मियों में होने वाली बीमारियों की संख्या अधिक थी। प्राथमिक उपचार की व्यवस्थाएँ लचर एवं नगण्य ही थीं। विस्थापितों की संख्या के अनुपात में चिकित्सकों एवं स्वास्थ्य सेवाएँ अत्याधिक कम थीं। मनोरोगियों के लिए मनोचिकित्सकों का अभाव पीड़ादायक था। मनोरोग भी जैसे संक्रमणीय हो चला था। एक-एक शिविर में अनेक रोगी एवं पीड़ित विस्थापन की वेदना को कई गुना बढ़ा रहे थे। शिविरों की मानव सघनता में कुछ भी छिप पाना असम्भव था। सब तरफ फैली पीड़ा और हताशा ने जीवन को और भी निराश एवं दुःखदायी कर दिया था। अभाव और अनिश्चितता ने मानसिक स्तर पर एक अकल्पनीय दबाव बनाया हुआ था। जीवन और उससे जुड़ा प्रत्येक पहलू भावनात्मक रूप से टूट कर बिखर रहा था। हर आयु का शरणार्थी मनःद्वन्द्व से ग्रस्त था, चिन्तित था, बुढ़ापा और बाल्यकाल दोनों ही इस्लामिक अलगाववादी हिंसा के शिकार थे।

कश्मीरी पण्डितों में जो मध्यमवर्गीय वर्ग थे, नौकरीपेशा लोग थे, उनके बहुत से पारिवारिक सदस्य भारत के अन्य शहरों की ओर भी शिक्षा और नौकरी के लिए पलायन कर रहे थे। सामाजिक एवं पारिवारिक संरचना पूरी तरह से टूट रही थी। लोग जीविकोपार्जन के लिए परिवार छोड़ने को विवश थे। यह पलायन विस्थापित जीवन की पीड़ा को और अधिक बढ़ा रहा था। दिल्ली और जम्मू कश्मीरी पण्डितों के नए ठिकाने थे। बहुत से लोगों के भीतर दिल्ली जैसे बड़े शहर ही एक चुनौती थे। कोई अपना नहीं, कुछ अपने पास नहीं वाली स्थिति थी। मानव जिस जीवन रक्षा के लिए भाग रहा है, उसे जीना भी संघर्ष है। यही हर जीवन्त जीवन की विडम्बना है। आगे और पीछे दोनों ओर से मौत के दर्शन प्रत्येक कश्मीरी हिन्दू के जीवन की सत्यता थी। आत्मसम्मान और स्वाभिमान दाँव पर लगे हुए थे। प्रकृति की गोद से दिल्ली के

शरणार्थी शिविरों तक की यात्रा दर्द और वेदना से भरी थी। शीतल, शुद्ध वायु का स्थान गर्म, धूल भरी लू ले रही थी। जंगलों के स्थान पर कंक्रीट के जंगलो की कतारें थीं। संवेदनाओं और सहानुभूति के स्थान पर सरकारी तन्त्र की मार थी। जड़ से उखड़े हुए पौधे मुर्झा-मुर्झाकर सूख रहे थे। पठन-पाठन करने वाला विद्वान कश्मीरी पण्डित समूह आज इस शैक्षिक कर्म से दूर अपने जीवन को बचाने के लिए संघर्षरत था। कश्मीरी पण्डित ज्ञान से अंधकार की ओर बढ़ रहे थे। विपरीत जीवन परिस्थितियों ने उनकी जनसंख्या वृद्धि तक को नकारात्मक कर दिया था। आज वह और उनकी पहचान बस शनैः-शनैः समाप्ति की ओर अग्रसर है। आज 28 वर्षों के बाद भी कश्मीरी हिन्दुओं का जीवन अस्थिर है। जम्मू, नगरोटा और उधमपुर के पुनर्वास आवासीय परिसर आज भी शरणार्थी शिविरों जैसे ही हैं। बिजली, पानी, स्वास्थ्य एवं शिक्षा जैसी बुनियादी आवश्यकताओं के लिए आज भी संघर्ष करना पड़ रहा है। सरकार द्वारा बनाए गए आवास गुणवत्ता के किसी भी मानक पर खरे नहीं उतरते हैं। इन विस्थापितों के लिए बनाए गए अधिकांश विद्यालयों में प्रयोगशाला या पुस्तकालय जैसी बुनियादी आवश्ताओं की भी कमी है।

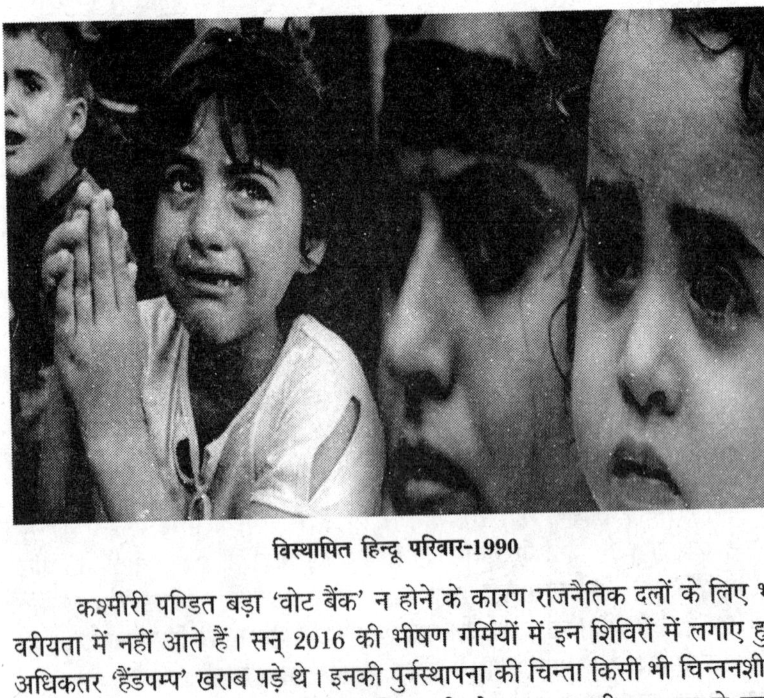

विस्थापित हिन्दू परिवार-1990

कश्मीरी पण्डित बड़ा 'वोट बैंक' न होने के कारण राजनैतिक दलों के लिए भी वरीयता में नहीं आते हैं। सन् 2016 की भीषण गर्मियों में इन शिविरों में लगाए हुए अधिकतर 'हैंडपम्प' खराब पड़े थे। इनकी पुर्नस्थापना की चिन्ता किसी भी चिन्तनशील सरकार या प्रतिनिधि को नहीं है। कश्मीर घाटी के हालात अभी सामान्य से बहुत

अधिक खराब है। 'इस्लामिक अलगाववाद एवं चरमपंथ अब उस नवपीढ़ी के हाथों में केन्द्रित है, जो इस्लामिक कट्टरता की छाँव में ही जन्मा, पला-बढ़ा है। यह पीढ़ी 1989-90 के बाद पैदा हुई है। उसने कश्मीरी पण्डितों या हिन्दुओं को अपने बीच में देखा ही नहीं और न ही उसे साझा संस्कृति का कोई ज्ञान है। वह हिन्दुओं और हिन्दू भारत का विरोध ही अपना हथियार व अधिकार समझता है। 'हिन्दू परिगमन शिविरों' पर पथराव आज कश्मीर में हर विरोध की एक प्रक्रिया सी बन चुकी है। कश्मीरी हिन्दू जो इन परिगमन शिविरों में रह रहा है, उसे अनेक प्रकार मानसिक रूप से स्थानीय इस्लामिक चरमपंथियों द्वारा प्रताड़ित किया जा रहा है। उसके लिए अलग आवासीय उपनगर का महबूबा सरकार एवं इस्लामिक अलगाववादियों द्वारा पूर्ण विरोध किया जाता रहा। इस्लामिक अलगाववादी कश्मीरी पण्डितों के प्रति तनिक भी सहिष्णु नहीं हैं। ऐसे हालात में कश्मीरी पण्डित अभी और लम्बे विस्थापित जीवन के लिए अभिशप्त हैं। इन सब परिस्थितियों के बावजूद भी कश्मीरी इस्लामिक अलगाववादी हमारे मुख्यधारा के अनेक वामपंथी विचारकों के हिसाब से पंथनिरपेक्ष हैं। वे कश्मीरी पण्डितों एवं अल्पसंख्यकों को लेकर समवेशी एवं समन्वयवादी हैं। भारत में झूठ बोलने की कोई हद नहीं है, क्योंकि सत्य का ज्ञान कम लोगों को है।

कश्मीर घाटी बाढ़ पीड़ितों के लिए तो एक लाख करोड़ की रकम चाहती है पर 1990 से घरों से विस्थापित कश्मीरी पण्डितों को सम्मानपूर्वक घाटी में आने नहीं देना चाहती है। ये है कश्मीर घाटी का दोहरा चरित्र, कश्मीर की सरकार भी कश्मीरी पण्डितों के पुनर्वास के लिए जम्मू के 'कश्मीरी पण्डित' पुनर्वास आवासीय परिसरों एवं अन्य बुनियादी सुविधाओं के लिए कभी भी कटिबद्ध नज़र नहीं आई। आज भी कश्मीरी पण्डितों का जम्मू या देश के अन्य भागों में जीवन सामान्य से बहुत खराब है, परन्तु ध्यान देना तो दूर, कोई इसे देखने वाला तक नहीं है। देश में एक विशेष बौद्धिक वर्ग द्वारा गुजरात सन् 2002 के दंगों को 'जनसंहार' दर्शाने का प्रयत्न किया जाता है पर कश्मीर में लगभग सन् 1989 से चल रहा अब तक का 'सुनियोजित हिन्दू नरसंहार' किसी को दिखाई नहीं देता। शायद इस देश में हिन्दू हितों की बात भी साम्प्रदायिकता हो जाए। सन् 1990 में दिल्ली के अनेक क्षेत्रों में कश्मीर से विस्थापित हिन्दुओं को जिन संकटपूर्ण हालातों में रहना पड़ रहा था, वह अमानवीय थे। सैकड़ों परिवारों को अर्धनिर्मित या निर्माणाधीन भवनों तक में परिवार के साथ शरण लेनी पड़ रही थी। वह सोच कर सांत्वना कर ले रहे थे कि शायद यह दुर्दिन कुछ दिनों की बात है और फिर सरकार हमें हमारा अधिकार दिलाएगी, परन्तु 28 वर्षों में भी भारतीय सरकारें कुछ न कर पाईं। वे इस्लामिक चरमपंथियों के सामने असहाय हैं।

कश्मीरी पण्डितो को आज के हालात में अलग-अलग स्थानों में एकल रूप में रखना आत्मघाती और सुरक्षा की दृष्टि से भी खतरनाक है। लेकिन छोटे-छोटे दीवारों से घिरे आवासीय परिसर भी जेल हैं। वे कहीं भी मुस्लिम आबादी के बीच अपने को

सुरक्षित महसूस नहीं करता है। कैसे सम्भव होगा उसका पुर्नवास? आज 'कश्मीरी दारुल-इस्लाम' की विचारधारा में हिन्दू की स्वीकार्यता असम्भव है। क्या 'हिन्दू नरसंहार' धारा-370 को हटाने के लिए पर्याप्त कारण नहीं है? कुछ समय अवश्य अशान्ति रहेगी, परन्तु आम कश्मीरी को जब उससे लाभ दिखेगा तो वह अवश्य जल्द ही मुख्य धारा में सम्मिलित हो जाएगा। जम्मू और लद्दाख सम्भाग धारा-370 को हटाने के पहले से पक्षधर हैं। आज कश्मीर के इस्लामिक कट्टरपंथी व वहाबी विचारधारा के लोग धारा 370 को सिर्फ इसलिए चाहते हैं, जिससे कि वहाँ कोई भारतीय गैर-इस्लामिक वर्ग न बसने पाए, और कश्मीर घाटी एक पूर्ण इस्लामिक क्षेत्र बना रहे। क्या यह भारतीय लोकतन्त्र एवं पंथनिरपेक्षता का परिहास नहीं है? क्या यह भी मुस्लिम तुष्टीकरण एवं द्विराष्ट्र सिद्धान्त नहीं है?

'कश्मीरी पण्डित' आज एक समुदाय एवं संस्कृति के रूप में विलुप्त होने की कगार पर हैं। जनसंख्या वृद्धि ऋणात्मक है। इस स्थिति में हो सकता है कि कुछ दशकों में सरकार को कश्मीरी पण्डित ही न मिलें घाटी में पुनर्वास के लिए। क्या भारत सरकार इसी क्षण की प्रतीक्षा कर रही है? क्या यह भारतीय लोकतन्त्र की हार न होगी? क्या यह स्थिति पुराने इस्लामिक साम्राज्यवाद से कमतर है? शरणार्थी शिविरों का जीवन, एक प्रतिबन्धित एवं अप्राकृतिक जीवन है और यह मानव जीवन के सर्वांगीण विकास में बाधक है। इन परिस्थितियों में 28 वर्ष का विस्थापन कश्मीरी पण्डितों के लिए अत्यन्त घातक सिद्ध हुआ है। वे धीरे-धीरे अपनी पुरानी सांस्कृतिक पहचान को खोते जा रहें हैं। आज कश्मीरी पण्डित समाज अपनी प्राचीन बौद्धिक विरासत को अपने ही जीवनकाल में नष्ट होते देख रहा है। साहित्य, संगीत एवं कला के उपासक एवं पालक अब धीरे-धीरे अपने योगदान को हर स्तर पर गिरते देख रहे हैं। मानव-जीवन का विकास क्रम एक अनवरत, अविराम चलने वाली प्रक्रिया है, उसमें एक दीर्घकालिक बाधा बहुत ही घातक सिद्ध हो सकती है। यदि वह कालखण्ड 28 वर्षों का हो तो और भी विनाशकारी है, क्योंकि इस लम्बे काल में तो दो-दो पीढ़ियाँ बदल जाती हैं। गतिशीलता जीवन्त बने रहने के लिए अति आवश्यक है। सभ्यताएँ यूँ ही नष्ट होती हैं। आज कश्मीरियत और कश्मीरी सभ्यता के मात्र प्रतीक एवं वहाँ के 'मूलवासी कश्मीरी पण्डित' धीरे-धीरे अपने विस्थापित जीवन में ही एक महान सभ्यता को नष्ट होते देख रहें हैं।

कश्मीरी-पण्डितों के सुरक्षित, सार्थक एवं स्थायी पुनर्वास का इस्लामिक अलगाववादियों द्वारा सुनियोजित हिंसक विरोध हो रहा है। 26 एवं 27 मई, 2016 को सभी अलगाववादी गुटों द्वारा कश्मीरी पण्डितों के लिए अलग सुरक्षित बस्तियों के निर्माण का विरोध करने के लिए बन्द का आह्वान किया गया। 27 मई शुक्रवार 2016, को पूर्ण घाटी में हिंसक प्रदर्शन हुए। भारत सरकार और भारतीय जनता पार्टी पर कश्मीर की जनसांख्यिकी परिवर्तन की योजना के आरोप भी लगाए गए। सैय्यद अली

शाह जिलानी जैसे नेता आज भी सन् 2009 एवं सन् 2010 में घाटी में बनाए गए 'कश्मीरी पण्डित परिगमन शिविरों' को 'राष्ट्रीय स्वयंसेवक संघ' की बस्तियाँ कहते हैं। इस्लामिक अलगाववादी तत्वों द्वारा इन परिगमन शिविरों को लक्षित कर हिंसा जारी है। इन शिविरों पर पत्थरबाजी करना वहाँ के स्थानीय युवकों के लिए सामान्य बात है। यह समाचार अनेक स्थानीय एवं राष्ट्रीय समाचारपत्रों में कश्मीर में हर एक हिंसक प्रदर्शनों के बाद छपते रहते हैं। कश्मीरी पण्डित भी आज भयवश इनमें रहना नहीं चाहते हैं। उनके अनुसार ये शिविर कारागार के समान बन गए हैं। उनका वहाँ के स्थानीय निवासियों एवं समाज से कोई सरोकार नहीं हैं। वे आज पहले से अधिक (1989-90 के दौर से) अलग-थलग हैं। सन् 1990 के बाद की पीढ़ी उनके लिए और भी अजनबी है। यही पीढ़ी आज वहाँ के सामाजिक और राजनैतिक परिवेश की नियंत्रक भी है। यह पीढ़ी एक-धर्मीय' वातावरण में रहने की अभ्यस्त हो चुकी है। ऐसे सामाजिक एवं राजनैतिक विषाक्त वातावरण में कश्मीरी पण्डित, बहुसंख्यक समुदाय के बीच अभी भी अपने को असुरक्षित अनुभव करता है। कश्मीर में आज भी भारत समर्थक गद्दार समझा जाता है और उसे 'भारतीय एजेंट' की संज्ञा दी जाती है। यह सब अनुभव अभी कश्मीर घाटी में नौकरी कर रहे एवं रह रहे कश्मीरी पण्डितों द्वारा मुझसे साझा किए जाते रहे हैं। ये तथ्य जम्मू और कश्मीर में सर्वविदित हैं। आज भी कश्मीर घाटी में नौकरी करने वाले हिन्दू अपने राष्ट्रीयता के राजनैतिक भावों एवं विचारों की खुलकर अभिव्यक्त नहीं कर सकते हैं। अलगाववादी पाकिस्तान प्रायोजित नीतियों के वाहक बने हुए हैं। उनके समर्थन में आवाज़ उठा रहे हैं और इस्लामिक आतंकी हिंसा को दिन-प्रतिदिन बढ़ा रहे हैं। मई, 2016 में घाटी में आतंकी हिंसक घटनाओं में वृद्धि का कारण पी.डी-पी और बीजेपी की गठबंधन सरकार का बनना था। कश्मीर घाटी में एक भी कश्मीरी राजनैतिक दल कश्मीरी पण्डितों के सुरिक्षत पुनर्वास को लेकर बोल नहीं रहा है। एन.सी. और 'पी.डी.पी.', 'सैनिक कॉलोनी' एवं 'कश्मीरी पण्डित कॉलोनी' के विरोध में स्वर मुखर कर रहे हैं। कश्मीर घाटी का जनमत काफी हद तक इस्लामिक अलगाववादियों द्वारा तैयार किया जाने लगा है। कश्मीर में इस्लामिक अलगाववादी इन कॉलोनियों के विरोध में कश्मीर में सन् 2008 और सन् 2010 की हिंसा की पुनरावृत्ति की धमकी दे रहे थे। लेकिन 8 जुलाई, 2016 से जारी हिंसा और पत्थरबाजी इन पहले दो हिंसक वर्षों की अपेक्षा कहीं अधिक और व्यापक है, कारण केंद्र की बीजेपी सरकार का विरोध। यहाँ यह बता देना आवश्यक है कि सन् 2008 के हिंसात्मक प्रदर्शन अमरनाथ यात्रा के लिए राज्य की भूमि यात्रा बोर्ड को देने के विरोध में हुए थे। जम्मू और कश्मीर घाटी दोनों दो अलग-अलग गुटों में बँटकर हिंसा कर रहे थे। जम्मू-श्रीनगर राजमार्ग महीनों बन्द रहा था। कश्मीर घाटी के इस्लामिक अलगाववादियों की हमेशा घाटी में जनसांख्यिकी परिवर्तन का डर लगा रहता है क्योंकि उनकी स्वयं नीयत खराब है। हिन्दुओं को घाटी से उनके द्वारा सन्

1990 में इसी मकसद से खदेड़ा गया था। लेकिन क्या हिंसा की धमकी कश्मीरी पण्डितों को उनके अधिकारों से वंचित रखेगी? क्या कश्मीर के निवासी सैनिकों को भी घाटी में कुछ आवासीय भूमि उनके देश सेवा के लिए नहीं दी जा सकती है? क्या इस्लामिक अलगाववादी ही अब सरकारों की नीति निर्धारित करेगे? कश्मीर घाटी के राजनैतिक दल क्यों उनके सामने नतमस्तक हैं? मई, 2016 की एक और प्रमुख घटना घटी जिसमें कि जम्मू-कश्मीर सरकार के पर्यटन विभाग ने 'हरि पर्वत' का नामकरण भी फारसी में 'कोहे-मारन' कर दिया और कोष्ठक में 'हरि पर्वत' लिखा गया। जम्मू में हिन्दू संगठनों ने इसका काफी विरोध किया। इसी प्रकार इस्लामिक चरमपंथी तत्वों द्वारा 'शंकराचार्य' का नाम 'सुलेमान तख्त' रखने की साजिश की गई। यह कश्मीर घाटी का पूर्ण इस्लामीकरण का षड्यंत्र वहाँ के मुख्य राजनैतिक दलों एवं राज्य सरकारों द्वारा किया जा रहा है। अनंतनाग का नाम इस्लामाबाद रखने की साजिश। इन मुद्दों पर यदि भारत सरकार और भारत प्रमुख राजनैतिक दल चुप्पी साधे रखते हैं, तो फिर वह कश्मीर भारत का अभिन्न अंग है का राग क्यों अलापते हैं? आज हम हिन्दू 'जनसंहार' के इस रूप को क्यों नहीं पहचान पा रहे हैं? आज कश्मीर घाटी का वातावरण क्यों हिन्दुओं के विरुद्ध बनाया जा रहा है? क्यों हिन्दू धर्मप्रतीकों को धीरे-धीरे सुनियोजित षड्यंत्र के द्वारा नष्ट किया जा रहा है? ऐसे वातावरण में इस्लामिक अलगाववादी कश्मीरी पण्डितों को वापस आकर बसने की बात करते हैं। यह सब इस्लामिक अलगाववादियों का मात्र छलावा एवं नाटक है। कश्मीरी पण्डितों का भविष्य अभी भी अंधकारमय है। कश्मीर की गठबंधन सरकार में भाजपा भी कमजोर दिखाई दे रही थी। जब दिनांक 26 और 27 मई, 2016 दो दिन कश्मीर घाटी में 'कश्मीरी-पण्डितों' के 'सामूहिक एकीकृत आवासीय परिसरों' में पुनर्वास का अलगाववादियों एवं विभाजनकारी शक्तियों द्वारा विरोध किया जा रहा था। घाटी पूर्णकालिक बन्द थी। कई दिनों से लगातार सुरक्षाबलों एवं आतंकियों में मुठभेड़ जारी थीं। लेकिन देश का जनसंचार तन्त्र एवं राजनैतिक वर्ग चुप था। टीवी चैनलों पर कोई बहस नहीं। कश्मीरी हिन्दू विस्थापन एवं नरसंहार कोई महत्वपूर्ण विषय नहीं है। क्यों देश के बौद्धिक वर्ग राजनैतिक एवं सामाजिक संगठनों द्वारा कश्मीरी हिन्दुओं (अल्पसंख्यकों) के पक्ष में आवाज़ नहीं उठाई जा रही है? देश का बौद्धिक वर्ग (म.प्र. के आईएएस अधिकारी अजय गंगवार) 'हिन्दू तालिबानीकरण' की बात कर सकते हैं, परन्तु कश्मीर में पण्डितों के पुनर्वास के विरोध पर खामोश हैं। यह चयनित उदारीकरण आखिर क्यूँ? पिछले 28 वर्षों से '62000' विस्थापित कश्मीरी परिवार दर-बदर भटक रहे हैं, लेकिन देश का कथित पंथनिरपेक्ष, उदारवादी वर्ग उनके अधिकारों के लिए लड़ने न कश्मीर घाटी गया और न ही कभी दिल्ली में जन्तर-मन्तर पर ही बैठा। आज जम्मू-कश्मीर की सरकार पण्डितों के पुनर्वास के लिए अलगाववादियों से विचार-विमर्श करना चाहती है, जो 'कश्मीरी पंडितों' पुनर्वास के एकीकृत आवासीय

सुरक्षाबलों पर पत्थरबाजी करती हिंसक भीड़

परिसरों के सिरे से खिलाफ हैं। वे तो चाहते हैं कि हिन्दुओं को अलग-अलग बसाकर उन्हें एक बार फिर आसानी से उनके द्वारा पोषित इस्लामिक आतंकियों द्वारा निशाना बनाया जा सके। 26-27 मई, 2016 के दो दिनों में ही 6 आतंकी मारे गए और 5 आतंकी घटनाएँ घटीं। कश्मीर घाटी का हिंसक घटनाक्रम कश्मीरी पण्डितों को स्पष्ट संदेश दे रहा है कि उनकी सुरक्षा की जिम्मेदारी कोई नहीं ले सकता है। इस्लामिक अलगाववादी एवं आतंकवादी योजनाबद्ध तरीके से कश्मीरी वातावरण को भयग्रस्त बना रहे हैं।

भारत सरकार जब कभी भी कश्मीरी पण्डित पुनर्वास का मुद्दा गम्भीरता से उठाती है और उस पर कार्यान्वयन के लिए प्रतिबद्ध होती है, विभाजनकारी एवं अलगाववादी तत्व इसके विरुद्ध सक्रिय हो उठते हैं। आज कुल 62000 'कश्मीरी पण्डित विस्थापित परिवार (40,000 जम्मू और लगभग 22000 दिल्ली एवं अन्य स्थानों पर) अपने समुचित एवं सम्मानीय पुनर्वास के लिए व्यथित एवं व्याकुल हैं। प्रतीक्षा समय सीमाओं को लाँघकर अनन्तकाल की ओर अग्रसर है। अब प्रतीक्षा अपरिमेय है। सरकारों में इच्छा शक्ति की कमी है। इस्लामिक चरमपंथी एवं अलगाववादी आज सरकार की दिशा एवं दशा तय कर रहे हैं। कश्मीरी पण्डितों के स्थान पर राज्य सरकार उनकी सलाह पर 'संयोजित आवासीय क्षेत्र' के स्थान पर उनको पूर्व के असुरक्षित व्यवस्था में रखने की पक्षधर है। क्या कश्मीर घाटी आज भी सन् 1990 की तरह ही हिन्दुओं के लिए असुरक्षित नहीं है? जैसा कि मैं पहले भी बता चुका हूँ कि आज घाटी का युवावर्ग पहले की अपेक्षा अधिक कट्टर हो चला है। उसकी

सामाजिक एवं धार्मिक सहिष्णुता कम हुई है। वह अधिक उग्र एवं हिंसक हो रहा है। इनकी संख्या भी कम हो सकती है, लेकिन उनका सामाजिक एवं राजनैतिक असर कहीं अधिक हो गया है। कश्मीर घाटी के सभी राजनैतिक दल कश्मीरी पण्डितों की पुनर्वास की यथोचित मांग का विरोध कर रहे हैं। वह सब अलगाववादियों के सुर में सुर मिलाकर बोल रहे हैं। कोई भी कश्मीरी पण्डितों के पुनर्वास एवं आवासीय परिसरों एवं इकाईयों को चुनिंदा स्थानों पर बनाने के लिए सहमत नहीं है। जिसका सीधा अर्थ है कि कश्मीरी हिन्दू अभी कश्मीर घाटी न आएँ। 1990 या उससे पूर्व की भाँति पुराने स्थानों पर हिन्दुओं का रहना आज भी न सिर्फ असुरक्षित है, अपितु अनेक पुरानी दुःखद घटनाओं को याद दिलाने वाला मानसिक एवं मनोवैज्ञानिक संताप भी है। कश्मीरी हिन्दुओं की इन स्थानों से अनेक विचलित करने वाली दुःखद घटनाएँ भी जुड़ी हुई हैं और कश्मीर घाटी का आज का विषाक्त एवं असुरक्षित वातावरण भी इसकी इज़ाज़त नहीं देता।

कश्मीरी पण्डितो के ऊपर इस्लामिक आतंकवादियों एवं चरमपंथियों द्वारा किए कुछ अमानवीय कृत्यों का एक ब्यौरा जो अनेक कश्मीरी पण्डित संगठनों द्वारा उपलब्ध कराया जाता रहा है, वह इस प्रकार है—

1. शैक्षणिक संस्थानों का जलाना, नष्ट करना या कब्जा करना (संख्या)—529
2. धार्मिक एवं सांस्कृतिक संस्थानों को जलाना, नष्ट करना (मन्दिर, आश्रम, धर्मशाला)—103
3. व्यापारिक संस्थान (दुकानों का लूटना, जलाना, फैक्टरी लूटना, जलाना या कब्जा करना)—14,430
4. कृषि भूमि से किसानों का वंचित करना और उनकी रोजी-रोटी छीन लेना (संख्या)—20,000
5. बागवानी आदि पर निर्भर परिवारों से उनके संसाधनों का छिन जाना (संख्या)—12,500
6. घरों की आगजनी (संख्या)—20,000 से अधिक
7. घरों में लूट-पाट—95 प्रतिशत से अधिक
8. घरों में हिन्दुओं की यातनापूर्वक हत्याएँ—लगभग 1000

ऊपर दिए गए तथ्य थोड़ा-बहुत अन्तर के साथ पूर्ण सत्य हैं। कश्मीर घाटी में आज भी उजड़े एवं जले पड़े अनेक हिन्दू घर इसके साक्षी हैं। अनेक धार्मिकस्थल भी ऐसे ही हाल में पड़े हैं। इन दर्दनाक घटनाओं के अतिरिक्त भी अनेक महिलाओं को सामूहिक बलात्कार जैसे अपराधों का शिकार होना पड़ा। आतंकी घटनाओं में छोटे-छोटे दूध पीते बच्चों तक को बेरहमी से मारा गया। हिन्दुओं की हत्याएँ भले ही एक बड़ी सांख्यिकी न दर्शाती हों पर उनको जिस प्रकार से भय पैदा करने के मकसद

से किया जा रहा था, वह सुनियोजित एवं एक बड़ी योजना का हिस्सा था। जिस प्रकार से हिन्दू समाज के चुनिन्दा राजनैतिक, सामाजिक, सांस्कृतिक, बौद्धिक वर्ग के व्यक्तियों की चयनित एवं यातनापूर्वक हत्याएँ की गईं, वह आज तक कश्मीरी हिन्दू समाज के दिलो-दिमाग को व्यथित एवं भयभीत कर रही है। यही सब कारण हैं कि वह पुनः उन्हीं स्थानों पर वापसी के एकदम ही पक्षधर नहीं हैं। कश्मीर घाटी में पिछले 28 सालों में चरमपंथी एवं अलगाववादी मुस्लिम समाज द्वारा वह सभी हिन्दू विरोधी कृत्य किए गए, जो कश्मीर के इस्लामिक सल्तनतकाल में सिकन्दर जैसे सुल्तानों या बाद में अनेक अफगान गर्वनरों के काल में हुए। आज भी कश्मीर घाटी में हिन्दू पुनर्वास का विरोध कट्टर इस्लामिक मानसिकता का परिचायक है।

इस्लामिक अलगाववादियों एवं आतंकियों के प्रवक्ता सार्वजनिक रूप से यह भी कहते हैं कि कश्मीर घाटी में विस्थापित हिन्दुओं का स्वागत है और साथ-ही-साथ हिन्दू आस्था एवं संस्कृति के प्रतीक चिह्नों को मिटाते भी जाते हैं। जैसा कि मैं पहले भी उल्लेख कर चुका हूँ। हाल ही में 'हरि पर्वत' का नाम फारसी में 'कोहे मारन' रखने की कोशिश की गई। इस प्रकार के कृत्य साफतौर पर धार्मिक असहिष्णुता की भावना को दर्शाते हैं। कैसे कश्मीरी हिन्दुओं को इस्लामिक अलगाववादियों एवं चरमपंथियों पर विश्वास होगा? क्या कश्मीरी पण्डितों का घाटी में पुनर्वास इन हिन्दू विरोधी तत्वों के रहमों-करम पर किए जाने की तैयारी है? यदि है तो फिर यह उम्मीद असम्भव दिखती है। आज कश्मीरी हिन्दुओं का विस्थापित शिविर जीवन यदि कुछ खाद्य सामग्री एवं अन्य सुविधाओं के लिए संघर्षरत है, तो उनके पुनर्वास पर भी इस्लामिक

सुरक्षाबलों पर पत्थरबाजी करती हिंसक भीड़

अलगाववाद के ग्रहण लगे हुए हैं। क्यों आज कश्मीर के मूल निवासियों के पुनर्वास पर बहस? क्या यह भी चरमपंथी इस्लामिक अलगाववादियों का खुला तुष्टीकरण नहीं है? क्यों कश्मीरी हिन्दुओं की एकीकृत आवासीय इकाई के बारे में सरकारें पूर्ण रूपेण गम्भीर नहीं हैं? क्या अचानक उस भूमि पर जाना जो 28 वर्षों से किसी अन्य के अधिकार में उनके प्रति आज के भूस्वामियों के दिल में अधिक क्रोध को जन्म नहीं देगी और जिसकी परिणिति उनके विरुद्ध हिंसा के रूप में हो सकती है? आज की राजनैतिक सत्ता एवं व्यवस्था को हिन्दुओं के दृष्टिकोण से सोचने की आवश्यकता है न कि इस्लामिक अलगाववादियों के तरीके से।

अप्रैल, 2016, जब से महबूबा मुफ्ती ने जम्मू-कश्मीर के मुख्यमंत्री की कुर्सी संभाली, तब से कश्मीरी पण्डितों के पुनर्वास का मुद्दा सबसे अधिक गर्माया हुआ है। कश्मीर के सभी विपक्षी दल एवं इस्लामिक अलगाववादी प्रस्तावित प्रारूप के विरोध में सक्रिय हैं। उनके सारे तर्क, तथ्य मानवता से परे हैं। वे साधारण कश्मीरी आवाम को इस हिन्दू पुनर्वास के विरुद्ध भड़काना चाहते हैं। वे इसे कश्मीर में जनसांख्यिकी परिवर्तन का षड्यंत्र तक बताने से संकोच नहीं कर रहे हैं। इस्लामिक चरमपंथियों की गैर-इस्लामी धर्मों के प्रति दुर्भावना जगजाहिर है और वे इसे छिपाने का कोई झूठा प्रयास भी नहीं करते। यदि इसे हम न देखें और न पहचानें, तो हमारी गलती है। 'आल इण्डिया कश्मीरी समाज' (ए.आ.ई.के.एस.), यह 'कश्मीरी पण्डितों' के अनेक संगठनों का एक सम्मलित संघ है, इसने भारत सरकार एवं राज्य सरकार को जिस प्रकार से कश्मीर के विभिन्न स्थानों पर पुनर्वास की बात की है, वह सर्वमान्य होनी चाहिए। कश्मीरी सांस्कृतिक विरासत तभी अपने पूर्णरूप में विकसित हो पाएगी।

कश्मीरी हिन्दू विस्थापित जीवन में प्राण फूँकने के लिए उनका घाटी में सुरक्षित एवं सम्मानजनक पुनर्वास आवश्यक है। उनके लिए श्रीनगर और अनन्तनाग आदि प्रमुख नगरों में एक-एक विकसित सुविधा सम्पन्न बस्ती बनाने की आवश्यकता है। उन्हें अलग-अलग रख कर इस्लामिक आतंकवादियों का आसान शिकार बनने के लिए नहीं छोड़ा जा सकता। इन बस्तियों के आस-पास ही कश्मीरी आर्थिक क्षेत्र भी बनाए जा सकते हैं, जो सभी के लिए होगें। आज साधारण गरीब जनता से सीधे जुड़ने का समय है। धर्म एवं समाज के ठेकेदारों को हाशिए पर ले जाना अत्यन्त महत्वपूर्ण हो गया है। जन सामान्य की इच्छाशक्ति से ही कश्मीर में शान्ति एवं विकास की राह बना सकते हैं। पाकिस्तान के पैसों से अपना घर चलानेवाले अलगाववादी नेता कश्मीर में कभी भी अमन-चैन नहीं चाहेंगे, क्योंकि इससे उनकी कमाई सदा-सदा के लिए बन्द हो जाएगी। कश्मीर के हितों की बात करने वाले इन इस्लामिक अलगाववादियों की जमात के अधिकांश पारिवारिक सदस्य एवं रिश्तेदार पहले ही पाकिस्तानी नागरिक बन चुके हैं। इसका काफी ब्यौरा हमें भारत के पूर्व रॉ प्रमुख ए.एस.दुलत की पुस्तक '*कश्मीर : द वाजपेयी ईयर्स*' में मिल जाएगा। इस पुस्तक से आपको यह भी पता

चलेगा कि कैसे आज भी पाक आई.एस.आई. इन अलगाववादी नेताओं को पैसे एवं डर द्वारा नियन्त्रित करती है? कैसे ये लोग आई.एस.आई. के इशारों पर कश्मीर में अलगाववाद एवं आतंकवाद की जड़े फैला रहे हैं? ये लोग भला अपने स्वार्थ छोड़कर क्यों कश्मीरी आवाम के हितों के लिए लड़ाई करेंगे? खुफिया संगठनों के धन से कैसे कश्मीरी अलगाववादी अपनी दुकान चला रहा है, इसका सटीक चित्रण एवं एक तथ्यात्मक तस्वीर एएस दुलत बड़े ही प्रभावी ढंग से प्रस्तुत करते हैं।

कश्मीरी पण्डितों की हत्या, पलायन एवं पुनर्वास को बाधित करने में यदि किसी ने अहम भूमिका निभाई है, तो वे हैं अलगाववादी। कश्मीरी अल्पसंख्यकों का इस्लामिक अतिवादियों द्वारा किसी-न-किसी रूप में उत्पीड़न करना कोई नई बात नहीं है। आज कश्मीर घाटी में किसी भी अल्पसंख्यक को किसी भी प्रकार की अभिव्यक्ति की स्वतन्त्रता नहीं है इसी कश्मीरियत की दुहाई सारे कश्मीरी राजनेता एवं अलगवावादी देते नहीं थकते हैं। फारुक अब्दुल्ला और उमर अब्दुल्ला, नेशनल कॉन्फ्रेन्स, जहाँ 'कश्मीरी-पण्डितों' के उनके अपने पुनर्वास के प्रारूप का विरोध कर रहे हैं, वहीं जम्मू-कश्मीर के लिए सन् 1953 के पूर्व की स्वायत्तता की माँग भी जोर-जोर से कर रहे हैं। शेख परिवार की इसी अलगाववादी एवं विभाजनकारी राजनीति ने कभी भी कश्मीर घाटी को भारतीय संघ से दिल से मिलने नहीं दिया। कश्मीरी नेताओं की साम्प्रदायिक सोच उन्हें हमेशा 'हिन्दू भारत' से संघर्षरत रखती है। कश्मीरी इस्लामिक अलगाववादी एक ऐसे स्वतन्त्र राज्य की परिकल्पना करते आए हैं, जिसका आर्थिक पालन-पोषण भारतीय संघ के द्वारा हो। आज भी कोई भी कश्मीरी अपने राज्य के लिए किसी भी प्रकार का कर देकर खुश नहीं है और इसकी मान्यता है कि उसकी देखभाल राज्य की जिम्मेदारी है।

26 मई, 2016 को पश्चिम बंगाल की मुख्यमंत्री ममता बनर्जी के शपथ ग्रहण के समारोह के दौरान राष्ट्रगान के गायन के समय पूरे राष्ट्र ने भरी सभा में मंच पर जब सारे नेता सावधान खड़े थे, फारुक अब्दुल्ला को लापरवाही से सेल फोन पर बात करते देखा। यह कोई भूल नहीं हो सकती, बल्कि जानबूझ कर किया गया अपराध था, क्योंकि कश्मीर में अपनी राजनीति चमकाने का यह भी एक तरीका है कि आप भारतीय संवैधानिक संस्थाओं का अपमान करें। इस अपराध का कारण तो वह स्वयं ही जान सकते हैं। लेकिन इस घटना को आम घटना तो किसी भी रूप में नहीं माना जा सकता है। एक राजनैतिक परिपक्व नेता के द्वारा किए गए ऐसे अपराध के निहितार्थ जानना आम आदमी के लिए भी जरूरी है।

कश्मीर घाटी में हो रही इस्लामिक अलगाववादी हिंसा के बीच वहाँ के राजनैतिक दलों के बेतुके बयान इस्लामिक चरमपंथियों का मनोबल और भी बढ़ाते हैं। आज कश्मीर का आम आदमी हासिये पर जा चुका है। अतिवादी हिंसा का शिकार हो रहा है। उसे आतंकियों एवं चरमपंथियों का भय है। कश्मीर इस्लामिक आतंकियों

का महिमामण्डन विस्थापित हिन्दुओं के भीतर अनायास ही भय पैदा करने वाला है। कश्मीरी समाज भी धीरे-धीरे विभाजनकारी एवं अलगाववादी राजनीति के कारण आतंकियों के प्रति समानुभूति एवं सहानुभूति रखने वाला हो रहा है। क्या ऐसा राजनैतिक एवं सामाजिक दबाव में हो रहा है या अन्तर्आत्मा से कहना मुश्किल है? परन्तु स्थानीय मुस्लिम कश्मीरियों से अनौपचारिक बातचीत से उनके प्रति समानुभूति का पता आसानी से लगाया जा सकता है। आज का नवयुवक इन उग्रवादियों एवं आतंकियों के प्रति सहानुभूति एवं लगाव को दिखाने में बेबाक एवं मुखर है। आज घाटी में मृत इस्लामिक आतंकियों के नाम पर क्रिकेट एवं फुटबाल लीग सम्पन्न कराए जा रहें है। इन खेल आयोजनों में हजारों दर्शक एवं दर्जनों टीमें हिस्सा ले रही हैं। इन खेल आयोजनों के पीछे इस्लामिक आतंकी एवं अलगाववादी संगठन पूर्णरूप से सक्रिय हैं। वे घाटी को अधिक से अधिक साम्प्रदायिक एवं भारत विरोधी बनाना चाहते हैं। मुस्लिम कश्मीरी युवावर्ग को 'आजादी' जैसे काल्पनिक एवं अव्यावहारिक मुद्दों पर भटकाकर पाकिस्तान में बैठे अपने आकाओं से पैसे ऐंठ रहा है।

4 जून, 2016 को '*इंडियन एक्सप्रेस*' समाचार पत्र में कश्मीरी पण्डितों के संगठन 'कश्मीरी पण्डित संघर्ष समिति' के जम्मू-कश्मीर उच्च न्यायालय में दायर एक वाद की खबर प्रकाशित हुई, जिसमें उन्होंने कश्मीर घाटी छोड़कर न जाने वाले कश्मीरी पण्डितों को भी केन्द्रीय पुनर्वास के तहत रोजगार मिलने की माँग उठाई गई थी। इस माँग के पक्ष में उन्होंने जो कारण बताया, वह कश्मीर घाटी में हिन्दुओं की दुर्दशा का एक बेहद ही सटीक चित्रण है। कश्मीरी संघर्ष समिति के अध्यक्ष श्री संजय टिक्कू ने कहा और जो वाद में भी लिखा है—'कश्मीरी पण्डित जिन्होंने कश्मीर घाटी को नहीं छोड़ा, वे घाटी में हिंसक चक्र के सबसे बड़े भुक्तभोगी थे, उनको निरन्तर सम्पत्ति और जीवन के भय से जीना पड़ा, उन्हें समाज बहिष्कृत जीवन का हिस्सा बनकर रहना पड़ा, उन्हें दूसरी श्रेणी के नागरिक का जीवनयापन करना पड़ा।' यह बयान कश्मीर घाटी में 'हिन्दू जीवन' पर पर्याप्त प्रकाश डालने के लिए महत्त्वपूर्ण है। राज्य सरकार की नीतियों तक में आपको साम्प्रदायिकता की झलक मिलेगी। अधिकारियों एवं कर्मचारियों के कश्मीर और जम्मू सम्भाग में स्थानान्तरण नीति में भी आपको हिन्दू-मुस्लिम बाँट स्पष्ट रूप से दिखाई देगा। ऐसी राजकीय नीति किस प्रकार दो सम्प्रदायों के बीच सामंजस्य स्थापित करेगी।

31 मई, 2016 को जम्मू-कश्मीर की मुख्यमंत्री महबूबा मुफ्ती ने विधान परिषद की बैठक के संबोधन में बड़े साफतौर पर कहा कि कश्मीरी इस्लामिक अलगाववादियों ने 'जुमे मुबारक' को 'जुमे पत्थर' बना दिया है और आज किसी भले व्यक्ति को जामिया मस्जिद में नमाज़ अदा करने के लिए जाने से डर लगता है। ऐसा बेबाक बयान महबूबा के अपने ही पहले के बयानों एवं अलगाववादियों के प्रति नरम नीति से एकदम जुदा है। शायद यह सरकार चलाने की जिम्मेदारी की पहल थी। आज के

हालात में कश्मीरी राजनेताओं से यही उम्मीद है। कश्मीर घाटी में हिंसा निर्बाध रूप से जारी है। मई व जून, 2016 हिंसा में वृद्धि के महीने रहे। 2 व 4 जून, 2016 को लगातार सुरक्षाबलों पर आतंकी हमले हुए, जिसमें 5 सुरक्षाकर्मी मारे गए और लगभग 8 जवान घायल हुए। इन आतंकी हमलों की जिम्मेदारी आतंकी संगठन 'हिजबुल मुजाहिदीन' ने ली। इन सबके बीच 3 जून 2016, शुक्रवार को पूरी घाटी में इस्लामिक अलगाववादियों द्वारा कश्मीरी पण्डित पुनर्वास के विरुद्ध हिंसक प्रदर्शन हुए, जिनमें पत्थरबाजी, भारत के विरुद्ध उत्तेजक नारेबाजी, पाकिस्तानी झण्ड़ों, आई.एस. के झण्डों आदि का प्रदर्शन शामिल था। पाकिस्तानी एजेंट एवं पाकपरस्त इस्लामिक गुटों द्वारा घाटी में वातावरण खराब करने की पुरजोर कोशिश की जा रही है। कश्मीर के मुस्लिम जन साधारण को धर्म के नाम पर गुमराह कर अलगाववादी राह पर लाने का प्रयास किया जा रहा है। ऐसे हालात के बीच 'कश्मीरी पण्डितों' का पुनर्वास एक मृगमरीचिका सा प्रतीत होता है।

4 अप्रैल, 2016 को जम्मू-कश्मीर राज्य की 13वीं व पहली महिला मुख्यमंत्री बनने के बाद उन्होंने 31 मई के ही अभिभाषण में कश्मीरी पण्डितों के घाटी में वापसी की प्रतिबद्धता को दोहराते हुए कहा कि 'कांग्रेस, पी.डी.पी., ने.का. और भाजपा के नेता, कार्यकर्त्ता जब सुरक्षा के साथ रह रहे हैं। जब ये लोग सुरक्षा के बिना नहीं रह सकते तो क्या पण्डितों में सुरक्षा की भावना पैदा करना महत्वपूर्ण नहीं है? कश्मीरी मुसलमान हिंसा से उकता चुके हैं। कश्मीरी पण्डितों को कश्मीरी मुसलमानों से डर नहीं है, उन्हें डर उन लोगों से है, जिन्होने नरसंहार किए। उन्होंने सदन से यह भी पूछा कि अब्दुल गनी लोन को किसने मारा? मीर वायज मौलवी मोहम्मद फारुक की हत्या किसने की? मुख्यमंत्री महबूबा के इन बयानों से उन्हें कश्मीर की राजनीति में एक नया अवतार दिया। कश्मीर में हिन्दुओं के लिए सकारात्मक वातावरण इस प्रकार के राजनैतिक संकल्पों से ही आ सकता है। लेकिन कथनी और करनी में एकता अति आवश्यक है।

31 मई, 2016 से 3 जून, 2016 तक 'कश्मीरी पण्डित' पुनर्वास का मुद्दा विधान सभा के दोनों सदनों से लेकर सड़कों तक छाया रहा। जम्मू-कश्मीर के जम्मू और कश्मीर सम्भाग में इसके पक्ष और विरोध दोनों में खूब प्रदर्शन हुए। घाटी तो हिंसक झड़पों से उबलती रही। आतंकी घटनाएँ भी 2 और 3 जून को लगातार हुईं, जिसमें 2 पुलिस वाले और 3 बीएसएफ के जवान शहीद हुए। 01 जनवरी से 31 मई, 2016 तक कश्मीर घाटी में 52 आतंकी मारे गए, जिनमें 10 शीर्ष आतंकी कमाण्डर भी शामिल थे। (*दैनिक जागरण, पंजाब केसरी*-02/06/16) इस प्रकार सन् 2016 विगत वर्ष की अपेक्षा अभी तक अधिक आतंकी घटनाओं का साक्षी रहा। आतंकी गतिविधियों में हो रही बढ़ोतरी कहीं न कहीं केन्द्र की 'भाजपा' सरकार को रक्षात्मक मुद्रा में रखने के लिए है। इस्लामिक आतंकी कश्मीरी आवाम को 'राष्ट्रीय स्वयंसेवक

संघ' एवं 'भाजपा' का भय दिखाकर अपने लिए सहानुभूति एवं समानुभूति जुटा रहे हैं। आज यदि घाटी में कई युवा आतंकवाद की राह पर चल रहें हैं, तो इनको बहकाने में सोशल मीडिया एवं इस्लामिक अलगाववादियों का बड़ा हाथ है। अलगाववादियों की हिंसक राजनीति में गैर-मुस्लिम समुदाय को घाटी आने से रोकने की है। सोशल मीडिया के माध्यम से कश्मीर घाटी के युवावर्ग एवं बच्चों तक का मताकरण बड़ी संख्या में हुआ है। यही युवावर्ग आज श्रीनगर से हंदवाड़ा तक हिंसक प्रदर्शनों की अगुवाई कर रहा है। स्कूलों से लेकर बाजारों तक युवा व बच्चे भारत से आज़ादी की बात आक्रामक मुद्रा में करते हैं। उन्हें आज सिर्फ और सिर्फ 'हिन्दू भारत' से अलग होने की भावनात्मक जिद है। वे तथ्य आधारित बहस के पक्ष में भी नहीं हैं। उन्हें यह भी नहीं पता कि 'आज़ादी' के बाद करेंगे क्या? कश्मीर घाटी चलेगी कैसे? इस बेचैनी एवं अलगाववाद के पीछे सन् 1930 से लेकर अभी तक के कश्मीर के मुस्लिम राजनीतिज्ञों का बड़ा हाथ है। उनकी स्वतन्त्र मुस्लिम राज्य की इच्छा एवं महत्वाकांक्षा ने आज कश्मीर घाटी को एक अशान्त क्षेत्र बना दिया है। शेख परिवार एवं उनके सहयोगी अपने लिए एक बड़ी रियासत चाहते थे, इसीलिए उन्होंने पहले पाकिस्तान और भारत दोनों में विलय का विरोध किया। सन् 1947 के बाद साम्प्रदायिक नीतियो ने हिन्दू-मुस्लिम दरार को ओर बड़ा किया।

महबूबा सरकार को कश्मीर घाटी के युवावर्ग के साथ संवाद स्थापित कर उन्हें भारत की मुख्यधारा से जोड़ने की कोशिश करनी चाहिए थी। अब अधिक या कम स्वायत्तता का कोई अर्थ नहीं है और युवावर्ग को न ही इन मुद्दों पर किसी भी प्रकार से गुमराह होने की आवश्यकता है। उसे भारत में रहकर ही कश्मीर के विकास की बात करनी चाहिए। कश्मीर स्वर्ग सिर्फ भारतीय लोकतन्त्र में बन सकता है न कि स्वतन्त्र होकर या पाकिस्तान में मिलकर। कश्मीरी युवावर्ग को आवश्यकता है भारत के साथ मिलकर उन पाकपरस्त लोगों से लड़ने की, जो कश्मीर में हिंसा फैला रहे हैं। पर सबसे बड़ी विडम्बना कश्मीरी नेतृत्व की यह रही कि वह स्वयं इस्लामिक अलगाववादियों एवं आतंकियों के सुर में सुर मिलाकर बात करता है। यदि कश्मीर घाटी का अधिक से अधिक इस्लामीकरण हो रहा है तो उसके पीछे कश्मीरी नेतृत्व की ही खराब एवं स्वार्थ पूर्ण नीतियाँ थीं। इन्हीं सब कारणों से आज भी कश्मीरी पण्डित संगठन 28 वर्षों बाद भी अपने पुनर्वास को लेकर अनिश्चित एवं चिन्तित है।

कश्मीरी पण्डितों को पुनर्वास के साथ-साथ अपने बच्चों की अच्छी पढ़ाई की भी चिन्ता है, जों शायद शरणार्थी शिविर विद्यालयों में पर्याप्त रूप में नहीं है। मई, 2016 में कश्मीरी पण्डित संगठनों ने एक साझा बयान जारी करते हुए सरकार के शिविर स्कूलों के साथ भेद-भाव पूर्ण व्यवहार पर विस्तृत प्रकाश डाला। पुनः कश्मीर के संयोजक डॉ. अग्नि शेखर एवं अध्यक्ष डॉ. अजय चरमू ने बताया कि दुर्गानगर स्थित शरणार्थी शिविर विद्यालय में प्रयोगशाला, पुस्तकालय, क्रीडा मैदान, शिक्षक कक्ष

आदि नहीं है। विद्यालय बिना इन सुविधाओं के दसवीं एवं बारहवीं के बच्चों को पढ़ा रहे हैं। 330 विद्यार्थी के विद्यालय में 425 विद्यार्थियों को पढ़ाया जा रहा है। सरकार को इस समस्या से लिखित रूप में कई बार अवगत कराया गया, पर सम्बन्धित विभागों के कानो पर जूँ तक नहीं रेंगती। सरकारों की विस्थापित कश्मीरी पण्डितों के प्रति यह संवेदनहीन नीति हर प्रकार से आलोचना लायक है। क्या यह सरकारी भेदभाव भी उसी षड्यंत्र का हिस्सा नहीं, जिसके तहत उन्हें घाटी से पलायन पर विवश होना पड़ा? लेकिन इन सबके बीच शुभ समाचार दिल्ली विश्वविद्यालय ने विस्थापित कश्मीरियों को 5 प्रतिशत आरक्षण देकर दिया। यह कश्मीरी समाज के लिए एक बड़ी महत्वपूर्ण सहायता है।

इस प्रकार कश्मीरी पण्डितों पर दोहरी मार पड़ रही है, एक तो उनके पुनर्वास को बाधित किया जा रहा है और दूसरा शिविरों में यथोचित सुविधाएँ नहीं दी जा रही हैं। अर्थात आगे कुँआ पीछे खाई। जीवन जीना और अपनी विरासत को अक्षुण्ण रख पाना अत्यन्त दुष्कर हो रहा है। कश्मीरी पण्डितों की संयुक्त राष्ट्र संघ से उनको 'आन्तरिक विस्थापित जनसमूह' घोषित करने की माँग पर भी कोई अमल होता नहीं दिख रहा है। क्या वास्तव में आज की भारतीय जनता पार्टी की केन्द्र सरकार भी अपने पूर्व आदर्शों से विचलित है? क्या सरकार हंदवाड़ा में सैन्य चौकी हटाने के बाद कश्मीरी पण्डितों के पुनर्वास पर भी इस्लामिक अलगाववादियों से समझौता कर लेगी? 2016 में हंदवाड़ा में जिन अपमानजनक परिस्थितियों में सैन्य चौकी को हटाया गया है, वह भारतीय सेना के मनोबल को प्रभावित करने वाली थी और भविष्य की सैन्य कार्यवाहियों को भी प्रभावित करने वाली है। इस्लामिक अलगाववादी भारतीय संघ की नरमी और सदभावना को हमारी कमजोरी और असफलता समझते हैं। आज इस्लामिक अलगाववादी हंदवाड़ा की सैन्य चौकी के हटने को भारतीय संघ की 'प्रतीकात्मक पराजय' के रूप में घाटी में प्रचारित कर रहें हैं। उनकी इस विजय से कश्मीरी युवा उनसे और प्रभावित है एवं इस अलगाववादी आन्दोलन में अधिक बढ़-चढ़ कर हिस्सा लेगा। हिंसा के अनुयायी अधिक हैं और उसका प्रचार-प्रसार भी तीव्र गति से होता है। 'कश्मीरी इन्तिफादा'-(सन् 1987 की फिलिस्तीनी इन्तिफादा की तर्ज पर) भाग-3, की शुरुआत 8 जुलाई बुरहान वानी की मौत के साथ हो चुकी है। (पहली सन् 2008 अमरनाथ यात्रा के विरोध में, दूसरी जून, 2010 से अक्टूबर तक)। हिंसक प्रदर्शन, पत्थरबाजी एवं आतंकी खून-खराबा इसके प्रमुख अंग हैं।

जून, 2016 पहला सप्ताह घाटी में हिंसा की भेट चढ़ा। ग्रीष्मकालीन विधान सभा सत्र चल रहा था और साथ-साथ श्रीनगर की मुख्य सड़कों पर निडर आतंकी सुरक्षाबलों पर गोलियाँ चला रहे थे। गूपकर मार्ग जहाँ मुख्यमंत्री और अन्य प्रमुख व्यक्तियों के सरकारी आवास हैं, मोटरसाइकिल सवार आतंकियों ने एक पुलिस चौकी

को निशाना बनाया, पर जवाबी कार्यवाई होने पर भाग निकले। यह जगह चिनार छावनी के भी पास में है। इस प्रकार की आतंकी कार्यवाइयाँ बिना स्थानीय सहायता के बिलकुल भी नहीं की जा सकती। ये पूरी-की-पूरी रणनीति राज्य एवं केन्द्र सरकार को हिन्दू पुनर्वास पर मनोवैज्ञानिक दबाव बनाने की है। कश्मीर में इस्लामिक अलगाववादियों को भारतीय संघ के शान्ति प्रक्रिया के प्रयासों, किसी भी विषय पर संवाद, लोकतन्त्र सशक्तीकरण इत्यादि का विरोध मात्र विरोध के लिए करना है, परन्तु भारतीय धन से उन्हें कोई परहेज नहीं है। धारा-370 के नाम पर अधिकारों एवं विशेषाधिकार की बात तो की जाती है, परन्तु कर्त्तव्यों की कश्मीर घाटी में कोई जगह नहीं है, खासकर जब उनका निर्वहन भारतीय संघ के लिए करना हो। आज भी बहुत से पढ़े लिखे कश्मीरी अलगाववादियों को यह भ्रम है कि वे आजाद होकर विकास की दौड़ लगा सकते हैं। क्या विकास सिर्फ बातों से होता है? क्या उसके लिए किसी संसाधन की आवश्यकता नहीं होती है? मिथ्यालोक में जीने से कोई लाभ नहीं है। कहीं कश्मीर के इस्लामिक अलगाववादी कश्मीर को भी 'वजीरिस्तान' और 'अफगानिस्तान' जैसा तो नहीं बनाना चाहते? क्योंकि जिस इस्लामिक आतंकवाद एवं अलगाववाद की राह पर हुरियत एवं 'जेकेएलएफ' घाटी को ले जा रहे हैं, उसका अन्जाम यही है। जम्मू-कश्मीर राज्य में दो विचारधाराएँ गठबंधन की सरकार चला रही थी। जहाँ पीडीपी सिर्फ घाटी के बहुसंख्यक समाज का प्रतिनिधित्व करती है तो भा-ज-पा- एक अखिल भारतीय विचारधारा का पोषण करने वाली है। एक दल सिर्फ क्षेत्र विशेष एवं धर्म विशेष की अगुवाई कर रहा है, तो दूसरा सम्पूर्ण भारतीय संघ को समाहित करने की राह पर है। इस विरोधाभाष के बीच यदि किसी के हितों की सर्वाधिक हानि हो रही थी, तो वह है कश्मीरी पण्डितों की। पीडीपी को पाक अधिकृत कश्मीर एवं पाकिस्तान में रह रहे सैकड़ों कश्मीरी आतंकियों एवं उग्रवादियों के वापसी की चिन्ता तो है, परन्तु कश्मीरी पण्डितों के लिए वांछित बस्तियों के लिए यथोचित भूमि तक चिह्नित नहीं की गई। महबूबा कश्मीर के रास्ते भारत के साथ न खोलकर पाकिस्तान के साथ खोलने में अधिक दिलचस्पी लेती दिखाई देती थी। यह नीति साफ तौर पर अलगाववाद के तुष्टीकरण की है। कश्मीर घाटी में आज भी मुख्यधारा के दलों के विरोध की पुरानी परम्परा है। उसमें भाजपा विरोध तो सर्वाधिक है। इसीलिए महबूबा बार-बार इस गठबंधन को अपने वालिद के कश्मीर के लिए देखे गए सपनों को पूरा करने का माध्यम बताती थी। एक प्रकार से अप्रत्यक्ष रूप से वह कहना चाहती है कि यह गठबंधन उनकी विवशता थी। वह और उनका दल हमेशा कश्मीरियों की ही बात करता दिखाई देता है, उनके लिए राज्य का अर्थ शायद घाटी तक ही सीमित रह गया था। लद्दाख और जम्मू संभाग उनके लिए मायने नहीं रखते हैं। उनके वक्तव्यों से गठबंधन की मजबूरी केन्द्र से कश्मीर के विकास के लिए धन लेने की भी साफतौर से स्पष्ट होती थी। महबूबा बार-बार अपने वालिद के जिस

दृष्टिकोण की बात करती थी, कहीं वह 'स्वशासन' की तरफ तो नहीं जाता। क्योंकि उनके दल की स्थापना के पीछे कहीं-न-कहीं यही विचारधारा मूल में थी। मुफ्ती मो-सईद साहब ने तो सन् 2014 के विधानसभा चुनावों की सफलता के लिए अलगाववादियों एवं पाकिस्तान तक को धन्यवाद कहा था। क्या वह बयान भारतीय सम्प्रभुता को चुनौती नहीं था? क्या भाजपा के नेता भी मुफ्ती साहब के इसी स्वप्न एवं सिद्धान्त को पूरा करने के लिए गठबंधन में रहे। क्या इस गठबंधन की सफलता का उत्तरदायित्व मात्र भाजपा पर था। सपने और आकांक्षाएँ सिर्फ पीडीपी के थे, भाजपा के सारे सपने एवं मुद्दे कहाँ खो गए? क्या 'कश्मीरी पण्डित' पुनर्वास भाजपा का कभी मुद्दा नहीं था? क्यों उसके नेता इस विषय पर मुखर नहीं हैं। सरकार में रहकर क्यों वह दबाव महसूस कर रहे थे। कभी-कभी लगता है कि कश्मीरी पण्डितों का आने वाला भविष्य भी विस्थापन की पीड़ा झेलता रहेगा और भारतीय संघ एक कमज़ोर राष्ट्र की श्रेणी में बना रहेगा। कश्मीर के राजनैतिक दल सत्ता से बाहर होने पर अलगाववादियों के साथ सुर में सुर मिलाएँगे, अधिक स्वायत्तता एवं 'सेल्फ रूल' की बात कर आवाम को सदैव उन्मादी एवं भारत विरोधी बनाते रहेंगे। भाजपा को साम्प्रदायिक बताएँगे और स्वयं इस्लाम के अलावा अन्य धर्मावलम्बी को कश्मीर घाटी में रहने न देंगे। शेख अब्दुल्ला से लेकर आज तक के सभी कश्मीरी नेता पंथनिरपेक्ष हैं, इसीलिए कश्मीर घाटी में लगभग 100 प्रतिशत मुस्लिम हो गए हैं। पूरा भारतीय संघ 'हिन्दू भारत' है, जहाँ आज कम से कम 25 करोड़ मुस्लिम हैं। कश्मीर के इस्लामिक अलगाववादियों को हिन्दुओं और उनके संगठनों को साम्प्रदायिक कहने में थोड़ी भी शर्म नहीं आती। इसे कहते हैं दुष्प्रचार के महारथी। आतंक में संलिप्त रहते हुए खुद को शांतिदूत बताओ।

कश्मीर के अलगाववादी और आतंकी हिन्दुओं की कालोनियों के निर्माण का हिंसक विरोध कर रहें हैं और उन्हें अपने-अपने पुराने घरों में लौटने की बात पर राज्य सरकार के ऊपर दबाव की रणनीति अपना रहे हैं। लेकिन कोई इस्लामिक अलगाववादी या इस्लामिक आतंकी यह बताए कि सन् 1990 के विस्थापन के बाद जो हिन्दू घाटी में रह गए थे उनका समय-समय पर इस्लामिक आतंकियों द्वारा सुनियोजित नरसंहार क्यों और कैसे हुआ? और इस नरसंहार का सिलसिला भी लगभग एक दशक तक चला। उदाहरण के तौर पर 'वन्धामा हिन्दू नरसंहार' 25 जनवरी, 1998, कुल 23 लोग मारे गए जिसमें 4 बच्चे, 9 महिलाएँ और 10 पुरुष शामिल थे। आतंकियों ने इस नरसंहार के साथ-साथ एक मन्दिर और एक घर भी नष्ट किया था। यहाँ यह उदाहरण विशेष तौर पर इसलिए दिया क्योंकि यह इस्लामिक आतंकवाद इन्सानों के साथ-साथ हिन्दू धर्म के विरुद्ध भी था और आज भी है और पता नहीं कब तक रहेगा। मार्च, 1997 का 'संग्रामपुरा नरसंहार' और जून, 1997 में गुलाबगढ़ (रियासी जनपद) नरसंहार। यह हिन्दू नरसंहार मात्र कश्मीर से हिन्दुओं के समूल विनाश के

लिए किए जा रहे थे। हिन्दुओं के धार्मिक-स्थलों का खण्डन भी इसी उद्देश्य की पूर्ति के लिए हो रहा था। आज भी इस्लामिक अलगाववादियों की हिन्दुत्व से घृणा जगजाहिर है। उन्हें हर उस चीज़ से नफरत है, जो भारतीय सभ्यता एवं हिन्दुत्व से जुड़ी है। उनका उद्देश्य घाटी में येन-केन-प्रकारेण मुस्लिम राज्य या 'दारुल-इस्लाम' की स्थापना है। वे इसके लिए किसी का भी खून बहाने को तैयार हैं। उनके लिए सैनिक-असैनिक सब बराबर है। वे उन मुसलमानों को भी मारने से गुरेज़ नहीं करेंगे, जो उनकी विचारधारा का विरोध करेंगे। क्या इन नरसंहार के बाद कोई भी हिन्दू किसी असुरक्षित स्थान पर रह लेगा? यह तो एक प्रकार से जले पर नमक छिड़कने वाली बात है। हिन्दू और मुसलमानों या मुसलमानों एवं इसाईयों का और भी अलग-अलग धर्मानुयायियों का अलग बस्तियों में रहना कोई नई बात नहीं है। कश्मीर में भी कई स्थानों पर शिया-सुन्नी तक अलग-अलग इलाकों में रहते हैं। अलग-अलग स्थानों पर रहने के अनेक सामाजिक, धार्मिक और कश्मीर घाटी के सन्दर्भ में सुरक्षा के पहलू हो सकते हैं। कश्मीरी पण्डितों की अलग कॉलोनियों का विरोध मुख्यरूप से कश्मीर में उनके पुनर्वास एवं आगमन का ही खुला विरोध है। 7 जून, 2016 को मृत हिजबुल मुजाहिदीन के क्षेत्र सरगना बुरहान वानी ने कश्मीरी पण्डितों पर हमले की धमकी अपने एक वीडियो के माध्यम से दी थी। आज कश्मीर घाटी का घटनाचक्र सिर्फ और सिर्फ हिन्दुओं को घाटी में आने से रोकने के लिए है। कश्मीर घाटी में अलगाववादियों एवं इस्लामिक आतंकियों के साथ किसी-न-किसी परोक्ष एवं प्रत्यक्ष रूप में कांग्रेस एवं 'एनसी' भी सहयोग करती दिखाई देती हैं। यदि कश्मीर के अधिकतर नेताओं द्वारा पाकिस्तान गए आतंकियों की वापसी एवं पुनर्वास का विरोध नहीं है, तो फिर क्यों 'कश्मीरी पण्डितों' के सम्मानजनक एवं सुरक्षित पुनर्वास का मुखर एवं हिंसक विरोध है? कश्मीरी हिन्दुओं को उनके पुनर्वास का अधिकार दिलाना सरकार का कर्त्तव्य है। उनके अधिकारों की बहुसंख्यक समाज के कथित चरमपंथी ठेकेदारों के आतंक के कारण बलि नहीं दी जा सकती है। हिंसक प्रदर्शनों एवं आतंक से ही यदि निर्णय लेने हों तो फिर लोकतान्त्रिक सरकारों की आवश्यकता ही क्या है? भारतीय संघ के लिए यह कार्य भारतीय सेना ही बड़ी आसानी से कर देगी। अल्पसंख्यकों के हित हेतु जनमत का सहारा नहीं ले सकते। हिन्दू पुनर्वास के विरोध में सारे अलगाववादी गुट एक हो गए हैं। इस पर रणनीति बनाने के लिए उनकी बैठकें चालू हैं। कश्मीर का बहुसंख्यक समाज जो कश्मीरियत को समन्वयवादी तो कहता है, पर अल्पसंख्यक समुदाय के अधिकारों के लिए असाधारण रूप से मौन है। कश्मीर के सारे 'उदारवादी' लेखक पत्रकार एवं सभ्य समाज के लोग अब कहीं दिखाई नहीं दे रहे हैं। दिल्ली, मुम्बई एवं कोलकाता सब मौन है। क्या उन्हें भारतीय संविधान में दी हुई 'अल्पसंख्यक' की परिभाषा नहीं मालूम है या उन्हें विषय विशेष पर आन्दोलन एवं प्रदर्शन के लिए कोई धन देने वाला नहीं है। क्यों आज भी कश्मीर का हिन्दू अपनी

लड़ाई अकेले ही लड़ रहा है। क्योंकि उनकी आबादी एक 'वोट बैंक' नहीं है? भारत में आजकल जानवरों की रक्षा के लिए अधिक लोग खड़े दिखाई देते हैं, लेकिन उन्हें कश्मीर का हिन्दू नरसंहार न दिखाई पड़ रहा है और न ही सुनाई पड़ रहा है। यह है भारत के लोकतन्त्र के पंथनिरपेक्षता की बिडम्बना। 'जगती शरणार्थी पुनर्वास कॉलोनी कल्याण समिति' के अध्यक्ष एवं अन्य कश्मीरी कल्याण समितियों के सदस्य शादीलाल पंडित का कहना एकदम ठीक है कि कश्मीरी पण्डितों की लड़ाई में आज कोई भी सहयोगी नहीं है। वह भाजपा-पीडीपी सरकार को भी उनके समुचित पुनर्वास की दिशा में कोई ठोस कदम न उठाने के लिए कठघरे में खड़ा करते हैं। उनके अनुसार अब भाजपा भी अपने चुनावी वायदों पर अमल करने से झिझक रही है।

कोई व्यक्ति भी कश्मीर के विषयों की थोड़ी जानकारी रखने वाला यह आसानी से बता देगा कि आज घाटी की आतंकी हिंसा का मात्र उद्देश्य 'कश्मीरी पण्डितों' के पुनर्वास को रोकना है। केन्द्र की भाजपा सरकार से संशकित होने के कारण बेचैनी में वह ज्यादा ही हिंसक हो उठे हैं। उधर पाकिस्तान भी अन्तर्राष्ट्रीय कूटनीतिक लड़ाई में भारत से मुँह की खाकर अधिक बौखलाया हुआ है। अफगानिस्तान और ईरान में भारत की बढ़ती पैठ उसके लिए सबसे बड़ी चिन्ता है। उधर भारत ने अन्य अरब देशों से भी अपने सम्बन्धों को बहुत बेहतर बना लिया है। आज उसे सऊदी अरब, कतर एवं यूनाइटेड अरब अमीरात से आतंक विरोधी मुहिम में सकारात्मक सहयोग मिल रहा है। उसका इस क्षेत्र में व्यापार भी बढ़ा है। 'चबहार बन्दरगाह' के विकास और वहाँ से अफगानिस्तान तक के लिए राजमार्ग निर्माण के समझौते के साथ भारत, ईरान और अफगानिस्तान के बेहद नजदीक पहुँच चुका है। इस करार से पाकिस्तान को बलोचिस्तान की चिन्ता नए सिरे से बढ़ गई है। चबहार से भारत के लिए मध्य एशिया और रूस पहुँचना भी आसान हो गया है। चबहार पाकिस्तान के ग्वादार बन्दरगाह, जो कि चीन विकसित कर रहा है, का करारा एवं सटीक जवाब है। मुम्बई से चबहार मात्र 1350 कि.मी. की दूरी पर है, जो दिल्ली मुंबई की दूरी से भी कम है।

अमेरिका भी पाकिस्तान की सहायता से अपने हाथ खींच रहा है। पिछले कुछ सालों से अमेरिकी सांसद पाकिस्तान को मिलने वाली सहायता राशि का विरोध कर रहें हैं, क्योंकि आज भी पाकिस्तान अनेक आतंकी संगठनों का संरक्षक है। पाकिस्तान ने आजतक तालिबान एवं हक्कानी आतंकी समूहों को नष्ट नहीं किया है। पाकिस्तान की सहायता मात्र चीन ही खुलकर कर रहा है। लेकिन 8 जून, 2016 को चीन के सरकारी समाचार पत्र ने मुंबई के 26/11/2008 के हमलों में लश्कर-ए-तोयबा का हाथ माना। भारत के लिए चीन की तरफ से यह एक बहुत ही सकारात्मक समाचार है, क्योंकि उसने कुछ समय पहले ही संयुक्त राष्ट्र संघ में मौलाना मसूद अज़हर को आतंकी घोषित करने के भारत के प्रस्ताव पर नकारात्मक मत दिया था। इस प्रकार पाकिस्तान को एक और राजनयिक एवं कूटनीतिक झटका लगा है। इस्लामिक

आतंकवाद को लेकर अन्तर्राष्ट्रीय समुदाय में पाकिस्तान अलग-थलग पड़ चुका है। उसके पास आज न मुस्लिम राष्ट्रों का सम्मिलित समर्थन है और न ही पश्चिमी देशों का। कश्मीर के मसले पर उसके अनैतिक एवं गैरकानूनी दावों का पूर्व में समर्थन पश्चिमी देशों के सहयोग से मिला करता था। आज कश्मीर के मुद्दे पर उसका कोई भी विश्वस्त एवं प्रभावशाली साथी नहीं हैं। पाकिस्तान की इस स्थिति से कश्मीर के इस्लामिक अलगाववादी भी बेहद परेशान हैं। यही कारण है कि वह किसी भी मुद्दे को लेकर हिंसा पर उतारू है। उनका कश्मीर के ही मूल निवासी अल्पसंख्यकों का घाटी में पुनर्वास का विरोध एक अमानवीय एवं हारी हुई लड़ाई है। इस प्रकार ये स्वयं अपने दुष्कर्मों सें एक दिन समाप्त हों जाएँगे। 'विनाश काले विपरीत बुद्धि' सत्य साबित होने वाला है। दूसरी ओर अलगाववादियों पर केन्द्र सरकार व भारतीय सेना का भी शिकंजा कसता जा रहा है।

इस्लामिक अलगाववादियों के इसी विरोध के क्रम में मध्य कश्मीर के बडगाम में 'अभिनवगुप्त यात्रा' के विरोध का मुद्दा भी महत्वपूर्ण है और हिन्दू धर्म आस्था पर चरमपंथियों द्वारा एक आघात है। इसके विरोध के पीछे वह तर्क देते हैं कि इस यात्रा की कोई ऐतिहासिक पृष्ठभूमि नहीं और यह राष्ट्रीय स्वयंसेवक संघ का कश्मीर में सांस्कृतिक हमला है। (यह समाचार *इंडियन एक्सप्रेस, दैनिक जागरण* में 11 जून, 2016 को छपा है) मौजूदा सरकार ने भी इस यात्रा पर रोक लगा दी थी। सरकार के शिक्षामंत्री एवं पीडीपी के प्रवक्ता नईम अख्तर ने कहा था कि सरकार किसी भी ऐसी धार्मिक एवं सांस्कृतिक यात्रा की अनुमति नहीं दे सकती, जिसका कोई ऐतिहासिक एवं पारम्परिक पृष्ठभूमि न हो। अभिनव गुप्त एक दार्शनिक एवं विद्वान थे, जो कश्मीर के महान ललितादित्य के शासन के बाद के समय में थे। यह अगर अल्पसंख्यक हिन्दू समुदाय के द्वारा किए जानेवाले धार्मिक एवं सांस्कृतिक आयोजन इस्लाम के लिए खतरा है, तो फिर हिन्दू धर्म और हिन्दू भी मुस्लिम समाज के लिए खतरा हैं। यही कारण था कि उन्हें हिंसा के द्वारा घाटी से पलायन के लिए विवश किया गया। यदि यह सभ्यताओं का संघर्ष नही, तो क्या है? क्यों कश्मीर का उदारवादी मुस्लिम समाज अपने अल्पसंख्यक हिन्दू समाज के लिए आज खड़ा नहीं हो पा रहा है? इस यात्रा की कोई ऐतिहासिक या पारम्परिक पृष्ठभूमि हो या न हो, यदि किसी भी धर्म या आस्था में विश्वास रखने वाला कोई भी व्यक्ति कोई शान्तिपूर्ण आयोजन करना चाहता है, तो इसमें आपत्ति करना 'धार्मिक असहिष्णुता' नहीं तो क्या है? कश्मीर घाटी में इस प्रकार इस्लामिक अलगाववादियों एवं चरमपंथियों द्वारा अल्पसंख्यकों के सामाजिक एवं सांस्कृतिक कार्यक्रमों का विरोध एक परम्परा एवं रणनीति बन चुकी है। यही तो बांग्लादेश एवं पाकिस्तान में भी हिन्दू समाज के साथ हो रहा है, अन्तर कहाँ है? पाकिस्तान और बांग्लादेश में ऐसे ही नहीं हिन्दू विभाजन के समय जहाँ क्रमशः 25 और 32 प्रतिशत हिन्दू थे, आज शनैः-शनैः मानवसंहार से

लेकर सांस्कृतिक संहार के द्वारा हिन्दू नरसंहार पूर्ण हुआ है। 'कश्मीरी पण्डितों' का नरसंहार भी इसी प्रकार एक समग्र एवं दीर्घकालिक इस्लामिक चरमपंथी रणनीति द्वारा किया जा रहा है। क्या हम इन साम्प्रदायिक इस्लामिक चरमपंथियों की रोज-रोज की माँगों को यूँ ही नजरअंदाज कर सकते हैं और आखिर किस कीमत पर ?

अगर सन् 1990 में इस्लामिक अलगाववादी सशस्त्र विद्रोह पर आमादा थे, क्योंकि उस समय कश्मीर में भारतीय सशस्त्र बल उस स्थिति के लिए तैयार नहीं थे परन्तु आज वह हिंसक प्रदर्शनों अथवा 'कश्मीरी इन्तिफदा' के द्वारा भारतीय संघ को लहूलुहान कर रहे हैं। क्योंकि अब सशस्त्र विद्रोह की शक्ति उनमें है नहीं। परन्तु विद्रोह अब भी विरोध के रूप में सक्रिय है। शक्ति से अधिक संयम एवं दीर्घकालिक नीतियों की आवश्यकता है। कश्मीर घाटी के इस्लामिक अलगाववादी तत्व कश्मीर के हिन्दू इतिहास को समाप्त करना चाहते हैं। वह अवन्तिवर्मन एवं ललितादित्य जैसे महान सम्राटों के अलौकिक इतिहास को अपनाना गैरइस्लामिक करार दे रहे हैं। कश्मीर के 5000 साल के इतिहास में इस्लामिक काल तो पूर्ण 500 वर्ष भी नहीं होता है, तो इतिहास कौन सा समृद्ध होगा यह आसानी से समझा जा सकता है। अभिनव गुप्त जिनका काल लगभग 10वीं, 11वीं सदी में था, एक महान दार्शनिक के साथ शिल्पविद एवं संगीतकार भी थे। उनका 'शैव आध्यात्मवाद' आज के हिंसक युग में शान्ति ला सकता है। इतिहास का सकारात्मक पक्ष और उससे मिलने वाली सीख को धर्म और पंथ के नज़रिए से देखना बुद्धिमत्ता नहीं हो सकती। कश्मीर का इतिहास, हिन्दू इतिहास के बिना कुछ भी नहीं है। योग, आध्यात्मवाद, दर्शन, व्याकरण, संगीत एवं साहित्य सब हिन्दू राजाओ के काल एवं बौद्धकाल की देन है। यह धरोहर इस्लामिक साम्राज्यवाद भी नष्ट न कर पाया। परन्तु आज इस्लामिक कट्टरपंथी कश्मीर से हिन्दुत्व के चिह्नों एवं सभ्यता के अवशेषों को मिटाना चाहते हैं। आज जिलानी एवं यासीन जैसे हिन्दू मानसिकता विरोधी चरमपंथी हिन्दू विरोध का एक भी मौका छोड़ना नहीं चाहते।

11 जून, 2016 को उपमुख्यमंत्री निर्मल सिंह द्वारा 'क्षीरभवानी' (दै- जा- 12 जून 16) मेले के लिए जा रहे कश्मीरी पण्डितों के वाहनों के काफिले को सुबह ही झण्डी दिखाकर विदा किया गया। यह मेला गान्दरबल जिले के तुलमुला इलाके में स्थित देवी राधेन्या के स्थान क्षीर भवानी में लगता है। जिसमें धार्मिक अनुष्ठान वृहद स्तर पर किए जाते हैं। परन्तु रात में खन्नाबल व काजीमुंड के बीच वनपू में इन वाहनों पर सघन रूप से पथराव किया गया। जिसमें कई महिलाएँ घायल हो गई। दक्षिण कश्मीर का यह क्षेत्र वैसे भी आजकल इस्लामिक आतंकियों एवं अलगाववादियों की बढ़ती गतिविधियों का क्षेत्र बना हुआ है। इस घटना पर अपनी प्रतिक्रिया व्यक्त करते हुए डॉ. अजय चरंगु, पुनः कश्मीर के नेता ने कहा—'यह घटना साबित करती है कि अभी भी कश्मीर के हालात पण्डितों के लौटने लायक नहीं हैं। इस घटना से

यह साबित हो गया कि अलगाववादी झूठ कहते हैं कि कश्मीरी पण्डित कश्मीर का हिस्सा हैं।' (नोट 2014, में कौसरनाग (पीर पंजाल स्थित) की यात्रा को भी अलगाववादियों द्वारा रोका गया था।)

इस प्रकार 11 जून, 2016 को दो स्थानों पर हिन्दू आस्था पर चोट की गई, पहली—अभिनव गुप्त की गुफा की यात्रा को सरकार के द्वारा रोका गया। दूसरी-क्षीर भवानी जा रहे हिन्दुओं पर पथराव। ये सब कश्मीर के इस्लामिक अलगाववादियों के इशारों पर हो रहा है। मैं बार-बार इस प्रकार के साम्प्रदायिक कृत्यों को जो लगातार एक धर्म के विरुद्ध किए जा रहें हों, सबको नरसंहार की ही श्रेणी में रखता हूँ। कश्मीरी सल्तनतकाल (1339 से सन् 1587 ई.) में भी ऐसे ही 'हिन्दू नरसंहार' हुआ था। इतिहास बार-बार दोहराया जाता है और आज भी दोहराया जा रहा है।

आज अफगानिस्तान और पाकिस्तान के घटनाक्रम का प्रभाव भारतीय उपमहाद्वीप पर पड़ना लाज़िमी है। तालिबान जिस प्रकार से अफगानिस्तान में अपने पैर जमाने के लिए हिंसा का सहारा ले रहा है, उसका किसी न किसी रूप में कश्मीर में दोहराया जाना भी अवश्यम्भावी है। दोनों जगहों पर इन हिंसक समूहों को संचालित करने वाली संस्था आईएसआई है। कश्मीर और अफगानिस्तान से पाकिस्तान के आन्तरिक और वाह्य रणनीति एवं सामरिक हित जुड़े हुए हैं। यदि कश्मीर का मुद्दा पाकिस्तान की आवाम के दिलों के नज़दीक है, तो अफगानिस्तान, पाकिस्तान की नापाक सामरिक ज़रूरतों के लिए महत्वपूर्ण है। इस्लामिक आतंकवाद ने जिस तरह से पूरे विश्व को हिंसा की चपेट में ले रखा है, वह चिन्तनीय है। यूरोप से लेकर अमेरिका और एशिया तक सब हिले हुए हैं। (शुक्रवार, 13 नवम्बर, 2015 पेरिस), नवम्बर, 2015 में पेरिस से लेकर, वर्ष 2016 जून आरलैडो (अमेरिका) तक इस्लामिक स्टेट ने हमलों को अंजाम दिया। पेरिस में जहाँ सात आत्मघाती आतंकवादियों ने 130 लोगों को मारा, वहीं जून, 2016 को उमर मतीन नाम के 'लोन वूल्फ जिहादी' ने 49 लोगों को मौत के घाट उतार दिया। दोनों ही आतंकी घटनाओं में एक समानता थी, वह थी कट्टर इस्लामिक आतंकी विचारधारा और उसको हवा देने वाला आईएस आतंकी संगठन। सोशल मीडिया आज आईएस के प्रचार-प्रसार का प्रमुख साधन बन चुका है। उसके माध्यम से मुस्लिम युवाओं का मताकरण बहुत ही तेजी से बढ़ा है, जैसा कि मैंने अपने पहले एक अध्याय में बताया है। कश्मीर में आज मताकरण की प्रक्रिया बहुत ही तेजी से हो रही है। युवाओं में इस्लामिक खिलाफत की स्थापना को लेकर एक हिसंक विचारधारा जन्म ले रही है। इस्लामिक कट्टरता तेजी से उनके दिलो-दिमाग पर छा रही है। इस आग में घी डालने का काम घाटी के इस्लामिक अलगाववादी संगठन पूरे जोर-शोर से कर रहे हैं। ये लोग कश्मीर के साझा इतिहास का गौरव न बता कर एक धर्म के पक्ष में इतिहास की धारा को मोड़ना चाहते हैं। जिसमें वे हिन्दू आस्थाओं के अस्तित्व को घाटी से सदा-सदा के लिए मिटाना चाहते हैं। ये सारे भारत एवं

अल्पसंख्यक विरोधी कृत्य पाकिस्तान के इशारे पर होते हैं। आज वैश्विक स्तर पर पाकिस्तान इस्लामिक आतंकवाद के संरक्षक के रूप में अलग-थलग पड़ रहा है। पश्चिमी देशों से मिलती नैतिक एवं आर्थिक सहायता समाप्ति की कगार पर है। पाकिस्तान आज चीन के हाथों की कठपुतली बन चुका है। उसका आखिरी आसरा अब चीन ही है। चीन को भी भारत से परोक्ष रूप से लड़ने के लिए एक रणनीतिक एवं सामरिक हथियार मिल गया है। यह स्थिति भारत के लिए घातक है। पाक अधिकृत कश्मीर में एक अनुमान के अनुसार लगभग 10,000 चीनी सैन्यबल अनेक रूपों में मौजूद हैं। गिलगिट एवं बालटिस्तान आज चीन की बढ़ती गतिविधियों का केन्द्र बन चुके हैं। कश्मीर में इस चीनी उपस्थिति का लाभ पाकिस्तान अवश्य लेना चाहेगा। चीन भी पाकिस्तान की आज व्यापारिक से लेकर सैन्य मदद भारत के विरुद्ध अपने हित साधने के लिए कर रहा है। दोनों ही अलोकतान्त्रिक देशों का गठबंधन क्षेत्रीय स्थिरता के लिए बड़ा खतरा बन सकता है। पाकिस्तान के द्वारा भारतीय कश्मीरी आतंकियों एवं अलगाववादियों की आर्थिक सहायता तभी तो निर्बाध एवं बेखौफ चल रही है। पाकिस्तान ही कश्मीर में कट्टरपंथी वहाबी इस्लामिक विचारधारा को फैला रहा है। आज कश्मीर में 3000 वहाबी मस्जिदें वहाबी चरमपंथी इस्लाम को प्रचारित कर रही हैं। उसके इशारे पर ही कश्मीरी पण्डितों के पुनर्वास का विरोध किया जा रहा है। आज आईएसआई ही कश्मीर के सभी इस्लामिक अलगाववादी संगठनों को एक मंच पर इस विरोध के लिए लेकर आई है। भय और धन दोनों ही कारगर रूप से कश्मीर में काम कर रहे हैं। यदि आईएसआई के पास पहले धन सउदी अरब और पश्चिमी देशों से आ रहा था, तो आज चीन ने उसके लिए कुबेर का खजाना खोल रखा है। अफगानिस्तान में भारत की उपस्थिति पाकिस्तान एवं चीन दोनों की आँखों में खटक रही है। भारत के अफगानिस्तान में हो रहे विकास कार्यों से उसकी छवि वहाँ बहुत ही विश्वसनीय कर दी है, जो पाकिस्तान अपने लिए खतरे की घंटी मान रहा है। कहीं-न-कहीं यह भी एक महत्वपूर्ण कारण है पाकिस्तान के कश्मीर में अधिक सक्रिय हो जाने का। कश्मीर में इस्लामिक कट्टरता की वृद्धि भारतीय संघ के लिए चिन्ता का विषय है। आज का युवावर्ग उससे अधिक प्रभावित हो रहा है। कश्मीर के हिंसक प्रदर्शनों में पाक एवं आईएस के झण्डों का बार-बार दिखना कहीं-न-कहीं इस बढ़ती विचारधारा को भी प्रभावित कर रहा है।

कश्मीरी पण्डितों की कश्मीर घाटी के भीतर एक 'केन्द्र शासित राज्य' की माँग आज के हिंसक हालात देखते हुए न्यायोचित है। एक सुरक्षित स्वायत्त क्षेत्र, इसमें बुराई ही क्या है, जब देश के अनेक हिस्सों में अल्पसंख्यक अपनी अलग बस्तियों में रहते हैं। यह व्यवस्था भारतीय उपमहाद्वीप में स्वतः साम्प्रदायिक कारणों से सदियों पहले ही आरम्भ हो गई थी। एक दुर्बल और असहाय विस्थापित वर्ग की रक्षा किसी भी सरकार का राष्ट्रधर्म है। कश्मीर में आज के हिंसक प्रदर्शन या आतंकी गतिविधियाँ

इतना महत्व नहीं रखती हैं, जितना की पाकिस्तान के द्वारा कट्टर इस्लामिक विचारधारा का प्रचार-प्रसार एवं पोषण। युवावर्ग में बढ़ती हिंसक प्रवृत्ति, अलगाववाद एवं असहिष्णुता के पीछे पनप रही वहाबी विचारधारा अधिक खतरनाक है। इसी विचारधारा से प्रेरित डोडा जनपद के मुस्लिम युवा ने 14 जून, 2016 की रात जम्मू के एक मन्दिर में तोड़-फोड़ की, परिणामस्वरूप जम्मू में हिंसा भड़क उठी। पूरा हिन्दू समाज सड़कों पर आकर प्रदर्शन करने लगा। स्थिति नियंत्रण से बाहर होने लगी। सोशल मीडिया पर अफवाहों का बाजार गर्म हो गया। धार्मिक-स्थल पर हमले का उद्देश्य ही हिंसा भड़काना था। अमरनाथ यात्रा नज़दीक थी, इसीलिए उपद्रवी तब हालात बिगाड़ना चाहते थे। वे जम्मू से चिंगारी लगाकर आग को कश्मीर घाटी तक फैलाना चाहते थे। अमरनाथ यात्रा बाधित करना मुख्य लक्ष्य था। आईएसआई कश्मीर के आतंकियों एवं अलगाववादियों के साथ सक्रिय है। घाटी में आतंकी हिंसा का स्तर मई और जून, 2016 और फिर 2017 में अत्यधिक बढ़ा और इनके साथ ही हिंसक प्रदर्शनों में भी बढ़ोतरी हुई। इस आतंकी हिंसा एवं हिंसक प्रदर्शनों के प्रमुख लक्ष्य निम्नलिखित थे—

1. कश्मीरी पण्डितों के यथोचित पुनर्वास का विरोध।
2. जम्मू एवं कश्मीर के पूर्व सैनिकों की कॉलोनियों का विरोध।
3. जुलाई से आरम्भ होने वाली अमरनाथ यात्रा को बाधित करना।
4. भाजपा एवं पीडीपी सरकार के आगे हिंसक व्यवधान खड़े करना।
5. कश्मीर मसले पर वैश्विक समुदाय का ध्यानाकर्षण।

घाटी के कट्टर इस्लामिक अलगाववादी सरकार के उपर्युक्त सभी कार्यों को मुस्लिम विरोधी एवं घाटी के जनसांख्यिकी परिवर्तन के प्रयास से जोड़कर प्रचारित एवं प्रसारित करते हैं। वह हमेशा संघीय सरकार पर आरएसएस के हिन्दुत्व एजेंडे को लागू करने के प्रयास का दोषारोपण करते हैं। साम्प्रदायिक उन्माद को आधारहीन तथ्यों के सहारे फैलाना इस्लामिक कट्टरपंथियों की दिनचर्या का हिस्सा बन चुका है। पाकिस्तान निर्देशित जिहाद में कश्मीर के इस्लामिक अलगाववादी एवं आतंकी मुख्य मोहरे हैं। कश्मीरी आवाम को गुमराह कर धार्मिक उन्माद के दलदल में फँसा रहे हैं। चिन्ता का विषय आज युवाओं में बढ़ती यह जिहादी विचारधारा है और उनकी भावनाओं में बसा भारत विरोध। भारत 'विरोध' से ही 'हिन्दू विरोध' का जन्म हो रहा है और फिर कश्मीरी पण्डितों के पुनर्वास का विरोध। यह सब विरोध कहीं-न-कहीं आपस में पूरी तरह से जुड़े हुए हैं।

इस्लामिक स्टेट और अलकायदा जैसे कट्टर इस्लामिक आतंकी संगठनों ने विश्व में जिहादी आतंकवाद का जो प्रचार-प्रसार इंटरनेट एवं सोशल मीडिया के द्वारा किया है, वह अकल्पनीय है। वैश्विक स्तर पर इस्लामिक युवा इससे प्रभावित हुआ है। यूरोप में इसका सबसे अधिक असर देखने को मिलता है। आईएस के सबसे अधिक विदेशी

लड़ाके यहीं से आए हैं। भारत में इसका प्रसार सोशल मीडिया के माध्यम से सर्वाधिक कश्मीर घाटी में होता है। श्रीनगर में इस्लामिक स्टेट की वेबसाइट को देखने वाले सबसे अधिक लोग हैं यह एक सर्वेक्षण बताता है। इसके त्वरित प्रभाव को घाटी में हो रहे हिंसक अलगाववादी प्रदर्शनों में साफतौर पर देखा जा सकता है। कश्मीर में स्थानीय आतंकियों की संख्या सरकारी आँकड़ों के मुताबिक लगभग 160 तक है। उनको स्थानीय सहयोग भी आज अभूतपूर्व रूप से मिल रहा है। देश के मशहूर अखबार भी इन इस्लामिक आतंकियों को अज्ञानतावश अभी भी आतंकी न कह कर मात्र युवा उग्रवादी सम्बोधित कर रहे हैं। इन जिहादियों का मनोबल अपने चरम पर है। इसमें स्थानीय उर्दू समाचारपत्रों से लेकर चरमपंथी विचारधारा वाले नागरिक समूह एवं घाटी के सभी राजनैतिक दल उनके साथ हैं। सुरक्षाबलों को अलग-थलग होकर आम कश्मीरी एवं देश के लिए लड़ाई लड़नी है। देश में अभी भी एक बड़ा वर्ग 'वैश्विक जिहाद' और कश्मीर घाटी में उसके रूप एवं प्रारूप को समझने में विफल है। कश्मीर के इस्लामिक आतंकवाद की जड़ों तक पहुँचने की इच्छाशक्ति एवं इच्छा दोनों नहीं है। सुरक्षाबलों की रणनीतिक सैन्य कार्यवाहियाँ केवल अल्पकालिक आतंक नियन्त्रण कर सकती हैं, पर सदा-सदा के लिए आतंक की सामरिक पराजय के लिए हमें 'इस्लामिक जिहाद' की प्रक्रिया की जड़ों को खोदना होगा। यथोचित राजनैतिक निर्णय लेने होंगे और मानना होगा कि कश्मीरी आतंकवाद वैश्विक इस्लामिक जिहादी आतंकवाद का ही एक हिस्सा है। पश्चिमी एशिया के इस्लामी आतंकवाद से गहरी समानताएँ हैं।

अलकायदा और आईएस स्वरूपी इस्लामिक आतंकवाद आज पूरे विश्व में एक संक्रामक रोग की भाँति फैल रहा है। अमेरिका में सन् 2015 में एक मुस्लिम दम्पति द्वारा सैनबरनैन्डिनो में 'लोन वूल्फ जिहादी' हमला और फिर जून, 2016 में एक और 'लोन वूल्फ जिहादी' हमला। पेरिस और ब्रसल्स में जिहादी हमला, ये सारे हमले इन देशों के ही मुस्लिम नागरिकों के द्वारा अन्जाम दिए गए। जाँच में पता चला कि इन सबका इस्लामिक मताकरण सोशल मीडिया एवं इण्टरनेट के माध्यम से हुआ था। यूरोप, अमेरिका, एशिया, अफ्रीका, पश्चिमी एशिया, दक्षिण एशिया, दक्षिण पूर्वी एशिया एवं चीन सब कट्टर इस्लामिक विचारधारा के प्रसार से प्रभावित हैं। इस्लामिक आतंकवाद एक 'बृहद इस्लामिक खिलाफत' के निर्माण के लिए मानवता का खून बहा रहा है। इस जनसंचार युग में हिंसा स्वयं एक बड़ा प्रचार का माध्यम है। कश्मीर वैश्विक जिहाद का अभिन्न अंग है। अलकायदा और इस्लामिक स्टेट आदि आतंकी संगठन कश्मीर में जिहाद के लिए हमेशा विश्व के मुस्लिम समुदाय का आह्वान करते दिखाई देते हैं। कश्मीर का युवा भी इस आभासी एवं मायावी इण्टरनेट प्रसार-प्रचार का शिकार हो रहा है। इस प्रक्रिया में आग में घी डालने जैसा कार्य कश्मीर के इस्लामिक अलगाववादी, राजनेता, अनेक पाकिस्तानी और सऊदी न्यूज चैनल एवं

स्थानीय अखबार कर रहें हैं। वे कश्मीर की बिगड़ी हुई स्थिति को और अधिक बिगाड़ना चाहते हैं। 15, 16 और 17 जून 2016, तीन दिनों में घाटी में 7 आतंकी मारे गए और 13 से 19 जून तक प्रतिदिन कश्मीरी पण्डितों के पुनर्वास के विरोध में हिंसक प्रदर्शन हुए। इस प्रकार अगर मई एवं जून, 2016 के महीनों का विश्लेषण किया जाए, तो वह हिंसा के नाम ही जाएँगे। विरोध कश्मीर घाटी के लोगों का स्वभाव बन चुका है। नेशनल कॉन्फ्रेन्स के उमर अब्दुल्ला भी आजकल अलगाववादी भाषा का प्रयोग करते दिखाई देते हैं। उन्हें भी अब सरकार की प्रत्येक योजना आरएसएस का षड्यंत्र प्रतीत होने लगी है। उनके और अलगाववादी नेता सैय्यद अली शाह जिलानी के बयानो में समानता दिन-प्रतिदिन बढ़ती जा रही है। कश्मीर घाटी का प्रत्येक व्यक्ति स्वार्थी हो चला है, उसे समाज से कुछ लेना-देना नहीं है। आज राज्य और केन्द्र सरकारें इस्लामिक अलगाववादियों की धमकियों से भयभीत हैं। क्या सरकार आज देशद्रोही तत्त्वों से अपनी नीति निर्धारण करेगी। क्या भाजपा की राष्ट्रवादिता भी आज नेपथ्य में खड़े होकर किसी ईश्वरीय चमत्कार की प्रतीक्षा में है? राज्य सरकार अलगाववादियों पर तो 110 करोड़ रुपये तक खर्च कर सकती है, पर उन्हीं अलगाववादियों के कश्मीरी पण्डितों के अपने-अपने घरों में पुनर्वास की बात पर कोई कड़ा रुख क्यों नहीं अख्तियार करती है? वह अलगाववादियों के दोहरे चरित्र को पूरे देश में उजागर क्यों नहीं करती है?

22 जून, 2016 को अनन्तनाग में उपचुनाव थे, जिनका विरोध सभी अलगाववादी गुटों एवं आतंकियों ने किया। 'हिजबुल मुजाहिदीन' के आतंकियों ने मतदान न करने के धमकी भरे पोस्टर तक दीवारों पर चिपकाए। आतंकियों ने लोकतन्त्र एवं चुनावी प्रक्रिया को गैरइस्लामिक करार देते हुए आवाम को मतदान से रोका और यह धमकी दी कि उनकी बात न मानने वाले अपने लिए खुद जिम्मेदार हैं। आतंकी कश्मीर में 'खिलाफत' की स्थापना चाहते हैं। जब अलगाववादियों का लोकतान्त्रिक व्यवस्था में कोई विश्वास ही नहीं है फिर लोकतान्त्रिक सरकारें उनका विश्वास जीतने के लिए घाटी में पिछले सात दशकों से क्यों परेशान हैं? क्यों वह अलोकतान्त्रिक तत्त्वों की लोकतान्त्रिक मुद्दों पर सलाह माँगती हैं? क्या केन्द्र और राज्य सरकारें उनकी हिंसा की धमकियों से डरकर ऐसा करती हैं? क्यों बार-बार वह कश्मीरी पण्डितों के पुनर्वास पर उनके 'हाँ' की प्रतीक्षा कर रही हैं? अनंतनाग में 22 जून, 2016 के 33 प्रतिशत मतदान को देखते हुए लगता है सब कुछ ठीक नहीं है। शायद आवाम और आतंकी, दोनों समूह राज्य और केन्द्र सरकार को कोई सांकेतिक संदेश दे रहे हैं। ग्रामीण क्षेत्रों एवं महिलाओं ने सर्वाधिक मतदान किया। वहीं शहरी क्षेत्रों में मतदान को लेकर काफी उदासीनता देखने को मिली। मुख्यमंत्री महबूबा मुफ्ती सईद को कुल 17000 मत प्राप्त हुए और वह अपने निकटतम प्रतिद्वन्द्वी से 1200 मतों से विजयी होने में सफल हुईं। महिलाओं और ग्रामीण क्षेत्रों का मत उन्हें बड़ी संख्या में प्राप्त हुआ।

किन्तु आज कश्मीर के शहरी क्षेत्र के साथ-साथ ग्रामीण क्षेत्र भी काफी हिंसाग्रस्त है। शायद वहाँ भी इस्लामिक मताकरण एवं वहाबी झुकाव बढ़ा है। बीजवेहरा एवं पम्पोर के बीच का 35 कि.मी. राष्ट्रीय राजमार्ग क्षेत्र खुफिया विभाग द्वारा सर्वाधिक आतंकी गतिविधियों से परिपूर्ण बताया गया है। नगरीय क्षेत्र आज 'सोशल मीडिया' एवं इंटरनेट के द्वारा सबसे अधिक वैश्विक इस्लामिक आतंकवाद की प्रक्रिया से प्रभावित हैं। कश्मीर में भी फैलता इस्लामिक आतंकवाद और गैर-मुस्लिम विरोध इसकी बानगी भर हैं। शिक्षित युवावर्ग इस मुहिम और प्रक्रिया को जन-जन के बीच सक्रिय कर रहे हैं।

बांग्लादेश, ढाका में 1 जुलाई, 2016, शुक्रवार को डिप्लोमेटिक इन्क्लेव क्षेत्र के रेस्टोरेन्ट में जिस प्रकार गैर-मुस्लिम विदेशियों की चयनित हत्या की गई, वह भयावह एवं अमानवीय थी। आतंकी जिन्होंने इस घटना को अंजाम दिया, वे सब युवा कम उम्र के एवं अमीर परिवारों से सम्बन्ध रखते थे। वे सब अच्छे विद्यालयों एवं महाविद्यालयों के छात्र रह चुके थे। उनके द्वारा चयनित गैर-मुसलमानों की नृशंस हत्याएँ उनके मन में गैर-मुस्लिम समाज के प्रति बढ़ रही घृणा को दर्शाता है। बांग्लादेश आजादी के बाद से ही इस्लामिक कट्टरपंथियों के हाथ में कठपुतली बना हुआ है। अगस्त, 1947 से सन् 2016 तक वहाँ हिन्दू आबादी 30 प्रतिशत से घट कर मात्र 6 से 7 प्रतिशत रह गई है। सन् 2016 में ही अनेक हिन्दू पुजारियों एवं अन्य नागरिकों की इस्लामिक चरमपंथियों द्वारा निर्मम हत्याएँ की गई। कश्मीर भारत का अभिन्न अंग होते हुए पाकिस्तान, बांग्लादेश की तरह ही हिन्दू नरसंहार के लिए जिम्मेदार है। क्योंकि यह भारत का अकेला मुस्लिम बाहुल्य क्षेत्र है। यही कारण है कि तसलीमा नसरीन जैसी प्रसिद्ध विद्वान लेखिकाएँ कहती हैं कि यह कहना कि इस्लाम शान्ति का धर्म है, बड़ा हास्यास्पद लगता है। क्योंकि इस्लाम आज तक एक भी शान्ति वैश्विक प्रक्रिया का उदाहरण प्रस्तुत नहीं कर पाया है। कश्मीर में भी राजनैतिक इस्लाम हिन्दू पुनर्वास के नाम पर हिंसा भड़का रहा है। क्यों कश्मीरी इस्लामिक अलगाववादी घाटी में अन्य धर्मावलम्बियों के बसने के खिलाफ हैं? क्या वह इसी इस्लामिक शान्ति एवं सद्भावना की महानता को झूठ के द्वारा प्रचारित करना चाहते हैं?

8 जुलाई, 2016 को एक और इस्लामिक आतंकी सेना की 19 आर.आर. वाहिनी द्वारा अपने दो और साथियों के साथ मारा गया, जिसको कि मीडिया के एक वर्ग ने कश्मीर के इस्लामिक आतंकवाद का 'पोस्टर ब्वाय' कहना आरम्भ कर दिया था। 9 जुलाई को उसके जनाज़े में हजारों की भीड़ हुई। इस्लामिक नारों के साथ-साथ पाकिस्तान जिन्दाबाद के नारे बुलन्द किए गए। पूरा कश्मीर अशान्त रहा। पथराव और आगजनी की वही पुरानी पुनरावृत्ति। अमरनाथ यात्रा पर सामयिक विराम लगाया

गया। 'हिन्दू भारत' का विरोध एक बार फिर मुखर हो चला। इस्लामिक आतंकवाद अभी भी एक प्रबुद्धवर्ग एवं मीडिया के एक वर्ग के लिए 'गुरिल्ला संघर्ष' है। वे शायद या तो 'आतंकवाद' एवं 'अलगवावाद' के भेद को नहीं समझते हैं या समझना ही नहीं चाहते हैं। उनका लक्ष्य भारत की राष्ट्रीय एकता एवं अखण्डता को क्षति पहुँचाना हैं। बुरहान वानी जैसे आतंकी के लिए किसी भी प्रकार के सहानुभूति के शब्द, कश्मीर में इस्लामिक आतंकवाद एवं अलगाववाद को बढ़ावा देने के बराबर है। कश्मीर घाटी में 'भीड़ आतंकवाद' अपने चरम पर पहुँच चुका है, पुलिस स्टेशन जलाए जा रहे हैं, पुलिस वालों के हथियार भीड़ छीन कर ले जा रही है और उन पर गोलियाँ भी चला रही है। कश्मीर घाटी का हर एक व्यक्ति किसी न किसी रूप में इस 'भीड़ आतंकवाद' का हिस्सा है। पुलिस जीप को उसके चालक सहित झेलम में भीड़ द्वारा जलसमाधि दे दी जाती है। मीडिया का एक वर्ग इसी भीड़ को बेचारा और उत्पीड़ित दिखाना चाह रहा है। क्या ऐसे होते हैं 'बेचारे लोग'? सुरक्षाबल जिस प्रकार के आत्मसंयम का परिचय दे रहे हैं, किसी भी दूसरे देश में इसकी मिसाल मिलना मुश्किल है। दिल्ली में बैठे बड़े-बड़े अंग्रेजी बोलने वाले पत्रकारों के लिए कश्मीर की असलियत पहचानना नामुमकिन है, क्योंकि इसे आप वहाँ रहकर एवं जी कर ही अनुभव कर सकते हैं।

9 और 10 जुलाई, 2016 को भीड़ की हिंसा अविराम चलती रही। गाँव, नगर सब जगह मस्जिदों से 'भारत विरोधी जिहाद' की आवाज़ बुलन्द होती रही। कैसेट्स और सीडी में पहले से सुरक्षित नारों को चलाया जाता रहा। युवावर्ग को भड़काया जा रहा था। अलगाववादियों के साथ-साथ सभी विरोधी दल भी सरकार के विरुद्ध इस हिंसा की आग में घी डालने का कार्य करने में जुटे हुए थे। 'भीड़ आतंकवाद' का रूप धीरे-धीरे और विकराल स्थिति ग्रहण कर रहा है। हथियारबन्द आतंकी को मारना तो सेना के लिए आसान है, पर इस प्रकार की हिंसक भीड़ से संयमपूर्वक पार पाना धीरे-धीरे मुश्किल होता जा रहा है। सैन्यबलों की एक भूल पूरा वातावरण बिगाड़ कर रख सकती है। इस्लामिक अलगाववादी एक भी हिन्दू की घाटी में वापसी के पक्ष में नहीं है। कश्मीर घाटी के सभी कश्मीरी हिन्दुओं के परिगमन शिविरों को उग्र भीड़ के द्वारा लक्षित किया जा रहा है। इन शिविरों के हिन्दू एक बार फिर पलायन कर जम्मू में शरण ले रहे हैं। इस्लामिक अलगाववाद, उग्रवाद एवं इस्लामिक आतंकवाद कश्मीर को इस्लामिक राज्य बनाने के लिए प्रतिबद्ध है। 'जिहादी' घाटी में 'भीड़ आतंकवाद' का पूर्ण नेतृत्व कर रहे है। इस बार 'भीड़ आतंकवाद' एवं इस्लामिक आतंकवाद का केन्द्र श्रीनगर न होकर दक्षिण कश्मीर के जनपद हैं। अनन्तनाग, अवन्तिपुर, बीजवेहरा, पुलवामा इस बार इस्लामिक हिंसा के चरम बिन्दु बने हुए हैं। बुरहान वानी की आतंकी गतिविधियों का यह क्षेत्र था। मीडिया और देश का बड़ा वर्ग अभी भी

'कश्मीरी द्विराष्ट्रवाद' और 'इस्लामिक उम्माह' के सिद्धान्तों को समझकर भी न समझने और समाज के सामने एक गलत तस्वीर दिखाने की कोशिश कर रहा है। वह कश्मीरी लोगों की आज़ादी की माँग को मात्र उनके मौलिक अधिकार समझ रहा है। कश्मीर में हिन्दुओं का इस्लामिक आतंकियों द्वारा नरसंहार और भारत का 'हिन्दू भारत' कहकर विरोध एक प्रकार से जिहाद का आह्वान है।

अरुन्धति राय जैसे दंभी एवं ढोंगी कथित विचारक इस 'इस्लामिक अलगाववाद' एवं 'द्विराष्ट्र सिद्धान्त' को कश्मीरियों की माँग जायज़ ठहरा रहे हैं। उनके लिए भारतीय सुरक्षाबल एवं राज्य पुलिस हत्यारे एवं बलात्कारी हैं। जिनको स्वयं कश्मीर के इतिहास का ज्ञान न हो और न ही वहाँ कभी रहे हों, वे कैसे कश्मीर के विषय में सही-गलत का निर्णय कर सकते हैं। ऐसे लेखकों एवं पत्रकारों की 'भीड़ आतंकवाद' के घायल आतंकी एवं उग्रवादी तो भोले-भाले साधारण लोग दिखाई देते हैं, लेकिन इनकी स्वयं की रक्षा करने वाले सैनिक, जो हजारों की संख्या में घायल हैं दिखाई नहीं पड़ते। बुरहान वानी को आतंक का 'पोस्टर ब्वाय' भी इसी मीडिया एवं ऐसे ही पथभ्रष्ट कथित बुद्धिजीवियों ने ही बनाया था। बुरहान वानी जैसे पथभ्रष्ट इस्लामिक आतंकी को इस्लामिक अलगाववादी ही अपना नायक पेश कर सकते हैं। स्थानीय और पाकिस्तानी दोनों ही आतंकियों के मनोबल को ऊँचा करने के यही कुछ प्रमुख कारण हैं। हमे सार्वजनिक रूप से स्वीकार करना चाहिए कि कश्मीर की समस्या के जड़ में सिर्फ और सिर्फ इस्लाम और 'द्विराष्ट्र सिद्धान्त' है। 2016-17 कश्मीर में हिंसा के हिसाब से खराब साल माने जाएँगे। 'पीडीपी-भाजपा' सरकार एवं हिन्दू विस्थापितों का पुनर्वास प्रमुख कारण है, इस हिंसा का। क्योंकि इस्लामिक अलगाववादियों के अनुसार भाजपा एक हिन्दू दल है और वह कैसे मुसलमानों पर शासन कर सकते हैं, चाहे वह लोकतान्त्रिक सरकार ही क्यों न हो। कश्मीरी स्वतन्त्रता किसी भी न्यायिक दृष्टि से तर्कसंगत नहीं मानी जा सकती। कश्मीर प्राचीनकाल से भारत का अभिन्न अंग था और जो कि केवल हिन्दू कश्मीर था। मात्र 480 साल का मध्ययुगीन इस्लामिक शासन (सन् 1339-1819), किस प्रकार से इस इस्लामिक शासन को न्यायपूर्ण ठहरा सकता है और एक विभाजनकारी विचारधारा को फिर से कैसे पोषित कर सकता है? आज भी हर हिन्दू घाटी में भारतीय एजेण्ट के रूप में देखा जाता है और उसे कश्मीर में रहने का कोई हक नहीं है। 'भीड़ आतंकियों' की वकालत करने वाले कश्मीरी मुस्लिम नेतृत्वकर्त्ताओं के कुतर्क तो सुने जा सकते हैं, परन्तु दिल्ली में बैठे पत्रकारों एवं बुद्धिजीवियों को उनके सुर में सुर मिलाने से पहले कम-से-कम एक साल घाटी में प्रवास अवश्य करना चाहिए वह भी एक साधारण गैर-मुस्लिम बनकर। आज घाटी में वहाबी इस्लाम का पूर्ण वर्चस्व है, जिसका उग्र नेतृत्व पाकिस्तान स्थित लश्कर-ए-तैयबा कर रहा है। लश्कर के आतंकी ही बुरहान वानी के 'जनाज़ा आन्दोलन' तक का नेतृत्व कश्मीरियों के कंधों पर चढ़कर कर रहे थे। क्या आज का

कश्मीरी युवा ऐसे पथप्रदर्शकों का अनुयायी बन चुका है। यदि ज़मीनी हकीकत को नजरअंदाज न किया जाए तो सच्चाई यही है। क्यों मुख्यमंत्री मुफ्ती मो. सईद के जनाज़े से अधिक लोग पाकिस्तानी आतंकियों के जनाज़े में शामिल हो रहे हैं? क्या वहाबी इस्लामीकरण की प्रक्रिया आज पूर्णरूपेण सम्पन्न हो चुकी है? क्या कश्मीर में लोकतान्त्रिक प्रक्रिया का ड्रामा सिर्फ और सिर्फ कश्मीरियों द्वारा भारतीय संघ से धन लाभ लेने के लिए किया जा रहा है। धन लेने के बाद भी कश्मीर के नेता कहते हैं कि भारत धन से उनको खरीद नहीं सकता है। आज कश्मीर में भारत की अखण्डता एवं कश्मीर को भारत का अंग कहने वाले नेता की जन स्वीकार्यता नहीं है। क्यों आज भारतीय राजनैतिक नेतृत्व बार-बार 'अलगाववादी कश्मीरी' और 'भोले-भाले कश्मीरी' जैसे विभाजन कर बाकी भारतीय जनमानस को दिशा भ्रमित कर रहा है। क्या आज ज्यादातर कश्मीरी आवाम अलगाववाद की राह पर नहीं है? 28 जुलाई, 2016 को 20 दिनों के बाद कर्फ्यू हटाते ही क्यों हिंसा भड़क उठी, क्यों आम नागरिक इसका विरोध नहीं कर रहा है? लोकल मीडिया की खबरों के मुताबिक तो आज प्रत्येक कश्मीरी 'आजादी' चाह रहा है। क्या इस अटल सत्य, जैसा कि कश्मीरी मीडिया कह रहा है, के बाद भी किसी लोकतान्त्रिक संवाद की जगह शेष रहती है? क्या यह 'आजादी' माँगने का हिंसक तरीका लीगी गुण्डागर्दी और दहशतगर्दी से भिन्न है? क्या भारतीय संघ एक और बँटवारे के लिए तैयार है? यदि नहीं तो फिर कठोर कदमों से आखिर कब तक परहेज? यदि शल्य चिकित्सा ही किसी रोग का इलाज है, तो उसे दर्द के डर से रोका नहीं जा सकता है। यदि 28 जुलाई तक 50 के आस-पास दंगाई हिंसा में मारे गए और 3000 कुछ घायल, तो इस पर प्रलाप और पश्चाताप क्यों और यह संख्या साल के अन्त तक सौ के लगभग थी? हमारे सुरक्षाकर्मी भी हजारों की संख्या में घायल हुए। अनेक पुलिस चौकियों और अन्य सुरक्षा चौकियाँ जलाकर राख कर दी गई हैं। दर्जनों हथियार और बड़ी मात्रा में गोला-बारूद भी लूटा गया है। क्या इस 'भीड़ आतंकवाद' को सुरक्षाबल मूकदर्शक बनकर देखते रहते? क्या सुरक्षाबल राष्ट्रीय चेतना और नीतियों को सुरक्षित रखने वाले पारिवारिक नागरिक नहीं हैं? कश्मीर का 'भीड़ आतंकवाद' निहत्थे लोगों की भीड़ नहीं है। इसी भीड़ से गोलियाँ भी चलाई जा रही है और बम भी फेंके जा रहे हैं और इसी भीड़ के द्वारा सैन्य कर्मियों की पीट-पीटकर हत्याएँ तक की जा रही हैं। क्या 'भीड़ आतंकवाद' के आतंकी किसी भी सहानुभूति के हकदार हैं, क्या पाकिस्तान जिन्दाबाद के नारे लगाने वाले देशद्रोही अखिल भारतीय आयुर्विज्ञान संस्थान के चिकित्सकों की सेवा के हकदार हैं? जो 'भीड़ आतंकी' सैन्य चिकित्सालय पर तक पथराव कर रहे हो, क्या उन्हें हम आम प्रदर्शनकारी समझने की भूल कर सकते हैं?

'कश्मीर घाटी के इस्लामिक अलगाववाद एवं इस्लामिक आतंकवाद को क्यों

वैश्विक इस्लामिक आतंकवाद एवं हिंसा से जोड़ कर हम नहीं देख रहे हैं? कश्मीर का इस्लामिक अलगाववाद एवं चरमपंथ वैश्विक इस्लामिक हिंसा एवं आतंकवाद के साथ ही बढ़ता और घटता रहा है। उदाहरण रूस-अफगान युद्ध से लेकर आज के इस्लामिक स्टेट के फैलाव तक आपके समक्ष है।' कैसे इन दोनों घटनाओं ने कश्मीर के राजनैतिक एवं सामाजिक पटल को बदल कर रख दिया? आज घाटी का वहाबी इस्लामीकरण प्रत्येक स्तर पर पूर्ण है। आज लश्कर (पाकिस्तान) के वहाबी आतंकवादी धीरे-धीरे जननायकों की भूमिका अख्तियार करते जा रहे हैं। युवावर्ग में उनकी लोकप्रियता बढ़ रही है। सन् 1990 के बाद की पीढ़ी अधिक चरमपंथी एवं असहिष्णु है। आज अलगाववादी आन्दोलन पूर्णरूप से कट्टर वहाबी चरमपंथी आन्दोलन है, जो पूरी तरह से विकेन्द्रित एवं युवा संचालित है और जिसका लक्ष्य एक इस्लामिक राज्य की स्थापना है। वास्तव में कश्मीर समस्या इस्लाम के द्विराष्ट्र सिद्धान्त का एक उदाहरण है। पाकिस्तान जिन्दाबाद के नारे और उसका झण्डा प्रदर्शित करना, तो इस सिद्धान्त का एक प्रतीकात्मक रूप है, क्योंकि पाकिस्तान विश्व का पहला 'इस्लामिक द्विराष्ट्र सिद्धान्त' का उदाहरण है। राजनैतिक इस्लाम के इस पहलू को चिह्नित कर राष्ट्रीय पटल पर बेझिझक रखना राष्ट्रीय हित का विषय है। कश्मीर में हिंसक प्रदर्शन एवं इस्लामिक आतंकवाद पूरी तरह से कश्मीरी है। पाक आर्थिक एवं नैतिक समर्थन इन्हीं इस्लामिक अलगाववादियों की माँग पर है। दक्षिण कश्मीर से जिस प्रकार से हिन्दू राज्यकर्मियों को उनके परिगमन शिविरों से एक बार फिर खदेड़ा गया है, वह कोई साधारण घटना नहीं है। उन पर हमला करने वाली मुसलमानों की भीड़ पाकिस्तान से नहीं आयी थी, बल्कि पूर्णरूपेण स्थानीय थी।

4 अगस्त, 2016 को कुलगाम में किस प्रकार जमाते इस्लामी के एक आयोजन में लश्कर के इस्लामिक आतंकियों ने हथियारों का प्रदर्शन किया। उनके समर्थन में वहाँ उपस्थित लोगों के नारे साफतौर पर कश्मीर घाटी में इस्लामिक आतंकवाद एवं अलगाववाद की गहरी हो रही जड़ों का चिह्न है। 5 अगस्त को राजौरी में भी जुमे की नमाज़ के बाद हिंसक प्रदर्शन हुए, जिसमें भारत विरोधी नारे लगाए गए और 'आजादी' के नारों को बुलन्द किया गया। केन्द्र और राज्य सरकार द्वारा कठोर कदम उठाने का समय है। राष्ट्रविरोधी मुहिम को चलते रहने देना राष्ट्रीय हितों के विरुद्ध है। दक्षिण कश्मीर में 5 अगस्त से 7 अगस्त, 2016 के उग्र प्रदर्शनों के दौरान 'लश्कर-ए-इस्लामी' द्वारा कश्मीरी हिन्दुओं के लिए धमकी भरे पोस्टर चिपकाए गए, जिनमें लिखा था कि या तो वे कश्मीर छोड़ दें या मरने को तैयार रहें। यह पोस्टर पुलवामा के उन्हीं क्षेत्रों में पाए गए जहाँ कश्मीरी पण्डितों के परिगमन शिविर हैं। इन परिगमन शिविरों पर बुरहान वानी के मारे जाने के बाद इस्लामिक आतंकियों के समर्थकों ने पथराव भी किया था और खाली पड़े हिन्दुओं के घरों में आगजनी की गई थी। इस स्तर का हिन्दू विरोध कश्मीर में कुछ नया नहीं है। अपितु कम-से-कम सन्

1986 में हुए हिंसक हिन्दू विरोधी दंगों से तो आरम्भ होता ही है। उसके बाद से यह घृणा बढ़ती ही रही है। कश्मीर का इस्लामिक चरमपंथ धीरे-धीरे बढ़ता ही गया है। आज सन् 1990 की युवापीढ़ी के साथ यह हिन्दू घृणा अपने चरम पर पहुँच चुकी है। आज इस घृणा का दायरा भी बहुत बढ़ चुका है। कश्मीर में हो रहे हिंसक अलगाववादी प्रदर्शनों के पीछे बुरहान वानी की मौत से अधिक प्रमुख कारण है केन्द्र सरकार की कश्मीरी हिन्दुओं का घाटी में पुनर्वास की वचनबद्धता और सकारात्मक नीति। इस्लामिक अलगाववादी एवं आतंकी कभी नहीं चाहते थे कि घाटी में हिन्दू आकर पुनः बसे। मुख्य धारा के कुछ नेताओं, पत्रकारों एवं बुद्धिजीवियों द्वारा कश्मीर में घायल हो रहे इस्लामिक प्रदर्शनकारियों के प्रति आवश्यकता से अधिक सहानुभूति या तो राजनीति और तुष्टीकरण से प्रेरित है या उन्हें ज़मीनी सच्चाई का तनिक भी ज्ञान नहीं है। हिंसा का स्वरूप और स्तर देखते हुए सैन्यबलों की प्रतिक्रिया अति संयमपूर्ण है। यह कहना कि 'पेलेट गन' उनकी आँखों पर लक्ष्य कर दागी जा रही है, सरासर झूठ है। भीड़ में जब प्रदर्शनकारी पत्थर चलाता है, दौड़ता है, झुकता है, कभी दाएँ-बाएँ भागता है, तो उसके शरीर के अलग-अलग हिस्से सैन्यबलों को लक्षित होते हैं और यह मात्र संयोग है कि छर्रे प्रदर्शनकारी की आँखों में लग जाते हैं। छोटे बच्चों की लम्बाई कम होने के कारण उग्रवादियों और हिंसक भीड़ के शरीर के निचले हिस्से में लक्ष्य की गई गोली के छर्रे आँखों में लग सकते हैं। भीड़ की भाग-दौड़ और अफरा-तफरी एवं सुरक्षाबलों के ऊपर पथराव के कारण चलाई गई गोली के छर्रे कभी-कभी लक्ष्य से चूक कर घातक सिद्ध हो सकते हैं। हिंसक प्रदर्शनों में आहत हो रहे युवा प्रदर्शनकारियों के लिए सुरक्षाबलों एवं सरकार पर दोषारोपण सरासर बेईमानी है। हिंसा का स्तर कहीं और अधिक कठोर उपायों की माँग करता है। कश्मीर घाटी में सिख समुदाय पर जबरन प्रदर्शनों में शामिल होने का दबाव बनाया जा रहा है। जिसकी शिकायत कश्मीर के सिख संगठनों ने लिखित रूप से गृहमंत्री राजनाथ सिंह एवं मुख्यमंत्री महबूबा मुफ्ती से भी की थी। कश्मीर घाटी के अल्पसंख्यकों में भारी असुरक्षा का भाव है। 11 अगस्त, 2016 की एक रिर्पोट के अनुसार *(दैनिक जागरण– 11 अगस्त, 2016)* दक्षिण कश्मीर में पुलिस द्वारा 4 आतंकियों के एक समूह को हिन्दू बस्ती की तरफ जाते देखा गया और चुनौती देने पर उन्होंने पुलिस पर गोलियाँ चलाईं। इस घटना के बाद घाटी में अल्पसंख्यकों (हिन्दू और सिख) के बीच भय का वातावरण था। हिन्दू अल्पसंख्यकों को 'आरएसएस' का एजेण्ट कहकर भगाने की धमकी दी जा रही है। इन परिस्थितियों में जो कश्मीरी हिन्दू घाटी में शेष थे, वे भी धीरे-धीरे पलायन कर रहे हैं। इस परोक्ष हिन्दू नरसंहार को अभी भी हम समझने में असफल हैं। कश्मीर घाटी में एक महीने से अधिक हिंसक प्रदर्शनों के निशाने पर सुरक्षाबल और उनकी सुरक्षा चौकियाँ थी। जम्मू-कश्मीर सरकार के विधायक और मंत्रियों पर भी हमले हुए। उनके घरों एवं वाहनों को जलाया गया। पुलिसकर्मियों को

सरकार के लिए काम न करने का दबाव बनाया गया और धमकियाँ दी गईं।

15 अगस्त, 2016 जब प्रधानमंत्री नरेन्द्र मोदी लाल किले की प्राचीर से देश को सम्बोधित कर रहे थे, तब श्रीनगर, नौहट्टा में सुरक्षाबल अपने ऊपर हुए हमले का जवाब दे रहे थे। इस हमले में केन्द्रीय रिजर्व पुलिस के कमांडेट वीरगति को प्राप्त हुए और 5 जवान घायल हुए। पूरे दिन में घाटी में 7 आतंकी सुरक्षाबलों के द्वारा मारे गए, सभी आतंकी पाकिस्तानी थे। इन आतंकियों से अधिक खतरनाक हैं, इनको शरण देने वाले कश्मीर के इस्लामिक चरमपंथी तत्व। यह शरण और संरक्षण देने की प्रक्रिया निम्नलिखित चरणों में सम्पन्न हो रही है—

1. सुरक्षित रिहायसी ठिकाने उपलब्ध कराना।
2. दैनिक दिनचर्या की आवश्यकताओं की पूर्ति करना।
3. आतंकी घटनाओं को अंजाम देने के लिए महत्वपूर्ण एवं उपयोगी सूचनाएँ देना।
4. आतंकी हथियारों एवं गोला-बारूद को छिपाकर रखना।
5. सुरक्षाबलों की गतिविधियों की पूर्व सूचना आतंकियों को विस्तृत रूप में देना।
6. आतंकियों के घिर जाने के बाद उन्हें बचाने के लिए सुरक्षाबलों पर पथराव करना।
7. मुठभेड़ के दौरान मस्ज़िदों से आतंकियों के समर्थन में गान करना और पाकिस्तान जिन्दाबाद के नारे लगाना।
8. आतंकी के मारे जाने पर उसकी अंतिमयात्रा सम्मानपूर्वक निकालना एवं अलाप करना।
9. सुरक्षाबलों का मनोबल गिराने के लिए उन पर मानवाधिकार उल्लंघन के झूठे आरोप लगाना।
10. विदेशी आतंकियों को आवश्यकता पड़ने पर हवाला के माध्यम से धन उपलब्ध कराना।

यदि आज कश्मीर घाटी सुलग रही है, तो उसको आग लगाने वाले कश्मीरी इस्लामिक अलगाववादी चरमपंथी ही हैं। ये लोग ही सामान्य कश्मीरी मुसलमान को धर्म के नाम पर भड़काने का कार्य वहाबी षड्यंत्र के तहत कर रहे हैं। ये लोग ही इस्लामिक आतंकियों के महिमामण्डन के द्वारा कश्मीरी युवावर्ग को भी इसी राह पर चलने के लिए प्रोत्साहित कर रहे हैं। बुरहान वानी जैसे इस्लामिक आतंकी का भी इसी उद्देश्य से महिमामण्डन किया जा रहा है। पाकिस्तानी कश्मीरी एजेन्ट आज आतंकी और अलगाववादी दो रूप में कार्य कर रहे हैं। आईएसआई के धन के द्वारा ही यह अपनी दुकाने निजी स्वार्थ के लिए चला रहे हैं। आज हिन्दुओं को कश्मीर में न बसने देना पाकिस्तानी नीति का हिस्सा है, जिसका पालन कश्मीर के इस्लामिक अलगाववादी

कर रहे हैं। 16 अगस्त, 2016 को बूढ़ा अमरनाथ यात्रियों पर पुंछ जनपद के मण्डी उपनगर में मुसलमानों द्वारा सिर्फ इसलिए पथराव किया गया, क्योंकि वह देशभक्ति और भगवान के नारे व जयकारे लगा रहे थे। मुस्लिम समुदाय द्वारा मण्डी की बाजार को बन्द कर 'पाकिस्तान जिन्दाबाद' और 'हिन्दुस्तान मुर्दाबाद' के नारे लगाए गए। सन् 2016-2017 की कश्मीरी हिंसा का प्रभाव पहली बार जम्मू संभाग के पुंछ और राजौरी जनपदों में भी देखने को मिला। अलगाववादियों एवं आतंकियों द्वारा इस हिंसक आन्दोलन को पूर्णरूप से इस्लामिक आन्दोलन देने का प्रयास किया जा रहा है और वह काफी हद तक प्रयासों में सफल भी रहे हैं। 16 अगस्त, 2016 को दक्षिण कश्मीर में बडगाम और अनन्तनाग की हिंसा सुरक्षाबलों की जवाबी कार्यवाई में पाँच उग्र प्रदर्शनकारी मारे गए। ये प्रदर्शनकारी केन्द्रीय रिर्जव पुलिस बल के वाहन को पांच सुरक्षाकर्मियों के सहित जलाने का प्रयास कर रहे थे।

बुरहान वानी के मारे जाने के बाद हिजबुल आतंकी समूह ने ज़ाकिर उर्फ मूसा को कश्मीर के लिए आतंकी प्रमुख नियुक्त किया। ज़ाकिर ने एक वीडियो जारी करके कश्मीर के लोगों का उसके समूह को समर्थन और प्यार देने के लिए धन्यवाद करते हुए कहा कि 'हम लोग उन सब लोगों के शुक्रगुजार हैं, जिन्होंने अपनी जान देकर भी इस 'इस्लामिक आन्दोलन' का समर्थन किया है। बुरहान वानी और उसके दो सहयोगियों की शहादत ने इस 'इस्लामिक आन्दोलन' को नई ऊँचाईयाँ दी हैं और अब अपार जनसमर्थन मिलने से इस आन्दोलन को अपने अंजाम तक पहुँचाया जा सकता है।' उसने अप्रैल, 2017 में इस भीड़ आतंकवाद को इस्लामिक आन्दोलन न कहकर राजनैतिक आन्दोलन कहने पर हुर्रियत नेताओं के सिर कलम करने की धमकी भी दी। उसके इस बयान के लिए उसे हिजबुल से बाहर निकाला गया। वह अब अलकायदा के संरक्षण में नया आतंकी संगठन बनाने जा रहा है। ज़ाकिर मूसा का इन हिंसक उग्रप्रदर्शनों को 'इस्लामिक आन्दोलन' कहना ही एक सत्य है। इस आतंकी के कथन के भाव एवं तथ्य को समझना आवश्यक एवं अनिवार्य है। कोई राष्ट्रीय नीति एवं रणनीति इसी सत्य एवं तथ्य के आधार पर बनाई जा सकती है। इस इस्लामिक अलगाववाद एवं आतंकवाद को समझना देश के नीति नियंताओं के लिए तब और भी जरूरी हो जाता है, जब देश के बड़े वर्ग द्वारा उस पर पर्दा डालने की पूरी कोशिश की जाती हो। कश्मीर की समस्या निर्धनता और पिछड़ापन न होकर, इस्लामिक चरमपंथ है। यह इस्लामिक चरमपंथ एक बड़े तटस्थ इस्लामिक समूह पर पूरी तरह से हावी है। आज का कश्मीरी युवा अन्य लोगों की अपेक्षा इन चरमपंथियों के प्रभाव से अधिक हिंसक और चरमपंथी हो गया है। वह उग्र हिंसक प्रदर्शनों के समय सुरक्षाबलों के साथ कश्मीरी आवाम को भी अपनी हिंसा का शिकार बना रहा है। कश्मीर में फैले इस वहाबी कट्टरपंथी इस्लाम को पहचानने की आवश्यकता है। इसके प्रचार-प्रसार के लिए आ रहे अकूत धन को रोकने की आवश्यकता है। इन कट्टर इस्लामिक चरमपंथियों,

अलगाववादियों एवं आतंकियों को उनके इन्हीं नामों से बार-बार पुकारने की आवश्यकता है। *'टाइम्स ऑफ इण्डिया'* जैसे प्रमुख समाचारपत्रों में बुरहान वानी को विद्रोही सेनानायक लिखना, क्या जिम्मेदार पत्रकारिता के चिह्न है। 17 अगस्त, 2016 को उनके समाचारपत्र में एक इस्लामिक आतंकवादी के लिए यही सम्बोधन लिखा हुआ था। क्या यह कश्मीर से बुरहान वानी के मारे जाने के बाद भगाए गए 1600 हिन्दू राज्यकर्मियों के साथ अन्याय नहीं है? ऐसी ही पत्रकारिता एवं बौद्धिक दिवालिएपन ने कभी कश्मीरी हिन्दुओं के जनसंहार को एक राष्ट्रीय एवं अन्तर्राष्ट्रीय गम्भीर मुद्दा नहीं बनने दिया। वामपंथी भारतीय बौद्धिकता कहीं-न-कहीं नकली एवं किराये की विचारशीलता एवं सिद्धान्तों पर आधारित है।

कश्मीर में अमरनाथ यात्रा को इस्लामिक हिंसक समूहों द्वारा बाधित करना या श्री बूढ़ा अमरनाथ यात्रा का पुंछ में भी इस्लामिक हिंसक चरमपंथियों द्वारा बाधित करना भारत के बुद्धिजीवी समाज एवं राजनैतिक दलों के लिए कोई चिन्ता का विषय नहीं है। क्या जम्मू-कश्मीर एक इस्लामिक राज्य बन चुका है? क्या हिन्दुओं की धार्मिक अस्मिता का कोई मूल्य नहीं है? क्या भारतीय लोकतन्त्र हिन्दुओं की रक्षा के लिए कटिबद्ध नहीं है?

15 अगस्त, 2016 कश्मीर घाटी के लिए पूर्व दिनों की तरह ही हिंसाग्रस्त रहा, 7 आतंकी मारे गए। एक सीआरपीएफ कमांडेंट शहीद हुए और करीब 10 सुरक्षाबलों के जवान घायल हुए। बक्शी स्टेडियम में मुख्यमंत्री के कार्यक्रम में उनके ध्वजारोहण करते समय ध्वज नीचे गिर गया, जो एक अशुभ संकेत है। घाटी में स्वतन्त्रता दिवस के किसी भी कार्यक्रम में विद्यालय के छात्रों ने किसी भी रूप में हिस्सा नहीं लिया। ऐसा सन् 1993 के बाद पहली बार हुआ है। ये सारी घटनाएँ सामान्य नहीं हैं। राष्ट्रीय ध्वज का नीचे गिरना और वह भी मुख्यमंत्री के कार्यक्रम में एक चिन्तनीय विषय है। आयोजकों की कर्तव्यनिष्ठा एवं राष्ट्रनिष्ठा पर प्रश्नचिह्न है। कांग्रेस और नेशनल कान्फ्रेंस के एक भी नेता स्वतन्त्रता दिवस के समारोह में हिस्सा लेने नहीं आए, क्योंकि इस्लामिक अलगाववादियों ने भी इन कार्यक्रमों से दूरी बनाए रखने के लिए कहा था।

सन् 2003 के बाद सन् 2016 में अमरनाथ में जाने वाले श्रद्धालुओं की संख्या अपने निम्नतम स्तर पर रही थी। सन् 2017 में भी हालात अप्रैल, मई और जून के महीनों से ही चिन्ताजनक थे। सन् 2018 में भी यात्रा इस्लामिक अलगाववादियों के निशाने पर है। कश्मीर में गैर-इस्लामिक धार्मिक आयोजनों एवं तीर्थयात्राओं का होना धीरे-धीरे असम्भव बनाया जा रहा है। यह धार्मिक असहिष्णुता की प्रक्रिया बहुत सुनियोजित एवं सतत है। इस प्रक्रिया को मात्र परिस्थितिजन्य समझना अदूरदर्शिता होगी। हिन्दू धर्म की आस्था से जुड़े प्रत्येक आयोजन का विरोध घाटी के चरमपंथी मुस्लिम समाज का कर्त्तव्य होता जा रहा है। वह चाहे कश्मीर के ऐतिहासिक महापुरुष

अभिनव गुप्त या अन्य किसी से जुड़ा ही क्यों न हो। जबकि ऐसे महापुरुष तो कश्मीर के प्राचीन ऐतिहासिक प्रेरणास्रोत हैं। यह साफ तौर पर धर्म विशेष का विरोध है। भारत में अनेक बुद्धिजीवी उलट इन परिस्थितियों का दोष भी दक्षिणपंथियों या भाजापा के 'हिन्दुत्व' को देते हैं। इससे बड़ा हिन्दू धर्म और उसकी असीम सहिष्णुता को बदनाम करने का कोई और तरीका नहीं हो सकता। कश्मीरी अलगाववादी आन्दोलन पूर्ण रूप से इस्लामिक चरमपंथी एवं वहाबी प्रक्रिया है। यह जितनी जल्द समझा जाए उतना ही राष्ट्रहितों को कश्मीर में सुरक्षित किया जा सकता है। क्यों आज इस्लामिक अलगाववादियों के प्रेरणास्रोत इस्लामिक राष्ट्र पाकिस्तान और इस्लामिक आतंकी समूह 'आइएस' है? क्योंकि जहाँ एक ओर धर्म के आधार पर राष्ट्र बना पाकिस्तान पहला राष्ट्र है, तो दूसरी ओर 'इस्लामिक खिलाफत' को पूरी दुनिया पर स्थापित करने के लिए 'आइएस' ने जन्म लिया है। अतः दोनों ही घटनाएँ कश्मीर को इस्लामिक राष्ट्र के जन्म की ओर अग्रसर करने में प्रेरणादायिनी हैं। कश्मीर में यूँ ही पाकिस्तान और 'आइएस' के झण्डे बार-बार नहीं दिखाई दे रहे। इनके पीछे छिपी प्रतीकात्मकता को समझना अधिक महत्वपूर्ण है। इन घटनाओं को महज पाकिस्तान द्वारा प्रायोजित हिंसा कहकर खारिज नहीं किया जा सकता। वह युवापीढ़ी, जो हिंसा की अगुवाकार है, उसके मानसिक इस्लामीकरण एवं अतिवादी मताकरण को समझना भी आवश्यक है। उसकी आकांक्षाएँ आर्थिक न होकर धार्मिक एवं राजनैतिक अधिक हैं। उसका पूरा शैशवकाल मात्र हिंसा के बीच नहीं गुजरा, अपितु हिन्दू और भारत से घृणा के साथ बीता है। उसने कश्मीर के वातावरण में सिर्फ हिन्दू विरोध और उनके साथ हिंसा को देखा और सीखा है। उसने विश्व के इस्लामिक 'आतंकवाद के नायकों' से प्रेरणा ली है। इसके लिए समय-समय पर सत्ता में रही उस समय की राज्य की राजनैतिक पार्टियाँ भी उत्तरदायी हैं, जो मतों के लिए सदैव अलगाववादियों की बोली बोलती आई हैं। कश्मीर राज्य की सभी राजनैतिक एवं सामाजिक प्रक्रियाएँ राष्ट्रीय एकता एवं पंथनिरपेक्षता की विरोधी हैं। स्वायत्तता के नाम पर अलगाववाद। कश्मीर में हो रही हठधर्मिता को न्यायसंगत ठहराना और उसे एक राजनैतिक समस्या और मानव त्रासदी दर्शाकर उस मसले पर हल के लिए पाकिस्तान से वार्ता की सलाह देना आज के कश्मीरी नेतृत्व का राजधर्म हो गया है। कश्मीर के नेतृत्व द्वारा बार-बार पाकिस्तान से सम्बन्ध सुधारने की सलाह का तर्क क्या है? मेरे विचार से भारत सरकार को कश्मीर के किसी मुद्दे पर किसी से भी बात करने की आवश्यकता नहीं है। सरकार का काम जनकल्याण है और संवैधानिक संस्थाओं को न मानने वालों को दण्ड़ित करने का काम भी सरकार का ही है। धर्म और क्षेत्र के नाम पर कोई भी माँग लोकतन्त्र में स्वीकार्य नहीं हो सकती है। राष्ट्र की अखण्डता को बनाए रखना राष्ट्रराज्य का कर्त्तव्य है।

मीडिया के एक वर्ग एवं कुछ कथित बुद्धिजीवियों द्वारा आज कश्मीर के हिंसक

घटनाक्रम की जिम्मेदारी बड़ी चालाकी से भारत सरकार, सैन्य विशेषाधिकार कानून, सुरक्षाबलों 'भाजपा' एवं 'आरएसएस' तक पर डाली जा रही है। यह सिद्ध करने का सतत प्रयास किया जा रहा है कि हिन्दुत्व असहिष्णु हो रहा है। जबकि सत्य इसके उलट है। समाचारपत्रों एवं समाचार चैनलों के एक समूह द्वारा उपद्रवियों एवं इस्लामिक अलगाववादियों को भारत सरकार के दमन का पीड़ित दिखाने की कोशिश जारी है। ऐसा प्रदर्शित किया जा रहा है कि सरकार ने समय-समय पर कर्फ्यू अलगाववादियों की हिंसा के कारण न लगाकर आवाम को परेशान करने के लिए लगाया। इस अलगाववादी हिंसा के बीच कहीं-न-कहीं हिन्दू पुनर्वास खोकर रह गया है। सन् 1947, सन् 1965 और 1971 में पाक अधिकृत कश्मीर से आए हिन्दू और सिख शरणार्थियों के जम्मू में शान्ति आन्दोलनों को कभी भारतीय मीडिया और बुद्धिजीवी ध्यान तक नहीं देता है। 70 वर्षों से लाखों विस्थापित हिन्दू और सिख जम्मू-कश्मीर राज्य में बिना राज्य की नागरिकता के द्वितीय श्रेणी के व्यक्तियों की तरह जीवनयापन कर रहे हैं। इन विस्थापितों को भारत सरकार द्वारा दी गई आर्थिक मदद का भी मुस्लिम संगठनों एवं अलगाववादियों द्वारा विरोध दर्ज कराया गया। यह सब जम्मू-कश्मीर राज्य में हिन्दू उत्पीड़न नहीं तो क्या है? यह भेद-भाव सिर्फ हिन्दू और सिखों के साथ क्यों? क्यों पिछले 70 सालों से यह प्रत्यक्ष और परोक्ष उत्पीड़न किया जा रहा है? *इंडिया टुडे, आउटलुक, टाइम्स, फ्रंटलाइन* एवं अनेक अंग्रेजी समाचार पत्रिकाओं एवं पत्रों ने कश्मीर में हिंसक अलगाववादियों के ऊपर प्रयोग किए गए पैलेट गन की तो खूब भर्त्सना की, परन्तु इन्हीं हिंसक अलगाववादियों की भीड़ द्वारा कश्मीर के विभिन्न हिस्सों में बने हिन्दू कर्मचारी परिगमन शिविरों पर किए गए हिंसक एवं जानलेवा हमलों का कहीं हाशिए पर भी जिक्र नहीं किया। यह कैसी पत्रकारिता एवं बौद्धिक दिवालियापन है। बरखा दत्त और हरमिन्दर बवेजा (*इंडिया टुडे*) इस्लामिक अलगाववदियों और बुरहान वानी जैसे इस्लामिक आतंकी के पिता का साक्षात्कार लेकर उसका महिमामण्डन तो कर सकती हैं, पर अमरनाथ यात्रा में पथराव के पीड़ितों एवं हिन्दू पलायन पर दो शब्द क्यों नहीं लिखतीं? क्या पंथनिरपेक्षता के मूल्य सिर्फ एक धर्म के पक्षधर होने की बात करते हैं? क्यों घाटी में और पूरे जम्मू-कश्मीर में हिन्दू उत्पीड़न एवं नरसंहार की आवाज कोई नहीं बनना चाहता है?

कश्मीरी हिन्दू कर्मचारी जो घाटी में फैली हिंसा के भय से भागकर जम्मू आ गए थे, पचास दिनों से भी अधिक समय से रिलीफ कमिश्नर के कार्यालय के बाहर धरना दिया, किन्तु उनकी माँगों पर न तो राज्य सरकार की कोई प्रतिक्रिया रही और न ही कोई भी बड़ा राष्ट्रीय मीडिया चैनल इस खबर को दिखा रहा था। क्या जम्मू-कश्मीर में पत्रकारों की वरीयता मात्र घाटी की हिंसा और इस्लामिक अलगाववादी ही हैं?

कश्मीर घाटी में लगभग 300 दिनों की हिंसा के बाद जम्मू और कश्मीर पुलिस की स्थिति सर्वाधिक परेशान करने वाली है। स्थानीय पुलिस बल के जवानों एवं

अधिकारियों को निरन्तर धमकाया जा रहा है। भीड़ के द्वारा उनके आवासीय परिसरों से लेकर उनकी चौकियों पर सुनियोजित हमले किए जा रहे हैं। पुलिस बल के मनोबल को गिराने का प्रयास किया जा रहा है। इस्लामिक आतंकी एवं इस्लाामिक अलगाववादी पुलिस बल के लड़ने की इच्छाशक्ति को सन् 1990 की भाँति ही समाप्त करना चाहते हैं। इस बात की पुष्टि अनेक पुलिस अधिकारी करते दिखाई दे रहे हैं। घाटी में अनेक पुलिस वालों के घरों तक को जलाया जा रहा है। सन् 2010 में भी लगभग 48 पुलिस वालों के घर जला दिए गए थे और 1400 पुलिस वाले आहत भी हुए थे। सन् 2016-17 में भी अनेक पुलिसवालों पर उनके घर जाते वक्त उस समय हमले हुए, जब वे वर्दी में भी नहीं थे। पुलिस बल जिसने इनके बीच में ही अपने परिवार को रखकर इनके खिलाफ लड़ना है, स्थिति अति संवेदनशील एवं चिन्तनीय है। किसी का भी परिवार उसकी चिन्ता एवं कमजोरी हो सकता है? अगर इन इस्लामिक अलगाववादियों से कड़ाई से न निपटा गया, तो भविष्य में राज्य के पास प्रभावी पुलिस बल एक स्वप्न बनकर रह जाएगा। यदि राज्य में पुलिस बल ही सुरक्षित अनुभव नहीं कर रहे हैं, तो आम हिन्दुओं को घाटी में कैसे बसा सकते हैं, वह भी इस्लामिक अलगाववादियों की योजना के अनुसार। सेना और केन्द्रीय पुलिस बलों को आज पुलिस प्रतिष्ठानों एवं पुलिस भवनों की रक्षा की जिम्मेदारी उठानी पड़ रही है। हान्जीपुर पुलिस स्टेशन को लूटकर जलाया भी गया, लगभग 70 स्वचलित एवं अर्ध-स्वचालित हथियार भीड़ उठाकर ले गई। हथियारों के साथ-साथ अनेक संवेदनशील दस्तावेज भी गायब थे। यहाँ से लूटे गए हथियारों को सूत्रों के अनुसार कुछ हिंसक प्रदर्शनों में आतंकियों के पास देखा गया। कई पुलिस चौकियाँ एवं पुलिस स्टेशन बन्द हो गए हैं। कई स्थानों पर पुलिस बल केन्द्रीय सुरक्षाबलों के साथ ही रह रहे हैं। पचास दिनों में 5000 सुरक्षा बल घायल हो गए थे जिनमें से लगभग 3000 पुलिस बल है। क्या इस स्थिति में भी हिंसक भीड़ और पत्थरबाज दया के पात्र हैं? क्या आप उन्हें मात्र भटके हुए युवा कहकर छोड़ सकते हैं? ये सभी इस्लामिक अलगाववाद एवं आतंकवाद के प्रत्यक्ष एवं परोक्ष समर्थक एवं अभिन्न अंग हैं। इनके विरुद्ध कठोरतम कार्यवाई अति आवश्यक है। इनके लिए पैलेट गन का विकल्प खोजने के स्थान पर देश का ध्यान इनको इनके अंजाम तक पहुँचाने पर अधिक होना चाहिए।

यदि आज कश्मीर घाटी जल रही है, आम नागरिक परेशान है, तो उसकी जिम्मेदारी पूर्णरूप से कश्मीर के इस्लामिक अलगाववादियों एवं इस्लामिक आतंकियों पर जाती है। कश्मीर की आवाम के द्वारा सुरक्षाबलों एवं भारत सरकार को दोषी ठहराना असत्य से अधिक और कुछ नहीं है। आज मीडिया भी आमंत्रण पर साक्षात्कार करने इन्हीं इस्लामिक अलगाववादियों के पास जाता है, क्योंकि अन्य लोगों का जो सत्य बोलेगें, उनका साक्षात्कार लेना इन कथित पत्रकारों को असुरक्षित कर

सकता है। कैमरा किस तरफ है पूरी विषयवस्तु एवं उसका मर्म तो इसी पर निर्भर करेगा।

इस बार इस्लामिक अलगाववाद का दायरा नगरों से बढ़कर गाँवों तक पहुँच गया है। कारण सूचना प्रौद्योगिकी का विकास। सन् 1990 में यह प्रक्रिया नगरीय थी, आज इस्लामिक अलगाववाद का असर गाँव-गाँव पर है। पुलिस-संस्थानों को अधिकतम नुकसान ग्रामीण क्षेत्रों में ही हुआ। आज ग्रामीण क्षेत्र एवं नगरीय क्षेत्रों का आपसी संवाद सोशल मीडिया से अधिक बढ़ा है। गाँव और नगर के वैचारिक अन्तर को सोशल मीडिया ने एकदम ही खत्म कर दिया है। नगरीय रहन-सहन और सुविधाओं का विस्तार भी इसकी नींव है। नगरों से लेकर गाँवों तक आवाम को जोड़ना इस माध्यम से एकदम ही सरल हो गया है। आज कश्मीर का हिंसक आन्दोलन किन्हीं भी अर्थों में राजनीतिक नहीं है, अपितु पूर्णरूपेण धार्मिक हो चुका है। इस तथ्य को पीडीपी के नेता मुज़्ज़फर हुसैन बेग भी सार्वजनिक रूप से एक टेलिविजन बहस में स्वीकार कर चुके हैं और उन्होंने कहा था कि हिंसक आन्दोलन में सम्मिलित लोग कश्मीर को मुस्लिम राज्य में तब्दील करना चाहते हैं। प्रो. हरिओम के अनुसार बेग साहब का मानना है कि मुसलमानों को अपना एक स्वतन्त्र राष्ट्र चाहिए, वह हिन्दू राष्ट्र में रहना नहीं चाहता है। जैसा कि मैं पहले से कहता और बताता रहा हूँ कि आज हम इस्लामिक अलगाववाद से संघर्षरत हैं। जम्मू विश्वविद्यालय, समाजशास्त्र विभाग के पूर्व डीन प्रो. हरिओम के अनुसार, भारत सरकार आज भी सच को सच और झूठ को झूठ कहने को तैयार नहीं है। वह खुले शब्दों में इसे इस्लामिक अलगाववाद कहने में हिचक रही है। आज कट्टर इस्लामिक तत्व घाटी को 'दारुल-इस्लाम' बनाने के लिए कटिबद्ध है। इन तत्वों को अलग-थलग करनें की आवश्यकता है। इन तत्वों से समझौता राष्ट्रहितों से समझौता होगा।

जम्मू-कश्मीर में प्रारम्भ से ही अलगाववादी एवं धार्मिक कट्टरपंथी तत्वों से समझौतों का दुःखद इतिहास रहा है। इस्लामिक चरमपंथी इस्लामिक कानून तो चलाते रहेंगे, लेकिन उनके विरुद्ध कार्यवाई करनेवाले को उलटे साम्प्रदायिक कहने लगेंगे। उदाहरण के तौर पर जम्मू-कश्मीर के पूर्व राज्यपाल जगमोहन ने जब इस्लामिक आतंकियों एवं अलगाववादियों पर कठोरतम कार्यवाइयाँ आरम्भ कीं तो उन्हें सभी मुस्लिम संगठनों द्वारा सामूहिक रूप से सांप्रदायिक घोषित कर दिया गया। उन्होंने जिन जमाते-इस्लामी के मदरसों को बन्द कराया था उनके अध्यापकों को सरकारी विद्यालयों में नियुक्तियाँ दी गईं, जिससे कि कश्मीर में इस्लामीकरण सतत रूप से चलता रहा। सन् 1996 में जमात से सरकारी अध्यापक बनने वालों में मृत इस्लामिक आतंकी बुरहान वानी के पिता भी थे, जो जमाते-इस्लामी के एक नेता भी हैं। राज्य सरकारें सदैव ही अलगाववादी नीतियों पर चलने वाली रही हैं। इन्ही राष्ट्र विरोधी एवं अलगाववादी नीतियों ने आज 'द्विराष्ट्र सिद्धान्त' एवं 'इस्लामिक राष्ट्र' की माँग को

प्रत्येक कश्मीरी का लक्ष्य बना दिया है। शेख अब्दुल्ला की इस्लामिक अलगाववाद की विरासत ही आज कश्मीर की समस्या के मूल में है। आज मुज्जफर वानी, बुरहान वानी के वालिद भी कश्मीर की आजादी की वकालत करते दिखाई देते हैं। अपने आतंकी बेटे की मौत को आजादी के लिए दी हुई शहादत कहते हैं। एक जमाती से इससे अधिक की अपेक्षा करना मूर्खता ही होगी। देश में अगस्त, 2016 के आखिरी सप्ताह आने तक कश्मीरी प्रकरण पर संवाद की बात होने लगी थी। देश के विभिन्न राजनैतिक दल एवं नेता कश्मीर के सभी पक्षों से बात की वकालत कर रहे थे, जिसमें वह इस्लामिक अलगाववादी संगठन हुरियत को भी शामिल करने की बात कर रहे थे। परन्तु इन सब में कहीं भी कश्मीरी पण्डितों (हिन्दुओं) का कोई जिक्र भी नहीं हो रहा था और न ही जम्मू और लद्दाख सम्भाग के प्रतिनिधियों का। क्या पाकिस्तानी प्रतिनिधि के रूप में हुरियत से बात करना किसी प्रकार की दूरदर्शिता हो सकती है? देश के आन्तरिक मामलों में बाहरी तत्वों से बातचीत करना राष्ट्रीय अस्मिता के विरुद्ध है एवं राष्ट्रीय दुर्बलता को भी दर्शाता है। क्या जम्मू-कश्मीर के मुद्दे पर सिर्फ कश्मीरी प्रतिनिधियों से बातचीत राज्य के लिए बेमानी नहीं है? क्या यह सत्य नहीं है कि जम्मू-कश्मीर और लद्दाख क्षेत्रों में कश्मीर सिर्फ और सिर्फ मुस्लिमों का प्रतिनिधित्व करता है? क्या भारत सरकार बार-बार चरमपंथी इस्लामिक शक्तियों के दबाव में ही कार्य करती रहेगी? क्या राज्य के गैरमुस्लिम सदैव मुस्लिम कश्मीर की राजनैतिक शक्ति के दास ही बनकर रह जाएँगे? ये सारे प्रश्न मेरे न होकर जम्मू और लद्दाख संभाग के सभी नागरिकों के हैं। इन दोनों संभागों के अनेक नागरिक संगठन वर्षों से राज्य में कश्मीर के राजनैतिक एवं सामाजिक वर्चस्व का विरोध करते आए हैं, परन्तु उनकी आवाजों को राज्य एवं केन्द्र दोनों के सत्ता केन्द्र सदैव अनसुना करते आए हैं। 4 और 5 सितम्बर, 2016 को एक सर्वदलीय संसदीय प्रतिनिधि मण्डल, गृहमंत्री, भारत सरकार की अध्यक्षता में जम्मू-कश्मीर की राजधानी श्रीनगर पहुँचा इसमें 20 दलों के 26 सांसद थे। यह संसदीय दल कश्मीर घाटी में 60 दिनों से चल रही हिंसा को रोकने के उपाय एवं इसके कारणों को खोजने आया था। 'कारण' और 'उपाय' सदस्यों की वैचारिक सोच के अनुसार प्रारम्भ से ही भिन्न हैं। लोकतान्त्रिक प्रणाली में यह सब संवैधानिक और संसदीय कार्यवाहियाँ मात्र एक औपचारिकता हैं। जेडीयू, आरजेडी, सीपीएम और आईएसएम आदि के सांसद इस्लामिक अलगाववादियों के द्वार खटखटाते मात्र अपनी पंथनिरपेक्षता सिद्ध करने के उद्देश्य से घूम रहे थे। क्या उनका यह कार्य एवं आचरण नैतिक कहा जा सकता है? संवाद लोकतान्त्रिक व्यवस्था के लिए यदि प्राणवायु है, तो राष्ट्रीय स्वाभिमान भी उसकी आत्मा से कम नहीं है। कश्मीर घाटी में इच्छुक प्रत्येक पात्र एवं कुपात्र से बैठकों का सिलसिला चला, परन्तु घाटी में

शान्ति स्थापित करनेवालों एवं शान्ति बनाए रखने की प्रक्रिया में घायल सुरक्षाबलों से मिलने एवं उनका मनोबल बढ़ाने यह संसदीय प्रतिनिधि मण्डल क्यों नहीं गया? क्या ऐसा करने से शान्ति प्रक्रिया बाधित हो सकती थी? यह प्रतिनिधि मण्डल कुल 500 विभिन्न प्रकार के प्रतिनिधियों से मिला, जिसमें 300 कश्मीर में और 200 जम्मू संभाग में थे। कश्मीर घाटी में शान्ति बहाली के लिए अलग-अलग समूहों ने अपने अनुसार अलग-अलग अनेक सुझाव दिए। ऐसे ही कुछ प्रमुख बिन्दु निम्नलिखित हैं—

1. राज्य सरकार द्वारा अपने किए हुए वायदे पूरे न करना।
2. पीडीपी और भाजपा गठबंधन अपने सम्मिलित योजनाओं का क्रियान्वयन करें।
3. पश्चिमी-पाकिस्तान के शरणार्थियों को चुनावों में हिस्सा लेने दिया जाए और उनका यथोचित पुनर्वास हो।
4. अल्पसंख्यकों को राज्य परिषद एवं राज्यसभा का सदस्य नामित किया जाए। सिखों को अल्पसंख्यक का दर्जा मिले।
5. मुसलमान हिंसा पीड़ितों को भी कश्मीरी पण्डितों की तरह पुनर्वास की सुविधा मिले।
6. अफसपा हटाया जाए और आबादी से सुरक्षाबलों की तैनाती बन्द हो।
7. मीडिया का पूर्ण एवं सुसंचालन किया जाए।
8. मदरसे एवं मस्जिदों में बढ़ते मताकरण एवं चरमपंथ को सख्ती से रोका जाए।
9. इस्लामिक अलगाववादियों के लिए आ रहे धन को रोका जाए। नवनिर्मित मस्जिदों की भी जाँच हो।
10. घुसपैठ एवं सीमापार से प्रायोजित आतंकवाद को पूर्णतयः समाप्त किया जाए।
11. राज्य में अल्पसंख्यकों की सुरक्षा की जाए।
12. कश्मीरी विस्थापितों का पुनर्वास जल्द हो।
13. भ्रष्टाचार समाप्त किया जाए।
14. शिक्षा के स्तर को बढ़ाया जाए।
15. राज्य का औद्योगीकरण हो, जिससे रोजगार के अवसर बढ़ें।
16. 2014 के बाढ़ पीड़ितों को जल्द सहायता राशि दी जाए।

सुझाव, उपाय बन पाएँगे कह पाना कठिन होता है। हर व्यक्ति एवं समूह की अपेक्षाओं पर खरा उतर पाना असम्भव है। कश्मीरियों की अपेक्षाएँ ही अपेक्षाएँ हैं, जिम्मेदारियाँ हैं ही नहीं, अन्यथा आज जो हालात हैं कभी न होते। (25/09/2016 *दैनिक जागरण*) इस्लामिक हिंसक प्रदर्शनों में हिस्सा ले रहे लगभग 150 राज्यकर्मियों

को भी चिन्हित किया गया है। इनमें राजपत्रित अधिकारी और पुलिसकर्मी भी है। इनमें 40, सर्वाधिक शिक्षा विभागकर्मी है। राष्ट्र विरोधी गतिविधियों में सबसे ज्यादा अधिकारी जनपद अनन्तनाग के हैं, श्रीनगर से 5, गांदरवल से 20, कुपवाड़ा से 21 और पुलवामा से 26 अधिकारी व कर्मी हैं। दक्षिण कश्मीर में चल रही पुलिस भर्ती में हजारों की संख्या में युवा भाग लेने आ रहे हैं, परन्तु इन भर्तियों में युवाओं को रोकने के लिए मस्जिदों इत्यादि से उद्घोषणा भी की जा रही है। युवाओं को पुलिस में भर्ती होने के स्थान पर जिहाद की तैयारी की सलाह दी जा रही है। दक्षिण कश्मीर में कुछ एक स्थानों पर भर्ती के लिए जा रहे अभ्यर्थियों के साथ मारपीट की घटनाएँ भी हुईं।

18 सितम्बर, 2016 को उरी में सेना के शिविर पर आतंकी हमला पिछले दो दशकों के बड़े हमले में था। लगभग 18 जवान शहीद हुए। घाटी के खराब हालात ने इस्लामिक आतंकियों के लिए सहानुभूति के स्तर को और भी अधिक बढ़ा दिया है। जिससे उन्हें सैन्यबलों को लक्षित करना और भी अधिक आसान हो गया है। इस घटना से राष्ट्र उद्वेलित है। देश में पाकिस्तान के विरुद्ध कड़ी कार्यवाई की माँग जोर पकड़ रही है। क्या कश्मीरी जिहाद के प्रेरणा पाकिस्तान को सैन्य दण्ड देने का समय आ गया है? क्या पाकिस्तानी सैन्यशक्ति के विनाश के साथ ही कश्मीरी जिहाद का अन्त होगा? क्या 'पाकिस्तान' का एक 'द्विराष्ट्र विचारधारा' के रूप में समाप्त होना कश्मीर समस्या का एकमात्र हल है?

कश्मीर घाटी में जुलाई, 2016 से जुलाई, 2017 तक उथल-पुथल एवं इस्लामिक अलगाववादियों की हिंसा हुई। आतंकी बुरहान वानी की मौत के बाद की पहले 50 दिन की हिंसा में लगभग 96 लोग मारे गए थे और 5000 लोग घायल हुए। अप्रैल से जून 2017 तक 50 इस्लामिक आतंकी मारे गए। सामान्य जन-जीवन ठप पड़ा रहा। सरकार एवं जनता को हजारों करोड़ का नुकसान झेलना पड़ा। अनेकों सरकारी एवं अन्य इमारतों को षड्यंत्र के तहत आग के हवाले किया गया। सार्वजनिक सम्पत्तियों में जलने वाले सबसे अधिक सरकारी विद्यालय थे। सरकारी विद्यालयों को आग के हवाले करने का कश्मीर में इतिहास पुराना था। 80 और 90 के दशक में भी यह दुश्चक्र इस्लामिक चरमपंथियों के द्वारा चलाया गया था। इस्लामिक चरमपंथी एवं अलगाववादी चाहते हैं कि घाटी में इन विद्यालयों के स्थान पर मदरसे खुलें, जहाँ पर आनेवाली नई पीढ़ी को इस्लामिक चरमपंथ की बारीकियाँ सिखायी जा सकें। उन्हें पाकिस्तान की तरह वहाबी इस्लाम में जकड़ा जा सके। कश्मीर घाटी, जो आज पहले से ही इस्लामिक चरमपंथ के पथ पर चल रही है, उसके लिए यह प्रक्रिया घातक है। कश्मीर घाटी को 'दारुल-इस्लाम' की ओर ले जाने के लिए ही इस्लामिक अलगाववादी एवं इस्लामिक आतंकी यह आतंकी कार्यवाइयाँ कर रहे हैं। कश्मीर घाटी में चल रहे हिंसा का कुचक्र एक प्रकार की लड़ाई ही है, जिसका दायरा पर्याप्त व्यापक है। इसका

स्वरूप भी विविध एवं सुरक्षाबलों के लिए नया है। यह 'हाइब्रिड कानफिलिक्ट' नए युग का सत्य है। इसका मुकाबला मात्र सुरक्षाबलों एवं सैन्यबलों के द्वारा नहीं किया जा सकता है। इसके लिए समाज से लेकर सरकार तक को सर्वोच्च स्तर पर रणनीति बनानी होगी। यह 'बहु-आयामी लड़ाई' विद्यालयों, महाविद्यालयों से लेकर सामाजिक एवं राजनैतिक संगठनों के स्तर पर पूर्ण समन्वय के साथ लड़नी होगी। जनसंचार के माध्यमों, समाचारों, सोशल मीडिया इत्यादि आज इस 'हाइब्रिड कानफिलिक्ट' के हथियार बने हुए हैं।

एक साल बाद भी घाटी का जीवन सामान्य नहीं हुआ था। सशस्त्र हिंसा न के बराबर थी, किन्तु हिंसा का वातावरण उससे अधिक बड़ा था। इस्लामिक अलगाववाद शान्ति का पक्षधर न था, न है, क्योंकि 'हिन्दू भारत' से उसकी आजादी अब सम्भव नहीं है। उनकी 'जिहाद' हिन्दू भारत के विरुद्ध स्वतन्त्र कश्मीरी इस्लामिक गणराज्य बनाने तक चलेगी। भारत का बौद्धिक वर्ग कश्मीर के इस्लामिक अलगाववाद के 'द्विराष्ट्र सिद्धान्त' को निरन्तर छिपाने का प्रयास करता आया है। यह प्रयास वह कश्मीर-विलय पर प्रश्नचिह्न लगाने से लेकर कश्मीर के इस्लामिक आतंकवाद एवं अलगाववाद को छिपाने तक करता रहा है। वह इस्लामिक आतंकियों को भटके हुए, भोले-भाले युवा कहकर अन्तर्राष्ट्रीय स्तर पर भारत की कूटनीतिक लड़ाई को कमजोर बना रहे हैं। हम आज कश्मीर के इस्लामिक आतंक को पाकिस्तान, अफगानिस्तान, सीरिया, ईराक, लीबिया, इंडोनेशिया, फिलीपींस या मलेशिया के इस्लामिक आतंक से अलग करके नहीं देख सकते हैं। सभी राष्ट्रों के इस्लामिक आतंक को हमें उस एक ही 'जिहादी विचारधारा' से जोड़ कर देखना होगा, जो सार्वभौमिक है और जिसमें काफिरों के लिए दया भाव नहीं है, जो विचारधारा सम्पूर्ण विश्व को इस्लाम शासित बनाना चाहती है। यही कारण है कश्मीर से हिन्दुओं को आज भी डरा-धमका कर भगाया जा रहा है। जुलाई, 2016 से अप्रैल, 2017 (कश्मीरी लोकसभा उपचुनाव अप्रैल, 2017 तक) तक चली हिंसा में बचे हुए लगभग 3000 कश्मीरी हिन्दुओं को कई बार हिंसक भीड़ एवं इस्लामिक आतंकियों द्वारा लक्षित किया गया।

कश्मीर के मुस्लिम राजनेता और इस्लामिक अलगाववादी सदैव एक ही सुर में बोलते आए हैं। फारुख अब्दुल्ला, पूर्व मुख्यमंत्री व पूर्व केन्द्रीय मंत्री ने एकबार फिर 24 नवम्बर, 2016 को किश्तवाड़ की एक जनसभा में कहा कि पाकिस्तान भी कश्मीर में एक हिस्सेदार है और उसके साथ बिना बातचीत के इस समस्या का समाधान सम्भव नहीं है। उन्होंने भारत के पाक अधिकृत कश्मीर पर दावे को भी गलत ठहराते हुए कहा कि किसी के बाप की औकात नहीं है, जो पाक अधिकृत कश्मीर ले सके। क्या यह भाषा एक भारतीय नागरिक की हो सकती है? कभी नहीं। फारुक अब्दुल्ला भी उसी 'पाकिस्तानी विचारधारा' की उपज है जो 'द्विराष्ट्र सिद्धान्त' में विश्वास करती है। 'इस्लाम प्रथम' आज कश्मीरी जिहादी तत्वों एवं अलगाववादियों का नारा

बन चुका है। भारत उनके लिए मात्र 'हिन्दू भारत' है और 'दारुल-हरब' है। पाकिस्तान मुस्लिम कश्मीरियों के लिए मात्र इस्लामिक राष्ट्र ही नहीं, बल्कि इस्लाम एक राष्ट्र है, उसकी विचारधारा भी है। उनके पाकिस्तानी झण्डों को लहराने का तात्पर्य ही यही है न कि वह पाकिस्तान में मिलना चाहते हैं। कश्मीर की समस्या खुले रूप से इस्लामिक अलगाववाद की समस्या है। जिसका बीज सन् 1888 में अलीगढ़ मुस्लिम विश्वविद्यालय के संस्थापक सैय्यद अहमद खाँ ने बोया था। सन् 1930 में जिसकी परिकल्पना मशहूर कवि मो. इकबाल ने मुस्लिम लीग के लाहौर अधिवेशन में की थी। कश्मीर की समस्या को राजनैतिक, सामाजिक, क्षेत्रीय एवं आर्थिक दृष्टिकोण सें देखना हमारी भूल होगी। आज कश्मीर की मुस्लिम राजनीति के दृष्टिकोण की उपज शेख अब्दुल्ला के विषाक्त एवं कट्टर इस्लामिक दृष्टिकोण से ही हुई है। नेहरू का शेख अब्दुल्ला को आवश्यकता से अधिक राजनैतिक महत्व देना और महाराजा हरि सिंह को हाशिये पर रखने का परिणाम देश आज भी भुगत रहा है। यदि नेहरू ने कश्मीर के प्रधानमंत्री मेहरचन्द्र महाजन, जो महाराजा के प्रतिनिधि थे, का प्रस्ताव 20 अक्टूबर को ही स्वीकार कर लिया होता, तो विलय कश्मीर के बड़े भूभाग के पाकिस्तान के अधिकार में चले जाने से पूर्व ही हो जाता। कश्मीर का आज इस्लामीकरण शेख अब्दुल्ला की ही राजनैतिक विरासत है। आज कश्मीर (श्रीनगर) में अल्लामा इकबाल के नाम पर संस्था का होना क्या पाकिस्तानी विचारधारा के जीवित होने और उसके नाम के जनमानस में महत्व को रेखांकित नहीं करता है? 25 नवम्बर, 2016 की रात शोपियां जिले में खाली पड़े कश्मीरी पण्डितों के कुछ घरों को आग के हवाले कर दिया गया। उस गाँव में रह रहे दो-तीन कश्मीरी पण्डितों के लिए यह हिंसा भय पैदा करने के लिए पर्याप्त है। इस घटना को लेकर कश्मीर में सन्नाटा है। यदि यह आग किसी मुसलमान के घर में भी लगती तो कश्मीर बन्द करा दिया जाता। कश्मीर आज एक तरह से इस्लाम और मुसलमानों का होकर रह गया है। कश्मीर की सभी सामाजिक और राजनैतिक संस्थाएँ सिर्फ इस्लामिक हैं। कश्मीर को मात्र शत्रु प्रायोजित आतंकवाद प्रभावित क्षेत्र नहीं माना जा सकता है, अपितु यह एक हिंसक इस्लामीकरण की प्रक्रिया है, जो हिन्दू भारत की ओर लक्षित है।

कश्मीर में इस इस्लामिक आतंकवाद को उसके असली स्वरूप में दुनिया और देश के समक्ष स्थापित करने की आवश्यकता है। वामपंथ और कथित उदारवाद के झूठे और कपोल-कल्पित आवरण के पीछे बढ़ने से यह सत्य समाप्त होने वाला नहीं है। देश के नागरिकों को यह कहकर गुमराह करना कि कश्मीर की समस्या 'हिन्दू बहुसंख्यकवाद' की देन है, असत्य ही नहीं देशद्रोह है। आज धीरे-धीरे पूरी दुनिया ही 'इस्लामिक आतंकवाद' को एक सच्चाई के रूप में स्वीकार करने लगी है। पश्चिमी देशों में बनावटी और 'सम्भ्रांत उदारवाद' धीरे-धीरे जनमानस के द्वारा हाशिये पर

किया जा रहा है। जर्मनी, स्पेन, फ्रांस, ब्रिटेन और अमेरिका सब धीरे-धीरे वामपंथ और उदारवाद के दोगलेपन एवं खोखलेपन को भली-भाँति पहचान एवं जान चुके हैं। भारत में भी अभी इस 'झूठवाद' की कलई खुल रही है। छद्म पंथनिरपेक्षता की आड़ में भारत में एक विशेषवर्ग मुस्लिम तुष्टीकरण को बढ़ावा देता है। इस्लामिक आतंकी इस वर्ग के लिए पीड़ित पक्ष है। सन् 1990 में ऐसे ही छद्म पंथनिरपेक्ष विद्वानों ने जगमोहन को कश्मीर के राज्यपाल के पद से हटवाकर कश्मीर से सदा-सदा के लिए हिन्दुओं का विस्थापन करा दिया। कश्मीरी हिन्दू नरसंहार के लिए यह वर्ग विशेष रूप से दोषी है। आज मोदी सरकार में जब 'छद्म पंथनिरपेक्षता' को नकारा जा रहा है, तब यह वर्ग असहिष्णुता एवं 'बहुसंख्यकवाद' के नए-नए झूठे सिद्धान्त प्रतिपादित करने का भरसक प्रयास कर रहा है। अंग्रेजी मीडिया का एक बड़ा वर्ग इस मुहिम में सम्मिलित है, परन्तु 'सोशल मीडिया' के युग में वह विवश है। उसकी झूठी कहानियाँ अब आम जन में कतई स्वीकार्य नहीं हैं। इस जनसंचार क्रान्ति युग में साधारण से साधारण व्यक्ति भी 'जनमत' बनाने में सक्षम हो रहा है। आतंकवाद से लड़ाई तभी सम्भव है, जब हम उसके मूल स्रोत की जानकारी रख पाएँगे। भारतीय 'कथित उदारवादी' जो फारुक अब्दुल्ला जैसे नेता को पंथनिरपेक्ष कहते हुए नहीं थकते हैं, वहीं फारुक अब्दुल्ला कश्मीर में इस्लामी एकता और भारत और विश्व में इस्लाम खतरे में होने की बात करता है। 5 दिसम्बर, 2016 को श्रीनगर में उन्होंने सभी मुस्लिमों को आरएसएस एवं मौजूदा भारत सरकार के विरुद्ध एक होकर संघर्ष होने की बात पर बल दिया (*दैनिक जागरण* 06/12/2016) और कश्मीर की आजादी की भी बात की। कश्मीर घाटी 9 जुलाई, 2016 से 2017 तक इस्लामिक अलगाववाद एवं इस्लामिक आतंकवाद से जलती रही।

इस्लामिक अलगाववाद एवं आतंकवाद का कश्मीर की सरकारों द्वारा खुले रूप से तुष्टीकरण जारी है। मुख्यमंत्री महबूबा मुफ्ती, ने आतंकी बुरहान वानी के आतंकी भाई की मौत का मुआवजा और परिवार के एक सदस्य को नौकरी देकर इस दिशा में पूर्ववर्ती सरकारों की भाँति ही तेजी से बढ़ने का परिचय दिया। कश्मीर की सभी सरकारें किसी-न-किसी रूप में इस्लामिक अलगाववादियों के उद्देश्यों की पूर्ति करती दिखाई देती रही। कश्मीर भारत सरकार और भारतीय जनता के ही पैसे से देशद्रोहियों और अलगाववादी विचारधारा को पाला-पोसा जा रहा है। कश्मीर जहाँ लगभग अब सौ फीसदी मुस्लिम आबादी है और प्रदेश सरकार में नौकरियों में प्रतिनिधित्व भी सबसे अधिक यहीं से है। वहीं अलगाववाद भी सबसे अधिक पनप रहा है। कश्मीर में 9-10 माह तक चली भारत विरोधी लहर में अनेक सरकारी कर्मचारी एवं अधिकरी भी शामिल थे। कश्मीर की सरकारें वास्तव में सिर्फ 'मुस्लिम कश्मीर' की सरकारें ही बनकर रह गई हैं। जम्मू और लद्दाख संभाग से इनका कोई भी लेना-देना नहीं होता है। आखिर कब तक भारतीय सरकारें इस प्रकार के 'इस्लामिक अलगाववाद' की

अनदेखी करती रहेंगी और कश्मीर घाटी को एक 'इस्लामिक राष्ट्र' बनाने की ओर अग्रसर करती रहेंगी?

23 दिसम्बर, 2016 को कश्मीर के सोपोर, शोपियां, त्राल एवं श्रीनगर इत्यादि में जुमे की नमाज़ के बाद पश्चिमी पाकिस्तान के शरणार्थियों को अधिवास प्रमाण पत्र देने के सवाल पर हिंसात्मक प्रदर्शन और पथराव हुआ। इन विरोध प्रदर्शनों का मुख्य कारण इन शरणार्थियों का हिन्दू होना है। दूसरी ओर पिछले कुछ वर्षों से जम्मू में बांग्लादेश एवं म्यांमार से आकर बस रहे मुस्लिमों को कश्मीर की सरकार एवं अन्य संगठनों द्वारा मदद दी जा रही है। यह है कश्मीर के इस्लामिक अलगाववाद का असली चेहरा। इस्लामिक अलगाववाद जिस प्रकार से पूरे जम्मू और कश्मीर को निगलने की कोशिश कर रहा है, वह एक चिन्ता का विषय होना चाहिए। जम्मू संभाग के कठुआ, सांबा एवं जम्मू आदि जनपदों की जनसांख्यिकी का सन्तुलन बड़ी सफाई से मुसलमानों के पक्ष में करने की कोशिश राज्य सरकारों द्वारा खुलेआम डंके की चोट पर की जाती रही। गुर्जर एवं बकरवाल मुस्लिम समुदायों को इन जिलों की सरकारी भूमि पर पट्टे कर-कर बसाया जा रहा है। इन क्षेत्रों में बढ़ रही घुसपैठ के पीछे इन लोगों की अहम भूमिका भी सामने आ रही है। पूर्व में अनेक गुर्जर डेरे के संदिग्धों के घुसपैठी आतंकियों की मदद के लिए गिरफ्तार भी किया गया है। इस्लामिक अलगाववादी जो आरोप 'आरएसएस' एवं भाजपा पर जनसांख्यिकी परिवर्तन की साजिश का लगाते हैं, वास्तव में वह खुद करते दिखाई दे रहे हैं। जम्मू एवं कश्मीर में म्यांमार के रोहिंग्या मुसलमानों की बढ़ती जनसंख्या चिन्ताजनक इसलिए भी है, क्योंकि इनके बीच जमात-उद-दावा एवं हाफिज़ सईद की पैठ काफी पुरानी एवं गहरी है। जम्मू-कश्मीर की तत्कालीन मुख्यमंत्री ने रोहिंग्या मुस्लिम की संख्या विधानसभा में जून 2016 में करीब 13400 बताई थी। यह जनसंख्या जम्मू संभाग के ही विभिन्न हिस्सों में बसी हुई है। हाफिज़ सईद, आईएस और रोहिंग्या मुसलमानों के बीच मधुर सम्बन्ध कश्मीर में इस्लामिक जिहाद को और भी बढ़ा सकते हैं। रोहिंग्या मुसलमानों का सिर्फ इसी राज्य में बड़ी संख्या में बढ़ना खतरे की घण्टी है।

राज्य के अनेक इस्लामिक संगठन 'रोहिंग्या मुस्लिम समुदाय' को सामाजिक, आर्थिक एवं प्रशासनिक मदद खुलकर कर रहे है। अप्रैल, 2017 में जब 'जम्मू वाणिज्य एवं व्यापार संगठन' ने इन म्यांमारी शरणार्थियों का विरोध किया, तो खुले रूप में 'कश्मीर वाणिज्य एवं व्यापार संगठन' के साथ साथ अनेक जम्मू एवं कश्मीर स्थित इस्लामिक संगठन इनके पक्ष में डटकर खड़े हो गए। यह इस्लामिक संगठन इन 'रोहिंग्या शरणार्थियो' की तुलना सन् 1947, 1965 और 1971 में पाक अधिकृत कश्मीर एवं पाकिस्तान से आए हिन्दू शरणार्थियों से करने लगे। यह तथ्य इस बात को सिद्ध करने के लिए काफी है कि जम्मू-कश्मीर में हिन्दू अल्पसंख्यको के विषय में बहुसंख्यक समाज क्या सोच रखता है?

सन् 2016-17 की शीत ऋतु भी काफी उथल-पुथल एवं हिंसाग्रस्त रही। आतंक विरोधी सैन्य अभियान और उस पर भीड़ का पथराव, हिंसा यथावत जारी रही। कश्मीर, इस्लामिक आतंकियों एवं अलगावादियों के इशारों पर खुलता और बन्द होता रहा। कश्मीर के मुस्लिम राजनैतिक नेता जो सत्ता से बाहर है, वह इस्लामिक आतंकियों एवं अलगाववादियों का पक्ष लेते नजर आए। केन्द्र एवं राज्य सरकारों को कोसते दिखाई दिए। फारुक अब्दुल्ला पत्थरबाज आतंकियों को राज्यहित के लिए लड़ता हुआ बताते है, क्योंकि वह जानते हैं कश्मीर का मुस्लिम मत इस्लाम के नाम पर ही मिलता है। ये कश्मीरी राजनैतिक प्रक्रिया एवं तरीका हर कश्मीरी राजनैतिक दल के द्वारा खुलकर अपनाया जाता है, जब वह सत्ता से बाहर होता है। 9 अप्रैल, 2017 को श्रीनगर लोकसभा के लिए हुए उपचुनावों में बड़े पैमाने पर हिंसा हुई। आठ पत्थरबाज आतंकी हिंसक प्रदर्शनों के दौरान मारे गए और 200 के आसपास घायल हुए। अनेक मतदान केन्द्र जला दिए गए, मतदानकर्मियों के वाहनों को आग के हवाले कर दिया गया। 'ईवीएम' मशीनों को लूटा गया। कई मतदान केन्द्रों को मतदानकर्मी छोड़कर भाग गए। मतदाताओं को इस्लामिक आतंकियों एवं अलगाववादियों द्वारा डराया-धमकाया गया। कुल 7.14 प्रतिशत मतदान हुआ । श्रीनगर लोकसभा क्षेत्र के तीन जिलों श्रीनगर, बडगांव और गांदरबल के लगभग 200 स्थानों पर हिंसा हुई। समाचारपत्र *डेली एक्सलसियर* (10 अप्रैल, 2017) के अनुसार 12,61,395 मतदातओं में से कुल 90,050 मतदाताओं ने ही मत डाला, जिसमें 971 शरणार्थी हिन्दुओं के मत भी शामिल हैं। लोकसभा क्षेत्र के ईदगाह विधानसभा क्षेत्र में 60,342 मतों में से कुल 383 मत डाले गए। इन तीनों जनपदों का मत प्रतिशत क्रमशः इस प्रकार था—श्रीनगर-3.84%, बडगांव-8.82% और गांदरबल-14.71%। क्या ऐसी हिंसा के बीच हुए मतदान किसी भी लोकतान्त्रिक व्यवस्था के लिए उचित है? मेरे व्यक्तिगत मतानुसार कश्मीर की स्थिति सामाजिक और राजनैतिक रूप से बिलकुल किसी भी प्रकार की लोकतान्त्रिक प्रक्रिया के लिए उपयुक्त नहीं है। कश्मीर घाटी के दसो जनपदों के लिए एक केन्द्रीय प्रशासनिक अधिकारी के नियुक्ति की आवश्यकता है, जब तक कि वहाँ स्थिति सभी प्रकार से सामान्य न हो जाए। विस्थापित कश्मीरी हिन्दुओं ने राज्य में जम्मू, उधमपुर और दिल्ली में कुल 25 मतदान केन्द्रों पर अपने मतों का प्रयोग किया। उनके मतों की कुल संख्या से स्पष्ट है कि उनका कश्मीरी चुनाव प्रक्रिया एवं वहाँ के जन प्रतिनिधियों पर कितनी आस्था और विश्वास है। चुनावी प्रक्रिया को बाधित करने के लिए अभूतपूर्व हिंसा हुई, ऐसा सन् 1989 के बाद देखने को मिला। सबसे अधिक विचलित करने वाली खबर सोशल मीडिया और समाचार चैनल पर 11 अप्रैल को दिखाई गई जिसमें कि चुनाव में तैनात एक केन्द्रीय रिजर्व पुलिस की टुकड़ी पर 'भीड़ आतंकियों' का हमला था। 'भीड़ आतंकी' सड़क पर जा रही एक सुरक्षाबलों की टुकड़ी को पत्थरों, लात, घूंसों इत्यादि से मार रहे थे

और भीड़ से अनेक उग्रवादी उनके वीडियो भी अपने मोबाइल फोन से बना रहे थे। सुरक्षाबलों का संयम एवं अनुशासन अभूतपूर्व रहा। परन्तु यह स्थिति ठीक नहीं है। समय पर ही अगर कठोर कदम न उठाए गए तो पिछले 28 वर्षों की सुरक्षाबलों की मेहनत बेकार हो जाएगी। इस्लामिक अलगाववादियों का दुस्साहस काफी बढ़ रहा है। 'भीड़ आतंक' के आगे पुलिस बल काफी निष्प्रभावी हो चुका है। स्थिति किसी भी प्रकार की लोकतान्त्रिक प्रकिया के लिए अनुकूल नहीं मानी जा सकती। कश्मीर घाटी का इस्लामिक अलगाववाद का प्रभाव राजनीतिक गतिविधियों एवं राजनेताओं पर सर चढ़कर बोल रहा है। सभी अलगाववाद की ही राजनीति कर रहे हैं। कांग्रेस और नेशनल कांफ्रेंस दलों के नेता खुलकर पत्थरबाजों एवं अलगाववादी तत्वों के साथ हैं। वैसे भी कश्मीरियों के लिए लोकसभा के चुनाव अधिक मतलब नहीं रखते और न ही मत प्रतिशत को देखकर आप यह कह सकते हैं कि कश्मीरी देश की मुख्यधारा से जुड़ना चाहते हैं या अलगाववाद की राह पर है। विधानसभा चुनावों में मत प्रतिशत में वृद्धि सीधे-सीधे उनके अपने व्यक्तिगत स्वार्थो से जुडी हुई है। राज्य सरकारों के द्वारा सीधे तौर पर उन्हें बुनियादी लाभ जैसे सड़क, बिजली, पानी, अस्पताल, स्कूल और पुल इत्यादि मिलते है । वह जनप्रतिनिधियों के माध्यम से आसानी से प्रशासनिक सही या गलत काम करवा सकते है। मत प्रतिशत में वृद्धि या कमी को हमें कभी भी उनकी भावनाओ को भारत के प्रति बदलाव के रूप में देखना मात्र एक भ्रम है। कश्मीर का इस्लामिक अलगाववाद राजनैतिक इस्लाम का एक स्थापित चरित्र है।

कश्मीर में सेना की भर्तियो में होने वाली भीड़ से भी यह सोचना कि शायद लोगों के भीतर भारतीय राष्ट्रीयता का सागर हिलोरें मारने लगा है, तो वह भी सरासर गलत है। प्रत्येक कश्मीरी भारत सरकार से आर्थिक लाभ तो किसी भी रूप में लेने को तैयार है, किन्तु अपने घर पर तिरंगा नहीं लगाएगा। भारत सरकार की नौकरियों या सहायता धनराशि का इसीलिए कोई इस्लामिक अलगाववादी भी विरोध नहीं करता है। कश्मीर में 'हिन्दू भारत' और 'हिन्दुओं' की स्वीकार्यता बस इस्लामिक अलगाववादियों के स्वार्थपूर्ति के लिए है। केन्द्र सरकार यह सब जानते हुए भी शेष भारतीय जनता को गुमराह कर कश्मीरी अलगाववादियों का उन्हीं के कर द्वारा हर प्रकार से पालन-पोषण करती आई है। आज की परिस्थितियों में कश्मीरी हिन्दुओं का वहाँ की धरती पर पुनर्वास लगभग असम्भव है। जम्मू-कश्मीर के सरकारी आँकड़ों के मुताबिक सन् 2010 वर्ष में घाटी में मात्र 808 हिन्दू परिवार अथवा 3445 लोग थे। यह संख्या एक अनुमान के अनुसार, अब और भी कम हो चुकी है। कश्मीर में आज परिस्थितियाँ हिन्दू पुनर्वास के एकदम प्रतिकूल है। इस्लामिक कट्टरता आतंक और अलगाववाद के रूप में सर्वव्यापी हो चुकी है।

अध्याय 13

उपसंहार

सन् 712 के लगभग सिन्ध पर अरबों का आक्रमण और हिन्दू राजा दाहिर की पराजय के साथ हिन्दू नरसंहार का भारत में आरम्भ। देखते-देखते पूरा सिन्ध हिन्दूविहीन हो गया। सारे हिन्दू धर्मस्थल तोड़कर उनके स्थान पर उन्हीं के भग्नावशेषों से अनेक मस्जिदों का निर्माण। मंत्रोच्चार का स्थान अज़ान ने ले लिया। हिन्दू स्थापत्य एवं वास्तुकला के ये बेजोड़ नमूने, हिन्दू धर्मस्थल, सदा-सदा के लिए इस धरा से विलुप्त हो गए। इस्लाम का यह हिंसक आगमन सदा-सदा के लिए भारतीय सभ्यता को अपूर्णीय क्षति पहुँचा गया। हिन्दू नरसंहार से लेकर दासता तक का लम्बा कारवाँ सिन्ध से लेकर बगदाद तक फैल गया। हिन्दू जीवन दासता, मृत्यु या इस्लाम के बीच ही सिमट कर रह गया। अरब आक्रमण और उसका अन्तिम विस्तार सिन्ध तक ही सिमट कर रह गया। इस समय राजनैतिक इस्लाम पश्चिमी एशिया, अफ्रीका और यूरोप में स्पेन तक पहुँच चुका था। हर्षवर्धन के बाद कन्नौज का केन्द्रीय प्रभुत्व भारत के विभिन्न राज्यों से समाप्त हो चला था। भारत अनेक छोटे-छोटे राजाओं की स्वार्थपूर्ति में आकण्ठ डूबा हुआ था। इस्लाम पश्चिमी एशिया से मध्य एशिया और अफगानिस्तान तक तेजी से अपने पाँव पसार रहा था। अरबों के आक्रमण के लगभग 300 वर्षों बाद दूसरा इस्लामिक आक्रमण अफगानिस्तान से पंजाब की ओर आया और फिर यह आक्रमण और लूट का सिलसिला गज़नी के महमूद द्वारा दो दशकों तक निर्बाध रूप से चलता रहा। वह पंजाब से कन्नौज, अयोध्या और पश्चिम में सोमनाथ तक लूट करता रहा, हिन्दू धर्मस्थलों को तोड़ता रहा, हिन्दुओं को मौत के घाट उतारता रहा, दास बनाकर वापस काबुल से बुखारा तक ले जाकर बेचता रहा और हिन्दू राजा अपने-अपने स्वार्थ को लेकर आपस में लड़ते रहे। 11वीं सदी के मध्य तक महमूद गजनवी का लाहौर तक राज्य स्थापित हो चुका था। इस्लाम दिल्ली और अन्य सीमावर्ती राज्यों की सीमाओं पर धार्मिक, सामाजिक एवं राजनैतिक रूप में दस्तक देने लगा था। भारत उत्तर से लेकर दक्षिण तक, पूर्व से पश्चिम तक अनेक छोटे-बड़े राज्यों में बँटा हुआ था। इनमें कई शक्तिशाली राजा भी थे, जो महमूद जैसे दुर्दान्त लुटेरों को

आसानी से हरा सकते थे, परन्तु वे खतरे से दूर थे। अतः इस सामरिक खतरे को भी न पढ़ सके। भारत सैन्यरूप से अन्तर्मुखी हो चुका था। हमारी मौर्यकालीन सैन्य आक्रामकता समाप्त हो चुकी थी। हम रक्षात्मक मुद्रा में थे। पंजाब हाथ से निकलने के बाद भी हम इस्लामिक साम्राज्यवाद को समाप्त करने के लिए अथवा उसे रोकने के लिए भी तैयार नहीं हुए थे। हमारा सैन्यस्वरूप, हमारी रणनीति एवं युद्धपद्धति नए शत्रु के अनुसार, अभी परिवर्तित नहीं हुई थी। सन् 1030 ई. के आस-पास जब पंजाब पर इस्लामिक साम्राज्यवाद स्थापित हुआ। सन् 1191-92 तक जब महमूद का ही एक सेनापति मोहम्मद गोरी पानीपत पहुँचा, तब तक हम एक बार फिर सोते ही पकड़े गए। सन् 712 ई. से लेकर सन् 1192 ई. के मध्य 480 वर्षों तक भारत के विभिन्न राजाओं को सम्पूर्ण विश्व में फैल रहे इस्लामिक खतरे का तनिक भी अहसास न हुआ। इस काल तक पश्चिमी एशिया में जेरुसलम के लिए ईसाइयों एवं मुसलमानों में पवित्र युद्ध चल रहे थे। पूरा यूरोप चर्च की कमान में राजनैतिक इस्लाम को पश्चिमी एशिया और अफ्रीका से आगे बढ़ने से रोक रहा था। यूरोप के सभी राष्ट्र राज्य एक संघ के रूप में इस्लाम को थामे हुए थे। लेकिन इधर भारत में वैश्विक राजनैतिक चेतना का नितान्त अभाव था। इसी काल में मंगोलिया के पठार व घास के मैदानों में एक ओर सैन्यशक्ति जन्म ले रही थी, जो आगे पूरे विश्व को थर्राने वाली थी। मंगोल सन् 1192 आने तक तेमूजिन, चंगेज खान की कमान में दुनिया की एक सबसे गतिशील, शक्तिशाली सैन्यशक्ति का रूप ले रहे थे। आने वाले समय में वे पूरे एशिया का राजनैतिक इतिहास बदलने वाले थे। एक कबीले की कमान से लगभग सम्पूर्ण एशिया पर अपना सैन्य एवं राजनैतिक दबदबा स्थापित करने वाला वह अभी तक अकेला व्यक्ति है। इधर भारतवंशी, जो कभी एक विशाल साम्राज्य के स्वामी थे। आज अरब रेगिस्तान से निकली कबीलियाई सेनाओं से युद्ध के लिए तैयार न थे। 11वीं एवं 12वीं सदी के इस्लामिक आक्रान्ता, जो अफगानिस्तान से आ रहे थे, कभी बौद्ध मतावलम्बी थे, ये सबसे बड़े चिह्न थे हमारे सैन्यशक्ति एवं सभ्यता के पतन के।

तराई के युद्ध में दिल्ली के पृथ्वीराज चौहान की पराजय के साथ दिल्ली में इस्लामिक साम्राज्य की शुरुआत हुई। इसके साथ ही शुरू हुआ विशाल हिन्दू नरसंहार एवं हिन्दू सभ्यता के विनाश का एक लम्बा सिलसिला, जो सिन्ध और पंजाब में 8वीं और 11वीं सदी में हुआ, वही 13वीं सदी के आरम्भ से दिल्ली सल्तनत में शुरू हो गया और आने वाली लगभग 6 सदियों तक अविराम चलता रहा। भारत में फैल रहे इस्लामिक साम्राज्य ने कश्मीर में दस्तक 11वीं सदी में महमूद की सेनाओं ने दी, लेकिन वे सफल न रहे या कश्मीर ने उनका विशेष ध्यानाकर्षण भी न किया होगा। परन्तु इस्लाम फिर धीरे-धीरे अन्य धार्मिक प्रचारकों के माध्यम से कश्मीर घाटी में पहुँचने लगा। सन् 1339 में जब षड्यंत्रकारी शाहमीर ने कश्मीर की शासक कोटा रानी की हत्या कर कश्मीर का शासन अपने हाथों में लिया, तो उस समय काफी

संख्या में मुसलमान श्रीनगर और आस-पास के क्षेत्रों में थे। कश्मीर के आरम्भिक मुस्लिम शासनकाल में लगभग 30-35 वर्षों तक जब तक वे सैन्यशक्ति में अक्षम थे, तब तक हिन्दुओं को कोई धार्मिक, सामाजिक या राजनैतिक उत्पीड़न नहीं झेलना पड़ा, परन्तु 1380 आते-आते हिन्दू दमन, उत्पीड़न एवं हत्याओं का सिलसिला शुरू हो गया था। सन् 1413 के अन्त तक पूरा कश्मीर हिन्दू एवं हिन्दू धर्मस्थलों से लगभग विहीन हो चुका था। इस हिन्दू नरसंहार एवं सभ्यता-संस्कृति के विनाश का निर्वात कश्मीर घाटी में आज भी उपस्थित है। इस्लाम का जिहादी लक्ष्य पूर्ण हुआ था और आज के जिहादी वही यथास्थिति येन-केन-प्रकारेण बनाए रखना चाहते हैं। धारा-370 भी उसी क्रम का एक माध्यम है।

आज एक पंथनिरपेक्ष लोकतान्त्रिक व्यवस्था में क्या किसी भी क्षेत्र, नगर, उपनगर में जहाँ अलगाववादी आन्दोलन सिर उठा रहा हो, केवल एक पंथ की बहुलता बनाए रखना न्यायसंगत व तर्कसंगत है? राष्ट्रीय अखण्डता एवं संप्रभुता से बढ़कर कोई भी वाद, समाज, धर्म, संस्कृति और सभ्यता नहीं हो सकती, क्योंकि यदि राष्ट्र है तभी यह सब भी सुरक्षित है। इसका उदाहरण हम पहले ही इस्लामिक साम्राज्यवाद एवं ब्रिटिश साम्राज्यवाद में देख चुके हैं। भारत की लोकतान्त्रिक व्यवस्था को बनाए रखने के लिए किसी धर्म, समाज या क्षेत्र का तुष्टीकरण करना घातक हो सकता है। कश्मीर में एक विशेष व्यवस्था बनाकर भारतीय संघ धीरे-धीरे एक धर्म विशेष के तुष्टीकरण के कारण निर्बल एवं निरीह राष्ट्र की श्रेणी में आता जा रहा है। आज पाकिस्तान कश्मीर को लेकर हमारे साथ अफगानिस्तान जैसा व्यवहार करने पर उतारू है। इस्लामिक आतंकवाद कश्मीर घाटी से प्रेरणा एवं नैतिक शक्ति लेकर पूरे भारत में फैलने की कोशिश कर रहा है।

आज की वैश्विक परिस्थितियाँ, भूमण्डलीय शक्ति सन्तुलन एवं सामरिक हित टकराव नाटकीय ढंग से बदल रहे हैं। इस्लामिक आतंकवाद जहाँ-जहाँ इस्लाम है, वहाँ एक स्थापित सत्य बन रहा है। मुस्लिम जनसंख्या वृद्धि दुनिया के लिए तनाव का कारण है। आज यूरोप में मुस्लिम शरणार्थी एवं घुसपैठियों ने यूरोपीय संघ को बिखराव के कगार पर ला दिया है। दुनिया के हर देश में मुस्लिम जनसंख्या वृद्धि के साथ इस्लामिक अलगाववाद भी बढ़ रहा है। अलगाववाद से उग्रवाद और इस्लामिक आतंकवाद जन्म ले रहा है। क्या सैमुअल हटिंगटन के शोध की भविष्यवाणी जो सभ्यताओं के टकराव को बताती है सत्य साबित होने जा रही है? क्या स्थायी विश्व शान्ति मात्र मृगमरीचिका है? क्या बढ़ता 'इस्लामिक जनसांख्यिकी असन्तुलन' विश्व में एक नए संघर्ष की चेतावनी है? क्या लोकतान्त्रिक उदारवादिता एवं पंथनिरपेक्षता मात्र दिखावा एवं छलावा है? क्या लोकतान्त्रिक व्यवस्था एक असफल शासन प्रणाली साबित हो रही है? क्या इस प्रणाली में भी राजतन्त्र या अधिनायकवाद की भाँति शासन नीतियाँ बिना बृहदस्तरीय परामर्श के एक विशेष समूह या उसके प्रमुख द्वारा

नहीं तय की जातीं? भारतीय लोकतंत्र में नीति निर्धारण विषयों में सामूहिक प्रतिनिधित्व शून्य ही है। उदाहरण के तौर पर जनप्रतिनिधि, सांसद, सदन में वही निर्णय करने में सक्षम हैं, जो उनके दल का नेता चाहता है, अतः सामूहिक निर्णय कहाँ है? वह न चाहते हुए भी भारत की दलीय राजनीति में विवश है। कश्मीर पर नेहरू का निर्णय लोकतन्त्र में राजतन्त्र बनेगा, यह देश में आपातकाल भी अधिनायकवाद की मिसाल है।

कश्मीर को धारा-370 के आवरण में रखना लोकतन्त्र का मजाक है। एक अस्थायी व्यवस्था 65 वर्षों से चल रही है, जो साफतौर पर मुस्लिम तुष्टीकरण है। कश्मीर में भारतीय संवैधानिक व्यवस्था लागू न होना क्या भारतीय संघ की दुर्बलता नहीं है? चाणक्य ने कुश को जड़ से नष्ट करने के लिए उसकी जड़ों में मट्ठा डाला था, ऐसे ही कश्मीर घाटी से इस्लामिक अलगाववाद का अन्त मात्र सुरक्षाबलों की तैनाती एवं कुछ आतंक विरोधी सैन्य अभियानों से नहीं होगा। कश्मीर की सामाजिक संरचना में बदलाव आवश्यक है। आज कश्मीर घाटी में अलगाववाद अपने चरम पर है। भारतीय संघ का विरोध 'हिन्दू भारत' के रूप में है। कश्मीर के इस्लामिक अलगाववादी अधिकतर नगरीय आबादी के लोग हैं। उनका भारत विरोध मुखर है। साधारण गरीब कश्मीरी मुसलमान चुप है। उसकी खामोशी का झुकाव अनिश्चित है। क्या वह भारत विरोध का समर्थक है कहना दुविधापूर्ण है। कश्मीरी इस्लामिक अलगाववादियों की माँग असंवैधानिक, अनैतिक, अलोकतान्त्रिक एवं द्विराष्ट्र सिद्धान्त से प्रेरित है।

आज वैश्विक परिवेश इस्लामिक आतंकवाद के साथ जी रहा है। इसका प्रत्यक्ष एवं परोक्ष प्रभाव पूरे विश्व के इस्लामिक आबादी वाले राष्ट्रों में साफ दिखाई दे रहा है। कश्मीर में इस्लामिक स्टेट के झण्डे हों या भारत से दर्जनों मुस्लिम युवाओं का इस्लामिक स्टेट के साथ जुड़ना हो या जिहाद के लिए ईराक, सीरिया जाना हो, ये सब भारतीय मुस्लिम आबादी पर पड़ने वाले प्रभाव हैं। इस्लामिक स्टेट के सर्वाधिक इण्टरनेट एवं सोशल मीडिया अनुयायी भारत श्रीनगर में हैं। आज शिक्षित मुस्लिम युवा इस इस्लामिक विचारधारा का सर्वाधिक समर्थक है। कश्मीरी मुस्लिम युवा विशेषकर नगरों में रहनेवाला, जो सन् 1990 व उसके बाद जन्मा है, इस्लामिक चरमपंथ, अलगाववाद एवं भारत विरोध से अधिक भरा हुआ है। उसका जीवन धार्मिक एवं सामाजिक बहुलता एवं विविधता से कोसों दूर है, क्योंकि उसका जीवन हमेशा 'हिन्दू भारत' विरोध के इर्द-गिर्द ही घूमता रहा है और इसकी पुनरावृति प्रत्येक शुक्रवार को साप्ताहिक रूप से होती रही है। हिन्दू विरोध धीरे-धीरे घृणा की हद तक पहुँच चुका है। वह कश्मीरी पण्डितों की वापसी का या तो विरोधी है या ऐसे हालात बना देना चाहता है कि भयवश वे कश्मीर घाटी की ओर मुँह न करें। यह प्रत्येक हिंसक प्रदर्शन में प्रमाणित होता सत्य है। वह अमरनाथ यात्रा का विरोधी है। वह

धार्मिकस्थलों के पुनर्निर्माण एवं अन्य धर्मस्थलों के पूजना-अर्चना का विरोधी है। कहने को उसने बहुत से मन्दिरों को तोड़ा या जलाया नहीं, तो उन्हें उससे भी बदतर दशा में पहुँचा दिया है। अनेकों शिव मन्दिरों के शिवलिंग तोड़ दिए गए हैं। इससे बड़ा और भयावह सभ्यता, संस्कृति का संहार और क्या हो सकता है, लगभग 6 लाख कश्मीरी पण्डित आज अपनी जड़ों से उखड़कर एक प्राचीन सभ्यता-संस्कृति के रूप में विलुप्त हो रहें हैं। हम शक्तिशाली, जीवन्त लोकतन्त्र का दंभ भरनेवाले इस आधुनिक हिन्दू नरसंहार को मौन होकर देख रहे हैं। आज असहिष्णुता की बात करने वाले दंभी बौद्धिक वर्ग की इस विषय पर असाधारण चुप्पी पीड़ादायक है।

लाखों कश्मीरी पण्डित जम्मू और नगरोटा के शरणार्थी शिविरों में कष्टपूर्ण जीवनयापन को अभिशप्त हैं। वे एक-एक, दो-दो कमरों के असुविधापूर्ण मकानों में जम्मू के मैदानों की गर्मी झेल रहे हैं। उनके कश्मीर के बड़े-बड़े मकान, जमीन या बिक गए या कब्जा हो गए या आज भी जले हुए खण्डहर के रूप में अनेक स्थानों पर देखे जा सकते हैं। शिविरों में शनैः-शनैः उनकी अनेक सांस्कृतिक परम्पराएँ पिछले 28 वर्षों में विलुप्त होने के कगार पर पहुँच गई हैं। जैसे ज़मीन से उखड़ा हुआ पेड़ कभी अपने मूलरूप में किसी प्रकार से नहीं लाया जा सकता, वैसे ही कश्मीरी पण्डितों का भी कश्मीर घाटी से बाहर अपनी पहचान एवं सभ्यता को बनाए रख पाना दुष्कर कार्य है। आज कश्मीर घाटी के राजनैतिक दलों व इस्लामिक अलगाववादी नेता बाढ़ पीड़ितो के पुनर्वास की बात बार-बार देहराते हैं, परन्तु कश्मीरी पण्डितों एवं पाकिस्तान विभाजन काल के हिन्दू शरणार्थी उनके लिए कुछ नहीं है। कश्मीर के मुस्लिम नेता हिन्दू सामाजिक संगठनों की बुराई करते समय यह नहीं सोचते कि कट्टरता किस धर्म का स्वरूप एवं प्रकृति है? क्या आज किसी भी प्रकार से किसी के द्वारा भी घाटी में प्रचलित इस्लामिक प्रक्रिया को शान्तिप्रिय एवं सहिष्णु सिद्ध किया जा सकता है।

कश्मीर घाटी में आज पूर्णरूप से कट्टर इस्लामिक हवाएँ बह रही हैं। इस्लामिक आतंकी आज युवाओं के आदर्श हैं। 26 अप्रैल, 2016 और अप्रैल, 2017 में दक्षिण कश्मीर, पुलवामा में सम्पन्न हुए क्रिकेट टूर्नामेंट में हिस्सा लेने वाली अधिकांश टीमें वहाँ के मृत या जीवित आतंकियों के नाम पर थीं और खेल आरम्भ होने से पहले पाकिस्तान के राष्ट्रगान को भी गाया गया। क्या ऐसा होना कोई साधारण घटनाक्रम है। इस टूर्नामेंट की कुछ टीमों के नाम तो पाकिस्तान की क्रिकेट लीग में टीमों के नाम पर भी थे। पाकिस्तान से यह जुड़ाव क्या इस्लाम के 'परा-राष्ट्रीय' चरित्र एवं भारतीय संघ में अनास्था को नहीं दर्शाता। श्रीनगर स्थित 'एनआइटी परिसर' में गैर कश्मीरियों के साथ वहाँ के अन्य शिक्षकों एवं अन्य कर्मचारियों का धमकाने वाला आचार-व्यवहार एक असामाजिक एवं राष्ट्रविरोधी मानसिकता का परिचायक नहीं है। इस असामाजिकता एवं असहिष्णुता पर शायद ही भारतीय मुख्यधारा के अंग्रेजी विद्वान कुछ प्रकाश डालें।

जेएनयू जनित हमारे विद्वान तो केवल 'राष्ट्रीय अल्पसंख्यकों' के विरुद्ध घटित छोटी-बड़ी घटनाओं को ही असहिष्णुता की श्रेणी में रखते हैं। भारत में 'राष्ट्रीय अल्पसंख्यकों' की जनसंख्या विश्व के जनसंख्या क्रम में पहले दस में है। यह भी एक राष्ट्रीय बिडम्बना है। वह अल्पसंख्यक नहीं, एक बड़ा 'वोट बैंक' है। भारतीय राजनीति का यह शर्मनाक दृष्टिकोण है। गुजरात दंगों में जहाँ 790 मुसलमान और 254 हिन्दू मारे गए उसे हमारे उदारवादी नेता नरसंहार कहते हुए नहीं थके। परन्तु 1984 में एकतरफा 4000 सिखों के नरसंहार का कोई नाम नहीं लेता, वैसे ही कश्मीर घाटी में चुन-चुनकर लगभग 670 कश्मीरी पण्डितों की हत्या एवं 3.5 लाख लोगों का स्थायी आन्तरिक विस्थापन कोई चर्चा का विषय नहीं। भारत में 'शत्रु सम्पति विधेयक' को चुनौती, क्योंकि उसमें प्रभावित होने वाले 'राष्ट्रीय अल्पसंख्यक' वर्ग के लोग हैं। परन्तु 'कश्मीरी पण्डितों' के घाटी में ससम्मान पुनर्वास पर असाधारण मौन। जेएनयू विश्वविद्यालय के छात्रों को उनके प्रचार्यों द्वारा यह तो बताया जाता है कि कश्मीर घाटी में भारतीय सेना महिलाओं के साथ दुर्व्यवहार करती है, पर कश्मीरी पण्डितों के साथ क्या हुआ, शायद कभी नहीं बताया जाता। जेएनयू के छात्र जो सेना के दुर्व्यवहार से परेशान हैं, स्वयं सेना में शामिल हो उसे क्यों नहीं सुधारते? दिल्ली में बैठकर सुनी-सुनाई बातों पर ग्रन्थ लिखना और धरा पर लड़कर खून-पसीना बहाने में अन्तर है। समानुभूति और सहानुभूति में जैसे अन्तर है वैसे ही कश्मीर में जो जीकर देखा जाए और जो खाली द्वितीय एवं तृतीय स्तरीय सूत्रों से जाना जाए, उन दोनों में असोचनीय असमानताएँ हैं।

कश्मीर में आज भी हिन्दुओं के लिए सतही हकीकत में सल्तनतकाल ही है। परिगमन शिविरों में रह रहे उन हिन्दू महिलाओं-पुरुषों से कश्मीर की हकीकत जानी जो आज प्रत्येक हिंसक प्रदर्शन के दौरान इस्लामिक अलगाववादियों द्वारा लक्षित किए जाते हैं। जो कश्मीरी मुसलमान सुरक्षाबलों के ज्यादतियों की मनगढ़न्त कहानियाँ सुनाता है, उससे पूछिए वह हिन्दुओं के साथ जुलाई, 1931 से कैसा व्यवहार करता आया है? भारतीय सेना वहाँ के इस्लामिक चरमपंथियों एवं आतंकियों के कारण अपने बहुमूल्य संसाधनों एवं समय को नष्ट कर रही है और अपनी युद्धक क्षमता को दाँव पर लगा रही है।

हर धर्म, पंथ एवं समुदाय अपने सदस्यों के लिए लोकतान्त्रिक दायरे में अपनी आवाज़ उस समय तक बुलन्द करता है, जब तक कि उसको सुन न लिया जाए, पर भारत में हिन्दू धर्मावलम्बी अपने ही कश्मीरी हिन्दुओं के लिए एक भी शब्द बोलने को तैयार नहीं है। अन्य मतावलम्बी भारतीयों से यह उम्मीद ही शायद बेमानी हो। क्या भारत में हिन्दू मुद्दे साम्प्रदायिक हैं? फिर कश्मीरी हिन्दू नरसंहार पर भारतीय जागरूक नागरिकों की असाधारण चुप्पी क्यों है? क्या कश्मीर घाटी से हिन्दुओं का समूल उजड़ जाना एक नरसंहार नहीं?

कश्मीर घाटी में 09 अप्रैल, 2017 को श्रीनगर लोकसभा के लिए उपचुनाव हुए। श्रीनगर लोकसभा क्षेत्र में तीन जनपद आते हैं—बडगांव, श्रीनगर और गांदरबल। कुल मतदान लगभग 7.13 प्रतिशत रहा। जिसमें 13 अप्रैल को बडगाँव जिले के 38 मतदान केन्द्रों पर पुनर्मतदान भी हुआ। पुनर्मतदान में 38 में से 27 बूथों पर एक भी मत नहीं डाला गया। चुनावों के बहिष्कार का आह्वान मस्जिदों से भी होता रहा।

चुनावों के दौरान व्यापक हिंसा हुई। सुरक्षाबलों के साथ हाथापाई तक की गई। 'भीड़ आतंकवाद' अपने चरम पर दिखा । 'हिन्दू भारत' के सुरक्षा बलों एवं चुनावकर्मियों को पत्थरबाजों का निशाना बनना पड़ा । केंद्रीय सुरक्षाबलों को अपमानित कर इस्लामिक अलगाववादी 'हिन्दू भारत' को अपमानित करता हुआ अनुभव करते रहे। *इंडिया टुडे* चैनल पर एक बहस जो कि करन थापर के द्वारा संचालित की जा रही थी और जिसमें विषय 'कश्मीर का उपचुनाव' था, थापरजी बार-बार कम मत प्रतिशत को भारतीय लोकतन्त्र की असफलता बता रहे थे। वह चुनाव आयोग को भी इसका दोषी मान रहे थे। शायद वह नहीं जानते होंगे कि यह भारतीय लोकतन्त्र की कश्मीर में असफलता नहीं है, अपितु हमारी झूठी और भ्रमपूर्ण पंथनिरपेक्षता की है। हमारी उस सोच की है जिसमें कि हम इस्लाम के 'द्विराष्ट्र सिद्धान्त' और 'इस्लामिक अलगाववाद' को भूल जाते हैं। भारतीय लोकतन्त्र की असफलता तब है, जब हम अपने कर्तव्यों एवं लोकतान्त्रिक संवादों में असफल हो जाए। आज कि स्थिति बिलकुल स्पष्ट है, जिसमे कश्मीरी इस्लामिक अलगाववाद सिर्फ और सिर्फ 'निजाम-ए-मुस्तफा' चाहता है। वह 'हिन्दू भारत' से आजादी चाहता है। कश्मीरी हिंसा का दुश्चक्र किसने शुरू किया? सेना ने या इस्लामिक अलगाववादियों ने यह एक अत्यन्त ज्वलन्त एवं अहम् प्रश्न है। 26 अक्टूबर, 1947 को सेना जम्मू-कश्मीर की रक्षा के लिए आई थी और तब से लगातार नियंत्रण रेखा से लेकर जम्मू-कश्मीर के अनेक आन्तरिक हिस्सों में भी विभिन्न रूपों में तैनात है। सेना को आन्तरिक सुरक्षा के लिए राज्य सरकार के द्वारा बुलाया जाता है न कि सेना के द्वारा यह निर्णय लिया जाता है। सन् 1989-90 में जो इस्लामिक हिंसा का दौर इस्लामिक अलगाववादियों द्वारा चलाया गया, वह किसी भी प्रकार से शत्रु कार्यवाई से कम न था, लेकिन उस समय भी कथित वामपंथी विचारक इसे एक जनआन्दोलन की शक्ल देने की कोशिश कर रहे थे। मीडिया में भी बैठा ऐसा कथित बौद्धिक वर्ग देश और उसके सशस्त्रबलों की छवि को खराब करने का काम आज तक कर रहे हैं। जो हिंसा सन् 1989-90 में अपने चरम पर पहुँची थी, वह सन् 1947 के बाद से ही कश्मीरी इस्लामिक अलगाववादियों द्वारा वैचारिक रूप से पोषित की जा रही थी। यह वैचारिक अलगाववाद भी सीधे तौर से 'द्विराष्ट्र सिद्धान्त' पर आधारित है। यह इस्लामिक अलगाववादी हिंसा है। इसको किसी भी अन्य दृष्टिकोण से देखना नासमझी है । यह कहना कि भारतीय राजनैतिक और सामरिक अदूरदर्शिता के कारण ये हिंसात्मक परिस्थितियाँ

उत्पन्न हो रही हैं या सैन्य कार्यवाहियाँ इस विभीषिका को बढ़ा रही हैं तो इस्लामिक अलगाववादियों के दुष्प्रचार में फँसना होगा। आज कश्मीर में इस्लामिक अलगाववादी स्वयं हिंसा की आग को फैलाते हैं और बाद में उस आग को बुझाने का कार्य करने वाली संस्थाओं पर ज्यादती का दोषारोपण भी करते हैं। कश्मीरी मुस्लिम समुदाय के साथ कभी भी भारतीय तन्त्र द्वारा कोई भी असंवैधानिक या अमानवीय कृत्य नहीं किया गया, न ही कभी उनके मौलिक अधिकारों का हनन। इस राज्य को केन्द्र सरकार द्वारा सदैव ही केन्द्रीय निधियों में भी सर्वोच्च वरीयता मिलती रही है। फिर क्यों शुरू किया गया वैचारिक एवं सशस्त्र संघर्ष। वहाँ के एक वर्ग विशेष द्वारा इसका उत्तर इस्लामिक अलगाववादी स्वयं ही देते आए है कि वह कश्मीर में 'निजाम-ए-मुस्तफा' स्थापित करना चाहते है। कश्मीर में 'दारुल इस्लाम' स्थापित करना ही इस्लामिक अलगाववादियों का उद्देश्य है। फिर क्यों है बहस कि सेना एवं भारतीय सरकार की विभिन्न कश्मीर नीतियों पर जब सारी समस्या की जड़ में इस्लाम का अलगाववादी चरित्र या 'द्विराष्ट्र सिद्धान्त' है। जब तक राजनैतिक इस्लाम है, तब तक रहेगी यह कश्मीर समस्या। कश्मीरी हिन्दुओं के साथ जो अमानवीय कृत्य इस्लामिक आतंकियों ने इस्लामिक अलगाववादियों के सहयोग से किए मानवता को शर्मसार करने वाले थे। हिन्दुओं की अमानवीय हत्या के कुछ तरीके—

1. लोहे या स्टील के तार से गला घोंट कर मारना
2. फांसी देना, मृत शरीर पेड़ों पर लटकते छोड़ देना
3. जिन्दा जला देना
4. गर्म लोहे से दागना
5. घावों से रक्तस्राव करवा के मारना
6. अंग-भंग कर मौत देना
7. शरीर से खाल खींच कर मारना
8. जीवित डुबोकर मारना
9. भीड़ द्वारा पीट-पीट कर मार देना
10. शरीर में कीले ठोंक-ठोंक कर मारना।

कश्मीर घाटी में सन् 2017 अप्रैल से जुलाई के महीनों में अचानक आतंकी हिंसा और हिंसक संगबाजी में काफी बढ़त देखी गई। पुलवामा से लेकर हंदवाड़ा तक कई स्कूलों और कॉलेजों पर पाकिस्तानी झण्डे फहराए गए, भारत विरोधी नारेबाजी की गई, पथराव और हिंसा की गई । कश्मीर घाटी में नवम्बर से लेकर मई तक लगभग 13 बैंक डकैतियाँ हुईं जिसमे पुलिस वालों से लेकर बैंककर्मियों तक की हत्याएँ की गईं। सुरक्षाबलों और सरकारी तन्त्र के खिलाफ अनेक रूपों में संघर्ष जारी है। लश्कर के आतंकी 7 मई को कुलगाम में अपने मारे गए साथी फयाज के जनाजे में आकर उसके सम्मान में हवाई फायर करते हैं, जबकि दो दिन पहले ही कुलगाम

के पड़ोसी जनपद शोपियां में सेना के नेतृत्व में 4000 सुरक्षाबलों ने घेराबंदी और तलाशी अभियान चलाया था। जैसा कि पूर्वानुमानित था गर्मियों के साथ ही आतंकी हिंसा भी तेज हो उठी है। 26-27 मई को घाटी में 11 आतंकी मारे गए इनमें दक्षिण कश्मीर का हिजबुल सरगना सब्जार अहमद भट भी था। उसकी मौत के समाचार के साथ ही भीड़ आतंकवाद ने तीव्रता पकड़ी। कश्मीर अपने जमीन के सैन्य अधिकारी के मारे जाने पर तो मौन रहता है, जैसा कि उमर फयाज के लिए किया, पर इस्लामिक आतंकी की मौत पर मातम और हिंसा। लेफ्टिनेंट उमर फयाज की 10 मई को अपहरण के बाद बर्बर हत्या देश के दुःख का समय था, परन्तु घाटी में उसके लिए सहानुभूति का एक शब्द बोलने वाला कोई न था। क्या आतंकी आज अपने वर्चस्व को स्थापित करने के लिए यह सब कर रहे हैं या सुरक्षा बलों के प्रभाव में पिछले 15 वर्षों में कमी हुई है। परन्तु परिस्थितियाँ सामान्य नहीं कही जा सकती हैं। घाटी में हर एक आतंकी घटना, उसका समय और स्थान महत्त्वपूर्ण है। इस्लामिक आतंकवाद धीरे-धीरे 'हाइब्रिड वार' का रूप ले रहा है, जो 'बहुआयामी' है, इसमें समाज के साथ-साथ उसके लोग और सभी संसाधन भी सम्मिलित हो जाते हैं। वह सूचना, जनसंचार, साइबर स्पेस, विचारधारा, मनोविज्ञान और हिंसा जैसे अनेक तरीकों से लड़ा जाता है। सामाजिक, आर्थिक, धार्मिक और सैन्य सभी आयाम इसमें समाहित हैं। यह 'हाइब्रिड वॉर युग' है और घाटी में इसका आगाज हो चुका है। सैन्य रणनीति बदलने का समय है। 'अदृश्यता ही आपको अजेय बनाती है' सही स्थान पर संतुलित प्रहार आवश्यक है। 'सुदृढ़ मानव सूचना तन्त्र' सैन्य अभियान के रीढ़ की हड्डी है, शत्रु में अनिश्चितता का भय केवल सैन्य अभियान की तीव्रता और परिशुद्धता से बिठाया जा सकता है।

राज्य सुरक्षा एजेंसीज के अनुसार 'इस्लामिक स्टेट' भी राज्य में बहुत छोटे रूप में स्थापित हो चुका है। लेकिन स्वमताकरण से फैलने की सम्भावनाएँ प्रबल हैं। 'साइबर जिहाद' का विस्तार असीमित हो चुका है। कैसे सूचना युद्ध से अपने से सशक्त शत्रु को हराया जा सकता है। इसका सबसे बड़ा उदाहरण जून, 2014 को इस्लामिक स्टेट द्वारा ईराक में मोसुल प्रांत पर विजय का मिलना है। ईराकी राष्ट्र की सेनाएँ आईएस के हिंसक वीडियो देख-देखकर ही इतना सहम गए थे कि बिना लड़ाई के ही घुटने टेककर भाग खड़े हुए। इस प्रकार के 'असममित युद्ध' (एसमेटरिकल वारफेयर) आज की सच्चाई हैं, लड़ाई बहुआयामी होगी। अतः कश्मीर में हिंसा और सूचना युद्ध के सभी स्वरूपों को विराम देना आवश्यक हो गया है। 'भीड़ आतंकवाद', 'जनाजा आन्दोलन', 'हिंसक प्रदर्शन' और 'इस्लामिक जिहाद' (आतंकवाद) को तत्काल प्रभाव से निष्प्रभावी करना होगा। इस सुलगती आग को विकराल रूप लेने से पहले ही बुझाना होगा, आग लगाने और फैलाने वाले सभी कारकों को सामाजिक, धार्मिक, राजनैतिक, रणनैतिक, सामरिक और सैन्य स्तर पर रोकना होगा।

जिस कश्मीर को भारतीय सेना ने लगभग 14 महीनों की लड़ाई और अनेक बलिदानों के बाद जीता, उसको आज इन अलगाववादी संगबाजों को बर्बाद करने के लिए नहीं छोड़ा जा सकता है। और न ही इसके लिए उन इस्लामिक अलगाववादियों से समझौता किया जा सकता है, जो हमारे शत्रु का नमक खाते हों। भारत को दृढ़ इच्छाशक्ति दिखानी होगी, उसे इस्लामिक अलगाववादियों एवं आतंकियों को कठोरतम रूप में दण्डित करना होगा। पूर्ववर्ती सरकारों की भाँति हिन्दू नरसंहार में लिप्त एक भी इस्लामिक आतंकी को दण्डित न करके नवागंतुक आतंकियों का मनोबल नहीं बढ़ाना है। यासीन मलिक जैसे हत्यारे आज एक सम्मानित जीवन जी रहे हैं। उलट राज्य एवं केंद्र सरकारें विस्थापित हिन्दुओं से अधिक धन आतंकियों के पुनर्वास पर व्यय करती हैं। राज्य का नाम जम्मू-कश्मीर, लेकिन सरकार सिर्फ कश्मीरी, राज्य सचिवालय में 90 प्रतिशत अधिकारी और कर्मचारी भी कश्मीरी मुसलमान, राज्य का 70 प्रतिशत से अधिक राजस्व आए जम्मू से, पर प्रत्येक क्षेत्र में वरीयता कश्मीर को क्योंकि कश्मीर राज्य का पूर्ण इस्लामिक संभाग। यह दशा एवं दिशा ही राज्य की दुर्दशा के लिए उत्तरदायी है।

कश्मीर घाटी मई और जून, 2017 में विशेष रूप से हिंसक रही। घाटी में जून, 2017 तक लगभग 70 आतंकी मारे गए और 18 जुलाई तक यह संख्या 106 पहुँच गई थी। इन आतंकियों में आधा दर्जन से अधिक क्षेत्रीय आतंकी प्रमुख थे। दक्षिण एशिया से लेकर अफगानिस्तान और लन्दन तक सैकड़ों नागरिक आतंकी घटनाओ में मारे गए। इस्लामिक स्टेट ने काबुल और लंदन हमलों की जिम्मेदारी ली। वैश्विक इस्लामिक आतंकी गतिविधियों का पूरे विश्व में एक तूफान सा आया हुआ है। फिलीपींस में मिंडानाओ द्वीप की इस्लामिक हिंसा से लेकर मिश्र, सीरिया, इरानी ससंद, ईराक, काबुल, कश्मीर सब इस्लामिक आतंकी हिंसा की चपेट में है। राजनैतिक इस्लाम निरंतर हिंसा के द्वारा विश्व पर वर्चस्व के लिए प्रयासरत है। कश्मीर में 30 जून से आरम्भ अमरनाथ यात्रा इस्लामिक अलगावादियों एवं आतंकियो के लक्ष्य पर है।

वैश्विक राजनैतिक एवं सामरिक समीकरण इस्लामिक आतंकवाद को विराम देने के विषय पर सदैव अपने निहितार्थ खोजते दिखाई देते है। यदि चीन पाकिस्तान का समर्थक है, जहाँ आतंकवाद दशकों से फल-फूल रहा है, तो अमेरिका सऊदी अरब के पक्ष में है, जो वहाबी और सलाफी चरमपंथी इस्लामिक विचारधारा का पोषक एवं प्रचारक है। सुन्नी आतंकवाद की जड़ में सऊदी अरब है। परन्तु सामरिक कारणों से प्रतिबंध इरान पर लगाए जाते हैं। यही कारण है कि इस्लामिक आतंकवाद अविराम गतिशील है । यदि सन् 1947-48 में कश्मीर समस्या को सुलझाने के स्थान पर पश्चिमी देश (अमेरिका और इंग्लैंड) मुस्लिम तुष्टिकरण की राह पर थे, तो आज स्थितियाँ भिन्न नहीं है। लड़ाई मात्र राजनैतिक सामरिक एवं आर्थिक लाभ की है।

मई, 1948 में इजरायल का जन्म हुआ । पश्चिमी देशों ने इस जन्म में दाई का काम किया। मुस्लिम जगत में पश्चिमी देशों के प्रति रोष था और इसी रोष को कम करने के लिए कश्मीर के विषय पर अमेरिका और इंग्लैंड पाकिस्तान समर्थक बने हुए थे । यह सिलसिला लगभग 5 दशकों तक चला। आज कश्मीर की हिंसक परिस्थियों में इस्लामिक अलगावाद के लिए यही दो देश पूर्णरूप से उतरदायी हैं। इन्हीं कारणों से पाकिस्तान आज भी विश्व पटल पर अलग-थलग नहीं हो पा रहा है। इसी प्रकार सामरिक और राजनैतिक वैश्विक आवश्यकताएँ विश्व में कभी भी शान्ति स्थापित नहीं होने देंगी।

कश्मीरी घाटी में मई-जून के महीनों का घटनाक्रम हिंसक होने के साथ काफी हद तक अमानवीय कृत्यों से भरा हुआ था। रमजान के महीने में भी अमानवीय हिंसा के पीछे इस्लामिक अलगाववाद एवं आतंकवाद था। जाकिर मूसा जैसे इस्लामिक आतंकी बार-बार कश्मीर में दारुल-इस्लाम की स्थापना की बात कर रहे थे। दारुल इस्लाम की स्थापना के लिए ही काफिर भारत सरकार की सेवा में कार्यरत सैन्य अधिकारी उमर फयाज की हत्या और 23 जून, 2017 को पुलिस उपाधीक्षक अयूब पण्डित की जामिया मस्जिद के द्वार पर जिहादी इस्लामिक भीड़ के द्वारा पीट पीट कर हत्या। भीड़ अयूब पण्डित को हिन्दू होने का शक कर रही थी। भीड़ के द्वारा जाकिर मूसा जिंदाबाद के नारे भी लगाए जा रहे थे। जून में ही 6 और पुलिस वालों की हत्या। यह हिंसा स्पष्ट रूप से जम्मू-कश्मीर के उस पुलिस बल को डराना चाहती है। यह अमानवीय हिंसा कश्मीर के इस्लामिक आतंकवाद के बदरूप चेहरे को उजागर करता मात्र एक पहलू भर है। उनके द्वारा जलाए जा रहे विद्यालय और .लगातार बंद शैक्षणिक संस्थान एक और पहलू हैं। वह कश्मीर घाटी को इस्लामिक चरमपंथ के युग ले जाना चाहते है। कश्मीर घाटी में बढ़ी हिंसक घटनाएँ पूरे विश्व स्तर पर रमजान के महीने में हुई इस्लामिक आतंकी हिंसा के साथ जुडी हुई भी है, क्योंकि कश्मीर और पाक क्षेत्र का इस्लामिक आतंकवाद पाक प्रायोजित एवं निर्देशित है, किन्तु इस्लामिक अलगाववादियों का इसका समर्थन राष्ट्रीय सुरक्षा के लिए एक गम्भीर मुद्दा है।

10 जुलाई, 2017 को रात आठ बजे अमरनाथ यात्रियों की एक बस पर जनपद अनन्तनाग में आतंकियों का हमला हुआ। इस हमले में सात लोग मारे गए और लगभग एक दर्जन लोग आहत हुए थे। यह गुजरात नम्बर की बस थी, यह भी एक कारण हो सकता है कि इस्लामिक आतंकियों ने उसे लक्ष्य किया। अमरनाथ यात्रा अथवा कश्मीर में पर्यटकों पर इस प्रकार का हमला 16 वर्षों के बाद किया गया था। सन् 2017 कश्मीर के आतंकवाद के लिए एक नया अध्याय लेकर आया। कश्मीर के आतंकियों ने हिंसा के कुछ पूर्व लिखित नियमों और हदों को तोड़कर असममित रूप में उसे एक अमानवीय और जिहादी शक्ल दी। इस्लामिक आतंक आज कश्मीर के साथ-साथ सम्पूर्ण भारत के लिए एक अभूतपूर्व चुनौती है। अगर अब भी सरकार द्वारा ठोस कदम नहीं उठाए तो यह कभी भी साम्प्रदायिक हिंसा को जन्म दे सकता है।

सन्दर्भ

'कश्मीरी खिलाफत' और हिन्दू नरसंहार–पूर्वपीठिका

1. 17 अप्रैल, 2016 दैनिक जागरण—सम्पादकीय प्रो. हरिओम
2. 15 अप्रैल, 2016—ट्रिब्यून
3. 05 अप्रैल, 2016—ट्रिब्यून, पंजाब केसरी
4. 08 अप्रैल, 2016—पंजाब केसरी
5. 08 अप्रैल, 2016—ट्रिब्यून, डेली एक्सलसियर, दैनिक जागरण
6. अप्रैल, 2016 दैनिक जागरण—सम्पादकीय श्री दयासागर (एन.आई.टी विवाद विषय पर)
7. *माई फ्रोजेन टर्बुलेंस इन कश्मीर*—जगमोहन (पूर्व राज्यपाल जम्मू और कश्मीर)
8. *सेक्युलर पोलिटिक्स कम्युनल एजेण्डा*—माखनलाल
9. *कश्मीर डायरी—साइकोलोजी ऑफ मिलिटेंसी*—मेजर जनरल अर्जुन रे
10. टेररिज्म द फ्यूचर ऑफ काम्बैट—*इंडिया टुडे कानक्लेव*, 2016
11. 18 मार्च, 2016—दैनिक जागरण(जम्मू)
12. 12 मार्च, 2016—ले.जन. सैयद अता हसनैन का लेख—डेली एक्सलसियर
13. मार्च, 2016—दैनिक जागरण—सम्पादकीय लेख—केएन पंगोत्रा
14. 07 मार्च, 2016—डेली एक्सलसियर—केबी जन्दियाल द्वारा लेख जम्मू-कश्मीर का विलय सशर्त नहीं था ।
15. 06 मार्च, 2016—डेली एक्सलसियर केएन पण्डित का लेख
16. 02 मार्च, 2016—ट्रिब्यून—कश्मीरी पण्डितो का पलायन पर जेएनयू छात्रों का ध्यानाकर्षण ।
17. फरवरी, 2016—दैनिक जागरण में केवल कृष्ण पंगोत्रा का कश्मीरी पण्डितों के अलग पुनर्वास और जम्मू के अलग राज्य पर तार्किक लेख।

18. 25 फरवरी, 2016—डेली एक्सलसियर—बी.एल. सराफ का सम्पादकीय लेख (राज्यपाल शासन और चुनी हुई सरकार)
19. 26 फरवरी, 2016—डेली एक्सलसियर में प्रो. चमनलाल गुप्ता, पूर्व केंद्रीय मंत्री का राज्य के विलय पर बयान ।
20. 22 फरवरी, 2016—पैम्पोर की मस्जिदों से आतंकियों के प्रशंसा गीत। (टाइम्स ऑफ इण्डिया, इण्डियन एक्सप्रेस)
21. 20 फरवरी, 2016—इण्डियन एक्सप्रेस—श्रीनगर में अलगाववादियों द्वारा जेएनयू को धन्यवाद देते हुए प्लेकार्ड और पाकिस्तानी झण्डे दिखाये गए।
22. 19 फरवरी, 2016—दैनिक जागरण में डॉ एके वर्मा का सम्पादकीय लेख—जेएनयू विवाद और अलगाववाद ।
23. 17 फरवरी, 2016—डेली एक्सलसियर—ब्रिटिश सांसद बोब ब्लेकमेन एवं स्टेट टाइम्स न्यूज का कश्मीर को भारत का अंग मानना और पाक प्रायोजित आतंकवाद की भर्त्सना।
24. 10 फरवरी, 2016—डेली एक्सलसियर—प्रो. भीम सिंह का धारा-370 हटाने की अपील और उसके पक्ष में तर्क।
25. इण्टरनेट हिन्दू डॉट इन—कुछ हिन्दू हत्याओं का विवरण ।
26. क्रिएटिंग ए न्यू मदीना-वेंकट धुलिपाला-कैंब्रिज यूनिवर्सिटी प्रेस।

अध्याय 1

कश्मीर प्राचीन इतिहास, 1339 तक

1. *वैली ऑफ कश्मीर*—सर वाल्टर लॉरेन्स
2. *गजेटियर ऑफ कश्मीर एंड लद्दाख*—ब्रिटिश सरकार : 1890 में प्रकाशित
3. *नीलामत पुराण*—अनुवाद वेद कुमारी घई
4. *कलहन राजतरंगिनी*—अनुवाद आरएस पण्डित
5. *कश्मीर अंडर सुलतान्स*—मोहिबुल हसन
6. *कश्मीर एंड पावर पोलिटिक्स*—पृथ्वीनाथ कॉल बमजई
7. *द कश्मीर स्टोरीज थ्रू एजेज*—अर्जननाथ चाकू व इन्दर के चाकू
8. *प्राचीन भारत*—ए.क. वार्डर और आरसी मजूमदार
9. *हिस्ट्री ऑफ कश्मीर*—पीएनके बमजई
10. *प्राचीन भारत*—वीडी महाजन
11. *अद्भुत भारत*—ऐएल बाशम
12. *प्राचीन भारत*—आशीर्वादी लाल श्रीवास्तव
13. *जातियों का विनाश*—डा. बीआर अम्बेडकर

अध्याय 2

कश्मीर का इस्लामिक साम्राज्यवाद (1339-1819)

1. *कश्मीर अंडर सुलतान्स*—मोहिबुल हसन
2. *राजतरंगिनी*—जोनाराजा अनुवाद जेसी दत्त
3. *हिस्ट्री ऑफ कश्मीर*—पृथ्वीनाथ कौल बमजई
4. *हिस्ट्री ऑफ मुस्लिम रूल इन कश्मीर*—आरके परमू
5. *द वेली ऑफ कश्मीर*—सर वाल्टर आर लॉरेंस
6. *हिस्ट्री ऑफ कश्मीर*—सर फ्रांसिस यंगहसबैंड
7. *कश्मीर एंड पावर पोलिटिक्स*—पृथ्वीनाथ कौल बमजई
8. *कश्मीर बिहाइंड द वेल*—एमजे अकबर
9. *द पीपल एंड कल्चर ऑफ जम्मू-कश्मीर-लद्दाख*—परवेज दीवान
10. *द कश्मीर स्टोरी—थ्रू द एजेस*—अर्जननाथ चाकू और इन्दर के चाकू
11. *गजेटियर ऑफ कश्मीर और लद्दाख*—ब्रिटिश सरकार प्रकाशन, 1890
12. *सुल्तान जैनुल अबीदीन ऑफ कश्मीर*—एन के जुत्सी
13. *मध्यकालीन भारत*—वी.डी. महाजन

अध्याय 3

हिन्दू कश्मीर : उपलब्धियाँ और पतन

1. *द कश्मीर स्टोरी—थ्रू द एजेस*—अर्जननाथ चाकू और इन्दर के चाकू
2. *राजतरंगिनी*—कलहन अनुवाद आरएस पण्डित (साहित्य अकादमी)
3. *हिस्ट्री ऑफ कश्मीर*—पृथ्वीनाथ कौल बमजई
4. *राजतरंगिनी*—जोनाराजा अनुवाद जेसी दत्त
5. *हिस्ट्री ऑफ सिख*—खुशवंत सिंह
6. *गजेटियर ऑफ कश्मीर और लद्दाख*—ब्रिटिश सरकार प्रकाशन, 1890
7. *प्राचीन भारत*—वीडी महाजन

अध्याय 4

26 अक्टूबर, 1947 से मार्च, 1987 इस्लामिक अलगाववाद का पुनर्जागरण

1. *सरदार पटेल पत्राचार (1945-1950)-खण्ड 1*—दुर्गा प्रसाद (1971) अहमदाबाद
2. *सेक्युलर पोलिटिक्स कम्युनल एजेंडा*—माखनलाल (प्रगुण 2008)
3. *माई फ्रोजेन टर्बुलेंस इन कश्मीर*—जगमोहन (1991)

4. *डॉ श्यामा प्रसाद मुखर्जी : ए बायोग्राफी*—बलराज मधोक (नई दिल्ली)
5. *कश्मीर एंड पावर पोलिटिक्स*—पृथ्वीनाथ कौल बमजई (1966 दिल्ली)
6. *माई इयर्स विद नेहरू*—बीएन मलिक (नई दिल्ली-1971)
7. *कश्मीर इन द क्रॉस फायर*—विक्टोरिया स्कोफिल्ड (वीवा प्रकाशन 1947)
8. *कश्मीर बिहाइंड द वेल*—एमजे अकबर (वाईकिंग 1991)
9. *जम्मू-कश्मीर–द कोल्ड वार एंड द वैस्ट*–दी एन पाणिग्रही (राऊत लेज नई दिल्ली)
10. *माई लाईफ एंड टाइम्स*—मीर कासिम
11. *ट्रेजेडी ऑफ एरर्स*—तवलीन सिंह (वयिकिंग पेंगुविन, नई दिल्ली)
12. *लुकिंग बैक*—मेहरचंद महाजन (1963) (जीवनी)
13. *स्टोरी ऑफ द इन्टीग्रेसन ऑफ इण्डियन स्टेटस*—वी पी मेनन (1956) हैदराबाद
14. *ऑपरेशन इन जम्मू एंड कश्मीर* (1947-48)—रक्षा मंत्रालय,भारत सरकार
15. *कश्मीर : ऐ डिस्प्यूटेड लिगेसी*—अलस्टेयर लैम्ब (1991)
16. *क्रियेटिंग ऐ न्यू मदीना*—वेकंत धुलिपाला (2015)
17. *द इंडिया-पाकिस्तान वार ऑफ 1965—ऐ हिस्ट्री*—एस एन प्रसाद
18. *द इंडो पाक वार-1971*—ले. जन. के पी कैंडेथ
19. *ए बंच ऑफ ओल्ड लेटर्स*—जवाहरलाल नेहरू, एशिया पब्लिशिंग हाउस (बॉम्बे)
20. *शेख मों अब्दुल्लाह—अभिनन्दन ग्रन्थ*—कश्मीर यूनिवर्सिटी, श्रीनगर
21. *क्रिएटिंग ए न्यू मदीना*—वेंकट धुलिपाला-कैंब्रिज यूनिवर्सिटी प्रेस।

अध्याय 5

अफगान युद्ध (1979-1989) : वैश्विक जिहाद का जन्म

1. *अफगानिस्तान द बिएर ट्रैप*—ब्रिगेडियर मोहम्मद युसूफ और मार्क अडकिन
2. *कश्मीर द ट्रबल्स फ्रंटियर्स*—मेजर जन. अफसर करीम और इंडियन डिफेन्स रिव्यू टीम
3. *कश्मीर द वाजपेयी इयर्स*—ऐ एस डुलत
4. *माई फ्रोजेन टर्बुलेंस इन कश्मीर*—जगमोहन
5. *कश्मीर डायरी-साइकोलोजी ऑफ मिलिटेंसी*—मेजर जनरल अर्जुन रे
6. *कश्मीर इन द क्रॉस फायर*—विक्टोरिया स्कोफिल्ड
7. *कश्मीर टुवर्ड्स इंसरजेंसी*—बलराज पूरी
8. *कश्मीर बिहाइंड द वेल*—एमृ जे अकबर

9. *कश्मीर ऐ ट्रेजेडी ऑफ एर्रर्स*—तवलीन सिंह
10. *जम्मू-कश्मीर-द कोल्ड वार एंड द वेस्ट*—डी एन पाणिग्रही
11. *साऊथ एशिया इन चेंजिंग इनटरनेशनल ऑर्डर*—गौहर रिजवी
12. *क्लैश ऑफ सिविलाइजेसन*—सैमुअल पी हटिंगटन

अध्याय 6

धारा-370 या द्विराष्ट्र सिद्धान्त का नया नाम

1. *सेक्युलर पालिटिक्स कम्युनल एजेंडा*—माखन लाल—(प्रगुण प्रकाशन)
2. 06 फरवरी, 2016—दैनिक जागरण और इंडियन एक्सप्रेस—हाजिन आतंकी मुठभेड़
3. *माई फ्रोजेन टर्बुलेंस इन कश्मीर*—जगमोहन—एलाइड प्रकाशन—1991
4. *कश्मीर एंड पावर पॉलिटिक्स*—पृथ्वी नाथ कौल बमज़ई
5. डेली एक्सल्सिएर—11 फरवरी, 2016
6. 08 फरवरी, 2016—डेली एक्सलसियर—महबूबा का संसदीय बयान
7. 10 फरवरी, 2016—डेली एक्सलसियर, दैनिक जागरण, पंजाब केसरी—09 फरवरी 16 : आतंकी अफजल गुरु की फांसी के विरोध में कश्मीर बंद।
8. 10 फरवरी, 2016—डेली एक्सलसियर—प्रो भीम सिंह का धारा-370 पर तथ्यपूर्ण एवं तार्किक लेख।
9. *सरदार पटेल का पत्राचार—खण्ड 1*—दुर्गादास
10. *माई ईयर्स विद नेहरू*—बी एन मलिक
11. *डॉ श्यामा प्रसाद मुखर्जी : ऐ बायोग्राफी*—बलराज मधोक
12. 17 अप्रैल 2017—दैनिक जागरण, प्रो हरी ओम का तार्किक लेख जिसमे धारा-370 का दुष्प्रभाव संक्षेप में बताते है ।
13. 25 जनवरी, 2016—आउटलुक—मुफ्ती मो. सईद की मृत्यु पर जन सैलाब का न उमड़ना चिंता का विषय
14. 11 मार्च, 2016—डेली एक्सलसियर—प्रो भीम सिंह ने देश एवं राज्यहित में धारा-370 को समाप्त करने पर तथ्य पूर्ण तर्क दिए।
15. 25 अगस्त 2015—इंडियन एक्सप्रेस—15 कोर सुब्रत साहा का साक्षात्कार
16. 09 अक्टूबर 2016—दै.जा.—प्रो हरीओम—पश्चिमी पाकिस्तान से आए हिन्दू शरणार्थियों का अभी तक नागरिकता न मिलने का कारण धारा—370
17. 19 नवम्बर 2016—दैनिक जागरण—दयासागर—सम्पादकीय लेख जम्मू-कश्मीर को भारत का अभिन्न अंग बनाने के लिए धारा-370 हटाना आवश्यक

अध्याय 7

मार्च 1987 से 19 जनवरी 1990 : घाटी में इस्लामिक आतंकवाद और हिन्दू नरसंहार

1. *कश्मीर टुवर्ड्स इन्सर्जेंसी*—बलराज पूरी (1993, लन्दन)
2. *कश्मीर बिहाईंड द वेल*—एम जे अकबर
3. *ट्रेजेडी ऑफ एर्रर्स*—तवलीन सिंह
4. *कश्मीर इन क्रॉस फायर*—विक्टोरिया स्कोफिल्ड
5. *माई फ्रोजेन टर्बुलेंस इन कश्मीर*—जगमोहन
6. 22 फरवरी, 2016—इंडियन एक्सप्रेस एवं दैनिक जागरण—पम्पौर आतंकी मुठभेड़ और आतंकियों के लिए जन समर्थन घरो एवं मस्जिदो से।
7. *कश्मीर द ट्रबल्स फ्रंटियर्स*—मेजर जन अफसर करीम और इंडियन डिफेंस रिव्यू टीम
8. *कश्मीर डायरी—साइकोलोजी ऑफ मिलिटेंसी*—मेजर जनरल अर्जुन रे (मानस पब्लिकेशन 1997)
9. *इवेन मून हैस ब्लड क्लोट—द एक्सोडस ऑफ कश्मीरी पण्डितस*—राहुल पण्डिता
10. *द वेली ऑफ कश्मीर*—सर वाल्टर आर लॉरेंस
11. *द क्लैश ऑफ सिविलाइजेशन*—सैमुअल पी हटिंगटन—पेंगुइन 1996
12. 07 मार्च, 2016—इन्डियन एक्सप्रेस, दैनिक जागरण—महाशिवरात्री पर आतंकी हमले का खतरा।
13. 05 मार्च, 2016—कश्मीर एक्सलसियर—कश्मीरी पण्डितो का प्रशासन को उनकी संपत्तिया बचाने के लिए ज्ञापन।
14. 02 सितम्बर 2016—दैनिक जागरण एवं हिंदुस्तान टाइम्स—ऑल पार्टीज माइग्रेंट कोओर्डिनेसन कमेटी के सदस्यों का कश्मीरी पण्डितो की घाटी में सुरक्षा को लेकर प्रदर्शन।
15. 26 दिसंबर 2016—दैनिक जागरण जम्मू—जगती कैम्प में कश्मीर पण्डितो का पुनर्वास के लिए सरकार के खिलाफ प्रदर्शन
16. *द पीपल एंड कल्चर ऑफ जम्मू—कश्मीर—लद्दाख*—परवेज दीवान
17. *हाऊ पार्टीशन रोक्ड जम्मू एंड कश्मीर*—डॉ एस पी वैद

अध्याय 8

द्वितीय कश्मीरी हिन्दू नरसंहार : 1990 से अब तक

1. *माई फ्रोजेन टर्बुलेंस इन कश्मीर*—जगमोहन
2. *कश्मीर बिहाइंड द वेल*—एम् जे अकबर
3. *द क्लैश ऑफ सिविलाईजेशन*—सैमुअल पी हंटिंगटन
4. *इवेन मून हैस ब्लड क्लोट्स*—राहुल पण्डिता
5. *लॉन्ग मार्च ऑफ इस्लाम*—आर के ओहरी
6. इंटरनेट हिन्दू डाट इन, 6 अप्रैल 2017—हिन्दू हत्याओ का ब्यौरा
7. *पाकिस्तान और पार्टीशन ऑफ इंडिया*—डॉ बी आर अम्बेडकर
8. *सेक्युलर पोलिटिक्स और कम्युनल एजेन्डा*—माखन लाल
9. द आईएसआई एस एपोकेलेपसी—विलियम मैकेंट्स—मई 2016 (पीकेडार इंटरनेश्नल एडिशन)
10. 5 सितम्बर 2016—दैनिक जागरण व हिंदुस्तान टाइम्स—आल पार्टीज कोओर्डिनेसन कमेटी के सदस्यों का कश्मीरी पण्डितो की घाटी में सुरक्षा को लेकर प्रदर्शन।
11. 02 सितम्बर 2016—दै. जा.—कुपवाड़ा जिले के नथनसू में पण्डित परिगमन शिविरों पर इस्लामिक भीड़ का हमला, आगजनी व तोड़फोड़।
12. 05 मार्च, 2016—कश्मीर एक्सलसियर—कश्मीरी पण्डितो का प्रशासन को उनकी संपत्तियाँ बचाने का ज्ञापन।
13. 17 अप्रैल 2016—दै. जा.—सम्पादकीय—प्रो हरी ओम—जम्मू और कश्मीर के बीच अंतर का तथ्य पूर्ण तार्किक विश्लेषण किया।
14. 15 अप्रैल 2016—ट्रिब्यून—हिन्दू कर्मचारियों में कश्मीर घाटी में कार्य करने में भय।
15. 08 अप्रैल 2016—पंजाब केसरी—श्रीनगर में फहराए गए पाकिस्तान एवं आईएसआई एस के झण्डे।
16. 19 फरवरी, 2016—दै. जा.—सम्पादकीय प्रो हरिओम—सेना प्रमुख के सख्ती के बयान पर राजनैतिक दलों द्वारा सियासत।
17. 26 दिसंबर 2016—दै. जा.—पश्चिमी पाक शर्णार्थियो के लिए नागरिकता की कठिन डगर।
18. 25 फरवरी, 2017—डेली एक्सलसियर—जम्मू में रोहिग्या (बर्मा) शर्णार्थियो को बसाने का प्रशासनिक षड्यंत्र।
19. 7 दिसंबर 2016—पंजाब केसरी–जम्मू-कश्मीर में मारे गये 140 आतंकी जो पिछले वर्ष की संख्या 46 से तीन गुना अधिक है।

20. 27 अगस्त 2016—दै. जा.—आतंकी फरमान से डरकर छोड़ रहे नेता राजनैतिक दल।
21. 25 अगस्त 2016—टाइम्स ऑफ इंडिया—कश्मीरी सशस्त्र संघर्ष, इस्लामिक जिहाद का रूप ले सकता है—पी डी पी सांसद मुजफ्फर हुसैन बेग।
22. 23 अगस्त 2016—टाइम्स ऑफ इंडिया—घाटी में आतंकियों एवं भीड़ से सर्वाधिक खतरा पुलिस वालो को। सेना कर रही पुलिस भवनों की सुरक्षा
23. 23 अगस्त 2016 टाइम्स ऑफ इंडिया—पत्थर बाजी, आगजनी व भीड़ आतंकवाद के कारण कश्मीर के पुलवामा, शोपियां, कुलगाम और अनंतनाग में पुलिस प्रभाव लगभग शून्य।
24. 13 जून 2016 दै. जा.—कश्मीरी पण्डितो को दिल्ली और आर एस एस का एजेंट नहीं बनने देंगे—सैयद अली शाह जिलाती (हुरियत नेता)
25. 11 जून 2016 दै. जा.—अभिनव गुप्त यात्रा की अनुमति नहीं मिलने से भड़की भाजपा ।
26. 13 जून 2016—हिन्दुस्तान टाइम्स—हिन्दुओ और सैनिको के लिए अलग आवासीय परिसरों का इस्लामिक अलगाववादियों द्वारा विरोध।
27. 4 जून 2016—पंजाब केसरी, दै. जा.—सैनिक, पण्डित कालोनी के खिलाफ कश्मीर भर में झडपे, प्रदर्शन
28. 12 जून 2016—दै. जा.—कश्मीरी हिन्दुओं के वाहनों पर पथराव, क्षीर भवानी मेले में जा रहे थे भाग लेने।

अध्याय 9

सोशल मीडिया एक बड़ा कारक कश्मीरी इस्लामिक आतंकवाद में वृद्धि

1. द आईएसआई एस एपोकेलेपसी—विलियम मैकेंट्स
2. 30 जनवरी, 2016—इंडियन एक्सप्रेस—एन आई ऐ ने आई एस भर्ती समूह के प्रमुख को पकड़ा ।
3. 25 जनवरी, 2016—इंडियन एक्सप्रेस—इंटरनेट के द्वारा आतंकियों की भर्ती
4. 28 जनवरी, 2016—इण्टरनेट एवं सोशल मीडिया के द्वारा मताकरण
5. 13 जून 2016—आई एस, इंटरनेट और सोशल मीडिया (टाइम्स ऑफ इंडिया) अलग नहीं किए जा सकते।
6. 22 फरवरी, 2015—द हिन्दू—आतंक के विरुद्ध लड़ाई—फ्रांस ने सिलिकोन वेली का सहयोग माँगा।
7. 18 मार्च, 2015—दैनिक जागरण—मुंबई के आरिब मजीद का सोशल मीडिया द्वारा स्वमताकरण
8. 14 दिसंबर 2014—द हिन्दू—लेख—वरचुअल जिहादिस्ट

9. 16 अप्रैल 2017 इंडियन एक्सप्रेस—घाटी में फोन हथियार और वीडियो गोला—बारूद है।
10. *इंडियन मिलिट्री रिव्यू* दिसंबर 2015.
11. 25 अप्रैल 2017—दैनिक जागरण, इंडियन एक्सप्रेस—संगबाजी के लिए भीड़ एकत्र करने के लिए सोशल मीडिया का अलगाववादियों द्वारा दुरुपयोग।
12. 6 मई 2016—दैनिक जागरण, ट्रिब्यून—कश्मीर में लगभग 50 पाकिस्तानी और सऊदी अरब के चैनल का संचालन।

अध्याय 10

'आजाद कश्मीर' या एक और पाकिस्तान

1. पाकिस्तान ऑर पार्टीशन ऑफ इंडिया—डॉ बी आर अम्बेडकर
2. ऑपरेशन इन जम्मू एंड कश्मीर—(1947—48)—रक्षा मंत्रालय
3. माई फ्रोजेन टर्बुलेंस इन कश्मीर—जगमोहन
4. क्लैश ऑफ सिविलाईजेशंस—सेमुएल पी हंटिंगटन
5. द वैली ऑफ कश्मीर—सर वाल्टर लॉरेंस

अध्याय 11

कश्मीर की रक्षक भारतीय सेना

1. *ओपरेशन इन जम्मू एंड कश्मीर—1947-48*—रक्षा मंत्रालय, भारत सरकार।
2. *स्लेंडर वाज द थ्रेड—कश्मीर कन्फ्रंटेशन—1947-48*—ले.जन एल पी सेन
3. *मिस्ड ऑपारचुनिटीस—इंडो पाक वार—1965*—मेजर जन लक्ष्मण सिंह पी वी एस एम्, वी आर सी
4. *1965 वार—द इनसाइड स्टोरी*—आर डी प्रधान
5. *द इंडिया पाकिस्तान वार ऑफ 1965 ऐ हिस्ट्री*—एस एन प्रसाद
6. *कारगिल—फ्राम सरप्राइज टू विक्ट्री*—जनरल वी पी मलिक
7. *कश्मीर डायरी : साइकोलॉजी ऑफ मिलिटेंसी*—मेजर जनरल अर्जुन रे (1997)

अध्याय 12

कश्मीरी पण्डितों का विस्थापित जीवन, पुनर्वास और 'तीसरी इंतिफादा'

1. सन्डे न्यूज मैगजीन—1994 विशेषांक
2. *वुमेन एंड मिलिटेंट वार : द पोलिटिक्स ऑफ इंजरी*—स्वाति पाराशर
3. *कश्मीरी पण्डितस : लुकिंग टू द फ्यूचर*—एम् के काव—(2001)

4. *कश्मीर : इट्स एब्रोजिंस एंड देयर एक्सोडस*—कर्नल तेज के टिक्कू (2012)
5. *माई फ्रोजेन टर्बुलेंस इन कश्मीर*—जगमोहन (1991) (2014)
6. *इवेन मून हैस ब्लड क्लोट्स*—राहुल पण्डिता
7. *कश्मीर : द वाजपेयी इअर्स*—ऐ एस दुलत—हार्पर कोलिन्स (2015)
8. 04 जून 2016—पंजाब केसरी—पण्डित कालोनियों के खिलाफ कश्मीर भर में झडपे और प्रदर्शन ।
9. कश्मीर में रची जा रही हिन्दुओं को समाप्त करने की साजिश जगती तेनेमेंट कमिटी और सोन कश्मीरी फ्रंट—26 मई 2016—दैनिक जागरण।
10. 09 जून 2016—दैनिक जागरण—पण्डित, सैनिक कालोनियों के खिलाफ अभियान में अलगाववादी एक जुट।
11. 09 जून 2016—दैनिक जागरण—सम्पादकीय—कश्मीरी पण्डितो की घर वापसी पर केवल कृष्ण पंगोत्रा का लेख।
12. 3जून 2016—दैनिक जागरण—कश्मीरी पण्डितो को दिल्ली और आर एस एस का एजेंट नहीं बनने देंगे—सैय्यद अली शाह जिलानी।
13. 08 जून 2016—हिन्दुस्तान टाईम्स—आतंकी बुरहान वानी की पण्डित एवं सैनिक कालोनियों के खिलाफ कार्यवाई करने की धमकी।
14. 04 जून 2016—इंडियन एक्सप्रेस—कश्मीरी पण्डित संघर्ष समिति के अध्यक्ष का उच्च न्यायालय में हलफनामा और कश्मीर में अभी रह रहे हिन्दुओं का जीवन स्पष्ट बयान करता है।
15. 04 अप्रैल 2016—दैनिक जागरण, पंजाब केसरी—मुख्य मंत्री महबूबा का शपथ ग्रहण और उनका हिन्दू पुनर्वास का आश्वासन।
16. 02 जून 2016—पंजाब केसरी—1 जनवरी 16 से 31 मई 16 तक घाटी में 52 आतंकी मारे गए।
17. 11 जून 2016—इंडियन एक्सप्रेस, दैनिक जागरण—अभिनव गुप्त यात्रा का अलगाववादियों एवं राजनैतिक दलों द्वारा विरोध।
18. 12 जून 2016—दैनिक जागरण—क्षीर भवानी मेले में जा रहे कश्मीरी पण्डितो पर पथराव।
19. 04 अगस्त 2016—दैनिक जागरण—जमाते इस्लामी सम्मलेन में हथियार बंद आतंकी।
20. 08 अगस्त 2016—दैनिक जागरण, पंजाब केसरी—दक्षिण कश्मीर में हिन्दुओं को कश्मीर छोड़ने के लश्कर द्वारा पोस्टर लगाए गए।
21. 11 अगस्त 2016—दैनिक जागरण—4 आतंकियों के समूह द्वारा हिन्दू परिगमन शिविरों को निशाना बनाने का प्रयास पुलिस द्वारा असफल किया गया।

22. 17 अगस्त 2016—दैनिक जागरण—बूढ़ा अमरनाथ यात्रिओं पर थानामंडी में पथराव।
23. 17 अगस्त 2016—ट्रिब्यून—नए हिजबुल आतंकी कमांडर ने इस्लामिक आन्दोलन को जन समर्थन देने के लिए शुक्रिया कहा।
24. 17अगस्त 2016—टाइम्स ऑफ इंडिया, ट्रिब्यून—बुरहान वानी को रिबेल कमांडर का संबोधन दिया।
25. 08 सितम्बर 2016—इंडियन एक्सप्रेस, डेली एक्सेल्सिएर—संसदीय प्रतिनिधि मंडल का कश्मीर की स्थिति का जायजा लेने आना।
26. 25 सितम्बर 2016—दैनिक जागरण—हिंसक प्रदर्शनों में हिस्सा लेने वाले राज्यकर्मचारी चिन्हित।
27. 24 दिसंबर 2016 हिन्दुस्तान टाईम्स और दैनिक जागरण—कश्मीर घाटी में पश्चिमी पाक शर्णार्थियो को अधिवास प्रमाण पत्र देने का हिंसक विरोध।
28. 23 जून 2016—एच. टी.—जम्मू को 50 विधानसभा सीटे दी जाए—जम्मू फॉर इंडिया के संयोजक प्रो हरो ओम ने यह माँग की। अभी कुल 87 में से जम्मू को 37 और कश्मीर को 46 है और 4 नामित वाली सीटे हैं।
29. 25 फरवरी, 2017—डेली एक्सलसियर—जम्मू में बर्मा (म्याँमार) के रोहिग्या मुस्लिम शर्णार्थियों को बसाने का षड्यंत्र।
30. 23 अगस्त 2016—टाइम्स ऑफ इंडिया—घाटी में आतंकियों एवं भीड़ से सर्वाधिक खतरा पुलिस को। सेना कर रही पोलिस भवनों की सुरक्षा।
31. मई 16, 2016—इंडिया टुडे—मुख्य कथांक—उग्रवाद का नया रूप
32. 30 मई 2016—मुख्य कहानी—कश्मीरी पण्डित पुनर्वास का भविष्य।
33. 20 मई 2016—एच. टी.—कश्मीरी पण्डित पुनर्वास पर अलगाववादियों से विचार विमर्श।
34. 19 मई 2016—टाइम्स ऑफ इंडिया—जम्मू-कश्मीर सरकार—सैनिकों और कश्मीरी पण्डितों के लिए अलग से कोई कालोनी नहीं।
35. 25 मई 2016—दैनिक जागरण—हरी पर्वत का नाम 'कोहे—मारन' रखने पर प्रदर्शन।
36. 17 मई 2016—टाइम्स ऑफ इंडिया—जम्मू-कश्मीर का पण्डित पुनर्वास प्रयोग विखरता हुआ पर हिंसक प्रदर्शनों के दौरान ट्रांजिट कैम्पों पर हमले।
37. 16 मई 2016—डेली एक्सलसियर—कश्मीरी पण्डितो ने कैम्प के सरकारी स्कूलों की दुर्दशा पर रोष जताया।
38. 10 अगस्त 2016—दैनिक जागरण—वादी में सुरक्षा बलों के बंकरो पर पथराव।

39. 03 अगस्त 2016—दैनिक जागरण—कश्मीर में सियासत दानो की तरह रैलिया कर रहे आतंकी
40. 01 अगस्त 2016—दैनिक जागरण—जिहाद का हिस्सा बन गई कश्मीर समस्या—तवलीन सिंह का लेख।
41. 01 अगस्त 2016—दैनिक जागरण—रेली में दिखा लश्कर का कमांडर अबू दुजाना । जिस पर है 10 लाख रुपए का ईनाम।
42. 25 जुलाई 2016—दैनिक जागरण सम्पादकीय—'जिहाद की प्रविति को समझे बिना कश्मीर समस्या के समाधान की कोशिश बेमानी' सुशील पण्डित।
43. 29 जुलाई 2016—दैनिक जागरण—सुध न लेने पर भड़के कश्मीरी पण्डित। केंद्र और राज्य सरकार पर अलगाववादियों के आगे झुकने का आरोप।
44. 10 अगस्त 2016—दैनिक जागरण—इस्लामिक संगठनों ने उगला जहर। बुरहान वानी को बताया आजादी का नायक।
45. 27 जुलाई 2016—दैनिक जागरण—पण्डितो के बाद सिख समुदाय का पलायन।
46. 27 जुलाई—दैनिक जागरण—राजीव सचान का सम्पादकीय कश्मीर में हालात बिगाड़ने वालो को आगाह करने में संकोच बरतने पर सवाल खड़े कर रहे हैं।
47. 19 जुलाई 2016—इंडियन एक्सप्रेस—600 कश्मीरी कर्मचारी जम्मू पलायन।
48. 20 जुलाई 2016—दैनिक जागरण—घाटी से फिर पण्डितो का पलायन 1600 पण्डितो में 300 ने किया पलायन और भी पलायन को तैयार।
49. 23 जुलाई 2016—एच टी—कश्मीर को सीरिया बनने से रोकें।
50. 22 दिसंबर 2016—इंडियन एक्सप्रेस—पम्पोर में मस्जिदों से इस्लामिक आतंकियो के लिए गीत।
51. 12 दिसंबर 2016—इंडिया टुडे—कश्मीर में क्या गलती हुई और कैसे सुधार किया जाए—राज चेनगप्पा के द्वारा विस्तृत लेख।
52. 25 जुलाई 2016—आउटलुक—बुरहान वानी पर कवर स्टोरी।
53. 6 दिसंबर 2016—दैनिक जागरण—फारुक अब्दुल्ला कश्मीर और विश्व में इस्लाम के खतरे में होने की बात करते हैं।
54. 25 नवम्बर 2016—दैनिक जागरण—कश्मीर समस्या में पाकिस्तान भी एक हिस्सेदार : फारुख अब्दुल्ला।
55. 10 और 11 अप्रैल 2016—दैनिक जागरण और इंडियन एक्सप्रेस—श्रीनगर लोकसभा उपचुनाव में हिंसा।
56. 24 जून 2016—दैनिक जागरण और डेली एक्सलसियर—भीड़ आतंकियों द्वारा पुलिस उपाधीक्षक की पीट—पीट कर हत्या।

57. 04 जून 2016—दैनिक जागरण—जम्मू में रोहिंगिया मुसलमानों को बसाना एक साजिश—प्रोफेसर हरि ओम।

58. 12 जून 2016—दैनिक जागरण—शिया—सुन्नी जंग में फंसी दुनिया—तुफैल अहमद।

59. 25 मई 2017—डेली एक्सलसियर—नो आजादी बट इस्लामिक स्टेट—ब्रिगेडियर अनिल गुप्ता।

60. 12 जून 2016—दैनिक जागरण—पाकिस्तानी साजिश की गिरफ्त में कश्मीर—दिव्य कुमार सोती।

अध्याय 13

उपसंहार

1. *प्राचीन भारत*—वी डी महाजन
2. *मध्य युगीन भारतीय इतिहास*—वी डी महाजन
3. *होली वॉर*—केरेंन आर्मस्ट्रांग
4. *द वैली ऑफ कश्मीर*—सर वाल्टर लॉरेंस
5. *हिस्ट्री ऑफ मुस्लिम रुल इन कश्मीर*—आर के परमू
6. *कश्मीर अंडर सुल्तांस*—मोहिबुल हसन
7. 27 अप्रैल 2016—दैनिक जागरण—आतंकियों के नाम पर क्रिकेट मैच
8. 30 मई 2016—इंडिया टुडे—मुख्य कहानी—कश्मीरी पण्डित पुनर्वास का भविष्य
9. 25 जुलाई 2016—दैनिक जागरण—संपादकीय—जिहाद की प्रकृति समझे बिना कश्मीर समस्या के समाधान की कोशिश बेमानी—सुशील पण्डित।
10. 01 अगस्त 2016—दैनिक जागरण—जिहाद का हिस्सा कश्मीर समस्या—तवलीन सिंह।
11. 10 और 11 अप्रैल 2017—दैनिक जागरण, डेली एक्सलसियर और इंडियन एक्सप्रेस—श्रीनगर उपचुनाव और हिंसा।
12. 24 जून 2017 दैनिक जागरण और इंडियन एक्सप्रेस—पुलिस उपाधीक्षक अयूब पण्डित की भीड़ द्वारा जामिया मस्जिद के बाहर पीट-पीटकर हत्या।